Interdisziplinäre Diskursforschung

Herausgegeben von
Reiner Keller
Achim Landwehr
Wolf-Andreas Liebert
Martin Nonhoff

AF147960

Seit Mitte der 1990er Jahre hat sich im deutschsprachigen Raum in den Geschichts-, Sprach- und Politikwissenschaften, in der Soziologie und in angrenzenden Disziplinen eine lebendige und vielfach vernetzte Szene der diskurstheoretisch begründeten empirischen Diskurs- und Dispositivforschung entwickelt. Die Reihe trägt dieser neuen interdisziplinären Aufmerksamkeit Rechnung. Sie bietet ein disziplinenübergreifendes Forum für die Entwicklung der Diskurstheorien sowie der empirischen Diskurs- und Dispositivforschung und stärkt dadurch deren Institutionalisierung. Veröffentlicht werden

- thematisch zusammenhängende inter- und transdisziplinäre Bände, die sich mit ausgewählten Theorien, Methodologien und Themen der Diskurstheorie sowie der empirischen Diskurs- und Dispositivforschung beschäftigen;
- disziplinspezifische Monographien und Diskussionsbeiträge, die theoretische, methodologische und methodische Reflexionen sowie Forschungsergebnisse aus einzelnen Disziplinen bündeln; und
- herausragende Theorie- und Forschungsmonographien.

Herausgegeben von
Reiner Keller
Universität Augsburg
Augsburg, Deutschland

Achim Landwehr
Universität Düsseldorf
Düsseldorf, Deutschland

Wolf-Andreas Liebert
Universität Koblenz-Landau
Campus Koblenz
Koblenz, Deutschland

Martin Nonhoff
Universität Bremen
Bremen, Deutschland

Rainer Diaz-Bone • Gertraude Krell (Hrsg.)

Diskurs und Ökonomie

Diskursanalytische Perspektiven
auf Märkte und Organisationen

2., durchgesehene Auflage

 Springer VS

Herausgeber
Rainer Diaz-Bone
Universität Luzern
Schweiz

Gertraude Krell
Berlin, Deutschland

Interdisziplinäre Diskursforschung
ISBN 978-3-531-19986-3   ISBN 978-3-531-19987-0 (eBook)
DOI 10.1007/978-3-531-19987-0

Die Deutsche Nationalbibliothek verzeichnet diese Publikation in der Deutschen Nationalbibliografie; detaillierte bibliografische Daten sind im Internet über http://dnb.d-nb.de abrufbar.

Springer VS
© Springer Fachmedien Wiesbaden 2009, 2015

Lektorat: Katrin Emmerich, Daniel Hawig.

Gedruckt auf säurefreiem und chlorfrei gebleichtem Papier

Springer Fachmedien Wiesbaden ist Teil der Fachverlagsgruppe Springer Science+Business Media
(www.springer.com)

Inhaltsverzeichnis

Vorwort zur zweiten Auflage

Da die Printausgabe von „Diskurs und Ökonomie" nach fünf Jahren vergriffen ist, legen wir nun eine zweite durchgesehene Auflage vor. Die erste Auflage war während der Finanzkrise erschienen, die auch zu einer Intensivierung der Diskurse über die Wirtschaftswissenschaften bzw. über deren Teildisziplinen VWL und BWL geführt hatte. Zum Gegenstand verstärkter Aufmerksamkeit und Deutungskämpfe gemacht wurden zunächst deren Theoriefundierung und politische Ausrichtung, die dort angewendeten Methoden – und nicht zuletzt die Rolle, die die Wirtschaftswissenschaften selbst bei der Entstehung der Finanzkrise gespielt haben. Zunehmend thematisiert wurden die Machtwirkungen des Ökonomie-Diskurses auch für die Gestaltung von anderen Märkten, wie dem Arbeitsmarkt, und damit zusammenhängend für die Gestaltung von Organisationen und der Bedingungen, unter denen dort (zusammen-)gearbeitet wird.

Das interdisziplinäre Feld der Diskursforschung in den Sozialwissenschaften, zu denen wir auch die Wirtschaftswissenschaften zählen, hat sich in den letzten fünf Jahren sowohl weiter entwickelt als auch weiter etabliert – und auch ausdifferenziert. Von diesen Tendenzen zeugt auch die Bibliographie neuerer Arbeiten zu „Diskurs und Ökonomie" (Ökonomie sowohl im Sinne von Wirtschaftswissenschaften als auch Wirtschaft; siehe auch unseren einleitenden Beitrag), ein Gemeinschaftsprodukt aller an diesem Band Beteiligten, das wir als Service an unsere Leserinnen und Leser in diese zweite Auflage aufgenommen haben. Darüber hinaus ist ein weiterer Sammelband zu „Dispositiv und Ökonomie" in Arbeit (Diaz-Bone/Hartz in Vorbereitung). Aber auch die Beiträge in diesem Sammelband sind nicht nur wegbereitend für dieses Forschungsfeld, sondern auch nach wie vor von großer Aktualität.

Zu guter Letzt möchten wir uns noch bedanken: bei allen Autorinnen und Autoren für die nochmalige Durchsicht ihrer Beiträge sowie für die Mitwirkung an der Bibliographie zur zweiten Auflage, bei Andreas Beierwaltes, Katrin Emmerich und Cori Mackrodt von Springer VS für ihre Unterstützung und bei allen für die wieder gute Zusammenarbeit.

Luzern und Berlin im Sommer 2014
Rainer Diaz-Bone und *Gertraude Krell*

Vorwort zur ersten Auflage

Das vorliegende Buch präsentiert diskursanalytische Perspektiven auf „Ökonomie". Es basiert auf einer in mehrfacher Hinsicht vielfältigen Koproduktion: Zunächst stammen nicht nur die Herausgebenden, sondern auch die Autorinnen und Autoren aus verschiedenen Disziplinen und auch aus verschiedenen Ländern. Neben Beiträgen, die Grundlagen und Überblicke vermitteln, gibt es auch solche zu exemplarischen Anwendungen der Diskursforschung auf Wirtschaft und Wirtschaftswissenschaften. Vielfältig ist auch das bearbeitete Themenspektrum. Die einzelnen Beiträge basieren auf unterschiedlichen Zugängen zur Diskursforschung und unterschiedlichen disziplinären – und auch die Grenzen von Disziplinen überschreitenden – Arbeitsschwerpunkten. In ihrer Gesamtheit sind sie daher ein Beitrag sowohl zu dem Projekt der Erforschung der Diskursivität der Ökonomie als auch zum transdisziplinären Feld der Diskursforschung.

Bei allen Autorinnen und Autoren möchten wir uns dafür bedanken, dass sie unserer Bitte nachgekommen sind, zu diesem Sammelband beizutragen. Das ist in Zeiten, in denen nur noch double-blind-reviewte Journals „zählen" (zumindest in manchen Fächern), besonders dankenswert.

Für die Übersetzungen bedanken wir uns nicht nur bei Ulrike Berger und Andrea Anne Maier, sondern auch bei Rafael Heinzelmann und Albrecht Becker, die uns mit ihrem Fachwissen zur Seite gestanden haben. Monika Neitzke, Jessica Haas und Monika Sy danken wir für die Unterstützung beim Korrekturlesen der Beiträge.

Dank gilt auch Frank Engelhardt und Cori Mackrodt vom VS Verlag, die mit Geduld und Interesse das Buchprojekt begleitet, betreut und ermöglicht haben. Und schließlich freuen wir uns, dass „Diskurs und Ökonomie" in der von Reiner Keller, Achim Landwehr, Wolf-Andreas Liebert und Martin Nonhoff herausgegebenen Reihe „Interdisziplinäre Diskursforschung" erscheint.

Luzern und Berlin im Sommer 2009
Rainer Diaz-Bone und *Gertraude Krell*

Einleitung: Diskursforschung und Ökonomie

Rainer Diaz-Bone und Gertraude Krell

1 Die Diskursivität der Ökonomie: Umriss eines Forschungsprogramms und eine systematische Skizze

Die Ökonomie ist diskursiv: Ohne diskursive Praktiken und ohne diskursive Konstruktionen kann es weder die Ökonomie als Wirtschaftswissenschaft(en) noch die Ökonomie als Wirtschaft geben. Die Analyse der „ökonomischen" Diskurse und der Diskursivität der „Ökonomie" ist ein interdisziplinäres Projekt oder Forschungsprogramm, das grundlegend für das Verständnis sowohl von Wirtschaftswissenschaft(en) als auch von Wirtschaft ist – und insofern auch ein Beitrag zur Grundlagenforschung. Des Weiteren kann eine solche Perspektive zur Dekonstruktion der diskursiv errichteten Grenzen zwischen Wirtschafts- und Sozialwissenschaften beitragen.

Die einzelnen Beiträge dieses Buches bieten vielfältige theoretische Einsichten in die Diskursivität der Ökonomie und Strategien dafür, wie diese Diskursivität empirisch erforscht werden kann. In dieser Einleitung werden im folgenden Abschnitt Grundlagen der Diskursforschung vorgestellt und dabei auch schon beispielhaft Anwendungen auf die Ökonomie als Forschungsgegenstand präsentiert. Als Auftakt soll nun – in einer ersten Skizze – die Diskursivität der wirtschaftswissenschaftlichen Disziplin(en), ihrer Selbstbegründungen, Einteilungen, Selbstvergewisserungen und diskursiven Distinktionen vor Augen geführt werden.

Die moderne Ökonomie als Wissenschaft entsteht mit der Kameralistik und der Politischen Ökonomie (Adam Smith) als Verwaltungs- und Beratungswissenschaft für die neuzeitlichen Staaten im 18. Jahrhundert.[1] Wie Staaten (mit ihrem Reichtum an Sachgütern und Menschen) rational zu managen seien, wie ihre ökonomischen Institutionen und ihr Wirtschaftsrecht anzulegen seien, ist „Gegenstand" dieser Disziplin. Das Entstehen der Wirtschaftswissenschaften ist integraler Bestandteil der neuzeitlichen Staatenbildung.

---

1 Vorformen lassen sich bis in 14. Jahrhundert zurückführen mit den Kaufmannsschulen in den norditalienischen Stadtstaaten, in denen die Ausbildung in doppelter Buchführung beginnt (vgl. z.B. Carruthers/Espeland 1991; Benoît 1994).

Diese erfordert nicht nur systematisches Wissen über Bevölkerungen, Märkte, Produktionsleistungen und Vermögen, sondern auch Modelle für deren Organisation, „Führung" oder auch „Management". Der Wille zum Wissen über den Staat führt zur Entstehung der modernen Statistik und der Verzifferung des Sozialen.[2] Damit einher geht die Diskursivierung der Ökonomie, d. h. der Formierung des Staats- und Marktdenkens (Reddy 1984; Desrosières 2005), der Formierung von Wissenskonzepten und -praktiken. Hierfür haben die entstehenden Wirtschaftswissenschaften eine strategische Rolle. Tatsächlich formiert und institutionalisiert aber diese Wissenschaft von Anfang an nicht nur ihren Gegenstand, sondern auch sich selbst als Ordnung von Disziplinen und Teildisziplinen (vgl. auch Fourcade 2006).

Auf die Frage, was unter Ökonomie als wissenschaftliche Disziplin verstanden wird, gibt es keine eindeutige und einheitliche Antwort. Zunächst wird der Begriff sowohl im Plural (= Wirtschaftswissenschaften) als auch im Singular (= Wirtschaftswissenschaft) verwendet. Je nachdem gelten weitere Ausdifferenzierungen als eigenständige Disziplinen oder als Teildisziplinen. Diese Ausdifferenzierungen sind im deutschen Sprachraum zunächst Volkswirtschaftslehre (VWL) und Betriebswirtschaftslehre (BWL) als die wirtschaftswissenschaftlichen „Kernfächer".[3] Diese Kernfächer werden dann noch einmal in Teildisziplinen untergliedert: Bei der VWL sind dies Wirtschaftstheorie (insbesondere Mikroökonomik und Makroökonomik), Wirtschaftspolitik und Finanzwissenschaften.[4] Die BWL wird herkömmlich nach Funktionen (Produktion, Absatz, Finanzierung usw.) oder Institutionen (Industriebetriebslehre, Bankbetriebslehre, Betriebswirtschaftslehre der öffentlichen Verwaltung usw.) aufgegliedert. Etwas quer dazu liegt eine Unterteilung nach den von Erich Gutenberg (1951) unterschiedenen „Produktionsfaktoren": Anlagenwirtschaft, Materialwirtschaft und Personalwirtschaft. Im Zuge der internationalen Öffnung des Faches ändern sich die Bezeichnungen der Teildisziplinen in Management,[5] Marketing usw. Dass Management nicht nur ein Teilgebiet der BWL ist, sondern die BWL insgesamt – zumindest von manchen FachvertreterInnen – als eine Managementlehre

---

2   Siehe z.B. Rose (1991); Porter (1995); Miller (2001); Brian (2001); Chiapello/Desrosières (2006); Mennicken/Vollmer ((Hrsg.) 2007). Desrosières hat in seiner Geschichte der statistischen Denkweise nicht nur eine wissenschaftssoziologische Analyse der „Statistik" verschiedener westlicher Länder unternommen, sondern die wechselseitige Bedeutung von Statistik und Staatenbildung untersucht – mit ihren konkreten Praktiken der „Verzifferung", also der Ersetzung von qualitativen „Berichten" durch standardisierte numerische Informationen über Wirtschaft und Gesellschaft (Desrosières 2005).

3   Im angelsächsischen Sprachraum steht „*Economics*" nur für die hiesige VWL, während das, was hier BWL heißt, als *Business* (die Departments als *Business Schools*) oder *Business Administration* (der Abschluss als *Master of Business Administration* [MBA]) bezeichnet wird.

4   Die Mikroökonomik geht von Haushalten und Unternehmen aus und unternimmt die Analyse von Angebot und Nachfrage auf verschiedenen Märkten sowie die Analyse der Produktion. Die Makroökonomik aggregiert Haushalte, Güter und Unternehmen und unternimmt die gesamtwirtschaftliche Analyse. Hinzu kommen die Wachstums- und Konjunkturtheorie, Geldtheorie und -politik sowie die Ökonometrie (Samuelson/Nordhaus 2005).

5   Mit den Untergliederungen: Planung, Organisation, Personal(-Management) bzw. Human Resource Management (HRM), Führung und Kontrolle – oder auch Strategisches Management.

verstanden wird, verweist auf eine weitere Ausdifferenzierung: die von Lehrmeinungen bzw. theoretischen Positionierungen. Beispiele für konkurrierende volkswirtschaftliche Lehrmeinungen sind der Keynesianismus und die Neoklassik. Aus der hier eingenommenen Perspektive können die Kämpfe zwischen solchen Ansätzen als „diskursive Kämpfe" (sensu Jäger 2006a: 85) analysiert werden.

Die Diskursivität der Wirtschaftswissenschaften zeigt sich auch daran, dass VWL und BWL nicht nur durch „die Wirtschaft" oder „das Wirtschaften" als Gegenstand, sondern auch durch eine „wirtschaftswissenschaftliche" Perspektive definiert werden. Diese Definition erfolgt in Abgrenzung von Fächern wie z. B. dem Wirtschaftsrecht oder der Wirtschaftssoziologie, deren wissenschaftlicher Gegenstand ebenfalls „die Wirtschaft" ist, die aber als Teildisziplinen der Rechtswissenschaft oder der Soziologie verortet werden, weil sie eine andere disziplinär geprägte Perspektive auf „Wirtschaft" einnehmen.[6] Und schließlich gibt es noch „Hybridfächer", wie z. B. die Wirtschaftsgeschichte, die sowohl von HistorikerInnen als auch von WirtschaftswissenschaftlerInnen vertreten wird.

Die Bestimmung des spezifisch „Wirtschaftswissenschaftlichen" ist demnach unabdingbar für die Herausbildung und Definition der Ökonomie als Disziplin und verleiht ihr – in Abgrenzung zu anderen Fächern – ihre Identität. Dazu ist dem von einem renommierten Betriebswirt verfassten Artikel *Wirtschaftswissenschaften* im *Gabler-Wirtschafts-Lexikon* Folgendes zu entnehmen:

> „Gegenstand der W. ist die Erforschung der Wirtschaft. Unter Wirtschaft wird der rationale Umgang mit knappen Gütern verstanden. […] Nur diese bilden den Gegenstand der W. Ein Anliegen der W. ist demnach die Erforschung wirtschaftlicher Erscheinungen und ihrer Zusammenhänge bei der Verteilung der knappen Güter auf die einzelnen Individuen und Gemeinschaften sowie der Auswirkungen historischer Verteilungen auf die Gegenwart. Ein zweites Anliegen der W. betrifft die Analyse der Ziele und Mittel zur Gestaltung wirtschaftlicher Prozesse und Strukturen." (Albach 1993: 3842)

Diese Definition enthält zwei ebenso voraussetzungsvolle wie folgenschwere Feststellungen: Es geht um den „rationalen" Umgang, d. h., die Wirtschaftswissenschaften fühlen sich der Rationalität verpflichtet – und *„performen"* damit zugleich die Rationalisierung ihres Gegenstandsbereichs. Und es geht ausdrücklich nur um den Umgang mit „knappen Gütern". Damit wird „Knappheit" konstitutiv für die Ökonomie als Disziplin. Davon zeugt auch die folgende Passage aus dem wohl international bekanntesten VWL-Lehrbuch:

> „Die Volkswirtschaftslehre oder Ökonomie ist die Wissenschaft vom Einsatz knapper Ressourcen zur Produktion wertvoller Wirtschaftsgüter durch die Gesellschaft und von der Verteilung dieser Güter in der Gesellschaft." (Samuelson/Nordhaus 2005: 20)

---

6   Ergänzend hinzugefügt sei, dass nicht nur die Wirtschaftssoziologie „Wirtschaft" zum Gegenstand hat, sondern auch andere spezielle Soziologien, wie z.B. die Industriesoziologie, die – ältere – Betriebssoziologie oder die Organisationssoziologie. Für einen Überblick zur Wirtschaftssoziologie vgl. z.B. Beckert et al. (2007); Beckert/Deutschmann (2009).

In der BWL wird in Zusammenhang mit dem Selbstverständnis als Wirtschaftswissenschaft zwischen dem Erfahrungs- und dem Erkenntnisobjekt unterschieden (Chmielewicz
1994). Hier gelten Betriebe (oder Unternehmen) als das Erfahrungsobjekt, d. h. als der
Untersuchungsgegenstand, den dieses Fach mit anderen Disziplinen, wie z. B. dem Wirtschaftsrecht oder der Wirtschaftsinformatik, gemeinsam hat. Als Erkenntnisobjekt wird
dagegen die spezifische Perspektive auf das Erfahrungsobjekt definiert, d. h. „die typische
Art der Fragestellung oder Problemabgrenzung einer Disziplin" (ebd.: 19). Ausgehend von
der Knappheit der verfügbaren Ressourcen, die auch hier als konstitutiv gesetzt wird, gilt
die Frage nach Effizienz, Ergiebigkeit oder Wirtschaftlichkeit als Erkenntnisobjekt der
BWL (Köhler et al. 2006: 842).

Aufschlussreich hinsichtlich der Diskursivität der Ökonomie ist auch die folgende Unterscheidung: Erich Gutenberg (1957) konzipiert das Wirtschaftlichkeitsprinzip (= Optimierung
des Verhältnisses von Input und Output bzw. zwischen Aufwand und Ertrag) als einen
„systemindifferenten" Tatbestand, der für Betriebe unabhängig von der Wirtschafts- und
Gesellschaftsordnung konstitutiv ist. Demgegenüber stellt er das erwerbswirtschaftliche
Prinzip (= Optimierung des Verhältnisses von investiertem Kapital und dafür erzielter
Rendite) als „systembezogenen" Tatbestand, der für Unternehmungen als Formen des
Betriebes im Rahmen einer kapitalistischen Wirtschaftsordnung konstitutiv ist. Dagegen hält Dieter Schneider (2001), dass eine Theorie des Betriebes, die sich als indifferent
gegenüber dem Wirtschaftssystem versteht, zu viele der einzelwirtschaftlich relevanten
Probleme ausklammern muss, da sowohl hinsichtlich der Binnenbeziehungen als auch
hinsichtlich der Außenbeziehungen vielfältige Verbindungen mit dem Wirtschaftssystem
bestehen (vgl. zusammenfassend: Rühli 2002: 120f).

Anders akzentuiert ist die Unterscheidung zwischen Unternehmen als Betrieben,
deren Tätigkeit auf Fremdbedarfsdeckung ausgerichtet ist, und (privaten) Haushalten als
Betrieben, die zur Eigenbedarfsdeckung wirtschaften. Private Haushalte werden jedoch
weder zur Mainstream-BWL gezählt, noch sind sie ein bei deren VertreterInnen beliebtes
Forschungsobjekt.[7] Aufgrund dieser Verwerfung des privaten Haushalts als „ordentlicher"
oder „reputierlicher" Forschungsgegenstand werden – trotz der zu Beginn dieses Absatzes
referierten Unterscheidung – Betrieb und Unternehmen als Gegenstand der BWL weitgehend synonym verwendet (vgl. auch Köhler et al. 2006: 841).

Konstitutiv für die Identitätsbildung und behauptung dieser Fächer sind auch die diskursiven Kämpfe zwischen VWL und BWL. So beginnt Dieter Schneiders Beitrag *Geschichte
der Betriebswirtschaftslehre* mit dem Statement:

„Innerhalb der Wirtschaftswissenschaft haben nicht wenige Volkswirtschaftler den Irrtum
verbreitet, die *Volkswirtschaftslehre* sei eine altehrwürdige Wissenschaft, die *Betriebswirtschaftslehre* eine junge (mit dem Hintergedanken: noch unreife). Jedoch sind wissenschaftliche

---

7   Lehrbücher zur (Betriebs-)Wirtschaftslehre des privaten Haushaltes stammen denn auch von
    VertreterInnen benachbarter Fächer (vgl. z.B. Tschammer-Osten 1979; Schweitzer 2000). Für
    einen kritischen Blick auf den Haushalt als Forschungsgegenstand der VWL – aus der Perspektive
    der Gender Studies – siehe z.B. Beblo/Soete (1999); Ott (1999).

Einsichten, die heute zur Betriebswirtschaftslehre zählen, älter als solche zur Volkswirtschaftslehre." (Schneider 1999: 1; Herv. im Orig.)

Es folgen zahlreiche Beispiele zur Illustration. Schneider argumentiert auch – und mit überzeugenden Argumenten –, die Gründung der Handelshochschulen seit 1898 dürfe nicht „als Wiege der heutigen akademischen Betriebswirtschaftslehre angesehen werden (Schneider 2002: 52). Doch genau das tut die Mehrheit der betriebswirtschaftlichen FachvertreterInnen, wovon auch zeugt, dass zum 100. Geburtstag der Leipziger Handelshochschule zwei Sammelbände zum Thema „100 Jahre BWL" erschienen sind (Lingenfelder (Hrsg.) 1999; Gaugler/Köhler (Hrsg.) 2002). Den dort vorgenommenen historischen Rückblicken zufolge war die VWL bzw. Nationalökonomie bereits als akademische Disziplin an deutschen Universitäten etabliert, als noch um die akademische Ausbildung der Kaufleute (und HandelslehrerInnen) gerungen wurde.

Denjenigen, die die Gründung von Handelshochschulen unterstützten und vorantrieben, ging es nicht nur um den Erwerb von Fachwissen – unter anderem zur besseren Positionierung der deutschen Wirtschaft im internationalen Wettbewerb –, sondern auch und insbesondere um die soziale Aufwertung der Kaufleute als „Stand" durch Bildung – und zwar nicht nur „wirtschaftliche". Neben „Handelstechnik"[8] (als Vorläuferin der späteren BWL), VWL, Recht und Technologie standen auf dem Stundenplan auch geistes- und kulturwissenschaftliche Lehrinhalte (vgl. Franz/Kieser 2002).

Im zweiten Jahrzehnt des 20. Jahrhunderts wurde die neue Disziplin, die sich nun nicht mehr Handelswissenschaft, sondern Privatwirtschaftslehre nannte, von Nationalökonomen als eine – im Unterschied zur am Gemeinwohl orientierten VWL – nur privaten Interessen verpflichtete „öde Profitlehre" beschimpft (vgl. zusammenfassend: Schneider 1999: 17f; Franz/Kieser 2002: 71ff). Das hatte wiederum unterschiedliche Effekte: Zum einen erfolgte eine nochmalige Umbenennung des Faches in „Betriebswirtschaftslehre" – ein Name, der einen „gesellschaftspolitisch neutrale[n] Klang" hat (Schneider 1999: 18). Zum anderen wurde, wenn auch nicht von allen Vertretern der neuen Disziplin, deren Gemeinwohlorientierung unterstrichen. In den 1920er Jahren, als es der BWL gelungen war, an den Universitäten Fuß zu fassen, entwickelte sich eine starke Strömung, die als ethisch-normative Betriebswirtschaftslehre – oder auch Personallehre – bezeichnet wird und in deren Mittelpunkt der Gemeinschaftsgedanke stand (vgl. dazu Krell 1994: 52-84, 1999: 128f). Deren führende Vertreter waren (später) sehr eng mit dem nationalsozialistischen Gedankengut und Regime verbunden, wodurch sie den Ansatz in Misskredit brachten. Dennoch gehören Fragen der Unternehmens- und Wirtschaftsethik auch heute noch – und z. T. wieder verstärkt – zum Themenspektrum der Wirtschaftswissenschaften.

Nach dem Zweiten Weltkrieg wurde dann eine Diskussion geführt, die ebenfalls aufschlussreich ist für das – diskursive Ringen um das – Ökonomie- und Selbstverständnis

---

8 Handel steht hier, wie auch in Zusammenhang mit „Handelshochschulen" und „Handelswissenschaft", nicht nur für einen Wirtschaftszweig bzw. den Handelsbetrieb, sondern für die Gesamtheit der kaufmännischen Tätigkeiten – auch in der Industrie (vgl. auch Schneider 2002: 54).

der BWL (vgl. zusammenfassend: Schneider 1999: 21; Krell 1999: 130): Es ging darum, ob die BWL eine reine „Wirtschaftlichkeitslehre" oder auch für die sozialen Aspekte des Betriebes oder Unternehmens zuständig sein solle. Das Spektrum der Positionen reichte vom Vorschlag der „Auslagerung" sozialer Fragen in eine neben der BWL zu errichtenden „Betriebssoziallehre" (was auch zeigt, dass die disziplinäre Abgrenzung mit der von Lehrmeinungen verwoben ist) bis hin zu einem frühen Plädoyer für eine sozialwissenschaftliche Öffnung der BWL.[9]

Diese Debatte betraf insbesondere die mit „Mensch und Arbeit" bzw. „Personal" verbundenen „wirtschaftlichen" und „sozialen" Fragen. Am Beispiel der für „Personal" zuständigen betriebswirtschaftlichen Teildisziplin können auch das breite Spektrum aktueller Bezeichnungen (Personalwesen, wirtschaftslehre, management, politik und ökonomie/ ökonomik) und der damit verbundenen diskursiven Abgrenzungs- und Positionierungskämpfe zwischen VertreterInnen unterschiedlicher Lehrmeinungen bzw. programmatischer Orientierungen verdeutlicht werden (Krell 1999: 133). Dabei geht es nicht nur um die Frage „Ökonomie oder Verhaltenswissenschaft?", sondern auch um die Frage „Interessenmonismus (= Forschung und Lehre nur im Interesse der Unternehmensführung bzw. des Managements) oder Interessenpluralismus (= Forschung und Lehre auch im Interesse der Beschäftigten oder auch bestimmter Beschäftigtengruppen bzw. für deren Interessenvertretung)?".

Die Frage „Monismus oder Pluralismus?" wird schließlich nicht nur mit Blick auf die Unterscheidung einzelner Lehrmeinungen gestellt, sondern auch mit Blick auf die Ausrichtung der gesamten (Teil-)Disziplin. So heißt es in einem Handwörterbuchartikel zur theoretischen Fundierung des Faches:

> „Die Orientierung an einem bevorzugten Theoriezugang ist für einzelne Forscher akzeptabel, nicht jedoch für eine ganze Disziplin wie das Personalmanagement. Oder anders formuliert: Die Position des Theoriemonisten ist für das Fach eine Bereicherung, solange nicht der imperialistische Anspruch erhoben wird, nur mit der einen jeweils bevorzugten Theorie Erklärungen zuzulassen." (Weber 2004: 1913)

Adressiert ist diese Botschaft eines verhaltenswissenschaftlich orientierten Fachvertreters an die PersonalökonomInnen. Diese orientieren sich bzw. ihre Lehre und Forschung an der neuen Institutionenökonomie.[10] Nicht nur deren (Allein-)Herrschaftsanspruch, sondern auch das hier skizzierte Ökonomieverständnis der BWL insgesamt können – Jäger (2006a: 85) folgend – als herrschende Diskurse problematisiert werden, indem sie auf Widersprüche

---

9   ... die dann erst in den 1960er und 1970er Jahren erfolgte (vgl. z.B. Schanz 1999: 38f; Rühli 2002; Meffert 2002).

10 ... als Oberbegriff für die Property-Rights-Theorie bzw. Theorie der Verfügungsrechte, die Transaktionskostentheorie und die Agency-Theorie bzw. Prinzipal-Agenten-Theorie, die seit den 1990er Jahren nicht nur in der Personallehre, sondern auch in anderen betriebswirtschaftlichen Teildisziplinen bzw. der Allgemeinen Betriebswirtschaftslehre an Bedeutung gewonnen hat (vgl. Schanz 1999: 41ff; Picot 2002: 176f).

und Verschweigen bzw. Verschwiegenes analysiert werden. In diesem Sinn sind die folgenden Ausführungen zu einem – älteren und anderen – Ökonomieverständnis gemeint.[11] Ökonomie kommt von *oikos* (= Haus). In Europa verweist die Bezeichnung Ökonomie von der griechischen Antike bis zum Ende des Mittelalters auf die Sozialform des Hauses als Arbeits- und Lebenszusammenhang. Die Ökonomik – oder auch Ökonomie – als Lehre war zunächst eine Lehre von der Hauswirtschaft, die die Gesamtheit aller Beziehungen zwischen dem zum Haus gehörenden Personen umfasste (vgl. z. B. Brunner 1968a; Sombart 1969a: 20). So argumentierte z. B. Aristoteles, dass die Lehre von der Chrematistik, die auf erwerbswirtschaftliche Gewinnerzielung ausgerichtet war, nur dann ein Teil der Ökonomik sein könne, wenn sie zur Herbeischaffung dessen diene, was die Hausgemeinschaft zum Lebensunterhalt braucht. Alles, was darüber hinausgehe, d. h. ein verselbstständigtes Gewinnstreben bzw. die Akkumulation von Reichtum als Selbstzweck, habe mit Ökonomie nichts mehr zu tun. Diese ältere Ökonomie ist demnach eine umfassende Lehre vom – „richtigen" – menschlichen Zusammenleben und arbeiten. Erst in zweiter Linie geht es um den „unbeseelten Besitz" Brunner (1968a: 105f) – und per definitionem *nicht* um dessen Vermehrung als Selbstzweck.

Diese Auffassung ist nicht nur charakteristisch für die antiken Ökonomien, sondern auch für die Wirtschaftslehren und das Wirtschaften im Mittelalter. Dementsprechend hatten auch die Begriffe „Wirtschaft" und „Wirtschaften" damals eine andere Bedeutung. „Wirt" ist

„[...] ein Wort, das zu Pflicht, pflegen, sich für jemanden einsetzen gehört, das den Schutz übenden, sorgenden Inhaber des Hauses, den Hausherren, Hausvater bezeichnet. Der Hausherr ist als Wirt auch Besitzer des Hauses und des dazugehörigen Grund und Bodens. Die damit verbundene Tätigkeit als Verwalter und Pfleger der materiellen Güter tritt allmählich stärker hervor. Aber erst im 18. Jahrhundert wird in das Wort Wirt die Bedeutung des klugen Planens und rationellen Wirtschaftens hineingelegt. Ganz analog ist der Wandel des Wortes Wirtschaft. Auch hier tritt zuerst die Gesamtheit der Tätigkeit im Hause hervor, wird im 18. Jahrhundert Wirtschaft als ‚Haushaltung' als selbständiger Organismus mit Hervorkehrung des planvollen rationalen Arbeitens verstanden und von hier aus dann auf größere Gebilde, so auf die Volkswirtschaft, übertragen. Auch das Wort ‚wirtschaftlich' erhält erst im 18. Jahrhundert den Sinn von haushälterisch, sparsam; auch Wirtschaftlichkeit kommt erst um diese Zeit auf, erhält aber erst zu Beginn des 20. Jahrhunderts den Sinn von Rentabilität." (Brunner 1968a: 106)[12]

---

11 Dass auch dieser Diskurs verschweigt, nämlich die Rolle von Frauen als Wirtschaftende, soll hier nur festgehalten, aber nicht vertiefend analysiert werden. Zu „Geschlecht" im BWL- und VWL-Diskurs liegen inzwischen zahlreiche Sammelbände vor (Krell/Osterloh 1993; Regenhard et al. 1994; Beblo et al. 1999; Fabel/Nischik 2002; Krell 2005; Bendl 2006a, 2006b; Maier/Fiedler 2008).

12 Siehe dazu z.B. Hausens (1999) Studie zur frühneuzeitlichen Debatte über Holznot und Holzsparkunst in Deutschland. Hausen unterstreicht dort auch, dass sich die „später so selbstverständlich als real unterstellten Trennungen zwischen Hauswirtschaft und Volkswirtschaft" – oder auch zwischen Unternehmen und Haushalten – noch im späten 18. Jahrhundert nicht vollständig durchgesetzt hatten: „Vor 1800 war man noch weit davon entfernt, den Haushalt als ‚privat' zu denken." (ebd.: 717)

Die mittelalterliche Natural- und Subsistenzwirtschaft wird (in Abgrenzung zur neuzeitlichen Geld-, Markt- oder Erwerbswirtschaft) folgendermaßen beschrieben – oder vielleicht besser: diskursiv (re-)konstruiert: Mit Blick auf die *bäuerliche Hauswirtschaft* konstatiert Werner Sombart (1969a: 34), dass die altdeutsche Hufe als „Komplex von Produktionsgelegenheiten und Produktionsmitteln" bestimmt war durch „die Art und den Umfang des als gegeben angenommenen Bedarfs" einer Bauernfamilie. Ein Interesse der Bauern, mehr zu erwirtschaften, als sie zur Sicherung des eigenen Lebensunterhaltes und der Erfüllung der Abgabepflichten brauchten, gab es, Max Weber (1924: 75) zufolge, nicht. Und der *Grundherr* hatte, solange er nicht für den Markt produzierte, kein Motiv zur stetigen Erhöhung der Abgaben, um seinen Reichtum zu maximieren. Insofern unterschied sich seine „Lebensführung [...] nur wenig von derjenigen des Bauern. Daher bildeten ‚seine Magenwände die Schranken für die Ausbeutung der Bauern' (K. Marx)." (ebd.) Der französische Wirtschafts- und Sozialhistoriker Henri Pirenne (1976: 66) betont ebenfalls, Gewinnerzielung sei „unvereinbar mit dem Wesen des mittelalterlichen Grundbesitzers". Er stellt auch heraus, dass die Grundherrschaft nicht nur eine wirtschaftliche, sondern auch eine soziale Institution darstellte.

Entsprechend wird auch das *mittelalterliche Handwerk* charakterisiert. Hier wird ebenfalls die Einheit von Betrieb und Haushalt, von Zusammenleben und arbeiten herausgestellt. Und auch hier gilt: „Zunftpolitik ist Nahrungspolitik" (Weber 1924: 29). Wie die Hufe in der Landwirtschaft soll die Größe der Produktionsstätte der Arbeitskraft und dem Bedarf einer Familie entsprechen (Sieveking 1921: 57). Und auch die Zunftordnungen als Regelungen des mittelalterlichen Handwerks betreffen nicht nur die Sicherung des Lebensunterhaltes, sondern umfassen „alle Daseinsbereiche" bzw. den „ganzen Menschen" (Rosenbaum 1974a: 16; Kulischer 1958: 191; vgl. auch Sombart 1969a: 194f).

Der gemeinsame Nenner dieser Beispiele ist, dass es keinen vom übrigen Lebenszusammenhang abgetrennten Bereich „Wirtschaft" gibt. Oder, wie es Karl Polanyi (1979: 135) formuliert: „Die Wirtschaft des Menschen ist in der Regel in seine gesellschaftlichen Verhältnisse eingebettet." Damit existiert auch kein Bereich, der bestimmt ist durch – „wirtschaftliche" – Prinzipien wie Rationalität, Produktivität, Rentabilität o. Ä. Es geht um die Sicherung des standesgemäßen Lebensunterhaltes und nicht darum, etwas zu maximieren oder zu optimieren.

Deshalb erfordern diese Produktionsweisen auch keine exakten Maße und keine Kalkulation – was rückblickend als „*Mangel* an kalkulatorischem Sinn" (Sombart 1969a: 36; Herv. von uns) erscheint. Hier sind zwei Lesarten möglich: Im Rahmen dieser Produktionsweisen brauchen die Produzierenden nicht zu messen und zu berechnen, was sie nicht maximieren wollen. Oder: Sie können nicht maximieren, was sie nicht messen und berechnen können. Auf jeden Fall besteht ein enger Zusammenhang

„[...] zwischen der Herrschaft des Erwerbsprinzips und der Rationalisierungstendenz [...]: beide lösen die wirtschaftliche Welt in Ziffern auf: jenes, um die Vergrösserung als Zweck zu setzen, dies, um jenen Zweck vollkommener zu verwirklichen." (Sombart 1969b: 120)[13]

Diese Skizze verdeutlicht nicht nur, dass – historisch betrachtet – der „rationale Umgang mit knappen Gütern" oder die Maximierung von Nutzen oder Gewinn erst relativ spät zum Innbegriff wirtschaftlicher Tätigkeit geworden ist. Darüber hinaus lässt sie erkennen, dass der „homo oeconomicus" als ein Nutzen maximierendes Wesen diskursiv fabriziert und – ganz im Sinne Foucaults, Butlers (dazu mehr im Beitrag von Krell) und Bourdieus (2005a) – uno actu zur Natur und Norm erklärt wird.

Wie lange der „alte" Ökonomiediskurs noch wirkmächtig war, soll an zwei Beispielen illustriert werden:

Das erste Beispiel stammt von dem britischen Historiker Edward P. Thompson (1980: 67ff). Dieser spricht in Zusammenhang mit den Lebensmittelunruhen im England des 18. Jahrhunderts von einer „moral economy of the poor". Diese Revolten richteten sich gegen Farmer, Müller oder Bäcker, deren Gewinne auf Betrug beruhten, d.h. auf Kosten der Sicherung der Nahrung anderer erzielt wurden. Thompson geht davon aus, dass die damit verbundene Verletzung der – älteren – moralischen Ökonomie „ebenso häufig wie tatsächliche Not der Anlass zu direkter Aktion" war (ebd.: 70).

Das zweite Beispiel bezieht sich darauf, dass im Frühkapitalismus der Lohnanreiz als Mittel der Leistungssteigerung noch nicht die intendierten Wirkungen erzielte. Hans-Jürgen Krahl (1977: 76) berichtet, dass IndustriearbeiterInnen oft nur solange in der Fabrik blieben, bis sie ausreichend verdient hatten. Max Weber schreibt 1924: „Noch vor einem Menschenalter" hätte man vergeblich versucht, schlesische Landarbeiter durch einen höheren Akkord zu mehr Arbeitsleistung zu bewegen. Ganz im Gegenteil hätten sie ihre Arbeitsleistung reduziert, weil sie mit weniger Arbeit genug verdienten (ebd.: 302).

Es würde hier zu weit führen, en détail zu schildern, wie die neue – „rationale" – Arbeits-, Zeitdisziplin und Lebensführung den ArbeiterInnen zunächst mit Gewalt aufgezwungen wurde (vgl. dazu z.B. Marx 1970: 761ff; Foucault 1976) und welche Rolle später in diesem Zusammenhang die „protestantische Ethik" spielte. Max Weber analysiert diese in Zusammenhang mit dem „Geist des Kapitalismus"[14] (Weber 1975) und nennt sie eine „machtvolle, unbewusst raffinierte Veranstaltung zur Züchtung kapitalistischer Individuen" (Weber 1924: 314). Das betrifft wiederum nicht nur die LohnarbeiterInnen, sondern auch die Kapitalbesitzenden. Auf deren Seite waren es Geldgier und Gewinnsucht, die problematisiert wurden.[15] In Die Anordnung der Leidenschaften haben Gertraude Krell und Richard Weiskopf (2006: 84-97) analysiert, dass und wie der Diskurs über den entstehenden Kapitalismus beide Leidenschaften – die gierende und die aufbegehrende

13 Dieser Zusammenhang wird auch in der Accountingforschung thematisiert. Siehe dazu z.B. Carruthers/ Espeland (1991); Hopwood (1992); Hopwood/Miller (1994); Kalthoff et al. (2000); Chiapello/Desrosières (2006); Chiapello (2007, 2008, in diesem Band); Kalthoff (2007a, 2007b); Mennicken/Vollmer ((Hrsg.) 2007).

14 Der neue Geist des Kapitalismus ist Gegenstand der Analyse von Boltanski/Chiapello (2003).

15 Vgl. z.B. die bei Hirschman (1987: 63ff) angeführten Quellen.

– als gefährlich betrachtet und wie sie durch bürokratische Herrschaft eingedämmt oder durch die Umwandlung in ökonomische Interessen kanalisiert werden sollten und wurden. Allerdings gibt es auch den umgekehrten Fall, dass die Leidenschaften – im Dienste der Ökonomie (im neueren Sinne) – mobilisiert werden (ebd.: 141-159).

Diese Verschränkungen von „Rationalität" und „Emotionalität" lassen sich auch am Beispiel unterschiedlicher Deutungen der Ursachen der aktuellen Finanzkrise (vgl. dazu auch Langenohl in diesem Band) veranschaulichen: Für die einen sind es ökonomische Fehlsteuerungen durch disfunktionale Anreizsysteme, die bewirken, dass BankerInnen mit dem Geld Ihrer KundInnen hemmungslos spekulieren und diesen Produkte „andrehen", die nur den Verkaufenden nutzen – und auf Seiten der Kaufenden sogar erheblichen finanziellen Schaden verursachen können. Auf der anderen Seite wird die – zur anthropologischen Konstante erklärte – Gier der BankerInnen, BankkundInnen – oder auch ManagerInnen – als Ursache der Krise „entlarvt".[16]

Abschließend lässt sich festhalten: Während zunächst die Wirtschaft – und die Lehre von ihr – gesellschaftlich eingebettet waren, erfolgt dann eine Verselbstständigung und Abkoppelung. Mehr noch: Es kommt zu einer Einbettung der Wirtschaft in die (moderne) Wirtschaftstheorie (Callon 1998a),[17] die ihrerseits – sowohl gesellschaftlich als auch gesellschaftswissenschaftlich – „entbettet" ist. Schließlich werden tendenziell alle Arbeits- und Lebenszusammenhänge ökonomisch betrachtet und ökonomisiert. Von der Ausbreitung ökonomischer Betrachtungen zeugt z. B. die Überlegung Gary Beckers, Kinder seien wie langlebige Konsumgüter (vgl. McCloskey in diesem Band).[18] Diese Ökonomisierungstendenzen und deren Effekte sind auch Gegenstand der Diskursanalysen von Mario Vötsch und Richard Weiskopf sowie von Ruth Wodak in diesem Band.

2   Grundlagen und Anwendungen der Diskursforschung

2.1   Diskursforschung als transdisziplinärer Ansatz

In den letzten zwei Jahrzehnten hat sich die Diskursforschung auch im deutschsprachigen Raum als transdisziplinärer Ansatz etabliert. Wenngleich sie in keiner Einzeldisziplin so etabliert ist, dass sie deren fachliches Selbstverständnis prominent prägt, so stattet sie doch disziplinenübergreifend bzw. transdisziplinär viele ForscherInnen mit einer spezifischen

---

16 Zur diskurstheoretischen Analyse des Finanzsystems siehe auch Stäheli (2007) und Langenohl (2008).

17 Dies wird auch als Performativität der Wirtschaftstheorie oder Theorieeffekt bezeichnet. Siehe dazu Bourdieu (1985a, 2002); MacKenzie/Millo (2003); Diaz-Bone (2006); MacKenzie (2006); MacKenzie et al. (2007) sowie die Beiträge von Chiapello, Diaz-Bone und Langenohl in diesem Band. Die Bedeutung der wirtschaftswissenschaftlichen Innovationen für die Wirtschaft betonen auch Faulhaber/Baumol (1988).

18 Zum sogenannten *Economic Imperialism* siehe auch Becker (1976, 1990) und Hirschleifer (1985).

Theorieperspektive – und zunehmend auch Methodologie – aus, die es ihnen ermöglicht, ihre wissenschaftlichen „Gegenstände" als genuin diskursive zu betrachten.

Von den Rändern der Disziplinen vernetzt sich die Diskursforschung zu einem Feld, in dem seit einigen Jahren Fragen der Theorie-, der Methodologie und der Methodenentwicklung und anwendung aufgegriffen und innerhalb sowie zwischen den Fächern diskutiert werden. Insofern kann die Diskursforschung als eine wissenschaftliche Bewegung angesehen werden, die durch ihre Analysen erkennen lässt, dass es sich bei den „Evidenzen", „Tatsachen" und „Wahrheiten" der jeweiligen Disziplin um soziale Konstruktionen handelt, und die damit zugleich die Ordnung der Disziplinen selbst problematisiert – oder auch reorganisiert.

2.2   Das Feld der Diskursforschung

Den wohl international sichtbarsten Beitrag zur Etablierung der Diskursforschung hat Teun A. van Dijk geleistet. Er hat verschiedene (jeweils mehrbändige) Sammelbände publiziert, die das breite Spektrum der Ansätze innerhalb der Diskursforschung versammeln (van Dijk (Hrsg.) 1985, 1997, 2007). Er hat des Weiteren die Zeitschriften *Discourse & Society, Discourse Studies, Discourse & Communication* mitbegründet und ist deren (Mit-)Herausgeber.[19] Seit den 1980er Jahren integriert er in seinen Arbeiten linguistische, kognitionstheoretische sowie soziologische Zugänge zur Diskursanalyse (van Dijk 1980, 2008, 2009). Van Dijk ist heute zudem ein Vertreter der Kritischen Diskursanalyse, die an die historischen Arbeiten von Michel Foucault und an die dort vorgenommene Diskursanalyse der Verkopplung von Wissens-Macht-Praktiken anschließt.

Sowohl das internationale Feld als auch das (Teil-)Feld der Diskursforschung im deutschsprachigen Raum sind insbesondere durch die Arbeiten Foucaults beeinflusst (vgl. Keller et al. (Hrsg.) 2006; Diaz-Bone et al. 2008). Foucault galt in Frankreich seit den 1960er Jahren als einer der Hauptvertreter des französischen Strukturalismus und insbesondere der französische Epistemologie (Frank 1983; Dosse 1996, 1997). Letztere war seit den 1920er Jahren durch Gaston Bachelard (1978, 1980, 1988) als eine Wissenschaftsgeschichte entwickelt worden, die die interne Wissensordnung in Wissenschaftskollektiven analysiert und die heute als Protoversion der Foucaultschen Diskursanalyse aufgefasst werden kann (Diaz-Bone 2008). Foucault erweiterte im Anschluss an Bachelard die Analyse von Wissensordnungen auf den Bereich der Sozialwissenschaften insgesamt. Mit der *Archäologie des Wissens* (Foucault 1973) legte er dann Ende der 1960er Jahre einen Entwurf für eine Theorie der diskursiven Praxis vor. Auch wenn Foucault heutzutage eine allgegenwärtige Referenz für die Diskursforschung ist, darf man nicht übersehen, dass der Diskursbegriff auch von anderen französischen (Post-)Strukturalisten (wie Claude Lévi-Strauss, Jacques Derrida, Roland Barthes und Jacques Lacan) verwendet wird. Auch ist umstritten, inwieweit die Arbeiten Foucaults Orientierungen für die empirische Erforschung von Diskursen bieten. Laut Michael Schwab-Trapp (2006: 264) stammt von Foucault das „derzeit wohl

---

19 Siehe die Homepage von van Dijk unter: www.discourses.org.

prominenteste Modell für eine empirisch orientierte Diskursanalyse". Auch für Philipp Sarasin (2006: 64) basiert die „Foucaultsche Diskursanalyse […] auf einem sehr empirischen Konzept von Diskurs". Rainer Diaz-Bone (2009) und Reiner Keller (2007) verorten Foucault dagegen nicht unter „Diskursanalyse", sondern unter „Diskurstheorie". Folgt man dieser Unterscheidung, dann arbeitet erst Michel Pêcheux die Diskurstheorie Foucaults zu einem methodischen Ansatz aus (Hak/Helsloot (Hrsg.) 1995; Williams 1999; Diaz-Bone 2007) und beeinflusst mit seinen Arbeiten in Frankreich vor allem die sozialhistorische Diskursforschung.

Im deutschsprachigen (Teil-)Feld stellt die Gruppe um Jürgen Link und dessen Zeitschrift *kultuRRevolution* seit den 1980er Jahren ein einflussreiches Forum der – an Foucault anschließenden – Diskursforschung dar. Sie bringt vor allem Arbeiten zu einer (Diskurs-)Theorie der Kollektivsymbole hervor (Link 1984; Drews et al. 1985; Becker et al. 1997). Angenommen wird darin die Existenz eines Systems synchroner Kollektivsymbole, das wie eine kognitive Tiefenstruktur in einer Gesellschaft vorhanden ist – und ermöglicht, dass Spezialdiskurse[20] in populäre massenmediale Diskurse übersetzt werden und dort Machteffekte ausüben können. An Link anschließend wurde am Duisburger DISS-Institut die Foucaultsche Diskursforschung in vielen empirischen Studien ausgearbeitet. Von seinem Gründer Siegfried Jäger stammen *Kritische Diskursanalyse* (Jäger 2004), ein Band zur Methodologie, und – zusammen mit Margarete Jäger – *Deutungskämpfe* (Jäger/Jäger 2007). Wie van Dijk versteht sich auch Jäger als Vertreter der Kritischen Diskursanalyse (Jäger 2006b). Ruth Wodak hat in Wien eine Gruppe von Diskursforschenden formiert, die ebenfalls eine Schule der Kritischen Diskursanalyse bilden (Wodak/Meyer 2001; Wodak in diesem Band).[21] Hannelore Bublitz hat mit Mitarbeiterinnen ebenfalls eine sozialkritische Form der an Foucault orientierten Diskurstheorie erarbeitet (Bublitz 1998, 1999, 2003; Bublitz et al. (Hrsg.) 1999). In den frühen 2000er Jahren hat sich dann eine Gruppe von Diskursforschenden zum „Arbeitskreis Diskursforschung" zusammengeschlossen. Dieser hat verschiedene Tagungen veranstaltet und die Beiträge in zwei Sammelbänden publiziert (Keller et al. (Hrsg.) 2006, 2008).[22] Die (mehrsprachige) Online-Zeitschrift *Forum Qualitative Sozialforschung* ist derzeit die wichtigste Zeitschrift für die verschiedenen Ansätze der deutschsprachigen Diskursforschung – und über diese hinaus.[23]

Neben den hier vorgestellten gibt es schließlich auch Ansätze der Diskursanalyse, die sich auf andere Theorietraditionen beziehen und andere Methodologien entwickelt haben, wie die Konversationsanalyse und die Rahmenanalyse. Wenn man den Diskursbegriff sehr

---

20 Unter Spezialdiskursen versteht Link Diskurse, die spezifischen Institutionen und Gruppen zugeordnet werden, wie beispielsweise fachwissenschaftliche Diskurse.

21 Wodak hat auch mit Norman Fairclough zusammengearbeitet und ist die Nachfolgerin auf dessen Lehrstuhl in Lancaster.

22 Die Beiträge von Keller (2007), Wedl (2007) und Diaz-Bone et al. (2008) systematisieren die Arbeiten zum (deutschsprachigen) Feld der Foucaultschen Diskursanalyse.

23 Die Zeitschrift ist online verfügbar unter www.qualitative-research.net.
    Ein Überblick über Gruppen und Ansätze der internationalen Diskursforschung findet sich in der Ausgabe Forum Qualitative Sozialforschung 2007 (2): *The field of Foucaultian discourse analysis: Structures, developments and perspectives.*

weit fasst, können dazu auch noch Analysen von Narrationen, Metaphern, Rhetoriken, Kategorisierungen sowie – z. T. damit verknüpfte – Ansätze der Sprachphilosophie gezählt werden. Das leitet über zu den Fragen, was unter „Diskurs" verstanden wird bzw. welche unterschiedlichen Konzepte von „Diskurs" mit den jeweiligen Ansätzen verbunden sind.

2.3   Diskurskonzeptionen und beispielhafte Anwendungen

Mit der Vorstellung der unterschiedlichen Diskurskonzeptionen werden jeweils exemplarisch Diskursanalysen zu „Ökonomie" angeführt, die Anwendungen der jeweiligen Konzeption darstellen.

In der Linguistik bezeichnet Mitte des 20. Jahrhunderts der Begriff Diskurs zunächst die grammatikalische Struktur oberhalb der Ebene von Sätzen, also die formale satzübergreifende Organisation eines Textes (Harris 1952). Roland Barthes hat in den 1960er Jahren den Diskursbegriff verwendet, um damit die narrative Struktur von Texten zu bezeichnen (Barthes 1988a).

Der heute prominenteste Diskursbegriff ist von Michel Foucault entwickelt worden. Er setzt sich ab sowohl vom linguistischen Diskursbegriff als auch vom Alltagsverständnis, das „Diskurs" mit Gespräch gleichsetzt. Foucault versteht Diskurse als Praxisformen, die in einem Wissensbereich oder einem sozialen Feld die Sprechpraxis reglementieren. Wer also dort Aussagen tätigen will, die ernst genommen werden und Geltung beanspruchen können – die oder der berücksichtigt (zumeist vorbewusst) die diskursiven Regeln in diesem Bereich oder Feld. Foucault kann daher einen Diskurs definieren als ein System von Aussagen, deren Hervorbringung durch ein Set von diskursiven Regeln geprägt wird. Das System der hervorgebrachten Aussagen eines Diskurses beinhaltet dann – als Folge dieser reglementierten Produktion – auch diese diskursiven Regeln. Weitere Aussagen finden damit bereits einen reglementierten Aussagekontext vor, an den sie nur anschließen können, wenn sie mit der Art und Weise des Aussagens konform gehen – wenn sie also die diskursiven Regeln weiter berücksichtigen.

Wie kann man sich den Regelbegriff Foucaults genauer vorstellen? Regeln sind die Arten und Weisen, wie Diskurselemente untereinander in Beziehung gesetzt werden:

> „[…] und man wird schließlich verwiesen auf die Herstellung von Beziehungen, die die diskursive Praxis selbst charakterisiert; und man entdeckt auf diese Weise keine Konfiguration oder Form, sondern eine Gesamtheit von *Regeln*, die einer Praxis immanent sind und sie in ihrer Spezifität definieren." (Foucault 1973: 70; Herv. im Orig.)

Diese Regeln sind keine ahistorischen, grammatikalischen oder logischen Regeln, sondern jeweils historisch spezifische und sozialhistorische. Sie bringen die Begriffe, die (im Wissen bezeichneten) Objekte, die Äußerungsmodalitäten und die denkmöglichen Strategien konstruktiv hervor (vgl. dazu auch Diaz-Bone in diesem Band). Die Folge ist, dass die Foucaultsche Diskurstheorie – und die an ihr orientierten Diskursanalysen – die diskursive

Praxis nicht als sprachliche Abbildung einer vordiskursiven Realität betrachten, sondern die Position vertreten, dass die diskursive Praxis erst Bedeutungen und Wissen hervorbringt.

> „[…] ich möchte an präzisen Beispielen zeigen, daß man bei der Analyse der Diskurse selbst die offensichtlich sehr starke Umklammerung der Wörter und der Dinge sich lockern und eine Gesamtheit von der diskursiven Praxis eigenen Regeln sich ablösen sieht. Diese Regeln definieren keineswegs die stumme Existenz einer Realität, keinesfalls den kanonischen Gebrauch eines Wortschatzes, sondern die Beherrschung der Gegenstände. […] Eine Aufgabe, die darin besteht, nicht – nicht mehr – die Diskurse als Gesamtheiten von Zeichen (von bedeutungstragenden Elementen, die auf Inhalte oder Repräsentationen verweisen), sondern als Praktiken zu behandeln, die systematisch die Gegenstände bilden, von denen sie sprechen. Zwar bestehen diese Diskurse aus Zeichen; aber sie benutzen diese Zeichen für mehr als nur zur Bezeichnung der Sachen. Dieses *mehr* macht sie irreduzibel auf das Sprechen und die Sprache. Dieses *mehr* muß man ans Licht bringen und beschreiben." (Foucault 1973: 74; Herv. im Orig.)

In dieser Hinsicht stellen Diskurse eine eigene Realität dar. In der Diskurstheorie spricht man daher von der „Materialität des Diskurses":

> „Diskurse gelten nicht als wesenhaft passive Medien einer In-Formation durch Realität, sozusagen als Materialitäten zweiten Grades bzw. als ‚weniger materiell' als die echte Realität. Diskurse sind vielmehr vollgültige Materialitäten ersten Grades unter den anderen." (Link 1992: 40)

Aus dieser eigenen diskursiven Materialität folgt, dass Diskurse nicht die Diskurse von Sprechenden sind – auch wenn letztlich immer konkrete Personen sprechen:

> „In der Analyse, die hier vorgeschlagen wird, haben die Formationsregeln ihren Platz nicht in der ‚Mentalität' oder dem Bewußtsein der Individuen, sondern im Diskurs selbst; sie auferlegen sich folglich gemäß einer Art uniformer Anonymität allen Individuen, die in diesem diskursiven Feld sprechen." (Foucault 1973: 92f)

Foucault hat die Wirkmächtigkeit der diskursiven Praktiken in der Hervorbringung von sozialen Klassifikationen, Kategorien, Identitäten und Denkstilen in seinen historischen Analysen evident rekonstruiert. Diskurse sind untrennbar verbunden mit Machtwirkungen – auch und insbesondere in der Verkopplung mit nicht-diskursiven Praktiken. Daraus folgt für eine Kritische Diskursanalyse:

> „Basically ‚critical' is to be understood as having distance to the data, embedding the data in the social, taking a political stance explicitly, and focus on self-reflection as scholars doing research." (Wodak 2001: 9)

Eine solche Diskursanalyse zur Ökonomisierung der Universitäten unternimmt Wodak in diesem Band. Neben VertreterInnen der Kritischen Diskursanalyse (als Schule bzw.

Schulen) orientieren auch andere ForscherInnen ihre Diskursanalysen an Foucault und fokussieren auf die Machtwirkungen von Diskursen.[24] An Foucault schließen auch Ernesto Laclau und Chantal Mouffe (2000) an. Ihre Hegemonietheorie kann ebenfalls als eine gesellschaftskritische Diskurstheorie betrachtet werden (vgl. auch Keller 2007: 52ff). Auf ihr basiert die empirische Studie von Martin Nonhoff (2006). Er untersucht die diskursive Konstruktion und die diskursiven „Investitionen", die erforderlich waren, um die bundesdeutsche Wirtschaftsordnung der „sozialen Marktwirtschaft" zur dominanten Denkweise werden zu lassen.[25]

Eine ganz andere Tradition der Diskursanalyse stellt die Konversationsanalyse dar, die Diskurse als Interaktionsordnungen versteht und untersucht. Sie geht von der soziologischen Theorie der Ethnomethodologie (Garfinkel 1967) aus, die AkteurInnen die Kompetenz zuspricht, in sozialen Situationen handelnd Strukturen auszubilden, die dann wiederum zu Interaktionsordnungen für das weitere Handeln werden. Harvey Sacks hat in den 1970er Jahren diesen handlungstheoretischen Ansatz auf die Analyse von Gesprächen angewandt und dafür (mit seinen Mitarbeitern Emmanuel Schegloff und Gail Jefferson) die diskursanalytische Methode der Konversationsanalyse entwickelt (Sacks 1992; ten Have 1999). Auf ihr basieren Studien wie z. B. *Diversity in Action* (Frohnen 2005), *Über Geld spricht man* (Habscheid et al. (Hrsg.) 2006) und die Beiträge von Ingo Matuschek und Frank Kleemann sowie von Gisela Brünner in diesem Band.

Foucault (bzw. an ihn anschließende Ansätze) und die Konversationsanalyse haben ganz unterschiedliche Diskursverständnisse. Aus der Sicht der Konversationsanalyse sind es die Subjekte, die interagierend – diskursiv – soziale Ordnungen herstellen. Foucault arbeitet dagegen heraus, dass und wie Diskurse aus Individuen Subjekte machen, und zwar im doppelten Sinn von „[…] vermittels Kontrolle und Abhängigkeit jemandem unterworfen sein und durch Bewußtsein und Selbsterkenntnis seiner eigenen Identität verhaftet sein" (Foucault 1994: 246).

Diskursanalysen, die an Foucault orientiert sind, siedeln die diskursive Praxis als erklärendes Prinzip nicht auf der Mikroebene an, d. h., als wirkmächtig gelten Diskurse nicht als Praktiken von Individuen, sondern als kollektive und historische Formationen auf der Meso- oder Makroebene der Gesellschaft (bzw. in der Wirtschaft). Durch ihre subjektivierenden Effekte wirken sie aber auch in die Mikroebene hinein, indem sie Identitäten und Körperlichkeiten formieren.

Ein weiterer Ansatz ist die Rahmenanalyse, die auf die soziologische Theorie von Erving Goffman (1980) zurückgeht. Dieser versteht unter Rahmen Interpretationsrahmen, die AkteurInnen verwenden, um Situationsdefinition und Handlungssinn wechselseitig und koordiniert zu deuten. Die Rahmenanalyse als diskurstheoretischer Ansatz (Dahinden 2006; Scheufele 2003) zieht Textkorpora heran, um hieraus die in der Textproduktion

---

24 Siehe z.B. Fairclough (1992, 1993); Townley (1994, 2003); Iedema/Wodak (1999); Thomas (2003); Krell/Weiskopf (2006); Sieben (2007); Krell, Vötsch/Weiskopf und – zusammenfassend – Sieben in diesem Band.

25 Durch die Arbeiten von Laclau (1990) inspiriert sind die konzeptionellen Überlegungen von Contu und Willmott (2003) zu den Verschränkungen von Macht, Lernen und Organisation.

verwendeten Rahmen in einer hermeneutischen Vorgehensweise, d. h. interpretierend, zu identifizieren. Bislang gibt es nur wenige rahmenanalytische Arbeiten zur Diskursivität der Ökonomie (wie z. B. Lounsbury et al. 2003). Aber die Rahmenanalyse birgt ein großes – noch nicht ausgeschöpftes Potenzial – für dieses Forschungsfeld.

Auch die Analyse der narrativen Struktur von „ökonomischen" Erzählungen kann als ein diskursanalytischer Ansatz aufgefasst werden. Hier hat Barbara Czarniawska (in diesem Band; Czarniawska-Joerges 2000) viele – auch empirische – Arbeiten zur konstitutiven Funktion von Narrationen in Organisationen vorgelegt, die an die Theorien der Narration von Wladimir Propp (1986) und die strukturale Semantik von Algirdas Greimas (1971) anschließen.

Als diskursanalytisch im weiteren Sinne können auch verschiedene sprachphilosophische Konzepte angesehen werden. Das gilt für das Sprachspielkonzept von Wittgenstein, das Graham Astley und Raymund Zammuto (1992) in die Managementforschung eingebracht haben und das dort vielfach aufgegriffen wurde.[26] Dazu zählt weiter die Sprechakttheorie, die von John Austin (1972) begründet und dann von seinem Schüler John Searle auf ökonomische Institutionen, wie z. B. das Geld, bezogen wurde (Searle 1997, in diesem Band). Nicht nur die Sprechakttheorie selbst, sondern auch daran anschließende Konzepte und Analysen von ökonomischer Rhetorik, wie Deirdre McCloskeys (1998) *Rhetorics of Economics* haben Eingang in die Organisationsforschung gefunden (vgl. z. B. Ortmann 2004: 76f).

Eng verbunden mit Rhetorikanalysen sind Metaphernanalysen. Hier werden zunächst einmal weder großflächige diskursive Ordnungen analysiert (wie bei der Foucaultschen Diskursanalyse) noch Diskursordnungen, die aus Interaktionen hervorgehen (wie bei der Konversationsanalyse). Die Metaphernanalyse setzt vielmehr bei der „Inventarisierung" von Metaphern an, um dann aber zu zeigen, dass das Denken, d. h. das diskursive Vernetzen von Wissenselementen, sowie das Argumentieren durch eben diese Metaphern ermöglicht und organisiert wird (Lakoff/Johnson 2003). Die Arbeiten von Deirdre McCloskey, Arjo Klamer und Philipp Mirowski haben die Metaphorizität des ökonomischen Denkens vielfach belegt und gezeigt, dass ökonomische Rhetorik nicht einfach die strategische, verzerrende Verwendung von Metaphern zur Überredung von anderen ist, sondern dass Ökonomie notwendig rhetorisch sein muss, um die Richtigkeit und Legitimität ihres Denkens zu vermitteln.[27]

In der Organisationsforschung finden sich zahlreiche und vielfältige Analysen der Funktionen und des Zusammenspiels von Narrationen, Metaphern, Rhetorik sowie auch anderer Aspekte oder Facetten organisationaler Diskurse.[28] Hinzu kommen Arbeiten,

---

26 Siehe z.B. Mauws/Phillips (1995); Kieser (1996); Lounsbury/Glynn (2001); Boje et al. (2004); Rindova et al. (2004); Robichaud et al. (2004); Ferraro et al. (2005) und zusammenfassend Sieben in diesem Band.

27 Siehe McCloskey (1990, 1998, in diesem Band); Klamer et al. ((Hrsg.) 1988); Mirowski ((Hrsg.) 1993). Dieser Ansatz ist vielfach aufgegriffen worden – so z.B von Dolfsma (2001), von Livesey (2002) speziell für den Bereich Public Relations (PR) und von Brownlie/Saren (1997) sowie Hirschman (2007) für das Marketing.

28 Eine wichtige Rolle spielen Metaphern, Rhetorik und Narrationen z.B. in Zusammenhang mit der diskursiven Fabrikation von „Unternehmenskultur" bzw. „Organisationskultur" (vgl. Krell

die im Zwischenraum von Ökonomie, Sprachwissenschaften und Kommunikationswissenschaften angesiedelt sind, wie z. B. *Economics as discourse* (Samuels (Hrsg.) 1999), *Wirtschaftskommunikation* (Brünner 2000), *Angewandte Diskursforschung* (Brünner et al (Hrsg.) 2002a, 2002b), *Economics and language* (Rubinstein 2000), *Sprache und Ökonomie* (Männel 2002), *Discourse, ideology and specialized communication* (Garzone/Sarangi (Hrsg.) 2007), *Ökonomie, Sprache, Kommunikation* (Kabalak et al. (Hrsg.) 2008).

Zwei weitere Analyseperspektiven, die Märkte als Diskursordnungen konzipieren, haben Pierre Bourdieu und Harrison White vorgelegt. Dabei handelt es sich jeweils um soziologische Marktmodelle, in denen diskursive Praktiken oder Diskursordnungen eine konstitutive Rolle spielen. Beide Theorien fundieren ein strukturalistisches Marktmodell. Bourdieu (2002, 2005a, 2005b) konzipiert Märkte als soziale Felder, in denen die verschiedenen Produzenten aufgrund ihrer unterschiedlichen Kapitalformen und Kapitalvolumina Positionen einnehmen.[29] Zentral für Bourdieus Marktmodell ist, dass in diesen Feldern auch die diskursiven Strategien für die Konstruktion der Marktordnung als bedeutsam einbezogen werden, um die eigene Sichtweise im Markt durchzusetzen und das eigene symbolische Kapital zu vermehren. Harrison White (2000, 2002; White/Godard 2007) hat Märkte als Netzwerke konzipiert, in denen Produzenten sogenannte Qualitätsnischen einrichten. Zentral für das Funktionieren und die Stabilität der Marktordnung sind diskursive Praktiken, die die Qualitätskonzeptionen und die Qualitätsordnung hervorbringen und reproduzieren. In Deutschland hat insbesondere Sophie Mützel das Whitesche Marktmodell weiter diskurstheoretisch ausgearbeitet und auf den Medienmarkt bezogen (Mützel 2007, in diesem Band).[30]

Abschließend sollen hier zwei Forschungsbereiche vorgestellt werden, die nicht ausschließlich der Diskursforschung zugeordnet werden, aber dennoch (noch stärker) in diese integriert werden können: die Analyse kognitiver mentaler Modelle und die Analyse von Tiefenstrukturen und fundierenden Wissenskategorien.

In der Institutionenökonomik haben beispielsweise Arthur Denzau und Douglass North (1994) die Relevanz mentaler Modelle herausgestellt. In seiner Theorie des Institutionenwandels betont North (2005) die Bedeutung jener kollektiven soziokognitiven Prozesse, die van Dijk seit vielen Jahren aus diskursanalytischer Perspektive theoretisiert und analysiert (van Dijk/Kintsch 1983; van Dijk 2008, 2009). Van Dijk integriert in seiner Diskurstheorie das Konzept der mentalen Modelle und der Soziokognition, indem er mentale Modelle als Resultat diskursiver Praktiken auffasst und argumentiert, dass diese Modelle gerade die Funktion haben, die sozialen Kontexte in Diskursen zu repräsentieren (van Dijk 2008).

1992, 1994: 248ff, 1995 und die dort angegebenen Quellen. Zu organisationalen Diskursen siehe auch Iedema/Wodak (1999); Weiskopf ((Hrsg.) 2003); Cooren (2004); Green (2004); Oswick et al. ((Hrsg.) 2004); Ferraro et al. (2005); Schreyögg/Koch ((Hrsg.) 2005); Hirsch/de Soucey (2006) sowie die Schwerpunktausgaben *Discourse & Society* 1999 10(1), *Academy of Management Review* 2004 29(4) und *Academy of Management Review* 2005 30(1).

29 Vgl. dazu auch Diaz-Bone (2006, 2007).

30 Siehe dazu auch die Marktmodelle von Aspers (2007) und Smith (2007), die ebenfalls die interpretativen Praktiken als konstitutiv für Märkte ansehen.

Damit wird für die Beteiligten die soziale Umwelt im Diskurs repräsentiert und eine geteilte Kognition sozialer Dimensionen (Soziokognition) möglich.[31]

Die Analyse des Zusammenhangs zwischen fundamentalen Kategorien einerseits und sozialen Praktiken oder auch Institutionen andererseits geht bis auf Durkheim zurück. Die Neodurkheimianerin Mary Douglas hat diese Analyseperspektive modernisiert und in ihrem Institutionenkonzept die kognitionstheoretische Argumentation eingebracht, dass Institutionen für ein Denkkollektiv Klassifikationen sind oder für dieses das Klassifizieren bewerkstelligen. Douglas argumentiert weiter, dass Klassifikationen ihrerseits auf einer Tiefenstruktur – in ihrem Fall auf einer grundlegenden Analogie – basieren, die die Klassifikation mit Kohärenz ausstattet und die Kognition vorrastert. Klassifikationen müssen demnach ihrerseits wieder durch ein Prinzip fundiert sein.

> „Zunächst einmal hängt schon die Möglichkeit des Diskurses von einer Einigung über Grundkategorien ab. Nur Institutionen können definieren, was als gleich zu gelten hat. Ähnlichkeit ist eine Institution." (Douglas 1991: 93)

Fundamentale Kategorien sind damit die soziokognitive Fundierung sowohl für Diskurse als auch für Institutionen. Wie der spätere North (2005) fasst auch Douglas Institutionen als soziokognitive Sachverhalte auf. Ein wirtschaftliches Institutionenkonzept, das – wie das des frühen North (1991) – Institutionen mit Regeln gleichsetzt, greift damit aus diskurstheoretischer Sicht zu kurz. Die Entwicklung, Auslegung und Anwendung von Regeln muss sich auf fundamentale Kategorien stützen, ohne die Regeln immer unvollständig bleiben (Diaz-Bone 2013).

Douglas betont die Wechselwirkung zwischen Institutionen und Kategorien. Sie konzipiert die Entstehung folgendermaßen: (1) Akteure schaffen Institutionen, (2) Institutionen basieren auf Analogien/Oppositionen, (3) Institutionen klassifizieren, (4) damit wirken diese vorreflexiv auf die Individuen zurück. Auch John Searle (in diesem Band) hat eine sprachtheoretische Fundierung des Institutionenkonzepts vorgeschlagen. Institutionen gelten in Sprachkollektiven, wenn dort gilt, dass ein Sachverhalt „X als Y im Kontext C" gilt. Insgesamt zeigt sich, dass zwar verschiedene – hier nur skizzierte – diskurstheoretische Fundierungen von Institutionentheorien vorliegen, aber noch keine systematische *diskurstheoretische* Ausarbeitung für die Analyse ökonomischer Institutionen in Angriff genommen wurde (vgl. dazu auch Phillips et al. 2004). Insgesamt formulieren die diskurstheoretischen Ansätze eine Kritik an der Gleichsetzung von Institutionen mit Regeln.

Die Bedeutung von Kategorien für die Konstitution von Märkten verdeutlichen Analysen des Konsums und von Produktkategorien.[32] Warum die Analyse von Kategorien für Märkte so zentral ist, erläutern Michael Lounsbury und Hayagreeva Rao:

---

31 Einen Entwurf für eine diskurstheoretische Integration des soziologischen Institutionenkonzepts von Berger und Luckmann hat Keller (2008) vorgelegt.

32 Siehe z.B. zum Konsum Douglas/Isherwood (1979); Bourdieu (1982); DiMaggio (1986, 1997) und zu Produktkategorien Porac et al. (1995); Rosa et al. (1999); Zuckerman (1999); Porac et al. (2002); Kennedy (2005); Podolny (2005); Mützel (2007, in diesem Band). Hier sind auch viele Arbeiten angesiedelt, die sich auf den soziologischen Neoinstitutionalismus beziehen. Da auch

„The creation of product categories is but an instance of commensuration – the transformation of different qualities into a common metric [...]. Product categories [...] are cognitive infrastructures that underpin markets; when the core similarities of goods are obscured by too many functionally irrelevant differences, consumers and producers may not be able to make appropriate comparisons [...]. Like other kinds of social categories, product categories consequently structure cognition and behavior by establishing boundaries around similar kinds of entities. [...] Once categories are in place, the behavior of actors increasingly conforms to them because they become default mechanisms to make sense of the world." (Lounsbury/ Rao 2004: 973f)

Dieses Zitat lässt den Einfluss und die Aktualität von Mary Douglas für die Marktanalyse deutlich werden. Das oben angeführte Zitat von Douglas selbst und die diskurstheoretische Perspektive auf Institutionen verweisen darauf, dass es in Diskursen immer Tiefenstrukturen geben muss. Die Analyse von Klassifikationen bei Foucault hebt die Bedeutung von vorangehenden Prinzipien für die Erstellung von Klassifikationen ebenfalls hervor. In *Die Ordnung der Dinge* verdeutlicht Foucault (1971) an einem Beispiel, wie befremdlich, unverständlich oder gar unsinnig uns eine Klassifikation erscheint, die auf keinem uns vertrauten Klassifikationsprinzip beruht. Er zitiert einen Text (von Luis Borges), der wiederum eine Klassifikation beinhaltet.

„Dieser Text zitiert ‚eine gewisse chinesischen Enzyklopädie', in der es heißt, daß ‚die Tiere sich wie folgt gruppieren: a) Tiere, die dem Kaiser gehören, b) einbalsamierte Tiere, c) gezähmte, d) Milchschweine, e) Sirenen, f) Fabeltiere, g) herrenlose Hunde, h) in diese Gruppierung gehörige, i) die sich wie tolle gebärden, k) die mit einem ganz feinen Pinsel aus Kamelhaar gezeichnet sind, l) und so weiter, m) die den Wasserkrug zerbrochen haben, n) die von weitem wie Fliegen aussehen'. Bei dem Erstaunen über diese Taxinomie erreicht man mit einem Sprung, was in dieser Aufzählung als der exotische Zauber eines anderen Denkens bezeichnet wird – die Grenze unseres Denkens: die schiere Unmöglichkeit, *das* zu denken." (Foucault 1971: 17; Herv. im Orig.)

Die Irritation über diese Klassifikation lässt das Fehlen eines erfahrbaren Prinzips, auf dem diese beruht, deutlich werden.[33] Nimmt man sich als Laie eine zeitgenössische Berufsklassifikation mit mehreren Hundert Berufsbezeichnungen vor, dann zeigt sich ebenfalls, dass eine solche Klassifikation unterhalb der ersten Ebene (die zumeist nach Branchen differenziert) befremdlich wirkt, weil andere Prinzipien an die Stelle der Branche treten und die Ordnung der Berufe dann immer weniger vertraut ist. Tatsächlich tritt nun zu Tage, dass man Berufe nicht einfach anhand eines Prinzips klassifizieren kann und zumeist mehrere Prinzipien für die Klassifikation herangezogen werden (Desrosières/Thévenot 1979, 2002; vgl. auch Diaz-Bone 2013).

Nicht nur in der diskursiven Praktik der amerikanischen Einwanderungsbehörden, sondern auch in Zusammenhang mit den diskursiven und nicht-diskursiven Praktiken

---

dieser die Homologie (Strukturgleichheit) zwischen kulturellen Formen (wozu auch Klassifikationen zählen) und Organisationsformen untersucht (Powell/DiMaggio 1991; Hasse/Krücken 1999; Senge/Hellmann 2006), ist er mit einer diskurstheoretischen Perspektive gut vermittelbar.

33 ... oder auch die Unvertrautheit mit der fiktiven chinesischen Kultur.

des *Diversity Management* wird eine Klassifizierung verwendet, die weißhäutige Menschen als *caucasians* kategorisiert.[34] Dieses Beispiel verdeutlicht nicht nur die Irritation, die Kategorien hervorrufen, denen uns „fremde" Klassifizierungsprinzipien zugrunde liegen. Am Beispiel ethnisierender und rassierender Klassifikationen tritt auch besonders deutlich hervor, mit welchen Machtwirkungen solche „Ordnungen" verbunden sein können: Im Nationalsozialismus wurden alle „fremdrassischen" (Juden, Polen, „Ostarbeiter"), „zigeunerischen" (Sinti und Roma), „nicht gemeinschaftsfähigen" (in der Regel: politisch abweichenden) und „nicht erbgesunden" (z. B. behinderten) Menschen per definitionem und auch festgeschrieben durch rechtliche Regelungen aus der „Volksgemeinschaft" und der „Betriebsgemeinschaft" ausgeschlossen.[35] Diese Klassifikation war die Voraussetzung für Verfolgung, „Vernutzung" (durch Zwangsarbeit) und Vernichtung der derart Klassifizierten.

Auf strategische Nutzung zielt auch die folgende „Ordnung der Humanressourcen", die in einem HRM-Lehrbuch vorgenommen wird (vgl. Abbildung 1):

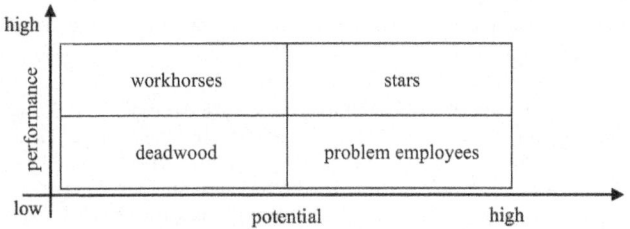

Abb. 1   The Human Ressources Portfolio

Quelle: Odiorne (1984: 66)

Hier sind die der Klassifizierung zugrunde liegenden Prinzipien zwar auf den ersten Blick nachvollziehbarer als in der oben angeführten chinesischen Enzyklopädie, die Ergebnisse aber nicht weniger befremdlich. Das betrifft nicht nur die Verwendung von Tiermetaphern für Menschen, sondern auch und insbesondere die mit dieser Klassifizierung verbundenen subjektivierenden und objektivierenden Machtwirkungen (sensu Foucault).[36]

Weitere Analysebeispiele sind Studien zur „Ordnung der Geschlechter" und zu deren Effekten (Krell 2003, in diesem Band). Eine diskursanalytische Studie mit dem aufschlussreichen Titel *Sprache macht Geschlecht* stammt von Margit Epstein (2000).

Abschließend sei festgehalten: Mit den Analysen zur Praxis der Klassifikation und der diskurstheoretischen Fassung der Institution kann man zwei Ebenen im Diskurs

---

34 Zu caucasians bzw. „caucus groups" siehe z.B. Adams et al. (1997). Zur diskursiven Konstruktion von Diversity (Management) siehe auch Zanoni und Janssens (2004).

35 Vgl. Krell (1994: 123ff) und die dort angegebenen Quellen.

36 Dazu generell mehr in den Beiträgen von Sieben und von Krell in diesem Band.

unterscheiden: den Strom der Aussagen, die die diskursive Praxis ausmachen, und die organisierenden Tiefenstrukturen. In der *Archäologie des Wissens* hat Foucault (1973: 106) darauf hingewiesen, dass das Gewimmel der diskursiven Praxis Systemcharakter hat. Insofern kann auch ein Analyseziel sein, auf diese innere Organisation und die integrierenden diskursiven Tiefenstrukturen interpretierend zu schließen (Diaz-Bone 2005).

3 Schlussbemerkungen

Wir haben im Laufe dieses Überblicks „Diskurs" immer weiter gefasst. Das birgt Risiken und Chancen zugleich. Das damit verbundene Risiko ist die Gefahr einer inflationären Verwendung des Diskursbegriffes. Demgegenüber steht die Chance, Ansätze zu berücksichtigen, bei denen nicht auf den ersten Blick ersichtlich ist, dass dort (auch) Perspektiven der Diskursforschung eingenommen werden oder dass sie anschlussfähig an diese sind – und somit auch einen Beitrag zur Erforschung der Diskursivität der Ökonomie leisten können. Dass es sich dabei um ein transdisziplinäres Projekt handelt, sollte deutlich geworden sein. Deshalb stammen die in diesem Buch versammelten Beiträge von VertreterInnen unterschiedlicher Disziplinen – und auch unterschiedlicher Perspektiven oder Diskurspositionen.

Zeitgenössische Impulse für eine transdisziplinäre Erforschung der Diskursivität der Ökonomie gehen – wie gezeigt – auch von der Accountingfoschung, der Organisations- und Managementforschung, der Marktsoziologie, der Actor-Network-Theorie, den Social Studies of Finance aus, um nur einige zu nennen. In und zwischen diesen Feldern zeichnet sich in den letzten beiden Jahrzehnten eine Konvergenz von kognitiven, institutionentheoretischen und diskurstheoretischen Perspektiven ab. Für diejenigen, die ihre Arbeiten an Foucault orientieren, ist das transdisziplinäre Forschungsprogramm eine Archäologie und Genealogie der Ökonomie.

Literatur

Adams, Maurianne/Bell, Anne Lee/Griffin, Pat (Hrsg.) (1997): Teaching for diversity and social justice. A sourcebook. New York/London: Routledge.

Albach, Horst (1993): Wirtschaftswissenschaften. In: Gabler-Wirtschafts-Lexikon (1993): 3841-3844.

Aspers, Patrik (2007): Wissen und Bewertung auf Märkten. In: Berliner Journal für Soziologie 17. 4. 431-449.

Astley, W. Graham/Zammuto, Raymond F. (1992): Organization science, managers, and language games. In: Organization Science 3. 4. 443-460.

Austin, John L. (1972): Zur Theorie der Sprechakte. Stuttgart: Reclam.

Bachelard, Gaston (1978): Die Bildung des wissenschaftlichen Geistes. Beitrag zu einer Psychoanalyse der objektiven Erkenntnis. Frankfurt a. M.: Suhrkamp.

Bachelard, Gaston (1980): Die Philosophie des Nein. Versuch einer Philosophie des neuen Wissenschaftlichen Geistes. Frankfurt a. M.: Suhrkamp.

Bachelard, Gaston (1988): Der neue wissenschaftliche Geist. Frankfurt a. M.: Suhrkamp.

Barthes, Roland (1988a): Einführung in die strukturale Analyse von Erzählungen. In: Barthes (1988b): 102-143.

Barthes, Roland (1988b): Das semiologische Abenteuer. Frankfurt a. M.: Suhrkamp.

Baum, Joel A. (Hrsg.) (2002): The Blackwell companion to organizations. Oxford: Blackwell.

Beblo, Miriam/Krell, Gertraude/Schneider, Katrin/Soete, Birgit (Hrsg.) (1999): Ökonomie und Geschlecht. München/Mering: Rainer Hampp.

Beblo, Miriam/Soete, Birgit (1999): Zum Zusammenhang von Ökonomie und Geschlecht am Beispiel der Haushaltstheorie. In: Beblo et al. (1999): 11-33.

Becker, Frank/Gerhard, Ute/Link, Jürgen (1997): Moderne Kollektivsymbolik (Teil II). In: Internationales Archiv für Sozialgeschichte der deutschen Literatur 22. 1. 70-154.

Becker, Gary (1976): The economic approach to human behavior. Chicago: University of Chicago Press.

Becker, Gary (1990): Interview. In: Swedberg (1990): 27-46.

Beckert, Jens/Deutschmann, Christoph (Hrsg.) (2009): Wirtschaftssoziologie. Sonderheft der Kölner Zeitschrift für Soziologie und Sozialpsychologie 49. Wiesbaden: VS Verlag für Sozialwissenschaften.

Beckert, Jens/Diaz-Bone, Rainer/Ganßmann, Heiner (Hrsg.) (2007): Märkte als soziale Strukturen. Frankfurt a. M./New York: Campus.

Bendl, Regine (Hrsg.) (2006a): Betriebswirtschaftslehre und Frauen- und Geschlechterforschung. Teil 1 – Verortung geschlechterkonstituierender (Re-)Produktionsprozesse. Frankfurt a. M. et al.: Peter Lang.

Bendl, Regine (Hrsg.) (2006b): Betriebswirtschaftslehre und Frauen- und Geschlechterforschung. Teil 2 – Empirische Ergebnisse zur Standortbestimmung. Frankfurt a. M. et al.: Peter Lang.

Benoït, Paul (1994): Rechnen, Algebra und Warenhandel. In: Serres (1994): 351-393.

Boje, David/Oswick, Cliff/Ford, Jeffrey D. (2004): Language and organization: The doing of discourse. In: Academy of Management Review 29. 4. 571-577.

Boltanski, Luc/Chiapello, Eve (2003): Der neue Geist des Kapitalismus. Konstanz: UVK.

Bourdieu, Pierre (1982): Die feinen Unterschiede. Kritik der gesellschaftlichen Urteilskraft. Frankfurt a. M.: Suhrkamp.

Bourdieu, Pierre (1985a): Sozialer Raum und Klassen. In: Bourdieu (1985b): 9-45.

Bourdieu, Pierre (1985b): Sozialer Raum und Klassen. Frankfurt a. M.: Suhrkamp.

Bourdieu, Pierre (2002): Der Einzige und sein Eigenheim. Erw. Neuausgabe. Hamburg: VSA.

Bourdieu, Pierre (2005a): The social structures of the economy. London: Polity.

Bourdieu, Pierre (2005b): Principles of economic anthropology, in: Smelser/Swedberg (2005): 75-90.

Brian, Eric (2001): Staatsvermessungen. Condorcet, Laplace, Turgot und das Denken der Verwaltung. Berlin: Springer.

Brownlie, Douglas/Saren, Michael (1997): Beyond the one-dimensional marketing manager: The discourse of theory, practice and relevance. In: Journal of Marketing Research 14. 147-161.

Brünner, Gisela (2000): Wirtschaftskommunikation. Linguistische Analyse ihrer mündlichen Formen. Tübingen: Niemeyer.

Brünner, Gisela/Fiehler, Reinhard/Kindt, Walther (Hrsg.) (2002a): Angewandte Diskursforschung. Band 1: Grundlagen und Beispielanalysen. Radolfzell: Verlag für Gesprächsforschung.

Brünner, Gisela/Fiehler, Reinhard/Kindt, Walther (Hrsg.) (2002b): Angewandte Diskursforschung. Band 2: Methoden und Anwendungsbereiche. Radolfzell: Verlag für Gesprächsforschung.

Brunner, Otto (1968a): Das „ganze Haus" und die alteuropäische „Ökonomik". In: Brunner (1968b): 103-127.

Brunner, Otto (1968b): Neue Wege der Verfassungs- und Sozialgeschichte. Göttingen: Vandenhoeck & Ruprecht.

Bublitz, Hannelore (Hrsg.) (1998): Das Geschlecht der Moderne. Genealogie und Archäologie der Geschlechterdifferenz. Frankfurt a. M./New York: Campus.

Bublitz, Hannelore (1999): Foucaults Archäologie des kollektiven Unbewussten. Frankfurt a. M./New York: Campus.

Bublitz, Hannelore (2003): Diskurs. Bielefeld: Transcript.

Bublitz, Hannelore/Bührmann, Andrea/Hanke, Christine/Seier, Andrea (Hrsg.) (1999): Das Wuchern der Diskurse. Perspektiven der Diskursanalyse Foucaults. Frankfurt a. M./New York: Campus.

Callon, Michel (1998a): Introduction: The embeddedness of economic markets in economics. In: Callon (1998b): 1-57.

Callon, Michel (Hrsg.) (1998b): The laws of the markets. Oxford: Blackwell.

Carruthers, Bruce G./Espeland, Wendy Nelson (1991): Accounting for rationality: Double entry bookkeeping and the rhetoric of economic rationality. In: American Journal of Sociology 97. 1. 31-69.

Chiapello, Eve (2007): Accounting and the birth of the notion of capitalism. In: Critical Perspectives on Accounting 13. 3. 263-296.

Chiapello, Eve (2008): Accounting at the heart of the performativity of economics. In: Economic Sociology – Electronic European Newsletter 10. 1. 12-15.

Chiapello, Eve/Desrosières, Alain (2006): La quantification de l'économie et la recherche en sciences sociales: paradoxes, contradictions et omissions. Le cas exemplaire de la „Positive accounting theory". In: Eymard-Duvernay (2006): 297-310.

Chmielewicz, Klaus (1994): Forschungskonzeptionen der Wirtschaftswissenschaft. 3. Auflage. Stuttgart: C.E. Poeschel.

Contu, Alessia/Willmott, Hugh C. (2003): Macht, Lernen und Organisation. In: Weiskopf (2003): 159-183.

Cooren, François (2004): Textual agency: How texts do things in organizational settings. In: Organization 11. 3. 373-393.

Czarniawska-Joerges, Barbara (2000): Symbolism and organization studies. In: Ortmann/Sydow/Türk (2000): 360-384.

Dahinden, Urs (2006): Framing. Konstanz: UVK.

Denzau, Arthur T./North, Douglass C. (1994): Shared mental models: Ideologies and institutions. In: Kyklos 47. 3-31.

Desrosières, Alain (2005): Die Politik der großen Zahlen. Eine Geschichte der statistischen Denkweise. Berlin: Springer.

Desrosières, Alain/Thévenot, Laurent (1979): Les mots et les chiffres: les nomenclatures socioprofessionnelles. In: Économie et statistique 110. 49-65.

Desrosières, Alain/Thévenot, Laurent (2002): Les catégories socioprofessionnelles. 5. Auflage. Paris: La Découverte.

Diaz-Bone, Rainer (2005): Die „interpretative Analytik" als rekonstruktiv-strukturalistische Methodologie. Bemerkungen zur Eigenlogik und strukturalistischen Öffnung der Foucaultschen Diskursanalyse. In: Keller et al. (2005): 179-197.

Diaz-Bone, Rainer (2006): Wirtschaftssoziologische Perspektiven nach Bourdieu in Frankreich. In: Florian/Hillebrandt (2006): 43-71.

Diaz-Bone, Rainer (2007): Habitusformierung und Theorieeffekte: Zur sozialen Konstruktion von Märkten. In: Beckert et al. (2007): 253-266.

Diaz-Bone, Rainer (2008): Die französische Epistemologie und ihre Revisionen. Zur Rekonstruktion des methodologischen Standortes der Foucaultschen Diskursanalyse. In: Historical Social Research/Historische Sozialforschung 33. 1. 29-72.

Diaz-Bone, Rainer (2009): Kulturwelt, Diskurs und Lebensstil. Eine diskurstheoretische Erweiterung der Bourdieuschen Distinktionstheorie. 2. Auflage. Wiesbaden: VS Verlag für Sozialwissenschaften.

Diaz-Bone, Rainer (2013): Sozio-Episteme und Sozio-Kognition. Epistemologische Zugänge zum Verhältnis von Diskurs und Wissen. In: Viehöver et al. (2013): 79-96.

Diaz-Bone, Rainer/Bührmann, Andrea/Gutiérrez Rodríguez, Encarnación/Schneider, Werner/ Kendall, Gavin/ Tirado, Francisco (2008): The field of Foucaultian discourse analysis: Structures, developments and perspectives. In: Historical Social Research 33. 1. 7-28.

DiMaggio, Paul J. (1986): Classification in art. In: American Sociological Review 52. 440-455.

DiMaggio, Paul J. (1997): Culture and cognition. In: Annual Review of Sociology 25. 441- 461.

Dolfsma, Wilfred (2001): Metaphors of knowledge in economics. In: Review of Social Economy 59. 1. 71-91.

Dosse, François (1996): Geschichte des Strukturalismus. Band 1: Das Feld des Zeichens (1945-1966). Hamburg: Junius.

Dosse, François (1997): Geschichte des Strukturalismus. Band 2: Die Zeichen der Zeit (1967-1991). Hamburg: Junius.

Douglas, Mary (1991): Wie Institutionen denken. Frankfurt a. M.: Suhrkamp.

Douglas, Mary/Isherwood, Baron (1979): The world of goods. Towards an anthropology of consumption. London: Routledge.

Drews, Axel/Gerhard, Ute/Link, Jürgen (1985): Moderne Kollektivsymbolik. In: Internationales Archiv für Sozialgeschichte der deutschen Literatur. 1. Sonderheft. 256-375.

Dreyfus, Hubert L./Rabinow, Paul (1994): Michel Foucault. Jenseits von Strukturalismus und Hermeneutik. 2. Auflage. Weinheim: Beltz.

Dülfer, Eberhard (Hrsg.) (1992): Organisationskultur. 2. Auflage. Stuttgart: C.E. Poeschel.

Epstein, Margit E. (2000): Sprache macht Geschlecht. Die Kategorien „Mann" und „Frau" in Texten zur Gleichstellungspolitik. Frankfurt a. M./New York: Campus.

Eymard-Duvernay, François (Hrsg.) (2006): L'économie des conventions. Méthodes et résultats. Band 1: Débats. Paris: La Découverte.

Fabel, Oliver/Nischik, Reingart M. (Hrsg.) (2002): Femina Oeconomica: Frauen in der Ökonomie. München/ Mering: Rainer Hampp.

Fairclough, Norman (1992): Discourse and social change. Cambridge: Polity Press.

Fairclough, Norman (1993): Critical discourse analysis and the marketization of public discourse: The universities. In: Discourse & Society 3. 2. 193-217.

Faulhaber, Gerald R./Baumol, William (1988): Economists as innovators: Practical products of theoretical research. In: Journal of Economic Literature 26. 577-600.

Ferraro, Fabrizio/Pfeffer, Jeffrey/Sutton, Robert (2005): Economic language and assumptions: How theories can become self-fulfilling. In: Academy of Management Review 30. 1. 8-24.

Florian, Michael/Hillebrandt, Frank (Hrsg.) (2006): Pierre Bourdieu. Neue Perspektiven für die Soziologie der Wirtschaft. Wiesbaden: VS Verlag für Sozialwissenschaften.

Foucault, Michel (1971): Die Ordnung der Dinge. Frankfurt a. M.: Suhrkamp.

Foucault, Michel (1973): Die Archäologie des Wissens. Frankfurt a. M.: Suhrkamp.

Foucault, Michel (1976): Überwachen und Strafen. Die Geburt des Gefängnisses. Frankfurt a. M.: Suhrkamp.

Foucault, Michel (1991): Die Ordnung des Diskurses. Frankfurt a. M.: Fischer.

Foucault, Michel (1994): Das Subjekt und die Macht. In: Dreyfus/Rabinow (1994): 240-261.

Fourcade, Marion (2006): The construction of a global profession: The transformation of economics. In: American Journal of Sociology 112. 1. 145-194.

Frank, Manfred (1983): Was ist Neostrukturalismus? Frankfurt a. M.: Suhrkamp.

Franz, Heike/Kieser, Alfred (2002): Die Frühphase der Betriebswirtschaftslehre an Hochschulen (1898-1932) – Von der Handelstechnik zur Betriebswirtschaftslehre als Wissenschaft. In: Gaugler/ Köhler (2002): 61-85.

Frohnen, Anja (2005): Diversity in Action: Multinationalität in globalen Unternehmen am Beispiel Ford. Bielefeld: Transcript.

Gabler-Wirtschafts-Lexikon (1993): Band 8 V-Z. 13. Auflage. Wiesbaden: Gabler.

Garfinkel, Harold (1967): Studies in ethnomethodology. Englewood Cliffs: Prentice Hall.

Garzone, Giuliana/Sarangi, Srikant (Hrsg.) (2007): Discourse, ideology and specialized communication. Bern: Peter Lang.

Gaugler, Eduard/Köhler, Richard (Hrsg.) (2002): Entwicklungen der Betriebswirtschaftslehre: 100 Jahre Fachdisziplin – zugleich eine Verlagsgeschichte. Stuttgart: Schäffer-Poeschel.

Gaugler, Eduard/Oechsler, Walter A./Weber, Wolfgang (Hrsg.) (2004): Handwörterbuch des Personalwesens. 3. Auflage. Stuttgart: Schäffer-Poeschel.

Goffman, Erving (1980): Rahmen-Analyse. Ein Versuch über die Organisation von Alltagserfahrungen. Frankfurt a. M.: Suhrkamp.

Green, Sandy E. (2004): A rhetorical theory of diffusion. In: Academy of Management Review 29. 4. 653-669.

Greimas, Algirdas J. (1971): Strukturale Semantik. Braunschweig: Vieweg.

Grüttner, Michael/Hachtmann, Rüdiger/Haupt, Heinz-Gerhard (Hrsg.) (1999): Geschichte und Emanzipation. Festschrift für Reinhard Rürup. Frankfurt a. M./New York: Campus.

Gutenberg, Erich (1951): Grundlagen der Betriebswirtschaftslehre. Erster Band: Die Produktion. Berlin et al.: Springer.

Gutenberg, Erich (1957): Betriebswirtschaftslehre als Wissenschaft. Krefeld: Scherpe.

Habscheid, Stephan/Holly, Werner/Kleemann, Frank/Matuschek, Ingo/Voß, Günter (Hrsg.) (2006): Über Geld spricht man. Wiesbaden: VS Verlag für Sozialwissenschaften.

Hak, Tony/Helsloot, Niels (Hrsg.) (1995): Michel Pêcheux. Automatic discourse analysis. Amsterdam: Rodopi.

Handelsblatt Wirtschafts-Lexikon: Das Wissen der Betriebswirtschaftslehre. Band 2: Aufwand und Ertrag – Consultingunternehmen. Stuttgart: Schäffer-Poeschel.

Harris, Zelig (1952): Discourse analysis. In: Language 28. 1. 1-30.

Hasse, Raimund/Krücken, Georg (1999): Neo-Institutionalismus. Bielefeld: Transcript.

Hausen, Karin (1999): Häuslicher Herd und Wissenschaft. Zur frühneuzeitlichen Debatte über Holznot und Holzsparkunst in Deutschland. In: Grüttner et al. (1999): 700-727.

Hirsch, Paul/de Soucey, Michaela (2006): Organizational restructuring and its consequences: Rhetorical and social analysis. In: Annual Review of Sociology 32. 171-189.

Hirschleifer, Jack (1985): The expanding domain of economics. In: American Economic Review 75. 6. 53-68.

Hirschman, Albert O. (1987): Leidenschaften und Interessen. Politische Begründung des Kapitalismus vor seinem Sieg. Frankfurt a.M: Suhrkamp.

Hirschman, Elizabeth C. (2007): Metaphor in marketplace. In: Marketing Theory 7. 3. 227-248.

Hopwood, Anthony G. (1992): Accounting, calculation and the shifting sphere of the economic. In: European Accounting Review 1. 1. 125-143.

Hopwood, Anthony G./Miller, Peter (Hrsg.) (1994): Accounting as social and institutional practice. Cambridge: Cambridge University Press.

Iedema, Rick/Wodak, Ruth (1999): Introduction: Organizational discourse and practices. In: Discourse & Society 10. 1. 49-65.

Jäger, Margarete/Jäger, Siegfried (2007): Deutungskämpfe. Theorie und Praxis kritischer Diskursanalyse. Wiesbaden: VS Verlag für Sozialwissenschaften.

Jäger, Siegfried (2004): Kritische Diskursanalyse. Eine Einführung. 4. Auflage. Münster: Unrast.

Jäger, Siegfried (2006a): Diskurs und Wissen. Theoretische und methodische Aspekte einer Kritischen Diskurs- und Dispositivanalyse. In: Keller et al. (2006): 83-114.

Jäger, Siegfried (2006b): Kritische Diskursanalyse: Zur Ausarbeitung einer problembezogenen Diskursanalyse im Anschluss an Foucault. Siegfried Jäger im Gespräch mit Rainer Diaz-Bone. In: Forum Qualitative Sozialforschung / Forum: Qualitative Social Research 7. 3. Verfügbar über: http://www.qualitative-research.net/fqs-texte/3-06/06-3-21-d.pdf.

Kabalak, Alihan/Priddat, Birger/Smirnova, Elena (Hrsg.) (2008): Ökonomie, Sprache, Kommunikation. Marburg: Metropolis.

Kalthoff, Herbert (2007a): Rechnende Organisation: Zur Anthropologie des Risikomanagements. In: Beckert et al. (2007): 135-150.

Kalthoff, Herbert (2007b): Ökonomisches Rechnen: Zur Konstruktion bankwirtschaftlicher Objekte und Institutionen. In: Mennicken/Vollmer (2007): 143-164.

Kalthoff, Herbert/Rottenburg, Richard/Wagner, Hans-Jürgen (Hrsg.) (2000): Facts and figures: Economic representations and practices. (Ökonomie und Gesellschaft: Jahrbuch 16). Marburg: Metropolis.

Keller, Reiner (2007): Diskursforschung. Eine Einführung für SozialwissenschaftlerInnen. 3. Auflage. Wiesbaden: VS Verlag für Sozialwissenschaften.

Keller, Reiner (2008): Wissenssoziologische Diskursanalyse. 2. Auflage. Wiesbaden: VS Verlag für Sozialwissenschaften.

Keller, Reiner/Hirseland, Andreas/Schneider, Werner/Viehöver, Willy (Hrsg.) (2005): Die diskursive Konstruktion von Wirklichkeit. Zum Verhältnis von Wissenssoziologie und Diskursforschung. Konstanz: UVK.

Keller, Reiner/Hirseland, Andreas/Schneider, Werner/Viehöver, Willy (Hrsg.) (2006): Handbuch Sozialwissenschaftliche Diskursanalyse. Band 1: Theorien und Methoden. 2. Auflage. Wiesbaden: VS Verlag für Sozialwissenschaften.

Keller, Reiner/Hirseland, Andreas/Schneider, Werner/Viehöver, Willy (Hrsg.) (2008): Handbuch Sozialwissenschaftliche Diskursanalyse. Band 2: Forschungspraxis. 3. Auflage. Wiesbaden: VS Verlag für Sozialwissenschaften.

Kennedy, Mark T. (2005): Behind the one-way mirror: Refraction in the construction of product market categories. In: Poetics 33. 201-226.

Kieser, Alfred (1996): Moden & Mythen des Organisierens. In: Die Betriebswirtschaft 56. 1. 21-39.

Klamer, Arjo/McCloskey, Deirdre N./Solow, Robert M. (Hrsg.) (1988): The consequences of economic rhetoric. Cambridge: Cambridge University Press.

Köhler, Richard/Küpper, Hans-Ulrich/Pfingsten, Andreas (2006): Betriebswirtschaftslehre. In: Handelsblatt Wirtschafts-Lexikon (2006): 840-861.

Krahl, Hans-Jürgen (1977): Konstitution und Klassenkampf. 3. Auflage. Frankfurt a. M.: Verlag Neue Kritik.

Krell, Gertraude (1992): Organisationskultur – Renaissance der Betriebsgemeinschaft?. In: Dülfer (1992): 147-160.

Krell, Gertraude (1994): Vergemeinschaftende Personalpolitik. München/Mering: Rainer Hampp.

Krell, Gertraude (1995): Neue Kochbücher, Alte Rezepte: „Unternehmenskultur" in den 90er Jahren. In: Die Betriebswirtschaft. 55. 2. 237-250.

Krell, Gertraude (1999): Geschichte der Personallehren. In: Lingenfelder (1999): 125-139.

Krell, Gertraude (2003): Die Ordnung der „Humanressourcen" als Ordnung der Geschlechter. In: Weiskopf (2003): 65-90.

Krell, Gertraude (Hrsg.) (2005): Betriebswirtschaftslehre und Gender Studies. Wiesbaden: Gabler.

Krell, Gertraude/Osterloh, Margit (Hrsg.) (1993): Personalpolitik aus der Sicht von Frauen – Frauen aus der Sicht des Personalpolitik. (Sonderband 1992 der Zeitschrift für Personalforschung). 2. Auflage. München/Mering: Rainer Hampp.

Krell, Gertraude/Weiskopf, Richard (2006): Die Anordnung der Leidenschaften. Wien: Passagen.

Kulischer, Josef (1958): Allgemeine Wirtschaftsgeschichte des Mittelalters und der Neuzeit. Band 1: Das Mittelalter. 2. Auflage. München: Wissenschaftliche Buchgesellschaft.

Laclau, Ernesto (1990): New reflections on the revolution of our time. London: Verso.

Laclau, Ernesto/Mouffe, Chantal (2000): Hegemonie und radikale Demokratie. 2. Auflage. Wien: Passagen.

Lakoff, George/Johnson, Mark (2003): Leben in Metaphern. Konstruktion und Gebrauch von Sprachbildern. 3. Auflage. Heidelberg: Carl Auer.

Langenohl, Andreas (2008): How to change other people's institutions: Discursive entrepreneurships and the boundary object of competition/competitiveness in the German banking sector. In: Economy and Society 37. 1. 68-93.

Lingenfelder, Michael (Hrsg.) (1999): 100 Jahre Betriebswirtschaftslehre in Deutschland. München: Vahlen.

Link, Jürgen (1984): Über ein Modell synchroner Systeme von Kollektivsymbolen sowie seine Rolle bei der Diskurs-Konstitution. In: Link/Wülfing (1984): 63-92.

Link, Jürgen (1992): Die Analyse der symbolischen Komponenten realer Ereignisse. Ein Beitrag der Diskurstheorie zur Analyse neorassistischer Äußerungen. In: OBST 46. 37-54.

Link, Jürgen/Wülfing, Wulf (Hrsg.) (1984): Bewegung und Stillstand in Metaphern. Stuttgart: Klett-Cotta.

Livesey, Sharon M. (2002): Global warming wars: Rhetorical and discourse analytic approaches to ExxonMobil's corporate public discourse. In: Journal of Business Communication 39. 1. 117-148.

Lounsbury, Michael/Glynn, Mary Ann (2001): Cultural entrepreneurship: Stories, legitimacy, and the acquisition of resources. In: Strategic Management Journal 22. 545-564.

Lounsbury, Michael/Rao, Hayagreeva (2004): Sources of durability and change in market classifications: A study of the reconstruction of product categories in the American mutual fund industry, 1944-1985. In: Social Forces 2. 3. 969-999.

Lounsbury, Michael/Ventresca, Marc/Hirsch, Paul (2003): Social movements, field frames and industry emerge: A cultural political perspective on US recycling. In: Socio-Economic Review 1. 71-104.

MacKenzie, Donald (2006): An engine, not a camera. How financial models shape markets. Cambridge: MIT Press.

MacKenzie, Donald/Millo, Yuval (2003): Constructing a market, performing theory: The historical sociology of financial derivates exchange. In: American Journal of Sociology 109. 1. 107-145.

MacKenzie, Donald/Muniesa, Fabian/Siu, Lucia (2007): Do economists make markets? On the performativity of economics. Princeton: Princeton University Press.

Maier, Friederike/Fiedler, Angela (Hrsg.) (2008): Verfestigte Schieflagen: Ökonomische Analysen zum Geschlechterverhältnis. Berlin: Edition Sigma.

Männel, Beate (2002): Sprache und Ökonomie. Über die Bedeutung sprachlicher Phänomene für ökonomische Prozesse. Marburg: Metropolis.

Marx, Karl (1970): Das Kapital. Erster Band. (MEW 23). Berlin: Dietz.

Mauws, Michael K./Phillips, Nelson (1995): Understanding language games. In: Organization Science 6. 3. 322-334.

McCloskey, Deirdre N. (1990): If you're so smart. The narrative of economic expertise. 2. Auflage. Chicago: University of Chicago Press.

McCloskey, Deirdre N. (1998): The rhetoric of economics. 2. Auflage. Madison: University of Wisconsin Press.

Meffert, Heribert (2002): Betriebswirtschaftslehre in den Siebziger- und Achtzigerjahren. In: Gaugler/Köhler (2002): 135-164.

Mennicken, Andrea/Vollmer, Hendrik (Hrsg.) (2007): Zahlenwerk. Kalkulation, Organisation und Gesellschaft. Wiesbaden: VS Verlag für Sozialwissenschaften.

Miller, Peter (2001): Governing by numbers: Why calculative practices matter. In: Social Research 68. 2. 379-396.

Mirowski, Philip (Hrsg.) (1993): Natural images in economics. Cambridge: Cambridge University Press.

Mützel, Sophie (2007): Marktkonstitution durch narrativen Wettbewerb. In: Berliner Journal für Soziologie 17. 4. 451-464.

Nonhoff, Martin (2006): Politischer Diskurs. Das Projekt „Soziale Marktwirtschaft". Bielefeld: Transcript.

North, Douglass C. (1991): Institutions, institutional change and economic performance. Cambridge: Cambridge University Press.

North, Douglass C. (2005): Understanding the process of economic chance. Princeton: Princeton University Press.
Odiorne, George S. (1984): Strategic management of human resources: A portfolio approach. San Francisco: Jossey-Bass.
Ortmann, Günther (2004): Als ob. Fiktionen und Organisationen. Wiesbaden: VS Verlag für Sozialwissenschaften.
Ortmann, Günther/Sydow, Jörg/Türk, Klaus (Hrsg.) (2000): Theorien der Organisation. Opladen: Westdeutscher Verlag.
Oswick, Clifford/Putnam, Linda L./Phillips, Nelson (Hrsg.) (2004): The Sage handbook of organizational discourse. London: SAGE.
Ott, Notburga (1999): Eigenproduktion versus Dienstleistungen im privaten Haushalt – zum ökonomischen Wert der Hausarbeit. In: Beblo et al. (1999): 35-52.
Phillips, Nelson/Lawrence, Thomas B./Hardy, Cynthia (2004): Discourse and institutions. In: Academy of Management Review 29. 4. 635-652.
Picot, Arnold (2002): Jüngste Entwicklungen in der Betriebswirtschaftslehre (ab 1990). In: Gaugler/Köhler (2002): 165-195.
Pirenne, Henri (1976): Sozial- und Wirtschaftsgeschichte Europas im Mittelalter. 4. Auflage. München: UTB.
Podolny, Joel M. (2005): Status signals: A sociological study of market competition. Princeton: Princeton University Press.
Polanyi, Karl (1979): Ökonomie und Gesellschaft. Frankfurt a.M.: Suhrkamp.
Porac, Joseph F./Thomas, Howard/Wilson, Fiona/Platon, Douglas/Kanfer, Alaina (1995): Rivalry and the industry model of Scottish knitwear producers. In: Administrative Science Quarterly 40. 203-227.
Porac, Joseph F./Ventresca, Marc J./Mishina, Yuri (2002): Interorganizational cognition and interpretation. In: Baum (2002): 579-598.
Porter, Theodore M. (1995): Trust in numbers: The pursuit of objectivity in science and public life. Princeton: Princeton University Press.
Powell, Walter W./DiMaggio, Paul J. (Hrsg.) (1991): The new institutionalism in organizational analysis. Chicago: Chicago University Press.
Propp, Vladimir (1986): Morphologie des Märchens. Frankfurt a.M.: Suhrkamp.
Reddy, William M. (1984): The rise of market culture. Cambridge: Cambridge University Press.
Regenhard, Ulla/Maier, Friederike/Carl, Andrea-Hilla (Hrsg.) (1994): Ökonomische Theorien und Geschlechterverhältnis. (fhw forschung 23/24). Berlin: Edition Sigma.
Rindova, Violina/Becerra, Manuel/Contardo, Ianna (2004): Enacting competitive activity, language games and market consequences. In: Academy of Management Review 29. 4. 670-686.
Robichaud, Daniel/Giroux, Hélène/Taylor, James R. (2004): The metaconversation: The recursive property of language as a key to organizing. In: Academy of Management Review 29. 4. 617-634.
Rosa, José A./Porac, Joseph F./Runser-Spanjol, Jelena/Saxon, Michael S. (1999): Sociocognitive dynamics in a product market. In: Journal of Marketing 63. 64-77.
Rose, Nicolas (1991): Governing by numbers: Figuring out democracy. In: Accounting, Organizations and Society 16. 7. 673-692.
Rosenbaum, Heidi (1974a): Einleitung. In: Rosenbaum (1974b): 7-35.
Rosenbaum, Heidi (Hrsg.) (1974b): Familie und Gesellschaftsstruktur. Frankfurt a.M.: Fischer.
Rubinstein, Ariel (2000): Economics and language. Cambridge: Cambridge University Press.
Rühli, Edwin (2002): Betriebswirtschaftslehre nach dem Zweiten Weltkrieg (1945 – ca. 1970). In: Gaugler/Köhler (2002): 111-133.
Sacks, Harvey (1992): Lectures on conversation. 2 Bände. Oxford: Blackwell.
Samuels, Warren J. (Hrsg.) (1990): Economics as discourse. An analysis of the language of economics. Boston: Kluwer.

Samuelson, Paul A./Nordhaus, William D. (2005): Volkswirtschaftslehre. 18. Auflage. Landsberg a.L.: MI-Fachverlag.

Sarasin, Philipp (2006): Diskurstheorie und Geschichtswissenschaft. In: Keller et al. (2006): 55-81.

Schanz, Günther (1999): Wissenschaftsprogramme: Orientierungsrahmen und Bezugspunkte betriebswirtschaftlichen Forschens. In: Lingenfelder (1999): 31-48.

Scheufele, Bertram (2003): Frames – Framing – Framing-Effekte. Opladen: Westdeutscher Verlag.

Schneider, Dieter (1999): Geschichte der Betriebswirtschaftslehre. In: Lingenfelder (1999): 1-29.

Schneider, Dieter (2001): Betriebswirtschaftslehre. Band 4: Geschichte und Methoden der Wirtschaftswissenschaft. München: Oldenbourg.

Schneider, Dieter (2002): Die ersten Handelshochschulen. In: Gaugler/Köhler (2002): 39-59.

Schreyögg, Georg/Koch, Jochen (Hrsg.) (2005): Knowlegde management and narrations. Berlin: Erich Schmidt.

Schwab-Trapp, Michael (2006): Diskurs als soziologisches Konzept. Bausteine für eine soziologisch orientierte Diskursanalyse. In: Keller et al. (2006): 263-285.

Schweitzer, Rosemarie von (2000): Einführung in die Wirtschaftslehre des privaten Haushalts. Stuttgart: UTB.

Searle, John R. (1997): Die Konstruktion der gesellschaftlichen Wirklichkeit: Zur Ontologie sozialer Tatsachen. Reinbek: Rowohlt.

Senge, Konstanze/Hellmann, Kai-Uwe (2006): Einführung in den Neo-Institutionalismus. Wiesbaden: VS Verlag für Sozialwissenschaften.

Serres, Michel (Hrsg.) (1994): Elemente einer Geschichte der Wissenschaften. Frankfurt a. M.: Suhrkamp.

Sieben, Barbara (2007): Management und Emotionen. Analyse einer ambivalenten Verknüpfung. Frankfurt a. M./New York: Campus.

Sieveking, Heinrich (1921): Wirtschaftsgeschichte. Band 2: Vom Ausgang der Antike zum Beginn des 19. Jahrhunderts. Leipzig/Berlin: B.G. Teubner.

Smelser, Neil J./Swedberg, Richard (Hrsg.) (2005): Handbook of economic sociology. 2. Auflage. Princeton: Princeton University Press.

Smith, Charles (2007): Markets as definitional practices. In: Canadian Journal of Sociology 32. 1. 1-39.

Sombart, Werner (1969a): Der moderne Kapitalismus. Erster Band: Die vorkapitalistische Wirtschaft. Erster Halbband. Berlin: Duncker & Humblot.

Sombart, Werner (1969b): Der moderne Kapitalismus. Zweiter Band: Das europäische Wirtschaftsleben im Zeitalter des Frühkapitalismus. Erster Halbband. Berlin: Duncker & Humblot.

Stäheli, Urs (2007): Spektakuläre Spekulation. Das Populäre der Ökonomie. Frankfurt a. M.: Suhrkamp.

Swedberg, Richard (1990): Economics and sociology. Redefining their boundaries: Conversations with economists and sociologists. Princeton: Princeton University Press.

ten Have, Paul (1999): Doing conversation analysis. London: SAGE.

Thomas, Pete (2003): The recontextualization of management: A discourse based approach to analysing the development of management thinking. In: Journal of Management Studies 40. 4. 775-801.

Thompson, Edward P. (1980): Plebeische Kultur und moralische Ökonomie: Frankfurt a. M.: Ullstein.

Townley, Barbara (1994): Reframing human resource management. London et al.: SAGE.

Townley, Barbara (2003): Epistemische Grundlagen des modernen Managements und abstrakte Managementsysteme. In: Weiskopf (2003): 37-64.

Tschammer-Osten, Berndt (1979): Haushaltswissenschaft: Einführung in die Betriebswirtschaftslehre des privaten Haushalts. Stuttgart/New York: Fischer.

van Dijk, Teun A. (1980): Macrostructures. Hillsdale: Lawrence Earlbaum.

van Dijk, Teun A. (Hrsg.) (1985): Handbook of discourse analysis. 4 Bände. London: Academic Press.

van Dijk, Teun A. (Hrsg.) (1997): Discourse studies – A multidisciplinary introduction. 2 Bände. Newbury Park: SAGE.

van Dijk, Teun A. (Hrsg.) (2007): Discourse studies. 5 Bände. Newbury Park: SAGE.

van Dijk, Teun A. (2008): Discourse and context: A socio-cognitive approach. Cambridge: Cambridge University Press.
van Dijk, Teun A. (2009): Society and discourse: How social contexts influence text and talk. Cambridge: Cambridge University Press.
van Dijk, Teun/Kintsch, Walter (1983): Strategies of discourse comprehension. New York: Academic Press.
Viehöver, Willy/Keller, Reiner/Schneider, Werner (Hrsg.) (2013): Diskurs – Sprache – Wissen. Wiesbaden: VS Verlag für Sozialwissenschaften.
Weber, Max (1924): Wirtschaftsgeschichte. München/Leipzig: Duncker & Humblot.
Weber, Max (1975): Die protestantische Ethik I. Eine Aufsatzsammlung. Hamburg: Siebenstern.
Weber, Wolfgang (2004): Theoretische Fundierung des Personalmanagements. In: Gaugler et al. (2004): 1909-1919.
Wedl, Juliette (2007): L'analyse du discours „à la Foucault" en Allemagne: trois approches et leurs apport pour la sociologie. In: Langage et société 120. 35-53.
Weiskopf, Richard (Hrsg.) (2003): Menschenregierungskünste. Anwendungen poststrukturalistischer Analyse auf Management und Organisation. Wiesbaden: Westdeutscher Verlag.
White, Harrison C. (2000): Modeling discourse in and around markets. In: Poetics 27. 2/3. 117–133.
White, Harrison C. (2002): Markets from networks. Socioeconomic models of production. Princeton: Princeton University Press.
White, Harrison C./Godard, Frédéric (2007): Märkte als soziale Formationen. In: Beckert et al. (2007): 197-215.
Williams, Glyn (1999): French discourse analysis. The method of post-structuralism. London: Routledge.
Wodak, Ruth (2001): What CDA is about – A summary of its history, important concepts and its developments. In: Wodak/Meyer (2001): 1-13.
Wodak, Ruth/Meyer, Michael (2001): Methods of critical discourse analysis. London: SAGE.
Zanoni, Patrizia/Janssens, Maddy (2004): Deconstructing difference: The rhetoric of human resource managers' diversity discourses. In: Organization Studies 25. 1. 55-74.
Zuckerman, Ezra W. (1999): The categorical imperative: Security analysts and the illegitimacy discount. In: American Journal of Sociology 104. 5. 1398-1438.

Bibliographie neuerer Arbeiten zu „Diskurs und Ökonomie"[1]

Alvesson, Mats/Bridgman, Todd/Willmott, Hugh (Hrsg.) (2009): The Oxford handbook of critical management studies. Oxford: Oxford University Press.

Alvesson, Mats/Kärreman, Dan (2011): Decolonializing discourse: Critical reflections on organizational discourse analysis. In: Human Relations 64. 9. 1121-1146.

Angermüller, Johannes/Nonhoff, Martin/Herschinger, Eva/Macgilchrist, Felicitas/Reisigl, Martin/Wedl, Juliette/Wrana, Daniel/Ziem, Alexander (Hrsg.) (2014): Diskursforschung. Ein interdisziplinäres Handbuch. 2 Bände. Bielefeld: Transkript.

Angermüller, Johannes/van Dyk, Silke (Hrsg.) (2010): Diskursanalyse meets Gouvernementalitätsforschung. Perspektiven auf das Verhältnis von Subjekt, Sprache, Macht und Wissen. Frankfurt a.M.: Campus.

Aritz, Jolanta/Walker, Robin C. (Hrsg.) (2012): Discourse perspectives on organizational communication. Madison, NJ: Fairleigh Dickinson University Press.

Balogun, Julia/Jacobs, Claus/Jarzabkowski, Paula/Mantere, Saku/Vaara, Eero (2014): Placing strategy discourse in context: Sociomateriality, sensemaking, and power. In: Journal of Management Studies 51. 2. 175-201.

Barry, Michael/Parry, Ken (2013): Narrative, power and employee voice. In: Hoßfeld, Heiko/Ortlieb, Renate (Hrsg.): Macht und Employment Relations. Festschrift für Werner Nienhüser. München/Mering: Rainer Hampp: 31-38.

Bartel, Caroline A./Garud, Raghu (2009): The role of narratives in sustaining organizational innovation. In: Organization Science 20. 1. 107-117.

Beckert, Jens (2010): How do fields change? The interrelations of institutions, networks, and cognition in the dynamics of markets. In: Organization Studies 31. 5. 605-627.

Beckert, Jens (2013): Imagined futures: Fictional expectations in the economy. In: Theory and Society 42. 3. 219-240.

Beckert, Jens/Musselin, Christine (Hrsg.) (2013): Constructing quality: The classification of goods in markets. Oxford: Oxford University Press.

Bernhard, Stefan/Schmidt-Wellenburg, Christian (Hrsg.) (2012a): Feldanalyse als Forschungsprogramm 1. Der programmatische Kern. Wiesbaden: VS-Verlag.

Bernhard, Stefan/Schmidt-Wellenburg, Christian (Hrsg.) (2012b): Feldanalyse als Forschungsprogramm 2. Gegenstandsbezogene Theoriebildung. Wiesbaden: VS-Verlag.

---

1   Diese Bibliographie enthält Publikationen, die erschienen sind, nachdem die Arbeiten an der 1. Auflage von „Diskurs und Ökonomie" abgeschlossen waren. Sie wurde von den Autoren und Autorinnen des Bandes gemeinsam zusammengestellt – und dokumentiert auch die Weiterentwicklung deren eigener Forschungen zu diesem zunehmend ausdifferenzierten Themenfeld.

Beyreuther, Tabea/Duske, Katrin/Eismann, Christian/Hornung, Sabine/Kleemann, Frank (Hrsg.) (2012): consumers@work – Zum neuen Verhältnis von Unternehmen und Usern im Web 2.0. Frankfurt a. M.: Campus.

Boyd, Josh/Waymer, Damion (2011): Organizational rhetoric: A subject of interest(s). In: Management Communication Quarterly 25. 3. 474-493.

Brünner, Gisela (2009): Analyse mündlicher Kommunikation. In: Becker-Mrotzek, Michael (Hrsg.): Handbuch Deutschunterricht in Theorie und Praxis, Teilband 3: Mündliche Kommunikation und Gesprächsdidaktik. Baltmannsweiler: Schneider Hohengehren: 61-75.

Brünner, Gisela (2014): Expertise im Gespräch. Kommunikative Anforderungen in Verkaufsgesprächen im Fachhandel. Erscheint in: Hyvärinen/Richter-Vapaatalo/Rostila (Hrsg.): Beiträge zum finnischen Germanistentreffen 2012 in Helsinki. Frankfurt a. M.: Peter Lang.

Bührmann, Andrea D./Schneider, Werner (2012): Vom Diskurs zum Dispositiv. Eine Einführung in die Dispositivanalyse. 2. Auflage. Bielefeld: Transcript.

Candrian, Carey (2014): Taming death and the consequences of discourse. In: Human Relations 67. 1. 53-69.

Clarke, Jean/Cornelissen, Joep (2011): Language, communication, and socially situated cognition in entrepreneurship. In: Academy of Management Review 36. 4. 776-778.

Cooren, Francois/Kuhn, Timothy/Cornelissen, Joep P./Clark, Timothy (2011): Communication, organizing and organization: An overview and introduction to the special issue. In: Organization Studies, 32. 9. 1149-1170.

Davies, William (2010): Economics and the "nonsense" of law: The case of the Chicago antitrust revolution. In: Economy and Society 39. 1. 64-83.

Diaz-Bone, Rainer (2010): Qualitätskonstruktion und Marktstrukturen. Ein Vergleich der Économie des conventions mit dem Marktmodell von Harrison White. In: Fuhse, Jan/Mützel, Sophie (Hrsg.): Relationale Soziologie. Zur kulturellen Wende der Netzwerkforschung. Wiesbaden: VS-Verlag: 163-178.

Diaz-Bone, Rainer (2011): Pragmatische Anthropologie und Pluralität der ökonomischen Handlungslogiken. Die Économie des conventions als ein neuer pragmatischer Institutionalismus. In: Bandelow, Nils C./Hegelich, Simon (Hrsg.): Pluralismus – Strategien – Entscheidungen. Wiesbaden: VS-Verlag: 46-62.

Diaz-Bone, Rainer (2012): Ökonomische Felder und Konventionen. Perspektiven für die transdisziplinäre Analyse der Wirtschaft. In: Bernhard, Stefan/Schmidt-Wellenburg, Christian (Hrsg.): Feldanalyse als Forschungsprogramm 1. Der programmatische Kern. Wiesbaden: VS-Verlag: 99-119.

Diaz-Bone, Rainer (Hrsg.) (2013): Economic discourses and economic dispositives. Economic Sociology 14. 2. Verfügbar über: http://econsoc.mpifg.de/archive/econ_soc_14-2.pdf

Diaz-Bone, Rainer/Hartz, Ronald (Hrsg.) (in Vorbereitung): Dispositiv und Ökonomie. Diskurs- und dispositivanalytische Perspektiven auf Organisationen und Märkte. Wiesbaden: Springer VS.

Dumez, Hervé/Jeunemaître, Alain (2010): Michel Callon, Michel Foucault and the "dispositif". When economics fails to be performative: A case study. In: Le Libellio d' AEGIS 6. 4. 27-37.

Fairhurst, Gayle T. (2009): Considering context in discursive leadership research. In: Human Relations 62. 11. 1607-1633.

Fletcher, Joyce/Bailyn, Lotte/Blake Beard, Stacey (2012): Creating discursive space in organizational narratives. In: Godwyn, Mary/Gittel, Judy H. (Hrsg.): Sociology of organizations. Structure and relationships. London: SAGE: 641-648.

Fourcade, Marion (2009): Economists and societies: Discipline and profession in the United States, Britain, and France, 1890s to 1990s. Princeton: Princeton University Press.

Grant, David/Hardy, Cynthia/Putnam, Linda L. (2011): Organizational discourse studies. 3 Vol. London: SAGE.

Hartz, Ronald/Rätzer, Matthias (Hrsg.) (2014): Organisationsforschung nach Foucault. Macht – Diskurs – Widerstand. Bielefeld: Transcript.

Hirschfeld, Ursula/Neuber, Baldur (Hrsg.) (2012): Erforschung und Optimierung der Callcenter-kommunikation. Berlin: Frank & Timme.

Holmes, Douglas R. (2009): Economy of words. In: Cultural Anthropology 24. 3. 381-419.

Hornung, Sabine/Kleemann, Frank/Voß, G. Günter (2011): Managing a new consumer Culture. "Working consumers" in Web 2.0 as a source of corporate feedback. In: Wittke, Volker/Hanekop, Heidemarie (Hrsg.): New forms of collaborative production and innovation on the internet. An interdisciplinary perspective. Göttingen: Göttingen University Press: 131-152.

Hsu, Greta/Kocak, Özgecan/Negro, Giacomo (Hrsg.) (2010): Categories in markets: origins and evolution. Bingley: Emerald.

Hsu, Greta/Roberts, Peter W./Swaminathan, Anand (2012): Evaluative schemas and the mediating role of critics. In: Organization Science 23. 1. 83-97.

Iedima, Rick (2011) Discourse studies in the 21st Century: A response to Mats Alvesson and Dan Kärreman's "Decolonializing discourse". In: Human Relations 64. 9. 1163-1176.

Jäger, Siegfried (2012): Kritische Diskursanalyse. Eine Einführung. 6. Auflage. Münster: UNRAST.

Jakobs, Eva-Maria/Fiehler, Reinhard/Eraßme, Denise/Kursten, Anne (2011): Industrielle Prozessmodellierung als kommunikativer Prozess. Eine Typologie zentraler Probleme. In: Gesprächsforschung. Online-Zeitschrift zur verbalen Interaktion 12: 223-264. Verfügbar über: www.gespraechsforschung-ozs.de/fileadmin/dateien/heft2011/ag-jakobs.pdf

Jensen, Michael/Kim, Bo Kyung/Kim, Heeyon (2011): The importance of status in markets: A market identity perspective. In: Pearce, Jone L. (Hrsg.): Status in management and organizations. Cambridge: Cambridge University Press: 87-117.

Kleemann, Frank (2010): Ökonomisierung der Internetnutzung? Zur Analyse der Einbindung von Konsumenten in betriebliche Wertschöpfungsprozesse im Web 2.0. In: ZQF – Zeitschrift für Qualitative Forschung 11. 1. 37-54.

Kleemann, Frank/Eismann, Christian/Beyreuther; Tabea/Hornung, Sabine/Duske, Katrin/Voß, G. Günter (2012): Unternehmen im Web 2.0. Zur strategischen Integration von Konsumenten-leistungen durch Social Media. Frankfurt a. M.: Campus.

Knoll, Lisa (2012): Über die Rechtfertigung wirtschaftlichen Handelns. CO_2-Handeln in der kommunalen Energiewirtschaft. Wiesbaden: VS-Verlag.

Krell, Gertraude (2012): „Geschlecht", „Führung", „Karriere" und deren Verschränkungen als diskursive Fabrikationen. In: Krell, Gertraude/Rastetter, Daniela/Reichel, Karin (Hrsg.): GESCHLECHT MACHT KARRIERE IN ORGANISATIONEN: Analysen zur Chancengleichheit in Fach- und Führungspositionen. Berlin: Edition Sigma: 17-40.

Krell, Gertraude (2013): Wie und mit welchen Machtwirkungen werden Arbeit(ende) und Wirtschaft(ende) fabriziert? Inspektionen von Ökonomie aus diskurs- und dispositivanalytischen Perspektiven. In: Maeße, Jens (Hrsg.): Ökonomie, Diskurs, Regierung. Interdisziplinäre Perspektiven. Wiesbaden: Springer VS: 213-239.

Krell, Gertraude (2014a): „Widerstandspunkte im Machtnetz" – Facetten (m)einer Diskursgeschichte der BWL-Kritiken. In: Hartz, Ronald/Rätzer, Matthias (Hrsg.): Organisationsforschung nach Foucault. Macht – Diskurs – Widerstand. Bielefeld: Transcript: 61-83.

Krell, Gertraude (2014b): Gender und Diversity: Eine Diskursgeschichte. In: Funder, Maria (Hrsg.): Gender Cage – Revisited. Handbuch zur Organisations- und Geschlechterforschung. Baden-Baden: Nomos: 319-342.

Krell, Gertraude (2014c): Von menschengerechter Arbeit und arbeitsgerechten Menschen – Perspektiven kritischer Arbeitsforschung. In: Vedder, Günther/Pieck, Nadine/Schlichting, Britt/Schubert, Andrea/Krause, Florian (Hrsg.): Befristete Beziehungen. Menschengerechte Gestaltung von Arbeit in Zeiten der Unverbindlichkeit. München/Mering: Rainer Hampp: 9-31.

Kruse, Jan/Biesel, Kay/Schmieder, Christian (Hrsg.) (2011): Metaphernanalyse. Ein rekonstruktiver Ansatz. Wiesbaden: VS-Verlag.

Krzyżanowski, Michal/Wodak, Ruth (2011): Political strategies and language policies: The European Union Lisbon Strategy and its implications for the EU's language and multilingualism policy. Verfügbar über: https://www.academia.edu/1563358/Political_Strategies_and_Language_Policies_ The_European_Union_Lisbon_Strategy_and_its_Implications_for_the_EUs_Language_and_ Multilingualism_Policy

Lamont, Michèle (2012): Toward a comparative sociology of valuation and evaluation. In: Annual Review of Sociology 38. 1. 201-221.

Langenohl, Andreas/Wetzel, Dietmar (2011): Sinnformen an Finanzmärkten. Thematischer Schwerpunkt des Berliner Journal für Soziologie 21. 4.

Langenohl, Andreas/Wetzel, Dietmar (Hrsg.) (2014): Finanzmarktpublika. Moralität, Krisen und Teilhabe in der ökonomischen Moderne. Wiesbaden: Springer VS.

Maeße, Jens (Hrsg.) (2013): Ökonomie, Diskurs, Regierung. Interdisziplinäre Perspektiven. Wiesbaden: Springer VS.

Marttila, Tomas (2013): The culture of enterprise in neoliberalism: Specters of entrepreneurship. London: Routledge.

Matuschek, Ingo/Kleemann, Frank (2012): Konversationsanalytische Zugänge zu Arbeitskommunikation und Kommunikationsarbeit. In: Schittenhelm, Karin (Hrsg.): Qualitative Bildungs- und Arbeitsmarktforschung. Grundlagen, Perspektiven, Methoden.Wiesbaden: Springer VS: 81-116.

Mirowski, Philip/Plehwe, Dieter (Hrsg.) (2009): The road from Mont Pèlerin. The making of the neoliberal thought collective. Cambridge: Harvard University Press.

Mumby, Dennis (2011): What's cooking in organizational discourse studies? A response to Alvesson and Kärreman. In: Human Relations 64. 9. 1147-116.

Mützel, Sophie (2010): Koordinierung von Märkten durch narrativen Wettbewerb. In: Beckert, Jens/ Deutschmann, Christoph (Hrsg.): Wirtschaftssoziologie. 49. Sonderheft der KZfSS. Wiesbaden: VS-Verlag: 87-106.

Mützel, Sophie (2010): Netzwerkansätze in der Wirtschaftssoziologie. In: Stegbauer, Christian/ Häußling, Roger (Hrsg.): Handbuch Netzwerkforschung. Wiesbaden: VS-Verlag: 595-607.

Oswick, Cliff/Grant, David/Marshak, Robert J./Wolfram Cox, Julie (2010): Organizational discourse and change: Positions, perspectives, progress and prospects. In: Journal of Applied Behavioral Science 46. 1. 8-15.

Pahl, Hanno (2011): Die Wirtschaftswissenschaften in der Krise. Vom massenmedialen Diskurs zu einer Wissenssoziologie der Wirtschaftswissenschaften. In: Swiss Journal of Sociology 37. 2. 259-281.

Paroutis, Sotirios/Heracleous, Loizos (2013): Discourse revisited: Dimensions and employment of first order strategy discourse during institutional adoption. In: Strategic Management Journal 34. 8. 935-956.

Pick, Ina (2014): Das anwaltliche Mandantengespräch. Linguistische Ergebnisse zum sprachlichen Handeln von Anwalt und Mandant. Frankfurt a. M.: Lang.

Preda, Alex (2009): Framing finance: The boundaries of markets and modern capitalism. Chicago: University of Chicago Press.

Sandner, Evelina (2013): Von der „zersausten Wettertanne" zum nicht gegessenen „Demographie-Döner": Zur diskursiven Konstruktion des demographischen Wandels im Personalfeld. Dissertation am Fachbereich Wirtschaftswissenschaft der Freien Universität Berlin (Buchveröffentlichung in Vorbereitung).

Schmidt-Wellenburg, Christian (2013): Die Regierung des Unternehmens. Managementberatung im neoliberalen Kapitalismus. Konstanz: UVK.

Sieben, Barbara/Wettergren, Åsa (Hrsg.) (2010): Emotionalizing organizations and organizing emotions. Houndsmills: Palgrave.

Stark, David (2009): The sense of dissonance. Accounts of worth in economic life. Princeton: Princeton University Press.

Vigo de Lima, Iara (2010): Foucault's archaeology of political economy. Basingstoke: Palgrave Macmillan.

Weiskopf, Richard/Munro, Iain (2012): Management of human capital: Discipline, security and controlled circulation in HRM. In: Organization 19. 6. 685-702.

Wetzel, Dietmar J. (2013): Soziologie des Wettbewerbs. Eine kultur- und wirtschaftssoziologische Analyse der Marktgesellschaft. Wiesbaden: Springer VS.

Wodak, Ruth (2011): The discourse of politics as action: Politics as usual. 2. Auflage. Basingstoke: Palgrave.

Wodak, Ruth (2013): Dis-citizenship and migration. A critical discourse-analytical perspective. Verfügbar über: https://www.academia.edu/4061457/Dis-Citizenship_and_Migration_A_Critical_Discourse-Analytical_Perspective

Wodak, Ruth/Fairclough, Norman (2010): Recontextualizing European higher education policies: The cases of Austria and Romania. In: Critical Discourse Studies 7(1). 19-40. Verfügbar über: https://www.academia.edu/1563334/Recontextualizing_European_Higher_Education_Policies_The_Cases_of_Austria_and_Romania

Wrana, Daniel/Ziem, Alexander/Reisigl, Martin/Nonhoff, Martin/Angermüller, Johannes (Hrsg.) (2014): DiskursNetz: Wörterbuch der interdisziplinären Diskursforschung. Berlin: Suhrkamp.

I
Grundlagen

Der *linguistic turn* in der Managementforschung

Barbara Sieben

1 Einleitung

In Philosophie und Erkenntnistheorie ist der *linguistic turn* längst vollzogen. Dass wir Dinge mit Worten tun, dass Sprache konstitutiv ist für die Erkenntnis des Wirklichen und Wahren (und dies gar selbst mit produziert), scheint danach selbstverständlich. In den Einzelwissenschaften findet diese Wende jedoch nur in begrenztem Umfang statt und ist zum Teil heftig umstritten (vgl. z. b. für die Geschichtswissenschaft Sarasin 2003). Dies gilt ebenso für die Managementforschung (vgl. Deetz 2003; Ortmann 2004: 46ff).

Inwieweit auf den *linguistic turn* Bezug genommen wird, ist mitbestimmt durch das (Selbst-)Verständnis der Managementforschung und lehre – eine weitere heftige Debatte, in der Czarniawska (1999) zwei Positionen unterscheidet: Sie sei

- „a practical subject, which produces practitioners and improves practice" oder
- „an academic discipline eager to remain in close contact with practice, with the purpose not of dictating the order of things, but of *reflecting and provocing* via basic research and theory" (ebd.: 3, Herv. i. O.).

Die erste Position ist mit dem Anspruch verknüpft, instrumentell nutzbares Wissen für die Managementpraxis herzustellen und zu vermitteln. Vertreterinnen und Vertreter der zweiten Position beanspruchen nicht, der Praxis bessere Lösungen vorzugeben, sondern gängige Praxis zu reflektieren und zu problematisieren. Sie lenken den Blick auf den Prozess wissenschaftlichen Denkens als Konstruktion verschiedener „An-Sichten von der Organisation und von guten Gründen für oder gegen bestimmte Gestaltungsvorschläge" (Kieser 1997: 255) und auf die Produkte wissenschaftlichen Denkens als „tropes and rhetorical figures" (Czarniawska 1999: 8), als Argumente, die aufgezeigt und in einen Dialog mit Praktikerinnen und Praktikern eingebracht werden können. Wissenschaftliche Erkenntnisse als ein „seeing-as" zu verstehen, unterstreicht deren sprachlichen Charakter (vgl. z. B. Czarniawska 1999: 10) und deren politischen Charakter, insofern als eine Sichtweise jeweils andere potentiell ausschließt (vgl. z. B. Deetz 2003: 423f). Die zweite Position markiert Ziele der kritischen Managementforschung (vgl. z. B. Alvesson/Deetz 2000), die auch auf Erkenntnisse und Ansätze des *linguistic turn* Bezug nimmt.

Vor diesem Hintergrund wird hier die Tragweite des *linguistic turn* in der Managementforschung skizziert.[1] Unter 2 werden dafür dessen Kerngedanken vorgestellt sowie Sprachspiele, Rhetorik und Diskurs als ausgewählte Ansätze, die sich für die sprachkritische Analyse von Managementwissen in besonderer Weise anbieten. Dies illustriere ich unter 4 anhand von Analysen der Dynamiken der Produktion, Verbreitung und Verwendung von Managementwissen. Als Zwischenschritt und weitere Grundlage skizziere ich unter 3 entsprechende Dynamiken und gehe ich auf den – umstrittenen – Eingang des *linguistic turn* in die Managementforschung ein.

2 Der *linguistic turn*: Kerngedanken und ausgewählte Ansätze

2.1 Kerngedanken des linguistic turn und poststrukturalistische Weiterungen

Etwa zu Beginn des 20. Jahrhunderts setzte in der Philosophie, Wissenschafts- und Erkenntnistheorie ein Umdenken hin zur sprachlichen Konstruktion von Wirklichkeit und Wahrheit ein, für das oftmals – vor allem in Anschluss an Rortys (1992a) gleichnamigen Sammelband – der Begriff *linguistic turn* verwendet wird.

Es sind zwei miteinander verknüpfte Auffassungen, die mit dem *linguistic turn* in Zweifel gezogen wurden (vgl. z. B. Rorty 1989: 32ff):

- Erstens wird die Korrespondenz- beziehungsweise Abbildungstheorie der Wahrheit verworfen, die beinhaltet, dass Sprache ein neutrales (Denk- und Kommunikations-) Medium ist, das die Wirklichkeit so spiegelt, wie sie ist. Vielmehr wird Sprache als ein Medium angesehen, über das Wirklichkeit und Wahrheit aktiv gestaltet werden. Sprache gilt nicht mehr als ein Spiegel[2] der Dinge, sondern als ein Erkenntniswerkzeug, mit dem Versionen der Wirklichkeit konstruiert werden.[3] Das besagt auch, dass die Interessen,

---

1   Dieser Beitrag basiert auf entsprechenden Ausführungen zum *linguistic turn* in „Management und Emotionen" (Sieben 2007: insb. 39ff). Auf die dort vorgenommene an Sprachspielen, Rhetorik und Diskurs orientierte Analyse von Emotionen als Managementthema nehme ich im Folgenden (unter 4) auch Bezug, um ein Analysebeispiel etwas ausführlicher zu illustrieren und zu diskutieren.

2   Zu dem traditionellen philosophischen Bild von Sprache als „Spiegel der Natur" und der Kritik daran vgl. vor allem Rorty (1981).

3   Damit wird die Existenz der Wirklichkeit nicht negiert: „Wir müssen zwischen der Behauptung, daß die Welt dort draußen ist, und der Behauptung, daß Wahrheit dort draußen ist, unterscheiden. […] Nur Beschreibungen der Welt können wahr oder falsch sein. Die Welt für sich – ohne Unterstützung durch beschreibende Menschen – kann es nicht" (Rorty 1989: 23f).

aufgrund derer wissenschaftliche Aussagen als eine Form von „Beschreibungen der Welt" (ebd.: 24) getroffen werden, in diesen Konstruktionen enthalten sind.

- Zweitens werden gängige Dualismen in Frage gestellt: die Unabhängigkeit von Realität und ihrer Darstellung, von erkennendem Subjekt und erkanntem Objekt, der Gegensatz zwischen einer äußeren (objektiven) und einer inneren (subjektiven) Welt, zwischen Wissen und Meinung. Damit einher geht auch die „Wiederentdeckung der Rhetorik" (Kopperschmidt 1991a: 7): „Subjektive" Meinung (der über Rhetorik Geltung verschafft wird) und „objektives" Wissen (das sich auf objektiv prüfbare „Tatsachen" beruft) gelten nicht mehr als Gegensatz. Rhetorik ist vielmehr immer vonnöten, um andere von der Geltung von Aussagen zu überzeugen; sie durchdringt den wissenschaftlichen Erkenntnisprozess.

Der Gedanke, dass die Mächtigkeit von Sprache bereits in deren Wirklichkeit konstruierenden Charakter begründet liegt, ist ebenso konstitutiv für postmoderne oder poststrukturalistische Ansätze, die gegen Ende des 20. Jahrhunderts entstanden.[4] Das gilt für Ansätze, die auf einen epochalen Postmoderne-Begriff als Abgrenzung zur Moderne Bezug nehmen,[5] sowie für solche, die sich auf die erkenntniskritische(n) Denkrichtung(en) des Poststrukturalismus beziehen und auf Prozesse der Wirklichkeitskonstruktion gerichtet sind. Zu Letzteren zählen diskurstheoretische und analytische Ansätze, die das Augenmerk darauf lenken, wie in sozialer Praxis durch Sprache und andere Symbolsysteme Ideologien und Wissensordnungen hervorgebracht werden, und deren individuelle und gesellschaftliche Implikationen analysieren lassen (vgl. z. B. Williams 1999).

Eine gemeinsame Basis poststrukturalistischer Ansätze bilden vor allem die folgenden drei Aspekte (vgl. z. B. Frank 1984; Dosse 1999; Williams 1999):

- Eine Hinwendung zum Diskurs: Mit diesem Begriff wird durchgängig auf Sprache als einem Teil der sozialen Praxis fokussiert, auf großflächig organisierte Formationen, die sich nicht auf eine Ebene sprachlicher Äußerungen reduzieren lassen.

---

4   Bei aller Heterogenität dieser Ansätze – und auch (erkenntnis-)theoretischer Unterschiede zum sprachphilosophischen *linguistic turn* – gibt es einen gemeinsamen Nenner, nämlich dass der *linguistic turn* ernst genommen wird (vgl. z. B. Alvesson 2002: 63ff). Entsprechend stellt Weiskopf (2003a) die Gemeinsamkeit heraus, „dass sie sich gegen eine klassifizierende Benennung wehren. Sie erkennen gerade in der Benennung und Etikettierung, in der Identifizierung, Fest-Legung und Fest-Stellung eine zentrale Problematik, die der Reflexion bedarf" (vgl. ebd.: 9) – eine Erkenntnis, die wiederum in Gedanken des *linguistic turn* wurzelt. Für die Vielfalt solcher Ansätze in der Organisations- und Managementforschung vgl. z. B. Cooper/Burrell (1988); Schreyögg (1999); Koch (2003); Weiskopf (2003b).

5   So z. B. Lyotard (1994), der den Übergang zur Postmoderne als „Ende der großen Erzählungen" beschreibt, der Erklärungen mit einem universalen Geltungsanspruch. An ihre Stelle tritt eine Pluralität „kleiner Erzählungen" bzw. Sprachspiele im Wittgenstein'schen Sinn (s. u.), die für wissenschaftliches Wissen ein Legitimationsproblem aufwerfen. Zu den Implikationen für die Organisationstheorie vgl. Koch (1999).

- Ein reflexiver, sprachkritischer Blick auf Wissen: Damit, dass eine Auffassung von Sprache als Abbild von Wirklichkeit verworfen wird, geht eine Problematisierung wissenschaftlichen Wissens einher.
- Das Infragestellen eines unabhängigen Subjektes: Es erfolgt sowohl ein Bruch mit dem „cartesianische[n] Ego, welches das Subjekt als Instanz, als Gefäß von Wahrheiten einführt" (Dosse 1999: 480) als auch mit dem humanistischen Ideal eines unabhängigen, autonomen Selbst als Quelle der Erfahrung.

Vor diesem Hintergrund ergibt sich der Bezug poststrukturalistischer Ansätze zum sprachphilosophischen *linguistic turn*: Gemeinsam ist ihnen eine sprachkritische Haltung, aus der heraus tradierte Auffassungen zu wissenschaftlicher Objektivität und Wahrheit und daran geknüpfte Dualismen in Frage gestellt werden. Weit über die Frage nach den Bedingungen von Erkenntnis hinaus werden mit poststrukturalistischen Ansätzen zudem die historischen und sozio-kulturellen Prinzipien, die solche Auffassungen und Wissensordnungen hervorbringen und verändern, als Mechanismen sozialer und politischer Kontrolle analysiert (vgl. z. B. Williams 1999: 5).

Drei maßgebliche Ansätze, die in diesem weiteren Sinn mit dem *linguistic turn* verbunden sind, werden im Folgenden in ihren Grundzügen dargestellt:

- Wittgensteins Philosophie der Sprachspiele, die als ein Auslöser des sprachphilosophischen *linguistic turn* gilt,
- Perelmans und Olbrechts-Tytecas „Neue Rhetorik", die für die mit der Wende einhergehenden Wiederentdeckung eines Vollbegriffs von Rhetorik steht, sowie
- Foucaults Arbeiten zur Kopplung von Diskurs und Praxis, Wissen und Macht, die eine herausragende Bedeutung im Rahmen poststrukturalistischer Ansätze haben.

2.2   Ausgewählte Ansätze: Sprachspiele, Rhetorik, Diskurs

2.2.1   Wittgensteins Sprachspiele

Innerhalb der analytischen (Sprach-)Philosophie wird der *linguistic turn* von der Begründung der *Ordinary Language Philosophy* markiert – in Abgrenzung von der *Ideal Language Philosophy*, einer frühen, normativen Phase der analytischen Philosophie, in der nach einer Idealsprache gesucht wurde, die ermöglichen sollte, wahre Aussagen über die Wirklichkeit zu treffen (vgl. Rorty 1992b). Eine solche Erkenntniskraft wurde vor allem Sätzen zugesprochen, die nach dem mathematischen Modell der formalen Logik gebildet sind. Davon handelt Wittgensteins (1989a) frühes Werk „Tractatus Logico-Philosophicus". Mit dem Umdenken zur *Ordinary Language Philosophy* wurde das Projekt, eine unverzerrte Idealsprache zu finden, jedoch verworfen; denn auch eine formalisierte Sprache lässt sich nie vollständig von der Alltagssprache lösen. Die Alltagssprache mitsamt ihren Unklarheiten und darauf beruhenden Verständigungsschwierigkeiten wurde nun zum Ausgangspunkt erkenntniskritischer Betrachtungen. Eine wichtige Grundlage dieses sprachphilosophischen *linguistic turn* lieferten Wittgensteins (1989b) „Philosophische Untersuchungen", in denen er die Philosophie der Sprachspiele entwickelt.[6]

Wittgensteins Sprachspielkonzept liegt ein pragmatisches Sprachverständnis zugrunde: Er versteht Sprachhandeln als soziale Praxis, eng verwoben mit weiteren sozialen Aktivitäten. Die Bedeutung eines Satzes oder Begriffes lässt sich dabei nur aus ihren Verwendungskontexten erschließen. Solche Kontexte bezeichnet Wittgenstein als Lebensform. Mit dem Begriff „Sprachspiel" unterstreicht er, dass Sprache und Lebensform füreinander konstitutiv sind: Ein Sprachspiel stellt ein Set an Regeln dar, das festlegt, welche sprachlichen Zeichen in einem sozialen Kontext wie zu verwenden sind. Diese Verwendungsregeln bestimmen die Bedeutung eines Begriffs, und ihre Kenntnis ist die Voraussetzung dafür, sprachliche Äußerungen zu verstehen sowie (sozial) angemessen zu reagieren. Dabei existieren in konkreten Sprachgemeinschaften vielfältige Sprachspiele nebeneinander und sind auf komplexe Weise miteinander verwoben.

Seine Beispiele für die „Mannigfaltigkeit der Sprachspiele", wie Bitten, Befehlen, Berichten eines Hergangs, Aufstellen und Prüfen von Hypothesen, zeigen, dass Wittgensteins (1989b: §23, 25) Sprachverständnis weit über die Ebene sprachlicher Äußerungen hinausgeht und er auch ganz alltägliche Aktivitäten wie Forschungspraktiken als in verschiedene Lebensformen eingebettete Sprachspiele begreift.

Wittgenstein warnt davor, Wörter und Namen mit deren Träger zu verwechseln (ebd.: §§40ff, 261f). Vielmehr gelte: „Die Bedeutung eines Wortes ist sein Gebrauch in der Sprache" (ebd.: §43, 262). Durch die Art und Weise, in der wir Sprache verwenden, werden Bedeutungen, an denen wir uns orientieren, konstruiert. Strukturiertheit der Welt, Wissen und Weltverständnis sind sprachlich erzeugt, im Rahmen der jeweiligen Sprachspiele.

Obgleich ein solches Sprachverständnis impliziert, dass unterschiedliche, durch Zweckvorstellungen geprägte „Beschreibungen der Welt" nebeneinander stehen können, so sind diese doch nicht beliebig (Rorty 1989: 24f). Vielmehr versteht Wittgenstein die jeweils praktizierten Sprachspiele als in sozialer Praxis entstanden und erlernt. Sie folgen gewachsenen Regeln, sind Konventionen und sozio-kulturellem Wandel unterworfen. Nur so kann Verständigung gelingen und Einigung über bestimmte Auffassungen – so auch über die Wahrheit wissenschaftlicher Aussagen – erzielt werden. Darum, wie solche Einigungen erzielt werden, geht es in dem nun vorgestellten Ansatz.

2.2.2 Perelmans und Olbrechts-Tytecas Vollbegriff von Rhetorik

Die oft zitierte Definition von Rhetorik als „Kunst, einen Konsens in Fragen herzustellen, die nicht mit zwingender Beweisführung entschieden werden können" (Habermas 1970: 75), weist zurück auf einen Vollbegriff von Rhetorik, wie ihn Aristoteles geprägt hat. Später wurde Rhetorik dann weniger als Kunst denn als Kunstgriff der Überredung und Verführung jenseits vernünftiger Argumentation angesehen – und deshalb aus der Wis-

---

6 Als weitere Grundlagen gelten die Arbeiten von Austin (1970) und Searle (1969) zur Sprechakttheorie, die wie Wittgenstein auf Sprache als soziales Handeln abstellen: „How to do things with words" lautet der programmatische Titel von Austin (1970), der posthum publizierten Abschrift einer Vorlesung aus dem Jahre 1955.

senschaft verbannt. Als wissenschaftliche Methode galt nur die „zwingende", formal-logische Beweisführung; wissenschaftliche Aussagen mussten einer objektiven Prüfung an der Wirklichkeit standhalten. Der mit dem *linguistic turn* einhergehende Zweifel an der objektiven Überprüfbarkeit wissenschaftlicher Aussagen bewirkte dann jedoch das „Ende der Verleumdung" (Kopperschmidt 1991a) der Rhetorik.

Als ein wichtiges Werk, das diesen Wandel einleitete, gilt „Die neue Rhetorik" von Perelman und Olbrechts-Tyteca (2004).[7] Die „Abhandlung über das Argumentieren" (so der Untertitel) wird begriffen als „*Bruch mit jenem Cartesianischen Konzept von Vernunft und Vernunftschluss* [...], das die westliche Philosophie der letzen drei Jahrhunderte geprägt hat" (ebd.: 1, Herv. i. O.). Nur als wahr anzuerkennen, was formal-logisch bewiesen oder naturwissenschaftlich-experimentell überprüft werden kann, sei „eine ungebührliche und vollkommen ungerechtfertigte Beschränkung" (ebd.: 4). Damit werde eine künstliche Dichotomie (zwischen Vernunft und Glauben, Verstand und Intuition, Wissen und Fühlen) errichtet und aufrechterhalten, die „dem Wirken und Weben menschlichen Denkens nicht entspricht" (ebd.). Demgegenüber wird postuliert, dass solche traditionell als antithetisch verstandenen Aspekte der Rationalität zusammenwirken. Wenn aufgrund fehlender Evidenz eine Zustimmung zu Aussagen erst erlangt werden muss, kommt Rhetorik zum Tragen: Der Prozess des Argumentierens umfasst alle „Verfahren, *die eine Zustimmungsbereitschaft von Menschen zu ihnen vorgelegten Thesen zu wecken oder zu steigern* vermögen" (ebd.: 5, Herv. i. O.). Schlüssigkeit, Vernünftigkeit und Rationalität sind danach Merkmale, die nicht dem „Wesen" der Dinge anhaften, sondern durch Argumentation hergestellt werden.

Ein zentraler Gedanke, den Perelman und Olbrechts-Tyteca aus der antiken Rhetorikauffassung übernehmen, ist, dass sich „*jegliche Argumentation in Abhängigkeit von einer Hörerschaft entwickelt*" (ebd.: 7, Herv. i. O.). Die Hörerschaft betrachten sie als „eine mehr oder weniger systematische Konstruktion" der Redenden (ebd.: 25), als deren individuelle und kulturell geprägte Vorstellung darüber, welche Annahmen oder Werthaltungen die schriftlich oder mündlich Angesprochenen teilen. Dabei werden zwei Typen von Hörerschaften unterschieden: die universelle, die potentiell alle Mitmenschen umfasst, und die partikuläre als eine spezifischere Menge an Adressatinnen und Adressaten. Soll eine Argumentation überzeugen, werde sie auf die Zustimmung der universellen Hörerschaft ausgerichtet, soll eine Argumentation überreden, werde sie an eine partikuläre Hörerschaft gerichtet (ebd.: 37ff). Die Unterscheidung zwischen Überzeugen und Überreden wird zwar aus der Perspektive der Redenden getroffen; sie gilt aber auch als die Grundlage, auf der Hörende oder Lesende ihr Urteil über eine Argumentation bilden.

Um das Einverständnis ihrer Hörerschaft zu erzielen, wenden Redende rhetorische Mittel an. So werden solche Ideen hervorgehoben, für die eine Zustimmung erwartet wird (ebd.: 102ff); Daten und Begriffe werden entsprechend dem Zweck der Argumentation ausgewählt

---

7   Das französische Original wurde 1958 veröffentlicht. Als „neu" gilt ihre Argumentationstheorie, weil Perelman und Olbrechts-Tyteca (2004) sowohl zum „Wiederaufleben" (ebd.: 7) der aristotelischen Rhetorikauffassung betragen, als auch diese geltungstheoretisch neu rahmen, indem sie die Bedingungen untersuchen, unter denen Aussagen Wahrheit und Gewissheit erlangen (vgl. dazu Kopperschmidt 2004: VIIIf).

und interpretiert (ebd.: 161ff); Verfahren wie die Verwendung von Metaphern, Vergleiche, Analogien und bestimmte Abfolgen der Argumente dienen dazu, diese als rational und schlüssig erscheinen zu lassen (ebd.: 263ff).

Perelman und Olbrechts-Tyteca untersuchen Rhetorik als sprachliche Praxis, und zwar speziell solche „Verfahrensweisen, die sich der Sprache zur Überredung und Überzeugung bedienen" (ebd.: 11). Ein Zusammenhang mit der weiteren sozialen Praxis ergibt sich durch eben dieses Ziel von Argumentationen beziehungsweise ihrer Wirkung:

> „So hat also wirkungsvolle Argumentation den Erfolg, die Intensität der Zustimmung in der Weise zu steigern, dass sie bei den Hörern eine beabsichtigte Handlung (oder Unterlassung) auslöst, oder wenigstens eine Neigung zur Handlung bei ihnen weckt, die im geeigneten Moment zur Praxis führt." (ebd.: 61)

Rhetorik komme insbesondere dann zum Einsatz, wenn über strittige Punkte verhandelt werde. Am Beispiel von politischen Verhandlungen und Gerichtsverhandlungen wird illustriert, dass Argumentationsprozesse von Macht- und Herrschaftsverhältnissen durchdrungen sind (ebd.: 79f). Sowohl institutionelle Regelungen als auch historisch gewachsene und sozio-kulturell variierende Traditionen und Gebräuche bestimmen dabei Regeln, Tabus und Verbote, die für Argumentationen relevant sind.

Weil dieser Ansatz stellvertretend für weitere steht, die das Potential von Rhetorik als erkenntniskritisches Modell und als Grundlage textkritischer Praxis in den Blick nehmen (vgl. z. B. Kopperschmidt 1991a), kann er als ein Wegbereiter des eng mit dem *linguistic turn* verknüpften *rhetorical turn* (z. B. Simons 1990a) angesehen werden, in dessen Rahmen objektivistische Annahmen über Wirklichkeit und Wissen in Zweifel gezogen und der Suche nach der einzigen Wahrheit eine Absage erteilt wird.

Damit wird die wissenschaftliche Praxis selbst als grundlegend rhetorisch angesehen, denn letztlich geht es immer darum, Argumente einander gegenüberzustellen und auf ihre Plausibilität zu prüfen. Für diese Prüfung kann nicht „die Wirklichkeit" als Kriterium herangezogen werden, sondern Konventionen und Regeln, die selbst in rhetorischen Prozessen entstanden sind. Diese selbstreferentielle Sicht auf die wissenschaftliche Praxis erfordert einerseits eine „intellectual bootstrap operation" (Simons 1990b: 14), ein Hochziehen an den eigenen Schnürsenkeln (*bootstraps*), indem nämlich aus Sprache und Rhetorik erwachsene Erkenntnisse immer nur auf der gleichen Grundlage begründet und überprüft werden können.[8] Andererseits, so Simons, bietet der relativierende Anspruch der Rhetorik die wohl einzige Möglichkeit, mit Kontingenz und unsicherer Wahrheit umzugehen. Die Offenheit der Rhetorik für alternative Wahrheiten und Sichtweisen begründet für ihn keineswegs einen „state of indecision":

> „If it [Rhetorik; B.S.] cannot lay claim to fixed and immutable standards of judgement, or to formal devices by which to compel assent, it can nevertheless provide ways of engaging one's hearers, of clarifying ideas and also of rendering them plausible or probable." (ebd.: 17)

---

8   Zu einer sprechakttheoretischen Interpretation der Unausweichlichkeit des „*Bootstrapping* in den Wirtschafts- und Sozialwissenschaften" vgl. Ortmann (2003: 56ff, Herv. i. O.).

Mit dieser Art und Weise, Aussagen zu begründen und als mehr oder weniger angemessen zu beurteilen, bietet sich Rhetorik zugleich als Grundlage textkritischer Praxis an: Argumentationsmuster können rekonstruiert werden; mit Bezug auf die anvisierte Hörerschaft lassen sich einzuhaltende Konventionen und Regeln bestimmen; davon können Kriterien abgeleitet werden, um einzelne Argumente auf ihre Geltung zu prüfen. Die Leitfragen einer solchen rhetorischen Analyse sind, wie Argumente plausibel gemacht werden und welche Interessen dabei sichtbar werden.

Rhetorikanalysen beschäftigen sich demnach mit Texten; gefragt wird nach den Intentionen der Redenden oder ihren Interessen, ob Argumente verzerrt sind oder einen ideologischen Kern enthalten. Eine an Foucault orientierte Diskursanalyse untersucht dagegen, wie bestimmte Argumentationsmuster mit anderen verwoben sind und welche Machtwirkungen davon ausgehen – und damit zugleich die Verwobenheit mit der weiteren sozialen Praxis.

2.2.3 Foucaults Blick auf diskursive Praxis, Wissen und Macht

Für die wissenschaftliche „Karriere des Diskursbegriffes" (Keller 2004: 14, i. O. herv.) waren die Arbeiten Foucaults richtungweisend. Er gilt als Strukturalist und Poststrukturalist zugleich, als einer der ersten Denker, die strukturalistische Ansätze erweiterten und modifizierten durch eine Hinwendung zur historischen Einbettung und Veränderung von Regeln und Strukturen sowie zu ihrer konkreten Anwendung und Veränderung durch soziale Praktiken (vgl. z. B. Dreyfus/Rabinow 1994). Da es gerade die Praktiken und Wirkungen der Macht sind, die über die zuvor skizzierten Ansätze hinaus für eine kritische Analyse im Sinne einer „Problematisierung" (Foucault 1997: 19) fruchtbar gemacht werden können, wird nun vor diesem Hintergrund Foucaults Verständnis von Diskurs und dessen Kopplung mit Praxis, Wissen und Macht nachgezeichnet.[9]

In der „Archäologie des Wissens" fordert Foucault (1981), Diskurse „als Praktiken zu behandeln, die systematisch die Gegenstände bilden, von denen sie sprechen" (ebd.: 74). In seinen *archäologischen* Analysen, wie er sie auch in „Die Ordnung der Dinge" (Foucault 1974) Dinge durchführt, zielt er darauf, diejenigen Diskurs- und Wissensformationen zu rekonstruieren, auf denen die Humanwissenschaften aufbauen. Dabei geht es ihm (in Abkehr von einer Logik des kontinuierlichen wissenschaftlichen Fortschritts oder Verfalls) darum, die diskontinuierliche Entwicklung von Wissensbeständen nachzuzeichnen, die „von einem diskursiven Gewebe zum nächsten führt" (Dosse 1999: 485).

Eine archäologische Analyse bezieht sich auf die „Gesamtheit aller effektiven Aussagen" (Foucault 1981: 41) zu einem historischen Zeitpunkt. Sie reicht weiter als eine Sprach- oder Textanalyse, und zwar in zweierlei Hinsicht: *Erstens* geht es Foucault um die regelhaften

---

9   Hinzugefügt werden muss, dass ich damit meine eigene, durch Sekundärliteratur mitgeformte Lesart der Foucault'schen „Werkzeugkiste" (Foucault 1976: 45) präsentiere. Dass dessen Begrifflichkeiten und Analyseansätze relativ vage bleiben, wird oft bemängelt: „Als inkohärenter Korso birgt Foucaults Werk viele Geheimnisse, die den interpretatorischen Bemächtigungswillen geradezu herausfordern" (Fink-Eitel 2002: 8).

Voraussetzungen, die Diskurse (als Redezusammenhänge) strukturieren: Formationsregeln, die das Gesagte sagbar machen und es als wahr oder falsch charakterisieren lassen. Dazu zählen Schemata, nach denen beispielsweise Krankheiten unterschieden und geordnet werden, Äußerungsmodalitäten, die sie beschreiben (wie Fallbeschreibungen oder Statistiken), Begriffe, die sie bezeichnen, sowie diskursive Strategien der Wahl bestimmter Themen oder bestimmter Theorien zur Erklärung (ebd.: 48ff). *Zweitens* konzentriert sich Foucault zwar auf den in Texten realisierten sprachlichen Diskurs, stellt dabei jedoch Diskurs und weitere soziale Praxis nicht einander ausschließend gegenüber:

> „Zwar bestehen diese Diskurse aus Zeichen; aber sie benutzen diese Zeichen für mehr als nur zur Bezeichnung der Sachen. Dieses mehr macht sie irreduzibel auf das Sprechen und die Sprache." (ebd.: 74)

Dieses Mehr äußert sich in den institutionellen Orten, von denen aus gesprochen wird (wie das Krankenhaus), oder auch dem Status, der bestimmte Professionen (wie Ärzte) dazu befugt zu sprechen, Krankheiten zu definieren und zu diagnostizieren. Insofern geht es darum, die Beziehungen zwischen diskursiven und nicht-diskursiven Bereichen (wie Institutionen, politische und ökonomische Prozesse und Ereignisse) aufzuzeigen, so zum Beispiel

> „wie der medizinische Diskurs als Praxis, der sich an ein bestimmtes Feld von Gegenständen wendet, der sich in den Händen einer gewissen Zahl von statuarisch bezeichneten Individuen befindet, der schließlich bestimmte Funktionen in der Gesellschaft zu erfüllen hat, sich über Praktiken artikuliert, die ihm äußerlich und selbst nicht diskursiver Natur sind." (ebd.: 234)

Eine spezielle Art von Einheit, deren Ebenen Objekte, Aussagearten und Praktiken umfassen, wird als diskursive Formation bezeichnet (ebd.: 243f). Im Rahmen solcher diskursiver Formationen tragen Aussagen zum Diskurs bei, als Praktiken, die ihre Objekte formen. Dabei bedingen und begrenzen sich diskursive und nicht-diskursive Praktiken gegenseitig. Nicht-diskursiv ist allerdings nicht gleichbedeutend mit „außerhalb des Diskurses", sondern Foucault (1981) begreift nicht-diskursive Praktiken zugleich als dessen „bildende Elemente" (ebd.: 100; vgl. auch Williams 1999: 83ff).

In archäologischen Analysen konzentriert sich Foucault darauf, welche je historisch kontingente Ordnung über Ausschließungen, Tabus, oder Klassifizierungen hergestellt wurde. Diese werden als Prinzipien begriffen, die „das große Wuchern des Diskurses zumindest teilweise […] bändigen" (Foucault 1991: 33). Eine solche Bestandsaufnahme beinhaltet zugleich die Diskontinuitäten und Brüche derart „gebändigter" Diskurse. Im Rahmen der Genealogie hingegen liegt der Fokus auf dem Prozess, in dem Ordnung hergestellt wird, und auf den Praktiken, mit denen Bedeutung produziert wird. Dabei erhebt Foucault Diskurs und Sprache zur „source of any understanding of social practice and social process" (Williams 1999: 98).[10]

---

10 Bekanntermaßen werden Archäologie und Genealogie oftmals (so auch von Williams 1999) – als verschiedene Phasen des Werks Foucaults voneinander abgetrennt. Da diese Trennungslinien –

In *genealogischen* Analysen, zu denen „Überwachen und Strafen" (Foucault 1977) sowie „Der Wille zum Wissen" (Foucault 1983) gezählt werden, rückt Foucault Diskurse „als Teil eines weiteren Macht- und Praxisfeldes" (Dreyfus/Rabinow 1994: 232) in den Vordergrund. Der Gedanke, dass Wissen und Macht aneinander gekoppelt sind, ist ebenso bestimmend für die archäologische Analyse (vgl. auch Foucault 1991). Während bei der Archäologie jedoch die Rekonstruktion der diskursiven Formation im Vordergrund steht, geht es Foucault bei der Genealogie um die Analyse der daran geknüpften Machtwirkungen. Er widmet sich den objektivierenden und subjektivierenden Praktiken, über die das Individuum geformt wird und sich selbst formt, den Praktiken des Überwachens, der Strafe, der Prüfung (Foucault 1977) und der Beichte (Foucault 1983). Dafür führt er den Begriff des Dispositivs ein, verstanden als ein Ensemble aus diskursiven und nicht-diskursiven Praktiken sowie Institutionen oder architektonischen Manifestationen, die mit ihnen in Zusammenhang stehen (ebd.: 95ff). Damit verschiebt sich das Augenmerk von dem Diskurs auf das Dispositiv und damit auf „machtstrategische Verknüpfungen von Diskursen und Praktiken, Wissen und Macht" (Fink-Eitel 2002: 80).

Macht ist für Foucault (1983) allgegenwärtig, „immer lokal und instabil", ein Zustand und ein Verhältnis, ein „Name, den man einer komplexen strategischen Situation in einer Gesellschaft gibt" (ebd.: 114). Es geht ihm dabei nicht um etwas, das eine Person verliehen bekommt oder ausübt, sondern um ein Verhältnis, das „anderen Typen von Verhältnissen (ökonomischen Prozessen, Erkenntnisrelationen, sexuellen Beziehungen) [...] immanent" ist (ebd.: 115). Auch Widerstand ist stets präsent, weder als „Folgewirkung" noch als „Negativwirkung" von Macht oder „trügerische Hoffnung", sondern als deren „andere Seite, das nicht wegzudenkende Gegenüber" (ebd.: 117). Darüber hinaus kommt Macht nicht nur von außen, sondern ist „ein Teil unserer Erfahrung" (Foucault 1994: 244). Im Kern seiner Überlegungen steht demnach das Subjekt, allerdings nicht als handelndes Individuum, sondern als „Gegenstand" des Diskurses oder des Dispositivs. Es wird durch ein Zusammenspiel verschiedener Praktiken hervorgebracht und bringt sich selbst hervor.

Diskurs, Wissen und Macht sind für Foucault wechselseitig aufeinander bezogen, aber nicht identisch. Ihre historisch spezifischen Verkettungen lassen sich erst durch eine Analyse ihrer Beziehungen sichtbar machen. Für eine solche Analyse gibt Foucault (1983) zwar keine konkrete methodische Anleitung, jedoch einige „Vorsichtsregulative" (ebd.: 119), die über seine Sicht auf die Kopplungen Auskunft geben. Wie Seier (1999: 75) aufzeigt, bietet es sich an, in Bezug auf das Verhältnis von Diskurs und Macht zwei Blickrichtungen und damit verbundene Fragen, anhand derer sich die vielgestaltigen Macht-Wissen-Kopplungen charakterisieren lassen, zu unterscheiden:

- *Welche Macht geht vom Diskurs aus?* Für den Gedanken, dass der Diskurs selbst machtvoll ist, ist der Zusammenhang von Diskurs und Wissen zentral. Insofern als Wissen

---

zeitlich und inhaltlich – keineswegs so eindeutig sind, verzichte ich hier auf die Phasenterminologie. Trotzdem benenne ich beispielhaft Werke, die diesen Analyseschwerpunkten zugerechnet werden – in dem Bewusstsein, dass in ihnen (wie z. B. in „Ordnung der Dinge") durchaus beide Fragerichtungen vorfindbar sind.

durch Formationsregeln diskursiv geformt wird, geht Macht von ihm aus. Über ein System von Unterscheidungen, Ein- und Ausschließungen werden im Diskurs „das Wahre vom Falschen geschieden [...] und das Wahre mit spezifischen Machtwirkungen ausgestattet" (Foucault 1978: 51).

• *Wie wirkt Macht auf den Diskurs?* Den Diskurs versteht Foucault (1983) „gleichzeitig als Machtinstrument und -effekt" (ebd.: 122). Mit anderen Worten: Es sind auch Machtbeziehungen, die auf den Diskurs einwirken. Zum einen wird der Diskurs durch Unterscheidungen, Ein- und Ausschließungen „kontrolliert, selektiert, organisiert und kanalisiert" (Foucault 1991: 10f); durch das repressiv-verknappende Moment der Macht werden „seine" Wissensobjekte geformt. Zum anderen hat Macht zugleich ein produktiv-strategisches Moment. In diesem Sinne fragt Foucault (1978): „Welche Regeln wendet die Macht an, um Diskurse der Wahrheit zu produzieren?" (ebd.: 75). In der analytischen Kategorie des Dispositivs erscheinen diskursive und weitere Praktiken selbst als Bestandteil von Machtstrategien. Über Wissen (als Episteme) hinaus geht es dabei „um den ganzen Wissens-Apparat darum herum, durch den etwas durchgesetzt wird" (Jäger 2001: 90).

Als Zwischenfazit lässt sich festhalten, dass Macht und Wissen „in der Geschichte (operieren), indem sie sich gegenseitig erzeugen. Keines lässt sich vom anderen her erklären noch auf das andere reduzieren" (Dreyfus/Rabinow 1994: 143). Ebenso verwoben sind Diskurs und Macht: Diskurse ermöglichen Machtbeziehungen und stellen zugleich ihre Basis dar. Machtbeziehungen werden zwar diskursiv produziert, aber der Diskurs „unterminiert sie auch, er setzt sie aufs Spiel, macht sie zerbrechlich und aufhaltsam" (Foucault 1983: 122).[11]

So viel zu Foucaults „Werkzeugkiste", die sich auch für die Analyse von Managementwissen anbietet: Die *Archäologie* lässt Wissen begreifen als hervorgebracht in „wuchernden Diskursen". Einzelne Wissensbestände, als die Dinge, über die der Diskurs spricht, werden dabei im Zusammenspiel diskursiver und nicht-diskursiver Praktiken geformt (klassifiziert, gemessen, normiert ...). Die *Genealogie* lenkt den Blick verstärkt darauf, wie Wissensformen entstehen und welche Machtwirkungen sie haben: Diskurse gestalten und organisieren soziale Wirklichkeit aktiv, sind Teil eines weiteren „Macht- und Praxisfeldes" und insofern verschränkt mit objektivierenden und subjektivierenden Praktiken, über die Individuen geformt werden und sich selbst formen.

---

11 Foucault wurde vielfach vorgeworfen, sein Machtbegriff sei unscharf und erlaube keine graduellen Abstufungen; wenn Macht überall sei, sei unklar, was damit erklärt werden soll (vgl. z. B. Fink-Eitel 2002: 88). Den Vorwürfen einer „,Metaphysik der Macht', aus der es kein Entrinnen gibt" kann mit Seier (1999) entgegengehalten werden, dass Foucault Macht „nicht als Erklärungsprinzip" verstanden wissen will, sondern als „perspektivische Analyse-Kategorie" (ebd.: 84; vgl. auch Foucault 1992: 33). Trotzdem bleibt ein immanenter Widerspruch bestehen, wie Nienhüser (2003) zynisch bemerkt: Foucault „sieht Macht [...] als eine Art Netz, das sich über unser Handeln und über unser aller Denken legt, ohne dass wir (abgesehen von Foucault und seinen Anhängern) es selbst merken" (ebd.: 160f).

3 Managementforschung und *linguistic turn*: eine umstrittene Verbindung

3.1 Zur Produktion, Verbreitung und Verwendung von Managementwissen

Zunächst als Grundlage für das Folgende ein kurzer Blick darauf, was Managementwissen ausmacht und wie es entsteht: Die Managementforschung befasst sich mit Fragen, die das Management als Institution und als Funktion betreffen. In den Blick genommen werden also Managerinnen und Manager als Personen(gruppen) mit Führungsaufgaben, Entscheidungs- und Weisungsbefugnissen sowie deren Aufgaben und Handeln oder allgemeiner, Probleme, die den Prozess des Managens betreffen. Dabei geht es nicht nur um (privatwirtschaftliche) Unternehmen, sondern auch um andere Arten von Organisationen sowie um das Management über Organisationsgrenzen hinaus.[12] Ein Verständnis von Management als Institution und Funktion eröffnet somit den Blick auf das gesamte Geschehen in und zwischen Organisationen sowie auf das dafür relevante Umfeld.

Die Managementforschung[13] produziert Wissen über Management, in Form von Theorien, Ideen oder Gestaltungsempfehlungen. Dies wird in der Lehre an Studierende vermittelt, damit sie es später in der Praxis anwenden. Das ist jedoch nur ein Weg der Produktion und Verbreitung hin zur Verwendung von Managementwissen. Beratungsfirmen und Trainingsinstitute vermitteln ebenfalls in der Wissenschaft produziertes Managementwissen, sind darüber hinaus aber auch mit eigenen Ansätzen und Konzepten an der Wissensproduktion beteiligt. Auch Managementbestseller wollen Konzepte „guten Managementhandelns" vermitteln und können Managementmoden (vgl. dazu Kieser 1996) anheizen. Praktikerinnen und Praktiker wenden Managementwissen in Form von Erkenntnissen und Empfehlungen aus Wissenschaft und Beratung an. Managementwissen aus der Praxis ist wiederum eine Informationsquelle für die Wissenschaft – sei es zu Zwecken der Forschung oder der Lehre – und für die Beratung. Und schließlich wird nicht jegliches wissenschaftlich produzierte Managementwissen in die Praxis transferiert: Wissenschaftliche Tagungen und *refereed journals* sind Kanäle der Verbreitung, die sich hauptsächlich an andere Wissenschaftlerinnen und Wissenschaftler richten. Dieses Wissen wird wiederum in der Managementforschung verwendet, um neues Wissen zu produzieren.

Dass es auf die Frage, welche Rolle die Wissenschaft für die verschränkten Prozesse der Produktion und Verbreitung von Managementwissen spielt oder spielen sollte, keine

---

12 Zur Unterscheidung von Management als Institution und Funktion vgl. z. B. Steinmann/ Schreyögg (2005: 6f); speziell zum Management zwischen Organisationen bzw. in Netzwerken vgl. z. B. Sydow (2006).

13 Angesichts der historisch und regional höchst unterschiedlich verlaufenden disziplinären Grenzen unterscheide ich nicht zwischen Management-, Organisations-, Personalforschung und -lehre. Da sich diese wissenschaftlichen Praxen mit z. T. verschiedenen Schwerpunktsetzungen (in Bezug auf Inhalte, Methoden, Theoriebildung etc.) im Wesentlichen auf den gleichen Untersuchungsbereich, das organisationale Geschehen, beziehen, fasse ich sie unter dem Begriff Managementforschung und -lehre zusammen.

einhellige Antwort gibt, wurde eingangs schon herausgestellt. Dementsprechend vielfältig sind auch die Positionen zum *linguistic turn* in der Managementforschung.

3.2 Positionen zum linguistic turn in der Managementforschung

Mit dem *linguistic turn* verbundene Ansätze fordern dazu auf, auch Gegenstand und Praxis der Managementforschung als sozial konstruiert zu betrachten (vgl. z. B. Deetz 2003: 423f; Boje et al. 2004: 571): Sowohl das organisationale Geschehen als auch Wissen darüber, Organisationen selbst, Identitäten ihrer Mitglieder sowie Machtverhältnisse und Strukturen, Management- und Forschungspraktiken erscheinen so als Ergebnis sozio-historisch gewachsener Regeln und ihrer Anwendung. Wegen ihrer vermeintlich neutralen sprachlichen Beschreibung gelten solche Ergebnisse oft als selbstverständlich und natürlich. Ein Blick auf den Prozess[14] solcher (Re-)Produktionen lässt den machtvollen Charakter organisationaler und wissenschaftlicher Praxis erkennen. Dass ein solcher Blick weder üblich noch unumstritten ist, wird im Folgenden gezeigt.

Befürworterinnen und Befürworter des *linguistic turn* verweisen darauf, einem Großteil der Managementforschung unterliege die traditionelle Auffassung von Sprache als Abbild und fordern dazu auf, Theorien und Modelle vielmehr als „tools for acting in the world" anzusehen (Tsoukas 1998: 782). Insbesondere der empirischen Forschung unterliege eine „language-as-a-mirror-practice" (Alvesson/Kärreman 2008a: 140); nur selten würden in Befragungen gesammelte Daten als Sprachhandeln interpretiert, das soziale Wirklichkeit konstruiert. Männel (2002) arbeitet heraus, dass auch in einem Großteil der ökonomischen Forschungsrichtungen in dreierlei Hinsicht Relevanz und Wirkung von Sprache verkannt werden: in Bezug auf den Untersuchungsgegenstand (ökonomische Interaktionen wie Kaufen, Mieten oder Produzieren), in Bezug auf grundlegende Annahmen zur Möglichkeit von Wahrnehmung und Erkenntnis sowie in Bezug auf die wissenschaftliche Praxis, den Prozess des Forschens, Schreibens und Kommunizierens (vgl. ebd.: 28ff). Ortmann (2004) betont, dass eine linguistische Wende in der Organisationsforschung höchstens ansatzweise vorhanden ist. Er selbst zeigt auf, wie Wittgensteins Verständnis von Sprachspielen sowie Searles und Austins Blick auf performative Sprechakte für die Organisationstheorie und forschung verwendet werden können (vgl. dazu auch Searle in diesem Band). Shotter (2005) plädiert dafür, in der Managementforschung nicht nach verallgemeinerbaren Ursachen für soziale Prozesse zu suchen, sondern einen Bezug auf Wittgenstein fruchtbar zu machen für „unique understandings of unique persons and events – the kind of understandings that enable us to ‚go on' in a practical situation" (ebd.: 113).

Solchen Diagnosen und Plädoyers für eine stärkere Bezugnahme auf den *linguistic turn* stehen kritische Stimmen gegenüber, die sich grob in zwei Lager teilen lassen. Auf der einen

---

14 Dieser Blick auf die Prozesse des Organisierens und des Forschens wird im Englischen z. T. programmatisch verdeutlicht durch die Verwendung des Gerundiums für das jeweils im Zentrum der Betrachtung stehende Phänomen – wie z. B. „organizing" (Weick et al. 2005) oder „doing […] research" (Alvesson/Deetz 2000).

Seite wird ein dem *linguistic turn* folgendes Umdenken vehement abgelehnt. Der prominenteste Vertreter dieser Position ist wohl Donaldson, der Ansätze des *linguistic turn* vor dem Hintergrund seines positivistischen Programms als anti-positivistisch und anti-wissenschaftlich, kurz „The Weick Stuff" (Donaldson 1992;[15] vgl. auch 2005) verwirft. Auf der anderen Seite finden sich Stimmen, die die Relevanz von Sprache für Organisationen und ihre Erforschung zwar grundsätzlich anerkennen, aber poststrukturalistischen Ansätzen Relativismus und Beliebigkeit vorwerfen: Durch sie würde die Existenz allgemeingültiger Kriterien zur Beurteilung wissenschaftlicher Aussagen bestritten. Zudem würde die Rolle der Sprache überhöht, weil entsprechende Analysen nur auf die Ebene sprachlicher Äußerungen, auf sprachliche Strukturen und ihre Mehrdeutigkeit gerichtet seien; gegebene Strukturen und Verhältnisse würden vernachlässigt (vgl. z. B. Scherer 1999: 34f; Weiss 2000). Letzteres wird insbesondere an Foucault orientierten Ansätzen vorgeworfen und veranlasst Reed (2005) sowie Fleetwood (2005), zu einem kritischen Realismus in der Managementforschung aufzurufen (zur Kritik daran vgl. Willmott 2005).

Dazu in der hier gebotenen Kürze: Eine Orientierung am *linguistic turn* ist keinesfalls gleichbedeutend damit, wissenschaftliche Erkenntnisse generell als *relativistisch* und *beliebig* zu kennzeichnen. Konventionelle (nun als konsensuell vereinbart verstandene) Beurteilungskriterien, wie glaubwürdiges Datenmaterial, Verankerung in Forschungsliteratur, sorgfältige Analyse und Diskussion, werden nicht außer Kraft gesetzt.[16] Der Wirklichkeit und Erkenntnis konstituierende Charakter der *Sprache* ist ein wichtiger Ausgangspunkt sie wird jedoch nicht in dem Sinne überhöht, dass soziale Praxis oder Verhältnisse vernachlässigt würden. Sprache wird vielmehr als eines der Symbolsysteme und eine mit anderen Praktiken verwobene soziale Praxis verstanden, die mit Machtwirkungen verknüpft sind. Eine solche Sichtweise negiert auch nicht die Existenz einer Welt außerhalb von Sprache (vgl. dazu z. B. Tsoukas 2000), sondern unterstreicht, dass diese weder unabhängig von menschlicher Wahrnehmung und menschlichem Handeln ist, noch sich auf wahre Sätze über Fakten reduzieren lässt. Für die Forschung bedeutet dies:

> „To talk about an object of study, whether natural or social, is to talk about something which is already invested with certain language-based distinctions, with a place within a language game." (Tsoukas 2000: 533)

---

15 Dieser Artikel bezieht sich auf Astleys und Zammutos (1992) Analyse der Wissenschaft und Praxis als Sprachspiele (vgl. dazu 4.1). Darüber hinaus gibt Donaldson seiner grundsätzlichen Position zu von ihm als anti-positivistisch kategorisierten Ansätzen Ausdruck, für die er Weicks (z. B. 2001) *sensemaking*-Konzept als emblematisch ansieht.

16 Zur Verschiebung von Kriterien nach dem *linguistic turn* vgl. z. B. Alvesson (2002: 163ff). Diskutiert werden in diesem Zusammenhang eine verstärkte Ausrichtung auf pragmatische Kriterien (vgl. z. B. mit Bezug auf Rorty Wicks/Freeman 1998: 127f; mit Bezug auf Habermas Scherer 1999: 35ff) und eine verstärkte Reflexivität in Bezug auf die Forschungspraxis (vgl. dazu z. B. Johnson/Duberley 2003).

Auch wenn der *linguistic turn* in der Managementforschung als „a road less travelled" (Deetz 2003: 421) gilt,[17] wächst die Zahl entsprechender Analysen, wie jüngere Sammelbände, Diskussionsforen und *Special Issues* zum Thema Sprache beziehungsweise Diskurs und Organisation zeigen (vgl. z. B. Burrell 2000; Putnam/Fairhurst 2001; Grant/Hardy 2004; Grant et al. 2004; Boje et al. 2004).[18] Dazu folgen jetzt ausgewählte Beiträge.

4 Ausgewählte Beiträge und Ansatzpunkte

Wie gezeigt, besteht der Kern des Umdenkens darin, Sprache nicht mehr als rein beschreibendes Medium zu verstehen, sondern als eine Wirklichkeit und Wahrheit stiftende soziale Praxis. Dabei unterstreicht Wittgensteins Konzept der Sprachspiele insbesondere den Charakter von Sprache als regelgeleitete soziale Praxis, deren Gebrauch Bedeutungen konstruiert. Ein Vollbegriff von Rhetorik betont den Argumentationsprozess, in dem durch Techniken der Überzeugung und Überredung eine Einigung über nicht nach logischen Regeln entscheidbare Sachverhalte hergestellt wird. Ein an Foucault orientiertes Verständnis von Diskurs lenkt darüber hinaus den Blick auf die subjektivierenden und objektivierenden Machtwirkungen, die von dem Zusammenspiel diskursiver und nicht-diskursiver Praktiken ausgehen. Nun geht es um die Verwendung dieser Ansätze in der Managementforschung.

4.1 Sprachspiele in Wissenschaft und Praxis

Wittgensteins Konzept der Sprachspiele ist in der Managementforschung verschiedentlich aufgegriffen worden. Es wurde unter anderem verwendet für eine Analyse von Führung (Pondy 1978), als Grundlage des Designs elektronischer Kommunikationssysteme (Boland/ Tenkasi 1995), zur Erklärung von Unternehmenswachstum (Koppl/Langlois 2001), für eine um spieltheoretische Ideen erweiterte Analyse der Evolution professioneller Sprachcodes (Moldoveanu 2002), zur Entwicklung einer sprachintegrierten ökonomischen Theorie (Männel 2002), für eine Analyse der Konkurrenzkämpfe direkter Wettbewerber (Rindova

17 Entgegen entsprechenden Diagnosen, wie sie auch eingangs schon benannt wurden, stellen z. B. Reed (2005) und Fleetwood (2005) fest, dass der *linguistic turn* die Managementforschung seit den 1980er Jahren dominiert und überwunden werden müsse. Für die von den beiden vehement abgelehnten poststrukturalistischen Ansätze wurde verschiedentlich festgestellt, dass sie, u. a. ausgelöst durch Coopers und Burrells (1988) Überblicksartikel zu postmodernem Denken, in den 1990er Jahren einen aufsteigenden Trend verzeichneten (vgl. z. B. Weiskopf 2003a). Eine breitere Auseinandersetzung mit der Rolle von Sprache setzt jedoch, wie den im Folgenden angeführten Quellen zu entnehmen ist, erst in den letzten Jahren ein. Überdies schlägt sich dieser Trend in einer begrenzten Zahl an Publikationsorganen (Verlagen sowie Zeitschriften) nieder – vor allem im angelsächsischen Sprachraum.

18 Dabei werden *discourse analysis* und *organizational discourse* oft als Oberbegriffe für solche Ansätze benutzt, die sich mit der Rolle von Sprache und Texten im Kontext von Organisationen beschäftigen (vgl. kritisch dazu Alvesson/Kärreman 2000b).

et al. 2004) sowie als Ansatzpunkt zur Reflexion über den Gegenstand und die Praxis der Managementforschung (Shotter 2005; vgl. z. B. auch Tsoukas 1998).

Besonders große Beachtung gefunden hat der Beitrag von Astley und Zammuto (1992), auf den sich zum Beispiel auch Kieser (1996) in seiner Analyse von Managementmoden bezieht, und den auch ich verwende – allerdings modifiziert (s. u.). Ausgangspunkt der Analyse von Astley und Zammuto (1992) ist der oft als mangelhaft diagnostizierte Wissenstransfer zwischen Wissenschaft und Praxis. Angesichts dessen schlagen die Autoren vor, Wissenschaft und Praxis in Anlehnung an Wittgenstein als zwei separate Sprachspielgemeinschaften zu betrachten, als halb-autonome Bereiche, in denen jeweils andere Probleme beziehungsweise Probleme anders fokussiert und unterschiedliche Interessen verfolgt werden. Den Grund sehen sie in der Herausbildung verschiedener Sprachspiele, derer sich die Mitglieder der jeweiligen (*scientific* oder *managerial*) *communities* bedienen. Die an diese Sprachspiele geknüpften Interessen, Normen und Regeln erschwerten die Kommunikation zwischen Wissenschaft und Praxis. Mit Rekurs auf Wittgensteins Sprachspielbegriff verweisen die Autoren darauf, dass Interpretationen von Phänomenen und Ereignissen, somit auch von Konzepten und (Gestaltungs-)Problemen, immer in einem sozio-kulturell geprägten Kontext erfolgen. Entsprechend kann auch deren Bedeutung nur vor diesem Hintergrund erfasst werden (ebd.: 444f).

Für die *Wissenschaft* bedeute dies, dass die jeweiligen Anwendungsregeln und Terminologien – das Sprachspiel – der Forschungstradition die Sicht auf die Wirklichkeit bestimmen. Das verwendete Sprachspiel bedinge die Konstruktion wissenschaftlicher Aussagen und liefere den Rahmen für ihre Interpretation. Auch Kriterien, auf deren Grundlage die Güte wissenschaftlicher Aussagen beurteilt wird, sind somit Teil des Sprachspiels (vgl. auch Mauws/Phillips 1995: 326). Auf Seiten der *organisationalen Praxis* gilt das Sprachspiel – stärker als in der Wissenschaft – als instrumentell geprägt: So seien andere von eigenen oder organisationalen Zielen zu überzeugen, Problemlösungen argumentativ durchzusetzen und Entscheidungen zu legitimieren. Solch argumentativ-legitimierende Nutzung des jeweiligen Sprachspiels ist zwar auch in der Wissenschaft anzutreffen, wie die Autoren selbst anhand der illustrierenden Funktion von empirischer Forschung verdeutlichen (vgl. ebd.: 488ff; vgl. auch Kieser 1997: 242ff). Dass jedoch in dieser Hinsicht andere Schwerpunkte gesetzt werden (müssen), unterstreicht zum Beispiel auch Scherer (1999), der ansonsten diesem Ansatz höchst kritisch gegenübersteht:

> „Wissenschaftler können es also in vielen Fällen beim Reden belassen, Unterschiede und Konflikte zwischen ihren Positionen also eher auf sich beruhen lassen, während in der Unternehmenspraxis ‚gehandelt‘ werden muß." (ebd.: 34)

Dieser Unterschied bringt es mit sich, dass die Sprachspiele in Wissenschaft und Praxis andere Charakteristika aufweisen: In der organisationalen Praxis ist es notwendig, eine klare Position zu vertreten und Gewissheit zu vermitteln. Der Bezug auf erfahrungserprobte *best practices*, Erfolgsgeschichten einzelner Personen oder Unternehmen sowie eine eindringliche, bildhafte Sprache helfen dabei. In der Wissenschaft ist es auch erforderlich, sich zu positionieren und die eigene Sichtweise zu verteidigen; jedoch wird zugleich erwartet,

Selbstkritik zu üben, andere Sichtweisen zu würdigen und auf Grenzen der eigenen Aussagen hinzuweisen. Solch verschiedene Erfordernisse spiegeln sich deutlich in praxisorientierten und wissenschaftlichen Texten (vgl. z. B. Kieser 1997: 254).

Im Mittelpunkt der Analyse von Astley und Zammuto (1992) steht der wechselseitige Wissenstransfer zwischen Wissenschaft und Praxis. Dabei unterscheiden sie (mit Bezug auf Pelz 1978) drei mögliche Arten: instrumentell, konzeptionell und symbolisch.

In Hinblick auf den Transfer von der Wissenschaft in die Praxis, auf den ich mich hier beschränke, sprechen die Autoren von einem *instrumentellen Wissenstransfer*, wenn (im Sinne des Ziels angewandter Forschung) angestrebt wird, über „tools, techniques, and practices" (ebd.: 452) wissenschaftliche Erkenntnisse zur Lösung praktischer Probleme bereitzustellen und die Gestaltungspraxis direkt zu beeinflussen. Nienhüser (vgl. 1998: 28ff) weist darauf hin, dass grundsätzlich auch theoretische Aussagen instrumentell genutzt werden können, wenn sie nämlich die Lösung von Wissensproblemen befördern. Allerdings wird häufig beklagt, dass ein solcher Wissenstransfer nur selten stattfindet. Astley und Zammuto sowie Nienhüser (1998), der die „Nutzung personal- und organisationswissenschaftlicher Erkenntnisse in Unternehmen" analysiert, sehen dies in weiteren Formen des Wissenstransfers begründet.

So findet nach Astley und Zammuto (1992: 453) auch immer ein *konzeptioneller Wissenstransfer* statt, in dem Sinne, dass Konstrukte, Metaphern oder Ideen auch ohne direkte Handlungsanleitung die Wahrnehmung von (Gestaltungs-)Problemen verändern oder verfestigen. Über Veröffentlichungen, Beratungen oder Seminare dringen Konzepte aus der akademischen Sphäre in die öffentliche Diskussion und werden in der Managementpraxis aufgegriffen. Damit verbunden ist auch ein *symbolischer Wissenstransfer* möglich, wenn nämlich Entscheidungen und Meinungen mit Hilfe von Theorien, Konzepten oder Forschungsergebnissen gerechtfertigt werden. Diese Arten des Wissenstransfers gründen darauf, dass jegliches Wissen an „conceptual and symbolic language" (ebd.: 454) gebunden ist. Diese beiden Formen des Wissenstransfers fasst Nienhüser (1998) als *politische* Art der Nutzung zusammen, eine Nutzung wissenschaftlicher Erkenntnisse, die der Interessensrealisierung und dem Ausbau von Machtpositionen dient und die eine instrumentelle Nutzung oftmals dominiert (vgl. ebd.: 30, 35ff).

Astley und Zammuto (1992) fordern Wissenschaftlerinnen und Wissenschaftler auf, ihre Rolle zu überdenken. Für sie sind es weniger (instrumentelle) Problemlösungen, die die Forschung liefern kann, als vielmehr (konzeptionelle und symbolische) Sprache und Argumente, die notwendigerweise mehrdeutig sind und so verschiedene Arten des *seeing-as* von organisationalen Problemen erlauben. Insbesondere diese Schlussfolgerung brachte den Autoren oft den Vorwurf des Relativismus ein (vor allem von Donaldson 1992;[19] vgl.

---

19 Donaldson (1992) sieht Astley und Zammuto sogar als „cerebral astronauts" (ebd.: 464) weit weg von der „real world" des Managements und unterstellt, ihr Konzept wolle wissenschaftlich-empirische Ansätze unterminieren (ebd.: 465). Für mich wirft das die Frage auf, ob nicht die Betrachtung des äußerst irdischen Phänomens der Vieldeutigkeit von Sprache (und Daten) und ihrer Funktionen stärker in der vielgestaltigen „Wirklichkeit" verhaftet ist als Donaldsons Streben nach Objektivität in der „positivist mission of creating, refining and testing theories of organization" (ebd.; vgl. auch Mauws/Philips 1995: 328ff).

auch z. B. Wicks/Freeman 1998: 127f; Scherer 1999: 35), ein Vorwurf, der zum Teil auch generell gegen Ansätze des *linguistic turn* vorgebracht wird (s. o.). In der Tat mag Astleys und Zammutos (1992) Position überzogen sein, insofern als sie jeglichen instrumentellen Nutzen wissenschaftlicher Forschung abzulehnen scheinen und den Forschenden nur eine Rolle als „inventors of symbolic language" (ebd.: 457) zuweisen. Im Unterschied dazu gehe ich davon aus, dass von der Wissenschaft grundsätzlich auch instrumentell nutzbares Wissen bereitgestellt werden kann. Aber im Gegensatz zum Vorwurf des Relativismus halte ich den Ansatz von Astley und Zammuto für geeignet, um daran eine kritische Betrachtung wissenschaftlichen (und anderen) Managementwissens auszurichten. Auch wenn die Autoren nicht explizit diskutieren, wie wissenschaftliches Wissen beurteilt werden kann, liefern doch, wie auch Nienhüser (1998) zeigt, die skizzierten Arten der Wissensnutzung eine Grundlage dafür. Der Blick auf eine instrumentelle Nutzung legt nahe, das bereitgestellte Wissen anhand bestimmter Kriterien auf seine Güte zu prüfen, und ein Blick auf die Möglichkeit der politischen Nutzung fordert dazu auf, auch diese kritisch zu reflektieren.

Ein anderer Kritikpunkt betrifft Astleys und Zammutos (1992) Annahme von zwei separaten Sprachspielen, die sich auf die skizzierten Unterschiede zwischen wissenschaftlicher und organisationaler Praxis stützt. Darüber hinaus differenzieren sich Problemfokussierungen und Interessenslagen aber auch innerhalb dieser Bereiche (vgl. ebd.: 445). So lassen sich aufgrund unterschiedlicher Erkenntnisinteressen verschiedene Perspektiven der Managementforschung ausmachen (vgl. Burrell/Morgan 1979; Deetz 1996; vgl. auch Sieben 2007: 83ff). In dieser Hinsicht ist also mindestens von mehreren Sprachspielen, oder besser: Sprachspielfamilien oder -gruppen in der Wissenschaft auszugehen.

Sprachspielfamilien oder -gruppen ist insofern eine treffendere Bezeichnung, als Wittgensteins Verständnis von Sprachspielen sich auf konkrete Praktiken bezieht, wie „Berichten eines Hergangs" oder „Eine Hypothese aufstellen und prüfen". Forschungsperspektiven lassen sich demnach durchaus nach den Regeln unterscheiden, die für solche Praktiken als angemessen gelten; mit einem Sprachspiel gleichsetzen lassen sie sich jedoch kaum. Analog bilden auch die vielfältigen Prozesse und Praktiken, die sich als organisationale Praxis zusammenfassen lassen, nicht ein Sprachspiel im Wittgenstein'schen Sinne. So fordern auch Mauws und Phillips (1995) in ihrer kritischen Stellungnahme zu Astley und Zammuto dazu auf, in Bezug auf die wissenschaftliche und organisationale Praxis von einem komplexen Netz miteinander verwobener Spiele auszugehen, „connected [...] by similarity of purpose, by their antagonisms, and especially by the participation of each individual across different language games" (ebd.: 327).

Mauws und Phillips beziehen sich damit auf jegliches Geschehen in Organisationen, das als Netz von Sprachspielen angesehen und rekonstruiert werden kann. Insbesondere erscheint dieser Blick auf Sprachspiele geeignet, um das von Kieser (1996) eingeführte Bild der Arena einer Managementmode auszudifferenzieren. Kieser zufolge kommen dabei verschiedenartige durch Kooperation und Konkurrenz gekennzeichnete Spielzüge zusammen, wie das Schreiben eines Bestsellers, die Publikation eines Forschungsberichtes oder das Vermarkten von Trainingseinheiten. Solche Praktiken lassen sich als Sprachspiele im Sinne von Wittgenstein interpretieren und ihre „Gruppierung" rund um ein modisches Managementthema als ein komplexes Netz von Sprachspielen im Sinne von Mauws und

Phillips.[20] Dabei lassen sich die jeweiligen Akteurinnen und Akteure nicht immer eindeutig der Wissenschaft oder Praxis zuordnen; sie können sich verschiedener Sprachspiele bedienen, die jedoch durch Familienähnlichkeiten miteinander verwandt sind.

Insofern erscheint es als zu generalisierend, wie Kieser (1996) in Anlehnung an Astley und Zammuto (1992) von *zwei separaten Arenen* auszugehen. Vielmehr betrachte ich die wissenschaftliche und organisationale Praxis als *eine Arena* aus einem komplexen Netz von Sprachspielen, in dem sich Sprachspiele der Wissenschaft und der Praxis anhand der jeweiligen Regeln unterscheiden lassen. Solche Regeln sind als Konventionen zu verstehen, in denen Interessen der jeweiligen Akteurinnen und Akteure geronnen sind, in denen sie sich ausdrücken und auf deren Grundlage sich Aussagen interpretieren lassen. Eine *Modearena,* als Diskussionen und Praktiken rund um ein modisches Managementthema oder konzept, lässt sich dann als ein bestimmter Ausschnitt aus diesem Netz interpretieren, in dem die Komplexität der Sprachspiele tendenziell erhöht ist: in quantitativer Hinsicht aufgrund eines sprunghaft steigenden Interesses am Thema, das sich an entsprechenden Praktiken (wie Veröffentlichungen) ablesen lässt, und in qualitativer Hinsicht aufgrund verstärkter Kooperation und Konkurrenz auch zwischen den in Wissenschaft und Praxis Tätigen. Ein einzelner *Spielzug* (wie ein Managementbestseller oder ein Forschungsbericht) lässt sich dahingehend charakterisieren, in welchem Sprachspielrahmen er sich bewegt und welche Arten von Sprachspielfamilien zusammenlaufen.

Dieser Blick auf eine Modearena als komplexes Sprachspielnetz modifiziert auch die Annahmen zum zuvor beschriebenen Wissenstransfer, und zwar weil dieser nicht als mehr oder weniger intendierte Bewegung von Wissen zwischen halb-autonomen Bereichen verstanden werden kann (vgl. dazu Mauws/Phillips 1995: 331). Wie sich am Beispiel von Golemans (1999) Managementbestseller zur Emotionalen Intelligenz, „Der Erfolgsquotient", zeigen lässt (vgl. Sieben 2007), können einzelne Sprachspiele oder konkrete Spielzüge, die explizit einen Transfer wissenschaftlichen Wissens in die Praxis zum Ziel haben (wie eine praxisorientierte Veröffentlichung), durchaus auf die eben unterschiedenen Arten der Wissensnutzung hin betrachtet werden. Denn potentiell werden sie wiederum (instrumentell oder politisch) für Sprachspiele der Managementpraxis aufgegriffen. Für das Vorhaben einer kritischen Analyse legen solche Arten der Nutzung wissenschaftlichen Wissens nahe, bei Aussagen und Argumentationsmustern wissenschaftlicher Art nicht nur deren Güte zu prüfen, sondern auch auf ihre politischen Nutzungsmöglichkeiten aufmerksam zu machen, ihre Grundannahmen und möglichen Folgen herauszuarbeiten.

---

20 Mauws/Phillips (1995) nennen als Beispiel das Sprachspiel der Forschung, das in weitere Spiele eingehen kann, wie z. B. in das „publication game", das „classroom game" oder das „consulting game" (ebd.: 331). Managerinnen und Manager verfolgen eigene Sprachspiele (Entscheiden, Beraten, ...), bei denen sie manchmal auf wissenschaftliche Sprachspiele zurückgreifen. Bei wissenschaftlichen Spielen übernehmen sie z. T. nur eine beobachtende Rolle, z. T. treten sie jedoch auch als Mitspielende auf.

4.2   Rhetorik als Form und Inhalt von Argumentationen

Mit der Analyse von Rhetorik wird demgegenüber der Argumentationsprozess in den Mittelpunkt gestellt. In der Managementforschung ist ein Bezug auf Rhetorik überaus gängig. Dabei wird Rhetorik allerdings oft nur schlagwortartig und mit einer rein negativen Konnotation als Gegenbegriff zu Fakten und Taten verwendet.[21] Aber es gibt auch Beiträge, die basierend auf einem *Vollbegriff von Rhetorik* Wissenschaft und/oder Praxis als Rhetorik analysieren, so die Ökonomie (McCloskey 1986; 1992), das Human Resource Management (Legge 1995) oder das Management (Watson 1995; 2004). Auch spezifischere Ausschnitte organisationalen Geschehens, wie Maßnahmen betrieblicher Sozialpolitik (Sadowski/Pull 1997), Tarif- und andere Verhandlungen (Putnam 2004) oder Widerstand gegen technologische Neuerungen (Symon 2005), sowie Lehrbücher, zu *Organizational Behavior* (Fineman/Gabriel 1994) oder Marketing (Hackley 2003) und Managementbestseller (Jackson 2001) sind Gegenstand rhetorischer Analysen, die die Komplexität von Sprache und ihre Wirklichkeit konstruierende Kraft herausstellen.

Nur relativ selten wird dabei auf die Argumentationstheorie von Perelman und Olbrechts-Tyteca (2004) Bezug genommen. Verwendet wurde sie zum Beispiel für eine Analyse der Debatte um die Einführung eines Infrastrukturprojektes in Schweden (Corvellec 2001), eine Rekonstruktion des Verständnisses von Diversity und seinem Management in flämischen Unternehmen (Zanoni/Janssens 2004) und zur Entwicklung einer Theorie rhetorischer Kongruenz, die postuliert, dass Rhetorik benötigt wird, um Struktur und Strategie an Umweltsituationen anzupassen (Sillince 2005).

Wie zum Beispiel Kieser (1996) unterstreicht, spielt Rhetorik eine besondere Rolle für Managementmoden: Konzepte und Verfahren sind zuallererst kommunikative Produkte, sie existieren nicht ohne Rhetorikeinsatz, ohne Verständigung über ihre Bedeutung und Ziele. Rhetorik ist somit unerlässlich für die Erzeugung und Verbreitung von Managementmoden und stellt ihren konstitutiven Kern dar. Diese Gedanken lassen sich mit dem Rückgriff auf einen Vollbegriff von Rhetorik sensu Perelman und Olbrechts-Tyteca weiter entwickeln. Während der Sprachspielansatz ermöglicht, die Dynamiken der Verhandlung von Managementwissen und insbesondere von modischen Managementthemen zu beleuchten, liefert ein Blick auf Rhetorik ergänzend Bezugspunkte, um Form und Inhalt einzelner Argumentationsmuster zu analysieren.

So wird sichtbar, dass Wissen über ein bestimmtes Managementthema rhetorisch verfertigt ist, durch Argumentation und Gegenargumentation erzielt und verändert wird. Aus solch einer Perspektive entwirft Zbaracki (1998) ein „evolutionary model of rhetoric and reality" (ebd.: 612, i. O.herv.), das auf das Spannungsverhältnis zwischen der Rede über Managementpraktiken und den Praktiken selbst fokussiert.[22] Carter und Jackson (2004)

---

21 So z. B. im Rahmen der Analyse von Managementmoden, die oft als „reine Rhetorik" bezeichnet werden (vgl. kritisch dazu z. B. Bauer 1999; Watson 2004).

22 Zbaracki (1998) analysiert am Beispiel von *Total Quality Management* die Wechselwirkungen von „Rhetorik" und „Realität" in verschiedenen Phasen der Institutionalisierung: Während z. B. in einer frühen Phase das Verständnis eines Konzeptes und die Entscheidung für Instru-

stellen einen Bezug zur Argumentationstheorie von Perelman und Olbrechts-Tyteca (2004) her. Sie übertragen ein an die „Neue Rhetorik" angelehntes Verständnis von Rhetorik als Prozess auf Managementwissen, um das Zusammenspiel verschiedener Akteursgruppen zu beleuchten, die an der Produktion, Verbreitung und Verwendung von Managementwissen beteiligt sind. Dabei weisen Carter und Jackson (2004) auf die enge Verschränkung von Rhetorik und Diskurs hin: Aus einer poststrukturalistischen Perspektive – unter anderem orientiert an Foucault – begreifen sie Managementwissen als diskursiv hervorgebracht. Rhetorik verstehen sie dabei als „medium through which the dominant discourse is sustained" (ebd.: 476). Auf dieser Grundlage zeigen sie auf, wie die von Perelman und Olbrechts-Tyteca diskutierten rhetorischen Mittel sowie deren Ausrichtung auf die jeweilige Hörerschaft für kritische Analysen von Managementwissen genutzt werden können. Dabei konzentrieren sich Carter und Jackson darauf, wie ein dominanter Managementdiskurs mit seinem machtvollen „regime of truth" (ebd.) zustande kommt. Ihr Ziel ist es zu zeigen, dass ein Verständnis solcher rhetorischer Mechanismen dazu beitragen kann, dominante Diskurse zu hinterfragen und aufzubrechen (vgl. ebd.: 485ff).

Aufbauend auf Grundgedanken der *Critical Discourse Analysis* von Fairclough (1995; vgl. auch Wodak in diesem Band) und dem Konzept der Rekontextualisierung nach Bernstein (1990) analysiert Thomas (2003) die Entwicklung von Managementwissen. Am Beispiel des von Porter (z. B. 1980) angestoßenen Diskurses um Wettbewerbsstrategien zeigt er exemplarisch, wie sich die Rede darüber im Zusammenspiel von Wissenschaft und Praxis verändert. Eine Rekontextualisierung kommt danach vor allem dadurch zustande, dass Akteure und Akteurinnen ein Managementkonzept als „rhetorical device" und „ideological resource" nutzen, es auf gegebene Bedingungen und Bedürfnisse anpassen und so Expertentum kreieren. Auf diese Weise wird das Konzept in „a form of social engineering" (ebd.: 793f) verwandelt.

Um solche machtbezogenen Aspekte der Verhandlung und Ausformung von Managementwissen geht es auch in meiner Analyse Emotionaler Intelligenz als modisches Managementthema (Sieben 2007). Für den Bezug auf einen Vollbegriff von Rhetorik ist die Konstruktion der Hörerschaft nach Perelman und Olbrechts-Tyteca (2004) ein zentraler Gedanke, denn er fordert dazu auf, Argumentationsprozesse als interessengeleitetes Handeln zu verstehen. Dies lenkt den Blick auf die Intention der Redenden (oder derer, die Argumentationsmuster aufgreifen), ein Einverständnis mit der Hörerschaft zu erzielen – sei es durch ein auf Wirkung und Erfolg angelegtes Überreden oder durch ein auf Verständigung angelegtes Überzeugen. Für das Vorhaben einer kritischen Analyse liefert dies Bezugspunkte, um Argumentationsprozesse in ihrem Zusammenspiel von Form und Inhalt zu rekonstruieren und kritisch zu beleuchten. Für die Analyse der *Form* ziehe ich die von Kieser (1996) zusammengestellte Liste typischer Merkmale einer Bestsellerrhe-

---

mente rhetorisch definiert und geformt werden, ist es die „Realität" in Form von Erfahrungen mit der Implementierung eines Konzeptes, die später die „Rhetorik" in Form von (Miss-) Erfolgsgeschichten prägt. Zur aktiven, an Rhetorik gekoppelten Rolle von Managerinnen und Managern bei der Verbreitung von Managementpraktiken vgl. auch Greens (2004) „Rhetorical theory of diffusion".

torik heran und stelle sie typischen Merkmalen wissenschaftlicher Rhetorik (vgl. Kieser 1997) gegenüber. Das Ergebnis mag in den meisten Fällen auf der Hand liegen, da bereits bei kursorischem Lesen ein Text – wie zum Beispiel der Managementbestseller „Der Erfolgsquotient" (Goleman 1999) – als eher wissenschaftlich oder praxisorientiert eingeschätzt werden kann. Jedoch ergeben sich bei der Analyse der Form, in der Argumente präsentiert werden, Hinweise für weitere Analyseschritte, die auf den Inhalt der Argumentation gerichtet sind. In diesem Sinn vermag eine auf einen Vollbegriff von Rhetorik rekurrierende Textanalyse „mehr als deren mögliches figurales Profil" nachzuzeichnen; sie ermöglicht vielmehr, Texte „als kommunikative Sprechhandlungen durchschaubar" zu machen (Kopperschmidt 1990a: 31), die Aussagen einer ideologiekritischen Betrachtung zu unterziehen und sie auf ihre Überzeugungskraft hin zu prüfen. Schließlich verweist ein Vollbegriff von Rhetorik darauf, dass sich die Form lediglich analytisch vom Inhalt der Argumentation trennen lässt.

Hinsichtlich der kritischen Betrachtung des *Inhalts* lassen sich mit Bezug auf Rhetorik folgende drei Schritte bestimmen: Im ersten gilt es, den Argumentationsgang zu *rekon-stru-ieren*, um den „prinzipiell relationalen Charakter argumentativer Überzeugungsprozesse" zu berücksichtigen (Kopperschmidt 1991a: 11): Wer will wen wovon überzeugen? Dazu ist auch zu eruieren, aus welchen Bereichen die Argumente stammen, um sie „an allgemein akzeptierte Meinungen" (ebd.: 15) rückbinden zu können. Im zweiten Schritt wird die Überzeugungskraft der Argumente beurteilt. Dass es dafür keine allgemeingültigen Kriterien gibt, wurde bereits gesagt. Soll die Güte wissenschaftlicher Aussagen beurteilt werden, gilt es, Regeln und Terminologien der jeweiligen Sprachspielfamilie zu beachten. In einem dritten Schritt können die Aussagen einer *ideologiekritischen Betrachtung* unterzogen werden. Dabei ist immer auch die mögliche politische Nutzung von Aussagen zu bedenken (vgl. ausführlicher: Sieben 2007: 292ff.). Im Einzelnen kann es dabei um die folgenden Fragen gehen: Welche Annahmen (über Menschen oder soziales Handeln) werden transportiert? Welche blinden Flecken hat das Konzept? Wessen Interessen werden ausgeblendet? Welche Konsequenzen hat dies für Mitglieder in Organisationen?

4.3   Managementthemen als machtvolle Diskurse

Wesentlich zahlreicher als Beiträge der Managementforschung, die mit einem Vollbegriff von Rhetorik arbeiten, sind solche, die sich auf *Foucaults Verständnis von Diskurs* stützen. Dies wird bereits daran deutlich, dass im Vergleich der drei hier diskutierten Ansätze nur an Foucault orientierte Analysen in eigenen themenzentrierten Publikationen herausgegeben wurden, so im Sammelband von McKinlay und Starkey (1998) oder in der von Carter et al. (2002) eingeleiteten „Themed Section on Foucault, Management and History" in der Zeitschrift *Organization*. Um nur einige Beispiele zu nennen: An Foucault orientiert analysiert wurden die Accountingforschung und -praxis (z. B. Armstrong 1994), die Personallehre und -praxis (Townley 1994), die historisch gewachsene Produktion des arbeitenden Subjekts (Rose 1999), die Produktion des nationalsozialistischen Arbeiters (Pantelmann 2003), das Geschlechterverhältnis in Organisationen (Krell 2003), die Konstruktion von

Männlichkeiten (Collinson 1992), die „Anordnung der Leidenschaften" (Krell/Weiskopf 2006), die Grundlogik der Personalauswahl (Laske/Weiskopf 1996) und die Produktion des regierbaren Menschen am Beispiel der 360°-Beurteilung (Weiskopf 2005).

Generell lässt sich mit einem an Foucault orientierten Verständnis von Diskurs der größere Zusammenhang der Dynamiken von Managementwissen in den Blick nehmen. Hinsichtlich Thomas' (2003) (ideologiekritisch orientierter) Diskursanalyse wurde bereits unterstrichen, dass eine Perspektive auf Managementwissen als Diskurs den Blick darauf lenkt, wie sich die verhandelten Themen bei Bewegungen zwischen Kontexten wie Wissenschaft, Beratung und Managementpraxis verändern und wie dabei Diskurse der Wissenschaft und Praxis ineinander greifen. Anhand von Carters und Jacksons (2004) Analyse der Rolle von Rhetorik für die Konstitution eines dominanten Managementdiskurses wurde gezeigt, dass Argumentationsmuster als Teil machtvoller Diskurse begriffen werden können. Eine stärkere Orientierung an den oben dargelegten Grundgedanken Foucaults eröffnet den Blick auf weitere Aspekte:

• Orientiert an Foucaults *archäologischen* Arbeiten können Managementtexte, Management- und Forschungspraktiken als Teile einer diskursiven Formation interpretiert werden, als diskursive und nicht-diskursive Praktiken, „die systematisch die Gegenstände bilden, von denen sie sprechen". Ein modisches Managementthema erscheint aus dieser Perspektive als ein dynamischer, „wuchernder Diskurs", in dem sich diskontinuierliche Diskursstränge miteinander verschränken.
• Orientiert an Foucaults *genealogischen* Arbeiten erscheinen dabei Managementtexte als „Teil eines weiteren Macht- und Praxisfeldes" (Dreyfus/Rabinow 1994: 232), als Elemente des Wissen-Macht-Komplexes mit subjektivierenden und objektivierenden Machtwirkungen.

In diesem Sinne rekonstruiere ich im Rahmen meiner Analyse verschiedene Diskursstränge zu Emotionen und Management (vgl. Sieben 2007: 144ff). Dazu zähle ich verschiedene Auffassungen des Phänomens, ihren Niederschlag in der organisationalen Praxis, Forschungszugänge und schwerpunktmäßig bearbeitete Themen. Insgesamt betrachtet soll dieser Teil der Analyse ein grobes Bild des „wuchernden Diskurses" und seines Gegenstandes Emotionen vermitteln.

Welche Machteffekte von einem wuchernden Diskurs ausgehen können, wird daraufhin exemplarisch für das Thema Emotionale Intelligenz herausgearbeitet. Aussagen über ein modisches Managementthema – wie sie in einem Managementbestseller getroffen werden – können dafür in ihrem Zusammenspiel mit Argumentationsmustern, auf die verwiesen wird, und daran gekoppelten Forschungs- und Managementpraktiken als Zusammenspiel diskursiver und nicht-diskursiver Praktiken interpretiert werden. Aus dieser Perspektive[23] bildet Emotionale Intelligenz eine diskursive Formation, die über grundlegende Formati-

---

23 Dass dieser Perspektivwechsel – auch aufgrund der (erkenntnis-)theoretischen Differenzen der hier besprochenen sprachkritischen Ansätze – voraussetzungsvoll ist, kann hier nur angedeutet werden. Für eine eingehendere Diskussion der verwendeten Forschungsperspektiven, die zum

onsregeln (wie Klassifikation und Messung) hervorgebracht wird (vgl. Sieben 2007: 309ff).
Davon ausgehend kann gefragt werden, welche Machtwirkungen von einer solchen Formation ausgehen, und zwar im Sinne der Prozesse der Objektivierung und Subjektivierung,
durch die Individuen geformt werden und sie sich selbst formen:

Zur *Objektivierung*, die Foucault (1977) in „Überwachen und Strafen" in den Mittelpunkt
stellt, tragen disziplinarische Praktiken bei, über die Individuen eingeteilt, klassifiziert
und beurteilt werden. Eine zentrale Disziplinarpraktik ist die Prüfung: Sie „fungiert als
objektivierende Vergegenständlichung und subjektivierende Unterwerfung" (ebd.: 247).
Die Arbeiten von Townley (1994), Laske und Weiskopf (1996) oder Weiskopf (2005) zeigen,
dass von Managementpraktiken wie denen der Personalauswahl und beurteilung eine
solche Disziplinarmacht ausgeht, indem sie das arbeitende Individuum zu einem Objekt
der Beobachtung machen.

Als *Subjektivierung* bezeichnet Foucault (1994: 246) „eine Machtform, die aus Individuen
Subjekte macht". Während bei der Disziplinarmacht die passive Unterwerfung des Subjekts
im Vordergrund steht, stellt Foucault (1983) in „Der Wille zum Wissen" Praktiken der
Selbstbeobachtung und Reflexion wie das Geständnis als Techniken heraus, die auf eine
„Regierung der Seele" (Rose 1999) zielen und bewirken, dass das Individuum eine diskursiv
erzeugte Identität annimmt. Es stehen also Praktiken im Vordergrund, die zu einer Arbeit
an sich selbst auffordern. Auch solch ein Machteffekt wohnt Managementpraktiken wie
den erwähnten inne – halten doch Kriterien und Instrumente der Personalauswahl oder
beurteilung (potentielle) Mitglieder von Organisationen dazu an, dem dadurch erzeugten
Idealbild (z. B. der emotional kompetenten Führungskraft) zu entsprechen.

Ein Bezug auf Diskurs kann somit als Ausgangspunkt der Analyse eines modischen
Managementthemas dienen (vgl. auch Krell in diesem Band): Auf dieser Grundlage erscheint
das untersuchte Managementproblem als hervorgebracht durch die Art der Thematisie-
rung, durch das Zusammenspiel diskursiver und nicht-diskursiver Praktiken. In Bezug
auf bestimmte Argumentationsmuster und ihren Zusammenhang mit Management- und
Forschungspraktiken lässt sich analysieren, welche subjektivierenden und objektivierenden Machteffekte daran geknüpft sind. Ergänzend zu einem ideologiekritischen Blick auf
mögliche Konsequenzen für Mitglieder in Organisationen, die an interessengeleitete Verhandlungen über ein modisches Managementthema wie Emotionale Intelligenz geknüpft
sind, kann so der Blick auf weitere Konsequenzen gelenkt werden, auf problematische
Wirkungen für die Menschen, über die „der Diskurs spricht".

5   Fazit

Der *linguistic turn* ist in der Managementforschung weder etabliert noch unumstritten. Sein
Potenzial wurde hier anhand der Ansätze Sprachspiele, Rhetorik und Diskurs verdeutlicht.

Teil auch als inkommensurabel angesehen werden, und eine Charakterisierung meiner multi-
paradigmatischen Analyse vgl. Sieben (2007: 83ff).

Diese Ansätze liefern Bezugspunkte für das Verständnis und die Analyse von Managementwissen sowie der Dynamiken seiner Produktion, Verbreitung und Verwendung. So lenken sie erstens eine sprachkritische *Perspektive auf den Forschungsgegenstand*, die den Erkenntnis und Verständnis leitenden Ausgangspunkt der Analyse bildet: Mit Blick auf die organisationale Praxis werden die Organisation selbst oder das Geschehen in ihnen als durch sprachliche und weitere soziale Praxis konstruiert verstanden; mit Blick auf die wissenschaftliche Praxis kann Forschung als rhetorischer Prozess oder diskursive Praxis verstanden werden, die ihre Gegenstände hervorbringt. Zweitens bieten sie vor diesem Hintergrund zugleich *forschungspraktische Ansatzpunkte* für sprachkritische Analysen: Der Perspektive entsprechend liefern die Ansätze Interpretationsmuster, um den Forschungsgegenstand als Sprachspiel, Rhetorik oder Diskurs zu rekonstruieren. Überdies bieten sie konkrete methodische Ansatzpunkte für sprachkritische Analysen, so in der Form von Konversations-, Diskurs- oder rhetorischen Analysen. Dies gilt sowohl für Textanalysen im engeren Sinne (für die Analyse von einzelnen geschriebenen Texten oder Textkorpora) als auch in einem weiteren Sinne (für die Analyse gesprochener Rede wie im Rahmen von Fallstudien). Aus diesen Ansatzpunkten lassen sich konkrete Analyseschritte herleiten, wie die Bestimmung eines rhetorischen Profils, die (ideologiekritische) Prüfung der Legitimationskraft von Argumentationsmustern oder die (an Foucault orientierte) Analyse damit verbundener objektivierender und subjektivierender Machtwirkungen.

Schließlich können Ansätze des *linguistic turn* auch zu einer reflexiven Praxis beitragen, wie Carter und Jackson (2004: 485ff) am Beispiel der Rhetorik verdeutlichen. Denn entsprechende Analysen schaffen ein Bewusstsein für rhetorische Prozesse, die dominante Diskurse stützen, und rufen dazu auf, eine kritische Distanz einzunehmen, aus der heraus Argumente hinterfragt und auf die von Foucault (1981) aufgeworfenen Fragen hin geprüft werden können, nämlich „wer spricht?" und „wie kommt es, daß eine bestimmte Aussage erschienen ist und nicht eine andere an ihrer Stelle?" (ebd.: 42). Insofern können Erkenntnisse und Ansätze aus dem *linguistic turn* auch genutzt werden, um in die Dynamiken der Produktion, Verbreitung und Verwendung von Managementwissen einzugreifen.

Literatur

Alvesson, Mats (2002): Postmodernism and social research. Buckingham/Philadelphia: Open University.

Alvesson, Mats/Deetz, Stanley (2000): Doing critical management research. London: Sage.

Alvesson, Mats/Kärreman, Dan (2000a): Taking the linguistic turn in organizational research. Challenges, responses, consequences. In: The Journal of Applied Behavioral Science 36. 2. 136-158.

Alvesson, Mats/Kärreman, Dan (2000b): Varieties of discourse: On the study of organizations through discourse analysis. In: Human Relations 53. 9. 1125-1149.

Armstrong, Peter (1994): The influence of Michel Foucault on accounting research. In: Critical Perspectives on Accounting 5. 1. 25-55.

Astley, W. Graham/Zammuto, Raymond F. (1992): Organization science, managers, and language games. In: Organization Science 3. 4. 443-460.

Austin, John L. (1970): How to do things with words. Oxford: Clarendon.

Bauer, Robert (1999): Postmoderne(,) Moderne und Organisationsforschung: Gianni Vattimos Beitrag. In: Schreyögg (1999): 29-83.

Bernstein, Basil (1990): The structuring of pedagogic discourse. Vol. IV: Class codes and control. London: Routledge.

Boje, David M./Oswick, Cliff/Ford, Jeffrey D. (2004): Language and organization: The doing of discourse. Introduction to special topic forum. In: Academy of Management Review 29. 4. 571-577.

Boland, Richard L./Tenkasi, Ramkrishnan V. (1995): Perspective making and perspective taking in communities of knowing. In: Organization Science 6. 4. 350-372.

Bublitz, Hannelore/Bührmann, Andrea D./Hanke, Christine/Seier, Andrea (Hrsg.) (1999): Das Wuchern der Diskurse. Frankfurt a. M./New York: Campus.

Bubner, Rüdiger/Cramer, Konrad/Wiehl, Reiner (Hrsg.) (1970): Hermeneutik und Dialektik. Hans-Georg Gadamer zum 70. Geburtstag. Band 1: Methode und Wissenschaft. Lebenswelt und Geschichte. Tübingen: Mohr (Siebeck).

Burrell, Gibson (2000): Time and talk. Editorial. In: Organization 7. 3. 371-372.

Burrell, Gibson/Morgan, Gareth (1979): Sociological paradigms and organisational analysis. Elements of the sociology of corporate life. London: Heinemann.

Carter, Chris/McKinlay, Alan/Rowlinson, Michael (2002): Introduction: Themed section on Foucault, management and history. In: Organization 9. 4. 515-526.

Carter, Pippa/Jackson, Norman (2004): For the sake of argument: Towards an understanding of rhetoric as process. In: Journal of Management Studies 41. 3. 469-492.

Collinson, David L. (2002): Managing the shopfloor. Subjectivity, masculinity and workplace culture. Berlin: de Gruyter.

Cooper, Robert/Burrell, Gibson (1988): Modernism, post modernism and organizational analysis: An introduction. In: Organization Studies 9. 21. 91-112.

Corvellec, Hervé (2001): Talks on tracks – Debating urban infrastructure projects. In: Studies in Cultures, Organizations and Societies 7. 1. 25-53.

Czarniawska, Barbara (1999): Writing management. Organization theory as a literary genre. New York et al.: Oxford.

Deetz, Stanley (1996): Describing differences in approaches to organization science: Rethinking Burrell and Morgan and their legacy. In: Organization Science 7. 2. 191-207.

Deetz, Stanley (2003): Reclaiming the legacy of the linguistic turn. In: Organization 10. 3. 421-429.

Donaldson, Lex (1992): The Weick stuff: Managing beyond games. In: Organization Science 3. 4. 461-466.

Donaldson, Lex (2005): Following the scientific method: How I became a committed functionalist and positivist. In: Organization Studies 26. 7. 1071-1088.

Dosse, François (1999): Geschichte des Strukturalismus. Band 1: Das Feld des Zeichens. 1945-1966. Frankfurt a. M.: Fischer.

Dreyfus, Hubert L./Rabinow, Paul (1994): Michel Foucault. Jenseits von Strukturalismus und Hermeneutik. 2. Aufl. Weinheim: Beltz.

Fairclough, Norman (1995): Critical discourse analysis. The critical study of language. London et al.: Longman.

Fineman, Stephen/Gabriel, Yannis (1994): Paradigms of organizations: An exploration in textbook rhetorics. In: Organization 1. 2. 375-399.

Fink-Eitel, Hinrich (2002): Michel Foucault zur Einführung. 4. Aufl. Hamburg: Junius.

Fleetwood, Steve (2005): Ontology in organization and management studies: A critical realist perspective. In: Organization 12. 2. 197-222.

Foucault, Michel (1974): Die Ordnung der Dinge. Frankfurt a. M.: Suhrkamp.

Foucault, Michel (1976): Mikrophysik der Macht. Berlin: Merve.

Foucault, Michel (1977): Überwachen und Strafen. Die Geburt des Gefängnisses. Frankfurt a. M.: Suhrkamp

Foucault, Michel (1978): Dispositive der Macht. Berlin: Merve.

Foucault, Michel (1981): Archäologie des Wissens. Frankfurt a. M.: Suhrkamp.

Foucault, Michel (1983): Der Wille zum Wissen. Sexualität und Wahrheit 1. Frankfurt a. M.: Suhrkamp.

Foucault, Michel (1991): Die Ordnung des Diskurses. Frankfurt a. M.: Fischer.

Foucault, Michel (1992): Was ist Kritik? Berlin: Merve.

Foucault, Michel (1994): Das Subjekt und die Macht. In: Dreyfus/Rabinow (1994): 240-261.

Foucault, Michel (1997): Der Gebrauch der Lüste. Sexualität und Wahrheit 2. 5. Aufl. Frankfurt a. M.: Suhrkamp.

Frank, Manfred (1984): Was ist Neostrukturalismus? Frankfurt a. M.: Suhrkamp.

Goleman, Daniel (1999): Der Erfolgsquotient. München: Hanser.

Grant, David/Hardy, Cynthia (2004): Introduction: Struggles with organizational discourse. In: Organization Studies 25. 1. 5-13.

Grant, David/Hardy, Cynthia/Oswick, Cliff/Putnam, Linda (Hrsg.) (2004): Organizational discourse. London et al.: Sage.

Green, Sandy Edward Jr. (2004): A rhetorical theory of diffusion. In: Academy of Management Review 29. 4. 653-669.

Habermas, Jürgen (1970): Der Universalitätsanspruch der Hermeneutik. In: Bubner et al. (1970): 73-103.

Hackley, Chris (2003): „We are all customers now …". Rhetorical strategy and ideological control in marketing management texts. In: Journal of Management Studies 40. 5. 1325-1352.

Jablin, Fredric M./Putnam, Linda L. (Hrsg.) (2001): The new handbook of organizational communication. Advances in theory, research, and methods. Thousand Oaks et al.: Sage.

Jackson, Bradley G. (2001): Management gurus and management fashions. A dramatistic inquiry. London/New York: Routledge.

Jäger, Siegfried (2001): Diskurs und Wissen. Theoretische und methodische Aspekte einer Kritischen Diskurs- und Dispositivanalyse. In: Keller et al. (2001): 81-112.

Johnson, Phil/Duberley, Joanne (2003): Reflexivity in management research. In: Journal of Management Studies 40. 5. 1279-1303.

Keller, Reiner (2004): Diskursforschung. Eine Einführung für SozialwissenschaftlerInnen. 2. Aufl. Wiesbaden: VS Verlag für Sozialwissenschaften.

Keller, Reiner/Hirseland, Andreas/Schneider, Werner/Viehöver, Willy (Hrsg.) (2001): Handbuch Sozialwissenschaftliche Diskursanalyse. Band 1: Theorien und Methoden. Opladen: Leske + Budrich.

Kieser, Alfred (1996): Moden & Mythen des Organisierens. In: Die Betriebswirtschaft 56. 1. 21-39.

Kieser, Alfred (1997): Moden & Mythen des Theoretisierens über die Organisation. In: Scholz (1997): 235-259.

Kieser, Alfred (Hrsg.) (1999): Organisationstheorien. 3. Aufl. Stuttgart et al.: Kohlhammer.

Koch, Jochen (1999): Postmoderne Organisationstheorien in der Perspektive Lyotards. In: Schreyögg (1999): 29-34.

Koch, Jochen (2003): Organisation und Differenz. Kritik des organisationstheoretischen Diskurses der Postmoderne. Wiesbaden: VS Verlag für Sozialwissenschaften.

Kopperschmidt, Josef (1990a): Rhetorik nach dem Ende der Rhetorik. Einleitende Anmerkungen zum heutigen Interesse an Rhetorik. In: Kopperschmidt (1990b): 1-31.

Kopperschmidt, Josef (Hrsg.) (1990b): Rhetorik. Erster Band: Rhetorik als Texttheorie. Darmstadt: WBG.

Kopperschmidt, Josef (1991a): Das Ende der Verleumdung. Einleitende Anmerkungen zur Wirkungsgeschichte der Rhetorik. In: Kopperschmidt (1991b): 1-33.

Kopperschmidt, Josef (Hrsg.) (1991b): Rhetorik. Zweiter Band: Wirkungsgeschichte der Rhetorik. Darmstadt: WBG.

Kopperschmidt, Josef (2004): Vorwort des Herausgebers. In: Perelman/Olbrechts-Tyteca (2004): VIII-XII.

Koppl, Roger/Langlois, Richard N. (2001): Organizations and language games. In: Journal of Management and Governance 5. 3-4. 287-305.

Krell, Gertraude (2003): Die Ordnung der „Humanressourcen" als Ordnung der Geschlechter. In: Weiskopf (2003b): 65-90.

Krell, Gertraude/Weiskopf, Richard (2006): Die Anordnung der Leidenschaften. Wien: Passagen.

Laske, Stephan/Weiskopf, Richard (1996): Personalauswahl – Was wird denn da gespielt? Ein Plädoyer für einen Perspektivenwechsel. In: Zeitschrift für Personalforschung 10. 4. 295-330.

Legge, Karen (1995): Human resource management. Rhetorics and realities. Basingstoke: Macmillan.

Lyotard, Jean-François (1994): Das postmoderne Wissen. Ein Bericht. 3. Aufl. Wien: Passagen.

Männel, Beate (2002): Sprache und Ökonomie. Über die Bedeutung sprachlicher Phänomene für ökonomische Prozesse. Marburg: Metropolis.

Martin, Albert (Hrsg.) (2003): Organizational Behaviour – Verhalten in Organisationen. Stuttgart: Kohlhammer.

Mauws, Michael K./Phillips, Nelson (1995): Understanding language games. In: Organization Science 6. 3. 322-334.

McCall, Morgan W./Lombardo, Michael M. (Hrsg.) (1978): Leadership: Where else can we go? Durham NC: Duke University Press.

McCloskey, Deirdre N. (1986): The rhetoric of economics. Brighton: Harvester.

McCloskey, Deirdre N. (1992): If you're so smart: The narrative of economic expertise. Chicago: University of Chicago Press.

McKinlay, Alan/Starkey, Ken (Hrsg.) (1998): Foucault, management and organization theory. From panopticon to technologies of the self. London: Sage.

Moldoveanu, Mihnea (2002): Language, games, and language games. In: Journal of Socio-Economics 31. 3. 233-251.

Nienhüser, Werner (1998): Die Nutzung personal- und organisationswissenschaftlicher Erkenntnisse in Unternehmen. In: Zeitschrift für Personalforschung 12. 1. 21-49.

Nienhüser, Werner (2003): Macht. In: Martin (2003): 139-172.

Ortmann, Günther (2003): Regel und Ausnahme. Paradoxien sozialer Ordnung. Frankfurt a. M.: Suhrkamp.

Ortmann, Günther (2004): Als ob. Fiktionen und Organisationen. Wiesbaden: VS Verlag für Sozialwissenschaften.

Pantelmann, Heike (2003): Erziehung zum nationalsozialistischen Arbeiter. Eine Diskursanalyse. München/Mering: Hampp.

Pelz, Donald C. (1978): Some expanded perspectives on the use of social science in public policy. In: Yinger et al. (1978): 346-357.

Perelman, Chaim/Olbrechts-Tyteca, Lucie (2004): Die neue Rhetorik. Eine Abhandlung über das Argumentieren. Band 1 und 2. Stuttgart/Bad Cannstadt: problemata fromman-holzboog.

Pondy, Louis R. (1978): Leadership is a language game. In: McCall/Lombardo (1978): 87-99.

Porter, Michael E. (1980): Competitive strategy. Techniques for analyzing industries and competitors. New York: Free Press.

Putnam, Linda L. (2004): Dialectical tensions and rhetorical tropes in negotiations. In: Organization Studies 25. 1. 35-53.

Putnam, Linda L./Fairhurst, Gail T. (2001): Discourse analysis in organizations. Issues and concerns. In: Jablin et al. (2001): 79-136.

Reed, Michael (2005): Reflections on the „realist turn" in organization and management studies. In: Journal of Management Studies 42. 8. 1621-1644.

Rindova, Violina P./Becerra, Manuel/Contardo, Ianna (2004): Enacting competitive wars: Competitive activity, language games, and market consequences. In: Academy of Management Review 29. 4. 670-696.

Rorty, Richard M. (1981): Der Spiegel der Natur. Eine Kritik der Philosophie. Frankfurt a.M.: Suhrkamp.

Rorty, Richard M. (1989): Kontingenz, Ironie und Solidarität. Frankfurt a.M.: Suhrkamp.

Rorty, Richard M. (Hrsg.) (1992a): The linguistic turn. Essays in philosophical method. 2. Aufl. Chicago/London: University of Chicago Press.

Rorty, Richard M. (1992b): Introduction. Metaphilosophical difficulties of linguistic philosophy. In: Rorty (1992a): 1-39.

Rose, Nikolas (1999): Governing the soul. 2. Aufl. London/New York: Free Association Books.

Sadowski, Dieter/Pull, Kerstin (1997): Betriebliche Sozialpolitik politisch gesehen: Erfolgsorientierte vs. verständigungsorientierte Rhetorik in Praxis und Theorie. In: Die Betriebswirtschaft 57. 2. 149-165.

Sarasin, Philipp (2003): Geschichtswissenschaft und Diskursanalyse. Frankfurt a.M.: Suhrkamp.

Scherer, Andreas Georg (1999): Kritik der Organisation oder Organisation der Kritik? In: Kieser (1999): 1-37.

Scholz, Christian (Hrsg.) (1997): Individualisierung als Paradigma. Festschrift für Hans-Jürgen Drumm. Stuttgart et al.: Kohlhammer.

Schreyögg, Georg (Hrsg.) (1999): Organisation und Postmoderne. Grundfragen – Analysen – Perspektiven. Wiesbaden: Gabler.

Searle, John R. (1969): Speech acts. Cambridge: Cambridge University Press.

Seier, Andrea (1999): Kategorien der Entzifferung: Macht und Diskurs als Analyseraster. In: Bublitz et al. (1999): 75-86.

Shotter, John (2005): „Inside the moment of managing": Wittgenstein and the everyday dynamics of our expressive-responsive activities. In: Organization Studies 26. 1. 113-135.

Sieben, Barbara (2007): Management und Emotionen. Analyse einer ambivalenten Verknüpfung. Frankfurt a.M./New York: Campus.

Sillince, John A. (2005): A contingency theory of rhetorical congruence. In: Academy of Management Review 30. 3. 608-621.

Simons, Herbert W. (Hrsg.) (1990a): The rhetorical turn: Invention and persuasion in the conduct of inquiry, Chicago: University of Chicago Press.

Simons, Herbert W. (1990b): Introduction: The rhetoric of inquiry as an intellectual movement. In: Simons (1990a): 1-31.

Steinmann, Horst/Schreyögg, Georg (2005): Management. Grundlagen der Unternehmensführung. Konzepte – Funktionen – Fallstudien. 6. Aufl. Wiesbaden: Gabler.

Sydow, Jörg (Hrsg.) (2006): Management von Netzwerkorganisationen. 4. Aufl. Wiesbaden: Gabler.

Symon, Gillian (2005): Exploring resistance from a rhetorical perspective. In: Organization Studies 26. 11. 1641-1663.

Thomas, Pete (2003): The recontextualization of management: A discourse-based approach to analysing the development of management thinking. In: Journal of Management Studies 40. 4. 775-801.

Townley, Barbara (1994): Reframing human sesource management. Power, ethics and the subject at work. London: Sage.

Tsoukas, Haridimos (1998): The word and the world: A critique of representationalism in management research. In: International Journal of Public Administration 21. 5. 781-817.

Tsoukas, Haridimos (2000): False dilemmas in organization theory: Realism or social constructivism? In: Organization 7. 3. 531-535.

Watson, Tony J. (1995): Rhetoric, discourse and argument in organizational sense making: A reflexive tale. In: Organizational Studies 16. 5. 805-821.

Watson, Tony J. (2004): HRM and critical social science analysis. In: Journal of Management Studies 41. 3. 447-467.

Weick, Karl E. (2001): Making sense of the organization. Malden: Blackwell.

Weick, Karl E./Sutcliffe, Kathleen M./Obstfeld, David (2005): Organizing and the process of sensemaking. In: Organization Science 16. 4. 409-421.

Weiskopf, Richard (2003a): Management, Organisation, Poststrukturalismus. In: Weiskopf (2003b): 9-33.

Weiskopf, Richard (Hrsg.) (2003b): Menschenregierungskünste. Anwendungen poststrukturalistischer Analyse auf Management und Organisation. Wiesbaden: Westdeutscher Verlag.

Weiskopf, Richard (2005): Gouvernementabilität: Die Produktion des regierbaren Menschen in post-disziplinären Regimen. In: Zeitschrift für Personalforschung 19. 3. 289-311.

Weiss, Richard M. (2000): Taking science out of organization science: How would postmodernism reconstruct the analysis of organizations? In: Organization Science 11. 6. 709-731.

Wicks, Andrew C./Freeman, R. Edward (1998): Organization studies and the new pragmatism: Positivism, anti-positivism, and the search for ethics. In: Organization Science 9. 2. 123-140.

Williams, Glyn (1999): French discourse analysis. The method of post-structuralism. London: Routledge.

Willmott, Hugh (2005): Theorizing contemporary control: Some post-structuralist responses to some critical realist questions. In: Organization 12. 5. 474-780.

Wittgenstein, Ludwig (1989a): Logisch-Philosophische Abhandlung. Tractatus logico-philosophicus. In: Wittgenstein (1989c): 7-83.

Wittgenstein, Ludwig (1989b): Philosophische Untersuchungen. In: Wittgenstein (1989c): 279-544.

Wittgenstein, Ludwig (1989c): Werkausgabe Band 1. Frankfurt a. M.: Suhrkamp.

Yinger, J. Milton/Cutler, Stephen J. (Hrsg.) (1978): Major social issues: A multidisciplinary view. New York: Macmillan.

Zanoni, Patrizia/Janssens, Maddy (2004): Deconstructing difference: The rhetoric of human resource managers' diversity discourses. In: Organization Studies 25. 1. 55-74.

Zbaracki, Mark J. (1998): The rhetoric and reality of total quality management. In: Administrative Science Quarterly 43. 3. 602-636.

Narrative, Diskurse und Organisationsforschung[1]

Barbara Czarniawska

Organisationale Narrative als die Form, in der sich die Wissensvermittlung und Kommunikation in Organisationen hauptsächlich vollziehen, sind zu einem zentralen Gegenstand der Organisationsforschung geworden. Man zeichnet nach, wie sie konstruiert und reproduziert werden, und interpretiert ihren Inhalt. Narrative Berichtsformen ergänzen, veranschaulichen und hinterfragen logisch-szientifische Darstellungsformen und bereichern auf diese Weise die Organisationstheorie. Das Gleiche gilt für die Diskursanalyse: Der Wirtschafts- und Managementdiskurs spielt heutzutage – ob es einem gefällt oder nicht – eine zentrale Rolle. Dieser Perspektivenwandel in der Organisations- und Managementforschung kommt der Preisgabe früherer Bestrebungen gleich, sich durch Faktenbehauptungen und die Unterstellung einer Eins-zu-Eins-Entsprechung von Theorie und Welt Macht zu sichern. Was als ein Verlust erscheinen könnte, lässt sich aber auch als Gewinn verbuchen: Wer sich in der Organisationsforschung mit dem Erzählen und dem Diskurs befasst, öffnet damit seine Texte für Aushandlungsprozesse und beginnt einen Dialog mit der Organisationspraxis.

Gegenstand dieses Textes sind narrative Ansätze der Organisationsforschung. Je nach Definition kann man dabei die Diskursanalyse entweder als einen wesentlich umfassenderen Ansatz ansehen (bei dem Erzählungen Diskurselemente im Foucaultschen Sinne sind) oder aber als einen engeren Ansatz (hier ist die Diskursanalyse eine nahe Verwandte der Konversationsanalyse oder der Rhetorik-Analyse). Die LeserInnen haben die Wahl.

1   Ein kurzer historischer Rückblick

Üblicherweise wird angenommen, dass Claude Lévi-Strauss vor allem wegen seines Interesses an Mythen mit dem Werk des russischen Formalisten Vladimir Propp in Berührung kam, das daraufhin ins Französische und 1968 auch ins Englische übersetzt wurde. Um den Ursprung der Faszination aufzuspüren, die Erzählungen auf die Geistes- und Sozialwissenschaften ausüben, sollte man aber vielleicht zeitlich noch weiter zurückgehen und

---

1   Aus dem Englischen übersetzt von Ulrike Berger.

an den britischen Psychologen Frederic Bartlett erinnern, dessen Dissertation von 1914 im Jahr 1932 unter dem Titel „Remembering: A study in experimental and social psychology" als Buch erschien und schnell berühmt wurde. Zwar galt Bartletts Interesse vor allem dem Prozess des repetitiven Erzählens (seine Experimente werden oft als Untersuchung von Klatsch bezeichnet), aber er interessierte sich auch sehr für Volkserzählungen (Bartlett 1977).

Irgendwann in den frühen 1970er Jahren griff das Interesse am Narrativen über die Literaturtheorie hinaus und auf die Geistes- und Sozialwissenschaften über. William Labov und Joshua Waletzky (1967) übernahmen und verfeinerten Propps Analyse russischer Volksmärchen; sie schlugen vor, die Soziolinguistik solle einfache Erzählungen analysieren und auf diesem Weg einen Schlüssel für das Verständnis der Strukturen und Funktionen komplexerer Erzählungen gewinnen. Hayden White (2008) schockierte seine Historikerkollegen mit der Behauptung, es könne keine Geschichtswissenschaft, sondern nur Historiographie geben, da die Historiker die Ereignisse nicht etwa *vorfänden*, sondern durch narrative Strukturierung oder Modellierung (emplotment) zu Geschichten zusammenfügten. In einem merkwürdigen Akt der Parallelerfindung sprach der Soziologe Richard Harvey Brown (1977) von einer „Poetik für die Soziologie", nicht ahnend, dass der Post-Formalist Mikhail Bakhtin dies bereits vor ihm gefordert hatte (Bakhtin/Medvedev 1985).

Gegen Ende der 1980er Jahre wurde dieses Rinnsal zu einem Strom. Der Politikwissenschaftler Walter R. Fisher (1984, 1987) hob die zentrale Rolle der Erzählung in der Politik und in der narrativen Analyse seiner Disziplin hervor. Das Gleiche tat Donald E. Polkinghorne (1987) mit Blick auf die Geisteswissenschaften und insbesondere die Psychologie, wo Jerome Bruner (1986, 1990) ein starkes Interesse am Erzählen auslöste. Deirdre McCloskey (1990; vgl. auch in diesem Band) untersuchte eingehend das Narrativ des wirtschaftswissenschaftlichen Expertenwissens.

In der Organisationsforschung beruft man sich hier üblicherweise auf Burton Clarks (1972) Untersuchung dreier US-Colleges, obwohl Clark selbst kein Organisationsforscher ist. Er entdeckte, dass in jedem der drei Colleges (Reed, Antioch und Swarthmore) eine Geschichte zirkulierte, die in der Vergangenheit spielte, sich auf eine angeblich einzigartige Leistung bezog und von der sich erinnernden Gruppe wertgeschätzt wurde. Er nannte diese Geschichten organisationale Sagen.

Alle drei Sagen erfüllten die gleiche (symbolische) Funktion, unterschieden sich aber im Plot. Die Sage des Reed-Colleges erzählte die Geschichte eines pionierartigen Führers in einer (Bildungs-)Wüste. Die Sage des Antioch-Colleges erzählte von einer etablierten Organisation, die sich in einer tiefen Krise befand und von einem Reformer mit utopischen Ideen gerettet wurde. Die Sage des Swarthmore-Colleges schließlich erzählte von einer erfolgreichen Organisation, die Gefahr lief, in Selbstgefälligkeit zu versinken, bis sie von einem Führer gerettet wurde, der ein Gespür für die Kräfte des Wandels hatte. Diese Sagen stärkten die Identifikation der Beschäftigten mit dem jeweiligen College und dienten somit gewissermaßen als Instrumente des Selbstmanagements.

Kurz darauf schrieben Ian I. Mitroff und Ralph H. Killman (1975) einen Artikel mit dem Titel „Stories managers tell: A new tool for organizational problem solving". Um das Jahr 2000 herum trat ein, was sie vorausgesagt hatten: Der dänische Hifi-Hersteller Bang und Olufsen beschrieb sich selbst auf seiner Homepage eine Zeit lang als *„a story-telling* *company"* und das Buch des Beraters Stephen Denning aus dem Jahr 2005 „The leader's guide to storytelling: Mastering the art and discipline of business narrative" wurde zum Bestseller.[2]

Organisationsstories wurden in den 1980er Jahren zu einem anerkannten Gegenstand der Management- und Organisationsforschung, wie der bekannte Artikel „The uniqueness paradox in organizational studies" von Joanne Martin, Martha S. Feldman, Mary Jo Hatch und Sim B. Sitkin (1983) demonstriert. Angeregt durch Clarks Untersuchung, zeigten sie, wie all diese Stories, die die Einzigartigkeit der jeweiligen Firma zeigen sollten, in Wirklichkeit nach dem gleichen Muster gestrickt waren. Dieser Punkt kündigte bereits die Fokussierung auf das Geschichtenerzählen in Organisationen an, die für die späten 1990er Jahre charakteristisch werden sollte und auf die ich weiter unten zurückkomme. Hier genügt der Hinweis, dass der narrative Ansatz in der Organisationsforschung seit zwei Dekaden floriert und sich in einem Grade diversifiziert hat, der nach einer gewissen Kategorisierung verlangt.

Aktivitäten der narrativen Organisationsforschung können sich offensichtlich sowohl auf das Feld der Praxis beziehen (das Feld Management und Organisation, das wir untersuchen) als auch auf das Feld der Theorie, also unsere eigene Praxis. Auf eine – dem zeitlichen Ablauf eines Forschungsprojektes folgende – Liste solcher Aktivitäten gehört wohl, dass man beobachtet, wie die Geschichten produziert werden, sammelt, was bereits an Geschichten vorhanden ist, und Anregungen zum Geschichtenerzählen gibt (Czarniawska 1999). Nach einer solchen Materialsammlung können die Forschenden die Geschichten entweder interpretieren oder einer Textanalyse unterziehen oder sie gar dekonstruieren. Früher oder später werden sich die Forschenden dann einem anderen Forschungsstadium gegenübersehen, in dem ein narrativer Ansatz von Nutzen sein kann: Sie werden ihre eigene Geschichte konstruieren und sie mit anderen Geschichten vergleichen.

Im Folgenden präsentiere ich Beispiele für all diese Forschungsaktivitäten. Während es einige davon – beispielsweise die sorgfältige Lektüre von Romanen – schon vor der narrativen Wende in den Sozialwissenschaften gab, sind andere, wie die Dekonstruktion, eindeutig deren Produkt. Alles in allem könnte man sagen, dass sich OrganisationspraktikerInnen und Organisationsforschende früher in einer molièresken Situation befanden: Wie Monsieur Jourdin in „Der Geizige", der immer in Prosa sprach, ohne es zu wissen, haben sie schon immer Geschichten gehört und erzählt, ohne es zu merken. Die narrative Wende in den Sozialwissenschaften hat ihre Aufmerksamkeit auf etwas gerichtet, das unbemerkt blieb, weil man es für selbstverständlich hielt.

---

2 An anderer Stelle habe ich zu zeigen versucht, wie sich die Mode, Erzählungen als Managementinstrument zu verwenden, in Skandinavien verbreitete (Czarniawska 2008).

2   Das Feld der Praxis als Schauplatz der Produktion, Zirkulation und Konsumption von Erzählungen

2.1   Wie Geschichten erzählt werden

David Boje (1991) ließ sich durch Untersuchungen von Harvey Sacks (1992) und dessen Schülern anregen, Geschichten zu untersuchen, die im Rahmen von Unterhaltungen erzählt werden.[3] Er beobachtete, dass geschichtenträchtige Unterhaltungen besonders gut in einer Arbeitsorganisation gedeihen. Boje machte sich also daran, Alltagsgespräche in einem von ihm untersuchten Großunternehmen für Bürobedarf aufzuzeichnen, und versuchte dabei, Episoden zu erfassen, in denen spontan Geschichten erzählt wurden. Seine Befunde beziehen sich auf zwei Aspekte des Geschichtenerzählens, nämlich darauf, (1) wie im Rahmen von Unterhaltungen Geschichten produziert werden, und (2) wie sie verwendet werden. Was den ersten Aspekt betrifft, so entdeckte Boje, dass das Geschichtenerzählen in heutigen Organisationen wenig mit dem traditionellen Muster zu tun hat, in dem jemand vor einer verzückt lauschenden Zuhörerschaft eine Geschichte von Anfang bis Ende erzählt. Die Geschichten wurden vielmehr stückchenweise vorgetragen und dabei oft von der Zuhörerschaft unterbrochen, die entweder Ergänzungen hinzufügen oder das Geschichtenerzählen beenden wollte.

Für die Verwendung von Geschichten – den zweiten Aspekt – entwarf Boje die Klassifikation Musterentdeckung *(pattern finding)*, Musterverfeinerung *(pattern elaboration)* und Musteranpassung *(pattern fitting)*. Seine Klassifikation veranschaulicht gut Karl E. Weicks (1995) Ausführungen zur Sinnproduktion *(sensemaking)*. Eine Geschichte ist ein Rahmen – ein Rahmen, der spontan auftaucht und ausprobiert wird, ein Rahmen, der weiterentwickelt und verfeinert wird und ein Rahmen, der neue Ereignisse leicht in sich aufnehmen kann.

Die Studien von Boje (1991, 2001) zeigen, dass die Trennlinie zwischen der Produktion und dem Sammeln von Stories, die ich in diesem Beitrag in zwei separaten Abschnitten behandele, sehr fein ist, wenn es sie denn überhaupt gibt. Außerdem wurden Bojes Studien und andere hier vorgestellte Studien zwar in Arbeitsorganisationen durchgeführt, aber das Geschichtenerzählen ist nicht auf diese Orte beschränkt. Ein geeigneter Ort zum Geschichtenerzählen ist ganz offensichtlich die Familie, andere geeignete Orte sind Spielgruppen und verschiedene Assoziationen. Stories können nach der Arbeit erzählt werden, wie etwa in Julian E. Orrs (1966) Ethnographie der Arbeit von Technikern, die Kopiermaschinen reparieren. Die Techniker waren zwar bei einem Großunternehmen beschäftigt, nahmen dieses aber praktisch nicht zur Kenntnis. Sie betrachteten ihren Job eher als konkrete Tätigkeit denn als Beschäftigungsverhältnis und hierarchische Beziehung und daher als eine persönliche, herausfordernde Aufgabe, die mit Unterstützung der Gemeinschaft zu

---

3   Die LeserInnen wundern sich vielleicht, wie David Boje im Jahr 1991 an Einsichten in Sacks' 1992 publiziertem Buch teilhaben konnte. Sacks' vollständige *Lectures on conversation* wurden zwar erstmals im Jahre 1992 publiziert, das heißt 17 Jahre nach seinem tragischen Tod; sie zirkulierten aber bereits vor 1992 als Kopien der von Gail Jefferson angefertigten Transkriptionen.

bewältigen war. Die Gemeinschaft war auch der Kontext, in dem Arbeitsgeschichten ausgetauscht und das kollektive Wissen produziert, bewahrt und verteilt wurden. Orr (1996) schloss daraus, dass

> „the skilled practice of field service work [is] necessarily improvised [...], and centered on the creation and maintenance of control and understanding. Control and understanding are achieved through a coherent account of the situation, requiring both diagnostic and narrative skills. Understanding is maintained through circulation of this knowledge by retelling the narratives to other members of the community, and this preservation of understanding contributes to the maintenance of control." (Orr 1996: 161)[4]

Orr (1996) machte einen Punkt sehr deutlich: Die Stories waren keine Stories über die Arbeit; sie *waren die Arbeit* der Techniker, auch wenn diese noch andere Arbeitsergebnisse hervorgebracht haben dürften:

> „When technicians gather, their conversation is full of talk about machines. This talk shows their understanding of the world of service; in another sense, the talk creates that world and even creates the identities of the technicians themselves. But neither talk nor identity is the goal of technicians' practice. The goal is getting the job done, keeping the customers happy, and keeping the machines running." (Orr 1996: 161)[5]

Die Stories der Techniker waren keine organisationalen *Stories* – das heißt keine Stories über bereits abgeschlossene Organisationsereignisse; sie waren vielmehr *organisierende Stories* (Czarniawska/Gagliardi 2003) – das heißt Stories, die zur Tätigkeit des Organisierens gehören. Höchstwahrscheinlich erfüllte das von Boje (1991) registrierte Geschichtenerzählen ganz ähnliche Funktionen, obwohl Boje sich mehr auf die formale Rolle des Geschichtenerzählens im Prozess der Sinnproduktion konzentrierte. Der Unterschied zwischen dem Geschichtenerzählen, von dem Boje und Orr berichten, und den von Yiannis Gabriel (1995, 2000) beschriebenen Geschichten besteht darin, dass organisierende Stories oft von zweifelhaftem ästhetischen oder politischen Wert sind, dazu häufig elliptisch und für Außenstehende schwer verständlich. Organisationale Stories dagegen sind offenbar für ein allgemeines Publikum gedacht und haben – obwohl sie sicher viele Funktionen erfüllen – für die Lösung eines aktuellen Problems wohl kaum einen praktischen Nutzen.

---

4 „die qualifizierte Arbeit von Dienstleistern im Außendienst zwangsläufig improvisiert [ist ...] und sich darauf konzentriert, die Situation aktuell und dauerhaft unter Kontrolle zu behalten und zu verstehen. Kontrolle und Verständnis erlangt man durch eine kohärente Beschreibung der Situation, was sowohl diagnostische als auch narrative Fähigkeiten erfordert. Bewahrt wird das Verständnis durch die Zirkulation dieses Wissens in Gestalt von Geschichten, die anderen Gemeinschaftsmitgliedern erzählt werden, und dieses Bewahren des Verständnisses trägt dazu bei, die Kontrolle aufrechtzuerhalten."

5 „Wenn Techniker zusammenkommen, reden sie viel über Maschinen. Dieses Reden zeigt ihr Verständnis von der Dienstleistungswelt; in einem anderen Sinn erschafft das Reden diese Dienstleistungswelt und sogar die Identität der Techniker. Weder Reden noch Identität sind jedoch Ziel der Technikertätigkeit. Ziel ist es, die Arbeit zu erledigen, die Kunden zufriedenzustellen und die Maschinen am Laufen zu halten."

Es ist allerdings sicher richtig, dass mit dem Fortschritt des Organisierens auch die Stories vollständiger werden (zur Analogie zwischen Handlung und Text vgl. Ricoeur 1978). Wie also werden organisierende Stories zu organisationalen Stories? Von Hayden Whites historiographischen Studien habe ich gelernt, wie man erkennt, dass gerade eine Story fabriziert wird. Im Gegensatz zu Boje und Orr finde ich die in der Erzähltheorie getroffene Unterscheidung zwischen einer Erzählung (*narrative*) und einer Story oder Geschichte (*story*) (siehe Todorov 1990; White 1987) sehr hilfreich. Eine Erzählung ist ein chronologisch geordnetes Set von Ereignissen oder Handlungen; die Story dagegen ist narrativ strukturiert oder modelliert (*emplotted*) – was bedeutet, dass ein logischer Zusammenhang (in einem weiten Sinn von Logik) eingefügt worden ist. Wie die Europäer, die beim Niederschreiben ihrer Geschichte von einfachen Annalen zu Chroniken und von diesen zu einer *narrativ strukturierten* Geschichte übergingen, verwenden auch die Menschen in Organisationen die Details ihres Organisationsalltags als Material – zuerst für Berichte, wie Organisationschroniken normalerweise genannt werden, und danach für Stories, die manchmal veritable Heldenstories sind.

Zwischen diesen drei Formen der Historiographie und der Fabrikation von Stories, die ich bei meiner Studie über die Stadt Stockholm beobachten konnte (Czarniawska 2004a), bestand eine deutliche Analogie. Das Protokoll meiner teilnehmenden Beobachtung ähnelte *Annalen*, auch wenn die heutige Metrologie eine genauere Zeitmessung erlaubt.[6] Notizen, die während der Arbeit im Feld niedergeschrieben werden, registrieren einfach, ganz wie Annalen, was jeweils zu einem bestimmten Zeitpunkt geschieht. Viele der scheinbar unzusammenhängenden Ereignisse und Handlungen, die ich in der Stockholmstudie protokollierte, waren jedoch durch ein gemeinsames Thema miteinander verbunden – nämlich die Reform der Stadtverwaltung. Interviews mit Personen, die an der Durchführung der Reform beteiligt waren, ähnelten *Chroniken*: Die Befragten berichteten von den chronologischen und kausalen Ereignisketten, hatten aber keine Pointe oder keinen Plot. Nach einer gewissen Zeit kamen aber allmählich komplette *Stories* über die Reform zum Vorschein, da die Agierenden und die Beobachtenden separate Ereignisse und Handlungen zu einem Plot zusammenfügten, der auf eine Pointe hinauslief. Damit ersetzten sie zugleich die chronologische Zeit durch kairotische Zeit (das heißt Zeit, die durch bedeutungsvolle Ereignisse strukturiert wird; Czarniawska 2004b).

Ich habe diesen Prozess bei meiner Feldforschung oft beobachtet. Er bestätigt, dass Sinnproduktion (Weick 1995) ein retrospektiver Prozess ist, der Zeit braucht; es bleibt aber die Frage, *wie* eigentlich aus disparaten Elementen eine Erzählung gewoben wird. Dieser Prozess lässt sich wegen des unvermeidlichen Konflikts zwischen der prospektiven Orientierung des Lebens und der retrospektiven Orientierung der Erzählung (Ryan 1993: 138) schwer zeigen. Man kann die AkteurInnen unmöglich unter Beobachtung stellen, um die Momente zu erfassen, in denen sie die in ihrem Leben gemachten Erfahrungen zu einer Geschichte verarbeiten. Marie-Laure Ryan ist es aber gelungen, eine, wie sie es nennt, „Plot-Fabrik" (1993: 150) aufzuspüren, nämlich Lifeübertragungen von Sportveranstaltungen im Radio.

---

6   Aus diesem Grunde heißt *Protokoll* im Englischen *minutes*.

„[...] the real life situation promotes a narrative tempo in which the delay between the time of occurrence of the narrated events and the time of their verbal representation strives toward zero, and the duration of the narration approximates the duration of the narrated." (Ryan 1993: 138)[7]

Eine Rundfunkübertragung ist um drei Dimensionen herum konstruiert: die *Chronik* (was gerade geschieht), die *Mimesis* (wie das, was geschieht, aussieht; diese Dimension erlaubt es den HörerInnen, sich ein virtuelles Bild von den Ereignissen zu machen) und die *narrative Strukturierung* (Einführung einer logischen Struktur, die es erlaubt, den Ereignissen Sinn zu verleihen).

Bei einer Sportübertragung ist offensichtlich die Chronik das Wichtigste; die Übertragungen werden aber auch narrativ strukturiert. Die Rundfunkleute tun dies mithilfe dreier grundlegender Operationen, indem sie nämlich erstens *Figuren konstruieren* – das heißt erkennbare Unterschiede zwischen den Akteuren einführen (ein Held und ein Gegenspieler), zweitens einzelnen Ereignissen *eine Funktion zuschreiben* und drittens ein *Deutungsmotiv* (*interpretive theme*) finden, dem sich die Ereignisse subsumieren und mithilfe dessen sie sich zu einer sinnvollen Sequenz verknüpfen lassen („knapper Erfolg", „knappes Scheitern" etc.; Ryan 1993: 141).

Die in heutigen Gesellschaften bestehende starke Analogie zwischen Sportveranstaltungen und der „Performance" von Organisationen ist von Hervé Corvellec, der die Idee der „Performance" von Organisationen in einer erzähltheoretischen Perspektive analysiert hat, eingehend kommentiert worden. Die Zuschauenden (beispielsweise die AktionärInnen) bestehen darauf, sich die Chronik der Ereignisse („Jahresbericht") anzusehen, und zwar nicht zuletzt, um sie selbst narrativ strukturieren zu können. Zwar gilt das wahre Interesse dem Plot („warum machen Sie Verluste?"), aber die für das Genre Jahresbericht charakteristische ziemlich freie Übernahme von Prinzipien logisch-szientifischen Wissens[8] lenkt von der narrativen Strukturierung ab. Plots sind jedoch durchaus vorhanden (in Form wirtschaftswissenschaftlicher Gesetze) – man muss ihr Muster in den Chroniken nur erkennen.

2.2 Stories sammeln

An jedem Arbeitsplatz gibt es ein Repertoire aktueller und historischer Geschichten; manchmal sind darunter *interne Stories* und *externe Stories*, manchmal auch Stories, die in der Hoffnung gestreut werden, in einer legitimeren Form, etwa via Massenmedien, zurückzukehren (Kunda 1992). Alle Forschenden, die daran interessiert sind, sich eine Zeit lang in einer Organisation aufzuhalten, dort den Gesprächen zuzuhören und Teile der produzierten Texte zu lesen, werden auf solche Erzählungen stoßen.

---

7 Dort „begünstigt die Lifesituation ein Erzähltempo, bei dem die Verzögerung zwischen der Ereigniszeit der erzählten Geschehnisse und dem Zeitpunkt ihrer verbalen Repräsentation gegen Null tendiert und das Erzählen annähernd so lange dauert wie das Erzählte".

8 Im Gegensatz zu narrativem Wissen (vgl. Bruner 1986).

Sabine Helmers und Regina Buhr führten eine Feldstudie bei einem großen deutschen Büromaschinenhersteller durch. Sie verbrachten in dem Betrieb drei Wochen mit Interviews und teilnehmender Beobachtung. Während ihres Aufenthaltes erzählten ihnen einige ihrer Gesprächspartner, lauter Männer, die folgende Geschichte:

> „Der taktvolle Büromaschinen-Mechaniker
> Die neue Sekretärin hatte den Mechaniker schon wiederholt gerufen, weil ihre elektrische Schreibmaschine immer wieder Zwischenräume machte, wo keine hingehörten. Nach langem vergeblichem Bemühen kam der Mechaniker auf den Gedanken, der Sekretärin eine Weile beim Schreiben zuzusehen. Und wirklich – jetzt zeigte sich die Ursache des Fehlers. Das Mädchen, reich mit weiblichen Reizen versehen, betätigte jedesmal ungewollt die Zwischenraumtaste, wenn es sich beim Schreiben im Stenogramm nach vorne beugte. Der Mechaniker zeigte sich dieser heiklen Lage gewachsen. Er schickte die Sekretärin unter einem Vorwand aus dem Büro und stellte hierauf ihren Drehstuhl vier Zentimeter höher ein. Sie hatte seitdem keinen Ärger mehr mit ihrer Maschine und äußerte sich sehr anerkennend über den ausgezeichneten Mechaniker." (Helmers/Buhr 1992: 1)

Zuerst, so Helmers und Buhr, schenkten sie der Geschichte wenig Aufmerksamkeit, aber deren mehrfache Wiederholung machte sie stutzig. Die Geschichte wurde erzählt, als hätte das Ereignis am Tag zuvor stattgefunden; beim Versuch, ihre Quelle zu finden, stießen die beiden Autorinnen jedoch auf eine in der Firma verwendete österreichische Broschüre für einen Büromaschinenhändler vom 2. Juni 1963 (das Zitat oben ist ein wörtlicher Auszug daraus). Eine praktisch uralte Geschichte wurde also durch das wiederholte Erzählen am Leben erhalten und durch Ansiedlung in der Gegenwart und im Betrieb der Erzähler mit Bedeutung aufgeladen. Darüber hinaus fanden sich „Schwestern" dieser Geschichte in anderen Betrieben, Branchen, Ländern und Zeiten. Es gelang Helmers und Buhr zu zeigen, dass eine solche Stereotypisierung von Frauen als „doofe Blondinen" ein echtes Hindernis für die technische Entwicklung in der Büromaschinenbranche war. Der Typus von Geschichten, den Helmers und Buhr fanden, definierte nämlich viele technisch lösbaren Maschinenfehler in „Nutzerinnenprobleme" um.

Erstaunlicherweise glaubt Yannis Gabriel (1995, 2000), einer der Ersten, der sich für das Geschichtenerzählen interessierte, anscheinend nicht daran, dass die Untersuchung von Geschichten in der Organisationsforschung eine Zukunft hat:

> „Unlike the café and the pub, the village square and the family table, organizations do not appear to be a natural habitat of storytelling – after all most people in organizations are too busy appearing to be busy to be able to engage in storytelling. Nor is trust, respect, and love among members of organizations such as to encourage free and uninhibited narration. Moreover, stories in organizations compete against other narrativities, especially against information and data, but also against clichés, platitudes, acronyms, artefacts small and large, arguments, opinions, and so forth. In such an environment, amidst the noisy din of facts, numbers and images, the delicate, time-consuming discourse of storytelling is easily ignored or silenced. Few organizations are spontaneous storytelling cultures." (Gabriel 2000: 240)[9]

---

9   „Anders als das Café und der Pub, der Dorfplatz und der Familientisch sind Organisationen offenbar kein natürliches Habitat für das Geschichtenerzählen – schließlich sind die meisten

Die Vielzahl von Geschichten, die Gabriel fand, widerspricht offensichtlich dieser Behauptung; seine anschließende Analyse verdeutlicht zudem einige äußerst wichtige und sonst oft verborgene Aspekte des sozialen Lebens. Ein solcher Aspekt ist die Rolle, die Stories im Drama um Macht und Widerstand in Organisationen spielen. Ein anderer Aspekt ist, dass Geschichten einen Zugang zum emotionalen Leben von Organisationen eröffnen. Dieses Thema ist zwar auch schon von anderen AutorInnen aufgegriffen worden (siehe einen von Fineman herausgegebenen Sammelband aus dem Jahr 1993), aber Gabriel spricht einen völlig neuen Aspekt an: Geschichten decken die in Organisationen herrschende Nostalgie auf. Ein dritter, eng damit verwandter Aspekt ist die religiöse Seite des Organisierens: Gabriel bietet eine überzeugende Erklärung für die Langlebigkeit des Der-Führer-als-Held-Plots; der Führer ist in Organisationen eine Art Ersatzgott: „By highlighting the untypical, the critical, the extraordinary, stories give us access to what lies beyond the normal and the mundane." (Gabriel 2000: 240)[10] Gabriel stimmt hier mit Jerome Bruner überein, der darauf hinwies, dass „the function of the narrative is to find an intentional state that mitigates, or at least makes comprehensible, a deviation from a canonical cultural pattern." (Bruner 1990: 49f)[11] Stories erzählen also zwar vielleicht nicht alles über Arbeitsorganisationen, aber immerhin eine ganze Menge.

Richard J. Boland und Ramkrishnan V. Tankasi (1995) kritisierten ein „Sammeln" von Organisationsgeschichten, bei dem diese Geschichten behandelt werden, als seien sie für alle Zeiten in der Organisation versteinerte Artefakte, die nur darauf warteten, von einem Forscher oder einer Forscherin „entdeckt" zu werden. Jede Erzählung wird aber bei jedem Erzählen zu etwas Neuem, und die „Versteinerung" von Erzählungen folgt nicht aus der Kurzsichtigkeit der Forschenden, sondern daraus, dass die Erzählenden intensiv an ihrer Verfestigung arbeiten. Langlebige Erzählungen sind Sedimente von Normen und Praktiken und verdienen als solche große Aufmerksamkeit.

Organisationsmitglieder damit beschäftigt, zu beschäftigt auszusehen, um Geschichten erzählen zu können. Für ein wirklich unbefangenes Geschichtenerzählen mangelt es zudem an Vertrauen, Achtung und Zuneigung unter den Organisationsmitgliedern. In Organisationen konkurrieren Geschichten außerdem mit anderen narrativen Elementen, insbesondere mit Informationen und Daten, aber auch mit Klischees, Plattitüden, Akronymen, kleinen und großen Artefakten, Argumenten, Meinungen und so fort. In einer solchen Umgebung, im dröhnenden Lärm der Fakten, Zahlen und Bilder, wird der feine und zeitraubende Diskurs, der das Geschichtenerzählen nun einmal ist, leicht überhört oder zum Schweigen gebracht. Nur wenige Organisationen sind von Natur aus Kulturen des Geschichtenerzählens."

10 „Durch die Hervorhebung untypischer, kritischer und außeralltäglicher Situationen geben uns Geschichten Zugang zu einer Welt jenseits des Normalen und des Irdischen."

11 „es die Funktion der Erzählung ist, einen intentionalen Zustand zu finden, der eine Abweichung von einem kanonischen kulturellen Muster entschärft oder zumindest verständlich macht."

2.3   Wie man zu Erzählungen anregt

„Telling stories is far from unusual in everyday conversation and it is apparently no more unusual for interviewees to respond to questions with narratives if they are given some room to speak." (Mishler 1986: 69)[12]

Eine Interviewsituation kann leicht zu einer Mikroproduktionsstätte von Erzählungen werden; sie kann aber auch bloß eine Gelegenheit zur Zirkulation von Erzählungen sein, bei der die Forschenden bereits früher fabrizierte Geschichten erfahren können. In vielen Fällen nehmen Antworten auf Interviewfragen spontan die Form von Erzählungen an. Das geschieht normalerweise bei Interviews, die sich für Lebensgeschichten oder – im Kontext von Organisationen – für die Schilderung von Karrieren interessieren; hier werden Erzählungen ausdrücklich erbeten und vorgetragen. Das geschieht auch bei Interviews, die auf die Beschreibung eines abgeschlossenen Prozesses in der Vergangenheit aus sind. Wenn es in dem Interview um eine Reform oder Reorganisation, das heißt um eine sich im Zeitablauf entfaltende Kette von Ereignissen geht, ist es keineswegs ungewöhnlich, eine Frage zu formulieren, die zu einer Erzählung anregt: „Könnten Sie mir erzählen, wie Sie die Geschichte der Budgetreform erlebt haben?", „Können Sie sich daran erinnern, wie Sie zum ersten Mal von der Notwendigkeit sprachen, Ihre Abteilung zu reorganisieren? Und was geschah dann?"

Das bedeutet nicht, dass Forschungsinterviews immer Erzählungen auslösen. Im Unterschied zur spontanen Konversation können sie sogar dazu führen, dass Erzählungen absichtlich vermieden werden, wenn die Interviews nämlich als Arenen konstruiert sind, in denen man legitimerweise nur logisch-szientifisches Wissen hervorbringen darf. Beide Seiten müssen gegen die gemeinsame Überzeugung angehen, dass Erzählungen kein *wahres* Wissen hervorbringen (Czarniawska 2002). Sie müssen der Vorstellung widerstehen, dass die Frage „Welche Faktoren haben eine Reorganisation nötig gemacht?" demgegenüber „wissenschaftlicher" ist, weil sie analytische Antworten hervorruft. Es ist somit eine Aufgabe der Interviewenden, „die Produktion von Erzählungen anzukurbeln" (Holstein/Gubrium 1997: 123).

Eine Möglichkeit dazu ist, ganz einfach um Stories zu bitten. Gabriel fragte nach Berichten über die Computernutzung in Betrieben und ich forderte Studierende der Fächer Management, Psychologie und Soziologie in verschiedenen Ländern auf, einen in jüngster Zeit beobachteten Vorfall niederzuschreiben, bei dem organisationale Macht eine Rolle spielte. Diese Instruktion brachte eine ganze Kollektion hochinteressanter Stories hervor (Czarniawska-Joerges/Guillet de Monthoux 1994). Tobias Scheytt, Kim Soin und Thomas Metz (2003) gaben in einer Untersuchung zum Konzept „*control"* in verschiedenen Kulturen die gleiche Instruktion. Monika Kostera verwendet verschiedene Varianten einer ähnlichen Technik. Sie fordert beispielsweise die Befragten (WissenschaftlerInnen, Studierende und

---

12   „Geschichtenerzählen ist in der Alltagskonversation alles andere als ungewöhnlich, und genauso wenig ungewöhnlich ist es offensichtlich, dass Personen, die interviewt werden, auf Fragen mit Erzählungen antworten, sofern man ihnen nur ein bisschen Gelegenheit zum Reden gibt."

PraktikerInnen) auf, eine Geschichte zu komplettieren, deren erste Zeile sie vorgelegt bekommen („‚Sie können ja gehen‘, sagte die geschäftsführende Direktorin.“). Kostera (2005) bat außerdem ManagerInnen und ManagementforscherInnen, kurze Gedichte zu schreiben. Sie empfiehlt ein *narratives Experimentieren*, das zu einer *narrativen Collage* führt, als eine Möglichkeit, sowohl die Methoden der Feldforschung als auch die Form des Schreibens zu bereichern. Bevor ich mich dem letzteren Thema zuwende, muss jedoch zuerst ein weites Feld – interpretativer und analytischer – narrativer Ansätze kartographiert werden.

3 Lesarten

Die ersten unsystematischen Ansätze zur Erforschung von Stories und Erzählungen in Organisationen bezogen sich mehr oder weniger unvermittelt auf deren Inhalt; sie waren der Korrespondenztheorie der Wahrheit (dazu kritisch Rorty 1987) verpflichtet und unterstellten, dass Erzählungen aufdecken (oder verdecken), was „in Wirklichkeit“ geschehen ist. Die symbolischen Ansätze (z. B. Martin et al. 1983) lenkten dann die Aufmerksamkeit auf die Form der Erzählung; mit dem wachsenden Interesse wuchs dabei auch das Raffinement der Ansätze. Einige wichtige Themen und Topoi sind bis heute von Interesse (gegenwärtig stehen Identitätserzählungen im Fokus der Aufmerksamkeit); die Annäherung an die Literaturtheorie und die Diskursanalyse hat aber verschiedene Schulen zum Thema Lesen von Organisationstexten hervorgebracht, die ich kurz vorstellen möchte. Ich beginne mit Analysen von Lebensgeschichten und wende mich dann der rhetorischen Analyse, der strukturellen Analyse und der Dekonstruktion zu. Am Ende dieses Abschnitts berücksichtige ich auch ForscherInnen, die sich eingehend der Lektüre von „Berufsstories“ widmen – indem sie in Romanen nach Erkenntnissen über Organisationen suchen.

3.1 Lebensgeschichten, Karrierestories und Organisationsbiographien

Es überrascht wohl kaum, dass organisationale Erzählungen ein Ensemble herkömmlicher Charaktere präsentieren; sie bieten aber auch Stoff zur Konstruktion von Subjektivität oder persönlicher Identität (Gabriel 1995). Dieser Schwerpunkt der narrativen Analyse hat die längste Tradition in den Sozialwissenschaften und geht über das weite Feld der Managementforschung hinaus.

Im Kontext von Organisationen gibt es zwei Arten von Lebensgeschichten: (1) Karrierestories und (2) Erzählungen über die Organisationsidentität. Karrierestories werden meist im Interpretationsrahmen der Foucaultschen Diskursanalyse analysiert, die beschreibt, wie Identität entweder im Rahmen des herrschenden Diskurses oder aber in Opposition zu ihm konstruiert wird (Fournier 1998; Peltonen 1999). Zu den Erzählungen über Organisationsidentität gehören nicht nur offizielle historische Dokumente, sondern alle Arten des kollektiven Geschichtenerzählens, die ein Quasisubjekt, die Organisation, zu kreieren versuchen (Czarniawska 1997).

Seit einiger Zeit rückt der Topos Organisationsidentität (samt ihrem Spezialfall Corporate Identity) ins Zentrum der Managementforschung. Beispiele dafür findet man in drei Sammelbänden, nämlich Majken Schultz, Mary Jo Hatch und Mogen H. Larsen (2000), Lars Holger und Ingalill Holmberg (2002) und Hatch und Schultz (2004), in denen narrative Ansätze zum Thema Identität eine wichtige Rolle spielen. Diese Forschungen befassen sich gewöhnlich mit zwei, manchmal miteinander zusammenhängenden Problemen, nämlich (1) mit der Konstruktion einer Corporate Identity, die sich besonders gut mit der Entwicklung von Marken illustrieren lässt (vgl. z. B. Christensen/Cheney 2000; Salzer-Mörling 2002), und (2) mit der Konstruktion der Identität von Personen durch Organisationen (Alvesson/Willmott 2004) oder durch Bezug auf Organisationen (zu Konsumenten vgl. Du Gay 2000; zu Freiberuflern vgl. Metz 2003).

3.2   Rhetorische Analysen

Die rhetorische Analyse ist zwar die traditionsreichste Methode zur Analyse der Erzählform, wurde aber bei Managementstudien bisher nicht oft angewandt. Dies beginnt sich zu ändern, wie beispielsweise das 1995 erschienene Schwerpunktheft von *Studies in Cultures, Organizations and Societies* zeigt (vgl. insbesondere Höpfl 1995; Linstead 1995; Prasad 1995).

Eines der jüngsten Beispiele für die erfolgreiche Anwendung der traditionellen rhetorischen Analyse auf organisationale Stories findet sich bei Martha Feldman und Kaj Sköldberg (2002). Sie weisen darauf hin, dass Organisationsstories oft Enthymeme – Aristoteles zufolge die rhetorische Figur mit der größten Überzeugungskraft – nutzen, das heißt, das Publikum auffordern, eine der Hauptvoraussetzungen des Arguments oder der Pointe der Geschichte selbst zu ergänzen:

> „At the minimum, the reader must be willing to complete the story, but also is often required to complete the story. In the extreme, a convincing story is constructed in such a way that the audience can fill in much of what they need to be convinced." (Feldman/Sköldberg 2002: 275)[13]

Die Erzählenden nutzen geschickt das Bedürfnis des Publikums nach Vollständigkeit (und seine Neigung zum Vervollständigen) aus: Wenn es die versteckte Prämisse nicht akzeptiert, ergibt die Story keinen Sinn. Ein gutes Beispiel für die häufige Verwendung von Enthymemen sind im Übrigen Jahresberichte.

Hervé Corvellec (2001) ließ sich für die Untersuchung einer langwierigen Debatte über den Bau einer dritten Eisenbahnstrecke im Zentrum Stockholms von Chaim Perelmans Neuer Rhetorik inspirieren. Die Neue Rhetorik (vgl. auch Sieben in diesem Band) befasst sich mit Diskurstechniken, die darauf abzielen, die Akzeptanz von Ideen zu erreichen oder zu stärken, für die man im Vortrag um Zustimmung wirbt. Sie steht der klassischen Rhetorik insofern nahe, als sie sich wie diese auf den Prozess des Überzeugens konzentriert;

---

13   „Der Leser muss zumindest bereit sein, die Story zu ergänzen, wird aber oft auch zur Ergänzung der Geschichte aufgefordert. Eine überzeugende Story ist im Extremfall so konstruiert, dass das Publikum viele der Ergänzungen einfügen kann, die nötig sind, damit es sich selbst überzeugt ist."

im Unterschied zur klassischen Rhetorik umfasst sie aber sowohl die mündliche als auch die schriftliche Präsentation von Argumenten, zieht alle möglichen Arten von Publikum in Betracht (auch beim Selbstgespräch) und betont die Bedeutung der sozialen Voraussetzungen von Akzeptanz. Corvellecs Analyse des Bauprojekts zeigt, dass vor allem die öffentliche Debatte das Projekt formt und umformt, und dass die von den beteiligten Organisationen erstellten rationalen Pläne demgegenüber bloß ein Diskussionsbeitrag sind. Abschließend sei noch darauf hingewiesen, dass die neue rhetorische Analyse der Diskursanalyse nahe steht, die in der jüngeren Managementforschung ebenfalls an Bedeutung gewinnt.

3.3 Strukturanalyse

Ein herkömmliches Verfahren zur Analyse einer Erzählung ist die eng mit der Semiologie und dem Formalismus (Barthes 1988a; Propp 1986) verwandte Strukturanalyse. Die Organisationsforschung bevorzugt jedoch offenbar das Werk von Algirdas Greimas, höchstwahrscheinlich weil es via Actor-Network-Theorie populär geworden ist (zu einer neueren Sammlung einschlägiger Organisationsstudien siehe Czarniawska/Hernes 2005). Ann-Mari Søderberg (2003) wählte für die Analyse ihrer im Rahmen einer Langzeituntersuchung von internationalen Firmenübernahmen geführten Interviews den narrativen Ansatz. Sie betrachtete demgemäß die gesammelten Erzählungen als nachträgliche Interpretationen von Veränderungsprozessen in der übernommenen Firma, mit denen die beteiligten Personen dem Organisationsgeschehen Sinn verleihen wollten. Sie verwendete das *Aktantenmodell* von Greimas (1971), um die verschiedenen Plots zu systematisieren, die als Ergebnis sowohl individueller als auch kollektiver Prozesse der Sinnproduktion angesehen werden können. Diese erzähltheoretische Analyse zeigte, dass die unterschiedlichen Weltanschauungen und Arbeitsanschauungen, die die Angehörigen einer übernommenen Firma von denen der übernehmenden Firma trennten, dazu führten, dass die gleiche Ereignisabfolge von beiden Seiten auf unterschiedliche Weise narrativ modelliert wurde. Alle InterviewpartnerInnen waren sich zwar darüber einig, was geschehen war, nicht aber darüber, was es bedeutete. Es ist daher wohl eher ein Problem als eine Lösung, wenn das Management auf der Propagierung einer einzigen „Firmen-Story" besteht – solange diese nicht in einem Prozess ausgehandelt wurde, der Rücksicht auf die verschiedenen zirkulierenden Versionen nimmt.

3.4 Dekonstruktion

Noch bevor der Strukturalismus in den Sozialwissenschaften richtig Fuß gefasst hatte, wurde er auch schon vom Poststrukturalismus hinweggefegt. Man könnte sagen, dass mit dem Übergang vom Strukturalismus zum Poststrukturalismus die Tiefe zugunsten der Oberfläche preisgegeben wurde: Wenn sich begründen lässt, dass es „Tiefenstrukturen" gibt, dann muss man sie schließlich auch an der Oberfläche sehen können. Strukturen lassen sich außerdem nicht mehr „finden", da sie offensichtlich in den Text hineingelesen werden – von den LeserInnen des Textes, zu denen auch die AutorInnnen selbst gehören (schließlich heißt Lesen ja Neuschreiben). Das bedeutete die Abkehr von der Idee einer universellen Struktur der Sprache oder des Geistes und die Öffnung für die Idee eines gemeinsamen Repertoires an Textstrategien (Harari 1979a), die sowohl AutorInnen als auch LeserInnen erkennen können.

Eine Erweiterung des Poststrukturalismus ist Dekonstruktion, eine Technik und Philosophie des Lesens, die sich auf Begehren und Macht konzentriert. Zunächst von Jaques Derrida (1983) für das Lesen philosophischer Texte verwandt, wurde Dekonstruktion später selbst zu einer Art Philosophie (Rorty 1992). In der Genderforschung wurde sie zu einem Instrument der Subversion (Johnson 1980). In der Organisationsforschung wurde sie zu einer auf Verfremdung basierenden Lesetechnik (Feldman 1995). Es verdient erwähnt zu werden und erstaunt vielleicht auch, dass bei OrganisationsforscherInnen die Dekonstruktion auf mehr Interesse stieß als andere Methoden der Textanalyse. Ich zitiere im Folgenden ausführlich ein solches Beispiel, um zu zeigen, welches Kritikpotenzial eine Dekonstruktion durch die LeserInnen im Kontext von Organisationen hat.

Joanne Martin (1990) nahm an einer von einer der führenden Universitäten in den Vereinigten Staaten gesponserten Konferenz zu der Frage teil, auf welche Weise Einzelpersonen und Unternehmen zur Lösung gesellschaftlicher Probleme beitragen könnten. Einer der Teilnehmer, Chef eines großen transnationalen Unternehmens, erzählte den anderen KonferenzteilnehmerInnen die folgende Geschichte:

> „We have a young woman who is extraordinarily important to the launching of a major new (product). We will be talking about it next Tuesday in its first worldwide introduction. She has arranged to have her Caesarian yesterday in order to be prepared for this event, so you – We have insisted that she stay home and this is going to be televised in a closed circuit television, so we're having this done by TV for her, and she is staying home three months and we are finding ways of filling in to create this void for us because we think it's an important thing for her to do." (Martin 1990: 339)[14]

Martin entschied sich dafür, die Story von einem feministischen Standpunkt aus zu dekonstruieren und zu rekonstruieren (als Alternativen kamen beispielsweise ein linker oder ein rationalistischer Standpunkt in Frage). Sie suchte in dem Text nach gängigen Dichotomien, sprachlichen Doppeldeutigkeiten, Metaphern, Widersprüchen und Auslassungen. Ich zitiere hier nur die prägnanteste ihrer verschiedenen Rekonstruktionen – Martin tauschte einfach die Protagonistin gegen einen männlichen Protagonisten aus und änderte dementsprechend auch die Art des medizinischen Eingriffs:

---

14 „Bei uns gibt es eine junge Frau, die für die Markteinführung eines bedeutenden neuen (Produktes) außerordentlich wichtig ist. Wir werden darüber bei der weltweiten Einführung am nächsten Dienstag reden. Sie hat für gestern ihren Kaiserschnitt arrangiert, um für dieses Projekt bereit zu sein, also Sie – Wir haben darauf bestanden, dass sie zu Hause bleibt, und die Sache wird im firmeninternen Fernsehen übertragen, wir lassen das also für sie durch TV erledigen, und sie bleibt drei Monate zu Hause und wir finden Mittel und Wege, das aufzufüllen, um diese Lücke für uns zu schaffen, weil wir finden, dass es für sie eine wichtige Sache ist."

„We have a young man who is extraordinarily important to the launching of a major new [product]. We will be talking about it next Tuesday in its first world wide introduction. He has arranged to have his coronary bypass operation yesterday in order to be prepared for this event, so you – We have insisted that he stay home and this is going to be televised in a closed circuit television, so we're having this done by TV for him, and he is staying home three months and we are finding ways of filling in to create this void for us because we think it's an important thing for him to do." (Martin 1990: 346)[15]

Die Absurdität dieses rekonstruierten Textes belegt erneut, was schon die Dekonstruktion ergab, nämlich die offenkundige Existenz eines unterdrückten Geschlechterkonflikts in Arbeitsorganisationen, eine Managementpraxis mit blinden Flecken und eine Theorie, die den Konflikt schürte und verbarg.

3.5 Die Repräsentation des Praxisfeldes

Alle bisherigen Beispiele bezogen sich auf Erzählungen, die im Praxisfeld Management und Organisation oder beim Zusammentreffen von Forschenden und Praxisfeld fabriziert wurden. Es ist jedoch darauf hingewiesen worden, dass es in der Belletristik eine Menge Erzählungen über vielfältige Praxisfelder gibt (Phillips 1995). Die Lektüre belletristischer Texte, sei es im Modus der Forschung, sei es in dem der Lehre (Cohen 1998), gewährt viele Einblicke, die in Feldstudien nicht immer leicht zu gewinnen sind. Organisations-forscherInnen haben daher eine wachsende Anzahl derartiger Texte sorgfältig gelesen, darunter – um nur einige zu nennen – europäische Romane des neunzehnten Jahrhunderts (Czarniawska-Joerges/Guillet de Monthoux 1994), griechische Mythologie (Gabriel 2004), Jorge Luis Borges (De Cock 2000) und Science-Fiction (vgl. das von Parker et al. 1999 herausgegebene Schwerpunktheft von *Organization*). Ein Roman, den offenbar besonders viele OrganisationsforscherInnen gelesen haben, ist „Nice work" von David Lodge. Für mich war das der Inbegriff einer in einem Organisationskontext angesiedelten anthropo-logischen Arbeit (Czarniawska-Joerges 1992). Robyn Penrose, eine postfeministische und poststrukturalistische Geisteswissenschaftlerin, lebt in einer zweidimensionalen Welt: einer Welt der Symbole und der Politik. Die Wechselfälle des Universitätslebens im Vereinigten Königreich zwingen sie, sich – als Beobachterin – in eine andere Welt, nämlich die Welt der Industrie, zu begeben. Ähnlich wie sie lebt auch ihr Gegenspieler, der leitende Ge-schäftsführer Victor Wilcox (Vic), in zwei Dimensionen: in der Praxis und in der Politik. Für Vic gibt es keine Symbole, für Robyn keine Praxis. Robyn ist entschlossen, Vics Welt zu kolonisieren, und hält es dabei für selbstverständlich, dass ihre eigene Welt über alle

---

15 „Bei uns gibt es einen jungen Mann, der für die Markteinführung eines bedeutenden neuen (Produktes) außerordentlich wichtig ist. Wir werden darüber bei der weltweiten Einführung am nächsten Dienstag reden. Er hat für gestern seine Bypass-Operation arrangiert, um für dieses Projekt bereit zu sein, also Sie – Wir haben darauf bestanden, dass er zu Hause bleibt, und die Sache wird im firmeninternen Fernsehen übertragen, wir lassen das also für ihn durch TV er-ledigen, und er bleibt drei Monate zu Hause und wir finden Mittel und Wege, das aufzufüllen, um diese Lücke für uns zu schaffen, weil wir finden, dass es für ihn eine wichtige Sache ist."

zur Demontage der andern Welt benötigten Konzepte und Instrumente verfügt. Für Vic ist Robyns Besuch zwar eine Störung, die er eben ertragen muss, aber er hat keine Angst, kolonisiert zu werden. Auch Vic hält seine eigene Welt für die einzig Richtige. Das Zusammentreffen ist für beide ein Schock, insbesondere als Vic, wie einige andere „Eingeborene" auch, beschließt, in die Universität zu gehen, um Robyn bei der Arbeit zu beobachten. Die erste Erfahrung beider ist Verfremdung, die zweite Verständnis für die Integrität der fremden Welt, die dritte Neugierde und die vierte schließlich Respekt für einander und für die Welt des anderen – kurz: ein Vorbild für die Feldforschung im Bereich Management.

Richard Boland (1994) interessierte sich vor allem für Vics Jaguar; er verglich ihn mit dem Rennpferd von Silas Lapham, dem Helden des ersten realistischen Romans über die US-amerikanische Wirtschaft von William Dean Howells. Vic machte die Annahme seines neuen Postens als geschäftsführender Direktor davon abhängig, dass man ihm einen Jaguar zur Verfügung stellte, da er fest davon überzeugt war, dass dieses Auto allen anderen Autos überlegen sei. Für ihn, wie für viele andere Manager auch, waren die Fahrten mit einem schnellen Auto zur Arbeit und von der Arbeit nach Hause Augenblicke der Macht. Wie das Pferd seinem Reiter Lapham so vermittelte der Jaguar Vic eine intensive Erfahrung von Macht,

> „unleashed, yet controlled. [...] In the uniquely personal space provided by their rides to and from work, Silas Lapham and Victor Wilcox can, for a brief time, find a mastery over nature and others that eludes them both at home and in the office." (Boland 1994: 124)[16]

David Knights und Hugh Willmott (1999) illustrieren mithilfe von „Nice work" verschiedene zentrale Themen ihres Buchs „Management lives: Power and identity in work organizations". Ich wähle ein besonders schlagendes Beispiel dafür aus: Die beiden Protagonisten, Robyn und Vic, stehen hier für zwei verschiedene Konzepte von Ungleichheit, nämlich die polarisierte und die pluralistische Ungleichheit.

Robyn betrachtet die Arbeiter in Vics Fabrik als Objekte der typisch kapitalistischen Ausbeutung und Unterdrückung – und gibt damit ein Beispiel für Knights und Willmotts Konzept der polarisierten Ungleichheit. Allerdings hat sich Robyn auch der Postmoderne verschrieben und müsste daher eigentlich eher der pluralistischen Perspektive nahe stehen. Knights und Willmott erwähnen es zwar nicht, aber Lodge macht sich über Robyns eifrige Parteinahme für die Postmoderne lustig, weshalb es nicht wirklich überraschend ist, dass sie die Diskrepanz offensichtlich nicht bemerkt.

Vic ist ein „Arbeiterklassenjunge-der-es-geschafft-hat", weshalb er dem pluralistischen Modell anhängt und Leute, die nicht hart arbeiten oder die ihre Machtposition ausnutzen, entschieden ablehnt. Sein Weltbild ist genauso inkonsistent wie Robyns, weil sein fester Glaube an „richtige Arbeit" ihm die Einsicht verwehrt, dass die Industrie zunehmend dem

---

16 „entfesselt und doch kontrolliert [...]. In dem ganz und gar persönlichen Raum, den ihnen der Ritt bzw. die Fahrt zur Arbeit und nach Hause bietet, können Silas Lapham und Victor Wilcox für kurze Zeit eine Macht über die Natur und andere Menschen erlangen, die sie weder zu Hause noch bei der Arbeit haben."

Dienstleistungsgewerbe Platz macht, in dem es möglicherweise keinen Bedarf für einen „hart arbeitenden Geschäftsmann" wie Vic gibt.

Romane sind also weniger Quellen der Information über Managementpraktiken als Sinnquellen. Sie sind Texte, an denen man sich bei der Produktion anderer Texte orientieren kann – Modelle, die man nicht imitieren, von denen man sich aber anregen lassen sollte. Sie sind Lesarten der Welt; wo diese Lesarten relevant und stichhaltig sind, sind sie dies nicht etwa wegen ihrer Übereinstimmung mit „der Welt", sondern weil sie die richtigen („tief verwurzelten") Begriffe enthalten und akzeptabel sind (Goodman 1984). Akzeptabel werden solche Lesarten der Welt nicht trotz, sondern gerade wegen ihrer ästhetischen Qualität. Ihr schöpferischer Einblick und nicht die präzise Dokumentation von Fakten macht ja Romane zur potenziellen Konkurrenz wie zum Dialogpartner der Organisationstheorie. Die Organisationsforschung bringt zwar aller Wahrscheinlichkeit nach keine guten Romane hervor, könnte aber eine ganze Menge von der Art und Weise lernen, wie Romane und Erzählungen geschrieben sind; darauf komme ich im letzten Teil dieses Beitrags zurück.

4 Narrative Lehren für das Schreiben

4.1 Stories aus dem Forschungsfeld

Stories aus dem Forschungsfeld wurden anfangs als Material betrachtet, das von den Feldforschenden interpretiert werden muss. Neuerdings werden sie jedoch zunehmend in leicht stilisierter Form und in dem Glauben erzählt, dass sie AnfängerInnen die Verfahren der Feldforschung effektiver beibringen können als Texte, die in einer szientifischen Form verfasst sind. Bekannte Beispiele dafür sind Peter J. Frost, Vance F. Mitchell und Walter R. Nord (1978 und spätere Ausgaben), David B. P. Sims, Yiannis Gabriel und Stephen Fineman (1993 und spätere Ausgaben[17]) sowie Peter J. Frost, Linda A. Krefting und Walter R. Nord (2004). Während sich all diese Arbeiten auf angelsächsische Organisationen konzentrieren, werden solche Stories neuerdings zunehmend in lokalen Kontexten gesammelt (zu einem schwedischen Beispiel vgl. Corvellec/Holmberg 2004).

Es gibt Organisationsstudien, die in einem romanhaften Stil verfasst sind, so beispielsweise Goodalls (1994) „Casing a promised land: The autobiography of an organizational detective as cultural ethnographer" oder Grafton Smalls (2003) und Sudi Sharifis (2003) autobiographische Kurzgeschichten. Klaus Harju (1999) und Robert Westwood (1999) versuchten sich in postmodernen Schreibtechniken. Reine Dichtung aufzuschreiben wird allerdings nicht als legitimes sozialwissenschaftliches Tun anerkannt – wie ein Dichter oder eine Dichterin zu schreiben dürfte etwas anderes sein.

---

17 Die Reihenfolge der Namen der Herausgeber ist in jeder Ausgabe anders: In der Ausgabe von 1993 steht Sims an erster Stelle, in der von 2000 Gabriel und in der von 2005 Fineman.

4.2   Berichterstattung aus dem Feld

Der scheinbar nahe liegende Schritt, die Story der Ereignisse in einem Praxisfeld einfach in einer gut konstruierten Erzählung nachzuerzählen, wird von AutorInnen, die mit der narrativen Analyse vertraut sind und sich für den Prozess der Textkonstruktion interessieren, oft mit Misstrauen betrachtet. AutorInnen haben die Wahl, entweder die eigene Erzählung zu analysieren, was für LeserInnen außerhalb des Wissenschaftsbetriebs langweilig sein dürfte, oder aber die in die Konstruktion des Textes gesteckte Arbeit auszublenden, was möglicherweise von den KollegInnen im Wissenschaftsbetrieb kritisiert wird. Man hat daher nach kreativen Verfahren zur Umgehung dieses Problems gesucht und ist dabei auch fündig geworden. So dachten sowohl John Van Maanen (1988) als auch Tony Watson (1995) schon früh über die Kunst der Organisationsethnographie nach. Mein Buch „Writing management" (Czarniawska 1999) und „Writing organization" von Carl Rhodes (2001) thematisieren beide die Schwierigkeiten, die mit dem Versuch verbunden sind, so über die außerordentlich vielstimmigen Organisationen zu schreiben, dass die im Feld gesammelten Originalstimmen ausreichend zu Wort kommen und der Autor oder die Autorin gleichwohl Gelegenheit hat, ein gewisses Maß an zusätzlichem Sinn zu kreieren.

Ellen O'Connor (1997) fand eine narrative Lösung für dieses Problem; sie erzählte die Geschichte eines Arbeitnehmers in den Vereinigten Staaten, der gegen die Politik seiner Firma, die Beschäftigten gegen ihren Willen in den unfreiwilligen vorzeitigen Ruhestand abzuschieben, Widerstand mobilisierte. Sie präsentierte den Fall als eine Abfolge von Erzählungen (von Briefen und Dokumenten sowie Auszügen aus Interviews und Medienkommentaren), die zeigten, wie verschiedene Personen – sowohl in der Rolle als Geschichtenerzähler als auch in der Rolle des interpretierenden Publikums – das übliche Repertoire von Charakteren, Funktionen und Plots bedienten oder durchbrachen. Anders als in der Literatur, so schließt sie, kann man in der Welt der Organisationen direkt in den Text eingreifen, um die Möglichkeiten und Grenzen des Intertextes zu bestimmen (O'Connor 1997: 414).

Als Dreh- und Angelpunkt der narrativen Strukturierung wählte O'Connor „das Entscheiden", und das erklärt vielleicht auch, weshalb sie ihren Figuren so viel Freiheit bei der Gestaltung der Erzählung zuschrieb. Kaj Sköldberg (1994, 2002) benutzte bei seiner Lektüre von Reformprogrammen in schwedischen Kommunalverwaltungen die Gattungsanalyse und sah, dass sich die lokalen AkteurInnen von den verwendeten Dramenformen eher hinreißen als befähigen ließen.[18] Dabei entstand aus zwei konkurrierenden Gattungen – einer Tragödie und einer romantischen Komödie – eine Mischform, die sich, ohne dass die beteiligten RegiseurInnen und SchauspielerInnen dies beabsichtigt hätten, dem Publikum mitsamt dem Forscher fast als Satire präsentierte.

Dem Vorwurf einer unreflektierten narrativen Konstruktion kann man sich auch dadurch entziehen, dass man die Analyse in die Erzählung integriert, sich also, in Whites (1987) Formulierung, „den Inhalt der Form" zunutze macht. Sköldberg blieb in dieser Hinsicht im Umgang mit seinem empirischen Material auf halbem Wege stehen; bei konsequenter

---

18 Sköldbergs Verwendung der Gattungsanalyse wurde von Hayden White (2008) angeregt.

Anwendung dieser Methode wird die Erzählung häufig in Dramengestalt präsentiert. Dies macht für die LeserInnen zumindest einen Teil der Konstruktionsarbeit sichtbar; wie die folgenden Beispiele zeigen, ist dabei die gewählte Form äußerst wichtig.

4.3 Die Dramatisierung von Erzählungen

Der Titel von Michael Rosens „Breakfast at Spiro's: Dramaturgy and dominance" (1985) fasst den Artikel gut zusammen. Rosen griff die Beobachtungen auf, die er bei einem Arbeitsfrühstück in einer Werbeagentur gemacht hatte, und beschloss, sie in Gestalt eines sozialen Dramas zu präsentieren, ein Genre, für das sich auch schon die Organisatoren des Ereignisses entschieden hatten. Der Text hat daher die Form eines kommentierten Drehbuchs. Rosen fügt in die Schilderung des Handlungsablaufs kritische Kommentare zur Dramaturgie ein, weist auf Ereignisse jenseits von Raum und Zeit des Dramas hin und kommentiert die Reaktionen des Publikums.

Bengt Jacobsson ging sogar noch weiter und fabrizierte aus den Befunden, die er bei seiner Untersuchung kommunaler Entscheidungsprozesse gewonnen hatte, ein Skript für eine Commedia dell' Arte:

> „**Firm Principles** (A Play in Three Acts)
> Dramatis Personae:
> *Columbine*: Minister of Industry and Energy; a servant of her Country, as represented by its Government; she is attractive and much courted.
> *Brighella*: First Servant of the Ministry; Columbine's assistant; he is indefatigable when it comes to duping and deceiving, and is shrewd and cynical.
> *Capitano Energetico*: Managing Director of a large company; he is vain and often falls into fantasies of heroic exploits and measureless glory [...].
>
> First Act (Scene One: Brighella's Office)
> Capitano Energetico comes in from the street, wearing a dazzling dark suit and carrying his company's accounts under his arm. He is received by Brighella, and tells Brighella of the recent years of great successes and high profits, with new products that already exist and new markets opening up in the U.S. of A, in Eastern Europe, and wherever the demand for energy exists."

(Czarniawska-Joerges/Jacobsson 1995: 383f)[19]

---

19 „Unternehmensgrundsätze (Ein Spiel in drei Akten)
  Dramatis personae:
  Columbine: Ministerin für Industrie und Energie; eine Dienerin ihres, durch die Regierung repräsentierten Landes; sie ist attraktiv und heiß umschwärmt.
  Brighella: Oberster Ministerialbeamter; Columbines Helfer; unermüdlich dabei, wo es ums Hereinlegen und Täuschen geht, dabei schlau und zynisch.
  Capitano Energetico: Geschäftsführer eines Großunternehmens; er ist eitel und verliert sich oft in Fantasien von Heldentaten und grenzenlosem Ruhm [...].
  Erster Akt (Erste Szene: Brighellas Büro)

Die gewählte Form fasst die Forschungsbefunde zusammen: Sie zeigt den theatralischen und ritualistischen Charakter des Politikbetriebes, die geschickte Erzeugung eines Improvisationseffekts auf der Basis von Routinen und einstudierten Rollen sowie das übliche Ensemble von Charakteren. Die Form vermittelt, anders ausgedrückt, die gleiche Botschaft wie der Inhalt.

Ken Starkey (1999) stellte in einem ähnlichen Stil die Reaktionen eines imaginären MBA-Kurses auf die Vorführung des Films „Wall Street" szenisch dar. Georges Cairns und Nic Beech (2003) präsentierten ihre Untersuchung von „Ersilia" (einer Regierungsbehörde) als Zusammenspiel genau geskripteter Improvisationen; damit präsentierten sie nicht nur ihre empirischen Befunde in Dramenform, sondern schufen auch Gelegenheit zur dramaturgischen[20] und narrativen Analyse.

Mein letztes Beispiel für die Anwendungsmöglichkeiten der narrativen Analyse betrifft ihre Anwendung auf Erzählungen aus dem eigenen Praxisfeld der Autorin, das heißt auf das Feld der Theorie.

4.4 Die Anwendung der narrativen Analyse auf Forschungsberichte

Die Erzählungen aus der eigenen Praxis werden wie alle anderen Erzählungen analysiert; vielleicht ein bisschen selbstbewusster (schließlich sind die AutorInnen hier auf sicherem Grund, zumindest epistemologisch, wenn auch nicht politisch), aber auch besonders vorsichtig, da ja die Erzählenden nicht anonymisiert werden können.

Wie in den bisherigen Fällen gibt es auch hier verschiedene Optionen. So habe ich „Organization" von James G. March und Herbert A. Simon (1958) als Beispiel für meine These analysiert, dass wissenschaftliche Arbeiten oft einen Plot ohne Erzählung enthalten (Czarniawska 1999). Martin Kilduff (1993) dekonstruierte den gleichen Text und kam zu dem Ergebnis, dass die Autoren die Traditionen, die sie überwinden wollten, zugleich verwarfen und akzeptierten. Kilduff beschloss seine Dekonstruktion mit einer zusätzlichen bekennenden Erzählung (*confessional tale*), in der er seine eigenen Motive für eine solche Forschungsarbeit analysierte.

Der Ton der Analysen ist dabei teils kritisch, teils lobend. So provozierte Marta Calás' und Linda Smircichs (1991) famose Anwendung der Genealogie Foucaults, der Dekonstruktion Derridas und des feministischen Poststrukturalismus auf vier Klassiker der Organisationstheorie scharfe Kritik und eine lebhafte Debatte (insbesondere von Seiten

---

Capitano Energetico tritt von der Straße her auf; er ist in einen prächtigen dunklen Anzug gekleidet und führt unter dem Arm die Firmenbilanz mit sich. Er wird von Brighella begrüßt und erzählt ihm von den vergangenen Jahren, in denen es große Erfolge und hohe Profite gab, neue Produkte entwickelt wurden und neue Märkte in den USA, in Osteuropa und überall dort auftaten, wo es Energiebedarf gibt."

20 Es gibt eine umfangreiche und weiter an Umfang gewinnende Tradition der Dramatikeranalyse und der dramaturgischen Analyse in der Organisationsforschung, die jedoch im Rahmen dieses Beitrags nicht besprochen werden kann. Zu einem Überblick siehe den von Georg Schreyögg und Heather Höpfl (2004) herausgegebenen Sonderband von *Organization Studies*.

der noch lebenden Klassiker); Ziel meiner Beschreibung „der Stile und der Stilisten der Organisationstheorie" (Czarniawska 2003) war es, beispielhafte Schriften vorzuführen.

Der narrative Ansatz eröffnet also der Organisationstheorie die Möglichkeit einer systematischen Gattungsreflexion und Gattungsanalyse. Er erlaubt, die Diskussion über guten und schlechten Stil durch eine Diskussion über Gattungen, das heißt die institutionalisierten Formen des Schreibens und des Schrifttums, zu ersetzen oder zumindest zu ergänzen. Eine Gattungsanalyse zeigt, wie solche Klassifikationen institutionalisiert werden, und macht dadurch die wissenschaftliche Arbeit durchschaubarer. Gattungsanalyse ist aber zugleich Gattungskonstruktion, also Institutionenbildung, und das ruft natürlich Kontrollbestrebungen auf den Plan: Jemand muss ja den „Kern" schützen. Wie man an der Gattungsanalyse in der Literaturwissenschaft sehen kann, führen solche Kontroll- und Schutzmaßnahmen im schlimmsten Fall zum Erstickungstod einer Gattung, in vielen Fällen zu rein gar nichts und im besten Fall, wie beim Kriminalroman, zur Weiterentwicklung einer Gattung (Czarniawska 1999). Eine Gattung wird jedoch durch Paradoxien und Konflikte nicht geschwächt, sondern im Gegenteil gestärkt. Und unter den in den Grauzonen arbeitenden AutorInnen befinden sich genau jene InnovatorInnen, die die Gattung verjüngen und reformieren.

Sind die Gattungen erst einmal inventarisiert und beschrieben, kann man nicht nur die Erfolgschancen von Beiträgen einschätzen, sondern auch Abweichungen vom Mainstream verstehen. Jede Avantgarde, jeder pulsierende Randbezirk, jeder Erneuerungsdiskurs nährt sich aus dem Mainstream, aus der regulären Wissenschaft und aus dem systematisierenden Diskurs. Die „kanonische Tradition" (MacIntyre 1987) ihrerseits braucht Abweichungen, um zu überleben, verdankt ihnen aber auch schließlich ihr Ableben.

Meinem Verständnis nach ist der narrative Ansatz keine „Methode"; er hat auch kein „Paradigma", das heißt kein Set von Verfahren, mithilfe derer man die Richtigkeit von Ergebnissen prüfen kann. Er erlaubt zwar den Griff in eine reich gefüllte Trickkiste, in der von der traditionellen Kritik über die Tricks der Formalisten bis zur Dekonstruktion alles vertreten ist, führt aber von der Vorstellung weg, eine penibel angewandte Methode erbringe überprüfbare Resultate. Narrative Verfahren in den Sozialwissenschaften sollten zu einem, wie Rorty (1994) es nennt, angeregteren Lesen führen und ebenso zu einem angeregten – und anregenden – Schreiben.

Literatur

Alvesson, Mats/Willmott, Hugh (2004): Identity regulation as organizational control. In: Hatch/Schultz (2004): 436-465.

Bakhtin, Mikhail M./Medvedev, Pavel N. (1985): The formal method in literary scholarship. A critical introduction to sociological poetics. Cambridge, MA: Harvard University Press.

Barthes, Roland (1988a): Einführung in die strukturale Analyse von Erzählungen. In: Barthes (1988b): 102-143.

Barthes, Roland (1988b): Das semiologische Abenteuer. Frankfurt a. M.: Suhrkamp.

Bartlett, Frederic C. (1977): Remembering: A Study in experimental and social psychology. Cambridge, UK: Cambridge University Press.

Boje, David (1991): The story-telling organization: A study of story performance in an office-supply firm. In: Administrative Science Quarterly 36. 106-126.

Boje, David (2001): Narrative methods for organizational and communication research. London: Sage.

Boland, Richard J. (1994). Identity, economy and morality in „The Rise of Silas Lapham". In: Czarniawska-Joerges/Guillet de Monthoux (1994): 115-137.

Boland, Richard J. Jr./Tankasi, Ramkrishnan V. (1995): Perspective making and perspective taking in communities of knowing. In: Organization Science 6. 3. 350-372.

Brown, Richard H. (1977): A poetic for sociology: Toward a logic of discovery for the human sciences. New York: Cambridge University Press.

Bruner, Jerome (1986): Actual minds, possible worlds. Cambridge, MA: Harvard University Press.

Bruner, Jerome (1990): Acts of meaning. Cambridge, MA: Harvard University Press.

Cairns, George/Beech, Nic (2003): Un-entwining monological narratives of change through dramaturgical and narrative analyses. In: Culture and Organization 9. 3. 177-194.

Calás, Marta/Smircich, Linda (1991): Voicing seduction to silence leadership. In: Organization Studies 12. 4. 567-601.

Christensen, Lars T./Cheney, George (2000): Self-absorption and self-seduction in the corporate identity game. In: Schultz et al. (2000): 246-270.

Clark, Burton R. (1972): The organizational saga in higher education. In: Administrative Science Quarterly. 17. 178-184.

Cohen, Claire (1998): Using narrative fiction within management education. In: Management Learning 29. 2. 165-182.

Corvellec, Hervé (1997): Stories of achievement. Narrative features of organizational performance. New Brunswick, NJ: Transaction Publishers.

Corvellec, Hervé (2001): The new rhetoric of infrastructure projects. In: Czarniawska/Solli (2001): 192-209.

Corvellec, Hervé/Holmberg, Leif (2004): Organisationers vardag – sett underifrån. Malmö: Liber.

Czarniawska, Barbara (1997): Narrating the organization. Dramas of institutional identity. Chicago, Illinois: University of Chicago Press.

Czarniawska, Barbara (1999): Writing management. Oxford: Oxford University Press.

Czarniawska, Barbara (2002): Narrative, interviews and organizations. In: Gubrium/Holstein (2002): 733-750.

Czarniawska, Barbara (2003): The styles and the stylists of organization theory. In: Tsoukas/Knudsen (2003): 237-261.

Czarniawska, Barbara (2004a): Narratives in social science research. London: Sage.

Czarniawska, Barbara (2004b): On time, space and action nets. In: Organization 11. 6. 777-795.

Czarniawska, Barbara (2008): Storytelling. Ledarnas nya verktyg. In: Jönsson/Strannegård (2008): 299-315.

Czarniawska, Barbara/Gagliardi, Pasquale (Hrsg.) (2003): Narratives we organize by. Amsterdam: John Benjamins.

Czarniawska, Barbara/Hernes, Tor (Hrsg.) (2005): Actor-network theory and organizing. Malmö: Liber.

Czarniawska, Barbara/Solli, Rolf (Hrsg.) (2001): Organizing metropolitan space and discourse. Malmö: Liber.

Czarniawska-Joerges, Barbara (1992): Nice work in strange worlds: Anthropological inspiration for organization theory. In: Polesie/Johansson (1992): 59-78.

Czarniawska-Joerges, Barbara/Guillet de Monthoux, Pierre (Hrsg.) (1994): Good novels, better management. Reading, UK: Harwood Academic.

Czarniawska-Joerges, Barbara/Jacobsson, Bengt (1995): Politics as commedia dell'arte. In: Organization Studies 16. 3. 375-394.

De Cock, Christian (2000): Fiction, representation and organization studies. In: Organization Studies 21. 3. 589-609.

Denning, Stephen (2005): The leader's guide to storytelling: Mastering the art and discipline of business narrative. San Francisco, CA: Jossey-Bass.

Derrida, Jacques (1983): Grammatologie. Frankfurt a. M.: Suhrkamp.

Du Gay, Paul (2000): Markets and meanings: Re-imagining organizational life. In: Schultz et al. (2000): 66-74.

Eco, Umberto (1994): Zwischen Autor und Text. Interpretation und Überinterpretation. München/ Wien: Hanser.

Feldman, Martha (1995): Strategies for interpreting qualitative data. Newbury Park: Sage.

Feldman, Martha/Sköldberg, Kaj (2002): Stories and the rhetoric of contrariety: Subtexts of organizing (change). In: Culture and Organization 8. 4. 275-292.

Fineman, Stephen (Hrsg.) (1993): Emotions in organizations. London: Sage.

Fineman, Stephen/Gabriel, Yiannis (1996): Experiencing organizations. London: Sage.

Fisher, Walter R. (1984): Narration as a human communication paradigm: The case of public moral argument. In: Communication Monographs 51. 1-22.

Fisher, Walter R. (1987): Human communication as narration. Columbia, South Carolina: The University of South Carolina Press.

Fournier, Valerie (1998): Stories of development and exploitation: Militant voices in an enterprise culture. In: Organization 5. 1. 55-80.

Frost, Peter J./Krefting, Linda A./Nord, Walter R. (2004): Managerial and organizational reality: Stories of life and work. Toronto: Prentice Hall.

Frost, Peter J./Mitchell, Vance F./Nord, Walter R. (1978): Organizational reality: Reports from the firing line. Toronto: Longman.

Gabriel, Yiannis (1995): The unmanaged organization: Stories, fantasies and subjectivity. In: Organization Studies 16. 3. 477-502.

Gabriel, Yiannis (2000): Storytelling in organizations. Oxford: Oxford University Press.

Gabriel, Yiannis (Hrsg.) (2004): Myths, stories, and organizations. Postmodern narratives for our times. Oxford: Oxford University Press.

Gadamer, Hans Georg/Boehm, Gottfried (1978): Seminar: Die Hermeneutik und die Wissenschaften, Frankfurt a. M.: Suhrkamp.

Goodall, H. L. Jr. (1994): Casing a promised land: The autobiography of an organizational detective as cultural ethnographer. Carbondale, Illinois: Southern Illinois University Press.

Goodman, Nelson (1984): Of mind and other matters. Cambridge, MA: Harvard University Press.

Grafton Small, Robert (2003): Fluid tales: A preservation of self in everyday life. In: Czarniawska/ Gagliardi (2003): 237-245.

Greimas, Algirdas J. (1971): Strukturale Semantik. Braunschweig: Vieweg.

Gubrium, Jaber F./Holstein, James A. (Hrsg.) (2002): Handbook of interview research. Thousand Oaks: Sage.

Harari, Jose V. (1979a): Critical factions/Critical fictions. In: Harari (1979b): 17-72.

Harari, Jose V. (Hrsg.) (1979b): Textual strategies: Perspectives in post-structuralist criticism. Ithaca, NY: Methuen.

Harju, Klaus (1999): Protext: The morphose of identity, heterogeneity and synolon. In: Studies in Cultures, Organizations and Societies 5. 1. 131-150.

Hatch, Mary Jo/Schultz, Majken (Hrsg.) (2004): Organizational identity. Oxford: Oxford University Press.

Helmers, Sabine/Buhr, Regina (1992): Sieg des Geistes über die Körperlichkeit – ein Pyrrhussieg. Die Geschichte von der Schreibmaschine, dem Mechaniker und der überaus weiblichen Sekretärin. WZB Discussion Paper FS II 92-110. Berlin: Wissenschaftszentrum Berlin.

Helms, June (Hrsg.) (1967): Essays on the verbal and visual arts. Seattle: University of Washington Press.

Holger, Lars/Holmberg, Ingalill (Hrsg.) (2002): Identity: Trademarks, logotypes and symbols. Stockholm: National Museum & Raster.

Holstein, James A./Gubrium, Jaber F. (1997): Active interviewing. In: Silverman (1997): 113-129.

Höpfl, Heather (1995): Organisational rhetoric and the threat of ambivalence. In: Studies in Cultures, Organizations and Societies 1. 2. 175-188.

Johnson, Barbara (1980): The critical difference: Essays in the contemporary rhetoric of reading. Baltimore: Johns Hopkins University Press.

Jönsson, Sten/Strannegård, Lars (Hrsg.) (2008): Ledarskap. Malmö: Liber.

Kilduff, Martin (1993): Deconstructing organizations. In: American Management Review 18. 1. 13-31.

Knights, David/Willmott, Hugh (1999): Management lives: Power and identity in work organizations. London: Sage.

Kostera, Monika (2005): The quest for the self-actualizing organization. Copenhagen: Copenhagen Business School Press.

Kunda, Gideon (1992): Engineering culture. Philadelphia: Temple University Press.

Labov, William/Waletzky, Joshua (1967): Narrative analysis: Oral versions of personal experience. In: Helms (1967): 12-44.

Linstead, Stephen (1995): After the autumn harvest: Rhetoric and representation in an Asian industrial dispute. In: Studies in Cultures, Organizations and Societies 1. 2. 1231-1252.

MacIntyre, Alasdair (1987): Der Verlust der Tugend. Frankfurt: Campus.

March, James G./Simon, Herbert A. (1958): Organizations. New York: John Wiley & Sons.

Martin, Joanne (1990): Deconstructing organizational taboos: The suppression of gender conflict in organizations. In: Organization Science 1. 4. 339-359.

Martin, Joanne/Feldman, Martha S./Hatch, Mary Jo/Sitkin, Sim B. (1983): The uniqueness paradox in organizational stories. In: Administrative Science Quarterly 28. 438-453.

McCloskey, Deirdre N. (1990): If you're so smart. The narrative of economic expertise. Wisconsin: The University of Wisconsin Press.

Metz, David (2003): From naked emperor to count zero. Tracking knights, nerds and cyberpunks in identity narratives of freelancers in the IT-field. In: Czarniawska/Gagliardi (2003): 173-191.

Mishler, Elliot G. (1986): Research interviewing. Context and narrative. Cambridge, MA: Harvard University Press.

Mitroff, Ian I./Killman, Ralph H. (1975): Stories managers tell: A new tool for organizational problem solving. In: Management Review, July: 18-28.

O'Connor, Ellen S. (1997): Discourse at our disposal. Stories in and around the garbage can. In: Management Communication Quarterly 10. 4. 395-432.

Orr, Julian E. (1996): Talking about machines. An ethnography of a modern job. Ithaca, NY: Cornell University Press.

Parker, Martin/Higgins, Matthew/Lightfoot, Geoff/Smith, Warren (1999): Amazing tales: Organization studies as science fiction. In: Organization 6. 4. 579-590.

Peltonen, Tuomo (1999): Finnish engineers becoming expatriates: Biographical narratives and subjectivity. In: Studies in Cultures, Organizations and Societies 5. 2. 265-295.

Phillips, Nelson (1995): Telling organizational tales: On the role of narrative fiction in the study of organizations. In: Organization Studies 16. 4. 625-649.

Polesie, Thomas/Johansson, Inga-Lill (Hrsg.) (1992): Responsibility and accounting. The organizational regulation of boundary conditions. Lund: Studentlitteratur.

Polkinghorne, Donald E. (1987): Narrative knowing and the human sciences. Albany: State University of New York Press.

Prasad, Pushkala (1995): Working with the „smart" machine: Computerization and the discourse of anthropomorphism in organizations. In: Studies in Cultures, Organizations and Societies 1. 2. 253-266.

Propp, Vladimir (1986): Morphologie des Märchens. Frankfurt a. M.: Suhrkamp.

Rhodes, Carl (2001): Writing organization. (Re)presentation and control in narratives at work. Amsterdam: John Benjamins.

Ricoeur, Paul (1978): Der Text als Modell: Hermeneutisches Verstehen. In: Gadamer/Boehm (178): 83-117.

Rorty, Richard (1987): Der Spiegel der Natur. Frankfurt a. M.: Suhrkamp.

Rorty, Richard (1992): Kontingenz, Ironie und Solidarität. Frankfurt a. M.: Suhrkamp.

Rorty, Richard (1994): Der Fortschritt des Pragmatisten. In: Eco (1994): 99-119.

Rosen, Michael (1985): Breakfast at Spiro's: Dramaturgy and dominance. In: Journal of Management 11. 2. 31-48.

Rosen, Michael (2002): Turning words, spinning worlds: Chapters in organizational ethnography. London: Routledge.

Ryan, Marie-Laure (1993): Narrative in real time: Chronicle, mimesis and plot in baseball broadcast. In: Narrative 1. 2. 138-155.

Sacks, Harvey (1992): Lectures on conversation. Oxford: Blackwell.

Salzer-Mörling, Miriam (2002). In pursuit of the modern – A story of the Swedish Post Office. In: Holger/Holmberg (2002): 201-212.

Scheytt, Tobias/Soin, Kim/Metz, Thomas (2003): Exploring notions of control across cultures: A narrative approach. In: European Accounting Review 12. 515-547.

Schreyögg, Georg/Höpfl, Heather (2004): Theatre and organization: Editorial introduction. In: Organization Studies 25. 5. 691-704.

Schultz, Majken/Hatch, Mary Jo/Larsen, Mogen H. (Hrsg.) (2000): The expressive organization. Linking identity, reputation, and the corporate brand. Oxford: Oxford University Press.

Sharifi, Sudi (2003): Ticking time and side cupboard: The journey of a patient. In: Czarniawska/ Gagliardi (2003): 215-236.

Silverman, David (Hrsg.) (1997): Qualitative research. Theory, method and practice. London: Sage.

Sims, David B. P./Gabriel, Yiannis/Fineman, Stephen (1993): Organizing and organization. London: Sage.

Sköldberg, Kaj (1994): Tales of change: Public administration reform and narrative mode. In: Organization Science 5. 2. 219-238.

Sköldberg, Kaj (2002): The poetic logic of administration. Styles and changes of style in the art of organizing. London: Routledge.

Søderberg, Ann-Mari (2003): Sensegiving and sensemaking in an integration process: A narrative approach to the study of an international acquisition. In: Czarniawska/Gagliardi (2003): 3-36.

Starkey, Ken (1999): Eleven characters in search of an ethic, or the spirit of capitalism revisited. In: Studies in Cultures, Organizations and Societies 1. 1. 179-194.

Todorov, Tzvetan (1990): Genres in discourse. Cambridge, UK: Cambridge University Press.

Tsoukas, Haridimos/Knudsen, Christian (Hrsg.) (2003): The Oxford handbook of organization theory. Oxford, UK: Oxford University.

Van Maanen, John (1988): Tales of the field. Chicago: University of Chicago Press.

Watson, Karen Ann (1973): A rhetorical and sociological model for the analysis of narrative. In: American Anthropologist 75. 243-264.

Watson, Tony (1995): Shaping the story: Rhetoric, persuasion and creative writing in organisational ethnography. In: Studies in Cultures, Organizations and Societies 1. 2. 301-311.

Weick, Karl E. (1995): Sensemaking in organizations. Thousand Oaks: Sage.

Westwood, Robert (1999): A „sampled" account of organisation: Being a de-authored, reflexive parody of organisation/writing. In: Studies in Cultures, Organizations and Societies 5. 1. 195-233.

White, Hayden (1987): The content of the form. Narrative discourse and historical representation. Baltimore: Johns Hopkins University Press.
White, Hayden (2008): Metahistory. Die historische Einbildungskraft im 19. Jahrhundert in Europa. Frankfurt a. M.: Fischer.

Was ist eine Institution?[1]

John R. Searle

1 Wirtschaftswissenschaften und Institutionen

Während meiner Zeit als Student in Oxford wurde Ökonomie fast so unterrichtet, als ob sie eine Naturwissenschaft sei. Der Gegenstand der Ökonomie sei zwar ein anderer als der der Physik, aber nur in der Form, in der sich auch der Gegenstand der Chemie oder der Biologie von dem der Physik unterscheidet. Damalige ökonomische Erkenntnisse wurden uns präsentiert, als seien sie wissenschaftliche Theorien. Entsprechend wurde uns etwa das „Sparen gleich Investieren"-Theorem in demselben Tonfall erklärt wie der Lehrsatz, dass Kraft gleich Masse mal Beschleunigung ist. Und dass ein Unternehmer vernünftigerweise dann verkauft, wenn die Grenzkosten gleich den Grenzerträgen sind, lernten wir auf die gleiche Art wie einst, dass die Anziehung zwischen zwei Körpern direkt proportional ist zum Produkt ihrer Massen und indirekt proportional zum Quadrat ihrer Entfernung zueinander. Zu keinem Zeitpunkt wurde auch nur angedeutet, dass die von der ökonomischen Theorie beschriebene Wirklichkeit von menschlichen Überzeugungen und anderen Einstellungen abhing – völlig anders als die von der Physik oder Chemie beschriebene Wirklichkeit.

Als ich vor einigen Jahren *Die Konstruktion der gesellschaftlichen Wirklichkeit* (Searle 1997) veröffentlichte, war ich mir über deren Auswirkungen auf die Ontologie der Wirtschaftswissenschaften bewusst. Aber mir war nicht bewusst, dass bereits ein bedeutendes Wiedererstarken der institutionalistischen Tradition in den Wirtschaftswissenschaften stattgefunden hatte. Es wäre untertrieben zu sagen, dass ich dieses Interesse an Institutionen begrüße. Ich unterstütze es mit Begeisterung. Ich bin aber der Ansicht, dass in der institutionalistischen Literatur noch immer eine Unklarheit darüber herrscht, was genau eine Institution ist. Was ist die Ontologie, die Existenzform, institutioneller Wirklichkeit? Dieser Artikel versucht, zu dieser Diskussion beizutragen.

1 Zuerst erschienen in: Journal of Institutional Economics 2005 1(1). Wir danken der JOIE Foundation für die Erlaubnis zur Übersetzung und Publizierung. Aus dem Amerikanischen von Andrea Anne Maier und Rainer Diaz-Bone.

Im Unterschied zur Physik oder Chemie beschäftigt sich Ökonomie als Disziplin weitgehend mit institutionellen Tatsachen. Fakten über Geld und Zinssätze, Tausch und Beschäftigung, Unternehmen und Zahlungsbilanzen bilden den hauptsächlichen Gegenstandsbereich der Ökonomie. Lionel Robbins (1935) formuliert in einer klassischen Studie: „Ökonomie ist eine Untersuchung der Verfügbarkeit knapper Güter." Dabei setzt er eine gewaltige unsichtbare institutionelle Wirklichkeit voraus. Zwei Hunde, die um einen Knochen kämpfen, oder zwei Schuljungen, die sich um einen Ball streiten, befassen sich ebenfalls mit der „Verfügbarkeit knapper Güter", aber sie sind nicht von zentraler Bedeutung für den Gegenstandsbereich der Ökonomie. Für die Wirtschaftswissenschaften sind der Existenzmodus der „Güter" und die Mechanismen der „Verfügbarkeit" institutioneller Natur. Angesichts der zentralen Bedeutung institutioneller Phänomene ist es erstaunlich, dass institutionelle Ansätze nicht schon immer zentraler Teil des Mainstreams der Wirtschaftswissenschaften waren.

Man könnte annehmen, die Frage im Titel dieses Artikels sei schon vor langer Zeit beantwortet worden, nicht nur von Wirtschaftswissenschaftlern, sondern von der enormen Anzahl von Sozialwissenschaftlern, die sich mit der Ontologie der Gesellschaft auseinandersetzen. Dabei denke ich nicht nur an so einschlägige Namen wie Max Weber, Emil Durkheim, Georg Simmel und Alfred Schütz, sondern meine damit die gesamte westliche Tradition der Diskussion politischer und sozialer Institutionen, die bis auf Aristoteles *Politik* zurückgeht, wenn nicht noch weiter. Man sollte meinen, bis heute würde es eine eindeutig definierte und ausgearbeitete Theorie der Institutionen geben. Ein Grund für die Unzulänglichkeit der Tradition ist, dass ihre Autoren – bis hin zu Aristoteles – Sprache tendenziell als etwas Selbstverständliches betrachten. Sie setzen Sprache voraus und fragen dann, wie soziale Institutionen möglich sind und was ihre Natur und Funktion ist. Wenn man aber Sprache voraussetzt, hat man natürlich bereits Institutionen vorausgesetzt. So ist es doch zum Beispiel ein verblüffender Umstand, dass Vertreter der Vertragstheorie wie selbstverständlich davon ausgehen, dass die Menschen eine Sprache sprechen, und dann fragen, wie diese Menschen wohl einen sozialen Vertrag schließen. Allerdings beinhaltet die Sprechakttheorie, dass das Vorhandensein einer Gemeinschaft von Menschen, die miteinander sprechen, Sprechakte äußern, auch bereits einen sozialen Vertrag impliziert. Kurz gesagt, gehen die klassischen Theoretiker die Analyse aus der entgegengesetzten Richtung an. Anstatt Sprache vorauszusetzen und Institutionen zu analysieren, müssen wir die Rolle der Sprache für die Konstruktion der Institutionen analysieren. Ich werde versuchen, in diesem Artikel einige erste Schritte in Richtung auf dieses Ziel zu gehen. Es ist die Fortsetzung eines Argumentationsstrangs, den ich in anderen Arbeiten begonnen habe, insbesondere in *Die Konstruktion der gesellschaftlichen Wirklichkeit*. Aber ich werde mich auch auf mein Buch *Rationality in Action* (Searle 2001) stützen sowie auf verschiedene Artikel.

Im zwanzigsten Jahrhundert lernten Philosophen sehr vorsichtig zu sein mit Fragen nach dem „Was ist …?". Wie beispielsweise „Was ist Wahrheit?", „Was ist eine Zahl?" oder „Was ist Gerechtigkeit?". Nach den Erfahrungen des zwanzigsten Jahrhunderts (obwohl diese Erfahrungen im einundzwanzigsten Jahrhundert sehr schnell in Vergessenheit zu geraten scheinen) ist die für solche Problematiken beste Herangehensweise, sich ihnen behutsam zu nähern. Man fragt nicht „Was ist Wahrheit?", sondern „Unter welchen Bedingungen spricht man von einer wahren Aussage?". Man fragt nicht „Was ist eine Zahl?", sondern „Wie funktionieren numerische Aussagen in der tatsächlichen mathematischen Praxis?". Ich schlage vor, diese Methode auch bei der Frage „Was ist eine Institution?" anzuwenden. Anstatt direkt mit der Aussage vorzupreschen „Eine Institution ist ...", ist mein Vorschlag, mit Aussagen über institutionelle Tatsachen anzufangen. Wenn wir es schaffen könnten, die Beschaffenheit institutioneller Tatsachen zu analysieren und wie diese sich von anderen Arten von Tatsachen unterscheiden, dann, denke ich, könnten wir auf dem besten Weg sein, eine Antwort auf unsere Frage „Was ist eine Institution?" zu finden.

In einem intuitiv evidenten Verständnis sind die Tatsache, dass ich amerikanischer Staatsbürger bin, die Tatsache, dass das Stück Papier in meiner Hand ein 20-Dollar-Schein ist, und die Tatsache, dass ich AT&T-Aktien besitze, allesamt institutionelle Tatsachen. Sie sind institutionelle Tatsachen in dem Sinne, dass sie nur auf Grundlage gewisser sozialer Institutionen existieren können. Tatsachen dieser Art unterscheiden sich beispielsweise von der Tatsache, dass ich auf Meeresspiegelhöhe 144 Pfund wiege oder dass die Erde 150 Millionen Kilometer von der Sonne entfernt ist oder dass Wasserstoffatome ein Elektron besitzen. Natürlich bedarf es für die Äußerung der Tatsache, dass die Erde 150 Millionen Kilometer von der Sonne entfernt ist, der Institution Sprache – die Konvention, Entfernungen in Kilometern zu messen, mit eingeschlossen. Allerdings müssen wir die Äußerung dieser Tatsache (die institutioneller Natur ist) von der *geäußerten Tatsache* (die nicht institutioneller Natur ist) unterscheiden. Was also hat es mit institutionellen Tatsachen auf sich, dass sie als *institutionell* bezeichnet werden, und welche Eigenschaften müssen sie an sich haben, um eben diese Art von Tatsache zu sein.

2 Beobachterunabhängigkeit, Beobachterabhängigkeit und die Objektiv/subjektiv-Unterscheidung

Zu Beginn der Untersuchung möchte ich einige Unterscheidungen allgemeiner Natur treffen. Von wesentlicher Bedeutung ist zuerst einmal die Unterscheidung zwischen denjenigen Phänomenen dieser Welt, die völlig unabhängig sind von menschlichen Gefühlen, beobachterunabhängigen Phänomenen und denjenigen Phänomenen dieser Welt, die nur in Relation zu menschlichen Einstellungen existieren. Zu den beobachterunabhängigen Phänomenen dieser Welt gehören Kraft, Masse, Massenanziehung, Photosynthese, chemische Verbindungen und die tektonischen Platten. Zu den beobachterabhängigen Phänomenen dieser Welt zählen Geld, Regierungen, Besitz, die Ehe, Vereine und Präsidentschaftswahlen. Ein maßgeblicher Punkt ist, dass ein und dieselbe Entität sowohl beobachterunabhängige als auch beobachterabhängige Merkmale haben kann. Nämlich dann, wenn die beobachterabhängigen Phänomene von den Einstellungen der involvierten Personen abhängen. Ein Beispiel: Der Vollzug bestimmter Bewegungen durch eine Gruppe von Menschen konstituiert ein American-Football-Spiel. Dafür sind nicht nur die physischen Bewegungsabläufe der Teilnehmer ausschlaggebend, sondern ebenso deren Einstellungen, Intentionen etc. sowie die Regelsätze, innerhalb derer sie sich bewegen. American Football ist beobachterabhängig, die Bewegungsabläufe des menschlichen Körpers sind beobachterunabhängig. Ich hoffe, es wird deutlich, dass die meisten der in den Wirtschaftswissenschaften diskutierten Phänomene wie Geld, Finanzinstitutionen, Unternehmen, Wirtschaftstransaktionen und öffentliche Aktienangebote allesamt beobachterabhängig sind. Man kann sagen, dass sich die Naturwissenschaften mit beobachterunabhängigen Phänomenen befassen und die Sozialwissenschaften mit beobachterabhängigen Phänomenen.

Ein behelfsmäßiger Test, um festzustellen, ob ein Phänomen beobachterunabhängig oder beobachterabhängig ist, ist die Frage: Hätte das Phänomen existieren können, wenn es nie ein bewusstes menschliches Wesen mit irgendwelchen intentionalen Geisteszuständen gegeben hätte? Nach diesem Test sind die tektonischen Platten, Gravitation und das Sonnensystem beobachterunabhängig und Geld, Besitz und Regierungen beobachterrelativ. Der Test ist allerdings nur begrenzt aussagekräftig, da zur Schaffung von beobachterabhängigen Phänomenen natürlich Bewusstsein und Intentionalität nötig sind, die selbst wiederum beobachterunabhängige Phänomene sind. So ist zum Beispiel die Tatsache, dass es sich bei einem bestimmten Objekt um Geld handelt, beobachterabhängig. Geld als solches wird geschaffen durch die Einstellungen der Beobachter und von den Personen, die die Institution Geld benutzen. Allerdings sind diese Einstellungen selbst nicht beobachterabhängig. Sie sind beobachterunabhängig. Meiner Ansicht nach ist der Gegenstand in meiner Hand ein 20-Dollar-Schein, und sollte irgendjemand sonst denken, ich denke etwas anderes, dann liegt er oder sie schlichtweg falsch. Meine Einstellung ist beobachterunabhängig, aber die Wirklichkeit, die geschaffen wird von den zahlreichen Menschen, die wie ich Einstellungen dieser Art haben, ist wiederum abhängig von diesen Einstellungen und somit beobachterabhängig. Bei der Untersuchung der institutionellen Wirklichkeit untersuchen wir beobachterabhängige Phänomene.

Eine zweite notwendige Unterscheidung ist diejenige zwischen den verschiedenen Arten von Objektivität und Subjektivität. Teil des Puzzles ist die Klärung der Frage, wie wir aus subjektiven Einstellungen wie Überzeugungen und Intentionen eine Wirklichkeit schaffen, die aus Unternehmen, Geld und Wirtschaftstransaktionen besteht, über die wir objektiv wahre Aussagen treffen können. Allerdings ist die Objektiv/subjektiv-Unterscheidung nicht ganz eindeutig. Da Objektivität und Subjektivität in unserer intellektuellen Gesellschaft eine so große Bedeutung zukommt, ist es wichtig, sich zu Beginn der Untersuchung über diese Unterscheidung klar zu werden. Die *epistemologische* Bedeutung der Objektiv/subjektiv-Unterscheidung muss von ihrer *ontologischen* Bedeutung unterschieden werden. So kann etwa die Aussage „Van Gogh starb in Frankreich" faktisch als wahr oder falsch befunden werden. Sie ist nicht eine Meinung von irgendeiner einer Person. Sie ist epistemologisch objektiv. Hingegen ist die Aussage „Van Gogh war ein besserer Maler als Manet", wie man zu sagen pflegt, eine Frage des Ermessens oder schlicht Ansichtssache. Es handelt sich nicht um eine epistemologisch objektive Tatsache, sondern ist vielmehr eine Frage subjektiver Meinung. Epistemologisch objektive Aussagen können unabhängig von den Gefühlen und Einstellungen der Personen, die sie treffen oder interpretieren, als wahr oder falsch befunden werden. Subjektive Aussagen hingegen hängen ab von den Gefühlen und Einstellung der am Diskurs teilnehmenden Personen. Epistemologische Objektivität und

Subjektivität sind Eigenschaften von *Behauptungen*. Aber zusätzlich zu dieser Bedeutung der Objektiv/subjektiv-Unterscheidung (und auf eine Art die Grundlage dieser Unterscheidung) gibt es auch einen ontologischen Unterschied. Einige Entitäten existieren nur, insofern sie von menschlichen oder tierischen Subjekten empfunden werden. Beispielsweise existieren Empfindungen wie Schmerz, Juckreiz oder Kitzel – und generell mentale Ereignisse und Vorgänge von Menschen oder Tieren – nur, insofern als sie auch von einem menschlichen oder tierischen Subjekt erfahren werden. Ihr Existenzmodus erfordert ein menschliches oder tierisches Subjekt, von dem sie empfunden werden. Wir können daher sagen, dass sie eine *subjektive* Ontologie haben. Aber die meisten Dinge, die im Universum vorhanden sind, müssen natürlich nicht erfahren werden, damit sie existieren. Gebirge, Moleküle und die tektonischen Platten zum Beispiel existieren und würden auch dann existieren, hätte es nie Menschen oder Tiere gegeben. Man kann sagen, sie haben eine *objektive Ontologie*, da ihre Existenz nicht davon abhängt, dass sie von einem bewussten Subjekt erfahren werden.

Ein wichtiger Punkt ist, dass die ontologische Subjektivität eines *Bereiches* der Untersuchung nicht die epistemologische Objektivität in den *Ergebnissen* der Untersuchung ausschließt. Eine Wissenschaft kann objektiv einen Bereich untersuchen, der ontologisch subjektiv ist. Ohne diese Möglichkeit würde es keine Sozialwissenschaften geben. Angesichts dieser beiden Unterscheidungen könnte ein Weg, um an unser Problem für diese Diskussion heranzugehen, die Klärung der Frage sein, wie es eine epistemologisch objektive institutionelle Wirklichkeit aus Geld, Regierungen, Besitz und so weiter geben kann, die gleichzeitig aus zum Teil subjektiven Empfindungen und Einstellungen besteht und somit eine subjektive Ontologie hat.

Unter Berücksichtigung dieser beiden Unterscheidungen (der Unterscheidung zwischen beobachterabhängigen und beobachterunabhängigen Phänomenen der Wirklichkeit und der Unterscheidung zwischen der ontologischen Bedeutung der Subjektiv/objektiv-Unterscheidung und ihrer epistemologischen Bedeutung) können wir nun unsere gegenwärtige Diskussion innerhalb des größeren Kontextes des zeitgenössischen intellektuellen Lebens einordnen. Wir haben heute eine halbwegs klare Vorstellung davon, wie das Universum beschaffen ist, und wir haben sogar eine ungefähre Vorstellung davon, wie die Mikrophysik beschaffen ist. Wir verfügen über einen recht guten Wissensstand in den Grundlagen der atomaren und subatomaren Physik, wir glauben, ein gutes Verständnis von chemischen Verbindungen zu haben, wir haben sogar einen recht gut etablierten wissenschaftlichen Forschungsbereich der zellulären und molekularen Biologie und wir erweitern stetig unseren Wissensstand in der Evolutionsforschung. Aus diesen Bereichen der Forschung entsteht das Bild eines Universums, das vollständig aus Entitäten besteht, die wir gerne als Partikel bezeichnen (obwohl natürlich das Wort „Partikel" nicht ganz richtig ist). Diese existieren in Kraftfeldern und sind typischerweise in Systeme gegliedert, in denen die internen Strukturen und die externen Grenzen des Systems durch kausale Zusammenhänge festgelegt werden. Beispiele solcher Systeme sind Wassermoleküle, Galaxien und Säuglinge. Einige dieser Systeme bestehen zu einem großen Teil aus auf Kohlenstoff basierenden Molekülen und sind Produkte der Evolution unserer gegenwärtigen Pflanzen- und Tierarten. Und damit sind wir bei unserer generellen Fragestellung angelangt und bei ihrer Bedeutung für die Sozialwissenschaften. Wie können wir eine gewisse Wahrnehmung unserer selbst als reflektierte, aufmerksame, rationale, Sprechakte äußernde, soziale, politische, wirtschaftliche, ethische und einen freien Willen besitzende Lebewesen zustande bringen in einem Universum, das gänzlich aus diesen geistlosen physischen Phänomenen besteht? Es versteht sich nicht von selbst, dass wir unsere Selbstwahrnehmung mit unserem Wissen aus der Physik, Chemie und Biologie über diese Welt überhaupt in Einklang bringen können. Am Ende könnten wir zum Beispiel unseren Glauben an den freien Willen aufgeben müssen. Aber da unsere Selbstwahrnehmung durch die Tausende von Jahren menschlicher Erfahrung ziemlich fest verankert ist, sind wir nicht gewillt, irgendwelche zentralen Teile davon ohne triftigen Grund aufzugeben. Dieser Artikel konzentriert sich darauf, einen kleinen Teil dieses größeren Problems zu untersuchen. Wie kann es eine soziale und institutionelle Wirklichkeit geben, die ökonomische Wirklichkeit mit eingeschlossen, innerhalb eines Universums, das vollständig aus physischen Teilchen in Kraftfeldern besteht?

3   Die spezielle Theorie der logischen Struktur institutioneller Tatsachen: X gilt als Y in C

Ich werde mich in diesem Abschnitt sehr kurz fassen, denn zum größten Teil wird er eine Zusammenfassung des Materials sein, das ich zuvor in *Die Konstruktion der gesellschaftlichen Wirklichkeit* veröffentlicht habe.

Obwohl die Struktur der gegenwärtigen menschlichen Gesellschaften immens komplex ist, halte ich die ihr zugrunde liegenden Prinzipien für ziemlich einfach. Um soziale und institutionelle Wirklichkeit zu erklären, sind drei primitive Vorstellungen notwendig. (Es gibt eine vierte, die ich den Background nenne, sie wird aber hier keine Rolle spielen).

Kollektive Intentionalität

Die erste für uns wichtige Vorstellung ist die einer kollektiven Intentionalität. Um diese Vorstellung zu erklären, muss ich ein paar Worte über Intentionalität im Allgemeinen verlieren. „Intentionalität" ist ein Wort, das von Philosophen benutzt wird, um die Eigenschaft der Psyche zu beschreiben, dass sie sich auf Objekte, Zustände und Sachverhalte in der Welt ausrichtet bzw. diese zum mentalen Inhalt hat. Daher können Glaube, Hoffnungen, Ängste, Wünsche und Emotionen im Allgemeinen in diesem fachterminologischen Sinne als intentional bezeichnet werden. Es muss unterstrichen werden, dass Intentionalität nicht irgendeinen speziellen Zusammenhang mit intendieren impliziert, in dem gewöhnlichen Sinne, in dem ich vorhabe, heute Abend ins Kino zu gehen. Intentionalität ist eher eine sehr allgemeine Vorstellung, die mit der Gerichtetheit des Verstandes zu tun hat. Intendieren im gewöhnlichen Sinne ist schlicht eine besondere Form von Intentionalität im fachterminologischen Sinne, zusammen mit Überzeugungen, Wünschen, Hoffnung, Angst, Liebe, Hass, Stolz, Scham, Wahrnehmungen, Ekel und vielen anderen.

Angesichts der Tatsache, dass wir alle unter dem Einfluss von Intentionen stehen – wir alle haben Hoffnungen, Überzeugungen, Wünsche, Ängste und so weiter –, müssen wir über die Rolle der Intentionalität in sozialen Gruppen diskutieren. Die Fähigkeit der

Menschen und vieler anderer Lebewesen, sich kooperativ zu verhalten, ist bemerkenswert. Einleuchtende Beispiele sind: in einem Orchester zu spielen, Teamsport oder schlicht eine Unterhaltung zu führen. In solchen Fällen handelt man zwar als Individuum, aber die eigenen individuellen Handlungen – zum Beispiel, den Part der Geige zu spielen oder einem anderen Spieler den Ball zuzuspielen – werden als Teil des kollektiven Verhaltens vollzogen. Manchmal gibt es sogar ein kooperatives Verhalten zwischen verschiedenen Arten, wie, um ein simples Beispiel zu nennen, wenn mein Hund und ich zusammen einen Spaziergang machen. Wenn ich einer kollektiven Handlung nachgehe, dann tue *ich,* was ich tue, weil *wir* tun, was wir tun. In jedem dieser Fälle handelt ein Akteur und tut, was er oder sie tut, nur als Teil einer kollektiven Handlung. Es ist eine extrem komplizierte Frage, wie genau die Intentionalität des Einzelnen in solchen Fällen im Zusammenhang steht mit der kollektiven Intentionalität, aber das habe ich an anderer Stelle erörtert und ich werde darauf hier nicht eingehen (Searle 2002a).

Kollektive Intentionalität bezeichnet nicht nur kollektive Absichten, sondern auch andere Formen der Intentionalität wie kollektive Überzeugungen und kollektive Wünsche. Man kann eine Überzeugung haben, die man mit anderen Menschen teilt, und man kann Wünsche haben, die von einem Kollektiv geteilt werden. Menschen, die zusammen in einem Wahlkampf arbeiten, wünschen sich normalerweise gemeinsam, dass ihr Kandidat gewinnen wird, und die Menschen, die in einer Kirche das Nizäische Glaubensbekenntnis aufsagen, drücken damit ihren kollektiven Glauben aus.

Kollektive Intentionalität ist die Basis einer jeden Gesellschaft, sei es von Menschen oder von Tieren. Menschen teilen mit vielen Tierarten die Fähigkeit zu kollektiver Intentionalität und somit die Fähigkeit, eine Gesellschaft aufzubauen. Ich definiere damit eine soziale Tatsache als jegliche Tatsache, die eine kollektive Intentionalität von zwei oder mehr Akteuren beinhaltet. Unser Problem ist dann, zu spezifizieren, was das Besondere an menschlicher kollektiver Intentionalität ist, die uns dazu befähigt, spezielle Formen gesellschaftlicher Wirklichkeit zu schaffen, die über die gewöhnlichen Erscheinungsformen im Tierreich hinausgehen. Sowohl der Oberste Gerichtshof, der ein Urteil fällt, als auch ein Wolfsrudel, das ein Schaf jagt, befassen sich mit kollektiver Intentionalität und manifestieren somit soziale Tatsachen. Für uns stellt sich nun die Frage: Was ist der Unterschied zwischen der allgemeinen Kategorie sozialer Tatsachen und der speziellen Unterkategorie, die institutionelle Tatsachen beinhaltet?

Das Zuweisen einer Funktion

Eine zweite für uns notwendige Vorstellung ist das Zuweisen von Funktionen. Erneut besitzen Menschen eine Fähigkeit, die sie mit einigen – wenn auch in diesem Fall nicht mit vielen – Tierarten gemein haben: die Fähigkeit, Objekten eine Funktion aufzuerlegen, die diese Funktion sozusagen eigentlich gar nicht haben, sondern nur, weil sie ihnen zugewiesen wird. Ein eindeutiges Beispiel sind Werkzeuge. Menschen sind die Lebewesen par excellence, die Werkzeuge benutzen, aber natürlich benutzen auch andere Lebewesen Werkzeuge. Zwei anschauliche Beispiele sind Biberdämme und Vogelnester. Und in manchen Fällen sind Tiere sogar dazu fähig, nützliche Werkzeuge für sich zu entdecken, wenn der Gebrauch des Gegenstandes als Werkzeug nicht bereits als Teil ihrer Erbanlage programmiert ist. Man denke nur an Köhlers Affen. Zugewiesene Funktionen sind beobachterabhängig.[2]

Wenn man diese beiden Vorstellungen, die der kollektiven Intentionalität und die des Zuweisens von Funktionen, miteinander verbindet, leuchtet ein, dass auch kollektive Zuweisungen von Funktionen möglich sind. Ebenso wie ein Einzelner einen Baumstumpf als Stuhl benutzen kann, kann eine Gruppe von Menschen einen großen Holzklotz als Bank benutzen.

Statusfunktionen

Das dritte Konzept, das wir brauchen, um den Schritt von sozialen zu institutionellen Tatsachen zu erklären, ist eine besondere Form der Zuweisung von Funktionen an ein Objekt oder eine Person, die die Funktion nicht einfach nur aufgrund seiner oder ihrer physischen Struktur ausüben kann, sondern deshalb, weil ihr ein bestimmter *Status* kollektiv zugewiesen wird. Das Objekt oder die Person kann die Funktion nur aufgrund der kollektiven Anerkennung durch die Gemeinschaft ausüben, dass das Objekt oder die Person den erforderlichen Status hat. Die Form dieser Zuweisung ist generell *X gilt als Y*. Zum Beispiel gilt ein bestimmter Spielzug beim American Football als Touchdown. Eine bestimmte Abfolge verschiedener Prozeduren gilt als die Wahl des Präsidenten der Vereinigten Staaten. Eine bestimmte Position der Schachfiguren gilt als Schachmatt. Diese Beispiele veranschaulichen die typische Form der Übertragung einer Statusfunktion, *X gilt als Y*, oder spezifischer, *X gilt als Y im Kontext C*. In all diesen Fällen bezeichnet der X-Term bestimmte Merkmale eines Objektes, einer Person oder eines Sachverhaltes und der Y-Term schreibt dieser Person, diesem Objekt oder diesem Sachverhalt einen speziellen Status zu. Menschen haben eine Fähigkeit, die – soweit ich das beurteilen kann – keine andere Tierart besitzt: einem Objekt eine Funktion zuzuweisen, wenn das Objekt diese Funktion nicht allein aufgrund seiner physischen Beschaffenheit erfüllen kann, sondern nur, weil sie ihm kollektiv zugeteilt wird oder anerkannt wird, dass das Objekt oder die Person über einen bestimmten *Status* verfügt und mit diesem Status über eine Funktion. Leicht nachvollziehbare Beispiele sind Geld, Privatbesitz und politische Führungspositionen. In jedem Fall erlangt das Objekt oder die Person eine Funktion, die nur aufgrund der kollektiven Anerkennung des entsprechenden Status erfüllt werden kann.

Ich möchte die Unterscheidung zwischen Statusfunktionen und anderen Arten von Funktionen anhand einer kleinen Parabel veranschaulichen. Man stelle sich einen Volksstamm vor, der um seine Hüttensiedlung eine Mauer baut, und man stelle sich vor, dass diese Mauer die Stammesmitglieder im Inneren und Eindringlinge fern bleiben lässt, da die Mauer schwerlich ohne das Einverständnis der Stammesmitglieder zu überwinden ist. Aber nun stelle man sich vor, dass die Mauer bis zu dem Punkt verfällt, an dem sie nur noch eine Linie aus Steinen ist, und lassen Sie uns trotzdem annehmen, dass die beteilig-

---

2   Meines Erachtens werden alle Funktionen zugewiesen und sind somit sämtlich beobachterabhängig, aber dieses Thema an sich ist für diesen Artikel nicht wesentlich. So möchte ich einfach nur die offenkundige Tatsache feststellen, dass zugewiesene Funktionen von der Zuweisung abhängen und daher beobachterabhängig sind.

ten Personen weiterhin – und man beachte genau die Wortwahl – die Linie aus Steinen als *Grenze erkennen und anerkennen.* Sie erkennen (an), dass sie nicht *befugt* sind, sie zu übertreten, ohne dazu *autorisiert* zu sein. Nun nehmen wir an, dass die Mauer zwar nicht länger aufgrund ihrer physischen Beschaffenheit eine Barriere darstellt, sondern nur noch eine Linie aus Steinen ist, aber trotzdem weiterhin dieselbe Funktion erfüllt wie zuvor. Diesmal aber nicht aufgrund ihrer physischen Beschaffenheit, sondern aufgrund der Tatsache, dass die beteiligten Personen der Linie aus Steinen weiterhin einen bestimmten Status zuerkennen. Die Linie aus Steinen besitzt den Status einer Grenze, und die Menschen verhalten sich in einer ihrer Ansicht nach angemessenen Weise gegenüber einer Sache, die sie als Grenze anerkennen. Die Linie aus Steinen erfüllt eine Funktion nicht aufgrund ihrer physischen Beschaffenheit, sondern aufgrund der kollektiven Anerkennung eines Status, und mit diesem Status hat sie eine Funktion, die nur erfüllt werden kann aufgrund der kollektiven Akzeptanz, dass das Objekt diesen Status besitzt. Ich schlage vor, solche Funktionen als *Statusfunktionen* zu bezeichnen.

Wie dieses Beispiel klarmachen soll, kann der Übergang von einer physischen zu einer Statusfunktion schrittweise passieren, und es muss keinen genauen Punkt geben, an dem man sagen kann, dass hier die Statusfunktion anfängt und die physische Funktion aufhört. Bezeichnend ist dabei das Vokabular. „Du kannst das nicht überschreiten" kann entweder bedeuten „Es ist zu hoch" oder „Es ist nicht erlaubt" (oder beides).

Die allgemeine logische Form der Auferlegung einer Statusfunktion ist – wie bereits erwähnt – *X gilt als Y in C,* obwohl ich zu einem späteren Zeitpunkt ein paar Ausnahmen nennen werde.

Es mag den Anschein haben, als sei dies ein sehr schwaches Gerüst für den Aufbau institutioneller Strukturen; sicherlich könnte das ganze Konstrukt jeden Moment einstürzen. Wie kann es so viel leisten? Die Antwort darauf oder zumindest ein Teil davon sind bestimmte rein formale Eigenschaften, die dieser Struktur ein enormes Ausmaß verleihen. Die erste ist, dass sie nach oben hin unendlich ausbaufähig ist. Wenn ich beispielsweise mit meinem Mund bestimmte Geräusche mache, gilt das als das Äußern von Sätzen in englischer Sprache; aber das Äußern dieser Sätze in englischer Sprache gilt als das Geben eines Versprechens; und in diesem Zusammenhang gilt das Geben eines Versprechens als das Eingehen einer Vereinbarung. Diese Art, eine Vereinbarung einzugehen, gilt in diesem Zusammenhang als das Eingehen einer Ehe und so weiter. Man beachte diese logische Form: X_1 *gilt als* Y_1. Aber $Y_1 = X_2$ *gilt als* Y_2. Und $Y_2 = X_3$ *gilt als* Y_3, und so endlos weiter.

Zum Zweiten funktioniert das System sowohl horizontal als auch vertikal. Demnach verfüge ich nicht nur über Grundbesitz, sondern ich verfüge über Grundbesitz als ein Bürger der Stadt Berkeley im Landkreis Alameda im Bundesstaat Kalifornien der Vereinigten Staaten von Amerika. Eingebunden in diese institutionelle Struktur, habe ich alle möglichen Rechte und Pflichten. Zum Beispiel muss ich Steuern an alle vier dieser eben von mir genannten politischen Einheiten zahlen, und alle vier sind verpflichtet, mir alle möglichen Sozialleistungen zur Verfügung zu stellen. Ich erlange als Eigentümer von Grundbesitz allerlei Rechte und Pflichten, und diese greifen mit anderen sozialen Institutionen ineinander.

Regelt man die Methode oder Praxis, *X* als *Y* gelten zu lassen, wird sie zu einer Regel. Und Regeln der Form *X gilt als Y in C* sind dann für institutionelle Strukturen konstitutiv. Solcherart Regeln unterscheiden sich von regulativen Regeln, die für gewöhnlich die Form *„Mache X!"* haben, denn regulative Regeln regulieren Handlungen, die unabhängig von der Regel existieren können. Konstitutive Regeln regulieren nicht nur, sondern sind vielmehr konstitutiv für das von ihnen regulierte Verhalten, da das Handeln in Übereinstimmung mit einer ausreichenden Anzahl von Regeln für das betreffende Verhalten konstitutiv ist. Aufschlussreich ist der offenkundige Kontrast zwischen den regulativen Verkehrsregeln, wie etwa auf der rechten Spur zu fahren, und den konstitutiven Schachregeln. Autofahren kann ohne die regulativen Regeln, die rechts oder links vorschreiben, existieren: Die Regeln regulieren eine vorher bestehende Handlung. Schach hingegen kann nicht ohne die Regeln existieren, denn das Verhalten in Übereinstimmung mit (zumindest einer ausreichenden Teilmenge von) Regeln ist für das Schachspielen konstitutiv.

Nun möchte ich eine sehr gewichtige Behauptung aufstellen. Die institutionelle Ontologie der menschlichen Zivilisation, die besondere Art und Weise, in der sich die menschliche institutionelle Wirklichkeit von den sozialen Strukturen und dem Verhalten anderer Lebewesen unterscheidet, liegt begründet in Statusfunktionen, welche entsprechend konstitutiven Regeln und Prozeduren zugewiesen werden. Statusfunktionen sind der Stoff, der menschliche Gesellschaften zusammenhält. Man denke nicht nur an Geld, Besitz, Regierungen und die Ehe, sondern auch an American-Football-Spiele, Präsidentschaftswahlen, Cocktailparties, Universitäten, Unternehmen, Freundschaften, Beschäftigungsverhältnisse, Sommerferien, Rechtsprozesse, Zeitungen und Streiks. Obwohl diese Phänomene enorm vielfältig sind, weist die ihrer Existenz zugrunde liegende Ontologie auf eine gemeinsame Struktur hin. Inwieweit das analog ist zu Beispielen aus der Natur, liegt auf der Hand: Lagerfeuer und rostige Schaufeln sehen ziemlich unterschiedlich aus, aber der ihrer Entstehung zugrunde liegende Mechanismus ist der gleiche: Oxidierung. Analog sind Präsidentschaftswahlen, Baseball-Spiele und 20-Dollar-Scheine unterschiedlich, der ihrer Entstehung zugrunde liegende Mechanismus aber ist der gleiche: die Übertragung von Statusfunktionen mitsamt der ihnen anhängenden Deontologie entsprechend konstitutiven Regeln. (Ich werde gleich mehr über Deontologie sagen.)

Wir sind nun bald in der Lage, eine provisorische Antwort geben zu können auf die Frage im Titel dieses Artikels: „Was ist eine Institution?" Wir haben diese Frage durch die Frage „Was ist eine institutionelle Tatsache?" ersetzt. Und ich habe die Behauptung aufgestellt, dass diese Tatsachen für gewöhnlich Strukturen in Form von konstitutiven Regeln *X gilt als Y in C* erfordern und dass institutionelle Tatsachen nur aufgrund einer kollektiven Anerkennung eines bestimmten Status erfüllt werden können, wenn dieser Status eine Funktion beinhaltet, die nicht ohne die kollektive Anerkennung des Status erfüllt werden kann. Dies, so meine Behauptung, ist der Stoff, der eine Gesellschaft zusammenhält. Der Übergang von informellen, aber anerkannten Übertragungen von Statusfunktionen zu vollständig etablierten Institutionen mit kodifizierten, konstitutiven Regeln erfolgt schrittweise, aber, wie wir gleich feststellen werden, in beiden Fällen ist das entscheidende Element enthalten: Deontologie. Außerdem ist die Vorstellung einer „kollektiven Akzeptanz" bewusst vage gehalten, denn sie muss ein zusammenhängendes Ganzes bezeichnen, das von widerwilligem Zurechtkommen mit irgendwelchen gesellschaftlichen Praktiken bis zu ihrer begeisterten Befürwortung reicht.

Als vorläufige Formulierung können wir unsere bisherigen Schlussfolgerungen wie folgt darlegen: Eine institutionelle Tatsache ist jede Tatsache mit der logischen Struktur *X gilt als Y in C*, wobei der Y-Term eine Statusfunktion zuweist und die Statusfunktion (mit einigen wenigen Ausnahmen) eine Deontologie in sich birgt.[3] Eine Institution ist jedes System auf Grundlage konstitutiver Regeln in der Form *X gilt als Y in C*. Sobald eine Institution errichtet worden ist, stellt sie eine Struktur zur Verfügung, innerhalb derer institutionelle Tatsachen geschaffen werden können.

Unser ursprüngliches Ziel war, eine Erklärung dafür zu finden, wie die Ontologie von Institutionen mit einer einfacheren Ontologie wie derjenigen der Physik und der Chemie zusammenpasst, und das haben wir bewerkstelligt: Auf ein und dasselbe Phänomen (Objekt, Organismus, Ereignis etc.) können sowohl Beschreibungen zutreffen, nach denen es nicht institutionell ist (ein Blatt Papier, ein Mensch, eine Bewegungsabfolge), als auch solche, nach denen es institutionell ist (ein 20-Dollar-Schein, der Präsident der Vereinigten Staaten, ein American-Football-Spiel). Ein Objekt oder Phänomen ist Teil einer institutionellen Tatsache auf Grundlage *einer bestimmten Beschreibung des Objektes oder des Phänomens*.

Eine enorme Anzahl von komplexen Bedingungen wird hier außen vor gelassen, um eine schlichte Aussage über die Grundzüge der für uns relevanten Ontologie treffen zu können.

4   Statusfunktionen und deontische Macht

Doch wie geht das vonstatten, wie funktionieren Statusfunktionen innerhalb einer Gesellschaft? Die maßgebliche Rolle gesellschaftlicher Institutionen und der Zweck ihrer Existenz ist nicht, die Menschen im eigentlichen Sinne einzuschränken, sondern vielmehr, neue Formen von Machtbeziehungen zu schaffen. Die Institutionen der Menschen haben vor allem die Funktion, *zu etwas zu befähigen*, da sie Machtpositionen schaffen – aber eine spezielle Form von Macht. Macht ist gekennzeichnet durch Begriffe wie Rechte, Pflichten, Verpflichtungen, Befugnisse, Erlaubnisse, Ermächtigungen, Anforderungen und Zertifizierungen. Ich bezeichne alle als *deontische Macht*. Meines Erachtens ist der Unterschied zwischen den Gesellschaften der Menschen und denjenigen anderer Lebewesen, dass Menschen zu einer Deontologie fähig sind, zu der kein anderes Lebewesen fähig ist. Zwar ist nicht jede deontische Macht institutionell, aber praktisch jede institutionelle Struktur wird bestimmt durch deontische Macht. Jedes nur erdenkliche Beispiel, Privatbesitz, Regierungen, vertraglich geregelte Beziehungen, aber auch so informelle Beziehungen wie Freundschaften, Familien und Vereine – sie alle werden bestimmt von Rechten, Pflichten, Verpflichtungen usw. Ihre Struktur wird durch Machtverhältnisse bestimmt. Oftmals

---

3   Eine Ausnahmekategorie sind Ehren-Statusfunktionen. Dem Empfänger wird die Ehre oder Schmach eines neuen Status zuteil, aber keine wirkliche Macht. Ehrentitel, die Ritterwürde, Präsidentenmedaillen oder Miss-Titel sind allesamt Beispiele für diese Art von Statusfunktion.

entstehen institutionelle Tatsachen aus bereits naturgemäß gegebenen Tatsachen. Entsprechend gibt es eine biologische Familie, bestehend aus den Eltern und ihren biologischen Nachkommen. Doch die Menschen haben auf der Basis dieser zuunterst liegenden Biologie eine ziemlich aufwendige, formelle und informelle institutionelle Struktur aufgebaut, die den jeweiligen Status der Mutter, des Vaters und der Kinder mit einschließt. In sogenannten „Großfamilien" können autoritäre Beziehungen und andere Statusfunktionen sich nicht nur auf die Eltern und Kinder beschränken, sondern auch auf diverse andere Verwandte erstrecken. Abgesehen davon kann es in Anbetracht der institutionellen Strukturen auch Familien geben, in denen niemand mit einem der anderen biologisch verwandt ist.

Das drängt allerdings wieder die Frage ein wenig zurück: Wie genau funktionieren diese Machtverhältnisse? Die Antwort darauf – ebenfalls von erheblicher Bedeutung für das Verständnis von Gesellschaft – ist die Tatsache, dass institutionelle Strukturen motivunabhängige Handlungsgründe schaffen.[4] Die Anerkennung einer Pflicht, Verpflichtung oder Anforderung bedeutet bereits zu erkennen, dass man einen von der persönlichen Motivlage und den eigenen Wünschen unabhängigen Grund hat, die Handlung auszuführen.

Es mag paradox erscheinen, dass ich über institutionelle Gründe des Handelns als „motivunabhängigen Handlungsgrund" spreche, da natürlich viele davon präzise den Kern von sehr einflussreichen menschlichen Motiven darstellen. Und welcher Bereich hat mehr mit menschlichen Motiven zu tun als Geld? Oder politischer Einfluss? Ich denke, diese Frage wirft einen tief greifenden Punkt auf: Durch die Schaffung einer institutionellen Wirklichkeit wird menschliche Macht erheblich erweitert. Mit der Schaffung von Privatbesitz, Regierungen, der Ehe, Aktienmärkten und Universitäten dehnen wir die menschliche Handlungsfähigkeit aus. Die Möglichkeit, seine Wünsche innerhalb dieser institutionellen Strukturen zu befriedigen – beispielsweise den Wunsch nach Reichtum, dem Präsidentschaftstitel, einem Doktortitel oder einer Festanstellung –, setzt in jedem dieser Fälle die Anerkennung der deontischen Beziehungen voraus. Ohne die Erkennung, Bestätigung und Anerkennung der deontischen Beziehungen ist jede Macht einen Dreck wert. Es lohnt sich nur dann, Geld oder einen Universitätsabschluss zu haben oder der Präsident der Vereinigten Staaten zu sein, wenn die anderen Menschen anerkennen, dass man diesen Status hat, und erkennen, dass er motivunabhängige Gründe für ein bestimmtes Verhalten bedingt. Der Punkt ist: Die Schaffung des allgemeinen Bereiches motivabhängiger Gründe für Handlungen setzt die Akzeptanz eines Systems von motivunabhängigen Gründen für Handlungen voraus. Dies gilt sowohl für die direkt von den Machtbeziehungen begünstigten Personen (zum Beispiel die Person, die im Besitz von Geld ist, oder die Person, die die Wahl gewonnen hat) als auch für die anderen in die Institution involvierten Personen.

---

4   Im Original „desire-independent reasons for action" [Anm. RDB].

5   Sprache als die grundlegende soziale Institution

Zu einem früheren Zeitpunkt habe ich als Grund für die Unzulänglichkeit traditioneller Darstellungen von Institutionen – sowohl in der institutionalistischen Ökonomie als auch in anderen Bereichen (der Forschung) – das selbstverständliche Voraussetzen von Sprache vorgeschlagen. Wesentlich ist das Verständnis, in welcher Hinsicht genau Sprache die grundlegende gesellschaftliche Institution ist, um die logische Struktur anderer gesellschaftlicher Institutionen verstehen zu können. Die Tatsache leuchtet intuitiv ein (sogar vortheoretisch), dass Sprache in einem ganz bestimmten Sinne grundlegend ist: Sprache kann ohne Geld, Besitz, Regierungen oder die Ehe existieren. Während aber Geld, Besitz, Regierungen und die Ehe nicht ohne Sprache existieren können. Schwerer fällt hingegen, die konstitutive Rolle der Sprache für jedes dieser Beispiele und tatsächlich innerhalb jeglicher gesellschaftlichen Institution zu verstehen. Sprache erfüllt nicht nur die Aufgabe, eine bereits bestehende institutionelle Wirklichkeit zu beschreiben, sie ist zum Teil konstitutiv für diese Wirklichkeit – in einer Weise, die ich näher erläutern muss.

Die Aussage erscheint intuitiv richtig, dass Sprache ohne Geld, Geld aber nicht ohne Sprache existieren kann. Nun muss aber erläutert werden, auf welche Art und Weise und warum genau Sprache so essentiell ist. Die allgemeine Form von Statusfunktionen ist, dass ein Objekt mit einem Status und so mit einer Funktion versehen wird, die nicht allein aufgrund der physischen Struktur des Objektes erfüllt werden kann. Das Objekt kann seine Funktion nur erfüllen, wenn ihm eine Statusfunktion zugewiesen wird, und somit unterscheidet es sich von anderen Werkzeugen. Man denke an den Unterschied zwischen einem Messer und einem 20-Dollar-Schein. Das Messer kann allein aufgrund seiner physischen Beschaffenheit schneiden, der 20-Dollar-Schein hingegen kann nicht allein aufgrund seiner physischen Struktur jemanden etwas kaufen lassen. Er kann nur als Geld fungieren, wenn er als gültige Währung erkannt und als solche anerkannt und gewürdigt wird. Während die Funktion eines Messers einem jeden zur Verfügung steht, der dessen physische Beschaffenheit ausnutzen kann, kann eine Statusfunktion nur dann existieren, wenn dem Objekt durch die Art, wie es kollektiv dargestellt oder repräsentiert wird, der Status und die damit verbundene Funktion zuerkannt wird. *Um überhaupt zu existieren, muss eine Statusfunktion als existent repräsentiert werden. Sprache oder irgendeine Form von Symbolik stellen dabei das Mittel zur Repräsentation dar.* Man kann die physische Beschaffenheit des X-Terms so lange erforschen wie man will, seine Statusfunktion ist nicht in der Form ersichtlich wie physische Funktionen ersichtlich sind. Der X-Term besitzt keinerlei physische Merkmale, die an sich die Statusfunktion mit sich bringen. Das Stück Papier ist nur insofern Geld und der Mann nur insofern Präsident, als das Stück Papier als Geld und der Mann als Präsident repräsentiert wird. Wenn aber nun diese Repräsentationen notwendig sind, dann muss es irgendein Medium dafür geben. Dieses Medium ist im weitesten Sinne Sprache oder Symbolik. Wir müssen auf irgendeine Art die Tatsache repräsentieren, dass dieses Stück Papier hier Geld ist oder dass dieser Mann hier Präsident ist, damit das Stück Papier den Status des Geldes und der Mann den Status eines Präsidenten für sich beanspruchen kann. Keine Repräsentation, keine Statusfunktion.

Aus diesem Grund kann es für sprachlose Lebewesen keine institutionelle Wirklichkeit geben. Mein Hund verfügt über eine sehr gute Sehkraft, sogar über eine wesentlich bessere als ich, und doch kann ich Dinge sehen, die für ihn unsichtbar sind. Wir können beispielsweise beide den Mann sehen, der mit einem Ball in der Hand eine Linie überquert. Allerdings kann ich diesen Mann einen Touchdown erzielen sehen und mein Hund kann das nicht. Das ist ein sehr schwerwiegender und maßgeblicher Punkt und wir sollten darüber nachdenken. Warum genau ist es so, dass mein Hund nicht sehen kann, wie ein Mann einen Touchdown erzielt? Mangelt es ihm an Wahrnehmungsvermögen? Nun könnten wir den Hund darauf trainieren, anzuschlagen, sobald ein Mann mit einem Ball eine weiße Linie überschreitet. Das bedeutet aber noch nicht, dass er einen Touchdown erkennt. Um einen Touchdown zu erkennen, müsste er dazu fähig sein, den Vorgang als solchen darzustellen, und das ist ohne Sprache nicht möglich.

Dies verleitet zu tief greifenden Überlegungen über die Ontologie der institutionellen Wirklichkeit und deren Relation zur Kognition. Für die Wahrnehmung, dass der Mann einen Touchdown erzielt, oder um ihn als Präsidenten wahrzunehmen, oder um das Stück Papier als Dollar-Schein wahrzunehmen, müssen wir auf zwei verschiedenen Ebenen gleichzeitig denken. Wir müssen dazu fähig sein, die physischen Bewegungen zu sehen, sie aber als Touchdown wahrzunehmen, das Stück Papier zu sehen, es aber als Dollar-Schein wahrzunehmen, den Mann zu sehen, ihn aber als politische Führungskraft oder als den Präsidenten der Vereinigten Staaten wahrzunehmen. Das scheint eine Standardform von *sehen-als* zu sein, von der Sorte, wie sie Wittgenstein erörtert hat, und von der Art, wie sie in der Gestaltpsychologie geläufig ist; tatsächlich aber gibt es einen deutlichen Unterschied. Das ist nicht im Geringsten vergleichbar mit der mehrdeutigen Ente-Hase-Figur, die entweder als Ente oder als Hase wahrgenommen werden kann. Der Unterschied ist, dass wir eine Ebene weiter denken müssen. Wir müssen von der unmittelbaren Ebene bis zur institutionellen Ebene denken. Und mit der Fähigkeit, auf verschiedenen Ebenen zu denken, sind wir bei den tatsächlichen kognitiven Prozessen unserer Wahrnehmung angelangt. Ich sehe im wörtlichen Sinne einen 20-Dollar-Schein und nicht nur ein Stück Papier. Ich sehe im wörtlichen Sinne einen Touchdown und nicht nur einen Mann, der einen Ball über eine Linie trägt. Aber für die kognitive Leistung, diese Dinge zu sehen, bedarf es einer linguistischen oder symbolischen Leistung. Grob gesagt: keine Sprache, keine Statusfunktion. Keine Statusfunktion, keine institutionelle Deontologie.

Wir wollen diese Vorstellungen einmal sondieren, indem wir die Schritte durchgehen, in die Sprache beim Aufbau der institutionellen Wirklichkeit involviert ist.

Wir haben die Fähigkeit, Dinge mit einem bestimmten Status zu verbinden, und aufgrund der kollektiven Anerkennung dieses Status können sie Funktionen erfüllen, die sie ohne diese kollektive Anerkennung nicht erfüllen könnten. Die Form der kollektiven Anerkennung muss im weitesten Sinne linguistisch oder symbolisch sein, da nichts anderes auf die Ebene von Statusfunktionen hinweist. Nichts an der Linie und dem Mann und dem Ball gilt als ein Touchdown – außer wir sind bereit, als einen Touchdown gelten zu lassen, wenn ein Mann mit einem Ball eine Linie überschreitet,. Um diese Gesichtspunkte so allgemein wie möglich zu formulieren, könte man sagen, dass Sprache mindestens die folgenden vier Funktionen beim Aufbau institutioneller Tatsachen erfüllt.

Erstens kann die Tatsache nur insofern existieren, als sie als existent repräsentiert wird, und die Form dieser Repräsentationen ist im weitesten Sinne linguistischer Natur. Ich muss sagen „im weitesten Sinne", da ich nicht andeuten möchte, dass voll entfaltete natürliche Sprachen mit Relativsätzen und Modal-Operatoren (usw.) für den Aufbau einer institutionellen Wirklichkeit wesentlich sind. Ich glaube nicht, dass sie das sind. Ich glaube vielmehr: Wenn ein Lebewesen nicht symbolisieren kann, dass eine Sache einen Status hat, den sie nicht aufgrund ihrer physischen Beschaffenheit besitzt, dann kann es für das Lebewesen keine institutionellen Tatsachen geben. Und ich glaube, dass diese institutionellen Tatsachen irgendeiner Form von Symbolisierung bedürfen – was ich als Sprache im weitesten Sinne bezeichne. Die Symbolisierung muss deontische Macht beinhalten, da nichts an den bloßen physischen Tatsachen an sich die Deontologie beinhaltet. Keine Sprache, keine Deontologie.

Zum Zweiten – und dies resultiert wahrhaftig aus dem ersten Punkt – betreffen die Formen der relevanten Statusfunktionen beinahe zwingend deontische Machtformen. Sie betreffen Rechte, Pflichten, Verpflichtungen, Verantwortlichkeiten etc. Sprachlose Lebewesen können deontische Machtformen nicht erkennen, da sie sie ohne ein linguistisches Mittel zur Repräsentation nicht darstellen können. Um diesen Punkt so präzise wie möglich zu formulieren: Eine Tierherde kann ein männliches und weibliches Alphatier haben und die anderen Mitglieder der Herde können in angemessener Form auf das Alphamännchen und Alphaweibchen reagieren. Diese Hierarchie beruht aber nicht auf einem System aus Rechten, Pflichten, Verpflichtungen etc. Tatsächlich sind die Begriffe „Alphamännchen" und „Alphaweibchen" Erfindungen von Verhaltensforschern aus der Perspektive eines Dritten, um tierisches Verhalten zu beschreiben. Tiere denken aber nicht „Ich muss seine Autorität anerkennen, denn er ist das Alphamännchen". Tieren fehlt es an einer Deontologie – den Verpflichtungen, Anforderungen, Pflichten etc., die einhergehen mit der Erkennung und Anerkennung eines höheren oder niedrigeren Status. Damit diese Verpflichtungen, Anforderungen und Pflichten existieren können, müssen sie in irgendeiner Form linguistisch oder symbolisch repräsentiert werden. Um es noch einmal zu wiederholen: Wenn ein Hund darauf trainiert wird, auf bestimmte Kommandos zu folgen, wird ihm schlicht beigebracht, automatisch auf bestimmte Worte oder andere Signale zu reagieren.

(Nebenbei gesagt mache ich häufig Bemerkungen über das Auffassungsvermögen von Tieren. Ich glaube nicht, dass wir genug über das Auffassungsvermögen von Tieren wissen, um vollkommene Gewissheit über unsere Attribuierungen haben zu können, speziell in Bezug auf Primaten. Wenn aber – und das ist der Punkt – sich herausstellen sollte, dass einige Primaten auf unserer Seite der Unterteilung stehen in dem Sinne, dass sie deontische Machtverhältnisse und deontische Beziehungen haben, und nicht auf der Seite der anderen Tiere – umso besser für sie. Ich möchte in diesem Artikel nicht die Überlegenheit unserer Spezies zur Geltung bringen. Ich versuche vielmehr, eine konzeptuelle Unterscheidung kenntlich zu machen, und unterstelle auf der Basis meines geringen Wissensstandes, dass wir uns in Bezug auf deontische Machtverhältnisse auf der einen Seite der Trennlinie und andere Lebewesen auf der anderen befinden.)

Zum Dritten hat Deontologie eine weitere eigentümliche Besonderheit an sich. Nämlich die, dass sie weiter existieren kann, nachdem sie erstmalig geschaffen worden ist, und tatsächlich sogar dann, wenn alle betroffenen Personen aufgehört haben, darüber nachzudenken. Ich verspreche heute, nächste Woche etwas für euch zu tun, und diese Verpflichtung ist auch dann noch gültig, wenn wir alle tief und fest schlafen. Das aber kann nur dann der Fall sein, wenn diese Verpflichtung durch irgendein linguistisches Mittel repräsentiert wird. Generell kann man sagen, dass menschliche Gesellschaften einer Deontologie bedürfen, was nur durch die Existenz von Sprache möglich ist. Um es noch einmal zu wiederholen: keine Sprache, keine Deontologie.

Viertens ist eine ganz ausschlaggebende Funktion von Sprache, eine Institution als solche zu erkennen und anzuerkennen. Es handelt sich nicht lediglich um Einzelbeispiele innerhalb der Institution, dass das hier mein Besitz ist und das hier ein American-Football-Spiel. Damit das eine ein Fall von Besitz und das andere ein Fall von American Football sein kann, ist vielmehr notwendig, die Institutionen Besitz und American Football zu erkennen und anzuerkennen. Im Zusammenhang mit institutioneller Wirklichkeit existieren die einzelnen Instanzen als solche normalerweise, weil sie Instanzen eines allgemeinen institutionellen Phänomens sind. Damit ich also ein bestimmtes Besitztum oder einen bestimmten Dollar-Schein besitzen kann, muss es eine allgemeine Institution des Privatbesitzes und eine des Geldes geben. Ausnahmen sind die Fälle, wo eine Institution *de novo* erschaffen wird. Die allgemeinen Institutionen, die den Existenzmodus für die einzelnen Instanzen bereitstellen, können aber nur insoweit existieren, wie sie erkannt und anerkannt werden, und dies muss im weitesten Sinne symbolisch, linguistisch erfolgen.

6   Schritte in Richtung einer allgemeinen Theorie über Soziale Ontologie. Wir anerkennen (S hat Macht (S bewirkt A))

Nun möchte ich einige der weiteren Entwicklungen in der Theorie über institutionelle Wirklichkeit seit der Veröffentlichung von *Die Konstruktion der gesellschaftlichen Wirklichkeit* diskutieren. Zwei dieser Entwicklungen möchte ich hier anführen. Erstens führte ich in der ursprünglichen Fassung der Theorie aus, dass für die Wahrnehmung von Statusfunktionen üblicherweise *Statusindikatoren* nötig sind, da nichts an der Person oder dem Gegenstand selbst auf seinen Status hindeutet, weil der Status allein auf seiner kollektiven Anerkennung beruht. Aus diesem Grund gibt es Polizeiuniformen, Eheringe, Heiratsurkunden, Führerscheine und Personalausweise, allesamt Statusindikatoren. In vielen Gesellschaften herrscht die Auffassung, dass sie nicht ohne Statusindikatoren existieren können, wie die ausufernde Verbreitung von Personalausweisen und Führerscheinen klar belegt. Hernando de Soto (2002) wies allerdings auf einen interessanten Punkt hin. In manchen Fällen erhalten die Statusindikatoren, wie diejenigen, die von einer Behörde herausgegeben werden (wobei die Behörde selbst ein Gebilde aus Statusfunktion auf einer höheren Ebene ist), eine Art Eigenleben. Wie kommt es dazu? Er weist darauf hin, dass in etlichen Entwicklungsländern viele Menschen zwar Land besitzen, es aber keine Besitzurkunden gibt, und da die Besitzer des Grundstücks keine entsprechende Urkunde besitzen, sind sie somit faktisch, was wir als Hausbesetzer bezeichnen würden; sie haben keine Statusindikatoren. Das zieht zwei gesellschaftlich enorm bedeutsame Folgen nach sich. Zum einen können sie nicht von Regierungsstellen besteuert werden, da sie rechtlich gesehen keine Grundstückseigentümer sind. Allerdings – und dies ist ebenso bedeutend – können sie zum anderen ihren Besitz nicht als Kapital einsetzen. Im Normalfall ist eine Voraussetzung für die Weiterentwicklung einer Gesellschaft, dass Grundstücksbesitzer die Möglichkeit haben, zur Bank zu gehen und für ihren Besitz Kredite zu erhalten, um mit dem Geld Investitionen zu tätigen. Aber in Ländern wie beispielsweise Ägypten kann die Mehrheit an Privatbesitz nicht als Sicherheit für Investitionen eingesetzt werden, da ein Großteil der Grundstücke nicht mit einer Besitzurkunde besessen werden. Die Eigentümer des Grundstücks sind faktisch Hausbesetzer, in dem Sinne, dass sie das Grundstück nicht rechtlich besitzen, obwohl sie in einer Gesellschaft leben, in der ihre Statusfunktion bestätigt und im Allgemeinen anerkannt wird und somit, wenn es nach mir geht, weiterhin existiert und deontische Macht erzeugt. Aber deontische Macht stößt da an ihre Grenzen, wo die weitere Gesellschaft nach irgendeinem offiziellen Nachweis der Statusfunktion verlangt. Ohne offizielle Dokumentation verfügen sie somit nicht vollständig über deontische Macht. Kollektive Anerkennung reicht nicht aus. Es bedarf einer offiziellen Anerkennung durch irgendeine Behörde, die selbst von kollektiver Anerkennung gestützt sein muss, und es sind Statusindikatoren notwendig, die von dieser Behörde ausgegeben werden.

Auf eine zweite und gleichermaßen bedeutsame Entwicklung wurde ich durch Barry Smith aufmerksam. Er weist darauf hin, dass manche Institutionen haben, was er „freistehende Y-Terme" nennt. Nämlich in Fällen, in denen eine Statusfunktion vorliegt, aber kein physisches Objekt, dem die Statusfunktion zugewiesen wird. Ein faszinierendes Beispiel sind Unternehmen. In einem Staat wie Kalifornien ermöglicht das Unternehmensgründungsgesetz, eine Statusfunktion praktisch aus dem Nichts aufzubauen. So entsteht durch eine Art performative Vereinbarung ein Unternehmen, ohne dass es ein physisches Objekt geben muss, das das Unternehmen ist. Es braucht eine Postanschrift, eine Auflistung seiner Direktoren und Aktionäre und so weiter, aber es muss kein physisches Objekt sein. In solch einem Fall gilt ein Befolgen der entsprechenden Prozeduren als die Gründung eines Unternehmens und das Unternehmen existiert ab dem Zeitpunkt seiner Gründung weiter. Doch es gibt keine Person oder irgendein physisches Objekt, das zum Unternehmen wird. Neue Statusfunktionen zwischen Menschen werden geschaffen – den Direktoren, Aktionären und so weiter. In der Tat gibt es ein Unternehmen Y, aber weder eine Person noch ein Objekt X, das als Y gilt.

Ein ebenso markantes Beispiel ist Geld. Das Paradoxe an meinen Ausführungen ist, dass Geld mein Lieblingsbeispiel für die X gilt als Y in C-Formel war. Allerdings ging ich von der Annahme aus, dass für die Existenz von Geld auf irgendeine Art eine Währung notwendig sei. Weiterführende Überlegungen führen mich zu der Erkenntnis, dass das nicht der Fall ist. Es fällt nicht schwer, sich eine Gesellschaft mit Geld aber ohne Währung vorzustellen. Und tatsächlich scheint mit der Verwendung von Kundenkreditkarten die Entwicklung auf eine Art in diese Richtung zu gehen. Allein notwendig für die Existenz von Geld ist ein zahlenmäßig verzeichnetes Wertesystem, wobei jeder Person (oder jedem Unternehmen, jeder Organisation etc.) eine numerische Größe zugeschrieben wird, die zu jedem bestimmten Zeitpunkt die Menge des ihnen zur Verfügung stehenden Geldes angibt.

Sie können dann dieses Geld nutzen, um Dinge einzukaufen und ihren zahlenmäßigen Wert zugunsten des Verkäufers verändern, wobei ihr zahlenmäßiger Wert gemindert wird und der Verkäufer einen zahlenmäßig höheren Wert erlangt. Geld ist im Allgemeinen gegen Bargeld einlösbar, in Form einer Währung, aber für die Existenz oder Funktion des Geldes ist eine Währung nicht erforderlich.

Wie kann so etwas funktionieren, wenn es kein physisches Objekt gibt, dem die Statusfunktion auferlegt wird? Die Antwort darauf ist, dass Statusfunktionen im Allgemeinen mit deontischer Macht zusammenhängen und dass die deontische Macht in diesen Fällen direkt auf die betreffenden Individuen übergeht. Demzufolge bedeutet die Dame beim Schach für mich nicht, dass mir ein physisches Objekt zur Verfügung steht, sondern vielmehr, dass ich innerhalb eines formellen Systems (und das formelle System ist „das Schachbrett", obwohl es kein physisches Brett sein muss) und in Relation zu anderen Figuren zu bestimmten Bewegungen befugt bin. Gleichermaßen bedeutet die Tatsache, dass ich tausend Dollar habe, nicht, dass ich ein Bündel Banknoten in der Hand halte, sondern dass ich über bestimmte deontische Macht verfüge. Ich habe nun das Recht, das heißt die *Macht*, Dinge zu kaufen, was ich ohne das Geld nicht hätte. In solchen Fällen ist der wahre Träger der Deontologie derjenige, der an den wirtschaftlichen Transaktionen, und derjenige, der am Schachspiel teilnimmt. Die physischen Objekte, wie die Schachfigur und der Dollar-Schein, zeigen dabei nur das Ausmaß der deontischen Macht an, die den Spielern zur Verfügung stehen.

In einem der ersten Abschnitte von *Die Konstruktion der gesellschaftlichen Wirklichkeit* legte ich dar, dass die grundsätzliche Form institutioneller Tatsachen *X gilt als Y in C* sei und dass dies eine Form der konstitutiven Regel sei, die die Schaffung von institutionellen Tatsachen ermöglicht. Doch meine spätere Formulierung in dem Buch eröffnet uns eine weitaus allgemeinere Darstellung. Ich behauptete, der Basis-Operator bei der Schaffung von Macht sei: *Wir akzeptieren (S hat Macht (S bewirkt A))*, und dass wir uns die verschiedenen Formen der Macht im Prinzip als Boolesche Operationen aufgrund dieser einfachen Struktur vorstellen könnten. Ein Beispiel: Eine Verpflichtung zu haben ist, eine negative Macht zu haben. Was genau ist dann die Beziehung zwischen den beiden Formeln *X gilt als Y in C* und *Wir anerkennen (S hat Macht (S bewirkt A))*? Die Antwort ist, dass wir natürlich nicht einfach nur anerkennen, dass jemand Macht hat, sondern wir erkennen an, dass jemand Macht hat aufgrund seines institutionellen Status. So macht beispielsweise das Erfüllen bestimmter Voraussetzungen jemanden zum Präsidenten der Vereinigten Staaten. Das ist ein Beispiel der *X gilt als Y in C*-Formel. Sobald wir aber anerkennen, dass eine Person der Präsident der Vereinigten Staaten ist, anerkennen wir seine Macht, bestimmte Dinge zu tun. Er hat die positive Machtbefugnis des Kommandos über die Streitkräfte und er hat die negative Macht, das heißt die Verpflichtung, die Rede zur Lage der Union zu halten. Er hat das *Recht*, die Streitkräfte zu befehligen, und er hat die *Pflicht*, die Rede zu halten. In diesem Fall erkennen wir an, dass S Macht hat (S bewirkt A), weil S = X, und wir haben bereits akzeptiert, dass X als Y gilt und die Y-Statusfunktion die eingeräumte deontische Macht mit sich bringt.

Bezogen auf das Beispiel des Unternehmens heißt das, dass diese oder jene Person als Geschäftsführer des Unternehmens gilt und diese oder jene Personen als ihre Aktionäre gelten. Dies ist ein Beispiel der *X gilt als Y in C*-Formulierung, aber der eigentliche Punkt ist natürlich, sie so mit Macht, Pflichten, Rechten, Verantwortlichkeiten etc. auszustatten. Diese setzen dann die *Wir akzeptieren (S hat Macht (S bewirkt A))*-Formel um. Um aber erneut einen früheren Punkt zu wiederholen, das Unternehmen selbst ist nicht mit irgendeinem physischen Objekt oder irgendeiner Person oder Personengruppe identisch. Das Unternehmen wird sozusagen aus dem Nichts erschaffen. Der Geschäftsführer ist Geschäftsführer des Unternehmens, aber er ist nicht mit ihm identisch. Die Gründe dafür sind hinreichend bekannt. Die Schaffung einer sogenannten „fiktiven Person" ermöglicht die Schaffung einer Entität, die fähig ist, Vertragsbeziehungen einzugehen, Käufe und Verkäufe zu tätigen, Gewinne zu erzielen und Schulden zu machen, für die sie haftet. Die Vorstandsmitglieder und Aktionäre hingegen sind nicht persönlich haftbar für die Schulden des Unternehmens. Ein bedeutender Durchbruch im menschlichen Denken. Durch was wird das Unternehmen bei seiner Gründung also ausgemacht? Es ist nicht so, als gäbe es ein *X*, das als das Unternehmen gilt. Es ist eher so, dass eine Gruppe von Personen in ein Rechtsverhältnis eingebunden wird, folglich diese oder jene Person als Geschäftsführer der Gesellschaft gilt, diese oder jene Personen als Anteilshalter des Unternehmens etc. Nicht notwendig hingegen ist irgendetwas, das als das Unternehmen selbst gilt, da einer der Gründe für die Gründung des Unternehmens derjenige war, ein Machtgeflecht zu schaffen, ohne die damit verbundenen Pflichten übernehmen zu müssen, die normalerweise mit solcher Macht einhergehen, wenn sie auf reale menschliche Individuen übertragen werden.

Ich erachte die Erfindung von GmbHs – ebenso wie die Erfindung der doppelten Buchführung, von Universitäten, Museen und Geld – als eine der wahrhaft großartigsten Errungenschaften der menschlichen Zivilisation. Aber die großartigste Errungenschaft von allen ist die Erfindung von Statusfunktionen, von denen diese nur einzelne Beispiele sind. Es besteht nicht die geringste Notwendigkeit für die Existenz von Statusfunktionen. Nicht menschliche Lebewesen scheinen ohne sie auszukommen. Die menschliche Zivilisation, in der uns bekannten Form, wäre allerdings ohne sie so nicht möglich.

7 Die verschiedenen Arten von „Institutionen"

Ich versuche nicht, die gebräuchliche Verwendung des Wortes „Institution" zu analysieren. Es interessiert mich wenig, ob meine Darstellung der institutionellen Wirklichkeit und der institutionellen Tatsachen mit diesem üblichen Gebrauch zusammenpasst. Mich interessiert vielmehr herauszufinden, was der zugrunde liegende Stoff ist, der menschliche Gesellschaften zusammenhält. Doch beziehen wir einmal einige Dinge anderer Art, die als Institutionen angesehen werden könnten, in unsere Betrachtung mit ein.

Zuvor bezeichnete ich die Tatsache, dass ich amerikanischer Staatsbürger bin, als institutionelle Tatsache. Was aber ist mit der Tatsache, dass heute der 24. September 2004 ist? Ist das eine institutionelle Tatsache? Worauf will diese Frage hinaus? Zumindest auf das: Bedeutet das Identifizieren einer Sache als den 24. September 2004 das Zuweisen einer Statusfunktion, die eine Deontologie mit sich bringt? So formuliert lautet die Antwort

Nein. Meine Kultur hat keine Deontologie in Verbindung mit der Tatsache, dass heute der 24. September ist. In dieser Hinsicht unterscheidet sich „24. September 2004" von „Heiliger Abend", „Thanksgiving" in den USA oder „14. Juli" in Frankreich, die allesamt eine Deontologie in sich tragen. Der Heilige Abend, als Beispiel, *berechtigt* mich zu einem freien Tag, und eine kollektive Intentionalität innerhalb meiner Gemeinde stützt diese Berechtigung. Da jeder Tag irgendein nach einem Heiligen benannter Namenstag ist, gibt es vermutlich eine Subkultur, für die der 24. September ein wichtiger Feiertag mit einer institutionellen Deontologie ist, aber ich gehöre nicht zu dieser Subkultur.

Meiner Ansicht nach hat das Wort „Institution" eine Bedeutung, wonach der christliche Kalender, oder der der Mayas, eine Art Institution ist (immerhin wurden beide *instituiert*), die aber nicht die Art Institution ist, die hier analysiert werden soll. Ein Kalender ist eher ein verbales System, um Zeiteinheiten zu bezeichnen – Tage, Monate und Jahre – und um ihre Beziehung zueinander anzuzeigen. Ähnlich wie in anderen Verbalsystemen. Unterschiedliche Gesellschaften haben ein unterschiedliches Vokabular zur Bezeichnung von Farben, was allerdings nicht die Tatsache, dass das T-Shirt vor meinen Augen magentafarben ist, zu einer institutionellen Tatsache macht. Vergleichbare Bemerkungen könnten über Systeme für Gewichts- und Maßeinheiten gemacht werden. Die Tatsache, dass ich 144 Pfund wiege, entspricht der Tatsache, dass ich 72 Kilo wiege. Die gleiche Tatsache kann aber unter Verwendung verschiedener Systeme zur Gewichtsmessung ausgedrückt werden.

Für interessanter halte ich diejenigen Fälle, bei denen die betreffenden Tatsachen an der Schwelle zur Institutionalisierung stehen. Ich bezeichne die Tatsache, dass jemand mein Freund ist, als eine institutionelle Tatsache, da Freundschaft *kollektiv anerkannte* Verpflichtungen, Rechte und Verantwortlichkeiten mit sich bringt. Was aber ist mit den Tatsachen, dass jemand ein Alkoholiker ist, ein Streber, ein Intellektueller oder ein Versager? Sind sie institutionelle Konzeptionen und sind die dazugehörigen Begriffe institutionelle Tatsachen? Nicht in der Form, in der ich diese Ausdrücke benutze, denn sie haben keine dazugehörige, kollektiv anerkannte Deontologie. Wenn natürlich das Gesetz oder die Gewohnheit Kriterien einführt, nach denen eine Person ein anerkannter Alkoholiker ist, und für diesen Status Strafen auferlegt sowie Rechte eingeräumt werden, dann würde ein Alkoholiker zu sein zu einer Statusfunktion. *X* gilt als *Y*. Außerdem, um es noch mal zu wiederholen, ich persönlich könnte das Gefühl haben, dass ich als Intellektueller gewisse Verpflichtungen habe, aber das ist noch kein institutionelles Phänomen, es sei denn, mein Status und diese Verpflichtungen werden in irgendeiner Form kollektiv anerkannt. Als ich in einer Vorlesung ausführte, dass es keine Statusfunktion sei, ein Streber zu sein, erzählte mir einer meiner Studenten, dass das an seiner Schule definitiv anders gewesen sei, da von ihm als Klassenstreber erwartet wurde, den anderen Schülern bei ihren Hausaufgaben zu helfen. Er war einer gewissen Art kollektiv anerkannter Verpflichtungen unterstellt.

Eine weitere Form von „Institution", die ich nicht zu beschreiben versuchen werde, sind die massenhaften Beispiele menschlicher Praktiken im Zusammenhang mit bestimmten Sachgebieten, die *im eigentlichen Sinne* keine Deontologie in sich bergen, obwohl innerhalb der Praktiken eine Menge Deontologien vorzufinden sind. So zum Beispiel die ganze Reihe von Praktiken im Zusammenhang mit dem, was wir „Wissenschaft", „Religion" oder „Bildung" nennen. Macht diese Wissenschaft, Religion und Bildung zu Institutionen?

Da wir Institution sowieso als Fachbegriff benutzen, steht es uns wohl frei, ob wir sie als Institutionen bezeichnen wollen. Allerdings halte ich es für sehr wichtig, Wissenschaft, Religion und Bildung nicht mit solchen Dingen wie Geld, Besitz, Regierung und Ehe zu verwechseln. Innerhalb solch bedeutsamer menschlicher Praktiken wie Wissenschaft, Religion und Bildung finden sich tatsächlich Institutionen und eine Menge institutioneller Tatsachen. So ist beispielsweise die National Science Foundation eine Institution, ebenso wie die Universität von Kalifornien oder die römisch-katholische Kirche. Und die Tatsachen, dass Jones ein Wissenschaftler, Smith ein Professor und Brown ein Pater ist, sind ebenfalls allesamt institutionelle Tatsachen. Warum sind dann Wissenschaft, Religion und Bildung keine Institutionen? Nach einem beliebigen Wort W zu fragen – Bezeichnet W eine Institution? –, heißt, zumindest die folgenden Fragen zu stellen:

1. Wird W definiert durch ein Set konstitutiver Regeln?
2. Legen diese Regeln Statusfunktionen fest, die tatsächlich kollektiv wahrgenommen und akzeptiert werden?
3. Sind diese Statusfunktionen nur aufgrund ihrer kollektiven Anerkennung und Akzeptanz erfüllbar und nicht aufgrund der beobachterunabhängigen Merkmale der Situation an sich?
4. Bringen die Statusfunktionen wahrgenommene und akzeptierte deontische Macht mit sich?

Nach dieser Art der Auslegung bezeichnet „The National Science Foundation" eine Institution, „Wissenschaft" nicht. Die Regeln wissenschaftlicher Methoden, wenn es denn welche gibt, sind regulativ und nicht konstitutiv. Sie wurden konzipiert, um die Wahrscheinlichkeit der Wahrheitsfindung zu maximieren, und nicht, um Statusfunktionen mit deontischen Machtstrukturen zu schaffen. All dies stimmt überein mit der Tatsache, dass in meiner Subkultur die Aussage, dass jemand ein „Wissenschaftler" ist, dem Ausdruck einer institutionellen Tatsache entspricht, da dies, basierend auf der Erfüllung bestimmter X-Kriterien, einen Y-Status zuschreibt, der bestimmte Rechte und Pflichten mit sich bringt – eine mehr oder weniger spezifische Deontologie.

Wie bereits erwähnt, kümmert mich wenig, ob wir nun das Wort „Institution" sowohl benutzen wollen für diejenigen Praktiken, deren Bezeichnung eine institutionelle Deontologie spezifizieren, als auch für diejenigen, die das nicht tun. Entscheidend ist aber, die dem zugrunde liegende Vorstellung zu betonen: Wir müssen diejenigen Tatsachen hervorheben, die eine Deontologie in sich bergen. Sie sind der Stoff, der die Gesellschaft zusammenhält.

8 Einige mögliche Missverständnisse

Jede akademische Disziplin hat ihren eigenen Stil, ihre eigenen etablierten Praktiken und Gewohnheiten. Diese werden unseren Studierenden eingeimpft und dann, größtenteils unbewusst, von Generation zu Generation weitergegeben. Der kognitive Stil der Wirtschaftswissenschaften als Disziplin hat gewisse Besonderheiten an sich, auf die ich aufmerksam machen möchte. Ich erachte sie im Allgemeinen als wahrscheinlich sehr machtvolle intellektuelle Ressourcen, sie können aber auch dem Verständnis im Wege stehen, befasst man sich mit der Art interdisziplinärer Aufgaben, derer ich mich gerade widme.

Modelle und Theorien

Wirtschaftswissenschaftler glauben typischerweise an Modelle. Meiner Erfahrung im Umgang mit Wirtschaftswissenschaftlern nach sprechen diese oft von „ihrem Modell" – als ob man nicht versuchen würde, eine sachlich präzise Theorie über die reale Welt abzuliefern, anstatt ein Modell zu konstruieren. Und in der Tat werden selbstverständlich in der klassischen ökonomischen Theorie üblicherweise Modelle konstruiert. Es wird eine Reihe von Annahmen beispielsweise über Unternehmer gemacht, die ihre Gewinne zu maximieren versuchen, und über Konsumenten, die den Nutzen zu maximieren versuchen, und dann werden daraus bestimmte Rückschlüsse gezogen. Sofern die Annahmen wahr sind, werden die Schlussfolgerungen gerechtfertigt sein. Sofern die Annahmen nur teilweise wahr sind oder Raum für Ausnahmen und Einflüsse aller Art jenseits der Annahmen bieten, wird die Anwendbarkeit des Modells auf die reale Welt bis zu diesem Grad eingegrenzt werden. Ökonomen sind im Allgemeinen von diesen Begrenzungen unbeeindruckt, da sie der Ansicht sind, solange das Modell **über entscheidende prognostische Aussagefähigkeit** verfügt, muss man sich keine Gedanken darüber machen, ob es nun in allen Einzelheiten sprichwörtlich wahr ist oder nicht.

Dieser methodologische Ansatz kann für eine Menge Zielsetzungen nützlich sein, aber dem Verständnis meiner eigenen Sichtweisen steht er im Weg. Ich versuche nicht, ein Modell zu errichten; ich versuche, eine Theorie voranzubringen, die eine entscheidende Reihe von Tatsachen beinhaltet darüber, wie die Gesellschaft tatsächlich funktioniert. Es verhält sich genauso, wie wenn ich sage, dass ich zwei Daumen habe. Diese Aussage ist kein „Modell" meiner Anatomie, sondern ein wörtlich zu nehmender Ausdruck einer Tatsache. Wenn ich also sage, dass Institutionen Statusfunktionen generieren, dann ist das kein Modell, sondern, sofern ich richtig liege, der Ausdruck einer wahren Tatsache. Das ist nicht vergleichbar mit der Errichtung eines Modells, das alle möglichen komplizierenden Details außen vorlässt.

Denkexperimente

Meiner Erfahrung nach verwechseln Ökonomen für gewöhnlich Denkexperimente mit empirischen Hypothesen. Hier ein Beispiel, das immer und immer wieder auftaucht. Ich behaupte, dass es motivunabhängige Gründe zum Handeln gibt. Ein klassischer Fall davon sind Versprechungen; wenn ich etwas verspreche zu tun, ist mein Beweggrund, es zu tun, von meinen eigenen Motiven und Wünschen unabhängig. Auf solcherlei Aussagen reagieren Ökonomen oft mit „Ja, aber du hast alle möglichen praktischen Gründe, das Versprechen einzuhalten. Tätest du es nicht, würden die Menschen dir nicht mehr vertrauen usw." Solcherlei Argumentationen sind in der Philosophie allgemein bekannt, aber sie schießen am Ziel vorbei. Eine Art, das deutlich zu machen, ist, ein Denkexperiment anzustellen. Man subtrahiere die praktischen Beweggründe und frage sich selbst, ob man immer noch Grund hat, das Versprechen einzuhalten. Die Antwort darauf ist keine empirische Hypothese darüber, wie ich mich in einer bestimmten Situation verhalten würde, sondern vielmehr ein Denkexperiment, das darauf angelegt ist, die konzeptuellen Unterschiede aufzuzeigen zwischen meinen praktischen Beweggründen zum Handeln und der motivunabhängigen Verpflichtung, derer ich mir bewusst werde, wenn mir bewusst wird, dass etwas ein von mir gemachtes Versprechen ist. Der Punkt ist, dass ich keine empirische Voraussage darüber mache, wie ich mich unter gewissen Umständen tatsächlich verhalten würde, sondern ich stelle eine konzeptuelle Analyse an, wobei das Konzept eines praktischen Beweggrundes ein anderes ist als das eines motivunabhängigen Beweggrundes. Das Konzept eines Versprechens, in seiner eigentlichen Definition, beinhaltet das Konzept eines motivunabhängigen Grundes. Indem etwas als gültiges Versprechen erkannt und anerkannt wird, wird auch die Entstehung einer Verpflichtung anerkannt, und solcherlei Verpflichtungen sind motivunabhängige Beweggründe zum Handeln.

Methodologischer Individualismus

Mir scheint, als herrsche ein gewisser Grad an Verwirrung rund um die Vorstellung des „methodologischen Individualismus". Ohne zu sehr ins Detail gehen zu wollen, möchte ich den genauen Sinn klarstellen, nach dem die in diesem Artikel vertretenen Ansichten mit methodologischem Individualismus übereinstimmen. Meine Ansichten sind methodologisch individualistisch in dem Sinne, dass jegliche beobachterunabhängige mentale Wirklichkeit im Geist individueller Menschen existieren muss. Vorstellungen wie ein Gruppenbewusstsein, einen Weltgeist oder Hegels Absolutes, von dem unser einzelner Geist nur ein Fragment ist, gibt es nicht. Eine andere Art, diesen Punkt zu verdeutlichen, ist, mit Hinblick auf die in diesem Artikel gemachten Unterscheidungen, die Aussage, dass sich jegliche beobachterunabhängige Intentionalität im Geist individueller Menschen abspielt. Meine Absicht ist, diesen Sinn von „methodologischem Individualismus" ziemlich unstrittig erscheinen zu lassen. Er steht in keinerlei Widerspruch zu der Vorstellung, dass gesellschaftlichen Kollektiven Prädikate zugeschrieben werden können, die auf Individuen in keinster Weise zutreffen. Wenn ich beispielsweise sage, die Regierung der Vereinigten Staaten hat ein immenses Jahresdefizit, dann hat diese Aussage Implikationen auf das Verhalten von Individuen, wobei es aber nicht die Individuen sind, die ein „immenses Jahresdefizit" haben. Ein zweiter Grund, aus dem mir diese Definition von methodologischem Individualismus ein Ausweichmanöver gestattet, stammt aus dem „Externalismus" in der Philosophie des Geistes. Ich denke in der Tat, dass sich geistige Zustände ausschließlich in den Köpfen befinden, eine Menge zeitgenössischer Philosophen hingegen sind der Meinung, dass sich die Inhalte der Geisteszustände nicht im Kopf befinden, sondern beispielsweise kausale Zusammenhänge mit der realen Welt und mit der umgebenden Gesellschaft mit einschließen. Ich halte diese Ansichten nicht für wahr, aber für das Ziel dieser Untersuchung ist es nicht notwendig, sie zurückzuweisen. Ich bestehe schlicht darauf, dass sich jegliche mentale Wirklichkeit im Geist von Individuen abspielt. Das ist mit der Theorie vereinbar, nach der geistige Inhalte und demzufolge der Geist nicht in Köpfen sind, obwohl ich diese Theorie zufällig für falsch halte.

9   Schlussfolgerung

Ich habe nun zumindest vorläufige Antworten auf die zu Beginn dieses Artikels gestellten Fragen geliefert. Auch auf die Gefahr hin, mich zu wiederholen, werde ich sie auflisten:

Was ist eine Institution? Eine Institution ist jegliches kollektiv anerkannte System aus Regeln (Prozeduren, Praktiken), das uns dazu befähigt, institutionelle Tatsachen zu schaffen. Diese Regeln treten für gewöhnlich in der Form *X gilt als Y in C* in Erscheinung, wenn einem Objekt, einer Person oder einem Sachverhalt ein bestimmter Status, der Status *Y*, zugewiesen wird, wodurch der neue Status die Person oder das Objekt zu Funktionen befähigt, die sie oder es nicht allein aufgrund ihrer oder seiner physischen Struktur erfüllen könnte, sondern die als notwendige Bedingung die Zuweisung einer Statusfunktion erfordern. Die Schaffung einer institutionellen Tatsache ist demzufolge die kollektive Zuweisung einer Statusfunktion. Für gewöhnlich ist der Grund für die Schaffung von institutionellen Tatsachen durch das Zuweisen von Statusfunktionen die Erzeugung von deontischer Macht. Demzufolge wird für gewöhnlich durch das Zuweisen einer Statusfunktion *Y* auf irgendein Objekt oder irgendeine Person *X* eine Situation geschaffen, in der wir anerkennen, dass auf eine Person *S*, die in angemessener Relation zu *X* steht, zutrifft, dass (*S* hat Macht (*S* bewirkt *A*)). Die gesamte Analyse stellt dann ein systematisches Geflecht aus Beziehungen zwischen kollektiver Intentionalität, dem Zuweisen von Funktionen, dem Zuweisen von Statusfunktionen, konstitutiven Regeln, institutionellen Tatsachen und deontischen Machtformen zur Verfügung.

Die Theorie über Institutionen in diesem Artikel befindet sich noch in einer sehr überarbeitungswürdigen Phase, ebenso wie die vorherige Abhandlung, auf der sie basiert. Meiner Ansicht nach steckt die Theorie über Institutionen noch in den Kinderschuhen. (Vielleicht nicht mehr in Kleinkinderschuhen, aber immer noch in Kinderschuhen.) Zwei methodologische Lektionen für alle, die sie weiterverfolgen wollen: Erstens muss die institutionelle Ontologie aufgrund ihrer Subjektivität stets aus dem Blickwinkel der ersten Person Singular untersucht werden. Institutionelle Tatsachen existieren nur aus der Perspektive der teilnehmenden Personen, weswegen keine extern funktionalistische oder behavioristische Analyse ihr in angemessener Form gerecht werden kann. Man muss sich selbst in die Institution hineindenken können, um sie zu verstehen. Zweitens folgt aus dieser Analyse, dass die Gesellschaft logische Strukturen hat. Andere Teile der Natur – beispielsweise das Planetensystem, Mitose und die Replikation der DNS – verfügen über keine logischen Strukturen. Theorien über diese Teile der Natur verfügen über logische Strukturen, aber nicht die Natur selbst. Allerdings besteht die Gesellschaft zum Teil aus Repräsentationen, und diese Repräsentationen haben logische Strukturen. Eine jede angemessene Theorie über solche Phänomene muss eine logische Analyse ihrer Strukturen beinhalten.

Literatur

de Soto, Hernando (2002): Freiheit für das Kapital! Warum der Kapitalismus nicht weltweit funktioniert. Reinbek: Rowohlt.

Robbins, Lionel (1935): An essay on the nature and significance of economic science. 2. Auflage. London: MacMillan.

Searle, John R. (1997): Die Konstruktion der gesellschaftlichen Wirklichkeit: Zur Ontologie sozialer Tatsachen. Reinbek: Rowohlt.

Searle, John R. (2001): Rationality in action. Cambridge: MIT Press.

Searle, John R. (2002a): Collective intentions and action. In: Searle (2002b): 80-105.

Searle, John R. (2002b): Consciousness and language. Cambridge: Cambridge University Press.

Ökonomen leben in Metaphern[1]

Deirdre N. McCloskey

Wenn Wirtschaftswissenschaftler beispielsweise Kinderbetreuung betrachten, dann denken sie dabei an Märkte. „Kinderbetreuung" – was für andere Menschen eine Form von sozialer Kontrolle, eine Einrichtung oder ein Problem für junge Eltern bedeutet, erscheint Ökonomen wie ein Wertpapier an der New Yorker Börse. Die Wahl der Metapher treibt Ökonomen dazu, eine Nachfragekurve zu beschreiben, eine Angebotskurve und einen Preis. Wenn sie zum neoklassischen Mainstream gehören, sehen sie in einem solchen Markt „rationales" Verhalten; wenn es sich um Marxisten, Institutionalisten oder Vertreter der österreichischen Schule handelt, dann sehen sie jeweils andere Dinge, aber eine Markt-Metapher benutzen sie in jedem Fall.

Als Rhetorikerin würde man anmerken, dass der Markt selbst lediglich eine Metapher ist, eine Sprachfigur – wenn auch mit gewisser Zurückhaltung, was das „lediglich" betrifft. Eine Metapher spielt oft eine ganz entscheidende Rolle innerhalb eines Arguments, sie ist nicht nur ein sprachliches Ornament. Sie ist nicht nur eine Spielerei mit Worten oder mit Poetik noch insgesamt eine Redewendung. Sie ist „a structural mapping from one conceptual domain to another". (Lakoff 1992: 418) Die Aussage: „die Menschen sind Wölfe" (um das berühmte Beispiel des Philosophen Max Black zu benutzen) sieht den Bereich der Menschen und den Bereich der Wölfe als ähnlich an. Entsprechend impliziert „Markt" als Metapher für Kinderbetreuung eine Ähnlichkeit zwischen dem Bereich der Kinderbetreuung und dem Bereich mathematischer Formeln auf einer Tafel.

Wie machtvoll die Definition ist, sieht man zum Beispiel daran, wie sie Metapher und Erzählung (story) voneinander trennt. Erzählungen sind abhängig von Assoziation, nicht von Ähnlichkeit. Technisch gesehen sind sie keine Metaphern, sondern Metonymien, eher das sprachliche Mittel der Assoziation als das der Ähnlichkeit: das Weiße Haus = die Regierung bedeutet, dass ein bestimmtes Gebäude in Washington insbesondere mit dem „exekutiven Zweig" der Regierung assoziiert wird, und nicht, dass das Haus der Exekutive ähnlich ist (andererseits ist „exekutiver Zweig" selbst eine Metapher). Man spricht von einer „zusammenhängenden" Erzählung, womit ausgedrückt werden soll, dass ihre Episoden

1 Zuerst erschienen in: Social Research 1995 62(2). Wir danken für die Erlaubnis zur Übersetzung und Publizierung. Aus dem Amerikanischen von Andrea Anne Maier und Rainer Diaz-Bone.

als zusammenhängend betrachtet werden. Eine Erzählung ist die Abfolge einer Handlung nach der anderen und nicht das Vergleichen eines Diskursabschnitts mit einem anderen. Der Sprachwissenschaftler Roman Jakobson gliederte das gesamte Denken in solcher Weise plausibel in Metaphern, die auf Ähnlichkeit basieren, und in Metonymien, die auf Nachbarschaft und Assoziationen basieren (Jakobson/Halle 1988: 58). In der Sprache der Ökonomie (die Jakobson und Halle benutzten) betreffen Metaphern die Ersetzbarkeit, Metonymien die Ergänzungsfähigkeit. Eine Reihe von Angebots- und Nachfragekurven auf einer Tafel ist eine Ersetzung für einen Markt beziehungsweise dessen Abbildung. Im Gegensatz dazu ergänzt die Prognose der Arbeitslosenquote des nächsten Monats die Daten für diesen Monat; sie komplettiert die Erzählung. Das eine ist Modellierung, das andere Darstellung einer Entwicklung.

Die Verknüpfung einer Metapher mit einer Erzählung ergibt eine Allegorie. Die Reise des Christen in die himmlische Stadt ist eine Erzählung, ein Sumpf der Verzagtheit nach dem anderen und gleichzeitig eine Metapher für spirituelle Bekehrung.[2] Die Metapher „Das Leben ist eine Reise" ist gang und gäbe; sei es in den Wirtschaftswissenschaften, der Alltagspsychologie oder tatsächlich im Leben (Lakoff/Turner 1989; Lakoff/Johnson 2007).

Seit den 1950er Jahren arbeiten Wirtschaftswissenschaftler an einer Allegorie des „Lebenszyklus", in der ihre Metapher des nutzenmaximierenden Individuums mit einer Erzählung verwoben wird, bei der es um Leben und Tod geht. Allegorien sind ganz besonders mächtige Glaubenssysteme. Der Marxismus kombiniert die Metapher des Klassenkampfes mit einer Erzählung von der Reise des Proletariats. Der wirtschaftswissenschaftliche Mainstream kombiniert die Metapher des freien Austausches mit einer Erzählung von der Reise des Bürgertums. Der freie Austausch und das Bürgertum sind nicht streng logisch miteinander verbunden (was nicht heißen soll, dass sie nicht historisch miteinander verbunden sind), aber in der Verbindung ergeben sie eine beeindruckende Ideologie (was nicht heißen soll, dass die Ideologie falsch ist).

Nichts an dieser Diskussion der Metapher ist antiwissenschaftlich oder antimathematisch. Ein Wirtschaftswissenschaftler, der etwas von Mathematik versteht, würde ohne Schwierigkeiten nachvollziehen können, dass sich das wirtschaftswissenschaftliche Denken auf einer Achse zwischen der reinen Erzählung und der reinen Metapher bewegt. Eine thematisierte Erzählung oder ein dynamisiertes Modell steht zwischen der reinen Erzählung und der reinen Metapher. Von daher könnte die Metapher der Menschen als kalkulierende Maschinen – angewendet auf den Markt für Weizen – einen Ökonomen dazu verleiten, eine Gleichung zu erstellen, die von Zeit erzählt, auf eine Art so wie eine Erzählung. Die Preisänderungsrate, würde er dann sagen, entspricht der Multiplikation irgendeines Faktors mit der Differenz zwischen dem tatsächlichen und dem Gleichgewichtspreis. Oder eine Metapher der Form $F = m \cdot a$, angewendet auf ein gedämpftes Pendel, könnte einen Physiker zu einer Gleichung verleiten, die den weiteren Verlauf der Pendelbewegung nach

---

2   Bezug ist die allegorische Erzählung des Baptistenpredigers John Bunyan *The pilgrim's progress from this world to that which is to come* (erschienen zuerst 1678), in der die Reise ins Jenseits geschildert wird [Anm. RDB].

einer Störung beschreibt.[3] Die Gleichungen sind Erzählungen, da in ihnen von Zeit die Rede ist und sie diese somit organisieren, zumindest indirekt. Das Zeit-Motiv gibt der noch unorganisierten Erfahrung (raw experience) einen Rahmen, ebenso wie eine Erzählung dies leistet, wenn sie denn mehr ist als eine einfache Chronologie.

Das „Zeit-Motiv" wird in der Mathematik „Differentialgleichung" genannt. Es ist das von Newton eingeführte grundlegende Konzept der Mathematik. Auffassungen wie die, dass Menschen kalkulierende Maschinen sind oder dass die Fixierung eines Pendels starr ist, befinden sich an dem zeitlosen, metaphorischen Ende des Spektrums; sie sind wahr zu allen Zeiten und haben daher keinen Zeitbezug ($F = m \cdot a$ ist eine Metapher, die bereits in Richtung einer Geschichte geht, da in ihr von Beschleunigung pro Zeiteinheit, das ist „a", die Rede ist). Differentialgleichungen, die aus Metaphern abgeleitet werden, befinden sich in der Mitte des Spektrums. Sie sind Parabeln, aber mit impliziter Bedeutung. Die analytische oder auf unendlichen Reihen beruhende „Lösung" einer Differentialgleichung ist innerhalb des Spektrums der Erzählung näher gelegen. Sie beschreibt genau, wie sich der Markt oder das Pendel im weiteren Zeitverlauf verhalten werden, sie ist konkreter und gibt einer Erfahrung noch expliziter eine Form. Und eine spezielle, numerische Lösung ist die konkreteste von allen, sozusagen die Lektürehilfe, die den Plot von *Der Bürgermeister von Casterbridge* erklärt.[4]

Auf Metaphern in den Wirtschaftswissenschaften hinzuweisen soll also nicht andeuten, dieses Feld sei ungefähr und unausgereift oder tendiere zu „nichts weiter" als rhetorischen Spielereien, um die sich eher das Anglistikinstitut kümmern sollte. Wirtschaftswissenschaftler und einige Englischprofessoren glauben, die Metapher entstamme der verschwommenen, komplexen, humanistischen Seite dieser Welt. Ein ökonomisches Modell wird, nach dieser Anschauung, nur dann als metaphorisch bezeichnet, wenn „die Aussage nur ungefähr überprüft werden kann" (vgl. Gordon 1991). In der Romantik wurden Metaphern dem Bereich der Kunst zugeordnet. Man unterschied zwischen einem Bereich der Phantasie und einem wissenschaftlichen Bereich, als ob sie unterschiedlichen Teilen des Gehirns entsprängen (und, es muss gesagt werden, unterschiedlichen Geschlechtern). Wie allerdings der Literaturkritiker Francis McGrath erläuterte, kann diese Unterscheidung nicht aufrechterhalten werden (McGrath 1985). Newtons Gravitationsgesetz ist eine Metapher. Das Boylesche Gesetz ist ebenso metaphorisch wie Shakespeares *Sonnet 73*. Die Metapher, so McGraths Behauptung, ist für die Wissenschaft von ebenso grundlegender Bedeutung wie für die Kunst.

Das Abgrenzen der künstlerischen von einer wissenschaftlichen Verwendung der Metapher unterstellt, dass diese Kategorien des europäischen Denkens um 1860 das Universum im Kern gespalten haben. Richard Lanham (1974: 65) hat ausführlich dargelegt, dass die Bemühungen, die Grenze zwischen Poesie und Prosa festzulegen, nichts als Verwirrung gestiftet haben. Ein Beispiel: Jedes wissenschaftliche Gespräch hat mit einer poetischen Konversation viel gemeinsam – was grundlegend nachgewiesen werden

---

3   $F = m \cdot a$ ist das zweite Bewegungsgesetz von Newton und besagt, dass eine Kraft F gleich dem Produkt der Masse m und der Beschleunigung a ist [Anm. RDB.].

4   Roman von Thomas Hardy, zuerst erschienen 1886 [Anm. RDB].

kann. Der Sprachwissenschaftler Solomon Marcus listete ganze 52 vermeintliche Unterschiede zwischen wissenschaftlicher und poetischer Kommunikation auf (rational versus emotional; explizierbar versus implizit; und so weiter), um sie allesamt angesichts ihrer Unangemessenheit wieder zu verwerfen (Marcus 1974). Er hat den Schluss gezogen, dass es ebenso viel Variation innerhalb wissenschaftlicher und poetischer Kommunikation gibt wie zwischen den beiden Kommunikationsformen.

Thomas Kuhn stellte einmal fest: „We have only begun to discover the benefits of seeing science and art as one." (Kuhn 1977: 343) Nichtsdestoweniger versucht er sich an einer Abgrenzung. Laut seiner Darlegung leistet Schönheit in der Wissenschaft einen Beitrag zur Lösung eines technischen Problems (zum Beispiel eine Differentialgleichung – die Metapher schlechthin – mit erstaunlich simplen Lösungen), während in der Kunst die Lösung eines technischen Problems zur Schönheit beiträgt (zum Beispiel contraposto in der Repräsentation einer stehenden Figur).[5] Dennoch wird man auf unterschiedlichen Ebenen der Kunst und der Wissenschaft unterschiedlichste Funktionen von Metaphern entdecken. Ein Wirtschaftswissenschaftler arbeitet wie ein Künstler an einem technischen Problem, um formvollendete Metaphern zu schaffen. Er wird diese Schönheit dann aber auf einer anderen Ebene anwenden, um ein technisches Problem zu lösen. Der Physiker Tullio Regge bemerkte einmal gegenüber Primo Levi: „I liked the sentence in which you say that the periodic table is poetry, and besides it even rhymes" (Levi/Regge 1992: 9). Levi: „The expression is paradoxical, but the rhymes are actually there. [...] To discern or create a symmetry, ‚put something in its proper place', is a mental adventure common to the poet and the scientist." Man mag verblüfft sein, wie ein Physiker dies bekanntermaßen über die Mathematik war, angesichts der schwer nachvollziehbaren Effektivität ästhetischer Standards in der Wissenschaft.

Modelle sind Metaphern, sonst nichts. Wir wissen das, seitdem Max Black (1962) und Mary Hesse (1963) es vor 30 Jahren niedergeschrieben haben. 1982 eröffnete Willie Henderson die Diskussion über Metaphern in den Wirtschaftswissenschaften, die kürzlich von Arjo Klamer und Thomas Leonard (1993) mit Bezug auf die heute umfangreiche philosophische Literatur zusammengefasst wurde. Man findet sie überall – auch in der Psychologie: „The mechanistic, [...] the organismic, the marketplace, the dramaturgical, and the rule-following metaphors have all played a significant role in psychological research of the past decades." (Gergen 1986: 146) Oder in der Paläontologie (Gould 1987). Wie George Lakoff, Mark Johnson und Mark Turner in allen Einzelheiten dargestellt haben: Wir leben in Metaphern (Lakoff/Johnson 2007; Johnson 1981; Lakoff 1987; Lakoff/Turner 1989).

Wirtschaftswissenschaftler und Wissenschaftler anderer Fachbereiche pflegen einen unreflektierten Umgang mit ihren Metaphern. Sie gehen davon aus, dass eine ökonomische Metapher schlicht und einfach existiert, weil sie sie äußern können. Wirtschaftswissenschaftler sind Poeten – allerdings wissen sie das nicht. Der Wirtschaftswissenschaftler

---

5   In der Kunst bezeichnet Kontrapost (contraposto) die Kontrastwirkung, aufbauend auf der Unterscheidung von tragendem Stand- und entlastetem Spielbein. Mit dieser Unterscheidung ist die Hebung und Senkung der Schultern und entsprechend die Ausrichtung der Körperhälften in gegensinniger Richtung verbunden [Anm. RDB].

A. C. Harberger erzählt von einer Begebenheit auf einer Cocktail-Party in seinem Haus Anfang der 1960er Jahre. Der spätere Nobelpreisträger Gary Becker, damals ein brillanter Doktorand an der Universität von Chicago, arbeitete zu dieser Zeit an seiner Dissertation, aus der *Human capital: A theoretical and empirical analysis, with special reference to education* (1964) wurde. Die Party war in vollem Gange, Gary aber war, wie üblich, nüchtern und ernsthaft und redete ständig, ununterbrochen über Wirtschaft. Er gesellte sich zu Harberger und bemerkte, aus dem Nichts heraus, den Soft-Drink in der Hand, „Wissen Sie, Al, Kinder sind im Prinzip wie langlebige Konsumgüter." Sehen Sie, ein Kind hat viel gemeinsam mit einem Kühlschrank: teuer in der Anschaffung, liefert über einen langen Zeitraum eine Flut von Erträgen, hat einen mangelhaften Second-Hand-Markt und so weiter.

Durch Beckers Metapher wurde das Thema Familie und Familiengröße Gegenstand sinnvoller Diskussionen. Dass aus Ähnlichkeiten schließlich Unterschiedlichkeiten werden – „Kinder, wie langlebige Konsumgüter, sind nicht Objekte der Zuneigung und Besorgnis" –, ist, wie Black argumentiert, ein Grund, aus dem metaphorisches Denken eine besondere Methode ist, um Erkenntnisse zu gewinnen, und nicht, um einen dekorativen Ersatz für einen schlichten Gedanken zu finden (Black 1962: 267).

Die Ähnlichkeiten zwischen Aktien und Kinderbetreuung lassen den Topos von „dem Markt" funktionieren, aber es gibt auch Unterschiede, die hin und wieder zu Tage treten. Ein oftmals vorgebrachtes Argument ist, dass in den Wirtschaftswissenschaften und anderen Wissenschaften zwar Metaphern benutzt werden, diese aber anders verwendet werden als in der Poesie. Wirtschaftswissenschaften sind nicht Poesie, so die Behauptung, und zwar genau bis zu dem Grad, bis zu dem ein wirtschaftswissenschaftlicher Artikel das gewährleisten kann, was Louise Rosenblatt ein „efferentes" Lesen (lateinisch effero, „mitnehmen") im Gegensatz zu einem ästhetischen Lesen (Rosenblatt 1978: 25-28) nennt. Das heißt, man erwartet, aus einem Artikel über das Experiment New Jerseys zur Einkommensaufrechterhaltung etwas Nützliches „mitzunehmen". Der Artikel wird nicht um seinetwillen gelesen (obwohl, denkt man an Marcus' Überlegungen, Vorsicht geboten ist: manche ökonomischen Abhandlungen werden des ästhetischen Vergnügens wegen gelesen und können kaum ein anderes bieten). In einem eindringlichen Kommentar zu meiner Arbeit über die „Poetik" in den Wirtschaftswissenschaften erhebt die Wissenschaftstheoretikerin Cristina Bicchieri folgenden Einwand: „A good literary metaphor should be surprising and unexpected [...] Scientific metaphors, in the contrary, *are to be overused.*" (Bicchieri 1988: 113, Herv. hinzugefügt)[6]

Nun – ja und nein. Die Bemerkung von Becker gegenüber Harberger auf der Party war ein poetischer Moment, gewiss überraschend für Harberger, der eigentlich Experte für langlebige Konsumgüter war, jedoch keine Ahnung hatte, dass auch der Nachwuchs in diese Kategorie fallen könnte. Und tatsächlich, wie Bicchieri sagt, beabsichtigte Becker, dass die Metapher „überbeansprucht" wird, dass sie also Teil der toten Metaphern dieser Disziplin wird; und das wurde sie auch. Wirtschaftswissenschaftler haben aufgehört, über die Vorstellung zu lachen, dass Kinder wie langlebige Konsumgüter sind. Im dem Moment,

---

6 Vgl. Oakeshott (1959a: 528): „the poet's metaphors have no settled value; they have only the value he succeeds in giving them."

in dem sie entstand, war sie allerdings (ebenso wie eine einst originelle poetische Metapher, die zu einem Klischee wird) alles andere als tot. Auch der Dichter beabsichtigt, dass seine Worte noch dauerhafter sein werden als Bronze, solange Menschen atmen, Augen sehen. Es gibt einen Witz, in dem ein ignoranter junger Mann nach einer Aufführung von *Hamlet* spottet: „Na, das war ja nichts weiter als eine Zusammenstellung alter Zitate!"

Selbst rein efferentes Arbeiten im Bereich der Wirtschaftswissenschaften, beispielsweise Wirtschaftsjournalismus, ist abhängig von Metaphern. Die Wirtschaftswissenschaften mögen keine Poesie sein, also Kunst; aber sie sind poetisch, also künstlerisch. Ein meisterhaftes Beispiel ist die Nullsummenlösung von Lester Thurow, fähiger Wirtschaftswissenschaftler und Dekan der Business School am M.I.T. Sein Werk befasst sich mit Sportmetaphern. „To play a competitive game is not to be a winner – every competitive game has its losers – it is only to be given a chance to win. [...] Free market battles can be lost as well as won, and the United States is losing them on world markets." (Thurow 1985: 59) Ein Kapitel heißt „Der Aufbau eines effizienten Teams". Darin ist durchgängig die Rede von einem Amerika, das mit einer „Weltklasse-Wirtschaft" mit dem/gegen den Rest der Welt „konkurriert/antritt" und ihn „besiegt". Eine spätere Arbeit Thurows heißt „Kopf an Kopf".

Thurow beklagt sich über die mehrheitlich geringe Würdigung seiner Lieblingsmetapher: „For a society which loves team sports [...] it is surprising that Americans won't recognize the same reality in the far more important international economic game. " (Thurow 1985: 107) In aggressiverer Stimmung schlüpft Thurow aus den Sporthosen und in den Kampfanzug. „American firms will occasionally be defeated at home and will have no compensating foreign victories." (Thurow 1985: 105) Der Außenhandel wird als das wirtschaftliche Äquivalent des Krieges angesehen.

Thurows Ausführungen werden von drei Metaphern bestimmt: die Metapher des internationalen Nullsummen-„Spiels", eine Metapher des inländischen „Problems", und eine Metapher des „Wir". Wir haben ein inländisches *Problem* hinsichtlich der Produktivität, das zu einer Niederlage im internationalen *Spiel* führt. Thurow hat geraume Zeit damit verbracht, die Welt mithilfe dieser miteinander verknüpften Metaphern zu interpretieren.

Die Wir-Problem-Spiel-Metaphern sind keine in den Wirtschaftswissenschaften gängigen Beispiele. Die Antiökonomen haben seit den Merkantilisten, an denen Adam Smith wiederum Kritik übte, die Metapher des Handels als ein Nullsummenspiel bevorzugt. Aus der Perspektive der Produktionshalle sieht es ganz nach einem Nullsummenspiel aus und Thurows Metapher erscheint als common sense. Für einen Automobilhersteller, der gegen die japanische Konkurrenz „kämpft", ist sein Verlust tatsächlich der Gewinn von Toyota. Die Metapher des Wettkampfes blickt aber nur auf die eine Seite des Handels – den Verkauf. Wenn Handel ein Spiel ist, erscheint es sinnvoller, ihn als ein Spiel zu betrachten, bei dem alle gewinnen, wie beim Fitnesstraining. Im Kern der Sache ist es doch so (wie die Wirtschaftswissenschaftler es mit einer weiteren ihrer Standardmetaphern ausdrücken): Jim Bourbon aus Iowa macht Geschäfte mit Tatsuro Saki aus Tokio. Das eine Kind bekommt den Frosch des anderen Kindes und gibt ihm dafür sein Klappmesser – beide sind glücklich und zufrieden.

Diese bewusste rhetorische Beurteilung von Thurows Metaphern ist nicht einfach eine Strategie, um sie anzugreifen (obwohl ich sie tatsächlich für schädlich halte). Der Punkt ist, dass jede Unterhaltung rhetorisch ist, keine kann für sich beanspruchen, der archimedische Punkt zu sein, von dem aus andere eindeutig bewertet werden können. In Nietzsches Worten ist Sprache „Ein bewegliches Heer von Metaphern, Metonymien, Anthropomorphismen, kurz eine Summe von menschlichen Relationen, die, poetisch und rhetorisch gesteigert, übertragen, geschmückt wurden, und die nach langem Gebrauche einem Volke fest, canonisch und verbindlich dünken." (Nietzsche 1967: 880f) Wen der Name Nietzsches, abschreckt (sich die Artikel über Dekonstruktion und andere literarische Themen in der *New York Times* oder dem *Wall Street Journal* durchzulesen, hat bisweilen diesen Effekt), der sollte es mit dem guten alten William James versuchen:

> „Es ist also nur der kleinste und neueste Bruchteil [der Wahrheit], der uns unberührt von der Vermenschlichung gegeben wird. [...] Die unleugbare Tatsache, daß ein Strom von Empfindungen tatsächlich da ist, die steht wohl fest. Aber das, was von diesem Strome mit Wahrheit ausgesagt wird, das ist, wie es scheint, vom Anfang bis zum Ende unsere eigene Schöpfung." (James 1994: 157; 162)

Wem James Aussagen nicht wissenschaftlich genug sind, der sollte es mit dem Physiker Niels Bohr versuchen: „It is wrong to think that the task of physics is to find out how nature is. Physics concerns what we can say about nature. [...] We are suspended in language. [...] The word ‚reality‘ is also a word, a word which we must learn to use correctly. " (Moore 1985: 406)[7] Oder moderne und bedeutende Philosophen wie Max Black, Nelson Goodman oder Hilary Putnam. Black über Metaphern: „Since philosophers [...] have so neglected the subject, I must get what help I can from the literary critics. They, at least, do not accept the commandment, ‚Thou shalt not commit metaphor‘, or assume that metaphor is incompatible with serious thought." (Black 1962: 25) Goodmans Kommentar über den Wissenschaftler:

> „Die Gesetze, die er aufstellt, verordnet er ebensosehr, wie er sie entdeckt, und die Strukturen, die er umreißt, entwirft er ebensosehr, wie er sie herausarbeitet.
> Überdies erstreck Wahrheit sich allein auf das Gesagte und buchstäbliche Wahrheit allein auf das buchstäblich Gesagte. Wir haben jedoch gesehen, daß Welten nicht nur aus dem erzeugt werden, was buchstäblich gesagt wird, sondern auch aus dem, was metaphorisch gesagt wird [...]." (Goodman 1984: 32)

Oder Putnam:

> „There is nothing wrong at all with holding on to our realism with a small „r" and jettisoning the big „R" Realism of the philosophers. [...] Realism is an impossible attempt to view the world from nowhere. [...] The time has come for a moratorium on the kind of ontological speculation that seeks to describe the Furniture of the Universe and to tell us what is Really There and what is Only a Human Projection." (Putnam 1990: 28; 118)

---

7   Nicht jedermann ist aber in allen Bereichen der Gesprächsführung begabt. Bohr, begabt in der Handhabung von Metaphern, war nicht fähig, den Handlungsschemata seiner geliebten Westernfilme zu folgen, und nahm stets jemanden mit, der ihm die Erklärungen ins Ohr flüsterte.

Die Aussage, dass die Wahl der Metapher mit unserer Art zu denken zu tun hat, ist keine schockierende Neuigkeit, wenn man die *New York Times* liest.

Somit müssen auch die Neoklassiker, die Thurow widersprechen, wie dessen Kollege am M.I.T. Paul Krugman, Metaphern benutzen. Die von ihnen verwendete Metapher ist die der Menschen als kalkulierende Maschinen und rationale Entscheider. Der Neoklassik zufolge ist die menschliche Situation die der rationalen Entscheidung (rational choice), der Maximierung einer Nutzenfunktion unter einschränkenden Bedingungen. Ihre Metapher mag weniger aufregend sein als die von der Wirtschaft als einem Kampf zwischen Gut und Böse oder als die der Endrunde der NBA Playoffs. Deswegen ist sie aber nicht weniger metaphorisch.

Die Theorie der rationalen Entscheidung ist die vorherrschende Metapher im Mainstream der Wirtschaftswissenschaften, was einen dazu verleitet, so zu denken, „als ob" Menschen tatsächlich auf diese Weise Entscheidungen träfen. Den Neoklassikern (zu denen auch ich gehöre) gefällt ihre wenig reizvolle Metapher. Problematisch ist allerdings der „positive" und „objektive" Status, den sie dem zuschreiben, was wirklich existiert. Das ist aber nicht immer so gewesen. Uneindeutigkeiten und Streitigkeiten rankten sich um den Siegeszug der kalkulierenden Entscheidung als Definition der Wirtschaftswissenschaften, so wie dies zuletzt beim Triumphzug der Computermetapher in der Psychologie der Fall war. Sie galt bei Weitem nicht immer als harmlose Analysemethode. Vor über einem Jahrhundert urteilte William Stanley Jevons über die kalkulierende Maschine (auf nicht nicht-positivistischer Grundlage), dass sie mit Benthams Nutzenkalkül von Lust und Schmerz zusammenpasse. Auch Vilfredo Pareto schrieb ihr Anfang des 20. Jahrhunderts psychologische Bedeutung zu.

Man kann immer noch ein Ausweichmanöver starten: Kunst ist ebenso wissenschaftlich wie Wissenschaft und Wissenschaft ebenso künstlerisch wie Kunst. Wahre Dichter benutzen sogar die meiststrapazierte unter den wirtschaftswissenschaftlichen Metaphern, die des Menschen als kalkulierender Maschine. In Marvells Gedicht „An seine spröde Geliebte" (1681) geht es um Kalkulation, der Konflikt ist tatsächlich ein ökonomischer: Hätten wir Welt genug und Zeit, Lady, ich könnt dich hofieren, wie es deinem Wert gebührt, bis zur Sättigung; aber die Zeit ist knapp und das Leben insbesondere; der Zeitdiskontsatz (wie der Wirtschaftswissenschaftler sagen würde) ist also positiv; und der optimale Bedarfsplan ist entsprechend, den Tag zu nutzen. Marvell appelliert kompromisslos und schmunzelt dabei: Er spielt mit der Konvention der rationalen Entscheidung und verspottet sie, wie es Wortspiele mit sich selbst gerne tun. Ein Wirtschaftswissenschaftler spielt nicht weniger innerhalb einer Konvention, wenn er Inferenzen zieht (N = zehntausend Tage und Nächte) oder von Zeitdiskont spricht (t = Wüsten von unermesslicher Ewigkeit) oder wenn er gegenüber anderen Ökonomen über „Inseln" im Arbeitsmarkt scherzt oder darüber, wie die Daten „massiert" wurden. Einfacher gestrickten Wirtschaftswissenschaftlern und Dichtern mangelt es an diesem Sinn für Ironie in ihren Argumentationen. Sie verfassen Zeilen wie „Der Koeffizient ist signifikant auf dem 0,00000001-Niveau!" oder „Ich glaube, ich werde niemals sehn / ein Gedicht so wunderschön wie ein Baum!" Doch, O ihr Keynes oder Yeats, Solow oder Stevens, singet weiter.

Oft beziehen sich Uneinigkeiten zwischen Wirtschaftswissenschaftlern darauf, welche Metaphern verwendet werden, wobei die Wahl nicht überprüft wird, weil sie unbewusst getroffen wird. Marxisten und neoklassische Wirtschaftswissenschaftler sind sich zum Beispiel uneins darüber, wo die Macht des Marktes liegt. Samuel Bowles und Herbert Gintis haben kürzlich die Vorstellung des „umkämpften Tausches" angeregt als neuen Weg, um politischen Wirtschaftskapitalismus zu beschreiben (Bowles/Gintis 1990).

Ihre Argumentation basiert auf einem vom umgebenden Markt isolierten Tausch in der Form, in der eine Company Town[8] isoliert funktionieren sollte. Ein Wirtschaftswissenschaftler – egal welcher Denkschule – würde zur Erläuterung des Arguments die Metapher einer Mauer heranziehen. Je höher die Mauer, desto mehr Arbeiter und Vorgesetzte sind sich selbst – also ihrer eigenen Macht – überlassen, was Gehälter und Arbeitsbedingungen betrifft. Wenn aber im umgekehrten Fall die Mauer niedrig ist, dann ist es die unsichtbare Hand des Marktes, nicht die sichtbare Faust der Macht, die den Ton angibt.

Wirtschaftswissenschaftler würden das Argument unter sich mit einer Metapher des internationalen Geldverkehrs erklären. Die Kosten daraus, in ein Arbeits- oder Eheverhältnis einzutreten und wieder daraus auszutreten oder in ein Land ein- und wieder auszureisen sind vergleichbar mit der Ein- und Ausfuhr von Gold nach und aus New York. Bei einem bestimmten Unterschied zwischen dem Goldpreis in Hongkong und dem in New York fließt das Gold von New York nach Hongkong; im umgekehrten Fall fließt es in die andere Richtung. Die beiden Preisniveaus werden als „Goldpunkte" bezeichnet. An den Goldpunkten tritt der Markt in Funktion (the market works), das heißt, in New York wird kein Gold zu einem höheren oder niedrigeren Preis verkauft, als es kostet, es sich aus Hongkong zu besorgen. So limitiert die Konkurrenz mit Hongkong nach den gewöhnlichen rechnerischen Prinzipien den Goldpreis in New York.

Zwischen den Goldpunkten hingegen kann der Markt nicht funktionieren. Das heißt lediglich, dass es sich genau innerhalb der von den Goldpunkten festgelegten Preisspanne für einen Börsenspekulanten nicht rentieren würde, Gold von einem Ort zum anderen zu schicken. Ober- und unterhalb der Goldpunkte werden die Preise durch internationalen Wettbewerb bestimmt, zwischen den Goldpunkten durch etwas anderes – im Falle des Goldes durch den inländischen Wettbewerb im Gegensatz zum internationalen Angebot und zur internationalen Nachfrage (die der Differenz der Goldpunkte in einem New Yorker Tresor zu dem eines anderen entspricht).

Die Metapher der Goldpunkte verdeutlicht, dass das Funktionieren eines Marktes davon abhängt, wie genau man ihn betrachtet. Mit der Marktmetapher verhält es sich wie mit einem postimpressionistischen Gemälde. Tritt man einen Schritt zurück und lässt den Blick ein wenig unscharf werden, schwinden die Goldpunkte bis zur Unkenntlichkeit und man sieht praktisch einen einzigen weltweiten Preis für Gold. Das Gleiche gilt für den Arbeitsmarkt, wenn man stärker blinzelt. Tritt man aber nah genug an einen beliebigen Markt heran, zeigen sich die einzelnen Pinselstriche.

Die Betrachtung aus der Nähe ist nicht wirklichkeitsgetreuer als die aus der Ferne. Es mag für den einen oder anderen menschlichen Vorsatz sinnvoller sein, sich die Angele-

---

8   In Company Towns ist ein einzelnes Unternehmen alleiniger Eigentümer sämtlicher Grundstücke, Immobilien (sowohl Wohn- als auch Geschäftsgebäude), Versorgungsbetriebe, Krankenhäuser, Kleingewerbe [Anm. AAM].

genheit von Nahem oder aus der Ferne anzusehen, das ist aber auch schon alles. Über ein Gemälde von Seurat auszusagen, es sei „wirklich" nur ein Haufen Punkte, ist für gewöhnlich keine intelligente Bemerkung, was heißen soll, dass sie für gewöhnlich keinen Sinn ergibt. Ebenso ist die Aussage, dass, wie Bowles und Gintis meinen, auf dem Kredit- oder Arbeitsmarkt Markträumung wirklich nicht möglich ist, eine recht seltsame Art, mit Worten umzugehen. Es ist, als würde man sagen, der Markt für Ziegelsteine könne nicht geräumt werden, weil es Goldpunkte (also in diesem Fall Ziegelsteinpunkte) zwischen Iowa City und Cedar Rapids gibt.[9] Inwieweit ein Markt nicht geräumt werden kann, hängt davon ab, worauf wir mit dem Begriff „Markträumung" hinauswollen oder was wir von der Wirtschaft Ost-Iowas halten wollen. Es hängt davon ab, aus welcher Entfernung wir das Gemälde betrachten möchten.

Zwischen den Goldpunkten liegt die Macht, so sagen die Marxisten. Wirtschaftswissenschaftler haben aber schon immer so gedacht. Insbesondere die gute alte Chicago School hat schon immer so gedacht. Bowles und Gintis sprechen von einer „Beschäftigungsrente" (employment rent), also davon, was ein Arbeiter mitnehmen kann, wenn er den Job bekommen hat. Dies ist aber auch der Preis, für einen guten Job eingestellt zu werden – einen mit hohen Erträgen („Ertrag" heißt in den Wirtschaftswissenschaften „Gewinn"). Der Preis rechtfertigt die Vermeidung von Arbeitslosigkeit – umso höher er ist, umso eher liefert er einen Grund, um den Job zu kämpfen. Vertreter der guten alten Chicagoer Schule wie A. C. Harberger und Larry Sjaastad führen schon seit Jahrzehnten das gleiche Argument an, um zum Beispiel die hohe Arbeitslosenquote in lateinamerikanischen Städten zu erklären. Wie sich also herausstellt, ist die Metapher der Mauer (Wirtschaftswissenschaftler bezeichnen sie als „Transaktionskosten") nicht vornehmlich marxistisch.

Die neoklassische Metapher der kalkulierenden Maschine wird aus einer weiteren politischen Richtung angegriffen: durch Vertreter der sogenannten „Österreichischen Schule", den Anhängern von Friedrich Hayek. Die österreichischen Wirtschaftswissenschaftler argumentieren seit Jahrzehnten, das Problem des wirtschaftlichen Lebens bestehe nicht darin, richtig zu kalkulieren, *nachdem* man all das herausgefunden hat, was man wissen muss. Das Problem bestünde vielmehr darin, es herauszufinden. In der Österreichischen Schule steht der Nebel als Metapher für die Wirtschaft – der Nebel, in dem wir das maximieren, was die Neoklassiker mit so viel Überzeugung als „Nutzenfunktion" bezeichnen. Die routinemäßige Nutzenmaximierung, hochgehalten als eine Metapher für das richtige, gute und glückliche Leben, stammt aus der bäuerlichen Ökonomie. Der Bauer maximiert seinen Nutzen innerhalb der ihm bekannten Einschränkungen (der Aristokrat würde sich niemals zu etwas so Ordinärem wie „Nutzenmaximierung" herablassen; sein einziges Motiv ist, er selbst zu sein). Das Problem einer sich weiterentwickelnden Wirtschaft, so die Österreicher, ist zuerst einmal, die Einschränkungen zu erkennen (Buchanan 1979a). Was *sind* die Investitionsmöglichkeiten? Wo *ist* der nächste 20-Dollar-Schein zu holen? Die „Informationstheorie", mithilfe derer die Neoklassiker versucht haben, an das Problem heranzugehen, ist keine Lösung. Die Theorie verwandelt eine bürgerliche Handlung

---

9   Iowa und Cedar Rapids im US-amerikanischen Staat Iowa sind knapp 50 Kilometer voneinander entfernt [Anm. AAM].

(Investitionen, Vorhersagen, Unternehmensführung) in bäuerliche Routine. Was der Bürger tatsächlich tut, ist, sich mit sich selbst oder mit anderen zu unterhalten. Klatsch und Tratsch, Fachsimpeleien, Plaudereien, Gremien, Erörterungen, Vorzimmerbesprechungen: Das sind die Eingeweide des Kapitalismus. Die nächste Investitionsmöglichkeit ist allein durch Worte konstruiert (sie sollte lieber auch die physikalischen Gesetze befolgen, doch das macht das Verhalten nicht weniger sozial).

Nach Auffassung des österreichischen Ökonomen Israel Kirzner sind unternehmerische Gewinne eine Belohnung für das, was er als „Wachsamkeit" oder „Aufmerksamkeit" bezeichnet. Schieres Glück – oder, wie man so schön sagt, „mehr Glück als Verstand" – ist das eine Extrem. Harte Arbeit das andere. Wachsamkeit und Aufmerksamkeit fallen in den Bereich dazwischen und weder unter die Kategorie Glück noch routinierte Arbeit. Die Aufmerksamkeit wird der Chance gewahr, das *Hotel Commodore* günstig zu kaufen und teuer zu verkaufen. Echter Profit, so Kirzner, den echte Unternehmer erzielen, erhält seine Rechtfertigung durch Wachsamkeit und Aufmerksamkeit (Kirzner 1989). Die Modelle der Neoklassiker sind Metaphern für Routinearbeit, also die kalkulierende Handlung, die einen Ertrag erbringt. Kalkulierende Rationalität allein macht aber noch keine Unternehmer.[10]

Aus dieser Perspektive kann man den technischen Wandel betrachten. Schlussendlich kann von der systematischen Suche nach Innovationen nur erwartet werden, dass sie soviel einbringt, wie sie kostet. Es ist lediglich harte Arbeit. Ein routinierter Erfinder ist ein ehrlicher Arbeiter, aber nur das wert, was es kostet, ihn zu bezahlen. Die Kosten der laufenden Verbesserungen an der Dampfmaschine von 1800 fraßen die Gewinne. Das sollten sie auch besser, denn andernfalls würden Produktverbesserungen kaum regelmäßig passieren. Laufende Produktverbesserungen bekommt man nicht geschenkt. Wie der Historiker Joel Mokyr es ausdrückte, haben die kühlen und berechnenden Köpfe der Forschungs- und Entwicklungsingenieure in weißen Laborkitteln über ihren Dreiteilern so manche Verbesserung hervorgebracht (Mokyr 1990). Aber nur manche.

Auf der anderen Seite ist es ebenso wenig sinnvoll, die Entwicklung der Technologie ganz dem glücklichen Zufall zu überantworten – dem anderen Ende von Kirzners Spektrum. Mokyr zeigt dies anhand der Dokumentationen über Erfindungen. Was nötig sei, sei irgendetwas zwischen stumpfsinnigem Fleiß und fahrlässigem Glück, nämlich eine vogelartige Wachsamkeit – bereit, den Wurm zu schnappen. Diese Aufmerksamkeit erklärt, warum Unternehmer ihre Gehälter wert sind.

Doch etwas fehlt an der Metapher der „Wachsamkeit und Aufmerksamkeit", um die Theorie vervollständigen zu können. Aus wirtschaftswissenschaftlicher Sicht ist Wachsamkeit bzw. Aufmerksamkeit an sich akademisch, sowohl im positiven wie auch im negativen Sinne. Sie ist sowohl intellektuell als auch ineffektiv, die Tätigkeit eines Beobachters, der in der Theorie eines Ehemannes oder Vaters sehr bewandert ist und die Mängel der Wirtschaft, des Handels und die Zerstreuung anderer besser erkennen kann als diejenigen, die darin verwickelt sind.

Wenn diese Beobachtung aber wirksam sein soll, muss der Beobachter erst einmal einen Geldgeber überzeugen. Selbst wenn er selbst der Geldgeber ist, muss er sich vor dem

---

10 Vgl. Madison (1990: 56, Fußnote 25); Cosgel/Klamer (1990).

Gremium seines eigenen Verstandes sich selbst überzeugend rechtfertigen. Woran es also der Österreichischen Theorie von Unternehmertum und technologischem Wandel mangelt, ist die Überzeugung. Zwischen Idee und Verwirklichung, zwischen Erfindung und Innovation fällt der Schatten. Zwischen beiden fließt Macht und Macht wird erzeugt mit überzeugenden Worten. Eine Idee ist ohne überzeugende Worte nur eine Idee. „A man may know the remedy, / But if he has not money, what's the use? / He is like one sitting without a goad / on the head of a must [lust intoxicated] elephant."[11] (Ingalls 1965, Nr. 1681). Der unbekannte Erfinder aus Yorkshire, der um 1185 die neuartige Idee der Windmühle ausarbeitete, lebte von der Hand in den Mund beziehungsweise lebte von dem, was die Hände anderer dazu beisteuerten. In jedem Fall musste er dafür überzeugend sein. Damit aus einer Erfindung eine Innovation werden kann, muss der Erfinder jemanden überzeugen, der ein Bündel Geldscheine besitzt.

Das gilt im literarischen oder wissenschaftlichen Bereich genauso wie für technologische Erfindungen. Bis er 1919 den *Prix Goncourt* gewann, wurde Proust nicht sonderlich beachtet. Der Preis überzeugte die französische Öffentlichkeit davon, ihn ernst zu nehmen. Bevor Saul Bellow ihm die Druckerlaubnis erteilte, arbeitete William Kennedy (*Ironweed* und andere Albany-Romane) von der Öffentlichkeit unbeachtet als Reporter für die Lokalzeitung. Geldgeber in einem intellektuellen Umfeld müssen genauso überzeugt werden wie diejenigen aus dem Finanzwesen. Und dasselbe gilt für die Wissenschaft. Wissenschaftler streben nach Zertifizierungen ebenso, wie sie nach Wissen streben. Denn Wissen allein, ohne ein Publikum davon zu überzeugen, ist nutzlos – der Fluch der Kassandra: alles wissen, aber unfähig sein, jemanden davon zu überzeugen.

Wodurch also die Sache mit der Wachsamkeit funktioniert und was ihr Macht verleiht, ist Überzeugungskraft. Der technologische Fortschritt ist verankert in einem rhetorischen Umfeld, in dem Erfinder sich Gehör verschaffen können. Oder, wie Lawrence Berger es formulierte, die „Aufmerksamkeit" der Unternehmer muss geweckt werden (Berger 1990). Vermutlich waren es die Überzeugungskraft und die Wachsamkeit, die als Rahmenbedingungen für den technologischen Wandel bestimmend gewesen sind, insbesondere für die großen technologischen Veränderungen. Die industrielle Revolution, so könnte man sich an eine untersuchungswürdige Hypothese wagen, war rhetorisch. Die Orte, an denen Redefreiheit herrschte, waren die ersten, die zu Wohlstand kamen: Holland, Schottland, England, Belgien und die Vereinigten Staaten.

Kurz: Die Arbeitsteilung wird also bestimmt durch das Ausmaß an Reden. Je spezialisierter die Wirtschaft, je stärker der Bau eines Flugzeugs durch viele spezielle Zulieferer oder der Fleischvertrieb durch Spezialhändler erfolgt, desto stärker besteht die Notwendigkeit, durch Gespräche Vertrauen zwischen den beteiligten Parteien zu schaffen. Vertrauen ist ein Bestandteil einer Ökonomie der Rede (economics of talk). Die überzeugende Rede, die Vertrauen herstellt, ist natürlich für eine Vielzahl von Geschäften notwendig. Aus diesem Grund sind die geschäftlichen Beziehungen zwischen religiös Gleichgesinnten oder Angehörigen einer Ethnie so profitabel. Avner Greif hat die Geschäftsverbindungen

---

11 „Ein Mann mag die Lösung kennen, / Doch was nutzt es ihm, wenn es ihm an Geld fehlt? / Er gleicht einem, der ohne Gerte sitzt / auf dem Kopf eines brünstigen (lustberauschten) Elefanten."

unter jüdischen Kaufleuten in der Mittelmeerregion im Mittelalter untersucht und dabei Nachweise einer Reputations-Gesprächsphilosophie gesammelt. Ein Beispiel aus dem Jahre 1055: Ein gewisser Abun ben Zedaka aus Jerusalem „was accused (although not charged in court) of embezzling the money of a Maghribi trader [north africa]. When word of this accusation reached other Maghribi traders, merchants as far away as Sicily canceled their agency relations with him." (Greif 1989: 868f) In einem Brief aus Palermo an einen Kaufmann aus Alexandria, der den Briefschreiber enttäuscht hatte, ist zu lesen: „Had I listened to what people say, I never would have entered into a partnership with you." (Greif 1989: 871) Greif stellt fest: Das Gerede über den guten Ruf war ein billiges „by-product of the commercial activity and passed on along with other commercial correspondence". (Greif 1989: 880) Durch diese gegenseitige Verständigung waren Betrügereien innerhalb der Gemeinschaft wertlos, jedoch einträglich außerhalb der Gemeinschaft.

Hier kommt also eine alte Metapher zum Einsatz, die in den Wirtschaftswissenschaften seit Jeremy Bentham vernachlässigt worden ist: die des Marktes als einer Konversation. In einer modernen Wirtschaft besteht etwa ein Viertel aller wirtschaftlichen Aktivitäten aus Überzeugungsarbeit – nicht das Erteilen von Anweisungen oder Informationen, sondern der Einsatz charmanter Überredungskunst (McCloskey/Klamer 1995). Man denkt etwa an die Werbung, aber Werbung macht nur zwei Prozent der wirtschaftlichen Aktivitäten aus. Der Verkauf im Allgemeinen hat einen größeren Anteil. Achten Sie einmal darauf, wenn Sie das nächste Mal einen Anzug kaufen, welche Überzeugungsarbeit da geleistet wird. Spezialisierte Geschäfte berechnen höhere Preise als Discounter, deren Personal nicht aus Rhetorikern besteht. Die Differenz zahlt man für die Überzeugungsarbeit: „Das steht Ihnen ausgezeichnet, meine Liebe" oder „Die Fisch-Krawatte zeigt wirklich Persönlichkeit". Doch es geht noch weiter. Die Sekretärin, die ein Schriftstück durch die Bürokratie des Unternehmens lotst, oder der Geschäftsführer, der seine Mitarbeiter davon überzeugt, den Plan mit umzusetzen, leistet den ganzen Tag Überzeugungsarbeit. In einer Gesellschaft, in der jeder frei ist, gibt es nun mal keine andere Alternative, als andere kunstvoll zu überreden (McCloskey 1985: 76ff).

In den Anfängen der Wirtschaftswissenschaften wusste Adam Smith darum, dass eine Metapher, die die Sprache, das Miteinander-Reden thematisiert, Licht in ein Wirtschaftssystem brächte, und es hat die Ökonomen seit Smith einiges an Bemühungen gekostet, dies wieder vergessen zu machen. „Everyone is practising oratory [...] [and therefore] they acquire a certain dexterity and address in managing their affairs, or in other words in managing of men; and this is altogether the practise of every man in most ordinary affairs [...], the constant employment or trade of every man." (Smith 1982a: 56; 352, Schreibweise hier und später modernisiert)[12] Die Teilung der Arbeit, so Smith, sei die Konsequenz „aus einer natürlichen Neigung [...] zu handeln und Dinge gegeneinander auszutauschen. [...] Ob es sich bei dieser Neigung um eine jener angeborenen oder ursprünglichen Eigenschaften

---

12 „Ein jeder praktiziert Redekunst [... wodurch] er eine gewisse Geschicklichkeit und Gewandtheit bei der Handhabung seiner Angelegenheiten erlangt, in anderen Worten, bei der Handhabung von Menschen; und dies ist alles in allem eines jeden Methode, auch bei den gewöhnlichsten Angelegenheiten [...], die ständige Beschäftigung oder das Handwerk eines jeden [...]."

der menschlichen Natur handelt, die nicht weiter erklärt werden kann, oder ob sie, was wohl wahrscheinlicher sein dürfte, die notwendige Folge der menschlichen Fähigkeit, denken und *sprechen* zu können, ist [...]" (Smith 1978: 16, Herv. hinzugefügt. [...] das konnte er nicht beantworten; DM). In *Der Wohlstand der Nationen* (Smith 1978) wird die Sprachfähigkeit nicht weiter mit einer grundlegenden Bedeutung erwähnt. Smith, der seine Karriere als Rhetoriklehrer begann, machte aber häufig Bemerkungen darüber, wie Geschäftsleute und Politiker miteinander redeten. Die eine Hälfte seines grundlegenden Schemas, die Vernunftfähigkeit, wurde bald zur charakteristischen Obsession der Wirtschaftswissenschaftler. Smith selbst ging der Sache nicht weiter nach. Der Wirtschaftsmensch, ob er nun redet oder nach etwas strebt, ist kein Smithscher Charakter. Erst in der späteren Wirtschaftswissenschaft, zuerst mit Jeremy Bentham und im zwanzigsten Jahrhundert mit Paul Samuelson, wurde die Ökonomie auf das logische Denken eines bedingten Maximierers (constraint maximizer) reduziert, jene ignorante Metapher des nach seinem Vorteil strebenden Menschen.

Im Gegensatz dazu kam die bürgerliche Metapher des redenden Menschen in den Wirtschaftswissenschaften nie sonderlich zum Tragen, selbst unter institutionalistischen Ökonomen. Der Mensch handelt selbstständig und für sich selbst. Darum geht es bei Nutzenfunktionen oder Institutionen oder gesellschaftlichen Schichten oder beim Eigentumsrecht. Es gibt keinen Grund zu sprechen. Oder Taten statt Worte sprechen zu lassen. Smith hätte dem widersprochen. Gegen Ende von *The theory of moral sentiments* (Smith 1982b: 336) untersucht er, was hinter der Sprachfähigkeit steckt (was ihn zur Neigung zum Tausch führte, was ihn zur Teilung der Arbeit führte, was zum Wohlstand der Nationen führte). Er verband all das zur Überzeugung, also Sprache, die andere beeinflussen soll: „The desire of being believed, the desire of persuading, of leading and directing other people, seems to be one of the strongest of all our natural desires. It is, perhaps, the instinct on which is founded the faculty of speech." (Smith 1982b: 336)[13]

Welten werden nicht nur aus dem erzeugt, was buchstäblich gesagt wird, sondern auch aus dem, was metaphorisch gesagt wird – so Nelson Goodman. Ein Wirtschaftswissenschaftler erzeugt eine intellektuelle Welt, indem er sich für eine Metapher entscheidet, die auf Sprache, auf das miteinander Reden in einem wirtschaftlichen Kontext abzielt oder es unterlässt. Es sind die Akteure der Ökonomie selbst, die ihre Welten aus Metaphern erzeugen. Ich will mit euch handeln und wandeln, mit euch stehen und gehen und was dergleichen mehr ist: Was gibt es Neues auf dem Rialto?

Nichts von dem, was Goodman aussagt, leugnet Erfahrung. Es soll einfach nur ausgedrückt werden, dass Erfahrung auch künstlich ist und dass wir, individuell und gesellschaftlich, in unseren Metaphern und Institutionen die Architekten sind. Der Philosoph John Searle beispielsweise unterscheidet zwischen „physischen Tatsachen" und „institutionellen Tatsachen".[14] Sandy Petrey erläutert die Unterscheidung anhand J. L. Austins Beispiel, ein Tor in einem Fußballspiel zu schießen. Sie drückt es folgendermaßen aus: „When a

---

13 Smith war von der Sorte Schriftsteller, die sich wohl darüber bewusst gewesen sein wird, dass hier die gleiche Formulierung wie in *Der Wohlstand der Nationen* benutzt wird.

14 Siehe dazu den Beitrag von Searle „Was ist eine Institution?" in diesem Band.

ball scores a goal, the brute fact of the momentum imparted to it by a foot is of a different order from the institutional fact that it changes the relative standing of the two sides in the game." (Petrey 1990: 61)[15] William James formulierte es so: „Kurz, wir bekommen den Marmorblock, aber wir selbst hauen die Statue aus." (James 1994: 157) Soweit wir wissen, gilt „Man kann die vermenschlichenden Zutaten nicht ausjäten." (James 1994: 162) Wallace Stevens, der am Strand von Key West dem Gesang einer Frau lauscht:

> She was the single artificer of the world
> In which she sang.
> And when she sang, the sea
> Whatever self it had, became the self
> That was her song, for she was the maker [...]
> [...]
> Oh! Blessed rage for order, pale Ramon,
> The maker's rage to order words of the sea.
> Words of the fragrant portals, dimly starred.
> And of ourselves and of our origins.
> In ghostlier demarcations, keener sounds.[16]

All dies, das Schaffen einer Ordnung, am Strand von Key West und in der Ökonomie, ist von großer Bedeutung. Es ist die uns eigene Besessenheit, Ordnung zu schaffen, was immer das Eigenste des Meeres oder der Ökonomie ist. Das soll nicht heißen, dass unsere Lieder willkürlich, ziellos, kapriziös, widersprüchlich, faschistisch, autoritär, nihilistisch, flower-power, subjektiv, emotional, unlogisch, nicht kognitiv, nicht stichhaltig, nicht beweiskräftig, nicht epistemologisch, nicht empirisch, irrational oder wie auch immer man es in den Worten, die Philosophen dazu benutzen, um Pragmatisten, Rhetoriker und Dichter seit 399 nach Christus zu beleidigen, ausdrücken möchte. In Wahrheit treffen diese Beleidigungen besser auf die Philosophen zu, die damit um sich werfen und die so lange versucht haben, die Rhetorik der Metapher einzufrieden.

---

15 „Wenn ein Ball ein Tor erzielt, dann ist die rohe Tatsache der ihm von einem Fuß verliehenen Schwungkraft anders einzuordnen als die institutionelle Tatsache, dass dies den jeweiligen Spielstand der beiden Mannschaften ändert."

16 „Die Welt, in der sie sang, war ihre Schöpfung / Und wenn sie sang, verlor das Meer, was immer / Sein Eigenstes auch war, und wurde Lied, ihr Werk. / [...] / Oh, dieses Besessensein von Ordnung, blasser Ramon / Des Schaffenden Besessenheit, Worte des Meers zu ordnen / Worte von duftenden Portalen, fahl bestirnt / Worte über uns selbst und unser aller Herkunft / In geisterhafteren Grenzen, geschärfteren Klängen." (Aus Holly Stevens (1972): Collected Poems by Wallace Stevens. New York: Vintage)

Literatur

Becker, Gary S. (1964): Human capital: A theoretical and empirical analysis with special reference to education. New York: Columbia University Press.

Berger, Lawrence A. (1990): Self-interpretation, attention, and language: Implications for economics of Charles Taylor's hermeneutics. In: Lavoie (1990): 262-284.

Bicchieri, Christina (1988): Should a scientist abstain from metaphor? In: Klamer/McCloskey/Solow (1988): 100-114.

Black, Max (1962): Models and metaphors. Ithaca: Cornell University Press.

Bowles Samuel/Gintis, Herbert (1990): Contested exchange: New microfoundations of the political economy of capitalism. In: Politics and Society 18. 165-222.

Bright, William (Hrsg.) (1992): International encyclopaedia of linguistics. Vol. 2. Oxford: Oxford University Press.

Buchanan, James (1979a): What should economists do? In: Buchanan (1979): 17-38.

Buchanan, James (Hrsg.) (1979b): What should economists do? Indianapolis, Indiana: Liberty Press.

Cherry, Colin (Hrsg.) (1974): Pragmatic aspects of human communication. Dordrecht: Reidel.

Cosgel, Metin/Klamer, Arjo (unveröffentlichtes Manuskript): Entrepreneurship as discourse. Department of Economics. University of Connecticut/George Washington University.

Gergen, Kenneth J. (1986): Metatheory in social science. Pluralism and subjectivities. New York: Basic Books.

Goodman, Nelson (1984): Weisen der Welterzeugung. Frankfurt a. M.: Suhrkamp.

Gordon, David (1991): Review of McCloskey's „If you're so smart". In: Review of Austrian Economics 5. 2. 123-127.

Gould, Stephen Jay (1987): Time's arrow, time's cycle: Myth and metaphor in the discovery of geological time. Cambridge: Harvard University Press.

Greif, Avner (1989): Reputation and coalitions in medieval Trade: Evidence on the Maghribi traders. In: Journal of economic history 49. 4. 857-82.

Henderson, Willie (1982): Metaphor in economics. In: Economics 18. 4. 147-153.

Hesse, Mary (1963): Models and analogies in science. Notre Dame: University of Notre Dame Press.

Hesse, Mary (1980): Revolution and reconstruction in the philosophy of science. Bloomington: Indiana University Press.

Ingalls, Daniel H. H. (Hrsg.) (1965): An anthology of sanskrit court poetry. Cambridge: Harvard University Press.

Jakobson, Roman/Halle, Morris (1988): The metaphoric and metonymic poles. In: Lodge (1988): 57-61.

James, William (1994): Der Pragmatismus. Hamburg: Meiner.

Johnson, Mark (1981): Philosophical perspectives on metaphor. Minneapolis, MN: University of Minnesota Press.

Johnson, Mark (1987): The body in the mind. Chicago: University of Chicago Press.

Kirzner, Israel (1989): Discovery, capitalism and distributive justice. Oxford: Blackwell.

Klamer, Arjo/Leonard, Thomas (1993): So what's a metaphor. In: Mirowski (1993): 20-54.

Klamer, Arjo/McCloskey, Deirdre N. (1992): Accounting as the master of metaphor of economics. In: The European Accounting Review 1. 145-160.

Klamer, Arjo/McCloskey, Deirdre N./Solow, Robert M. (Hrsg.) (1988): The consequences of economic rhetoric. New York: Cambridge University Press.

Kretzenbacher, Heinz L. (1992): Just give us the facts: The connection between the narrative taboo, the ego taboo and the metaphor taboo in scientific style. Unveröffentlichtes Manuskript für: Narrative Patterns in Scientific Disciplines. April 27-30, 1992. Cohn Institute, Tel Aviv University; Edelstein Center, Hebrew University und das Van Leer Jerusalem Institute.

Kuhn, Thomas (1977): The essential tension. Chicago: Chicago University Press.

Lakoff, George (1987): Women, fire, and dangerous things: What categories reveal about the mind. Chicago: University of Chicago Press.

Lakoff, George (1992): Metaphor and semantics. In: Bright (1992): 417-418.

Lakoff, George/Johnson, Mark (2007): Leben in Metaphern: Konstruktion und Gebrauch von Sprachbildern. Heidelberg: Carl-Auer-Verlag.

Lakoff, George/Turner, Mark (1989): More than cool reason. Chicago: University of Chicago Press.

Lanham, Richard A. (1974): Style: An anti-textbook. New Haven: Yale University Press.

Lavoie, Don (Hrsg.) (1990): Economics and hermeneutics. London: Routledge.

Levi, Primo/Regge, Tullio (1992): Conversations. Hardmondsworth: Penguin.

Lodge, David (Hrsg.) (1988): Modern criticism and theory. London: Longmans.

Madison, Gary B. (1990): Getting beyond objectivism: The philosophical hermeneutics of Gadamer and Ricoeur. In: Lavoie (1990): 32-58.

Marcus, Solomon (1974): Fifty-two oppositions between scientific and poetic communication. In: Cherry (1974): 83-96.

McCloskey, Deirdre N. (1980): Their blackboard right or wrong: A comment on contested exchange. In: Politics and Society 18. 223-232.

McCloskey, Deirdre N. (1985): The rhetoric of economics. Madison: University of Wisconsin Press.

McCloskey, Deirdre N. (1990): If you're so smart: The narrative of economic expertise. Chicago: University of Chicago Press.

McCloskey, Deirdre N. (1992): In defense of rhetoric: The rhetorical tradition in the west. In: Common Knowledge 1. 3. 23-32.

McCloskey, Deirdre N./Klamer, Arjo (1995): One quarter of GDP is persuasion. In: American Economic Review 85. 2. 191-195.

McGrath, Francis P. (1985): How metaphor works: What Boyle's Law and Shakespeare's 73rd Sonnet have in common. Portland: University of Southern Maine.

Mirowski, Philip (Hrsg.) (1993): Natural images in economics. Cambridge: Cambridge University Press.

Mokyr, Joel (1990): The lever of riches. New York: Oxford University Press.

Moore, Ruth (1985): Niels Bohr: The man, his science, and the world they changed. Cambridge, MA: MIT Press.

Nietzsche, Friedrich (1967): Über Wahrheit und Lüge im außermoralischen Sinne. Kritische Studienausgabe Bd. 1. Berlin: De Gruyter.

Oakeshott, Michael (1959a): The voice of poetry in the conversation of mankind. In: Oakeshott (1959): 488-541 .

Oakeshott, Michael (1959b): Rationalism in politics and other essays. Indianapolis: Liberty Classics.

Ortony, Andrew (Hrsg.) (1979): Metaphor and thought. Cambridge: Cambridge University Press.

Petrey, Sandy (1990): Speech acts and literary theory. London: Routledge.

Putnam, Hilary (1990): Realism with a human face. Cambridge: Harvard University Press.

Rosenblatt, Louise M. (1978): The reader, the text, and the poem. Carbondale: Southern Illinois University Press.

Smith, Adam (1978): Der Wohlstand der Nationen. München: Deutscher Taschenbuch Verlag.

Smith, Adam (1982a): Lectures on jurisprudence, Glasgow Edition of 1978. Indianapolis: Liberty Classics.

Smith, Adam (1982b): The theory of moral sentiments, Glasgow Edition of 1976. Indianapolis: Liberty Classics.

Thurow, Lester (1985): The zero-sum solution: Building a world-class American economy. New York: Simon and Schuster.

Turner, Mark (1987): Death is the mother of beauty: Mind, metaphor, criticism. Chicago: University Press of Chicago Press.

Die Konstruktion der Wirtschaft durch das Rechnungswesen[1]

Eve Chiapello

1   Einleitung[2]

Alle wirtschaftlichen Prozesse sind sozial konstruierte Prozesse oder institutionelle Fakten (vgl. auch Searle in diesem Band). Sie stützen sich auf Sets von – räumlich und zeitlich bestimmten und daher variablen – sozialen Normen, die maßgeblich das wirtschaftliche Verhalten bestimmen und mit Sanktionen zur Sicherung normenkonformen Handelns bewehrt sind. Staatliche Institutionen, aber auch Unternehmen, Gewerkschaften, Unternehmerverbände etc. formen die ökonomische Welt und spiegeln ihre Historizität. Nach dieser Auffassung von Wirtschaft sind wirtschaftliche Aktivitäten nicht autonom und vom Rest der Gesellschaft unabhängig, sondern integraler Bestandteil des sozialen Systems. Ihre historischen Formen sind variabel und unlösbar mit dem Stand von Recht und Gesetzgebung, den Formen staatlichen Handelns, den Wertesystemen etc. verbunden. Dieser Beitrag ist dem betrieblichen Rechnungswesen gewidmet, einem der zahllosen Artefakte, die das Wirtschaften beeinflussen und ihm eine ebenso bestimmte wie historisch wandelbare Form verleihen.

Der Begriff betriebliches Rechnungswesen umfasst hier: (1) Rechnungslegungsvorschriften – sofern es solche gibt –, welche die von Unternehmen in einem bestimmten Staatsgebiet und zu einer bestimmten Zeit anwendbaren Buchhaltungs- und Bilanzierungsrichtlinien

---

1   Aus dem Englischen und Französischen von Ulrike Berger unter Mitarbeit von Rafael Heinzelmann, Albrecht Becker und Gertraude Krell.

2   Diese Ideen wurden erstmals im Jahr 2005 bei einer Konferenz der *Society for the Advancement of Socio-Economics (SASE)* in Budapest vorgestellt, dann, im gleichen Jahr, bei einem Forschungsseminar des *Institut de Recherche en Gestion (IRG)* der Université de Créteil-Paris und schließlich im Jahr 2006 bei der Konferenz *The Social Rules of Numbers* am Institut für Sozialforschung in Frankfurt; sie haben von den bei diesen Gelegenheiten abgegebenen kritischen Kommentaren profitiert. Andrea Mennicken, die mich um einen kleinen Text für den *Economic Sociology Newsletter* (2008) bat, und Alexandra Bidet, die in Frankreich das Gleiche für die Zeitschrift *Idées* (2008) tat, sind mit einigen dieser Ideen konfrontiert worden und haben hilfreiche Kommentare beigesteuert. Rainer Diaz-Bone und Gertraude Krell waren so freundlich, einen sehr unfertigen Text zu lesen und mir zu helfen, etwas Vorzeigbares daraus zu machen.

standardisieren; (2) die Resultate der Aktivitäten von Rechnungswesenabteilungen und akteuren (Zahlentabellen, darunter die allgegenwärtigen Bilanzen sowie Gewinn- und Verlustrechnungen, Kennzahlen und andere Berechnungen). Das Rechnungswesen produziert Zahlen zur Information verschiedener Akteure über die vielfältigen „wirtschaftlichen" Aspekte eines Unternehmens oder Projektes. Diese quantifizierten Informationen können bei der Entscheidungsfindung mitberücksichtigt werden. Das Rechnungswesen zielt primär darauf ab, sowohl quantifizierbare als auch statistische Informationen bzw. Daten zu produzieren.

Diese Quantifizierung erfolgt nach spezifischen Regeln. Erstens wird aus einer Reihe von Ereignissen jedes einzelne separat erfasst, um das wirtschaftliche Ereignis in Aufwands- bzw. Ertragsarten zu kategorisieren. Im Gegensatz zu statistischen Praktiken können hierbei keine Stichprobenverfahren zur Anwendung kommen, da alle Transaktionen der Rechnungsperiode mit einzubeziehen sind. Zweitens basiert das Rechnungswesen auf Quantifizierungen in Geldeinheiten, und somit müssen die betrieblichen Ereignisse in monetären Größen ausgedrückt werden. Schließlich werden mittels der doppelten Buchführung Transaktionen in einem Kontensystem konzeptionell miteinander verknüpft. Die doppelte Buchführung soll die ökonomische Dimension des Unternehmens repräsentieren. Dieses Modell beruht seinerseits auf einer Reihe von Beobachtungs-, Bewertungs- und Anerkennungsrichtlinien.

Manchmal heißt es, das Rechnungswesen sei eine Sprache – die Sprache des Geschäfts. Das Rechnungswesen lässt sich nicht von seiner eigenen Sprache trennen, die sich in Begriffen wie Kosten, Umsatz, Gewinn, Aktiva und Passiva manifestiert. Deren Bedeutung erschließt sich aus einem Gesamtsystem aufeinander bezogener Begrifflichkeiten. Diese definieren einander wechselseitig: So baut beispielsweise das Konzept des Gewinns auf Aufwendungen und Erträgen auf. Überdies handelt es sich dabei um abstrakte Konzepte. Anders als das Wort Tisch, das auf verschiedene reale Tische verweisen kann, beziehen sich die Begriffe des Rechnungswesens auf keinerlei physische Realität. Sie übersetzen eine kumulierte Menge von betriebswirtschaftlichen Ereignissen in monetäre Größen. So bezieht sich etwa der Umsatz auf jene Geldsumme, die das Unternehmen als Gegenleistung für den Verkauf möglicherweise sehr unterschiedlicher Güter einnimmt. Das Geld muss noch nicht eingenommen worden und die Produkte mögen einander in keiner Hinsicht ähnlich oder vergleichbar sein, und dennoch lässt sich ein Umsatz berechnen. Seine Existenz verdankt das Konzept Umsatz gewissermaßen den Abstraktions- und Kalkulationsanstrengungen der Rechnungswesenabteilung, welche eine Gesamtheit unterschiedlicher betriebswirtschaftlicher Ereignisse in Zahlen verwandelt. Das Rechnungswesen stellt somit Vergleichbarkeit her (Espeland/Stevens 1998). Der Vergleich erlaubt die Transformation verschiedener Qualitäten in ein gemeinsames Maß/System. Das Rechnungswesen reduziert und vereinfacht disparate Informationen in vergleichbare. Es blendet Informationen aus und organisiert die verbleibenden Informationen in neuen Formen. Das Rechnungswesen erschafft somit eine Wirklichkeit, die es ohne dieses nicht gäbe.

Trotz seiner Macht, Begriffe und Konzepte zu erfinden, strebt das Rechnungswesen – wie die statistische Tätigkeit auch – Repräsentationen der Welt an. Es möchte etwas zeigen, das ohne es verborgen bliebe. Es hat die Realität im Visier: Das Rechnungswesen trifft

Aussagen über eine Welt, die von ihm als Außenwelt wahrgenommen wird, wie etwa über Produktionstätigkeiten in Unternehmen, die mit Hilfe von Arbeitskräften, Maschinen, dem Transport und dem Verkauf von Produkten an die Kunden und Kundinnen vonstatten gehen etc. Wie die Zahlen der Statistik unterliegen auch die Zahlen des Rechnungswesens der Spannung, die Desrosières folgendermaßen herausgearbeitet hat: „[…] es ist schwierig, sich *gleichzeitig* vorzustellen, daß die gemessenen Objekte tatsächlich existieren und daß es sich dabei dennoch nur um Konventionen handelt" (Desrosières 2005: 2; Herv. im Orig.). Wie das Instrumentarium der Statistik ermöglicht auch das des Rechnungswesens

> „[…] die Entdeckung oder die Erschaffung von Entitäten, auf die wir uns zur Beschreibung der Welt stützen und dabei Einfluß auf den Gang der Dinge nehmen. Von diesen Objekten können wir sagen, daß sie gleichzeitig real und konstruiert sind, sobald sie in anderen Zusammenhängen wiederholt verwendet werden und unabhängig von ihrem Ursprung zirkulieren. Damit teilen diese Objekte das Schicksal zahlreicher anderer Produkte." (Desrosières 2005: 3)

Die Übersetzungs- und Rechentätigkeit auf Seiten des Rechnungswesens versucht die Realität mit Hilfe systematischer und präziser Anwendung von Kalkulationsmethoden abzubilden.

Offensichtlich sind Quantifizierungsmaßnahmen des Rechnungswesens ein integraler Bestandteil des Prozesses des Wirtschaftens. Die hier entwickelte Theorie geht aber über diese *Commonsense*-Bemerkung hinaus: Mein Argument lautet, dass die Buchführung nicht einfach eines von vielen Artefakten des Wirtschaftslebens ist, sondern ein strukturrelevantes Artefakt mit einer besonderen Rolle bei der Konstruktion des Wirtschaftsunternehmens, einem der wesentlichen Akteure des ökonomischen Systems. Die Sprache der Buchführung ist für die Erschaffung dieser faszinierenden wirtschaftlichen Institution genauso wesentlich wie die Sprache des Rechts; es handelt sich dabei nämlich, wie John Searle betont, um einen Fall, in dem

> „eine Statusfunktion vorliegt, aber kein physisches Objekt, dem die Statusfunktion zugewiesen wird. Ein faszinierendes Beispiel sind Unternehmen. In einem Staat wie Kalifornien ermöglicht das Unternehmensgründungsgesetz, eine Statusfunktion praktisch aus dem Nichts aufzubauen. So entsteht durch eine Art performative Vereinbarung ein Unternehmen, ohne dass es ein physisches Objekt geben muss, das das Unternehmen ist. Es braucht eine Postanschrift, eine Auflistung seiner Direktoren und Aktionäre und so weiter, aber es muss kein physisches Objekt sein." (Searle in diesem Band)

Wir werden sehen, dass das Recht als Grundlage zur Erschaffung der Unternehmung nicht ausreicht und dass die zweite dafür benötigte Sprache die Sprache des Rechnungswesens ist (s. u. 2.).

Das Rechnungswesen spielt eine bedeutende Rolle bei der gesellschaftlichen Konstruktion der autonomen Wirtschaftssphäre: Es begründet gewissermaßen das autonome Handeln der Akteure und Akteurinnen (s. u. 3). Das Erkennen eines Sets an Aktivitäten, wie etwa ökonomische Aktivitäten im Gegensatz zu anderen Formen von Aktivitäten, wird durch den Umgang mit Begrifflichkeiten der Ökonomie und der von ihr verwendeten spezifischen Sinnzuschreibung erreicht. Wie meine Ausführungen zeigen werden, spielen das

Rechnungswesen und seine Kapazität, das spezifisch Ökonomische zu extrahieren, eine bemerkenswerte Rolle im Prozess des Wirtschaftens.

Abschließend untersuche ich die Beziehung zwischen Rechnungswesen und Wirtschaftswissenschaften (s. u. 4.). Verschiedene Forschungsarbeiten haben in den vergangenen Jahren gezeigt, dass die ökonomische Theorie in dem Sinne performativ ist, dass sie die Welt weitgehend nach ihrem eigenen Bilde formt, und im vierten Teil wird die Rolle des Rechnungswesens in diesem performativen Prozess beschrieben.

2   Das Rechnungswesen als wesentliche Quelle der Konstruktion der Unternehmung

2.1   Ein Wirtschaftssystem, das aus Unternehmen besteht

Unser Wirtschaftssystem beruht auf Unternehmen, die Kapital und Arbeit zusammenführen, um Güter und Dienstleistungen zu produzieren, die anschließend in kommerziellen Transaktionen verkauft werden – an andere Unternehmen, an Organisationen ohne Erwerbscharakter, meist im öffentlichen Sektor, oder schließlich direkt an die Endverbrauchenden. Die Mechanismen der Einkommensverteilung basieren in unserer Gesellschaft weitgehend auf Firmenaktivitäten, ob die Einkommen nun als Löhne an Arbeitnehmende gezahlt werden oder aber als Finanzierungsaufwendungen an Kreditgebende, als Dividenden an Aktionäre, als Preise an Zulieferer oder als Steuern an staatliche Behörden. Zum Verständnis eines Wirtschaftssystems ist es in verschiedener Hinsicht erforderlich, die Funktionsweise dieser Unternehmen zu kennen.

Die neoklassische Ökonomie vernachlässigt diese Tatsache weitgehend; sie analysiert vielmehr im Wesentlichen, wie Märkte funktionieren, und hinterfragt nicht die Rolle der Akteure auf diesen Märkten. Die zahlreichen Repräsentationen von diesen Akteuren sind sehr häufig vereinfachend. (Kann ein Unternehmen als Produktionsfunktion dargestellt werden? Ist ein Unternehmen ein Nexus von Verträgen? etc.) Sie reduziert das Unternehmen auf einen einzigen Entscheidungsträger und schreibt die Funktion der Verteilung und Zirkulation von Wohlstand allein dem Markt zu. Stattdessen gilt es, das Gesamtsystem zu verstehen, das aus Märkten und Hierarchien besteht. Dazu müssen wir zu den Einsichten von Coase (1937) und zur Tradition der älteren Institutionenökonomie zurückgehen, die in der mittlerweile marginalisierten und auf den Rang einer heterodoxen Strömung herabgewürdigten Deutschen Historischen Schule wurzelt. Laut Werner Sombart, dem berühmten Nachfahren dieser Schule, ist die zentrale Rolle des autonomen Unternehmens – zumindest seit dem ausgehenden 18. Jahrhundert – ein wichtiges Kennzeichen unserer Wirtschaft.

> „By the combination of all simultaneous and successive business transactions into a conceptual whole, an independent economic organism is created over and above the individuals who constitute it. This entity appears then as the agent in each of these transactions and leads, as it were, a life of its own, which often exceeds in length that of its human members." (Sombart 2001: 13)

Ich möchte nun in Anlehnung an Sombart zeigen, dass das Rechnungswesen bei der gesellschaftlichen Konstruktion dieser wirtschaftlichen Einheit eine entscheidende Rolle spielt:

> „This integrated system of relationships treated as an entity in the sciences of law and accounting becomes independent of any particular owner; it sets itself tasks, chooses means for their realization, forces men into its path, and carries them off in its wake. It is an intellectual construct which acts as a material monster." (ebd.)

Mein Argument lautet, dass das Rechnungswesen eines der wesentlichen Artefakte ist, die es dem Unternehmen ermöglichen, als autonome Einheit zu agieren. Das Rechnungswesen ist folglich ein Kernbestandteil der gesellschaftlichen Konstruktion unseres Wirtschaftssystems, das aus autonomen wirtschaftlichen Einheiten und kommerziellen Beziehungen zwischen diesen besteht.

2.2 Was ist eine Unternehmung?

Über diese nur scheinbar einfache Frage wird anhaltend gestritten. Eine Schwierigkeit liegt bei der Definition der Unternehmensgrenzen. Wer arbeitet für das Unternehmen und wer nicht? Über welche Maschinen und Anlagen verfügt es? In beiden Hinsichten müssen die Mittel, die dem Unternehmen zur Verfügung stehen, eindeutig abgegrenzt werden, und das ist schwieriger, als es scheinen mag.

Zunächst bietet es sich an, mit Rückgriff auf das Unternehmensrecht zu antworten, dass die Grenzen der Unternehmen durch die rechtlichen Bestimmungen ihrer Satzungen oder Statuten gesichert werden. Diese Antwort genügt aber nicht, denn Unternehmen bestehen oft aus rechtlich verflochtenen, durch Dienstverträge und Geschäftsbeziehungen miteinander verbundenen Strukturen. Wenn die Firma A nicht der Firma B gehört, die Firma B aber ihr einziger Kunde ist, könnte man da nicht sagen, dass Firma A, der Zulieferbetrieb, de facto Teil von Firma B ist? Das Gleiche gilt in einer Arbeitskraftperspektive: Spielt die Art des Vertrages, der die Arbeitskräfte an das Unternehmen bindet, eine entscheidende Rolle? Sollten Selbstständige, die ausschließlich für ein Unternehmen arbeiten, nicht als Beschäftigte dieses Unternehmens betrachtet werden? Sollte man nicht schließlich mit Blick auf materielle Güter, geleaste Vermögenswerte, die ausschließlich von einem Unternehmen genutzt werden, als dessen Besitz ansehen? Auch wenn das Thema Unternehmensgrenzen zweifellos schwierig ist, ist es doch nur ein Beispiel für die enormen Schwierigkeiten bei der Beantwortung der Frage, wie eine Unternehmung definiert wird.

Rechtstheoretiker erklären, dass es auch im Recht das Unternehmen als Entität nicht gibt. „Die Firma als organisatorische Einheit steht zwar schattenhaft hinter dem ganzen modernen Wirtschaftsrecht, aber sie erscheint niemals als solche" (Robé 1999: 12; Übers. U.B.). Die organisatorische Einheit des Unternehmens wird juristisch durch einen vom Unternehmer organisierten Nexus von Verträgen konstruiert (wenn es einen Gesellschaftsvertrag oder dergleichen gibt). Der Gesellschaftsvertrag, der gemeinhin als Fundament des Unternehmens betrachtet wird, ist in Wirklichkeit bloß ein besonderer Vertrag, der eine juristische Einheit schafft, die dann in der Lage ist, alle für das Geschäft notwendigen Verträge abzuschließen. Dieser Gesellschaftsvertrag ist aber nicht das Unternehmen. Das gilt umso mehr, wenn, wie bei Konzernen, das organisationale Handeln sich auf mehrere Unternehmen erstreckt.

Das Recht leistet zwar einen Beitrag zur Konstruktion des Unternehmens, kann diese Konstruktion aber nicht alleine bewerkstelligen. Es bleibt noch zu klären, was die Einheit der Firma ausmacht, wodurch es möglich wird, sie als einen vollwertigen Wirtschaftsakteur oder als eine, wie es Callon (1998a) nennt, „kalkulierende Agentur" (*calculative agency*) zu betrachten; mit diesem Begriff bezeichnet Callon die sich auf dem Markt gegenüberstehenden Akteure (inklusive Unternehmen).[3] In einem späteren Text präzisiert Callon, in Erwiderung auf Miller (2002), was er unter *calculative agencies* versteht: „Certain agencies (and *agencements*) can be likened to macro-actors capable of strategies, of instrumentalization, while others are reduced to points, sometimes to bodies, condemned to repetition, to automatic behaviours" (Callon 2005: 4; Herv. im Orig.). Unternehmen gehören offensichtlich zu den „strategiefähigen Makro-Akteuren", die, folgt man Callon weiter, durch „sozio-technische Arrangements" konstituiert werden. Unter den die Unternehmung konstituierenden Arrangements spielt das Rechnungswesen eine besonders herausragende Rolle. Die Untersuchung dieser Rolle steht somit völlig im Einklang mit dem Callonschen Forschungsprogramm und dessen Empfehlung, sich zum Verständnis des wirtschaftlichen Handelns dem Studium der „wesentlichen Instrumente und Technologien" zuzuwenden. Im Folgenden arbeite ich einige wesentliche Beiträge des Rechnungswesens zur Konstitution der Unternehmung heraus.

2.3   Der Beitrag des Rechnungswesens

Das Rechnungswesen trägt wesentlich zur Konstitution der Unternehmung bei: Es bildet alle mit dem Nexus von Verträgen zusammenhängenden Finanzströme in einem einheitlichen Rahmen ab. Dieser erlaubt es, die mit vielen unterschiedlichen Verträgen verbundenen finanziellen Transfers per Aggregation aufzusummieren, und schafft auf gewisse Weise eine Sichtbarkeit des Unternehmens als Ganzes. Zur Aufgabe des Rechnungswesens gehört der Jahresabschluss in Gestalt der „Bilanz" und der „Gewinn- und Verlustrechnung", die für die abgelaufene Periode das Unternehmen und seinen Erfolg in ökonomischer Hinsicht abbilden sollen. Tatsächlich ist dies eines der wenigen Gesamtbilder, die wir, insbesondere von den größten und diversifiziertesten Unternehmen, haben. Unternehmen könnten zwar auch durch eine einzige Marke repräsentiert werden, verfügen aber normalerweise über mehrere. Möglicherweise gibt es auch ein durch Kommunikation erzeugtes Unternehmensimage, aber das bezieht sich dann auf eine bereits unterstellte Einheit, die Unternehmensgruppe, welche vermittels eines konsolidierten Abschlusses zum Konzern wird. Sichtbar werden auf diese Weise jedoch allein Konzerne, die wegen ihrer Börsennotierung einen konsolidierten

---

3   „[...] the market is a process in which calculative agencies oppose one another" (Callon 1998a: 3).

Abschluss veröffentlichen müssen. Andere Unternehmen(sgruppen) bleiben unsichtbar, auch wenn sie vielleicht erhebliche Marktmacht oder finanzielle Macht haben.

Was nun die Frage der Grenzziehung betrifft, so ist das Rechnungswesen zweifellos der beste Hüter der Unternehmensgrenzen. Das liegt nicht daran, dass die Grenzziehung für das Rechnungswesen einfacher wäre als für die juristische Profession, sondern daran, dass es die Aufgabe der Rechnungslegung ist, alle eine wirtschaftliche Einheit tangierenden Transaktionen zu erfassen. Die Akteure des Rechnungswesens benötigen daher im Unterschied zu allen anderen Wirtschaftsakteuren eine klare und praktikable Definition der jeweiligen ökonomischen Einheit. Dies ist eines der Hauptthemen der Erstellung von Rechnungslegungsvorschriften, welche die Praxis durch ihre Anwendung regulieren. Dies ist eine „kontingente" und variable Definition des Unternehmens. Sie ändert sich von Zeit zu Zeit und ist von Land zu Land unterschiedlich. So erlauben beispielsweise manche Rechnungslegungsvorschriften nur die Aktivierung derjenigen vom Unternehmen genutzten Vermögenswerte, über die das Unternehmen alle Eigentumsrechte ausübt. In anderen Rechnungslegungsvorschriften, wie etwa den vom *International Accounting Standards Board* (IASB) entwickelten *International Auditing Standards* und *International Financial Reporting Standards* (IAS/IFRS), welche seit 2005 in der Europäischen Union für alle börsennotierten Unternehmen obligatorisch sind, werden alle Positionen als Aktiva verbucht, deren wesentliche Risiken das Unternehmen trägt und deren wesentliche Vorteile es genießt – was schon eine ziemlich andere Definition ist.

Wenn es zutrifft, dass das Rechnungswesen zur Konstruktion der Unternehmung beiträgt, haben die das Rechnungswesen betreffenden Entscheidungen (die der Kontenerstellung und der Erstellung des Jahresabschlusses zu Grunde liegen) Auswirkungen auf die Definition der Unternehmung und auf ihr Verhalten in der Realwirtschaft. Die strukturierende Kraft des Rechnungswesens wird noch deutlicher, wenn das Rechnungswesen systematisiert, reguliert und standardisiert wird.

2.4 Rechnungslegungsvorschriften, die unterschiedliche Unternehmungskonzepte kreieren

Das Rechnungswesen ist eine soziale Praktik, die durch eine Fülle von Vorschriften und Richtlinien geregelt wird, die fast jeden Aspekt der Rechnungslegungspraxis betreffen (Amblard 2004). Ein zweifellos wesentlicher Punkt ist dabei die Bewertung oder Messung: Wie schon gesagt, besteht die Arbeit des Rechnungswesens darin, Elemente des Unternehmenslebens in die Sprache des Rechnungswesens, sprich in eine monetäre Sprache, zu transformieren; dafür stehen verschiedene Übersetzungsmethoden zur Verfügung. Ein zweiter wichtiger Punkt ist die Klassifikation und Interpretation wirtschaftlicher Ereignisse im Rahmen eines Systems abstrakter und kognitiver Kategorien. Wenn beispielsweise ein Gegenstand gekauft wird, muss das Rechnungswesen entscheiden, ob der Kauf eine Ausgabe oder eine Investition darstellt. Mit der Wahl der Klassifikation variiert das präsentierte Bild. Eine weitere Art von Konventionen bezieht sich auf Aggregate und auf das Darstellungsformat. Schließlich sind Unternehmen je nach ökonomischem und regulativem System verpflichtet, unterschiedliche Informationen mit Hinblick auf Inhalt und Quantität auszuweisen.

Diese auf den ersten Blick willkürlich erscheinende Ansammlung von Vorschriften und Richtlinien (um quantifizieren zu können, muss man eine Variante wählen) bedeutet, dass die Jahresabschlüsse von Unternehmen möglicherweise nicht vergleichbar sind. Mit der Zeit haben sich jedoch Debatten über diese Wahlmöglichkeiten entwickelt. Ziel dieser Debatten war, verbindliche Alternativen zur Verbuchung von Ereignissen festzulegen und Instrumente zur Koordination zwischen Unternehmen sowie zwischen Unternehmen und anderen institutionellen Akteuren, wie etwa Staaten, Banken und anderen Finanzmarktakteuren, zu konstruieren. Diese kollektive Konstruktion von Koordinationsvorschriften (Batifoulier 2001), die zur Schaffung von Grundsätzen der Rechnungslegung geführt hat, ist kostspielig und schwierig. Da die Rechnungslegung zu einem Messinstrument geworden ist, das den Zugang zu bestimmten finanziellen Zuwendungen eröffnet und regelt (Steuern für den Staat, Boni für Angestellte, Zinsen für Kreditgeber, Dividenden für Aktionäre etc.). Die Rechnungslegung tangiert somit wichtige Interessen, und die Einigung über die allgemein anzuwendenden Rechnungslegungsvorschriften und richtlinien fällt dadurch schwer. Um die Argumente zu begründen und inkohärente Vorschriften und Richtlinien zu vermeiden, wurden mit der Zeit Rechnungslegungstheorien entwickelt, und dadurch wurde es möglich, die Entscheidung für eine bestimmte Option und gegen eine andere nun auch theoretisch zu legitimieren. Nach 150 Jahren Rechnungslegungsdebatte haben wir inzwischen ein großes Angebot an Theorien, mit Hilfe derer wir den Sinn von Rechnungslegungspraktiken erklären und diese im Gegenzug so rationalisieren können, dass sie besser zu unseren Entscheidungen passen. Die Rechnungslegungsvorschriften einzelner Länder zu einer bestimmten Zeit kann man als Denksystem konzeptionalisieren, das der zu Grunde liegenden Ordnung Sinn verleiht. Diese Detektivarbeit ist umso faszinierender, als es selbst unter den Industrieländern wichtige nationale Unterschiede gibt und die Geschichte der Rechnungslegung Hand in Hand mit dem historischen Wandel der kapitalistischen Regimes geht.

Ich möchte mich nun einigen Beispielen für derartige Veränderungen und Unterschiede zuwenden und zeigen, dass sie jeweils auf einem ganz anderen Konzept der Unternehmung beruhen. Dabei ist es möglich, die Praxis des Rechnungswesen in Form von Kalkulationen und Geschäftsfällen in Verbindung zu Diskursen auf verschiedenen Ebenen zu setzen und ihnen dadurch Sinn zuzuschreiben: Der umfassendste Diskurs bezieht sich auf die Repräsentation des Wirtschaftssystems, in dem Unternehmen agieren – in kommunistischen Ländern wird beispielsweise anders gerechnet als in kapitalistischen; auf einer mittleren Ebene steht zur Debatte, was die Unternehmung ist und welche Grenzen und Ziele sie hat; die Diskurse auf der untersten Ebene schließlich beziehen sich auf die verschiedenen Positionen, die im Rechnungswesen berechnet werden müssen – was bedeutet es beispielsweise, Gewinn zu machen oder zu investieren?

2.5 Kontroversen über die Bewertung von Bilanzpositionen

Dass die Bilanz eine „Momentaufnahme" von der Lage des Unternehmens gibt, dass sie auf der einen Seite die Aktiva und auf der anderen die Passiva präsentiert, ist eine Banalität. Gleichwohl gibt es unterschiedliche Methoden zur Verbuchung und Bewertung der Bilanzpositionen.

Wie mein französischer Kollegen Jacques Richard (2005) gezeigt hat, durchlief das französische Rechnungswesen seit 1800, grob gesagt, zumindest drei sehr unterschiedliche Perioden mit jeweils eigenen Bilanzkonzepten.

Die erste Periode, die ungefähr das gesamte 19. Jahrhundert umfasst, war durch ein sogenanntes „statisches" Bilanzkonzept gekennzeichnet; damit ist gemeint, dass eine Unternehmung in ihrem jeweils aktuellen Wert abgebildet werden sollte. Transaktionen in der Vergangenheit waren irrelevant: Es zählte allein der Wert zum Bilanzstichtag. Das Unternehmen wurde dabei in einer Liquidationsperspektive bewertet. Man betrachtete es als sterblich und versuchte, die im Fall einer Schließung durch den Verkauf der Vermögenswerte erzielbare Geldsumme zu berechnen. „Vermögenswerte" waren folglich konkrete, wiederverkaufbare Gegenstände oder alles, was auf dem Markt einen Käufer finden könnte. Dieses Bild vom Unternehmenswert war zwar sehr beschränkt und pessimistisch, hatte aber immerhin den Vorteil, den Kreditgebenden wichtige Informationen zu liefern: Würden sie beim Ableben der Firma ihr Geld zurückbekommen?

Im frühen 20. Jahrhundert wurde diese statische Konzeption durch das sogenannte „dynamische" Konzept abgelöst, das auf der Bewertung von Bilanzpositionen gemäß ihren Anschaffungs- und Herstellungskosten beruhte. Außerdem wurden alle Positionen, die einen Beitrag zur Unternehmenstätigkeit leisteten, als Aktiva betrachtet, und zwar unabhängig davon, ob sie einen Marktwert hatten. Die Aufwendungen wurden über ihre gesamte Lebenszeit verteilt.

Diese Art von Rechnungslegungspraxis stützt sich auf den Grundsatz der „Unternehmensfortführung", in anderen Worten auf die Annahme, dass das Unternehmen Bestand hat. Die Frage nach seinem Liquidationswert stellt sich also nicht mehr, auch wenn man natürlich wissen muss, ob die Firma Profit macht und ob dem Umsatz Preise zu Grunde liegen, die mehr als kostendeckend sind. Die Hauptsorge ist dabei, die Aufwendungen für Investitionen zeitlich so zu verteilen, dass auf jede einzelne Produktion die entsprechenden Aufwendungen für die von ihr verbrauchten Investitionen umgelegt werden. Im statischen Modell des 19. Jahrhunderts war es dagegen wichtig, die Investitionsaufwendungen schnell abzuschreiben, da man sie im Fall schlechtgehender Geschäfte für nicht wieder hereinholbar hielt. Das führte dazu, dass die ersten Jahre mit einem größeren Anteil der Investitionsaufwendungen belastet wurden als die späteren.

Schließlich haben wir seit Kurzem, speziell seit der Einführung internationaler Rechnungslegungsstandards im Jahr 2005, wieder ein statisches Bilanzkonzept. Die Anschaffungs- und Herstellungskosten wurden in den Hintergrund gedrängt, und man versucht nun erneut die Bilanzierung des Gegenwartswertes (Barwert). Diese neue statische Phase unterscheidet sich aber erheblich von der ersten, da ganz andere Bewertungsgrundsätze gelten. Die Liquidationsperspektive wurde aufgegeben. Unternehmen sterben nicht. Sie verwandeln sich vielmehr und nehmen neue Formen an. Das Unternehmen wird als ein mit relativ autonomen Aktivitäten bestückter „Korb" betrachtet. Als Gegenwartswert wird der Gebrauchswert angesetzt, der nichts mit den angefallenen Kosten oder Aufwendungen zu tun hat. Wichtig ist allein der Nutzen eines Aktivpostens, in anderen Worten die Gesamtheit der künftigen *Cash Flows* (Geldflüsse), die er voraussichtlich generieren wird. Bei Standardpositionen wird unterstellt, dass der Marktwert ein gutes Maß für den Gebrauchswert abgibt. Im Übrigen muss man sich im Rechnungswesen auf die Schätzungen des Unternehmers verlassen, welche Gewinne seine vielfältigen Aktiva in Zukunft vermutlich abwerfen; als Wert dieser Aktiva wird dabei die Summe der diskontierten künftigen *Cash Flows* angesetzt. Diese Liquidationsperspektive steht fast in diametralem Gegensatz zu einer statistischen Bilanzkonzeption, da die künftig erwarteten *Cash Flows* bei der Unternehmensliquidation per definitionem gleich null sind.

Hinter jedem dieser Bilanzkonzepte steckt ein anderes Konzept der Unternehmung (Chiapello 2005). So betrachtet das jüngste Konzept die Firma, nach Art eines Warenkorbs, als Portfolio rekombinierbarer Tätigkeiten. Dieses Konzept ist mit einem Stadium der kapitalistischen Entwicklung verbunden, in dem die Finanzmärkte und der Handel in Unternehmen eine zentrale Rolle spielen. Das dynamische Konzept fasst demgegenüber das Unternehmen nicht als eine Ware auf, sondern als den Ort, an dem Waren produziert werden. Im Zentrum dieser Repräsentation stehen die Produktion und der Absatz von Produkten, und dementsprechend werden auch Realmärkte und nicht Finanzmärkte als zentrale Märkte betrachtet.

Abgesehen davon, dass den erörterten Optionen der Rechnungslegung unterschiedliche Repräsentationen und Wirtschaftssysteme entsprechen, haben sie erheblichen Einfluss darauf, wann Gewinne aus einer Investition anfallen. Im 19. Jahrhundert ließen sich die Verfechter des statischen Konzepts von ihrem Pessimismus leiten und erlaubten die Verbuchung von Gewinnen nicht vor der – in der Regel gegen Ende des Investitionszyklus erfolgenden – Abzahlung der Investition. Im 20. Jahrhundert entschieden sich die Vertreter des dynamischen Konzepts dafür, die Verteilung der Kapitalkosten zeitlich zu strecken, und bewirkten so eine Verstetigung der Profite über die gesamte Investitionsperiode. Im 21. Jahrhundert schließlich konzentrieren sich die Verfechter des statischen Konzepts auf die rosigen Aussichten der getätigten Investitionen und weisen Profite in der Regel schon sehr früh aus.

2.6   Spannungen um das Konzept des Gewinns

Insgesamt gesehen gibt es zwei unterschiedliche Gewinnkonzepte. Das erste ist im Allgemeinen mit dem dynamischen Standpunkt verbunden: Gewinn ist hier die Marge auf dem Warenumsatz nach Abzug aller für Produktion und Verkauf des betreffenden Gutes angefallenen Kosten. Das zweite versteht dagegen unter Gewinn jede Art von Wohlstandszuwachs, gleichgültig ob dieser den Produktions- und Verkaufstätigkeiten zu verdanken ist oder der Fähigkeit des Unternehmens, mittels Finanzmarkttransaktionen

Gewinne zu erwirtschaften. Bei diesem Standpunkt sind Spekulationsgewinne natürlich willkommen. Denkt man das aktuelle am *Cash Flow* orientierte Konzept zu Ende, so kann es sogar nicht realisierte Gewinne enthalten. In diesem Gewinnkonzept wird Gewinn als Differenz zwischen zwei Kapitalbeständen zu zwei verschiedenen Zeitpunkten definiert. Diese Kapitalbestände selbst werden jedoch, wie bereits erläutert, auf Basis der in Zukunft erwarteten *Cash Flows* und relevanten Diskontierungssätze geschätzt.

Das bedeutet, dass sich der Gewinn einer Periode nicht nur durch die Marge der in dieser Periode getätigten Geschäfte (den *Cash Flow* der gerade abgeschlossenen Periode, dessen Endwert messbar ist) erklären lässt, sondern auch und vor allem durch Veränderungen der erwarteten *Cash Flows* und der Zinssätze in den kommenden Perioden. Während optimistische Erwartungen automatisch höhere Profite generieren, wird durch eine Anpassung der Erwartungen nach unten der Profit gesenkt.

Es versteht sich von selbst, dass die Entscheidung für eines der beiden Konzepte des Gewinns eng mit den Mechanismen zusammenhängt, die diese verschiedenen Quellen der Wohlstandsvermehrung legitimieren. Moderne Bilanzen sind daher auch ein Symbol für eine Gesellschaft, in der es als legitim gilt, durch Spekulation oder die Fähigkeit, auf künftige Marktentwicklungen zu wetten, Gewinne zu erzielen. Dynamische Bilanzen basierten dagegen auf der Vorstellung, dass Gewinn normalerweise aus den eigenen Anstrengungen der Firma erwächst.

Man könnte an vielen Beispielen zeigen, wie wichtig es ist, die Entscheidungen für bestimmte Rechnungslegungskonzepte zu untersuchen. Diese Entscheidungen müssen immer im Kontext betrachtet werden von:

- den politischen Prozessen, die zu einer bestimmten Entscheidung in Bezug auf die Rechnungslegungsvorschriften und ihrer Implementierung führen (Welche Akteure sind die treibenden Kräfte, welche Interessen stehen auf dem Spiel? Wie gelingt es den Akteuren, Einfluss auf die Produktion der Rechnungslegungsgrundsätze zu nehmen?),
- den Repräsentationssystemen der Akteure, insbesondere ihren Vorstellungen vom Unternehmen und von dessen Rolle, und schließlich
- den institutionellen Netzwerken, die das Wirtschaftsleben strukturieren und die darüber hinaus an der Produktion der Vorstellungen beteiligt sind, die die Akteure von der Ökonomie haben.

Umgekehrt gilt, dass das Rechnungswesen nicht nur ein Ergebnis von Entscheidungsprozessen ist, sondern vielmehr auch ein wirkungsmächtiges Instrument zur Erzeugung und Formung der wirtschaftlichen Realität.

Rechnungslegungskonzepte sind aber vor allem Ausdruck der Vorstellung, was eine Unternehmung eigentlich ist, und darum bringt jede Veränderung dieser zugleich eine neue Definition der Unternehmung mit sich. Die Frage, welchen Unternehmenstypus neue Rechnungslegungskonzepte unterstellen, ist besonders wichtig, weil Rechnungslegungskonzepte eine der institutionellen Funktionsbedingungen des Kapitalismus sind und ihrerseits die Ökonomie maßgeblich beeinflussen. Internationale Rechnungslegungsstandards fördern also eine bestimmte Sicht auf – und einen bestimmten Diskurs über – Unternehmen und zementieren sie in ihren Regeln. Sie verdrängen binnen Kurzem alle anderen Grundsätze und bestimmen exklusiv alle Repräsentationen.

Generell formatieren die Rechnungslegungsstandards sowohl das Bild der Unternehmen (Gewinnniveau, Verhältnis von Fremd- zu Eigenkapital, Eigenkapitalausstattung, Umsatz etc.) als auch den Diskurs über sie, und darum beeinflussen sie umgekehrt auch die Unternehmenspolitik. So zeigte sich, dass Unternehmen anlässlich des in Frankreich vollzogenen Übergangs zu den *International Financial Reporting Standards* (*IFRS*)[4] ihre Praktiken änderten und beispielsweise Kaufverträge so umformulieren mussten, dass das Risiko auf den Kunden überging; auch mussten manche Techniken, wie zum Beispiel Leasing oder die Nutzung von Aktienoptionen, ausgebaut bzw. reduziert werden. Die Veränderung der Bewertungsmaßstäbe in Europa bietet eine einzigartige Gelegenheit, das Ausmaß zu ermitteln, in dem das Rechnungswesen die Unternehmenspolitik bestimmt; sie bietet auch Gelegenheit dazu, mit der naiven Vorstellung aufzuräumen, das Rechnungswesen sei nichts anderes als ein Ort, an dem Berichte über wirtschaftliche Transaktionen niedergeschrieben werden. Wie eine Transaktion verbucht wird, beeinflusst sehr wohl die Unternehmenspraktiken, da die Planerfüllungsindikatoren in die Entscheidungsprozesse einfließen. So verändert sich mit einer anderen Stoppuhr unter Umständen auch der Charakter des Wettlaufs ganz erheblich, da dessen Ziel ja nicht ein florierendes Unternehmen, sondern eine maximale Punktzahl bei den vereinbarten Erfolgsindikatoren ist. Überdies kann niemand ohne solche Indikatoren einschätzen, ob es einem Unternehmen gut geht, und man kann ohne Übertreibung sagen, dass ein ökonomisches System ohne das abstrakte Substrat des Rechnungswesens, das ihm Struktur und Ziel verleiht, gar nicht vorstellbar ist. In dieser Perspektive erweist sich das Rechnungswesen als eine der kapitalistischen Kerninstitutionen, die maßgeblich an der Konstruktion des Unternehmens beteiligt sind. Wir wenden uns nun einem anderen wichtigen Beitrag des Rechnungswesens zur Konstruktion der Wirtschaft zu.

3 Rechnungswesen als Mittel zum „disembedding" der Wirtschaft

Auf einer theoretischeren Ebene könnte man das Rechnungswesen als Instrument zur „Herauslösung" (*disembedding*) des Unternehmens aus dem Gesamtsystem gesellschaftlicher Beziehungen und Austauschprozesse ansehen. Zu den von Karl Polanyi mit Sorge betrachteten Aspekten der Modernisierung gehört bekanntlich die tendenzielle Verselbständigung einer gesonderten Wirtschaftssphäre sowie des ökonomischen Denkens. Ich möchte in diesem Teil den Beitrag des Rechnungswesens zur Verselbständigung des ökonomischen Diskurses aufzeigen. Das Rechnungswesen instrumentiert diesen Diskurs und wirkt an der Etikettierung von Gegenständen, Institutionen und Aktivitäten als „ökonomisch" oder „wirtschaftlich" mit. Es ist imstande, deren „ökonomische" oder „wirtschaftliche"

---

4 So heißen die von der IASB herausgegebenen Grundsätze.

Dimension in Szene zu setzen und die anderen Dimensionen auszublenden. Ich greife im Folgenden die verschiedenen Debatten über die Ausdifferenzierung der Ökonomie auf, um zu zeigen, welchen Beitrag die Beschäftigung mit dem Rechnungswesen dazu leisten kann.

3.1   Zum Thema disembeddedness

Das „Polanyi-Problem" bezieht sich auf die Machtergreifung selbstregulierender Märkte. Polanyi kritisierte in seinem Buch *The Great Transformation* (1978 [1944]) die Ausbreitung solcher Märkte, und zwar insbesondere dort, wo sie sich auf die drei fiktiven Güterkategorien Boden, Arbeit und Geld erstrecken und damit das gesellschaftliche Gefüge zerstören. Er legte dar, dass der Markt nichts „Natürliches" ist und dass es eine Reihe anderer ökonomischer Systeme gibt. Nach dem Zweiten Weltkrieg zeigte er in seiner Arbeit mit Conrad Arensberg unter Verweis auf die Anthropologie, dass in „primitiven" Gesellschaften andere Regeln der Wechselseitigkeit und der Umverteilung gelten als in Marktwirtschaften und dass Menschen bis heute mit solchen Regeln leben können. Auf Basis dieser Forschungsarbeit entwickelte er die Begriffe der „eingebetteten" (*embedded*) und der „herausgelösten" oder „entbetteten" (*disembedded*) Wirtschaft.

Im ersten Schritt seiner Überlegungen unterscheidet Polanyi zwischen zwei im Begriff Wirtschaft miteinander verquickten, sehr verschiedenen Ideen, die er Wirtschaft im materialen und im formalen Sinn nennt. Die materiale Bedeutung „derives from man's dependence for his living upon nature and his fellows. It refers to the interchange with his natural and social environment, in so far as this results in supplying him with the means of natural want satisfaction" (Polanyi 1957: 243). Die formale Bedeutung rührt vom „logical character of the means-ends relation, as apparent in such words as ‚economical' or ‚economizing'. It refers to a definite situation of choice, namely, that between different uses of means induced by insufficiency of these means [...] The formal meaning implies a set of rules referring to choice between alternative uses of insufficient means" (ebd.). Diese beiden Bedeutungen haben nichts miteinander gemein.

> „The formal meaning implies a set of rules referring to choice between alternative uses of insufficient means. The substantive meaning implies neither choice nor insufficiency of means; man's livelihood may or may not involve the necessity of choice and, if choice there be, it need not be induced by the limiting effect of a ‚scarcity' of the means; indeed, some of the most important physical and social conditions of livelihood such as the availability of air and water or a loving mother's devotion to her infant are not, as a rule, so limiting." (ebd.; 243f)

Danach betrachtet Polanyi primitive Gesellschaften, in denen im materialen Sinn gewirtschaftet wird, und zeigt, dass in solchen Gesellschaften die Wirtschaft eingebettet ist, das heißt noch keinerlei autonome Institution entwickelt hat und von anderen Motiven als dem Profitstreben bestimmt wird. Das Konzept des Eigentums gibt es hier nicht und auch keine systematischen Bemühungen um einen sparsamen Umgang mit Naturreichtümern oder Arbeit. Man kann daher in diesen Kulturen unmöglich sagen, was „ökonomisch" ist. Der Begriff ökonomisch als solcher hat nur in unserer Welt Sinn.

„We must rid ourselves of the ingrained notion that the economy is a field of experience of which human beings have necessarily always been conscious. To employ a metaphor, the facts of the economy were originally embedded in situations that were not themselves of an economic nature, neither the ends nor the means being primarily material. The crystallization of the concept of the economy was a matter of time and history." (Polanyi/Arensberg/ Pearson 1957: 242)

Polanyi hält den Markt für den Inbegriff einer aus dem übrigen Leben herausgelösten wirtschaftlichen Institution und meint, dass genau diese Verselbständigung zu einer Versklavung und Zerstörung der Gesellschaft und, so insbesondere in der Großen Depression der 1930er Jahre, in den Ruin führte.

Den Begriff *embeddedness* verbindet man heute eher mit Mark Granovetter (1985). Bei Granovetter geht es aber um ein anderes Problem als bei Polanyi; sein Gegenstand sind moderne Märkte, das heißt eine Gesellschaft, deren Wirtschaft bereits weitgehend *disembedded* ist, in der es spezialisierte Wirtschaftsinstitutionen (Unternehmen) und Raum für rein kommerzielle Tauschprozesse gibt. Granovetter kämpft dafür, dass dieser „Markt", bisher exklusives Forschungsobjekt der Wirtschaftswissenschaft, auch Gegenstand der Soziologie wird, da reale Märkte in Wirklichkeit stärker „eingebettet" seien als gemeinhin angenommen. Insbesondere lässt uns Granovetter wissen, dass das Verhalten auf Märkten durch die persönlichen Beziehungen der Marktteilnehmenden bestimmt ist. Generell erklärt er es zum Ziel der Wirtschaftssoziologie, ökonomische Forschungsgegenstände so wieder einzubetten, dass sie sich einer soziologischen Analyse erschließen.

Meiner Ansicht nach ist es zwar durchaus wichtig zu zeigen, dass wirtschaftliche Sachverhalte auch von der Soziologie untersucht werden können und nicht völlig von anderen Aspekten des gesellschaftlichen Lebens losgelöst sind; es ist aber ebenso notwendig zu fragen, welche gesellschaftlichen Mittel mobilisiert werden, um die ökonomische Sphäre zu verselbständigen und dem Begriff Wirtschaft Glaubwürdigkeit zu verleihen. Es ist wichtig, dass Wirtschaftssoziologen und -soziologinnen auch den gesellschaftlichen Prozess studieren, der zur Herauslösung der Wirtschaft führt, und sich nicht auf deren Einbettung beschränken, die möglicherweise nur eine Restgröße ist.

Der Forscher Louis Dumont – hauptsächlich Anthropologe und daher wie seine Vorgänger Polanyi und Arensberg empfänglich für die in modernen Gesellschaften zu beobachtende Herauslösung der Wirtschaft aus der Gesellschaft – argumentiert genauso: Die Frage ist nicht, was die Wirtschaft an die Gesellschaft bindet (Granovetter), sondern was sie von ihr abtrennt. Wie wir sehen werden, suchte Dumont (1977) die Antwort in der Ideengeschichte. Er griff auf die Analysen der Wirtschaftsanthropologie zurück und stellte fest, dass das Bemerkenswerteste bei der Untersuchung traditionaler Gesellschaften nicht die Einbettung der Wirtschaft in diese Gesellschaften war, sondern der Sachverhalt, dass es sich als schwierig erwies, überhaupt so etwas wie eine Wirtschaft zu entdecken!

„Wenn etwas auf allgemeine Zustimmung trifft, dann dies, dass der Anthropologe ‚wirtschaftliche Phänomene' aus dem jeweiligen sozialen Gewebe heraustrennen muss, um sie zu isolieren. Das ist unter Umständen eine riskante, wenn nicht gefährliche Aufgabe. Besonders schwierig und, wie ich hinzufügen möchte, vergeblich, ist es, politische und wirtschaftliche

Aspekte zu trennen [...]. Man sollte sich darüber im Klaren sein, dass es in der äußeren Realität so etwas wie Wirtschaft nicht gibt, bevor wir nicht etwas Derartiges konstruieren. Wenn dies erst einmal getan ist, können wir tendenziell überall mehr oder weniger einschlägige Phänomene beobachten, die genau genommen ‚quasi-ökonomisch' oder ‚virtuell-ökonomisch' genannt werden sollten." (Dumont 1977: 33; Übers. U.B.)

Dumont versucht also, die Genese des ökonomischen Denkens zu verstehen, das heißt „die Herauskristallisierung des neuen Gesichtspunktes durch Entmischung und Abgrenzung" (Dumont 1977: 38; Übers. U.B.). Und an anderer Stelle: „Die Moderne brachte einen neuen Blick auf menschliche Angelegenheiten sowie die Abgrenzung eines eigenen Feldes, das uns bei den Worten Wirtschaft oder wirtschaftlich oft einfällt" (Dumont 1977: 43; Übers. U.B.).

3.2 Der Beitrag des Rechnungswesens zur Emanzipation der ökonomischen Perspektive

Mein Ansatz hebt einerseits, wie oben beim Thema Konstruktion der Unternehmung durch das Rechnungswesen gezeigt, auf den Beitrag des Rechnungswesens zur Emanzipation und Verselbständigung der ökonomischen Institutionen ab; andererseits betont er aber auch die Konstruktion des „typisch ökonomischen" Gesichtspunktes, der zeigt, was jeweils ökonomisch ist und was nicht. Die Geschichte des ökonomischen Denkens lehrt uns, wie sich der ökonomische Diskurs allmählich vom politischen Diskurs emanzipiert hat, aus dem er entsprungen ist (wie der frühere Name *Politische Ökonomie* zu erkennen gibt). Sie kann aber nicht die enorme Ausbreitung des „ökonomischen" Analyserasters bis zu seiner Verallgemeinerung in unserer Gesellschaft erklären.[5] Die Quantifizierungen des Rechnungswesens spielen bei diesem Vergesellschaftungsprozess sicherlich eine erhebliche Rolle, da sie die Verbreitung und Reproduktion von spezifisch ökonomischen Kategorien fördern.

Tatsächlich kann das Rechnungswesen als allgemein gültiges System angesehen werden, mit Hilfe dessen man alle das Unternehmen betreffenden Ereignisse in die Sprache des Geldes übersetzen und damit grundverschiedene Faktoren und Probleme als etwas Gleiches behandeln kann. Die Salden und Kennziffern, die sich im Rechnungswesen berechnen lassen, werden zur Vergleichsgröße für die ökonomische Beurteilung von Ereignissen, die zuvor sowohl ökonomisch als auch sozial und politisch waren. Nach ihrer Übersetzung in Kategorien des Rechnungswesens bleibt nur noch die ökonomische Dimension übrig, und eben das macht es möglich, die Ereignisse als etwas Gleiches zu behandeln.

Forschungsarbeiten aus der Soziologie des Rechnungswesens, vor allem die in der Zeitschrift *Accounting, Organizations and Society* publizierten Arbeiten, heben oft die „Erschaffung der [ökonomischen] Realität" durch das Rechnungswesen hervor. Anthony G. Hopwood beispielsweise betont, dass die vom Rechnungswesen bewirkte „ökonomische" Sichtbarkeit der Organisation praktisch zur Konstitution der abstrakten wirtschaftswissenschaftlichen Kategorien beitrug.

---

5   Siehe dazu auch die Beiträge von Wodak und Vötsch/Weiskopf in diesem Band.

„However, accounting is not a mere revelation of economics, by giving a specificity to the
previously general and ambiguous, it provides one way of enabling economic understandings
and modes of thought to diffuse through the organization. In the process, accounting is quite
capable of making the organization more economically orientated than it otherwise might
have been." (Hopwood 1992: 136)

Als Beitrag zu diesen Analysen möchte ich zeigen, dass das Rechnungswesen nicht nur
selbst geschaffene Realitäten oder spezifische Perspektiven auf die Welt bringt. Seine Rolle
ist wesentlich umfassender, da es mit der Herausarbeitung der ökonomischen Aspekte zugleich einen unsichtbaren Prozess der Herauslösung, ein buchstäbliches *disembedding*, in
Gang setzt. Das Rechnungswesen kann das, was „ökonomisch" ist (und in die Berechnung
eingeht), von dem trennen, was nicht dazu gehört (und deshalb nicht in die Berechnung
eingeht). Sobald das Rechnungswesen sein Werk getan hat, ist das „Ökonomische" nicht
nur sichtbar, sondern auch *disembedded*, das heißt formell für Analyse- und Entschei-
dungszwecke von den sozialen und politischen Aspekten abgetrennt, mit denen es gleichwohl zusammenhängt. Die Konstruktionen des Rechnungswesens nehmen gleichsam die
Wirtschaft aus dem übrigen Leben heraus und schaffen eine nahezu autonome und eigenen
Gesetzen gehorchende Sphäre. Da eine vollständige Herauslösung jedoch unmöglich und
das Ökonomische, wie die wirtschaftssoziologische Forschung ja zeigt, vom Politischen
und Sozialen nicht zu trennen ist, kann man das Rechnungswesen natürlich, wie es Polanyi tut, als einen Angriff auf den menschlichen Lebenszusammenhang verstehen, der das
Untrennbare zu trennen versucht und es dabei zu zerstören riskiert. Das Rechnungswesen
alleine kann die Wirtschaft allerdings nicht aus dem sozialen Gefüge herauslösen, da es
auf die beim kommerziellen Tausch von Waren gegen Geld hervorgebrachten monetären
Größen angewiesen ist. Die monetäre Bewertung der mit der Entwicklung der Märkte
ständig anschwellenden Gütermenge reicht aber ihrerseits zur Konstruktion des ökonomischen Standpunktes nicht aus; erforderlich sind außerdem die für die ökonomische Sphäre
typischen Kalküle und Argumentationsmuster, und die können nur vom Rechnungswesen
geschaffen werden. Genau das meinte Max Weber, als er die Entwicklung des Kapitalismus
an eine bestimmte Art der Wirtschaftsrechnung, die „Kapitalrechnung", knüpfte, die im
Unterschied zur „Naturalrechnung" ein spezifisches, auf Monetisierung (*monetisation*) und
Kommodifizierung (*commodification*) basierendes System, das Rechnungswesen, erfordert.

Ein besonders interessantes Beispiel für einen Prozess des *disembedding*, der untrennbar mit der Entwicklung von Systemen des Rechnungswesens verbunden ist, bietet das
Schicksal des Konzepts informelle Ökonomie (Lautier 1994).

3.3   Das Beispiel informelle Ökonomie

Der Begriff der informellen Ökonomie wurde im Zusammenhang mit dem Scheitern der
Entwicklungspolitik in der Dritten Welt geboren, als man nämlich feststellte, dass die
Integration der Bevölkerung in bezahlte Erwerbsarbeit wesentlich langsamer stattfand als
erhofft und dass viele der Ausgeschlossenen niemals Teil der „formellen" Ökonomie werden

würden. Der Begriff bezieht sich auf alle armen Arbeitskräfte in offiziell nicht anerkannten, registrierten, geschützten oder regulierten Betrieben. Diese informellen Arbeitskräfte sind ein Zeichen dafür, dass die anderen Wirtschaftssektoren – Landwirtschaft und andere ländliche Tätigkeiten sowie Industrie und moderne Dienstleistungen – nicht im Stande sind, Arbeitsgelegenheiten oder angemessene Einkommen für eine rasch wachsende Zahl von Beschäftigten anzubieten. Der „informelle" Sektor war zuvor wenig beachtet worden, da man ihn für ein vorübergehendes Phänomen hielt, das wegen des wachstumsbedingten Anstiegs des Stellenangebotes im modernen formellen Sektor bald von selbst verschwinden würde. Als diese Erwartung sich nicht erfüllte, entstand die Idee, dass diese Aktivitäten trotz ihrer Informalität Wirtschaftsaktivitäten seien, die auch als solche behandelt und entsprechend *disembedded* werden sollten. Als erstes wurde an „Formalisierungs"-Politiken gedacht, da man die betreffenden Aktivitäten als Mikrofirmen ansah, die bei Überwindung ihrer Engpässe (Kredit, Ausbildung) wachsen würden. Es gelang aber nur einer winzigen Minderheit, tatsächlich zu wachsen, und schließlich wurde die Existenz der informellen Ökonomie mangels besserer Lösungen uneingeschränkt anerkannt. Das Konzept wurde sogar auf nicht registrierte Tätigkeiten in entwickelten Ländern ausgedehnt, was die Aufmerksamkeit auf diese Tätigkeiten und darauf lenkte, dass die Beschäftigungsverhältnisse auch in den nördlichen Ländern zunehmend instabiler wurden. Der informellen Ökonomie wurden sogar allerhand Tugenden attestiert: Man betrachtete sie als „Schwamm", der die anderweitig nicht beschäftigbaren Arbeitskräfte absorbiert, oder als eine das Lob menschlicher Wendigkeit preisende hyperflexible Ökonomie.

Mit der Entdeckung dieser neuen Ökonomie und mit der Etikettierung ihrer voll eingebetteten Tätigkeiten als „ökonomisch" entstand auch die Frage nach ihrer Erfassung. Da der informelle Sektor Bestandteil der Wirtschaft war, wollten ihn die Staaten auch messen und in die volkswirtschaftliche Gesamtrechnung aufnehmen. Die dritte Abänderung des *System of National Accounts (SNA)* der Vereinten Nationen (1993) legte daher fest, wo die informellen Ökonomien erfasst werden müssen; in der Europäischen Union ist dieses Konzept seit 1999 bei der Übermittlung der volkswirtschaftlichen Gesamtrechnungen der Mitgliedsstaaten an Eurostat verbindlich. Ursprünglich hing das Konzept also mit der Nachfrage nach ökonomischen Statistiken zusammen und war keine Sache des Rechnungswesens. Die von den Statistikern entwickelte Methode zur monetären Bewertung des informellen Sektors hatte jedoch zur Folge, dass die Wirtschaftsleistung der plötzlich als informelle Mikrofirmen betrachteten Einheiten geschätzt werden musste.

Typisch für diesen Ansatz ist die in Madagaskar benutzte *Methode 123* (Rakotomanana et al. 2000). Der erste Schritt besteht in einer Erhebung der Haushalte (der praktisch einzigen eindeutig erkennbaren Einheiten), durch welche diejenigen Personen ermittelt werden sollen, die für eine „informelle Produktionseinheit" (*informal production unit, IPU*) verantwortlich sind. Als Nächstes spricht das Erhebungspersonal mit den „Managern" einer Zufallsstichprobe von *IPUs* und versucht, die Kosten, Einkommen und Aktiva jeder *IPU* zu ermitteln und zu bewerten. Das ist besonders mühsam, da die Interviewten keine Grenze zwischen ihrem Alltagsleben und ihrer wirtschaftlichen Aktivität sehen: Alle Aktionen und Transaktionen in ihrem Leben sind vermischt. Außerdem haben die Befragten keine buchhalterischen Aufzeichnungen, die sie zu Hilfe nehmen könnten, denn wenn sie welche hätten, wären sie auf dem Weg zur Formalität. Auch haben *IPUs* eine hohe „Volatilität", entstehen und vergehen sie doch schneller, als die Statistiker hinsehen können. Diese Erfahrungen zeigen sowohl die Schwierigkeiten beim *disembedding* wirtschaftlicher Aktivitäten als auch die zentrale Rolle des Rechnungswesens in diesem Prozess. Tatsächlich ermöglicht erst die Implementierung eines Analyserasters des Rechnungswesens die eindeutige Feststellung einer „wirtschaftlichen" Tätigkeit und verhilft dieser zu einer selbständigen und vom restlichen Leben getrennten Existenz.

Wenn es aber erst einmal gelungen ist, mit Hilfe des Rechnungswesens die ökonomische Dimension einer Tätigkeit herauszuarbeiten, dann stellt sich heraus, dass dieser Prozess die Tätigkeit selbst verwandelt hat: Ihre Übersetzung in Kategorien des Rechnungswesens erlaubt die Entstehung neuer Diskurse und damit verbundener neuer Praktiken.

3.4   Rückwirkungen der Konstruktionen des Rechnungswesens

Die Soziologie des Rechnungswesens hatte bis zu diesem Punkt gezeigt, dass das Rechnungswesen, wie alle Zählsysteme, ein Wirklichkeitskonstrukteur ist, der die uns umgebende Welt, insbesondere die soziale Welt, quantifiziert und sichtbar macht. Bei der Quantifizierung des Ökonomischen und des Sozialen interagieren diese Systeme mit den von der Quantifizierung betroffenen Menschen; im Unterschied zu rein natürlichen Objekten, deren Verhalten sich nicht in Abhängigkeit davon ändert, welches Bild wir von ihnen haben oder was wir über sie sagen, reagieren Menschen auf die sie betreffenden Repräsentationen und Diskurse mit entsprechenden Verhaltensänderungen. Hacking (1999: 141f) unterscheidet zwischen „interaktiven Arten" und „indifferenten Arten", und die Quantifizierungspraktiken des Rechnungswesens gehören eindeutig zu den Arten mit den denkbar größten Auswirkungen auf unser gesellschaftliches Leben – den „interaktiven Arten".

Einer der bekanntesten Interaktionseffekte ist natürlich der fortwährende Rationalisierungsprozess, den Max Weber als zentral für das Verständnis unserer Moderne ansah. Das Rechnungswesen kann zudem summarische Bewertungen in Zahlenform unterbreiten, die den Akteuren erlauben würde, ihre Welt, wie Foucault (2004) sagen würde, zu steuern und zu disziplinieren. Was die Disziplinierung betrifft, so erlaubt es das Rechnungswesen, Klassifikationen und Standards zur vergleichenden Beurteilung von Unternehmen, aber auch von deren *Profit-Centern* oder sogar von Personen innerhalb von Firmen aufzustellen. Es ermöglicht damit nicht nur die Identifizierung aller nicht der Norm entsprechenden *Profit-Center* oder Personen, sondern setzt auch einen Prozess der Standardisierung oder Normalisierung in Gang. Unternehmen müssen sich anpassen und beispielsweise die in der Branche üblichen Erträge vorweisen. Was die Steuerung betrifft, so ermöglicht die Sichtbarmachung ökonomischer Sachverhalte durch das Rechnungswesen die planvolle Steuerung der Unternehmenspolitik. Dank des Rechnungswesens hat das Management Zugang zu Rechengrößen der ökonomischen Dimension der Unternehmung, die schließlich zum Ziel seiner Politik werden. Die Rechnungslegungsvorschriften formen und disziplinieren die Wirtschaftsakteure, indem sie ihnen sagen, was sie zu tun haben und wonach sie bewertet werden. Im Rechnungswesen ist also, allgemeiner ausgedrückt, ein umfangreiches Set von Regeln kodiert, das die Wirtschaft reguliert.

Diese inzwischen weit verbreiteten Ideen habe ich um Gedanken ergänzt, die Sombarts intuitive Einsicht in die zentrale Rolle der doppelten Buchführung bei der Entwicklung des Kapitalismus aufgreifen und stark umformulieren. Dabei ging es mir darum, dass das Rechnungswesen eine entscheidende Rolle bei der Konstruktion unserer Wirtschaft spielt und eine zentrale Institution moderner Wirtschaftssysteme ist. Charakteristisch für diese Systeme sind erstens die Existenz großer autonomer Organisationen, die das Leben der in ihnen arbeitenden, sie besitzenden oder ihren Output kaufenden Menschen transzendieren, und zweitens die Verselbständigung einer ökonomischen Perspektive, die das spezifisch „Ökonomische" weitgehend vom Sozialen, vom Politischen und, allgemeiner, vom kontinuierlichen Lebenszusammenhang abtrennt. Das Rechnungswesen leistet, wie in diesem und dem vorigen Teil gezeigt, einen erheblichen Beitrag dazu, das Unternehmen sichtbar zu machen und das „Ökonomische" aus dem Sozialen herauszulösen.

Im Folgenden wende mich einem dritten Gedanken zu, nämlich dem Beitrag des Rechnungswesens zur Performativität der Wirtschaftswissenschaft.

4 Das Rechnungswesen als Quelle der ökonomischen Performativität

Das Konzept Performativität entstammt der Linguistik, insbesondere dem Werk von John L. Austin (1972), und wurde von Michel Callon (1998a) und Donald MacKenzie (2004) in die Wirtschaftssoziologie eingeführt.[6] MacKenzie unterscheidet zwei Bedeutungen dieses Begriffs:

> „The first one might call generic performativity [...]. Performativity in this sense points to the fact that the categories of social life (gender is the prototype) are not self-standing, ,natural' or to be taken as given, but are the result of endless performances by human beings and (an actor-network theorist such as Callon would add) by non-human entities and artefacts as well. The economy, Callon points out, is performed by economic practices, including marketing and accountancy, and by the all-pervasive practices of metrology [...]. In this meaning, ,performativity' is at the most general level entirely obvious. For example, even prior to the Enron and WorldCom scandals, it was a matter of simple observation that profit figures – corporate earnings – were generated by accountancy practices. The self-evident nature of the point does not, however, rob it of empirical interest or substantive importance. [...] Except in areas such as sex and gender where social categories might be read as natural, generic performativity is a weak claim (could matters be otherwise?), but still empirically important" (MacKenzie 2004: 305).[7] Er fährt fort: „A second meaning of performativity is less universal but stronger. This I call ,Austinian performativity', because it is closer to the meaning of the term in the

---

6   Zu den Arbeiten von MacKenzie siehe auch die Beiträge von Diaz-Bone und von Langenohl in diesem Band.

7   Zur Performativität von Geschlecht siehe auch den Beitrag von Krell in diesem Band.

work of the coiner of the word ‚performative‘, the philosopher J. L. Austin. A ‚performative utterance‘ is one that ‚makes itself true‘, that brings into being that of which it speaks, as when an absolute monarch designates someone an ‚outlaw‘, an appropriate authority designates a couple husband and wife, a ship is authoritatively named, and so on […].“ (ebd.)

MacKenzie verwendet dann diese Definition bei der Untersuchung der Performativität finanzwissenschaftlicher Modelle.

„To ask whether a model in financial economics is performative in the Austinian sense is to ask, among other things, whether the effect of the practical use of the model is to change patterns of prices towards greater compliance with the model.“ (MacKenzie 2004: 306)

MacKenzies Forschungen konzentrierten sich somit stärker auf die in Finanzmärkten verwendeten Modelle, insbesondere auf das bekannte *Black-Scholes-Modell.* In jüngerer Zeit haben Donald MacKenzie, Fabian Muniesa und Lucia Siu (2007) der Frage nach der Performativität der Wirtschaftswissenschaft ein ganzes Buch gewidmet.

Bei der Exploration dieses Forschungsgegenstandes in diesem Teil beziehe ich mich auf die Austinsche Bedeutung von Performativität und lege dar, dass die Buchführung einen Beitrag zur Performativität der Wirtschaftswissenschaft leistet: Das Rechnungswesen wirkt in der Wirtschaft nicht bloß in der von MacKenzie in der Enron-Affäre beschriebenen Weise oder in dem im ersten Teil dieses Beitrags erläuterten Sinn, sondern ist eines der Instrumente, mit denen Ökonomen und Ökonominnen die Realität ihren Realitätsbeschreibungen annähern können. Das zeigt, dass die Konstruktion der realen Wirtschaft durch das Rechnungswesen auch mit Hilfe der ökonomischen Theorie erfolgt.

Der technische und rechnerische Apparat, den das Rechnungswesen aufbieten kann, steigert die performative Kraft der Wirtschaftswissenschaft um ein Vielfaches. Das Rechnungswesen erlaubt es, die theoretischen Aussagen dieser Wissenschaft der Welt einzuschreiben, sie zu vergegenständlichen. Sobald sich ein theoretisches Konzept erst einmal damit schmücken kann, im Rechnungswesen „vermessen“ zu sein, gewinnt es eine reale Existenz, verwandelt es sich in den Zahlentabellen des Rechnungswesens zu Fleisch und Blut und wird es in den Strom der diskursiven Realitätsdeutungen hineingezogen. Das Rechnungswesen hat das Konzept in eine Zahl verwandelt und die ökonomische Theorie in ein System von Zahlentabellen, die zu sagen vorgeben, was in der Wirtschaft der Fall ist. Um performativ zu werden, müssen die Theoreme, Aussagen und Konzepte der ökonomischen Theorie Übersetzungsprozesse durchlaufen, die ihnen zum Status von „Tatsachen“ verhelfen, und das Rechnungswesen steuert zu diesem Übersetzungswerk Entscheidendes bei.

Um diese besondere Rolle des Rechnungswesens zu verstehen, muss man offensichtlich zwei Phänomene näher betrachten. Das erste ist die althergebrachte Beziehung zwischen Rechnungswesen und Wirtschaftswissenschaft, in der das Erstere viele der von der Letzteren verwendeten Konzepte lieferte, sodass die performative Kraft der Letzteren zum Teil auf ihrer Fähigkeit beruht, sich den von Geschäftsleuten in der realen Welt konstruierten „einheimischen“ Repräsentationen anzuschließen. Da die Wirtschaftswissenschaft zum Teil die Sprache des Rechnungswesens sprach, konnte sie sich an dessen Praxis heften und dort ihre eigenen revidierten Konzepte durchsetzen. Eine zweite Dynamik in der Beziehung zwischen Rechnungswesen und Wirtschaftswissenschaft ist immer dann zu beobachten, wenn die Wirtschaftswissenschaft anderer Meinung ist als das Rechnungswesen und sich, was gelegentlich vorkommt, von dessen Konzepten lossagt. In solchen Fällen kehrt sich die Bewegung um und werden wirtschaftswissenschaftliche Begriffe in das Regelwerk des Rechnungswesens eingeführt; vermittelt wird dieser Prozess durch eine neue Disziplin, die Theorie des Rechnungswesens, die in der ersten Hälfte des 20. Jahrhunderts auftauchte und wirtschaftswissenschaftliche Konzepte, die dem Rechnungswesen ursprünglich fremd waren, in Rechnungswesenkonzepte übersetzte. Beide Phänomene werden im Folgenden untersucht.

4.1   Das Rechnungswesen als Inspirationsquelle der ökonomischen Theorie

Dass die Praktiken des Rechnungswesens für die frühen Ökonomen (speziell die klassischen) eine Inspirationsquelle waren, muss wohl nicht noch einmal extra gezeigt werden. Das Rechnungswesen und die Ökonomie benutzen das gleiche Vokabular: Kosten, Aufwendungen, Kapital, Vermögenswerte, Einnahmen, Bilanz, Budget, Ausgaben, Gewinn usw. Der ökonomische Diskurs hat sich also ursprünglich beim Diskurs der Kaufleute und Bankiers bedient, der seinerseits von den Kategorien des Rechnungswesens gespeist war. Der für die Wirtschaftswissenschaft zentrale Kapitalbegriff ist auch für das Rechnungswesen zentral und stammt auch tatsächlich aus diesem.

Schriftlich tauchte das Wort Kapital im ökonomischen Sinn erstmals in Italien auf, und zwar in einem florentinischen Buchhaltungshauptbuch aus dem Jahr 1211. Der Begriff verbreitete sich dann offenbar mit der Expansion des italienischen Handels und Bankwesens von Italien aus über ganz Europa (Braudel 1990). Die Verwendung des Wortes Kapital in einem ökonomischen Sinn muss von früheren Verwendungsweisen unterschieden werden, als das Wort adjektivisch zur Kennzeichnung von Verbrechen und Strafen oder aber in der einleuchtendsten Bedeutung von „am wichtigsten" (die Hauptstadt [*capital city*] eines Landes) gebraucht wurde.

Die ökonomischen Bedeutungen des Wortes Kapital waren in der Reihenfolge ihres historischen Auftritts: (1) der Darlehensbetrag, das heißt die Summe des verliehenen Geldes im Unterschied zu den für dieses Darlehen gezahlten Zinsen und (2) das in einen bestehenden Handelsbetrieb investierte Geld oder die von einem Kaufmann bei der Eröffnung eines solchen Betriebes investierten Geldmittel, und zwar unabhängig davon, ob er alleine oder mit anderen Kapitalgebenden zusammen agiert. Dieser Kapitalbegriff kommt dem des Rechnungswesens am nächsten. Danach gewinnen die Konzepte der Ökonomen eine Art Eigenleben. (3) In Erweiterung des Begriffs verstanden die Ökonomen des 18. Jahrhunderts unter „Kapital" den gesamten für Produktionszwecke in der Wirtschaft investierten Wohlstand. Der Begriff Kapital ist hier von der Vorstellung einer Geldsumme abgelöst und umfasst alle Arten von Reichtum und Kapitalgütern.

Diese Begriffserweiterung führte oft zu einer Verwechslung von „Kapital" im Sinne von *das investierte* Geld mit „Kapital" im Sinne von *den Dingen*, in die das Geld investiert wurde, da die Ökonomen die Wahl ihrer Begrifflichkeit trotz deren erheblichen Konsequenzen nicht immer erklärten (Hicks 1974). Dem in der doppelten Buchführung geschulten Buchhaltungspersonal stellte sich dieses Problem nicht, da das Buchführungsmodell zwischen den beiden Bedeutungen, die im Übrigen auch durch die zwei Seiten der Bilanz repräsentiert werden, einen klaren Unterschied macht.[8] Dass Hicks für diese Unterscheidung empfänglich war, überrascht nicht, da er sich in seiner Laufbahn als Ökonom sehr für das Buchführungsmodell interessierte.

Hinsichtlich des Einflusses des Rechnungswesens auf das ökonomische Denken habe ich an anderer Stelle gezeigt, dass Karl Marx sich sehr für das Rechnungswesen interessierte und dass er dabei von seinem mit den neuesten industriellen Praktiken in Manchester vertrauten Freund Friedrich Engels unterstützt wurde (Chiapello 2007a).[9] Marx wollte die Spezifika des Kapitalismus erfassen und musste dafür ein zusammenhängendes System und dessen innere Dynamik rekonstruieren. Bei dieser systematischen Rekonstruktion spielte die Repräsentation der Zirkulation und Akkumulation in Begriffen des Rechnungswesens eine zentrale Rolle. Mitte des 19. Jahrhunderts ähnelte die Sprache des Rechnungswesens der Sprache der – von Marx eingehend studierten – Politischen Ökonomie. Sowohl das Rechnungswesen als auch die Politische Ökonomie benutzten zu Marx' Zeiten die Konzepte Kapital, Profit und Lohn. Marx selbst wählte durchgehend die ökonomischen Konzepte, die dem Rechnungswesen am nächsten standen.

Die Bedeutung des Rechnungswesens für die Genese ökonomischer Konzepte ist also an den Werken der „klassischen Ökonomen" deutlich zu sehen. Diese borgten sich sehr bewusst Fachausdrücke und Konzepte. Nachdem diese Konzepte aber erst einmal in das ökonomische Denken eingeführt worden waren, begannen sie ein Eigenleben zu führen und sich immer stärker von ihren Wurzeln zu entfernen.

Im Gegensatz zur klassischen Ökonomie gibt die Neoklassik die traditionellen Repräsentationen des Rechnungswesens auf. Irving Fishers (1906) radikale Neudefiniton der Konzepte Kapital und Einkommen ermöglichte zumindest vorübergehend eine Trennung zwischen Rechnungswesen und ökonomischer Theorie (s. z. B. Fisher 1906). Seit Fisher ist „Kapital" nichts Rückwärtsgewandtes mehr und versteht man darunter nicht mehr, wie im Rechnungswesen, das in Kapitalgüter investierte Geld oder die Kapitalgüter selbst. „Kapital" ist nun vielmehr vorwärts gewandt und bezeichnet alle von den Kapitalgütern in Zukunft erwarteten Dienste. Zur Operationalisierung des neuen Kapitalbegriffs erfand man dann den *Discounted Cash Flow*,[10] und die bis dahin vor allem mit der Verbuchung

---

8   „Vermögenswerte", die auf der einen Seite der Bilanz stehen, repräsentieren den Wert der *Dinge*, in die Geld investiert wurde. Das investierte Geld wird auf der anderen Seite der Bilanz repräsentiert, die aus „Aktienkapital" plus „Verbindlichkeiten" besteht, da das investierte Geld von Aktionären oder anderen Geldgebern stammt.

9   Eine gekürzte deutsche Übersetzung liegt mit Chiapello (2007b) vor.

10 Das Verfahren des *Discounted Cash Flow* (DCF) ist eine Methode zur Bewertung eines Projektes (eines Unternehmens oder Vermögenswertes) auf der Basis (1) der Vorausberechnung aller zukünftigen Barmittelzuflüsse und -abflüsse, die das Projekt in verschiedenen Perioden generieren

vergangener Ereignisse befasste Rechnungswesenpraxis geriet gegenüber dem neoklassischen Denken ins Abseits.

Bezugssysteme des Rechnungswesens spielten jedoch in einer anderen Phase des ökonomischen Denkens eine wichtige Rolle, nämlich bei der im vergangenen Jahrhundert erfolgten Konstruktion volkswirtschaftlicher Gesamtrechnungen, die statistisches Material für keynesianische Politiken liefern sollten. Wie von André Vanoli (2002) und Paul Studenski (1958) gezeigt, verwendete die Wirtschaftsstatistik vor den 1930er Jahren lückenhafte Informationen oder versuchte lediglich, das Nationaleinkommen zu schätzen. Es dauerte eine ganze Weile, bis bei der Konstruktion der volkswirtschaftlichen Gesamtrechnung und der Systematisierung statistischer Informationen in einem kohärenten System bewusst die Metapher vom betrieblichen Rechnungswesen benutzt wurde (Suzuki 2003).[11] Dieses internationale Werk war in den 1960er Jahren vollendet. Nach den 1980er Jahren geriet der Keynesianismus jedoch in eine Krise und danach verloren allmählich viele Ökonomen auch das Interesse an der Rechnungslegung.

Die Phasen der Nähe, in denen die Wirtschaftswissenschaft sich bei der Konstruktion ihrer eigenen ökonomischen Repräsentationen bewusst auf das betriebliche Rechnungswesen bezieht, erklären vielleicht die immer wiederkehrende Versuchung für die ökonomische Theorie, ihrerseits einen Input in das Rechnungswesen zu geben, um es zu rationalisieren und den eigenen Repräsentationen anzupassen. Obwohl also die Buchungspraktiken nicht aus der Wirtschaftswissenschaft hervorgegangen sind – und dieser im Gegenteil einen Teil ihrer Waffen geliefert haben –, können sie doch von der ökonomischen Theorie beeinflusst sein. Wenn die Akteure des Rechnungswesens die Rechnungslegungspraktiken zu rationalisieren und ihre leitenden Grundsätze zu formulieren versuchten, bezogen sie sich auf genau den theoretischen Diskurs in der Wirtschaftswissenschaft, der zur Operationalisierung seiner Konzepte auf das Rechnungswesen zurückgriff.

4.2 Die Inspiration des Rechnungswesens durch die ökonomische Theorie

Einen deutlichen Nachweis dieser Entwicklung gibt Hopwood. Er zeigt nachdrücklich, wie ökonomische Kategorien die Rechnungswesenpraxis erfassten und wie vom Rechnungswesen

---

wird, und (2) der Transformation dieser Barmittelflüsse vermittels einer Diskontierungsrate, die, um die Barmittelflüsse angemessen vergleichen zu können, deren Wert so darstellen soll, als fänden sie alle zu einem einzigen Zeitpunkt statt. Die verwendete Diskontierungsrate soll die Kapitalkosten repräsentieren und kann Urteile darüber beinhalten, wie unsicher (riskant) die zukünftigen Cash Flows sind. Die Bewertung eines Vermögenswertes nach dieser Methode basiert somit weitgehend auf Zukunftserwartungen, also weder auf dem in der Vergangenheit für Beschaffung oder Produktion ausgegebenen Geld, wie in der Anschaffungs- oder Herstellungskostenmethode, noch auf dem aktuellen Marktwert.

11 Suzuki zeigt, dass die Geschichte des britischen Rechnungswesens maßgeblichen Einfluss auf die Entwicklung der Makroökonomie hatte, und rekonstruiert die frühen Entwicklungen, die Idee und Praxis des modernen makroökonomischen Managements hervorgebracht haben.

gefordert wurde, ökonomische Kategorien zu operationalisieren und sich so zu reformieren, dass die Kalkulationen stärker mit der ökonomischen Theorie übereinstimmen.

„Accounting is not imbued with purpose but it can be made to be purposeful. Many of the wider roles and functions of the craft are not therefore inherently associated with its practice but rather emerge from the intermingling of accounting with other discourses, practices and institutional forms." (Hopwood 1992: 141)

Eines der bemerkenswertesten Beispiele für den Einfluss der ökonomischen Theorie auf das Rechnungswesen ist, dass kürzlich mit den *International Accounting Standards* (IAS) die Diskontierung künftiger *Cash Flows* (DCF) als Methode zur Bewertung gewisser Aktiva im Rahmen der „Zeitwertbilanzierung" genehmigt wurde. Diese Rechnungslegungslogik unterstellt, dass Irving Fishers Definitionen von „Kapital" und „Einkommen" allgemein akzeptiert werden. Ein paar Dekaden nach der Wirtschaftswissenschaft erlebt nun offensichtlich auch das Rechnungswesen eine Revolution.

Die Geschichte dieser Eroberung durch ökonomische Konzepte ist ziemlich alt. Sie beginnt mit der Geburt der Rechnungslegungstheorie in den 1920er Jahren, der in kurzem Abstand die unter den Auspizien der neu gegründeten Börsenaufsichtsbehörde *Security and Exchange Commission* (SEC) in den Vereinigten Staaten vorgenommene Festlegung der ersten Rechnungslegungsstandards folgte. Theoretiker der Rechnungslegung wie Ananias C. Littleton und William A. Paton wollten, als Teil der von ihrer neu gegründeten Profession vertretenen Mission, die Rechnungslegung theoretisch fundieren und Einfluss auf die Produktion von Grundsätzen der Rechnungslegung nehmen. Sie suchten diese Fundierung in der ökonomischen Theorie und organisierten viele Debatten über Fishers Konzepte und deren mögliche Übersetzung in das Rechnungswesen. Die Tradition des Dialogs zwischen Rechnungslegungstheorie und ökonomischen Konzepten hielt sich dann noch bis in die 1970er Jahre (besonders erwähnt werden muss hier Raymond J. Chambers, den man als einen der Väter der Zeitwertbilanzierung ansehen kann).

Die mit der Attacke von Ross Watts und Jerold Zimmerman (1979) auf die traditionelle Schule ausgelöste „positivistische" Revolution in der akademischen Welt der Theorie des Rechnungswesens veränderte dann alles (Chiapello/Desrosières 2006). Die Positivisten sahen keinen Sinn darin, wie die Theoretiker des Rechnungswesens darüber nachzudenken, was das Rechnungswesen eigentlich sein sollte; sie hielten es vielmehr für erforderlich, sorgfältig die tatsächlichen Praktiken des Rechnungswesens in Unternehmen zu untersuchen. Diese neue, äußerst aggressive Wissenschaftlergeneration diskreditierte ihre Vorgänger mit Erfolg und brachte die Forschung zur Theorie des Rechnungswesens weitgehend zum Erliegen. Das für die Festlegung von Rechnungslegungsstandards zuständige System entwickelte sich jedoch weiter, erpicht darauf, die alten Theorien anzuwenden und, nachdem die Anwendung der ökonomischen Theorie des Rechnungswesens eine Reihe von Skandalen ausgelöst hatte, seine Legitimität wiederherzustellen. Die erste Manifestation dieser Tendenz war das vom 1973 neu gegründeten *Financial Accounting Standards Board* der USA gestartete Projekt über Rechnungslegungsgrundsätze (Gore 1992; Zeff 1999), dem sich andere Länder schnell anschlossen. Der alte Traum der Theoretiker des Rechnungswesens,

Einfluss auf die Grundsätze des Rechnungswesens zu nehmen, wurde wahr, merkwürdigerweise zu einer Zeit, als sie in der akademischen Welt nicht mehr willkommen waren. Der unverhoffte Erfolg ihrer Bemühungen, das Rechnungswesen stärker an die neoklassische Theorie anzupassen, wurde durch den wachsenden Einfluss der Finanzmärkte und deren Durchdringung mit Fishers ökonomischen Konzepten noch verstärkt.

Die traditionell enge Beziehung zwischen Rechnungswesen und Wirtschaftswissenschaft, die kaum wahrgenommen wird, weil zeitgenössische Ökonomen und Ökonominnen oft wenig von Rechnungswesen wissen, erklärt, warum die Praxis des Rechnungswesens ein erfolgreicher Verbreiter von Konzepten der reinen Ökonomie, wie etwa des Fisherschen Kapitalkonzepts, bleibt. Die Übernahme dieses Kapitalkonzeptes ist ein gutes Beispiel für die Fähigkeit des Rechnungswesens, durch die ökonomische Theorie die Welt der Wirtschaft zu verändern.

5   Schlussfolgerungen

In diesem Beitrag habe ich gezeigt, welche herausragende Rolle das Rechnungswesen bei der gesellschaftlichen Konstruktion der Welt, die man die „ökonomische" nennt, spielt. Diese Rolle ist vielfältig und auf mehreren Ebenen angesiedelt. Das Rechnungswesen lieferte zu allererst eine ganz spezifische Sprache, die dann von der ökonomischen Theorie importiert und als Ausgangspunkt für das Schmieden der eigenen Konzepte benutzt wurde. Wenn man über die Wirtschaft spricht, geschieht das oft in Begriffen, die ursprünglich aus dem Rechnungswesen stammen.

Das Rechnungswesen ist aber nicht nur eine Sprache. Es ist auch eine Technik zur Quantifizierung und Übersetzung disparater Ereignisse in eine Zahlensprache. Das Rechnungswesen macht es möglich, Ereignisse, die sonst nicht vergleichbar wären, in einem monetären Raum abzubilden. Sein technischer Apparat trägt dazu bei, abstrakten Konzepten reale Existenz zu verleihen. Dank des Rechnungswesens kann man erfahren, wie groß der Gewinn dieses oder jenes Unternehmens ist. Dank seiner Übersetzungsleistungen wird der abstrakte und auf nichts Physisches verweisende Begriff des Gewinns zu einem Faktum, von dem man spricht und auf dessen Basis folgenreiche praktische Entscheidungen getroffen werden.

Die Wirtschaftswissenschaft, die ihre Begriffe aus der Sprache des Rechnungswesens bezog, hat dafür im Gegenzug in den Technologien des Rechnungswesens ein Mittel zur Angleichung der Welt an ihre Theorien gefunden. Einmal gegenüber dem Rechnungswesen verselbständigt, konnten sich die ökonomischen Begriffe nämlich mit der Zeit von den ihnen zu Grunde liegenden Begriffen des Rechnungswesens lösen (wie bei dem in diesem Beitrag erläuterten Fall des Gewinnbegriffs). In einem sonderbaren Umkehrprozess sah sich nun das Rechnungswesen gehalten, den von der ökonomischen Theorie erfundenen neuen Begriffen Leben einzuhauchen, sie zu *performen*. Nachdem sie die Übersetzungsprozesse des Rechnungswesens durchlaufen haben, erlangen die wirtschaftswissenschaftlichen Konzepte den Status von Tatsachen.

Die Analyse dieser Übersetzungsprozesse zeigt jedoch, dass die produzierten Zahlen auf Konventionen beruhen. Schon die verschiedenen Möglichkeiten, den Gewinn zu kalkulieren, deuten darauf hin, dass das „Faktum" Gewinn tatsächlich eine Konvention und zum Teil willkürlich ist. Trotzdem bauen verschiedene Prozeduren zur Verteilung von Wohlstand auf diesem Kalkül auf und objektivieren damit für die Wirtschaftsteilnehmer, was zunächst nur ein Kalkül unter anderen ist. In der Terminologie von John Searle (in diesem Band) kann man sagen, dass der Gewinn in ontologischer Hinsicht subjektiv ist, aber in einem epistemologischen Sinn objektiv wird, sobald er erst einmal vom Rechnungswesen hervorgebracht wurde. Gewinn kann zwar nur durch menschliche, insbesondere diskursive Praktiken existieren; für die Inhaberin eines Bankkontos jedoch, der aufgrund dieses Kalküls eine Geldsumme aus einer Dividendenausschüttung gutgeschrieben wird, ist er epistemologisch objektiv.

Man darf allerdings die konventionelle Natur der Zahlen des Rechnungswesens, die in diesem Beitrag ausführlich illustriert wurde, nicht zu eng verstehen. Die Konvention ist nicht nur da, weil man sie eben braucht. Wie die französische Schule der Économie des conventions (Batifoulier 2001) zeigt, ermöglicht die Konvention auch die Koordination von Repräsentationen.[12] Die Konvention ergibt erst im Rahmen eines Diskurszusammenhangs Sinn, in dem sie gerechtfertigt und in Beziehung zu anderen Konventionen gesetzt wird. Wenn verschiedene Gewinnkonventionen möglich sind, erhält also die jeweils gewählte dadurch ihren Sinn, dass sie auf verschiedene Diskurse über unser Konzept der Unternehmung und über das Funktionieren unserer Wirtschaft bezogen wird. Die Akteure des Rechnungswesens treffen ihre Wahl in Abhängigkeit von einer bestimmten Weltsicht und von der Art der registrierten Transaktion. Der Erfassungs- und Auswertungsvorgang, den das Rechnungswesen vollzieht, kann nicht von der kognitiven Tätigkeit getrennt werden, die ihn mit Sinn erfüllt.

Das Rechnungswesen gehört schließlich zu den von Menschen erfundenen technisch-diskursiven Artefakten, die in der heutigen Welt eine zentrale Rolle spielen, da ohne sie das Unternehmen nicht existieren kann: Man wüsste nichts über die Grenzen des Unternehmens und könnte seinen Gewinn weder berechnen, geschweige denn akkumulieren. Das Unternehmen, die ökonomische Einheit, existiert weitgehend durch das Rechnungswesen. Es zeigt sich in seinen Aufzeichnungen, und die Handlungen, die durch es hindurchgehen, erhalten durch die Zahlen des Rechnungswesens ihren letzten Schliff. Unsere Bankkonten sind außerdem nicht mehr als ein Gespinst von Buchungen, und unser Geld existiert vor allem über buchungstechnische Einträge.[13]

Schließlich setzt die Verbreitung der ökonomischen Weltsicht die Verbreitung des Blicks des Rechnungswesens voraus. Die Erfassung und Abbildung menschlicher Aktivitäten in einen Zahlenraum sind unser üblicher Modus geworden, um aus dem allgemeinen Lebenszusammenhang das Ökonomische herauszuziehen. Wenn eine Aktivität „ökonomisch" ist, muss sie also erfasst und in unser Rechnungswesen integriert werden. Mit dieser Erfassung

---

12 Zur Économie des conventions siehe auch den Beitrag von Diaz-Bone in diesem Band.
13 Ein kleiner Teil alles Geldes zirkuliert tatsächlich in einer physischen Form (Scheine oder Münzen), die ihrerseits eine Konvention ist.

wird etwas als ökonomischer Beitrag anerkannt. Das Rechnungswesen ist auch das Mittel zur Internalisierung der von der Wirtschaftswissenschaft angesprochenen und die Grenzen ihrer Argumentation absteckenden positiven oder negativen externen Effekte.

Was man „die Ökonomie" nennt (sei es das Betreiben von Unternehmen, die Wohlstandsströme, die Kalkulationskapazitäten der Wirtschaftssubjekte oder das wissenschaftliche Denken) ist also in einem mehrfachen Sinn durch das Rechnungswesen konstruiert.

Literatur

Amblard, Marc (2004): Conventions et comptabilité: vers une approche sociologique du modèle. In: Comptabilité-Contrôle-Audit. 47-68.

Austin, John L. (1972): Zur Theorie der Sprechakte. Stuttgart: Reclam.

Batifoulier, Philippe (Hrsg.) (2001): Théorie des conventions. Paris: Economica.

Braudel, Fernand (1990): Sozialgeschichte des 15.-18. Jahrhunderts. München: Kindler.

Callon, Michel (1998a): Introduction: The embeddedness of economic markets in economics. In: Callon (1998b): 1-57.

Callon, Michel (Hrsg.) (1998b): The laws of the markets. Oxford: Blackwell.

Callon, Michel (2005): Why virtualism paves the way to political impotence. A reply to Daniel Miller's critique of The laws of the markets. In: Economic Sociology Newsletter 6. 2. 3-20.

Capron, Michel (Hrsg.) (2005): Les normes comptables internationales. Instruments du capitalisme financier. Paris: La Découverte.

Chiapello, Eve (2005): Transformation des conventions comptables, transformation de la représentation de l'entreprise. In: Capron (2005): 121-150.

Chiapello, Eve (2007a): Accounting and the birth of the notion of capitalism. In: Critical Perspectives on Accounting 13. 3. 263-296.

Chiapello, Eve (2007b): Die Geburt des Kapitalismus aus der Idee der doppelten Buchführung. In: WestEnd 2007. 2. 64-95.

Chiapello, Eve/Desrosières, Alain (2006): La quantification de l'économie et la recherche en sciences sociales: paradoxes, contradictions et omissions. Le cas exemplaire de la „Positive accounting theory". In: Eymard-Duvernay (2006): 297-310.

Coase, Ronald H. (1937): The nature of the firm. In: Economica 4. 16. 386-405.

Colette, Christine/Richard, Jacques (2000): Comptabilité générale. Les systèmes français et anglo-saxons. Paris: Dunod.

Desrosières, Alain (2005): Die Politik der großen Zahlen: Eine Geschichte der statistischen Denkweise. Berlin: Springer.

Dumont, Louis (1977): Homo Aequalis. Génèse et épanouissement de l'idéologie économique. Paris: Gallimard.

Espeland, Wendy/Stevens, Mitchell (1998): Commensuration as a social process. In: Annual Review of Sociology 24. 313-343.

Eymard-Duvernay, François (Hrsg.) (2006): L'économie des conventions. Méthodes et résultats. Band 1: Débats. Paris: La Découverte.

Fisher, Irving (1906): The nature of capital and income. New York: Macmillan.

Foucault, Michel (2004): Geschichte der Gouvernementalität I: Sicherheit, Territorium, Bevölkerung. Frankfurt a. M.: Suhrkamp.

Gore, Pelham (1992): The FASB conceptual framework project 1973-1985: An analysis. Manchester: Manchester University Press.

Granovetter, Mark (1985): Economic action and social structure: The problem of embeddedness. In: American Journal of Sociology 91. 3. 481-510.

Hacking, Ian (1999): The social construction of what? Cambridge: Harvard University Press.

Hicks, John (1974): Capital controversies: Ancient and modern. In: American Economic Review 64. 2. 307-316.

Hopwood, Anthony G. (1992): Accounting calculation and the shifting sphere of the economic. In: European Accounting Review 1. 1. 125-143.

Klamer, Arjo/McCloskey, Donald (1992): Accounting as the master metaphor of economics. In: European Accounting Review 1. 1. 147-160.

Lautier, Bruno (1994): L'économie informelle dans le tiers monde. Paris: La Découverte.

MacKenzie, Donald (2004): The big, bad wolf and the rational market. In: Economy and Society 33. 3. 303-334.

MacKenzie, Donald/Muniesa, Fabian/Siu, Lucia (Hrsg.) (2007): Do economists make markets? On the performativity of economics. Princeton: Princeton University Press.

Miller, Daniel (2002): Turning Callon the right way up. In: Economy and Society 31. 2. 218-233.

Polanyi, Karl (1957): The economy as instituted process. In: Polanyi/Arensberg (1957): 243-270.

Polanyi, Karl (1978 [1944]): The Great Transformation: Politische und ökonomische Ursprünge von Gesellschaften und Wirtschaftssystemen. Frankfurt a. M.: Suhrkamp.

Polanyi, Karl/Arensberg, Conrad M. (Hrsg.) (1957): Trade and market in the early empires: Economies in history and theory. New York: The Free Press.

Polanyi, Karl/Arensberg, Conrad M./Pearson, Harry W. (1957): The place of economics in societies. In: Polanyi/Arensberg (1957): 239-242.

Rakotomanana, Faly Hery/Ravelosoa, Rachel/Roubaud, François (2000): L'enquête 1-2-3 sur le secteur informel et la satisfaction des besoins de ménages dans l'agglomération d'Antananarivo. In: Stateco 95-96-97.

Richard, Jacques (2005): Les trois stades du capitalisme comptable. In: Capron (2005): 89-120.

Robé, Jean-Philippe (1999): L'entreprise et le droit. Paris: PUF.

Sombart, Werner (2001): Capitalism. In: Stehr/Grundmann (2001): 3-29.

Stehr, Nico/Grundmann, Reiner (Hrsg.) (2001): Werner Sombart: Economic life in the modern age. New Brunswick: Transaction Publishers.

Studenski, Paul (1958): The income of nations. New York: New York University Press.

Suzuki, Tomo (2003): The epistemology of macroeconomic reality: The Keynesian Revolution from an accounting point of view. In: Accounting, Organizations and Society 28. 471-517.

Thompson, Graham F. (1998): Encountering economics and accounting: Some skirmishes and engagements. In: Accounting, Organizations and Society 23. 283-323.

Vanoli, André (2002): Une histoire de la comptabilité nationale. Paris: La Découverte.

Watts, Ross/Zimmerman, Jerold (1979): The demand and supply of accounting theories: The market for excuses. In: Accounting Review 54. 273-306.

Zeff, Stephen A. (1999): The evolution of the conceptual framework for business enterprises in the United States. In: The Accounting Historians Journal 26. 89-131.

II
Anwendungen

Linguistische Diskursanalyse und ihre Anwendung auf die Wirtschaftskommunikation

Gisela Brünner

1 Linguistische Diskursforschung

Mein Beitrag steht im theoretischen Zusammenhang der linguistischen Diskursforschung, die sich in den vergangenen beiden Jahrzehnten – neben anderen kommunikativen Praxisbereichen – auch der Untersuchung von Wirtschaftskommunikation gewidmet hat. Ich möchte zunächst diese Forschungsrichtung skizzieren, um dann ihre Anwendung auf Wirtschaftskommunikation am Beispiel von Verkaufsgesprächen exemplarisch darzustellen.

1.1 Diskursbegriff und Richtungen der Diskursforschung

Der Begriff *Diskursforschung* (Reisigl 2007) wird in der Linguistik ebenso wie der der *Gesprächsforschung* oft als Oberbegriff für verschiedene theoretische Richtungen verwendet, die sich mit mündlicher Kommunikation und sprachlicher Interaktion beschäftigen. Zu nennen sind hier insbesondere die *funktionalpragmatische Diskursanalyse,* wie sie von Konrad Ehlich und Jochen Rehbein begründet wurde, sowie die konversationsanalytische *Gesprächsanalyse* (z. B. Elisabeth Gülich, Werner Kallmeyer).

Der Begriff *Diskurs*, der in der Linguistik insgesamt etwas diffus verwendet wird, hat in der Funktionalen Pragmatik eine deutliche Kontur. Unter Diskursen sind Einheiten und Formen der Rede bzw. der Interaktion zu verstehen, wie sie im alltäglichen sprachlichen Handeln sowie in institutionellen Bereichen auftreten. Mündlichkeit ist zwar keine notwendige Eigenschaft des diskursiven Handelns, jedoch der charakteristische Fall. Systematisch gesehen gehört zum Diskurs die raum-zeitliche Kopräsenz von Sprecher und Hörer (face-to-face-Interaktion); diese kann aber z. B. auf eine zeitliche Kopräsenz (am Telefon, im Chat) reduziert sein. Zugleich wird auch die Gesamtheit der Interaktionen zwischen Angehörigen bestimmter gesellschaftlicher Gruppen (z. B. Arzt – Patientin, Expertin – Laie) oder innerhalb eines gesellschaftlichen Bereiches (z. B. der Unterrichtsdiskurs in Schulen) zusammenfassend als Diskurs bezeichnet.

Sowohl die funktionalpragmatische Diskursanalyse als auch die konversationsanalytische Gesprächsanalyse untersuchen authentische Gespräche der beruflichen und privaten Kommunikationspraxis anhand von Datenkorpora (audiovisuelle Aufnahmen und Transkriptionen) im Hinblick auf Formen und Funktionen des sprachlichen Handelns und der Interaktion. Analysiert und rekonstruiert werden die Art und Weise der interpersonalen Verständigung, die kommunikativen Aufgaben, die die Gesprächsteilnehmer dabei zu erfüllen haben, die eingesetzten sprachlichen Handlungsmuster bzw. sprachlichen Mittel und ebenso auch die Probleme, die in Diskursen bzw. Gesprächen typischerweise auftreten. Im Fokus stehen nicht individuelle Kommunikationsweisen, sondern überindividuelle, gesellschaftliche Formen und Strukturen von Kommunikation und Interaktion, die mit ihnen verbundenen Anforderungen an die Beteiligten und ihre jeweiligen Probleme.

Zu den verschiedenen *Diskurstypen* gibt es ein breites Spektrum empirischer Untersuchungen privater, beruflicher und medialer Diskurse. Gerade Diskurse in Institutionen – z. B. der Wirtschaft, des Gesundheits- und Bildungswesens, des Rechts, der Verwaltung – sind vielfach beschrieben worden (Überblicke in Brinker et al. Hrsg. 2001)

Die *Angewandte Diskurs-* bzw. *Gesprächsforschung* zielt ausdrücklich nicht nur auf Deskription, sondern von vornherein auch auf mögliche Problemlösungen für die Praxis (Becker-Mrotzek/Brünner 1999; Brünner/Fiehler/Kindt Hrsg. 2002). Analyseergebnisse werden vor allem für die Entwicklung gesprächsdidaktischer Konzepte und die Förderung von Gesprächskompetenz, besonders im Beruf, verwendet (Fiehler/Schmitt 2004a; Becker-Mrotzek/Brünner Hrsg. 2004).

1.2   Empirische Grundlagen und Rolle von Transkriptionen

Empirische und methodische Grundlage der linguistischen Diskursforschung sind *Ton-* und *Video-Aufnahmen* authentischer Gespräche, von denen genaue Verschriftungen (Transkriptionen) angefertigt werden. Aufzeichnung und Transkription sind notwendig, weil mündliche Kommunikation flüchtig ist und das Gesprochene schon nach Millisekunden nur noch im Gedächtnis der Gesprächsteilnehmer existiert. Die dort gespeicherten Erinnerungen sind ungenau, subjektiv gefärbt und mehr am Inhalt als an der Form des Gesprochenen orientiert; sie können schon deshalb nicht Grundlage für die wissenschaftliche Analyse sein. Die technische Aufzeichnung dokumentiert die kommunikative Praxis in ihrer sinnlich-medialen Qualität und bewahrt das Gesprochene über die Zeit.

Transkripte stellen eine mediale Umsetzung mündlicher Gespräche in das Medium der Schrift dar und greifen dabei auf ein wissenschaftliches Konventionssystem (Transkriptionssystem) zurück. Die Transkription ist bereits ein analytischer Bearbeitungsschritt und eine erste Interpretation der Daten: Äußerungen werden segmentiert, Wörter erkannt, Sprecher identifiziert, auditiv oder visuell Wahrgenommenes wird beschrieben und charakterisiert. Das Transkript hält solche Interpretationen fest und macht sie kontrollierbar. Transkripte erzeugen eine analytische Distanz und erleichtern die detaillierte Untersuchung von Gesprächen und die Diagnose kommunikativer Probleme erheblich. Viele komplexe Phänomene werden durch sie überhaupt erst für die Analyse zugänglich.

Während bei einer einfachen Abschrift das Gesprochene geglättet, grammatischen und orthographischen Normen angepasst wird, werden beim Transkribieren die Besonderheiten mündlicher Kommunikation und die genauen Formen des Gesprochenen bewahrt. Das Transkript hält Hörerrückmeldungen fest, Versprecher und Selbstkorrekturen sowie Äußerungsabbrüche und gleichzeitiges Sprechen. Dialektale oder stark umgangssprachliche Formen werden in literarischer Umschrift (*Haste det jesehn?*) wiedergegeben, die Orthographie wird bei Auffälligkeiten abgeändert. Satzzeichen markieren Intonationsverläufe. Intonatorische Merkmale wie *laut, schnell, betont, flüsternd, scharf* usw. werden gekennzeichnet, wenn sie auffällig sind und das Gesagte in seiner Bedeutung beeinflussen. Je nach Fragestellung können auch nonverbale Handlungen notiert werden.

Transkripte haben gegenüber Aufnahmen den Vorteil, dass sie wie eine Zeitlupe wirken. Sie erlauben es, Gesprächsverlauf und -dynamik zeitverzögert nachzuvollziehen, sprachliche Handlungen oder Formulierungen detailliert zu untersuchen, die Perspektiven verschiedener Sprecher oder die Genese von Kommunikationsproblemen zu rekonstruieren. Sie bieten einen Überblick über das Datenmaterial, erleichtern es, sich im – nun textförmigen – Material zu bewegen und vergleichbare Phänomene zusammenzustellen. Sie ermöglichen wie unter einem Mikroskop die Aufschlüsselung komplexer oder schwer verständlicher Stellen (z. B. gleichzeitiges Sprechen oder das Zusammenwirken von sprachlichen und nonverbalen Handlungen). Da die mediale Transposition die Daten verändert und Nuancen verloren gehen, zieht man bei der Analyse immer wieder auch die Aufzeichnung hinzu.

Zusammenfassend gesagt sind Transkripte Erkenntnisinstrumente für die Analyse sprachlich-kommunikativer Phänomene und Mittel, interaktiver Strukturen und Regelhaftigkeiten. Darüber hinaus sind sie als effiziente Lehr- und Lernmittel zur Verbesserung von Gesprächskompetenz verwendbar (Fiehler/Schmitt 2004a; Becker-Mrotzek/Brünner 2006; Brünner/Weber 2009).

Die Arbeit mit Transkripten konkreter Interaktionen ist für die linguistische Diskursforschung charakteristisch und zeichnet sie gegenüber anderen disziplinären Zugängen zur Kommunikation aus. Durch ihre Art des empirischen Zugangs vermag die Diskursforschung eine handlungsbezogene Sicht und „realistische Wendung" auch in Untersuchungsbereichen herbeizuführen, die Gegenstand anderer Disziplinen und Methodologien sind (z. B. Verkauf in den Wirtschaftswissenschaften).

1.3 Ziele und Methodik der Analyse

Die Methodik der Analyse unterscheidet sich in den verschiedenen Richtungen der Diskursforschung teilweise, hat jedoch einen gemeinsamen Kern und eine Schnittmenge konkreter Vorgehensweisen. Ich berücksichtige im Folgenden besonders die Aspekte, die in der funktionalpragmatischen Diskursanalyse (Überblicke Ehlich 2007; Rehbein 2001) wie in der konversationsanalytischen Gesprächsanalyse (Überblicke Deppermann 1999; Kallmeyer 2005) von Bedeutung sind, ohne hier die theoretischen Unterschiede erörtern zu können.

Zwei grundlegende Arten von *Analysezielen* sind das Aufdecken von Regularitäten in Gesprächen und das Erkennen von Kommunikationsproblemen und ihren Lösungsmöglichkeiten. So lässt sich z. B. fragen: Was sind typische Elemente, Strukturen und Ablaufformen eines bestimmten Diskurstyps (z. B. eines Verkaufs- oder Beratungsgesprächs)? Was ist sein gesellschaftlicher Zweck? Welche kommunikativen Aufgaben stellen sich den Beteiligten hier? Mit welchen kommunikativen Handlungsformen, Verfahren und sprachlichen Mitteln werden sie typischerweise gelöst?

Darauf aufbauend lässt sich fragen: Erfüllen diese Handlungsformen, Verfahren und Mittel jeweils ihre Funktion? Welche Probleme und Störungen im Gespräch entstehen bei Verletzung der sozial erwartbaren Strukturen und Ablaufformen? Mit welchem Erfolg werden kommunikative Aufgaben gelöst? Welche Schwierigkeiten und Defizite bei ihrer Bearbeitung lassen sich beobachten? Warum entstehen solche Probleme und welche Konsequenzen haben sie? Welche Lösungen finden die Beteiligten dafür und welche anderen wären möglich? Über Erweiterungen des linguistischen Grundlagenwissens hinaus kann also für didaktische Zwecke, z. B. Kommunikationstrainings, nach Handlungsempfehlungen gesucht werden.

Interaktionen sind *mehrdimensional*, d. h. gehandelt wird auf unterschiedlichen Ebenen (besser: Dimensionen) und in verschiedenen Funktionen (auch *Ebenen der Interaktionskonstitution* genannt; Kallmeyer 1985). Wenn wir kommunizieren, vollziehen wir verbale Sprechhandlungen (Begrüßen, Fragen), aber gleichzeitig auch nonverbale oder paralinguale Handlungen (Zeigen, Lachen). Sprachliche und nicht-sprachliche Handlungen können in unterschiedlichen Bezügen zueinander stehen und gleichzeitig unterschiedliche Funktionen realisieren:

- Situationen herstellen und Kontexte (z. B. institutionelle) relevant machen;
- Sachverhalte darstellen, übergeordnete Handlungsmuster, Aufgaben und Handlungszusammenhänge abarbeiten (eine Verhandlung führen, eine Entscheidung herbeiführen, ein Projekt initiieren);
- Gesprächspartner (ihre Überzeugungen, Handlungen) steuern;
- die Beziehung zu ihnen gestalten (Vorgesetzter/Mitarbeiter, Nähe/Distanz);
- sich in bestimmten Identitäten und Gesprächsrollen (Frau, Moderatorin) darstellen;
- das Gespräch organisieren (die thematische Entwicklung, den Sprecherwechsel);
- Formulierungsarbeit leisten (Reparatur, Reformulierung);
- Gesprächskooperation leisten (aufeinander eingehen).

Diese Dimensionen lassen sich für Gespräche oder auch einzelne Gesprächsteile in den Blick nehmen.

Der systematischen Analyse eines Datenkorpus gehen meist *Einzelfallanalysen* voraus, in denen anhand geeigneter Beispiele auffällig oder interessant erscheinende Phänomene beobachtet und Fragestellungen entwickelt werden; diese werden dann auf breiterer Materialbasis systematisch bearbeitet. Die Einzelfallanalyse verfährt sequenziell und trägt dem linearen zeitlichen Ablauf und der Prozesshaftigkeit von Gesprächen Rechnung. Sie berücksichtigt, wie die Redebeiträge (*turns*) und kommunikativen Handlungen durch die vorangegangenen Beiträge beeinflusst werden und ihrerseits die nachfolgenden beeinflussen. Die Handlungsbeschreibung trägt dem Umstand Rechnung, dass mit einer Äußerung mehreres zugleich getan wird und unterschiedliche Funktionen erfüllt werden – z. B. auf eine Frage zu antworten, dabei das Rederecht zum genau richtigen Zeitpunkt zu übernehmen, eine Behauptung aufzustellen, vom Thema abzuweichen, den Gesprächspartner damit zu provozieren, einen öffentlichen Streit zu initiieren. Gefragt wird, was eine Äußerung an genau dieser Stelle des Gesprächs leistet; dabei wird auch ihre Form berücksichtigt, z. B. grammatische, stilistische oder prosodische (lautliche, intonatorische) Besonderheiten, Wortgebrauch oder Formulierungsauffälligkeiten, eventuell auch begleitende nonverbale Handlungen.

Die Analyse hat der *Interaktivität* von Gesprächen gerecht zu werden, also zu beachten, wie die Gesprächsteilnehmer kooperieren, sich aufeinander beziehen und gegenseitig steuern. Eine Äußerung reagiert auf den vorangegangenen verbalen Kontext, erzeugt aber ihrerseits soziale Verpflichtungen bzw. Erwartungen, die das Handeln des Gesprächspartners und den Fortgang des Gesprächs beeinflussen. Initiative Handlungen, wie eine Frage, machen reaktive Handlungen, wie eine Antwort, erwartbar, eine Bitte um Rat einen Ratschlag, ein Scherz z. B. ein Lachen.

Sprachliche Handlungsmuster (Verhandeln, Anleiten, Ratgeben) stellen die Handlungsmöglichkeiten dar, die Sprecher in bestimmten situativen Konstellationen standardmäßig haben, sie sehen bestimmte Handlungen in bestimmter Abfolge und Verteilung auf die Interaktanten vor und fungieren für die Gesprächsteilnehmer als eine Art inneres Drehbuch. Sie erzeugen bestimmte Verpflichtungen und Erwartungen an jeden Beteiligten, zu kooperieren und seinen vorgesehenen Part im Handlungsmuster zu erfüllen. Zu fragen ist, welche Handlungsobligationen und -optionen ein Beteiligter an einer bestimmten Stelle des Gesprächs jeweils hat und welche Handlungsalternative er auswählt. Beispiele für sprachliche Handlungsmuster im Verkaufsgespräch sind das Muster *Ratgeben/Empfehlen* (Dorfmüller 2006) oder *Einwand behandeln* (Brünner/Weber 2009).

Die *systematische Korpusanalyse* richtet sich auf verallgemeinerte Erkenntnisse über Gesprächsphänomene, besonders die unterschiedlichen Handlungseinheiten, deren Formen und Funktionen in mündlicher Kommunikation. Die Analyse ist qualitativ orientiert, Generalisierungen werden nicht über rechnerische Maße und statistische Verfahren vorgenommen, sondern über die Entwicklung von Kategorien. Beispielsweise werden bestimmte Diskurstypen anhand eines Datenkorpus untersucht: Welche Besonderheiten weisen sie auf? Welches sind ihre Zwecke und wie unterscheiden sich diese von denen benachbarter Diskurstypen? Welche kommunikativen und sonstigen (z. B. praktischen) Aufgaben stellen sich in dem betreffenden Diskurstyp und wie differieren sie für die verschiedenen Beteiligten? Welche Handlungsformen und kommunikativen Verfahren werden für diese Aufgaben eingesetzt? Welche zweckorientierte Aufgabenstruktur und welche typische Ablaufstruktur lassen sich also für den betreffenden Diskurstyp rekonstruieren?

Ehlich nennt für die Funktionale Pragmatik die Aufgabe der „Rekonstruktion des Konkreten im Begriff" (2007: 25). Bei dieser Rekonstruktion wird in den Strukturen auf der sprachlichen Oberfläche nach zugrunde liegenden Tiefenstrukturen (Musterstrukturen) gesucht; es werden auch nonverbale und mentale Handlungen berücksichtigt und einbezogen; es wird zwischen Basisfällen und abgeleiteten Fällen differenziert – und solche Ableitungen werden explizit vorgenommen (Ehlich 2007). Die zur Realisierung der Handlungsmuster verwendeten sprachlichen Mittel werden beschrieben und erklärt.

Für *Interpretationen* von Äußerungen und Handlungseinheiten setzt die Diskursforschung sprachliches und nicht-sprachliches Wissen ein, das bei der Analyse des Datenmaterials kritisch reflektiert und erweitert wird. Methodische Kontrolle erreicht man u. a. durch die Nennung der Indizien, auf die sich die Interpretation stützt, und die Angabe der Bedeutungen, die man diesen Indizien in der Analyse zuschreibt. Hilfsverfahren sind die Substitution von Elementen (Ersetzung von Wörtern, Formulierungen usw.), die Paraphrase, die Umstellung, das Weglassen und die Expansion von Elementen. Solche Operationen an den untersuchten Transkriptstellen lassen erkennen, was sich dadurch jeweils verändert, und erlauben aus dem Kontrast zum faktisch Gesprochenen Schlüsse zu ziehen. Wichtige Kriterien für die Interpretation von Äußerungen oder Handlungen sind neben deren sprachlichen Formen und Merkmalen (z. B. Formulierungen) ihre sequenzielle Position und Stellung im sprachlichen und außersprachlichen Kontext.

2   Wirtschaftskommunikation aus diskursanalytischer Sicht

2.1   Kategorien der Beschreibung

In der linguistischen Forschung hat es sich durchgesetzt, von *Institutionen* zu sprechen, wenn Einrichtungen wie Schulen, Krankenhäuser oder eben Wirtschaftsunternehmen zum Gegenstand sprachwissenschaftlicher Untersuchungen werden – Einrichtungen also, die auch als Organisationen bezeichnet werden. Wenn man Wirtschaftsunternehmen als Institutionen betrachtet, akzentuiert man ihre Rolle als Teilsysteme im gesellschaftlichen Funktionszusammenhang.

> „Institutionen sind gesellschaftliche Apparate, mit denen komplexe Gruppen von Handlungen in einer zweck-effektiven Weise für die Reproduktion einer Gesellschaft prozessiert werden, und bilden spezifische Ensembles von Formen." (Ehlich/Rehbein 1994: 318)

Wirtschaftliche Institutionen, wie Betriebe und Unternehmen, sind als arbeitsteilige Handlungssysteme auf Kommunikation angewiesen. Kommunikatives Handeln bildet nicht nur die Grundlage für alle Arbeitsabläufe, sondern macht selbst einen hohen Anteil des wirtschaftlichen Handelns aus. Besonders Dienstleistungsarbeit besteht überwiegend aus Interaktion und Kommunikation zwischen Produzierenden und Konsumierenden. Weil Kommunikation an allen Bereichen und Funktionen wirtschaftlichen Handelns zentral beteiligt ist, wird sie mit Metaphern wie z. B. *„Lebensnerv"* (Wahren 1987: 3) des Unternehmens bezeichnet.

Die für die Zusammenarbeit der einzelnen Handelnden und Teilsysteme notwendige und auf die Zweckerfüllung gerichtete Kommunikation wird *kooperationsbezogene Kommunikation* oder auch *Arbeitskommunikation* genannt. Diese lässt sich analytisch unterscheiden von *kooperationsunabhängiger* oder *Sozialkommunikation* (im Zusammenhang mit institutionellem Handeln auch als *homileïscher Diskurs* bezeichnet; Ehlich/Rehbein 1980) und steht zu dieser in einem Spannungsverhältnis (Brünner 2000). Kommunikation braucht auch dann, wenn sie in beruflichen Handlungszusammenhängen oder zwischen Institutionsangehörigen stattfindet, in ihren Zwecken und Inhalten (Themen) nicht immer beruflich bezogen zu sein; sie dient dann nicht unmittelbar der Arbeitstätigkeit, sondern Zwecken wie der Unterhaltung oder der Beziehungspflege. Kooperationsunabhängige Kommunikation kann in bestimmten Zusammenhängen aber für wirtschaftliche Zwecke funktionalisiert werden. Small-talk, persönliche Themen oder Scherze werden etwa in Verkaufsgesprächen oder Geschäftsverhandlungen eingesetzt, um Kontakt zu den Kunden herzustellen, den „menschlichen" Charakter der Interaktion herauszustellen und gerade dadurch den ökonomischen Zielen zu dienen (dazu mehr unter 3.).

Jedoch ist Wirtschaftskommunikation wesentlich stärker durch berufliche, institutionelle und ökonomische Zwänge und Verpflichtungen als durch menschlich-soziale Bedürfnisse bestimmt. Kooperationsbezogene Kommunikation dient, wie das betriebliche Handeln insgesamt, der Produktion und dem Verkauf von Gütern und Dienstleistungen zur Erzielung von Gewinn und ist entsprechend funktionalisiert. Sie hat an allen Handlungs- und Funktionsbereichen Anteil und besitzt Orientierungs- und Regulationsfunktion für das betriebliche Handeln. Insbesondere dient sie der Distribution und der Prozessierung von Wissen sowie der Planung, Koordination und Regulation von Tätigkeiten.

Kommunikation in der Wirtschaft ist also in ihren kooperationsbezogenen wie kooperationsunabhängigen Anteilen für die institutionellen (betrieblichen) Zwecke *funktionalisiert*, wenn auch in unterschiedlicher Weise.

Damit eng verbunden ist die *Formalisierung* (im weiteren Sinne) der Kommunikation. Das Handeln in Unternehmen unterliegt in seiner Struktur und seinen charakteristischen repetitiven Abläufen formellen institutionellen Regelungen. Erhebliche Anteile auch des kommunikativen Handelns sind in diesem Sinne dauerhaft und personenunabhängig geregelt. Solche Regelungen gelten nicht nur für schriftliche Kommunikation (z. B. Berichtswesen, Formulare, standardisierte Korrespondenz), sondern z. T. auch für mündliche, diskursive Formen (z. B. Telefonieren unter Verwendung von Gesprächsleitfäden). Wirtschaftskommunikation findet jedoch keineswegs nur in den formell vorgeschriebenen Formen statt. Vielmehr spielt in der empirischen Wirklichkeit auch die sogenannte *informelle Kommunikation*, die ungeregelt oder nicht regelkonform ist, eine wichtige Rolle.

Charakteristisch für die Wirtschaftskommunikation sind weiterhin die komplexen und spannungsreichen Beziehungen zwischen sachlich-technischen und hierarchisch-ökonomischen Aspekten betrieblichen Handelns. *Sachlich-technisch bezogene Kommunikation* verdankt sich vor allem der Produktion von Gebrauchswerten und dem Erbringen von Dienstleistungen. Sie betrifft z. B. die materiellen und technischen Grundlagen betrieblichen Handelns. *Hierarchisch-ökonomisch bezogene Kommunikation* resultiert aus der Kapitalverwertung und den hierarchischen Strukturen im Unternehmen. Sie richtet sich auf die ökonomische Seite der Produktion und die damit verbundenen Aspekte von Herrschaft und widerstreitenden Interessen.

Sachlich-technisch bezogene und hierarchisch-ökonomisch bezogene Kommunikation sind häufig ineinander verwoben und finden im konkreten sprachlichen Handeln beide zugleich ihren Niederschlag. Sie lassen sich jedoch analytisch trennen. Wirtschaftskommunikation ist als institutionelle überwiegend hierarchisch-ökonomisch bezogen. Dazu gehören Aspekte wie Verrechtlichung des Handelns, Machtansprüche, Interessenkonflikte, Konkurrenz und Rivalität. Überwiegend sachlich-technisch bezogen ist Wirtschaftskommunikation z. B. als Fachkommunikation.

Sachlich-technisch bezogene und hierarchisch-ökonomisch bezogene Kommunikation in Unternehmen tendieren zum *Konflikt*. Die Widersprüche werden sichtbar z. B. beim Verkaufen und verwandten Tätigkeiten. Die Analyse von Marketing-Gesprächen mit Kunden im Rahmen eines Trainings zeigt z. B., dass der erklärte Anspruch, eine Gesprächsführung im Sinne sachlich orientierter Beratung zu erreichen, immer wieder durch typisches ökonomisch orientiertes Verkäuferverhalten durchkreuzt wird (Fiehler/Flieger/ Wist 1992). Gerade diese Widersprüchlichkeiten zu rekonstruieren und zu analysieren, ist bei der Untersuchung von Wirtschaftskommunikation eine wichtige Aufgabe.

Für Unternehmen ist aufgrund ihrer arbeitsteiligen Struktur neben *fachinterner* gerade auch *fachexterne* Kommunikation charakteristisch. Sie kann interfachlich zwischen Fachleuten verschiedener Arbeitsgebiete oder Abteilungen auftreten oder als *Experten-Laien-Kommunikation*, z. B. zwischen Unternehmensangehörigen und Kunden (Außenkommunikation). Fachexterne Kommunikation, vor allem mit Kunden, ist besonders störanfällig und problemträchtig.

Sprachwissenschaftlich gesehen ist Wirtschaftskommunikation also kein geschlossener Gegenstandsbereich. Die kommunikativen und auch die diskursiven Formen sind vielfältig und differenziert, sie reichen von mündlichen Anweisungen bis zu Besprechungen und Verkaufsverhandlungen. Einige werden als berufliche Routine erlebt, andere als zu lösende Probleme, die besonderer Anstrengung bedürfen. Wirtschaftskommunikation besitzt unterschiedliche Facetten auch deshalb, weil sie zugleich *institutionelle, fachliche und berufliche Kommunikation* ist. Sie ist handlungsbezogen, als Bestandteil fachlich-beruflichen Handelns im institutionellen Zusammenhang zu analysieren.

2.2   Untersuchte Diskurstypen

Da der Zugang zu empirischen Gesprächsdaten seitens der Wirtschaft oft nur zögernd gewährt wird, fehlen große Datenkorpora (deutschsprachiger) mündlicher Wirtschaftskommunikation weitgehend. Die Diskursforschung hat jedoch in den letzten Jahren eine Reihe empirisch basierter Monographien, Sammelbände und Artikel hervorgebracht. Viele von ihnen haben betriebsexterne Kommunikation zum Gegenstand, weil gerade die Kommunikation mit Kunden diskursanalytisch besonders interessant ist.

Einen Überblick über verschiedene Diskurstypen und mündliche Formen gibt die Monographie von Brünner (2000). Die meisten Arbeiten der vergangenen Jahre haben jeweils bestimmte Diskurstypen oder sprachliche Handlungsmuster zum Gegenstand:

- Verkaufsgespräche (Brons-Albert 1995a, 1995b; Plog 1996; Pothmann 1997; Dorfmüller 2006);
- Geschäftsverhandlungen (auch interkulturelle) (Ehlich/Wagner Hrsg. 1995; Janich/Neuendorff Hrsg. 2002);
- Reklamationsgespräche (Fiehler/Kindt/Schnieders 2002; Schnieders 2005);
- Gespräche im Service (Brünner 1997; Bendel 2006, 2007);
- Besprechungen (Schwandt 1995; Meier 1995; Müller 1997; Dannerer 1999);
- Bewerbungsgespräche (Lepschy 1995; Menz 1999; Kern 2000);
- betriebliche Ausbildung (Brünner 2005; Baßler 1996);
- Kommunikationstraining und Beratung (Habscheid 2003; Hartung 2004; Becker-Mrotzek/Brünner Hrsg. 2004; Fiehler/Schmitt 2004a, 2004b).

Stärker auf die innerbetriebliche Kommunikation sind gerichtet: Brünner 1998 zur Fachkommunikation, Menz (2000) zur Selbst- und Fremdorganisation, Kleinberger Günther (2003), Müller (2002, 2006). Ein Sammelband zu unterschiedlichen Formen externer und interner mündlicher Unternehmenskommunikation ist Becker-Mrotzek/Fiehler (Hrsg. 2002). Aspekte von Interkulturalität und Mehrsprachigkeit thematisieren Ehnert (Hrsg. 2000) und Reuter/Piitulainen (2003).

3   Beispiel: Verkaufsgespräche

3.1   Charakterisierung des Diskurstyps

Ich möchte nun beispielhaft auf einen wichtigen Diskurstyp der Wirtschaftskommunikation näher eingehen, nämlich Verkaufsgespräche. Dabei betrachte ich nur den prototypischen Fall face-to-face stattfindender Gespräche (*persönlicher Verkauf*) im Einzelhandel (zu spezielleren Formen vgl. die in Brünner 2000: 48ff. angegebene Literatur). Die besondere Bedeutung dieser Verkaufgespräche ergibt sich bereits aus ihrer starken Verbreitung und Ubiquität. Darüber hinaus bilden Verkaufsgespräche die wichtigste Schnittstelle zwischen Unternehmen und Kunden. In ihnen wird der Kern und ökonomische Zweck wirtschaftlichen Handelns verwirklicht, der Austausch von Ware gegen Geld als Voraussetzung für die Realisierung eines Gewinns; es handelt sich also um einen ökonomisch zentralen Diskurstyp.

Dies ist auch der Grund, warum er in der Wirtschaft selbst so viel Aufmerksamkeit erfährt: Seine erfolgreiche oder erfolglose Durchführung hat unmittelbare und bezifferbare ökonomische Auswirkungen. Deswegen befassen sich zahlreiche Ratgeberbücher und Trainings für Verkaufende damit, wie Verkaufsgespräche zielführend zu gestalten sind.

Hier erscheint Kommunikation als ökonomische Ressource, die zu planen und zu steuern ist. Dabei wird explizit oder implizit die Voraussetzung gemacht, dass das Gelingen eines Verkaufsgesprächs im Wesentlichen vom Verhalten des Verkäufers oder der Verkäuferin abhänge und nicht von der Interaktion zwischen (potenziellem) Käufer und Verkäufer. Diese Annahme widerspricht jedoch grundlegenden diskursanalytischen Erkenntnissen, denen zufolge Gespräche stets ein gemeinsames Produkt der an ihnen Beteiligten darstellen.

Unter interaktiven Gesichtspunkten sind Verkaufsgespräche keine einfachen Diskurse, denn es handelt sich – aufgrund fachspezifischer Ausbildung der Verkäufer – meist um *Experten-Laien-Kommunikation (ELK)* mit für sie charakteristischen Anforderungen und Problemen. Experten gelten – in einer durch Arbeitsteilung und Fragmentierung des Wissens gekennzeichneten Gesellschaft – als Sachverständige mit Spezialwissen zu einem bestimmten Bereich. Dieses Wissen wird typischerweise durch eine Ausbildung erworben, ist systematisiert, professionalisiert und gesellschaftlich kontrolliert. Es wird für das betreffende Gebiet Kompetenz beansprucht wie auch unterstellt. Im Diskurs sind Experte und Laie komplementäre Gesprächsrollen mit differierenden Aufgaben.

Bestimmte Aspekte der Expertenrolle führen in der ELK zu charakteristischen Problemlagen. So bilden spezialisiertes Fachwissen und Fachsprachlichkeit als Elemente der Expertenrolle eine Quelle für Verstehens- und Verständigungsprobleme. Das Spezialwissen und die damit verbundene Autorität des Experten führen zu einem Machtgefälle. Professionelle Routine und emotionale Distanz des Experten gegenüber dem Produkt – und u. U. im Verkaufsgespräch selbst – kontrastieren in der ELK oft mit der persönlichen Betroffenheit des Laien (Kunden) im Hinblick auf den Kauf bzw. das Produkt und erzeugen Perspektivendifferenzen.

Verkaufsgespräche sind nicht nur sachlich-technisch, sondern insgesamt immer auch hierarchisch-ökonomisch bezogen – auch wenn in einzelnen Phasen der eine oder der andere Aspekt dominiert. Als Formen *beruflicher* und *institutioneller Kommunikation* weisen sie deren typische Merkmale auf: Sie sind auf die Verwirklichung übergeordneter beruflicher Tätigkeitszusammenhänge ausgerichtet; die Sprechsituation ist Teil des Arbeitszusammenhangs, das soziale Verhältnis der Gesprächspartner ist institutionell definiert und in der Regel eher distanziert als nah. Sie sind output- und zielorientiert und nicht freiwillig, d. h. sie werden nicht primär aus sozialen Bedürfnissen heraus geführt und erlauben keine freie Wahl der Gesprächspartner.

Als institutionelle Kommunikation weisen Verkaufsgespräche deren Merkmale auf, wie festgelegte Handlungsabläufe und spezifisch geregelte Sequenzmuster sprachlicher und nicht-sprachlicher Handlungen (z. B. bei Bezahlung und Aushändigung der Ware), festgelegte Rechte und Pflichten der Interaktionspartner. Sprachliche Handlungen können eine gegenüber dem Alltagshandeln verstärkte illokutive Kraft haben (z. B. Zusicherungen) sowie veränderte praktische Konsequenzen (z. B. Fehler zugeben bei Dienstleistungen vs. im privaten Alltag). Die Verfahren der Verständnissicherung sind verändert, z. B. darf das Verständnis des Kunden aufgrund seiner Position nicht direkt überprüft werden. Institutionelle Festlegungen schreiben vor, welche Handlungen mündlich oder nur schriftlich auszuführen sind.

Verkaufsgespräche sind schließlich auch deshalb komplexe Diskurse, weil andere Diskurstypen oder sprachliche Handlungsmuster in sie *eingelagert* sein können und es oft auch sind: Beratung (bei der Auswahl eines passenden Produkts), Argumentation (z. B. zum Nutzen eines Produkts), Verhandlung (etwa über Preise, Lieferbedingungen), Erklärung, Produktpräsentation (Zeigen und Vorführen eines Produkts) und Anleitung (z. B. zum Ausprobieren einzelner Verwendungsweisen). Darüber hinaus sind oft homileïsche Sequenzen in Verkaufsgespräche eingelagert.

Linguistische Strukturbeschreibungen zu Verkaufsgesprächen werden teils in Form von Phasendarstellungen gegeben (z. B. Brons-Albert 1995a zum Buchhandel); teils in Form eines Handlungsschemas, in dem die konstitutiven kommunikativen Aufgaben in ihrer idealtypischen handlungslogischen Reihenfolge benannt werden (z. B. Pothmann 1997); in der funktionalpragmatischen Diskursanalyse steht im Vordergrund die Darstellung sprachlicher Handlungsmuster, die für das Verkaufsgespräch konstitutiv oder relevant sind, in Form von Praxeogrammen (z. B. Rehbein 1995 zum Verhandeln und dem Entscheidungsprozess des Käufers, Dorfmüller 2006 zum Ratgeben/Empfehlen im Computer-Discounthandel, Brünner/Weber 2009 zur Einwandbehandlung im Gartencenter).

3.2 Selbstdarstellung, Rollen- und Beziehungsgestaltung

In Verkaufsgesprächen werden ökonomische Widersprüche interaktiv greifbar, was im Folgenden anhand der Rollen- und Beziehungsgestaltung von Verkäufern gezeigt werden soll (vgl. Brünner 2000: 66ff.). Dabei ist hier nur eine ergebnisorientierte Darstellung möglich, nicht aber, die methodischen Verfahren im Einzelnen vorzuführen.

Beim Austausch auf dem Warenmarkt sind die Beziehungen von Käufer und Verkäufer im Grundsatz anonym und gleichgültig. Sie sind füreinander als Besitzer von Ware bzw. Geld von Bedeutung und benutzen den jeweils anderen, um das eigene Interesse an dem Tauschgegenstand zu realisieren. Während für den Käufer der Gebrauchswert der Ware wichtig ist, ist dieser für den Verkäufer nur das Mittel, um ihren Tauschwert zu realisieren.

Unter den Bedingungen der Konkurrenz muss sich der Verkäufer, um den Tauschwert realisieren zu können, jedoch für den Käufer als konkreten Menschen interessieren – sich in ihn einfühlen, sich mit seinen Wünschen und Bedürfnissen befassen, um passende Gebrauchswertversprechen geben und glaubhaft machen zu können. Solche in der Ökonomie begründeten Grundkonstellationen lassen Doppelbödigkeit der Interaktion und Unsicherheit in der sozialen Beziehung zwischen Verkäufer und Käufer erwarten (Ottomeyer 2003). Meine empirischen Analysen, z. B. zum Autohandel, zeigen, dass diese Konstellation mit ihren Folgen sich in der Tat in der Interaktion niederschlägt.

3.2.1 Eindrucksmanagement im Autohandel

Im Autohandel besteht die Entlohnung zu einem großen Teil aus Verkaufsprovisionen, so dass der Verkäufer ein unmittelbares ökonomisches Interesse besitzt, möglichst viel und möglichst teuer zu verkaufen.

Für die Kunden bedeutet die Anschaffung eines Autos meist eine erhebliche Ausgabe, die nur in größeren Zeitabständen getätigt wird. Bei Gebrauchtwagen ist es für sie oft schwierig festzustellen, wie gebrauchstüchtig ein Auto oder wie groß sein Wert wirklich ist. Durch den hohen Preis und diese Ungewissheit wird der Autokauf für Durchschnittsbürger zu einem beträchtlichen finanziellen Risiko; sie behandeln ihn deshalb auch nicht als Routine, sondern schicken ihm sorgfältigere Überlegungen voraus. Die Kombination aus diesem Risiko und der ökonomischen Interessenlage des Verkäufers stellt für die Kunden eine brisante Bedingungskonstellation in den Verkaufsgesprächen dar. Sie brauchen Ehrlichkeit und Vertrauenswürdigkeit beim Verkäufer, können diese jedoch nicht unbedingt erwarten.

In der Tat zeigen die Materialanalysen eine große Freundlichkeit des Umgangs, jedoch auch Misstrauen oder Unsicherheit in der Interaktion. Im folgenden Transkriptausschnitt[1] äußert ein Kunde nach seiner Kaufzusage für einen Gebrauchtwagen den Wunsch, diesen zwecks Prüfung noch einmal (in der Ausstellungshalle) anzulassen. Dieser Wunsch und sein zögerndes Verhalten (Fläche 3) zeigen, dass es ihm offenbar schwer fällt, sich auf die Zusicherungen des Verkäufers (*da is nix, der läuft einwandfrei*, Fläche 3) zu verlassen.

Anlassen (V = Verkäufer, K = Kunde)

[1]

K	Und/ und so an/ äh sch/ könn wer ma anlassen oder was? Oder . . oder nich. Hier drin

[2]

V	((------------- seufzt ------------------)) Können ihn gerne rausfahrn. . Aber, ((tief)) [da is nix,
K	kann man nich anlassen, hier is das nix, ne?

[3]

V	da/ der läuft einwand<u>frei</u>, also . ne?]
K	(4 sec) ((nachdenklich)) [Meinen Sie. J/ mein/] naja <u>gut</u>. jea. .

[4]

K	Solln wir das/ solln wir das so machen, ja?

Immer wieder finden sich im Material Hinweise, dass der Verkäufer solches Misstrauen antizipiert und ihm kommunikativ entgegenarbeitet. Z. B. hält er bei der Vertragsausfertigung die dem Kunden mündlich zugesicherten Eigenschaften des Autos nicht nur schriftlich fest, sondern er macht dies auch laut explizit (etwa in der Formulierungen: *unfallfrei, schreib ich auch hin*). Aus der beschriebenen Konstellation ist erklärbar, dass sich der Verkäufer in den Verkaufsgesprächen zu steuern und zu kontrollieren bemüht, welchen Eindruck er auf die Kunden macht (zum *Eindrucksmanagement* s. a. Goffman 2003).

Im folgenden Ausschnitt *Probefahrt* finden sich verschiedene kommunikative Mittel und Verfahren der Selbstdarstellung und Beziehungsgestaltung kombiniert. Der Kunde,

---

1   Das Transkript ist in Partiturschreibweise nach HIAT verfasst. Innerhalb einer Partiturfläche (Rahmen) steht gleichzeitig Gesprochenes übereinander. Stark umgangssprachliche oder dialektale Formen werden in literarischer Umschrift wiedergegeben. Zu einzelnen Transkriptionszeichen s. Anhang.

der schon einmal in dem Geschäft war, sucht ein neues Auto und will sein altes in Zahlung geben. Die Preisverhandlungen stehen noch aus.

Probefahrt

[1]

V	Nö, guck ma in Ruhe! Ich guck mir <u>Deinen</u> ma eben, den den . äh . den äh K/ Kadett an.
K	Willste ne

[2]

V		Einmal hier nur um n Block. . Is Geld drin? ((lacht)) Is Geld drin?
K	Probefahrt machen?	Bitte. Nur Werkzeuge.

[3]

V	Bitte? .	Ach nee, die brauch ich doch nicht! Ich guck doch nur
K	Aber die Fahrzeugpapiere hab ich nicht ( )	

[4]

V	einmal hier so rum! Ich <u>weiß</u> doch, dass der in Ordnung is, Mensch!

Der Verkäufer macht einen Scherzversuch (*Is Geld drin?*, Fläche 2), den er durch Lachen als solchen verdeutlicht. Er versucht dadurch offenbar, die Situation der Probefahrt zu entspannen, in der die Kunden befürchten müssen, dass ihr Auto schlecht bewertet und sein Preis gedrückt wird. Nach Selbstaussage des Verkäufers macht er diesen Scherz öfter, setzt ihn also gezielt ein. Der Kunde geht hier jedoch nicht darauf ein, sondern thematisiert ernst die Probefahrt.

Solche Diskrepanzen in der Interpretation der Situation stellen für die Interaktion und die Beziehung eine Störung dar. Der Verkäufer reagiert darauf mit verschiedenen Verfahren, die sich als Versuch deuten lassen, auf eine vertrauensvolle Beziehung hinzuarbeiten: Er stuft die Probefahrt als kurz und oberflächlich herunter (*Ich guck doch nur einmal hier so rum!*, Fläche 3f.). Er passt sich durch die Verwendung von Umgangssprache dem Kunden an, etabliert Nähe durch einen jovialen, kumpelhaften Tonfall und die vertraute, kumpelhafte Anrede (*Mensch*, Fläche 4). Er demonstriert seinerseits Vertrauen in den Kunden und weist eine mögliche Unterstellung von Misstrauen zurück (*Ich weiß doch, dass der in Ordnung is*, Fläche 4).

Im Hinblick auf die Ausgestaltung der Beziehungen zu den Kunden nimmt der Verkäufer einen fein differenzierten Adressatenzuschnitt vor. Dem spanischen Arbeiter im Ausschnitt *Probefahrt* stellt er sich als Kumpel dar, duzt ihn (zurück), neckt ihn scherzhaft und benutzt deftige Ausdrücke; der jungen Frau gegenüber zeigt er sich als Kavalier und Beschützer, macht ihr z.B. Hilfsangebote; dem Ehepaar mittleren Alters demonstriert er sich als ein seriöser Ratgeber.

Um seine Identität darzustellen und die Beziehung zu den Kunden zu gestalten, bedient sich der Verkäufer bestimmter kommunikativer Mittel und Verfahren. Dazu gehört die Verwendung von Umgangssprache und Ruhrgebietsvarietät, um sich einfachen Leuten gegenüber als einer von ihnen darzustellen und Vertrauen zu schaffen. Er verwendet beispielsweise das Wort *Kohle* im Sinne von „Geld", spricht von *Blödsinn* oder von *angeschmiert sein.*

Der Verkäufer vermeidet die Verwendung technischer Fachausdrücke, außer wenn ein Kunde von sich aus zu „fachsimpeln" beginnt, und benutzt Verfahren des *downgrading.* Er verzichtet darauf, durch Fachlexik Expertentum zu demonstrieren, und vermeidet damit die Herstellung sozialer Distanz. Vielmehr folgt er der Maxime *„Sprich die Sprache des Kunden!",* wie sie in Verkauf und Werbung auch oft empfohlen wird, er passt sich kommunikativ an die Kunden an und stellt damit Gemeinschaft her.

Auch für den Vertragsabschluss, ein für Verkaufsdiskurse konstitutives Element, verwendet der Verkäufer nicht den Fachausdruck, sondern eine umgangssprachliche Umschreibung, z. B. *Wir schreiben alles auf.* Diese bagatellisierende Formulierung mit dem unspezifischen Verb *aufschreiben* stuft die zentrale Handlung herunter und verbirgt ihren juristischen, institutionellen Charakter. Der Zweck ist sicherlich, den Kunden die Scheu vor dem entscheidenden, folgenreichen Handlungsschritt – dem Vertragsabschluss – zu nehmen.

Ein weiteres Verfahren ist die (kommunikative) Solidarisierung mit den Kunden. Der Verkäufer vertraut ihnen z. b. firmeninterne Informationen an, demonstriert Zusammenhalt mit den Kunden sogar gegen die Firma oder empfiehlt Verhandlungsstrategien für den Kauf eines Autoradios. Solche Äußerungen sind oft durch gedämpfte Sprechweise und vertraulichen, verschwörerischen Ton als informell oder regelwidrig markiert. Sie dienen der Solidarisierung und als Loyalitätsbeweise; mit ihnen wird die Gemeinsamkeit mit den Kunden betont und der Gegensatz der Interessen interaktiv heruntergestuft.

Der Verkäufer befolgt auch deutlich die im Zusammenhang mit Kundenorientierung empfohlene Maxime *„Vom Kunden her argumentieren!"* So nimmt er, wenn er er Informationen oder Argumente darstellt, sprachlich die Perspektive der Kunden ein. Komplementär dazu verleiht er jedoch seinen Informationen und Empfehlungen oft die sprachliche Form eines ganz persönlichen Rates.

Um zu verhindern, dass die Selbst- und Beziehungsdarstellungen des Verkäufers als bloß taktische Manöver betrachtet werden, müssen sie überzeugend und konsistent erscheinen und gegen Bedrohungen und Störungen abgesichert werden, gegen Ereignisse also, die die Darstellung diskreditieren oder fragwürdig machen. Dazu vermeidet der Verkäufer Handlungen, die von den Kunden als taktisch gedeutet werden könnten. Z. B. nennt er ihnen seinen Namen und gibt ihnen seine Karte erst bei Vertragsabschluss; in dieser Phase kann die Handlung nicht mehr als ein taktisches Vorgehen interpretiert werden, durch aufgedrängte soziale Nähe Verbindlichkeit und Kaufverpflichtungen zu erzeugen.

3.2.2 Homileïsche Sequenzen

Eine wichtige Rolle spielen homileïsche Diskurssequenzen, die für die ökonomischen Ziele instrumentalisiert werden können. Dazu gehören Scherze (wie im Ausschnitt Probefahrt) und Erzählungen über sich selbst oder andere Kunden. Die Erzählungen des Verkäufers stellen ihn als jemanden dar, der Kunden gut berät und nicht hinter dem Geld her ist, etwa im folgenden Ausschnitt.

Bereichern

[101]

V	Hier, die Leute, die den andern/ äh den gleichen Wagen, die ham den . ((lachend)) [alten] Fiesta da

[102]

V	draußen, hach sacht se: Herr V, . kann ich den hier stehn lassen? Mel/ melden Se n nur mit ab, sachten

[103]

V	((lachend)) [die Leut.] Ja, ich sach, is aber TÜV fällig, ich sach, Mensch da wolln wer uns nich dran

[104]

V	bereichern, was ich dafür kriege, solln Se gerne haben, ne.
K	Hier den einen , der für

Homileïsche Sequenzen und homileïsche Expansionen institutioneller Muster erlauben dem Verkäufer eine Selbstdarstellung in seiner individuellen Identität. Die unpersönliche, rollenbezogene Identifizierung als Verkäufer kann durch eine positive persönliche, individuelle Identifizierung ersetzt werden. Die Interaktion selbst kann ausgestaltet werden zu etwas, das mehr ist als nur ein Fall eines allgemeinen Diskurstyps. Durch Gesprächssequenzen über Alltagsthemen wie Wetter, Sport oder Stadtklatsch können Einverständnis und Nähe zu den Kunden erzeugt werden.

Da der Initiator der homileïschen Sequenzen meist der Verkäufer ist, liegt offenbar die Annahme zugrunde, dass sie sich günstig auf den Verkaufserfolg auswirken. Auffällig häufig treten homileïsche Sequenzen während der Ausfertigung des Kaufvertrages auf und tragen dort dazu bei, Anspannung und Misstrauen bei den Kunden abzubauen.

3.2.3　Widersprüche

Ich möchte an einem weiteren Ausschnitt zeigen, wie die ökonomisch bestimmten Handlungsanforderungen in Verkaufsdiskursen einerseits und die Selbst- und Beziehungsdarstellung des Verkäufers andererseits konfligieren, wie sich die Widersprüche manifestieren und wie sie bearbeitet werden.

Im Beispiel *Sicher* hat der Verkäufer dem Kunden den persönlich, vertraulich formulierten Rat gegeben, den geplanten Autokauf über einen Kredit bei der Sparkasse, nicht bei der betreffenden Autofirma zu finanzieren. Als der Kunde das Geschäft verlassen will, um zur Sparkasse zu gehen, drängt der Verkäufer ihn plötzlich mehrfach zu einem sofortigen Vertragsabschluss. Er sieht offenbar seine ökonomischen Interessen bedroht, dass nämlich der Kunde doch noch abspringt, wenn er das Geschäft erst einmal verlassen hat.

Sicher

[1]

V	Pass auf, wir machen Folgendes: Sie gehen/ wir schreiben alles auf. Dass er Ihnen sicher is der Wagen,

[2]

V	mit dem Kaufvertrach gehn Sie erst zur Sparkasse hin, wenn die sagen/ oder wolln Se gar nich, solln wer

[3]

V	alles hier machen?
K	((leise)) [(Ich mach das ers' noch ma bei denen, frach ma bei denen, was die jetz sagen.

[4]

V	Bidde? Ja. Ja. Ja los. Ja, solln wer denn nich n
K	Ich frach die ers ma, dann komm ich sofort hier rübber.]

[5]

V	Kaufvertrach oder irgendwas machen? Damit die auch wissen, um was es geht. Die wolln ja gerne sehn,

[6]

V	. und wenn die es nich machen, machen wir das, gerne

Der Verkäufer formuliert eine Begründung, die den Vertragsabschluss als nicht in seinem Interesse, sondern in dem des Käufers liegend (*dass er Ihnen sicher is*, Fläche 1) bzw. in den Anforderungen der Bank begründet (Fläche 5) darstellt. Sein Drängen auf einen sofortigen Vertrag (Fläche 1) wird so in Übereinstimmung gebracht mit dem Eindruck eines fürsorglichen Verhaltens gegenüber dem Kunden.

Bei diesem Versuch, die Widersprüche zu bearbeiten, verliert der Verkäufer jedoch die Kontrolle über seine Formulierungen. Nachdem er bisher stets das Duzen des Kunden erwidert hat (s. Fläche 1), wechselt er plötzlich die Anredeform zum *Sie* (Fläche 1, 2). Damit diskreditiert er ungewollt seine bisherige Beziehungsdarstellung. Der Kunde scheint die Widersprüchlichkeit in der Interaktion durchaus wahrzunehmen, denn er reagiert zögernd, wie der Äußerungsabbruch und die Nachfrage des Verkäufers vermuten lässt (Fläche 2f.). Auch die Zusicherung des Kunden, dann sofort zurückzukommen (Fläche 4), deutet darauf hin, dass er das Drängen des Verkäufers spürt und richtig interpretiert.

3.2.4   Die Rolle der Kunden

Das Verhalten der Kunden im Verkaufsgespräch, ihr Beitrag als Interaktionspartner besitzt systematische Bedeutung. Sie bestimmen die Situation, den Gesprächsverlauf, die Selbstdarstellung und die Beziehung ihrerseits mit, je nachdem, was sie an Interaktion zulassen, ob sie dem Verkäufer ein bestimmtes Verhalten überhaupt ermöglichen, ob sie auf seine Handlungen in komplementärer Weise eingehen und seine Darstellungen dadurch ratifizieren – oder eben nicht.

Verdienst (V = Verkäufer, KM = Kunde, KF = seine Ehefrau)

[1]

| V | ((gedämpft)) [und was, ungefähr, Verdienst?] | N schönes/ schönes Geld, ne? . |
| KM | | Tsch/ Drei fünf netto. . . |

[2]

| V | So, einmal nur noch da un/ | Ach ja! Hä. Frauen sind |
| KM | Die Frau is nich mit zufrieden, die will noch mehr haben. (| fünf haben.) |

[3]

| V | nie zufrieden, ne? ((lachend)) [Und da noch mal!] Aber kommen Sie schon mit aus, ne? |
| KF | ((lacht)) | Jaja. . Er braucht |

[4]

| KF | ja nichts. |

Während der Verkäufer die Fragen im Kreditvertrag ausfüllt, entschärft er die indiskrete Frage nach dem Verdienst durch ein soziales Kompliment (*N schönes/ schönes Geld, ne?*, Fläche 1). Auf dieses Angebot zu einer persönlichen, homileïschen Sequenz reagiert der Kunde positiv mit einer persönlichen Mitteilung (Fläche 2) und gibt so wiederum dem Verkäufer Gelegenheit, durch eine scherzhafte Bemerkung über die notorische Unzufriedenheit von Frauen Solidarität und Gemeinsamkeit mit dem Kunden zu demonstrieren (Fläche 2f.). Er relativiert die scherzhafte Aussage dann gegenüber der Ehefrau, um diese nicht zu kränken.

So wie der Verkäufer widersprüchlichen Anforderungen ausgesetzt ist und die Widersprüche in der Interaktion permanent bearbeiten muss, so stehen auch die Kunden in dem komplementären Konflikt, entweder auf die ökonomische Position des Verkäufers und seine Interessen oder auf seine Selbst- und Beziehungsdarstellung zu reagieren. Dem Datenmaterial nach zu urteilen, pendeln die Kundinnen und Kunden zwischen vorsichtigem, misstrauischem, taktischem Verhalten, das den ökonomischen Interessengegensätzen Rechnung trägt, und vertrauensvollem, offenem, an menschlicher Nähe und Sympathie orientiertem Verhalten, wie es der Beziehungsdarstellung des Verkäufers entspricht.

3.2.5 Fazit

Der Autoverkäufer zeigt einerseits ein Verhalten, wie es den Erwartungen an die Verkäuferrolle entspricht: Er präsentiert sich als Angestellter der Autohandlung, behauptet für die Autos gute Qualität und angemessene Preise und verfolgt in den Verhandlungen seine Interessen. Auf der anderen Seite demonstriert er jedoch auch Eigenschaften und Verhaltensweisen, die dem Bild von einem Autoverkäufer widersprechen: Vertrauenswürdigkeit, Ehrlichkeit, menschliche Interessiertheit und Fürsorglichkeit.

Die Beziehung zu den Kunden wird von ihm als eine persönliche, menschliche Beziehung gestaltet, die mehr ist als eine anonyme Tauschbeziehung. Wo eine solche persönliche Beziehung fehlt, unterstellt der Verkäufer sie interaktiv oder erweckt den Eindruck, sie entstehe im Diskurs aufgrund der Besonderheit und positiven Qualität der Interaktion mit gerade diesem Kunden. Durch ein solches Display beeinflusst er die Beziehung in der gewünschten Richtung.

Dadurch werden Obligationen für die Kunden geschaffen. Wenn es nämlich gelingt, Vertrauenswürdigkeit, Ehrlichkeit, Fürsorglichkeit und eine menschlich interessierte, persönliche Beziehung plausibel und interaktiv verbindlich zu machen, stehen die Kunden unter der Verpflichtung, dem Verkäufer in der Interaktion ausreichend Gelegenheit zu geben, sich als Mensch, Freund usw. darzustellen, und ihn in dieser Selbstdarstellung zu bestätigen. Sie müssen ihn dann auch selbst entsprechend behandeln, d. h. sich ihrerseits persönlich und freundschaftlich verhalten, statt die Rolle des misstrauischen, feilschenden Kunden einzunehmen. Damit wächst aber der interaktive Druck, den Kauf abzuschließen.

Auf persönliche Nähe gerichtete Selbst- und Beziehungsdarstellungen werden also für ökonomische Zwecke instrumentalisiert. Erfahrene Verkäufer sagen, das Wichtigste beim Verkaufen sei, nicht den Eindruck zu erwecken, dass man unbedingt verkaufen wolle. Um die ökonomischen Zwecke zu realisieren, müssen diese in der Interaktion gerade heruntergestuft und verborgen werden. Auch wenn die Rollen- und Beziehungsgestaltung in Verkaufsgesprächen sich durchaus individuell und auch im Hinblick auf die unterschiedlichen Waren- und Zielgruppen unterscheidet, bilden konfligierende Anforderungen und Widersprüche ein charakteristisches Merkmal des Diskurstyps.

3.3   Maximenkonflikte

Um solche Widersprüchlichkeiten und konfligierenden Handlungsanforderungen – nicht nur in Verkaufsgesprächen, sondern auch in anderen beruflichen und institutionellen Diskursen – begrifflich zu fassen und analysierbar zu machen, hat sich das Konzept des *Maximenkonflikts* (Ehlich/Rehbein 1977) bewährt.

In Verkaufsgesprächen und auch in Gesprächen im Service (z. B. Hörgeräteakustiker, EDV-Berater; Brünner 2000) lassen sich Maximenkonflikte unterschiedlicher Art rekonstruieren. Angesprochen wurde oben schon die Verkäufer-Maxime *„Sprich die Sprache des Kunden!"* Sie impliziert die Forderung, gegenüber Laien (unbekannte, unerklärte) Fachausdrücke zu vermeiden, weil diese Unverständnis, Brüskierung und Distanz erzeugen können, und stattdessen umschreibende, umgangssprachliche Formen zu verwenden. Im Verkaufsgespräch trägt die kommunikative Anpassung an die Kunden dazu bei, Gemeinsamkeit und soziale Nähe zu ihnen zu demonstrieren bzw. zu konstituieren.

Auch Dienstleistende stehen unter der Verpflichtung zu Kooperativität, Rücksichtnahme und Höflichkeit gegenüber den Kunden, die in ihrem Fachwissen dem Dienstleistenden normalerweise unterlegen sind, in ihrer sozialen Geltung – als Zahlende – jedoch über ihm stehen. Auch Dienstleistende müssen deshalb nach der Maxime handeln, sich sprachlich an die Kunden anzupassen und auf die sprachliche Demonstration von Überlegenheit zu verzichten. Gerade Dienstleistende sind jedoch andererseits – mehr noch als Verkäuferinnen und Verkäufer – auf eine sprachliche Selbstdarstellung angewiesen, die ihre Expertise verdeutlicht, sie als kompetente, überlegene Fachleute und als fachlich zuverlässig ausweist.

Man kann hier von einem Maximenkonflikt zwischen den Maximen *„Sprich die Sprache des Kunden!"* und *„Zeige dich als Fachmann!"* sprechen, der in der Interaktion bearbeitet werden muss. Er führt zu einem systematisch begründeten Fluktuieren zwischen fachlicher und nicht-fachlicher Ausdrucksweise.

Ein anderer Maximenkonflikt zeigt sich im Hinblick auf die Maxime *„Vom Kunden her argumentieren!"*, die in Verkaufsschulungen immer wieder empfohlen und auch befolgt wird. Sie impliziert, dass der Verkäufer Informationen und Argumente auf die Kundenperspektive ausrichtet und zuschneidet und auch sprachlich die Perspektive der Kunden einnimmt. Der Verkäufer im Autohandel tut dies auch, verleiht jedoch seinen Informationen und Empfehlungen oft auch die Form eines persönlichen Rates; er scheint einer Maxime *„Gestalte die Beziehung zum Kunden als persönliche!"* zu folgen, die Ratschläge aus seiner eigenen Perspektive zulässt oder sogar verlangt.

Wie Maximenkonflikte sich äußern und bearbeitet werden, möchte ich noch an einem Ausschnitt aus einem *Verkaufsgespräch im Gartencenter* zeigen (vgl. Brünner/Weber 2009).[2] Zwei Kundinnen suchen nach einer Entscheidung zwischen verschiedenen Kübelpflanzen, die sie vorausgewählt haben.

Halbschatten
Aufnahme: Gorissen, 2003
Transkription: Adam, 2003; Korrektur: Weber, 2008
Sprecher/innen: V = Verkäufer, Kin1 = Kundin 1, Kin2 = Kundin 2

[99]

V	Jà, . das wär jetzt wieder n anderer Charakter.
Kin1	noch dabei. Und welches/ Also welche würden Sie jetzt nehmen? Sagen wer

[100]]

Kin1	mal jetzt nicht äh von der/ von der/ erst mal von der Pf/ äh Pflegeleichtigkeit? Also und/
Kin2	Von der Pflege im/ im

[101]

V	Es is ja kein Schatten. Halbschatten.
Kin1	Im Topf und im Schatten.
Kin2	Topf. Da man sie nicht/ Nee, es is/ es is/

[102]

Kin1	Ja, doch. Es is aber/ Drei Stunden Sonne. Was is das denn schon für so ne Pflanze?
Kin2	Drei Stunden is Sonne.

[103]

V	Nein, Sie müssen/ Nee, nee!
Kin1	Stellen Se mal vor, Sie kriegten nur drei Stunden Sonne am Tag. . Würden Se eingehn wie ne

[104]

V	D/ das/ Nee, das muss ich Ihnen sagen, das müssen Sie andersrum sehen. Stellen Sie sich mal
Kin1	Primel.

[105]

V	vor, Sie würden als Pflanze den ganzen Tag in der Sonne schmoren im Kübel.
Kin1	Jà, das is natürlich auch
Kin2	Genau.

2   Tonaufnahme unter http://home.edo.uni-dortmund.de/~bruenner/Publikationen.html.

[106]

V	Ja! Sehen Sie, wenn Ses so betrachten, ist der Halbschatten gut. . Der ist nicht so stressig für die
Kin1	nich (so gut)

[107]

V	Pflanze, . weder im Hochsommer, noch im Hochwinter, wenn der Boden gefroren is und die Sonne
Kin2	Jà, genau. Genau. Jà.

[108]

V	knallt auf die Pflanze. . Sehen Sie? Das ist
Kin1	((putzt sich die Nase)) (...) (wird alles) (...) (...) Jà, jà, ich weiß.
Kin2	Ich kann die Pflanze verstehen. Ich kann auch nicht so viel

[109]

V1	für die Pflanze viel ausge glichener. Also so gesehen/ Áh, die Frage
Kin1	((lacht)) Na, gut. Also welche würden Sie dann nehmen?
Kin2	Sonne haben. Genau. Jà.

[110]

V	natürlich/ Verstehen Sie, was ich nehmen würde, das is Geschmacks/ Das beantworte ich auch nie
Kin1	Jà.
Kin2	Das is jetzt natürlich (...)

[111]

V	direkt. Wenn Se sagen: Mensch, was is am robustesten, ja? Das wär jetz hier/
Kin1	Können Se aber doch. Jà, , was is am robustesten?
Kin2	Nee. Jà.

[112]

V	Ähm Jáhà. ((lacht)) Am robustesten wäre jetzt oben die rote Glanzmispel.
Kin1	Das wär ne gute/ das is ne gute Frage.

[113]

V	Der Kirschlorbeer ... So mal zu sagen . hundert, äh hundertzehn Prozent robust, ja? Ähm recht
Kin1	Jà. Jà.

[114]

V	robust ist dann hier ähm die/ ähm dieser Kletterjasmin, ähm der Pittosporum und äh . der Lorbeer. .
Kin2	Jà.

Kundin 1 richtet in Fläche 99f. an den Verkäufer den Wunsch nach einer persönlichen Kaufempfehlung zu den in Frage kommenden Pflanzen. Sie bringt ihr Anliegen in Frageform vor: *Und welches/ Also welche würden Sie jetzt nehmen?* Die Reaktion des Verkäufers ist jedoch nicht responsiv, er kommt der Aufforderung nicht nach. Nach einer argumentativen Sequenz zu den Lichtverhältnissen insistiert die Kundin auf einer persönlichen Empfehlung (*Also welche würden Sie dann nehmen?*; Fläche 109). Der Verkäufer verweigert diese zum zweiten Mal. Damit verstößt er gegen die Maxime der Kooperativität in der Interaktion (*„Gib bzw. sage dem Kunden das, was er haben bzw. hören will!"*).

Möglicherweise bestimmen Überlegungen sein Verhalten, die in einem Verkaufskundebuch so formuliert werden:

„Achten Sie immer darauf, daß Sie dem Kunden nie sagen, welchen Artikel Sie persönlich für sich kaufen würden. Der Kunde kauft dann möglicherweise einen Artikel, der ihm selbst nicht besonders zusagt, wird unzufrieden damit und kommt u. U. beim nächsten Kauf nicht mehr zu Ihnen." (Collins et al. 1994: 50).

Der Verkäufer orientiert sich im Sinne dieser Empfehlung an einer Handlungsmaxime der Professionalität (*„Sage nie, was du persönlich kaufen würdest!"*).

Zwischen den Forderungen nach Kooperativität und Professionalität besteht hier ein Maximenkonflikt. Der Verkäufer bearbeitet diesen interaktiv in zweierlei Weise: Er wählt zunächst die Form der Metakommunikation zur Begründung seiner professionellen Haltung: *Verstehen Sie, was ich nehmen würde, das is Geschmacks/ das beantworte ich auch nie direkt.* (Fläche 110f.). Zweitens bietet er einen „Ersatz" für die verlangte Antwort an: *Wenn Se sagen: Mensch, was is am robustesten, ja? Das wär jetz hier/* (Fläche 111); d. h. er reformuliert die Frage der Kundin unter einem fachlich-sachlichen Kriterium und beantwortet sie entsprechend.

In der dazwischen liegenden Sequenz widerspricht der Verkäufer direkt einer von Kundin 1 gemachten Voraussetzung: *Es is ja kein Schatten. Halbschatten* (Fläche 101). Die Gegenargumentation der Kundin weist er ebenfalls explizit und nachdrücklich, fast schroff und belehrend zurück: *Nein, Sie müssen/ Nee, nee! D/ das/ Nee, das muss ich Ihnen sagen, das müssen Sie andersrum sehen.* (Fläche 103f.). Damit verstößt er gegen die Maxime *„Der Kunde hat immer Recht!"* Das ist ungewöhnlich, denn eine offene Konfrontation mit ihr könnte die Kundin verärgern und den Erfolg des Verkaufsgesprächs gefährden.

Eine Erklärung liegt vermutlich darin, dass die Fehleinschätzung der Kundin hinsichtlich der Lichtverhältnisse die Pflanzenauswahl unnötigerweise erheblich einschränkt. Der Verkäufer scheint deshalb hier die Maxime *„Zeige dich als Fachmann!"* zu befolgen. Wenn er aus einer Expertenrolle heraus auf der Zuschreibung des Begriffs „Halbschatten" besteht und ebenfalls unter Rekurs auf sein Fachwissen mit den Vorzügen des Halbschattens für die Pflanzen argumentiert (*Der ist nicht so stressig für die Pflanze; Fläche 106f.*), so kann dies als strategisches Verhalten in Bezug auf die Verkaufschancen interpretiert werden.

Dass hier ein Maximenkonflikt vorliegt und wie er interaktiv bearbeitet wird, lässt sich am Scherzen des Verkäufers erkennen. Indem er den vorangegangenen Scherz der Kundin (Vergleich von Pflanze und Verkäufer; Fläche 104f.) in einer Replik aufgreift (*Stellen Sie sich mal vor, Sie würden als Pflanze den ganzen Tag in der Sonne schmoren im Kübel.*), macht er seine Verletzung der Maxime der Kooperativitä hier sozial akzeptierbar. An dieser Stelle zeigt sich noch einmal die große Bedeutung der homileïschen Kommunikation für das Beziehungsmanagement in Verkaufsgesprächen.

4 Anwendungen der linguistischen Diskursforschung

Die Ergebnisse der linguistischen Diskursanalyse können in der Praxis vor allem zu Aus- und Fortbildungszwecken verwendet werden – selbstverständlich nicht nur für den

Verkauf und auch nicht nur für den Bereich Wirtschaft. Zu Coaching, Kommunikations-training und Personalentwicklung auf linguistisch-diskursanalytischer Grundlage in der Wirtschaft existiert bereits eine Reihe von Konzepten und Erfahrungen (z. B. Bendel 2002; Becker-Mrotzek/Brünner Hrsg. 2004; Fiehler/Schmitt 2004a; Hartung 2004). Es wurden ferner herkömmliche Verkaufstrainings mit diskursanalytischen Methoden untersucht und systematische Schwächen aufgezeigt (Flieger/Wist/Fiehler 1992; Hablützel 2002; Brons-Albert 1995b; Fiehler/Schmitt 2004b).

Zentrale Unterschiede diskursanalytisch fundierter Trainings gegenüber anderen bestehen darin, dass in ihnen die faktische Kommunikationspraxis empirisch doku-mentiert und analysiert wird und Transkripte authentischer Gespräche – also nicht nur Rollenspiele – als Lehr- und Lernmittel eingesetzt werden. Auf dieser Grundlage werden Probleme diagnostiziert und gemeinsam mit den Teilnehmenden Problemlösungen er-arbeitet. Handlungsalternativen können dann in Gesprächsübungen oder Rollenspielen erprobt und so die Ausführung und Wirkung bestimmter kommunikativer Handlungen erfahrbar gemacht werden.

Bewährt haben sich dafür die methodischen Verfahren der fragegeleiteten Tran-skriptanalyse (Becker-Mrotzek/Brünner 2002b) und der Simulation authentischer Fälle (Becker-Mrotzek/Brünner 2002a). Bei dem analytisch orientierten Verfahren der *frage-geleiteten Transkriptanalyse* richtet man eine Leitfrage und einen Fokus auf Phänomene oder Problemlagen im Transkript. Es werden zusammen mit den Teilnehmenden relevante Belegstellen identifiziert und analysiert, anhand dieser kommunikative Anforderungen oder Kommunikationsprobleme rekonstruiert bzw. identifiziert, die Lösungsversuche der Gesprächsbeteiligten beschrieben und anhand ihrer Wirkungen im Gespräch bewertet, alternative Lösungsmöglichkeiten diskutiert und ggf. Handlungsempfehlungen abgeleitet.

Bei dem stärker handlungsorientierten Verfahren der *Simulation authentischer Fälle* handelt sich um eine besondere Form des Rollenspiels, in der ein authentischer, in der beruflichen Praxis aufgezeichneter und transkribierter Fall das Setting für eine Simulation liefert. Dieser authentische Fall und das betreffende Transkript werden auch zur Auswer-tung der Simulation herangezogen. Indem die Seminarteilnehmerinnen und teilnehmer quasi ihre eigene Praxis simulieren, wird die Gefahr von Artefakten und unrealistischen „Theater-Effekten" deutlich reduziert.

Die Arbeit mit Transkripten authentischer Gespräche ermöglicht differenzierte Einsich-ten in kommunikative Formen und interaktive Zusammenhänge. Sie macht deutlich, dass es in aller Regel nicht nur die eine optimale Form sprachlichen Handelns gibt, die immer passt und rezeptartig gelernt werden kann; sondern dass Interaktion flexibles Handeln bedeutet, das sich nicht nur an den eigenen Zielen und Möglichkeiten, sondern auch am Handeln des Gesprächspartners oder der Gesprächspartnerin orientieren muss.

Die linguistische Diskursanalyse erlaubt also nicht nur, ein realistisches und detail-liertes Bild der verbalen Interaktionen in der Wirtschaft zu gewinnen, sondern vermag ebenso zu einer Weiterentwicklung kommunikativer Kompetenzen für die berufliche Praxis beizutragen.

Anhang: Transkriptionszeichen in HIAT (Auswahl)

Basiszeichen:

(…)	Wortlaut unverständlich
(Steuer)	vermuteter Wortlaut
((lachend)) [ham das]	Kommentar (( )) und Erstreckung des Kommentierten [ ]
Ich will/ ich bin	Wort- oder Konstruktionsabbruch
.	kurze Pause in einer Äußerung
..	längere Pause in einer Äußerung
(4 sec)	4 Sekunden Pause
((o---lacht---o))	Lachen (mit zeitlicher Erstreckung)

Intonationszeichen:

Das ist ja Wahnsinn	lauter werdend (im markierten Bereich)
wenn er überhaupt kommt	leiser werdend (im markierten Bereich)
falls sie überhaupt mitfährt	schneller werdend
bist du total verloren	langsamer werdend
das ist völliger Mist	Stakkato (silbisch abgehacktes Sprechen)
gewa:rtet	auffällige Dehnung des Vokals
bei beiden	auffällige Betonung von Silben oder Wörtern
Nee!!	besonders emphatische Betonung

hm, ja	fallende Intonation
hm, ja	steigende Intonation
hm, ja	fallend-steigende Intonation (zweisilbig gesprochen: hmhm)
hm, ja	gleichbleibende Intonation

Literatur

Ammon, Ulrich/Dittmar, Norbert/Mattheier, Klaus J. (Hrsg.) (2005): Soziolinguistik. Ein internationales Handbuch zur Wissenschaft von Sprache und Gesellschaft. Band 1. Berlin/New York: de Gruyter.

Baßler, Harald (1996): Wissenstransfer in intrafachlichen Vermittlungsgesprächen. Eine empirische Untersuchung von Unterweisungen in Lehrwerkstätten für Automobilmechaniker. Tübingen: Niemeyer.

Becker-Mrotzek, Michael/Brünner, Gisela (1999): Gesprächsforschung für die Praxis: Ziele – Methoden – Ergebnisse. In: Stickel (1999): 172-193.

Becker-Mrotzek, Michael/Brünner, Gisela (2002a): Simulation authentischer Fälle (SAF). In: Brünner/Fiehler/Kindt (2002): 72-80.

Becker-Mrotzek, Michael/Brünner, Gisela (2002b): *Jetzt passen Se mal auf!* Konflikte in Gesprächen – Erkennen und bearbeiten. In: Praxis Deutsch 174 (2002), 46-50.

Becker-Mrotzek, Michael/Brünner, Gisela (Hrsg.) (2004): Analyse und Vermittlung von Gesprächskompetenz. Frankfurt: Lang & Verlag für Gesprächsforschung (www.verlag-gespraechsforschung. de/2004/becker1. htm).

Becker-Mrotzek, Michael/Brünner, Gisela (2006): Gesprächsanalyse und Gesprächsführung. Eine Unterrichtsreihe für die Sekundarstufe II. Radolfzell: Verlag für Gesprächsforschung. (http:// www.verlag-gespraechsforschung.de/2006/raabits.htm).

Becker-Mrotzek, Michael/Fiehler, Reinhard (Hrsg.) (2002): Unternehmenskommunikation. Tübingen: Narr.

Bendel, Sylvia (2002): Gesprächskompetenz am Telefon. Ein Weiterbildungskonzept für Bankangestellte auf der Basis authentischer Gespräche. In: Becker-Mrotzek/Fiehler (2002): 257-276.

Bendel, Sylvia (2006): Zwischen Automation und Dialog: Kunden identifizieren im Bank Call Center. In: Boenigk/Krieger/Belliger/Hug (2006): 129-141.

Bendel, Sylvia (2007): Sprache der Individualität in der Institution. Telefongespräche in der Bank und ihre individuelle Gestaltung. Tübingen: Francke.

Boenigk, Michael/Krieger, David/Belliger, Andrea/Hug, Christoph (Hrsg.) (2006): Innovative Wirtschaftskommunikation. Wiesbaden: Deutscher Universitätsverlag.

Bolten, Jürgen (Hrsg.) (2000): Studien zur internationalen Unternehmenskommunikation. Waldsteinberg: Popp.

Brinker, Klaus/Antos, Gerd/Heinemann, Wolfgang (Hrsg.) (2001): Text- und Gesprächslinguistik. Ein internationales Handbuch zeitgenössischer Forschung. (= HSK 16.2). 2 Bände. Berlin/New York: de Gruyter.

Brons-Albert, Ruth (1995a): Verkaufsgespräche und Verkaufstrainings. Opladen: Westdeutscher Verlag.

Brons-Albert, Ruth (1995b): Auswirkungen von Kommunikationstraining auf das Gesprächsverhalten. Tübingen: Narr.

Brünner, Gisela (1997): Fachlichkeit, Muster und Stil in der beruflichen Kommunikation. In: Selting/ Sandig (1997): 254-285.

Brünner, Gisela (1998): Fachkommunikation im Betrieb – am Beispiel der Stadtwerke einer Großstadt. In: Hoffmann/Kalverkämper/Wiegand (1998): 634-648.

Brünner, Gisela (2000): Wirtschaftskommunikation. Linguistische Analyse ihrer mündlichen Formen. Tübingen: Niemeyer.

Brünner, Gisela (2005): Kommunikation in institutionellen Lehr-Lern-Prozessen. Diskursanalytische Untersuchungen zu Instruktionen in der betrieblichen Ausbildung. Radolfzell: Verlag für Gesprächsforschung (www.verlag-gespraechsforschung.de/2005/bruenner.htm).

Brünner, Gisela/Fiehler, Reinhard/Kindt, Walther (Hrsg.) (2002a): Angewandte Diskursforschung. Bd. 1: Grundlagen und Beispielanalysen. Radolfzell: Verlag für Gesprächsforschung. (www.verlag-gespraechsforschung.de/2002/bruenner1.html).

Brünner, Gisela/Fiehler, Reinhard/Kindt, Walther (Hrsg.) (2002b): Angewandte Diskursforschung. Bd. 2: Methoden und Anwendungsbereiche. Radolfzell: Verlag für Gesprächsforschung. (www.verlag-gespraechsforschung.de/2002/bruenner4.html).

Brünner, Gisela/Graefen, Gabriele (Hrsg.) (1994): Texte und Diskurse. Methoden und Forschungsergebnisse der Funktionalen Pragmatik. Opladen: Westdeutscher Verlag.

Brünner, Gisela/Weber, Peter (2009): Gesprächsdidaktik: Gespräche im Unterricht transkribieren und analysieren. In: Handbuch „Deutschunterricht in Theorie und Praxis 3", Teilband „Mündliche Kommunikation und Gesprächsdidaktik". (Hrsg: Becker-Mrotzek, Michael.) Baltmannsweiler: Schneider Hohengehren, S. 297-323.

Bungarten, Theo (Hrsg.) (1999): Wirtschaftshandeln. Kommunikation in Marketing, Management und Ausbildung. Tostedt: Attikon.

Collins, Edith/Meng, Armin/Müller-Fixemer, Brigitte (1994): Rollen spielen – Verkaufen lernen. Darmstadt: Winklers.

Dannerer, Monika (1999): Besprechungen im Betrieb. Empirische Analysen und didaktische Perspektiven. München: iudicium.

Deppermann, Arnulf (1999): Gespräche analysieren. Eine Einführung in konversationsanalytische Methoden. Opladen: VS Verlag für Sozialwissenschaft.

Dorfmüller, Ulrike (2006): Verkaufsgespräche im Computer-Discounthandel. Eine diskursanalytische Untersuchung. Tübingen: Narr.

Ehlich, Konrad (2007): Funktional-pragmatische Kommunikationsanalyse – Ziele und Verfahren. In: Ehlich (2007): 9-28.

Ehlich, Konrad (2007): Sprache und sprachliches Handeln. Bd. 1: Pragmatik und Sprachtheorie. Berlin/ New York: de Gruyter.

Ehlich, Konrad/Rehbein, Jochen (1977): Wissen, kommunikatives Handeln und die Schule. In: Goeppert (1977): 36-114.

Ehlich, Konrad/Rehbein, Jochen (1980): Sprache in Institutionen. In: Lexikon der Germanistischen Linguistik. 2. Aufl. Tübingen: Niemeyer, 338-345.

Ehlich, Konrad/Rehbein, Jochen (1994): Institutionsanalyse. Prolegomena zur Untersuchung von Kommunikation in Institutionen. In: Brünner/Graefen (1994): 287-327.

Ehlich, Konrad/Wagner, Johannes (Hrsg.) (1995): The discourse of business negotiation. Berlin/ New York: de Gruyter.

Ehnert, Rolf (Hrsg.) (2000): Wirtschaftskommunikation kontrastiv. Frankfurt a. M.: Lang.

Fiehler, Reinhard/Kindt, Walther/Schnieders, Guido (2002): Kommunikationsprobleme in Reklamationsgesprächen. In: Brünner/Fiehler/Kindt (2002a): 120-154.

Fiehler, Reinhard/Schmitt, Reinhold (2004a): Gesprächstraining. In: Knapp/Antos/Becker-Mrotzek (2004): 341-362.

Fiehler, Reinhard/Schmitt, Reinhold (2004b): Die Vermittlung kommunikativer Fähigkeiten als Kommunikation. Kommunikationstrainings als Gegenstand der Gesprächsanalyse. In: Becker-Mrotzek/Brünner (2004): 113-136.

Fiehler, Reinhard/Sucharowski, Wolfgang (Hrsg.) (1992): Kommunikationsberatung und Kommunikationstraining. Anwendungsfelder der Diskursforschung. Opladen: Westdeutscher Verlag.

Flieger, Erhard/Wist, Georg/Fiehler, Reinhard (1992): Kommunikationstrainings im Vertrieb und Diskursanalyse. Erfahrungsbericht über eine Kooperation. In: Fiehler/Sucharowski (1992): 289-337.

Goeppert, Herma C. (Hrsg.) (1977): Sprachverhalten im Unterricht. München: UTB.

Goffman, Erving (2003): Wir alle spielen Theater. Die Selbstdarstellung im Alltag. 6. Auflage München.

Gülich, Elisabeth/Kotschi, Thomas (Hrsg.) (1985): Grammatik, Konversation, Interaktion. Tübingen: Niemeyer.

Hablützel, Susanna (2002): Kommunikationstraining in der Bank. Diskursanalytische Untersuchung eines Trainings im Bereich der Finanzanlageberatung. In: Gesprächsforschung. Online-Zeitschrift zur verbalen Interaktion 3. 165-191 (www.gespraechsforschung-ozs.de/heft2002/heft2002.htm).

Habscheid, Stephan (2001): Gesprächsanalyse in Organisationsprozessen. In: Brinker/Antos/Heinemann (2001): 1690-1696.

Habscheid, Stephan (2003): Sprache in der Organisation. Sprachreflexive Verfahren im systemischen Beratungsgespräch. Berlin/New York: de Gruyter.

Hartung, Martin (2004): Gesprächsanalyse in der betrieblichen Praxis. In: Knapp/Antos/Becker-Mrotzek (2004): 299-319.

Hoffmann, Lothar/Kalverkämper, Hartwig/Wiegand, Herbert Ernst (Hrsg.) (1998): Fachsprachen. Ein internationales Handbuch zur Fachsprachenforschung und Terminologiewissenschaft. 1. Halbband. Berlin/New York: de Gruyter.

Janich, Nina/Neuendorff, Dagmar (Hrsg.) (2002): Verhandeln, kooperieren, werben. Beiträge zur interkulturellen Wirtschaftskommunikation. Wiesbaden: Deutscher Universitäts-Verlag.

Kallmeyer, Werner (1985): Handlungskonstitution im Gespräch. In: Gülich/Kotschi (1985): 81-123.

Kallmeyer, Werner (2005): Konversationsanalytische Beschreibung. In: Ammon/Dittmar/Mattheier (2005): 1212-1225.

Keim, Inken/Schütte, Wolfgang (Hrsg.) (2002): Soziale Welten und kommunikative Stile. Festschrift für Werner Kallmeyer zum 60. Geburtstag. Tübingen: Narr.

Kern, Friederike (2000): Kulturen der Selbstdarstellung. Ost- und Westdeutsche in Bewerbungsgesprächen. Wiesbaden: Deutscher Universitäts-Verlag.

Kleinberger Günther, Ulla (2003): Kommunikation in Betrieben. Wirtschaftslinguistische Aspekte der innerbetrieblichen Kommunikation. Bern: Lang.

Knapp, Karlfried/Antos, Gerd/Becker-Mrotzek, Michael (Hrsg.) (2004): Angewandte Linguistik. Ein Lehrbuch. Mit CD-ROM. Tübingen/Basel: Francke.

Lepschy, Annette (1995): Das Bewerbungsgespräch. Eine sprechwissenschaftliche Studie zu gelingender Kommunikation aus der Perspektive von Bewerberinnen und Bewerbern. St. Ingbert: Röhrig Universitätsverlag.

Meier, Christoph (1997): Arbeitsbesprechungen. Interaktionsstruktur, Interaktionsdynamik und Konsequenzen einer sozialen Form. Opladen: Westdeutscher Verlag.

Menz, Florian (1999): „Erfolg" oder „Fehlgriff"? Zum Entscheidungsmuster bei Bewerbungen in Wirtschaftsunternehmen. Eine Fallstudie. In: Bungarten (1999): 87-112.

Menz, Florian (2000): Selbst- und Fremdorganisation im Diskurs. Interne Kommunikation in Wirtschaftsunternehmen. Wiesbaden: Deutscher Universitäts-Verlag.

Müller, Andreas (1997): „Reden ist Chefsache". Linguistische Studien zu sprachlichen Formen sozialer ‚Kontrolle' in innerbetrieblichen Arbeitsbesprechungen. Tübingen: Narr.

Müller, Andreas (2002): Interaktionsregeln in innerbetrieblichen sozialen Welten. In: Keim/Schütte (2002): 85-112.

Müller, Andreas (2006): Sprache und Arbeit. Aspekte einer Ethnographie der Unternehmenskommunikation. Tübingen: Narr.

Ottomeyer, Klaus (2003): Ökonomische Zwänge und menschliche Beziehungen. Soziales Verhalten im Kapitalismus. Münster: Lit.

Plog, Kirsten (1996): Telefonmarketing. Ziele und Methoden aus linguistischer Perspektive. Opladen: Westdeutscher Verlag.

Pothmann, Achim (1997): Diskursanalyse von Verkaufsgesprächen. Opladen: Westdeutscher Verlag.

Redder, Angelika (Hrsg.) (2007): Diskurse und Texte. Festschrift für Konrad Ehlich zum 65. Geburtstag. Tübingen: Stauffenburg.

Rehbein, Jochen (1995): International sales talk. In: Ehlich/Wagner (1995): 67-102.

Rehbein, Jochen (2001): Das Konzept der Diskursanalyse. In: Brinker/Antos/Heinemann (2001): 927-945.

Reisigl, Martin (2007): Zum innerlinguistischen Status der Diskursanalyse. In: Redder (2007): 71-80.

Reuter, Ewald/Piitulainen, Marja-Leena (2003): Internationale Wirtschaftskommunikation auf Deutsch. Die deutsche Sprache im Handel zwischen den nordischen und den deutschsprachigen Ländern. Frankfurt a. M.: Lang.

Schnieders, Guido (2005): Reklamationsgespräche. Eine diskursanalytische Studie. Tübingen: Narr.

Schwandt, Berndt (1995): „Erzähl mir nix". Gesprächsverlauf und Regelaushandlung in den Besprechungen von Industriemeistern. München/Mering: Hampp.

Selting, Margret/Sandig, Barbara (Hrsg.) (1997): Sprech- und Gesprächsstile. Berlin/New York: de Gruyter.

Stickel, Gerhard (Hrsg.) (1999): Sprache, Sprachwissenschaft, Öffentlichkeit. (= Institut für deutsche Sprache Jahrbuch 1998). Berlin/New York: de Gruyter.

Wahren, Heinz-Kurt (1987): Zwischenmenschliche Kommunikation und Interaktion in Unternehmen. Grundlagen, Probleme und Ansätze zur Lösung. Berlin/New York: de Gruyter.

Kundenkommunikation in Call Centern des Finanzdienstleistungssektors
Konversationsanalytische Zugänge zum Reden über Geld

Ingo Matuschek und Frank Kleemann

Die Kundenkommunikation im Finanzdienstleistungssektor hat in den vergangenen gut eineinhalb Dekaden einen rasanten Wandel vollzogen: Vom altehrwürdigen, manchmal leicht verstaubten Bankhaus mutierten die hiesigen Banken zu multimedial agierenden Finanzinstitutionen – nicht zuletzt unter dem Druck neuer Konkurrenten, die von vornherein auf Informations- und Kommunikationstechnologien als neue Vertriebswege setzten (vgl. Arnold/Matuschek 2006). Online-Banking, E-Mail-Kommunikation und die Abwicklung der Geldgeschäfte über das Telefon sind ebenso zur Selbstverständlichkeit geworden wie ehedem der gewohnte Gang zur Filiale um die Ecke (vgl. Holly 2006). Auch wenn nach wie vor der Bankschalter für viele Menschen ein vertrauensbildender Ort im sensiblen Bereich der Verwaltung der eigenen Finanzen ist, haben mit der Ausdünnung des Filialnetzes medienvermittelte Interaktionsformen an Bedeutung gewonnen. Call Center sind eine zentrale neue Einrichtung, die auf die Bearbeitung solcher medienvermittelten Kommunikationen über Geld spezialisiert ist. Diese Serviceeinrichtungen beruhen auf dem umfassenden Einsatz von Informations- und Kommunikationstechnologien.[1] In ihnen wird von eigens dafür geschulten Call-Center-MitarbeiterInnen („Agents") zugleich computerunterstützte Sachbearbeitung und medial vermittelte Kommunikationsarbeit geleistet.

Der vorliegende Beitrag fokussiert diese „informatisierte Kommunikationsarbeit" (vgl. Kleemann/Matuschek 2003a) in Call Center und fragt danach, wie sie als spezifische Form der Wirtschaftskommunikation ausgestaltet wird. Zentrale Datengrundlage für die Analyse der telefonischen Kommunikation zwischen KundInnen und Agents sind 89 ursprünglich zu Trainingszwecken in der *Fidi-Bank* mitgeschnittene Gespräche von

---

1   Die Kundenkommunikation verläuft überwiegend telefonbasiert. Häufig werden aber, weil auch diese Kommunikationskanäle von KundInnen genutzt werden und um die Tätigkeit der Agents im Sinne eines job enlargement bzw. der job rotation abwechslungsreicher zu gestalten, auch E-Mail-Anfragen und zum Teil auch briefliche Korrespondenz bearbeitet. Deshalb wird alternativ häufig die Bezeichnung Communication Center verwendet (vgl. Matuschek et al. 2007). Die folgenden Analysen konzentrieren sich aus Gründen der Komplexitätsreduktion auf die telefonische Kommunikation.

insgesamt 21 Agents.[2] Im 1. Abschnitt werden zunächst in gebotener Kürze Grundlagen der Konversationsanalyse umrissen, die als Analysemethode für die hier vorgestellten empirischen Daten herangezogen wird. Anschließend wird zunächst die Kundenkommunikation in Call Centern am Beispiel der Finanzdienstleistungen allgemein als Ergebnis eines Zusammenspiels aus betrieblicher Arbeitsorganisation und individuellen Charakteristika der direkt an der Kommunikation beteiligten Personen beleuchtet (2.1 u. 2.2), um dann reale Kundengespräche mit konversationsanalytischen Verfahren detailliert auf ihre charakteristischen Merkmale hin zu untersuchen (2.3-2.5). Im 3. Abschnitt erfolgt abschließend eine Diskussion zur Erkenntniskraft des konversationsanalytischen Vorgehens, das – jenseits der jeder Wirtschaftskommunikation eigenen vordergründigen Konzentration auf das monetäre Thema – ritualisierte Kommunikationsformen als entscheidende Strukturierung der Gespräche über Geld zu identifizieren und als kritische Konsumforschung deren vorgeblich sachbezogene Aushandlungen zu hinterfragen vermag (3).

1   Die Untersuchung wirtschaftsbezogener Kommunikation: Konversationsanalytischer Zugang zu Gesprächen über Geld

Die Arbeit im Call Center erscheint zunächst ganz allgemein als Wirtschaftskommunikation im Modus des Gespräches zwischen Agent und KundInnen. Zur Untersuchung dieses Gegenstands bietet sich die Konversationsanalyse als Methode an. Mit ihr lassen sich Gespräche aller Art untersuchen, die in „natürlichen Situationen" vorkommen. Analysiert wird mittels eines formalanalytischen Vorgehens, wie die beteiligten Akteure im Gespräch *soziale Ordnung* durch wechselseitig aufeinander bezogene Sprechhandlungen gemeinsam *herstellen*. Die der Konversationsanalyse eigene Maxime „order at all points" impliziert, dass kein einzelner Input der gesamten Interaktion bedeutungslos ist, sondern alles zur Herstellung einer je spezifischen situativen – nicht aber einer abstrakten, normativ vorgegebenen – sozialen Ordnung beiträgt. Damit entwickelt die Konversationsanalyse auf ethnomethodologischer Grundlage (Garfinkel 1967; Psathas 1973) ein spezifisches Verständnis davon, was soziale Ordnung ist: eine „Vollzugswirklichkeit" („ongoing accomplishment") im Sinne einer fortlaufenden Ausführung von aufeinander bezogenen Handlungen, die in ihrer ständigen Wiederholung regelmäßige Muster aufweist.

Grundlage des Handelns der Akteure sind in der Sozialisation vermittelte, auf basalen „Ethnomethoden" der Hervorbringung sozialer Praktiken beruhende Kommunikations- bzw. Handlungsschemata. Akteure verfügen damit über eine gemeinsame und allgemein

---

2   Der Beitrag greift zudem mehr oder weniger implizit auf Erkenntnisse aus weiteren jeweils einwöchigen Arbeitsplatzbeobachtungen und insgesamt 60 erzählgenerierenden Interviews aus drei anderen Call Centern von Finanzdienstleistern zurück. Das Datenmaterial entstammt dem DFG-Projekt „Autonomie und Standardisierung in medienvermittelter Grenzstellenarbeit: Informatisierte Kommunikationsarbeit in Communication Centern" (vgl. Matuschek et al. 2007). Zum Vorgehen und weiteren Ergebnissen vgl. u. a. Habscheid/ Holly/Kleemann/Matuschek/ Voß (2006); Haase et al. (2003); Rieder et al. (2002).

vorausgesetzte Kenntnis von Basisregeln des gemeinsamen Handlungsvollzuges, also etwa darüber, wie ein Gespräch zu führen ist. Hinzu kommt ein mehr oder weniger tiefes situationsspezifisches Wissen, zum Beispiel darüber, wie ein Call Center Finanzdienstleistungen bearbeitet. Darauf und auf die normative Verbindlichkeit dieser Formen bauen beispielsweise Call-Center-Agents. Sie beherrschen die der Alltagskommunikation zugrunde liegenden sozialen Regeln der Gesprächsführung besonders gut und können sie auch instrumentell einsetzen. Ihr Gegenüber hat es oft schwer, sich dem zu entziehen.

In der Kommunikation zwischen Agents und KundInnen wird mittels kommunikativer Handlungen jeweils eine Ordnung hergestellt, die von den Akteuren selbst oftmals nur intuitiv zu decodieren ist. Ziel der Konversationsanalyse ist es, eben diese Ordnung *methodisch* aufzuschlüsseln, z. B. entlang der Basisregeln des *turn taking* (Sacks et al. 1974), d. h. des Sprecherwechsels (vgl. auch Dittmar 1997: 89-95): Zu jedem Zeitpunkt einer Konversation besitzt jeweils eine Person das Rederecht. Dieses kann sie wahrnehmen oder abgeben. Das Rederecht kann entweder explizit an eine/n andere/n Gesprächsteilnehmer/in weitergegeben werden (z. B. durch eine Bemerkung wie „Hans, jetzt sag auch mal was dazu") oder es entsteht eine offene Situation, in der derjenige das Rederecht erhält, der als nächster zu sprechen beginnt. Die Dynamik realer Gespräche ist zwar weitaus höher (z. B. durcheinander reden), aber auch diese Abweichungen können anhand der turn-taking-Regeln näher bestimmt werden.

Die Kommunikation wird darüber hinaus durch die sachlichen Anforderungen des jeweiligen Gesprächs, die in betriebliche Leitlinien und Vorgaben gegossenen Intentionen des Unternehmens (als Arbeitgeber der Agents wie als Partner des Kunden) wie auch das Kommunikationsmedium und die informatisierte Arbeitsumgebung der Agents beeinflusst (vgl. Kleemann/Matuschek 2003a). Aus arbeitssoziologischer Perspektive ist sie damit prinzipiell als Ineinandergreifen von betrieblichem und individuellem Handeln und damit als spezifisch gerahmte (Wirtschafts-)Kommunikation zu verstehen. Daher ist es sinnvoll, entsprechendes Kontextwissen systematisch in die Analyse der Kommunikate einzubeziehen – wie dies auch in der Konversationsanalyse üblich ist.

Kontextwissen zu den im vorliegenden Beitrag vorgestellten Beispielen der Wirtschaftskommunikation über Geld wurde auf mehreren Wegen gewonnen: 1) mittels einer vergleichenden Dokumentenanalyse der Kommunikationskonzeptionen, der Rekrutierungskriterien und der Schulungsunterlagen der untersuchten Finanzinstitute; im Rahmen zweier jeweils einwöchiger Betriebsfallstudien, außerdem 2) durch thematisch strukturierte Interviews mit Call-Center-Agents sowie operativen und administrativen ManagerInnen, die in Anlehnung an die Methoden rekonstruktiver Sozialforschung (vgl. Bohnsack 2008, zum genaueren Vorgehen in Bezug auf Leitfadeninterviews vgl. Matuschek 2005) analysiert wurden, und 3) mittels Ethnographie: Zwei Forscher konnten in diesem Zeitraum Agents bei der Arbeit beobachten und wurden teils als Mithörer zu Gesprächen zugeschaltet. Zum Teil bestand unmittelbar im Anschluss die Möglichkeit, Agents zu den gerade geführten Gesprächen – und auch zu ihrer Arbeit im Allgemeinen – zu befragen. Die ethnographischen Daten wurden in Beobachtungs- bzw. Interviewprotokollen dokumentiert. Im vorliegenden Beitrag fließen Erkenntnisse zum Kontext der Wirtschaftskommunikation insbesondere entlang der ersten beiden Schritte ein, insoweit in den analysierten Gesprächen Schulungskonzeptionen zum Tragen kommen.

2   Zur Analyse von Kundenkommunikation in Call Centern von Finanzdienstleistern

Ein Anliegen von Call Center-Lösungen ist es, einer großen Zahl von KundInnen möglichst individuell erscheinende, aber gleichwohl betrieblich organisierte und informationstechnisch standardisierte Dienstleistungen anzubieten. Aus diesem Grund kommt den Beschäftigten eine zentrale Bedeutung zu: Deren fachliche Qualifikationen und kommunikative Kompetenzen, ihr individuelles Engagement für das Unternehmen und die Bereitschaft, sich auch emotional gegenüber KundInnen einzubringen, werden zentral für den Arbeitsprozess. Zugleich lassen sich Kundenbeziehungen nur auf dem Wege typischer und routinisierbarer Abläufe effizient gestalten. Betriebliches Ziel muss es deshalb sein, durch arbeitsorganisatorische Maßnahmen eine Balance zwischen der notwendigen Autonomie der Beschäftigten und der effizienzbedingten Standardisierung von Arbeitsabläufen herzustellen. Die subjektiven Kompetenzen der Beschäftigten sind daher so in den betrieblichen Kontext einzubinden, dass deren personale Qualität erhalten bleibt und sich zugleich ökonomisch rechnet. Als „organisierte Individualität" bezeichnen wir solche betrieblichen Konzepte, deren Ziel es ist, aus Gründen der Effizienz standardisierte Produkte und Dienstleistungen in einer Weise an die KundInnen heranzutragen, dass diese den Eindruck individueller Behandlung gewinnen (vgl. umfassend Matuschek et al. 2007).

Im Folgenden wenden wir uns einigen wesentlichen Aspekten der Kommunikation zwischen KundInnen und Agents zu: den Grundstrukturen informatisierter Kommunikationsarbeit und der betrieblichen Organisation derselben (2.1), den Interessen und Positionen der Agents zwischen KundInnen und Organisation (2.2), der Ko-Produktion der Kommunikation durch Agents und KundInnen auf zwei Gesprächsebenen (2.3 u. 2.4) sowie den innerhalb des Rahmens von den beteiligten angewendeten kommunikativen Strategien zur Steuerung des Prozesses Ko-Produktion in ihrem Sinne.[3]

2.1   Grundstrukturen informatisierter Kommunikationsarbeit im Call Center

Das hier analysierte Call Center der *Fidi-Bank* umfasst 160 Agents, die klassische Bankdienstleistungen prozessieren: Die Arbeit umfasst die Annahme eingehender Anrufe (Inboundtelefonie) wie auch das aktive Anrufen nach außen (Outbound). Neben einfachen

---

3   Der Rückgriff auf Auszüge von Mitschnitten oder Transkriptionen von Interviews dient der Veranschaulichung, ohne dass eine methodisch erschöpfende Analyse im gegebenen Rahmen möglich wäre. Zu intensiver interpretierten Beispielen vgl. Haase et al. (2003); Habscheid/Kleemann/Matuschek. (2006); Rieder et al. (2002).

Aufträgen wie dem Ausführen von Überweisungen sind die Beschäftigten beratend tätig. Die Arbeit im Call Center vereint damit zwei jeweils technisch vermittelte Ebenen der Arbeit, nämlich das Prozessieren von Informationen („informationstechnisch standardisierte Sachbearbeitung", Kleemann/Matuschek 2003a: 119) und das Kommunizieren mit KundInnen (vgl. ebd.; Kleemann et al. 2004: 139f; Matuschek et al. 2007: 26ff).[4] Informationen prozessieren heißt, nach Ermittlung der Anliegen des Kunden bzw. der Kundin erforderliche Informationen zu generieren und diese in das Informationssystem und aus diesem zurück zu übersetzen sowie Informationen im System zu verarbeiten. Dies beinhaltet die Nutzung von Computerprogrammen wie z. B. Datenbankmanagementsystemen.

Auf der Ebene des Kommunizierens geht es um die Abstimmung des auf Prozesse der Sachbearbeitung gerichteten Handelns und Erlebens der beteiligten Akteure. Grundlage dafür ist, eine soziale Beziehung zum Kunden entsprechend gängiger sozialer Konventionen der telefonischen und der Wirtschaftskommunikation herzustellen (vgl. grundlegend Höflich 1996) und fortlaufend entsprechend den Erwartungen des Kunden kommunikativ zu strukturieren. Da Kommunikationssituationen nie vollständig vorhersehbar und nur in Grenzen standardisierbar sind, bestehen für die Agents (je nach konkreter Aufgabe variierende) begrenzte Handlungsspielräume.

Sachbearbeitung und Kommunikationsarbeit stellen zwei Ebenen ein und derselben Arbeitstätigkeit dar. Sie folgen aber unterschiedlichen Handlungslogiken. Auf der Ebene der Sachbearbeitung müssen die Agents oft komplexe und manchmal recht diffuse Informationen, die sie von KundInnen erhalten, entsprechend den Anforderungen des technischen Systems in eingebbare Daten übersetzen. Auf der Kommunikationsebene aber sollen sie dem Kunden bzw. der Kundin das Gefühl einer individuellen Betreuung vermitteln. In der Konsequenz setzt das Eingehen auf kundenseitige Belange eine Instrumentalisierung von Gefühlen voraus, die gezielt von den Beschäftigten in die Kommunikation eingebracht werden müssen, um Service-Erwartungen zu erfüllen. Neben den fachlichen und kommunikativen Fähigkeiten müssen die Agents also zusätzlich Fähigkeiten zur emotionalen Teilhabe am Arbeitsprozess entwickeln. Dieses „emotion management" erfordert eine verstandesmäßige Regulierung und Stimulierung von Gefühlen zum Zwecke der Befriedigung von kundenseitigen Wünschen (vgl. Hochschild 1990). Die Gestaltung der Kommunikation ist eine komplexe Aufgabe, da im Herstellungsprozess der Dienstleistung KundInnen nicht nur passive KonsumentInnen, sondern vielmehr aktive PartnerInnen mit eigenen Sach- und Kommunikationskompetenzen sind. Wie die MitarbeiterInnen tragen sie als Ko-ProduzentInnen der eigenen Dienstleistung zum Gelingen oder Misslingen der Kommunikation bei.

---

4   Eine genauere analytische Unterscheidung verweist auf insgesamt drei eigenständige, wechselseitig aufeinander bezogene und weitestgehend parallel zu bewältigende Aktivitätsbereiche für die Call-Center-Agents: Die Kommunikation mit dem Kunden bzw. der Kundin muss als solche etabliert und in Gang gehalten werden (soziale Dimension); die Kundenwünsche müssen erfasst, realisierbare Ziele definiert bzw. ausgehandelt und bearbeitet werden (Sachdimension); und die Kundenanliegen müssen im computerbasierten Informationssystem prozessiert werden (informationstechnische Dimension).

Wie andere Call-Center-Agents auch prozessieren die MitarbeiterInn der Fidi-Bank im Wesentlichen zwei Sorten von Telefongesprächen: Reklamations- und Service-Gespräche, die entsprechenden Abteilungen zugeordnet sind: Der kommunikative Zweck von *Servicegesprächen* besteht in Dienstleistungen im kaufmännischen Kundendienst (*Beraten, Erklären, Informieren* etc.), daneben aber auch immer in der Pflege eines positiven Organisationsimages mit dem Ziel, durch Kompetenzdarstellung die Kundenzufriedenheit und Kundenbindung zu erhalten (vgl. Brünner 2000: 119). In *Reklamationsgesprächen* (vgl. Schnieders 2005), die durch eine eigene Abteilung prozessiert werden, sind Beanstandungen bzw. Beschwerden seitens der KundInnen auf ihre Berechtigung hin zu prüfen[5] und im Sinne der Befriedigung der kundenseitigen Ansprüche zu führen. Solche Reklamationsgespräche lassen sich als Subtyp des Musters *Vorwurf-Entschuldigung-Rechtfertigung* (vgl. Ohama 1987) beschreiben, oder als Spezialfall von Problemlösungen, bei dem die Urheberschaft an dem Problem einer der Parteien (Organisation, Agent oder Kunde) zugeschrieben wird (vgl. Fiehler et al. 1999). In beiden Fällen handelt es sich – einerseits strukturell angelegt, andererseits situativ emergierend (etwa wenn der Kunde bzw. die Kundin mit dem Service nicht zufrieden ist) – um potentiell konflikt- und emotionsträchtige Gesprächsformen. Beide bedürfen einer organisatorischen Vorstrukturierung und Formalisierung (vgl. Brünner 2000: 101f.) – in unserem Beispiel durch die Fidi-Bank.

Prinzipiell ist ein Call-Center-Agent im Gespräch verschiedenen, bisweilen konträren situativen Anforderungen ausgesetzt, die sich unter anderem entlang der Gegensatzpaare Fach- vs. Laiensprache, Emotions- vs. Sachbearbeitung und Kunden- vs. Organisationsorientierung ausdrücken (vgl. Haase et al. 2003). Um die damit angedeutete Spannbreite in der täglichen Arbeit bewältigen zu können, investiert die Fidi-Bank in initiale wie aufbauende Schulungen ihrer MitarbeiterInnen, in denen sowohl Fachkenntnisse wie Kommunikationskompetenzen vermittelt werden. Zugleich werden Gespräche in Umfang und Dauer informationstechnisch ausgewertet, regelmäßig werden Agents von externen TrainerInnen und ManagerInnen auf die Qualität ihrer Kommunikation hin geprüft und die Aufzeichnung von Kundengesprächen trägt zu einer noch höheren Kontrolldichte bei der Ausführung der Arbeit bei.

Solche kontrollierenden Rahmungen der informatisierten Kommunikationsarbeit bestehen aus betrieblichen Vorgaben etwa zur durchschnittlichen Dauer der Gespräche, zur Gesamtanzahl während einer Schicht, zur Anzahl der Versuche, neben der Bearbeitung des Kundenwunsches diesem auch Angebote des Unternehmens zu unterbreiten u. a.

---

5   Eine idealtypische Handlungsstruktur von ‚Reklamationsgesprächen‘ basiert im Wesentlichen auf zwei Aufgabenfeldern (vgl. Antos 1988; Brünner 2000; Fiehler/Kindt/Schnieders 1999): Aufgabenfeld 1: Emotions- und Beziehungsbearbeitung: z.B *Vorwürfe* (Enttäuschung, Ärger, etc.) oder Prosodie (Lautstärke etc.); Reaktion darauf durch *Vorwurfsbearbeitung* (*Anteilnahme, Entschuldigen, Rechtfertigen*); Wiedergutmachung/Renormalisierung durch *Anbieten von Benefits* (Kallmeyer 1979); *Imagepflege* (Organisationsimage-Agentenimage-Klientenimage). Aufgabenfeld 2: Problemexplikation und Bearbeitung des Sachproblems: Melden, Zuständigkeit klären, Darstellung (Berichten, Bewerten), Nachfragen, Prüfen, Ursache/Schuld zuschreiben, Herstellen/Ratifizieren einer gemeinsamen/geteilten Sichtweise auf das Problem, Problemlösung: Vorschlagen, Annahme/Ablehnung, Bewerten/Ratifizieren der Lösung.

mehr. Diese Vorgaben werden technisch kontrolliert und durch zum Teil umfangreiche Statistiken ausgewertet. Ziel ist es, auf zweierlei Faktoren Einfluss zu nehmen: Zum einen fließen die Daten in die Leistungsbewertung der Agents ein, zum anderen wird versucht, das Aufkommen von Anrufen berechenbar zu gestalten und damit den effizienten Personal- und Technologieeinsatz steuern zu können. Im betrieblichen Alltag entwickelt sich entlang standardisierter Arbeitsabläufe – die betriebsinternen Effizienzkriterien sowie der Erwartung an kundengerechten Service folgen – prinzipiell ein latentes Spannungsfeld, das für die Agents zu einer doppelten Handlungsanforderung der Standardisierung und Individuierung von Arbeitsprozessen führt.

Um eine professionelle Gesprächsgestaltung zu gewährleisten, werden die Agents der Fidi-Bank auf ihre Arbeit im Rahmen von initialen mehrwöchigen Schulungen bei der Aufnahme ihrer Tätigkeit sowie in fortlaufenden kürzeren Trainingsmaßnahmenvorbereitet. Gegenstand dieser Kurse sind allgemeine Bankkenntnisse, das Produktspektrum bzw. neu einzuführende Produkte, der Umgang mit dem Informations- und Kommunikationssystem sowie spezifische Kommunikations- und Verkaufstechniken der Bank.

Insbesondere werden unter dem internen Namen *Effekt* seitens der Fidi-Bank Leitlinien zur Strukturierung von Gesprächen durch die Agents vermittelt. Grundlegende Vorstellung ist ein idealtypisch gleicher Ablauf der Gespräche (in den Schritten Begrüßung/ Identifikation – Klärung des Anliegens – Bearbeitung des Anliegens – Verabschiedung). *Effekt* zielt überdies darauf, die allgemeine Kundenorientierung mit einer für die Agents verbindlichen effizienten Gestaltung der Kundengespräche zu verbinden. Vorgaben betreffen aber auch die Verwendung bzw. das Meiden bestimmter Formulierungen. Die Agents werden ermuntert, diese Vorgaben mit einem persönlichen Gesprächsstil zu verbinden, damit die Gespräche möglichst „authentisch" wirken. Die Kombination von vorgegebener Struktur und individueller Auslegung erweist sich aus Sicht der Agents insgesamt gesehen als praktikable Grundlage für die Dienstleistungserbringung sowohl im Sinne der Fidi-Bank als auch der KundInnen.

Die Agents führen aber die Vorgaben der Bank nicht einfach nur mechanisch aus. Bevor (in 2.3) die praktische Umsetzung in konkreten Gesprächssituationen analysiert wird, gilt es, die spezifische Position der Agents zwischen Kunden und Organisation genauer zu beleuchten.

2.2   Interessen und Positionen der Agents zwischen KundInnen und Organisation

Agents sind nicht nur sprachliche Mittler zwischen Unternehmen und KundInnen, sondern bringen auch ganz eigene Interessen in den Kommunikationsprozess ein. Sie haben dazu verschiedene Möglichkeiten, die in graduell unterschiedlichem Maß mit dem Abweichen von vorgegebenen betrieblichen und kommunikativen Verhaltensregeln einhergehen. Der

Interviewausschnitt[6] verdeutlicht besonders plakativ den devianten Umgang[7] mit den gesetzten Arbeitszielen im Umgehen der technischen Kontrolle (Transkriptionssymbole im Anhang):

> *Also ich sag' was/ ich sag' mal ganz einfach so, ähm (1) es wird von den Agenten die hier drinne sehr erfolgreich arbeiten, das sind nicht viele, das sind drei, vier Mann, die erzielen die Ziele, die ihnen gesteckt werden, erreichen die' auch, das heißt, wenn wir zum Beispiel eine Aktion für Wertpapiere haben, wo du dreißigtausend Euro umsetzen musst, innerhalb von sechs Wochen, schaffen die das, kein Problem. Was die auch schaffen, sind die Outbounds, die sie machen sollen, die achtzig oder hundert Stück; was auch geschafft wird ist, Nebenbeigeschäft zu generieren, das heißt, nicht nur mich jetzt auf die Aktion zu beziehen, sondern es muss ja auch noch Geschäft nebenbei laufen. Das sind die Felder, die abzudecken sind, so. Dann gibt's hier drinne Agenten, die nicht so gut unterwegs sind, die ham halt irgendwo ein Problemfeld, die schaffen die Zielerreichung nicht, die schaffen ihre gesteckten Outbounds nicht, erst recht nicht ein Nebenbeigeschäft. Und das sind die Agenten, die hundertprozentig regelkonform arbeiten. So, und es ist aber überall so, da brauchen ich/ da kann/ da brauchen wir nur mal auf=auf's Fußballfeld zu schauen: die Fußballspieler, die Profis, die machen Top Arbeit, die haben ihre Tricks, wenn der jetzt nah am Ball ist, weicht er ab vom Ball und schon hab' ich den Ball, hat keiner gesehen, gibt keine rote oder gelbe Karte und zack, ich hab' den Ball und kann das Tor versenken, das zählt, das Endergebnis zählt und äh, das ist halt das Problem, dass nicht voneinander gelernt wird. Und solche Dinge dürfen nie an den Teamleiter kommen.*

Deutlich wird, dass den Vorgaben nur durch Abweichen von der Regel zu entsprechen ist – einerlei ob sich der Agent die unternehmerischen Ziele zu eigen gemacht hat oder sie bewusst hintertreibt. Im Verhältnis des Unternehmens zum Beschäftigten besteht eine einseitig hohe Definitionsmacht, die sowohl die Sach- wie die Kommunikationsarbeit betrifft und die sich in den Ziel- und Gestaltungsvorgaben ausdrückt. Die unmittelbare Kommunikation zwischen DienstleisterInnen und KundInnen dagegen ist im Kern eine dyadische Beziehung, die mittels eines *hierarchischen Gefälles* (im Modus ExpertIn – Laie, s. o.) prozessiert wird.

Devianz gewinnt vor diesem Hintergrund häufig den Charakter einer Verteidigung der persönlichen Integrität der Arbeitenden vor überfordernden Situationen durch die Zumutungen einer rein kennziffernorientierten Arbeitsorganisation. Die Komplexität

---

6   Das Interview entstammt nicht dem Sample der *Fidi-Bank*, sondern wurde mit einem Agent aus einer anderen Bank geführt.

7   Abweichendes Verhalten im Berufsleben direkt zu erfragen ist häufig ein mühsames Unterfangen – die kleinen Regelverstöße sollen schließlich nicht erkennbar werden. Sie aufzuspüren hilft die Beobachtung direkt am Arbeitsplatz, deren Ergebnisse dann im Gespräch erörtert werden können. Insoweit ist die Kombination von Beobachtung und Interview ein notwendiger Schritt der Analyse von Devianz im Beruf, nicht zuletzt können darüber auch Gründe dafür (in der Regel Belastungen) thematisiert werden.

der Situation wird noch gesteigert, wenn die Agents ihre (Arbeits-)Zufriedenheit aus dem direkten Verhältnis Agent-KundIn ableiten, wie es die Agents eines weiteren untersuchten Finanzdienstleisters tun. Ihre Mikroperspektive ist nahezu einmütig mit einer Ethik gekoppelt, die ein traditionelles individuenbezogenes Betreuungsverhältnis stärker gewichtet als die Orientierung auf unternehmerische Vertriebsziele. Wichtig ist vielmehr eine Produktüberzeugung, d. h. die individuelle Gewissheit, dass die zu vertreibenden Angebote aus fachlicher Sicht den KundInnen nutzen.

Im Zusammenspiel von Managementvorgaben und Kontrolle, reflexiver Einschätzung der Gesprächsgestaltung und Rücksichtnahme auf die eigenen Belastungsgrenzen der arbeitenden Person (bzw. die des Kunden bzw. der Kundin) ergibt sich somit ein komplexes Gerüst der Kommunikationsarbeit, in der die Dienstleistenden eine für alle Seiten akzeptable Balance finden muss. Bei aller Freiheit der Gesprächsgestaltung stellt sich die kommunikative Dienstleistung als Triade (Unternehmen – Agents – KundInnen) dar, in der die KundInnen vor allem Mittel zum Zweck des Vertriebs sind. Diesem Ziel hat sich das Kommunikationsverhalten der Dienstleistenden zu stellen und jeden einzigen Dialog daran auszurichten – die gelegentlich mögliche Verbrüderung mit dem Kunden bzw. der Kundin ist daher zumeist funktional begrenzt und dient dann der Belastungsreduktion der Individuen. Dies kann über ein als gelungen betrachtetes Gespräch auch einen spezifisch auf die Kommunikationsarbeit bezogenen Produzentenstolz etablieren, aus dem die Beschäftigten wiederum Motivation und Arbeitszufriedenheit schöpfen.

Ein grundlegendes Dilemma ist, dass die Agents einerseits als Angestellte zur Loyalität dem Unternehmen gegenüber verpflichtet sind, sie aber andererseits als BetreuerIn und BeraterIn der KundInnen auftreten. Das erfordert, die sich aus den beiden Rollen ergebenden Divergenzen auszubalancieren oder als Widerspruch auszuhalten. Das hat ganz praktische Konsequenzen für das alltägliche Arbeitshandeln. Die MitarbeiterInnen sind in ihrem Kommunikationshandeln an die Leistungsvorgaben und damit direkt an die zeitliche Beschränkung von Gesprächen gebunden. Andererseits besteht von Seiten des Managements die Forderung, qualitativ gute Gespräche zu führen, auf den Kunden bzw. die Kundin einzugehen, den Anlagebedarf des Kunden bzw. der Kundin zu ermitteln und Vertriebsmöglichkeiten zu erkennen – was objektiv Zeit benötigt. Einige Agents nutzen in kreativer Weise vorhandene Lücken in der technisch vermittelten Kontrolle (Kennzahlen), um die quantitativen Vorgaben zu erfüllen und konzentrieren sich im Übrigen auf die Qualität ihrer Gespräche. Andere beharren ganz offensiv auf ihrem Anspruch, gute Qualität zu erbringen, auch wenn die als überhöht eingeschätzten quantitativen Vorgaben nicht erreicht werden können. Beide Gruppen tragen damit eigene Maßstäbe guter Arbeit an ihre Tätigkeit heran und stellen implizit die Vorgaben in Frage. Eine dritte Gruppe von MitarbeiterInnen orientiert sich ausschließlich an den quantitativen Leistungsvorgaben und ist unter Zurückstellung eigener Ansprüche bestrebt, die geforderten Anrufzahlen zu erreichen.

2.3   Kundenkommunikation in Call Centern als Ko-Produktion von Agent und Kunde

Aus arbeitssoziologischer Sicht besteht eine strukturelle Asymmetrie zwischen Agent und KundIn, die unter anderem mit unterschiedlichen Zugängen von Agent vs. KlientIn verbunden ist (vgl. Brünner 2000: 111). Divergent sind die Voraussetzungen sowohl hinsichtlich der Kompetenz wie der Motivation, die als grundlegende Aspekte allgemeiner Arbeitsvoraussetzungen (Volpert 1975, 1981; Michelsen 1997; Kleinbeck 1997) gelten. Kompetenz schließt auf Seiten der Agents unter anderem Fachwissen und Kenntnisse über die institutionellen Abläufe ein. Sachkompetenz vertieft sich in allgemeinen Regeln folgenden alltäglichen Routinehandlungen standardisierter Sachbearbeitung. Gesprächskompetenz umfasst auch den instrumentellen Umgang mit Emotionen (der Bestandteil der Marketingstrategie des Unternehmens sein kann) und die Fähigkeit zur Empathie. Diese Kompetenzen werden durch die Fidi-Bank in betrieblichen Trainings, Schulungen und individuellen Coaching-Sitzungen entlang des *Effekt*-Konzeptes ebenso gefördert wie von Seiten des Managements ganz bewusst motivationale Schemata bedient werden, etwa wenn Wettbewerbe ausgelobt werden.

Aber auch auf Seiten der KundInnen der Fidi-Bank sind Kompetenz und Motivation von Bedeutung (Rieder/Matuschek 2003): Sie müssen die Kompetenzen vorweisen, die die Dienstleistungsorganisation voraussetzt, z. B. basale Kenntnisse über Banktransaktionen. Institutionelle Abläufe sind ihnen dennoch weitgehend unvertraut. Ihre Perspektive ist zudem auf den konkreten Einzelfall gerichtet, in dem sie die Rolle eines direkt Betroffenen einnehmen. Das erzeugt spezifische Emotionen, die insbesondere im Beschwerdefall schnell negative Verläufe einleiten können. Zudem müssen KundInnen motiviert sein, gemeinsam mit den Agents Zielsetzungen entsprechend den grundlegenden Vorgaben der Dienstleistungsorganisation zu verfolgen (oder auch eigene Ziele gegenüber der Bank durchzusetzen).

Die Gespräche zwischen Agents und KundInnen in der *Fidi-Bank* folgen üblicherweise den in *Effekt* anvisierten Effizienzerwartungen der Bank, die in vielen Fällen denen der KundInnen entsprechen: Es herrschen kurze Servicegespräche von wenigen Minuten Dauer vor, die bei anwachsender Komplexität der nachgefragten Dienstleistung allerdings auch zehn Minuten und länger dauern können. In vielen dieser Gespräche gelingt rasch eine gemeinsame Definition des Kundenanliegens und auch die kooperative Bearbeitung des Anliegens erfolgt reibungslos. Beispiel 1 dokumentiert einen solchen Ablauf (Transkriptionssymbole im Anhang):

Beispiel 1: Gespräch Fidi 216

A = Call-Center-Agent (m)   K = Kunde (m)

01	A25:	schönen guten Tag, hier ist die Kundenberatung; ich
02		bin DANIEL BERGER?
03	K216:	*(Auslassung 4 Sek.)*
04		will bei mir was=äh zurückholn.
05	A25:	zurückholen. eine lastschrift hoffe [ich.
06	K216:	[jawoll.
07	A25:	So: u:nd (.) wa:nn is das passiert herr *(Auslassung 1*
08		*Sek.).*
09	K216:	*(Auslassung 1 Sek.)*
10	A25:	dritter siebter, (.) ja dAnn (.) sagen=sie=mir=noch
11		den auftraggeber?
12	K216:	kontinentale schrägstrich europa.
13	A25:	(--) tau:sendzwOhundertsiebnundsibbzig mark und
14		siebnunddreißig pfenninge?
15	K216:	Genau.
16	A25:	(--) u:nd das möchten sie wegen (.) widerspruch
17		zurückgeben lassen.=
18	K216:	=ganz genau.
19	A25:	Okay, kleinen augenblick, *(4 Sek.)* sO dann wiederhol ich
20		nochmal=lasse die lastschrift zurückgeben vom dritten
21		siebten (.) an die Kontinentale, über
22		eintausendzwohundertsiebnundsiebzig Mark und
23		siebnunddreißig pfenninge.
24	K216:	genau. is ungerechtfertigt.
25	A25:	okay. dAs hab ich ausgeführt, herr *(Auslassung 2 Sek.)*
26	K216:	bin ich ihnen sehr dankbar=
27	A25:	=danke=wiederhörn.
28	K216:	*(&&&&)* tschü [ß.
29	A25:	[tschüß, schönen tag noch.

Die Verständigung verläuft in diesem Gespräch ohne Probleme. Dem Call-Center-Agent ist trotz der etwas verkürzten Angabe des Kundenwunsches (Z. 4) schnell klar, worum es dem Kunden geht. Nach einer kurzen Nachfrage in Zeile 5 („eine lastschrift hoffe ich?") und dem Einholen weiterer spezifischer Informationen zum Zeitpunkt der Lastschrift (Z. 7) führt er das notwendige Procedere, beginnend mit der Erhebung notwendiger Daten (Z. 10-18) routiniert und mit Vergewisserung durch Bestätigung des Kunden durch. Dem folgt der Kunde entlang der Anmerkungen durch den Agenten und beweist dadurch seine erfahrungsbasierte Kompetenz im Telefonbanking. Mit der üblichen Zusammenfassung der gewünschten Dienstleistung leitet der Agent die Endphase des Gespräches ein (Z. 19-23). Die eigene Zielstellung, vom Kunden als ausschließliche eingeführt (Z. 4), wird bis zum Ende des Gesprächs beibehalten. Der Call-Center-Agent bemerkt dies und belässt es dabei, den Auftrag auszuführen, ohne jeden Versuch, den Kunden durch die vom Arbeitgeber erwartete Standardformulierung „Kann ich sonst noch etwas für Sie tun?" für ein anderes Produkt zu gewinnen (Z. 25). Nach der Bestätigung der Durchführung des Auftrages (Z. 25) und der pointierten Danksagung des Kunden (Z. 26) beschließt die gegenseitige Verabschiedung das Gespräch (Z. 27-29).

Viele der Gespräche bei der *Fidi-Bank* sind vergleichbar unkompliziert wie das hier vorgestellte. Dabei handelt es sich in der Regel um Routine-Interaktionen wie Überweisungen oder Abfragen des Kontostands. Nicht alle verlaufen allerdings so reibungslos, sondern es kann zu *kritischen Situationen* kommen. Sie entstehen durch Brüche in der Interaktion, in denen die ko-produktive Erbringung der Dienstleistung fraglich wird. Gegenüber unkritischen Situationen ist die Dienstleistungserbringung erschwert und die Gespräche entwickeln sich unterschiedlich, bis hin zum Abbruch. Solche Situationen sind nur begrenzt trainierbar und die Definition bzw. Bearbeitung des Kundenanliegens verläuft weniger klar strukturiert, wie das nachfolgende Beispiel 2 zeigt: Der Kunde hatte per Online-Banking seine Kontodaten aufgerufen und bemerkte am Monitor eine Angabe, die er sich nicht erklären kann. Ein Anruf bei der Bank soll Klärung bringen; das Gespräch verläuft nach Gesprächseröffnung, Benennung des Anliegens durch den Kunden, Identifizierung des Kunden durch Kundennummer und Geheimzahl sowie einer Problemeingrenzung durch den Agent im Dialog mit dem Kunden wie folgt weiter (Transkriptionssymbole im Anhang):

Beispiel 2: Gespräch Fidi 208

A22 = Call-Center-Agent (m); K208 = Kunde (m)

84	K208:	[und wo und wo krieg ich
85		denn unten die (-) äh (-) wieso steht da gesAmtsumme
86		sAldo? (.) müsste nicht eigentlich haben sein? Oder
87		(--) heißt das halt so?
88	A22:	ah ähm meinen sie jetzt auf der übersichtsseite?
89	K208:	ja;
90	A22:	da ham sie zwei fenster (.) eine seite oben eine seite
91		unten
92	K208:	ja=
93	A22:	=oben sind ähm die beiden kOnten also einmal das
94		gemeinschaftskonto einmal das einzelkonto ersichtlich
95		hhh=
96	K208:	ja
97	A22:	=und wenn sie dann jeweils eins anklicken (.) kriegen
98		sie im unteren feld den aktuellen stand nochmAl.
99	K208:	ja wo muss=ichn da anklicken? (.) einfach mittendrauf?

100	A22:	ja klicken sie einfach mittendrauf auf (.) das konto
101		im oberen feld.
102	K208:	da mAcht er nix.
103	A22:	und dann sehen sie Unten das zins-girokonto (-) dann
104		definitiv mit dem stand oder?
105	K208:	ja da steht aber saldo viertausendeinhundertdreißig.
106		(1.5) ist doch eigentlich ein haben oder?
107	A22:	viertausendeinhundertdrEIßig. das sind die beiden
108		konten zusammengerechnet.=
109	K208:	=sehn se sehn se.=
110	A22:	=im oberen bereich.

Die Sequenz dokumentiert, dass Mitarbeiter und Kunde aneinander vorbei reden. Der Kunde verwechselt in Zeilen 84–106 den Fachterminus „Saldo" – d. h. die Differenz zwischen „Soll" (Verbindlichkeiten) und „Haben" (Guthaben) – mit dem (auch phonetisch ähnlichen) „Soll" und befürchtet, dass sein Kontostand im Minus ist. Der Agent geht dagegen in seiner Nachfrage ab Zeile 88 (und in Zeile 89 durch den Kunden darin bestärkt) davon aus, dass der Kunde Probleme mit der Nutzung des Online-Banking-Systems der *Fidi-Bank* hat (was durchaus zutreffend sein mag). Dass der Kunde fachliche Begriffe verwechselt, registriert der Agent jedoch ganz offensichtlich nicht – und das, obwohl der Kunde dem Agenten eine entsprechende alternative Deutungsmöglichkeit der Situation explizit anbietet („Oder(--) heißt das halt so?", Z. 86f). Auch die Wiederholung in Zeile 105 („ist doch eigentlich ein haben oder") dringt nicht bis zum Agenten vor. Grundlage dafür ist, dass dieser von der Normalitätserwartung ausgeht, einen kompetenten Durchschnittskunden als Gegenüber zu haben, wie er auch in den Schulungen der *Fidi-Bank* zu Grunde gelegt wird (s. u.). Beginnend mit Zeile 102 verstärkt sich diese Ignoranz noch dadurch, dass der Agent den Einwurf des Kunden („da mAcht er nix") überhört und in seiner Darstellung des Erwartbaren bzw. seiner Normalitätsvorstellung verbleibt. Das mag seinen Grund auch in einer ganz spezifischen Schulung der Agents haben: Unterschiedliche Kompetenzen der KundInnen werden durch *Effekt* nicht berücksichtigt, was letztlich im obigen Beispiel zur gesteigerten Irritation führt.

Die in *Effekt* vorgegebene Gesprächsführung zielt zudem immer auch darauf, Verkäufe und damit Mehrwert zu erzielen, indem ein bestimmtes Bankprodukt vor der finalen Phase des Gespräches angeboten wird. Vor allem KundInnen, die sich bisher wenig mit Bankprodukten beschäftigt haben, haben jedoch Mühe, die Fragen der Agents adäquat zu beantworten. So berichtet eine *Fidi-Bank*-Mitarbeiterin im Interview:

Es gibt viele Kunden die sagen: „Ja, darüber hab ich mir noch keine Gedanken gemacht."
Und dann musst du mit ihnen das genau ergründen, genau erklären, was du eigentlich
willst und das ist dann sehr schwierig.

KundInnen mit nur geringer Erfahrung passen nicht zu den Vorstellungen, die sich das Unternehmen von seinen Konto- und Depotinhabern macht, und entsprechend bleiben die Schulungen an dieser Stelle ebenfalls unterkomplex. Die von der Bank vorgesehene Gesprächsstruktur ist in solchen Fällen generell nur schwer umzusetzen, und der Erfolg des Gespräches wird der individuellen Kommunikationsfähigkeit der MitarbeiterInnen überantwortet, da präventive Formulierungen oder Gesprächsstrategien zu konkreten Anlässen kaum passend vorrätig bzw. im Falle des Falles umstandslos aktivierbar sind. Das Fehlen der erwarteten Kompetenzen kann also die gemeinsame Dienstleistungserbringung erschweren oder gar unmöglich machen.[8] Aber auch das Fehlen einer gemeinsamen Zielsetzung im Gespräch kann solche Effekte zeitigen.

Beispiel 3 dokumentiert einen in anderer Hinsicht *kritischen* Gesprächsverlauf, in dem eine Aushandlung über die vom Kunden als unzureichend empfundene Bearbeitung durch die Fidi-Bank erfolgt. Der Kunde will sich über den Bearbeitungsstand einer seit zwei Wochen überfälligen Ertragsgutschrift auf seinem Fidi-Bank-Konto aus einer Wertpapieranlage bei einer Landesbank erkundigen, deren Ausbleiben er zuvor bereits telefonisch moniert hatte. Nach kurzer Benennung seines Anliegens und seiner Registrierung im Informationssystem der Bank stellt er den bisherigen Verlauf der Fallbearbeitung nochmals dar, während die Agentin den Vorgang im Informationssystem aufruft und nachvollzieht. Sie resümiert, dass ein Kollege einer Fachabteilung bei der Landesbank eine Anfrage gestellt habe und man auf eine Antwort warte. Der Kunde verweist darauf, bereits vor einer Woche gebeten zu haben, sich telefonisch zu erkundigen und setzt fort:

Beispiel 3: Gespräch Fidi 120

A14 = Call-Center-Agentin (w); K120 = Kunde (m)

081	K120:	ich bin selber
082		bankkaufmann und weiß eigentlich, wIE in so ner
083		wertpapiertechnik was Abgeht; und [(ich &&&) und vierzehn
084	A14:	[ja.
085	K120:	tage sind definitiv zu lAng; [(-) dafür dass/ [
086	A14:	[m-hm. [sie ham

---

8   Um auf diese Situation Einfluss zu nehmen, steht den Unternehmen weder eine Auswahl der KundInnen noch ein erprobter Weg der Ausbildung der Kundenkompetenz zur Verfügung. Insbesondere über die schon angesprochene Strukturierung der Gespräche ist es ihnen aber möglich, zu einer *versteckten* und *beiläufigen Einflussnahme* zu kommen (vgl. zu Prinzipien der Beeinflussung: Nerdinger 2001: 173ff.). Dazu zählt die systematische Berücksichtigung der Gefühle der DienstleistungsnehmerInnen ebenso wie die persönliche Bemerkung oder ein kleiner Scherz zu Beginn des Gesprächs. Die Gesprächsführung hat zudem eine zentrale Funktion für die Entwicklung der Kundenkompetenz, indem Erwartungen der Organisation vermittelt werden (z. B. zu Beginn des Telefonats die Geheimnummer bereit zu haben).

087	A14:	(völ [lig)/

087 A14:   (völ [lig)/
088 K120:   [weder/ das kann weder an den überweisungszeiten noch
089 K120:   sonst irgendworan liegen; da muß irgendwas schief
090   gelau [fen sein.
091 A14:   [muss was schief gelaufen sein, ja.
092 K120:   und (-) weil ich mir da nun berechtigte sorgen mache, hab
093   ich den kollegen gebeten da einfach Anzurufen und
094   nachzufragen. weil Ich kann ja schlecht bei der SÄCHSISCHEN
095   <<lächelnd:> landesbank anrufen> und fragen warum die FIDI-
096   BANK probleme bei der (-) äh:m erträgnis-<<lächelnd:>
097   verbuchung [hat>.   (der wird mir) sagen war
098 A14:   [<<lächelnd:>mhm.>
099 K120:   schön [dass sie hier anrufen, aber/   [
100 A14:   [((lächelt))   [mer kriecht keine
101 A14:   AUskunft, da haben   [sie recht.
102 K120:   [genau; (-) ja. und wenn man das wieder
103   schriftlich alles macht; das dAUert einfach zu lange.
104   es=ist für ne bAnk dann wirklich
105   (Auslassung 1 Sek.)
106 A14:   Allerdings war uns (.) äh:m- (.) also hier ist (-) des=des
107   wEItere vorgehen Is auch so; also die anfrage wurde
108   schrIftlich gestellt;
109 K120:   (&&&&&&&&)
110 A14:   und (.) wir müssen da auf antwort wArten. das geht auch
111   nicht telefonisch. (.) des geht   [über die (--) äh (-) des
112 K120:   [warUm nicht?
113 A14:   geht über ne fachabteilung; (-) wir selber ham gar keinen
114   kontakt hier direkt zur (-) ES EL BE:. sondern das geht
115   über die fachabteilung; und die macht des schriftlich.
116   und in der regel erhält sie auch ziemlich schnell antwort.

Mit dem Verweis auf eigene Fachkompetenz als Bankkaufmann beansprucht der Kunde die Autorität zu konstatieren, dass ein zu klärender Fehler im Ablauf vorliegt. Da er selbst der Landesbank gegenüber nicht aktiv werden kann, erwartet er eine langwierige Schriftwege vermeidende telefonische Klärung. Die Agentin, die seine Ausführungen im Detail zuvor mehrfach bestätigend kommentiert hatte, entgegnet, zunächst zögerlich beginnend (Z. 106f), dass eine schriftliche Anfrage der übliche Verfahrensweg sei. Die anschließende kategorische Feststellung „das geht auch nicht telefonisch" (Z. 110f) wird vom Kunden unmittelbar hinterfragt („warum nicht?", Z. 113). Begründend wird konstatiert, dass die Anfrage von einer Fachabteilung und nicht vom Call Center durchgeführt werde. Mit einer erneuten kategorischen Feststellung („die macht des schriftlich", Z. 115) wird diese als jenseits des eigenen Einflussbereichs autonom agierende Einheit der Fidi-Bank vorgestellt. Dadurch weist die Agentin alle Verantwortlichkeit der Call-Center-MitarbeiterInnen für die Verzögerung von sich. Zugleich verweist sie darauf, dass schriftliche Anfragen normalerweise schnell beantwortet werden und definiert den konkreten Fall damit als Besonderheit, die nicht von der Fidi-Bank zu verantworten ist.

Beispiel 3 dokumentiert, dass beide Gesprächspartner je spezifische, zum Teil konfligierende Interessen unter Bezug auf je gesonderte Kompetenzen verfolgen: Der Kunde beruft sich auf seine Fachkompetenz gepaart mit Erwägungen des „gesunden Menschenverstands" und einem ironisierenden Verweis auf fehlende eigene Handlungsmöglichkeiten (Z. 94-99), um seiner Forderung nach einer telefonischen Anfrage durch die Fidi-Bank Nachdruck zu verleihen. Die Agentin anerkennt rhetorisch mehrfach die prinzipielle Berechtigung des Kundenanliegens und dokumentiert dadurch den prinzipiellen Willen der Fidi-Bank zur Behebung des Problems, weist aber zugleich die spezifische Kundenforderung mit Verweis auf die formalen Abläufe der Bank und deren prinzipielle Angemessenheit zurück. Das Anliegen des Kunden wird so als grundsätzlich berechtigt bestätigt, in seinem konkreten Lösungsansatz aber zurückgewiesen. Die Gesprächsführung bleibt auf beiden Seiten trotz unterschiedlicher Interessen bezüglich des zu erreichenden Ziels sachlich.

Demgegenüber dokumentiert das folgende Beispiel 4 eine Konstellation, die sowohl von situativ divergenten Zielsetzungen als auch von einer auf Seiten des Kunden sozial inadäquaten Kommunikationsweise geprägt ist.

Beispiel 4: Gespräch Fidi 115

A14 = Mitarbeiterin (w); K115 = Kunde (m)

01	A14:	schönen guten morgen, hier ist die CUSTOMER CARE
02		HOTLINE der FIDI-BANK, ich bin PETRA MAIER.
03	K115:	ja grüß gott etz wollt i grad einen
04	K115:	dAUErauftrag machen [(-) und des (.) ge/
05	A14:	[ja?
06	K115:	gelump funktioniert net,
07	A14:	im internet? o [de:r/
08	K115:	[ja im Internet, da steht immer
09	K115:	da, bitte morgen öh übermorgen ausfülln; so
10		ein kÄse <<acc> i=habs gestern a=schon probiert und
11	K115:	da steht immer=s=gleiche drauf [.>
12	A14:	[mhm, mhm, (.)
13	A14:	also wenn sie mi:m internet jetzt ä:h (-)
14		probleme haben; da kann ich sie (.)
15		weiterverbinden an unsere InternethOtline.
16	K115:	naa (.) nh (-) da/ s=geht=um=n dAUErauftrag.
17	A14:	mhm; da kann ich sie dann an die
18	A14:	kundenberatung wei [terverbinden die hilft

```
19  K115:                    [ja ja, dann machens=des
20  A14:   [ihnen gerne. (.) aber wenn sie wie gsagt
21  K115:  [schnell=amal.
22  A14:   dann noch zum Internet(.) [äh/
23  K115:              <<acc + cresc>   [i hAb zum
24  K115:   internet keine probleme,  [i hab zum
25  A14:                              [keine
26  K115:  [DAUERAUFTRAG probleme; schnEll=[schnEll.> .hhh=
27  A14:   [(fragen)                  <<all> [okay.>
28  A14:   =<<all> ja.> geben sie mir bitte die
29         personennummer?
30  K115:  mh; <<rall> des is> (.) äh (Auslassung 6 Sek.)
31  A14:   so. da stell ich sie jetzt dIrekt durch
32         (Auslassung 2 Sek.) (&&) und die nehmen den dann
33  A14:   gleich für sie auf; [den dauerauftrag; [ja?
34  K115:                      [ja                [mh
35  A14:   n kleinen moment dauerts; sie ham kEIne
36  A14:   warteschleifenmusik.
37  K115:  ja:
38  A14:   sso. (.) wünsche ihnen noch en schönen
39         tag [(herr) (&&&&)
40  K115:      [ja ebenfalls
```

In Beispiel 4 teilt der Kunde unmittelbar nach einer knappen Erwiderung der Begrüßungsformel der Agentin sein Problem mit, dass es ihm nicht gelinge, via Internet einen Dauerauftrag einzurichten (Z. 3-6). Im Vergleich mit weiteren Gesprächen wird deutlich, dass das hier praktizierte Vorgehen des Kunden, seinen Namen im Anschluss an die Begrüßungsformel nicht zu nennen, ungewöhnlich ist und im Hinblick auf gängige Höflichkeitskonventionen zumindest grenzwertig ist. Die Grenze zur Unhöflichkeit überschreitet der Kunde mit einer starken Verärgerung über die technische Infrastruktur der Fidi-Bank zum Ausdruck bringenden Wortwahl („des gelump", Z. 4, 6).

Bedingt durch die unklare Art der initialen Darstellung des Kunden erfolgt daraufhin (Z. 7-27) zunächst eine dialogische Abklärung seines genauen Anliegens. Diese ist auf Seiten der Agentin nach einer präzisierenden inhaltlichen Nachfrage (Z. 7) von einer sich als unzutreffend erweisenden Interpretation über die Intention des Kunden (Lösung eines Problems mit dem Internet, Z. 13-15) strukturiert sowie ihrem Versuch, im Sinne eines möglichst (vom Unternehmen als Leitlinie ausgegebenen) umfangreichen Service eine umfassende Problemlösung herbeizuführen (erneuter Rekurs auf Internet als weitergehendes Problem, Z. 20, 22).

Auf Seiten des Kunden ist die subjektive Verärgerung über die nicht funktionierende Internet-Anwendung auch für die Präzisierung seines Problems (Z. 8-11) tragend. Mit der kolloquialen Wendung „so ein käse" (Z. 9-10) verlässt er wiederum den üblichen Sprachstil von Wirtschaftskommunikation. Während er zunächst formal adäquat durch Spezifikation seines Anliegens das von der Agentin vorgeschlagene Procedere negiert (Z. 16) und den darauf bezogenen zweiten Verfahrensvorschlag der Agentin billigt (Z. 19), reagiert er auf den erneuten Hinweis der Agentin auf die Internethotline ausfällig, indem er durch beschleunigte Redeweise mit sich steigernder Lautstärke der Agentin (Z. 23f, 26) durch die angehängte, akzentuiert gesprochene Befehlsformel „schnell-schnell" die sofortige Ausführung der Weiterverbindung geradezu anordnet. Damit degradiert er seine Gesprächspartnerin zur Befehlsempfängerin und verletzt damit eindeutig die Regeln eines Kundengesprächs. Die Agentin „repariert" diese Regelverletzung, indem sie nach parallel gesprochenen Verstehensäußerungen (Z. 25, 27) und einer unmittelbar nachfolgenden, schnell gesprochenen Bestätigung („ja.", Z. 28) unmittelbar zur formalen Prozedur der Identifikation des Kunden im Informationssystem der Bank (Z. 28-30) überleitet und nach anschließender Darstellung des weiteren Vorgangs für den Kunden zu einer routinisiert freundlichen Verabschiedung überleitet (die der Kunde wiederum mit einer äußerst knappen Höflichkeitsformel erwidert).

Die Zielsetzungen des Kunden und der Agentin divergieren im vorliegenden Fall: Der Kunde erwartet eine sofortige Problembehebung durch die Hotline und sieht sich berechtigt, die Agentin als „Prügelknaben" für seine Wut über das nicht funktionierende technische System zu benutzen. Demgegenüber strebt die Agentin eine Problemdiagnose und Serviceadministration nach dem üblichen Schema der Fidi-Bank an.

Das Gespräch ist geprägt von einer mangelnden Beherrschtheit des Kunden in Verbindung mit defizitärer sozialer Kompetenz: Er setzt die Agentin als Person mit dem aus seiner Sicht fehlerhaften technischen System gleich, begegnet ihr gegenüber äußerst unhöflich, und degradiert seine Gesprächspartnerin im Gesprächsverlauf zur bloßen Befehlsempfängerin. Zugleich verfügt der Kunde selbst nicht über die Fähigkeit, sein Anliegen zu Beginn des Gesprächs eindeutig nachvollziehbar darzustellen. Die Agentin schätzt den Kunden in der vorliegenden Situation nicht als „Sonderfall" ein und erkennt nicht, dass im konkreten Fall eines emotional erregten und auf eine rasche Lösung drängenden Kunden ihr routinehaftes Verfahren der „Servicemaximierung" durch ergänzende Dienstleistungsangebote verfehlt ist.

Konstellationen unkritischer bzw. kritischer Situationen im Call Center lassen sich idealtypisch entlang der für die Ko-Produktion eines Gespräches wichtigen Faktoren Kompetenz und Zielsetzung folgendermaßen systematisieren (vgl. Rieder/Matuschek 2003):

Tabelle 1   Konstellationen unkritischer und kritischer Situationen im Überblick

	Verhältnis der Zielsetzungen der Akteure	
Kompetenz der Akteure	**Konvergent**	**Divergent**
In Übereinstimmung mit Erwartungen	Kooperative Interaktion	Potenziell konfliktträchtige Interaktion
Nicht in Übereinstimmung mit Erwartungen	Potenziell fehlerträchtige Interaktion	Potenziell entgleisende Interaktion

1. In *kooperativen Interaktionen* agieren Call-Center-Agent und KundIn kompetent und weisen übereinstimmende Zielsetzungen auf. Typisch für diese Interaktionen ist, dass keine kritischen Situationen auftreten, und beispielsweise die beabsichtigte Überweisung in angemessener Zeit korrekt ausgeführt wird.

2. *Potenziell fehlerträchtige Interaktionen* sind durch konvergente Zielsetzungen der Akteure gekennzeichnet. Zugleich entspricht die Kompetenz eines oder beider Beteiligten im Hinblick auf die zu erbringende Dienstleistung nicht den Erwartungen des Dienstleistungsunternehmens.[9] Missverständnisse und Fehler im Verlauf der Interaktion sind die mögliche Folge.

3. In *potenziell konfliktträchtigen Interaktionen* agieren die Beteiligten kompetent, verfolgen jedoch – bisweilen unter der Oberfläche – divergierende Zielsetzungen und versuchen diese durchzusetzen. Typischer Weise ist das Kompetenzlevel beiderseits hoch und wird jeweils strategisch eingesetzt. Das gilt sowohl für das Fachwissen wie für die Gesprächsführung, die trotz divergierender Zielsetzungen ohne denkbare verbale Ausfälle in sachlichen Bahnen gehalten wird.

4. *Potenziell entgleisende Interaktionen* können entstehen, wenn beide Faktoren – geringe Kompetenz und Divergenz von Zielsetzungen – zusammentreffen. Diese Kombination trifft unter Umständen auch auf geschulte Agents zu, etwa wenn die Rahmung eines Gespräches derart selten vorkommt, dass sie in den Trainings nicht eingeübt werden. Ein Beispiel hierfür aus dem Datenkorpus ist ein (insgesamt 13 Minuten dauernder) Outbound-Call eines Agents, der die Frau eines kurz zuvor verstorbenen Bankkunden am Telefon erreicht, ohne bereits von dessen Tod Kenntnis zu haben. Die Witwe ist desorientiert und fachlich überfragt, dem Mitarbeiter gelingt es nicht, sein (berechtigtes) Anliegen zu vertagen. Ohne die soziale Kompetenz, auf die besondere Situation emphatisch zu reagieren, beschränkt er das Gespräch auf geschäftliche Fragen. Die daraus resultierende divergente Zielsetzung führt so zu einer emotionalen Reaktion der Kundin, die schließlich zur Beendigung des Gesprächs führt.

Die aufgeführten Merkmale der sprachlichen Interaktion zwischen Agents und KundInnen verdeutlichen einerseits strukturelle und andererseits situative Bedingungen der

---

9   Im Hinblick auf die Agents sind solche Erwartungen explizit (Stellenbeschreibungen) oder implizit (z. B. Kenntnisse zum Telefonbanking, Fachtermini) ausformuliert.

Gesprächsführung der Akteure. Im Vergleich der Dokumentenanalyse der Schulungs- und Trainingskonzepte mit realen Gesprächen wird unter anderem deutlich, dass das Unternehmen mittels *Effekt* a) eine idealisierte Vorstellung von den KundInnen als gleichermaßen kompetente und kooperative PartnerInnen und b) eine ebenso idealisierte Vorstellung von Standardverläufen der Gespräche transportiert, die insgesamt unterkomplex bleiben. Die zumeist einer mangelnden Leistung der Agents zugeschriebene fehlgelaufene Kommunikation ist zum einen auf dem in Teilen verfehlten Kommunikationsansatz des Finanzinstituts zurückzuführen. Zum anderen sind solche unerwünschten Gesprächsverläufe der an Effizienzkriterien orientierten Ausrichtung der Trainings geschuldet, mit der ausschließlich die quantitativ dominierenden weitgehend unproblematischen Situationen fokussiert werden. Erst im Vergleich zwischen betrieblichen Vorgaben und arbeitsorganisatorisch durch entsprechende Schulungen abgesichertem einheitlichem Auftritt der Agents einerseits und den in den faktischen Gesprächssituationen emergierenden Konstellationen zwischen Call-Center-Agents und KundInnen andererseits können Divergenzen und Belastungen als institutionell hervorgebrachte Probleme beschrieben werden. Auf dieser Grundlage erscheint die durch den Arbeitgeber *Fidi-Bank* vorgenommene Zuschreibung auf die Agents in weiten Teilen als ungerechtfertigt.

2.4 Kundenkommunikation im Banken-Call-Center als ko-produktive (Wieder-)Herstellung sozialer Ordnung

Die bisherige konversationsanalytische Betrachtung der Kundenkommunikation fokussierte primär auf verschiedene Komplikationen und Störquellen eines kooperativen Gesprächsverlaufs: Fehlende Sach-, Darstellungs- oder Sozialkompetenz mindestens eines der beiden beteiligten Akteure, spezifische Beschränkungen, die aus den organisatorischen Vorgaben der Organisation für die Agents erwachsen, sowie im Gesprächsverlauf deutlich werdende Interessenkonflikte. Dies geschah unter der Prämisse, dass diese jeweils potenziellen Fehlerquellen für eine (im einem normativen, nicht im ethnomethodologischen Sinne) „ordnungsgemäße", nämlich in harmonischer Weise, fehlerfrei und konsensuell, von KundInnen und Agents ko-produzierte Kommunikation darstellen. In der Logik der Wirtschaftsorganisation stellt dieses Modell der Kommunikation häufig tatsächlich ein Leitbild dar, auf das mittels der obligatorischen Schulungen hingeführt, in der Kommunikation mit der Kundin oder dem Kunden hingearbeitet und gemäß dem die Arbeitsleistung der Agents bewertet wird.

Die der Konversationsanalyse zugrunde liegende Theorieperspektive der Ethnomethodologie selbst orientiert sich dagegen an einer anderen, nicht normativen Vorstellung von „Ordnung", die im Gesprächsverlauf emergiert: Eine je spezifische, durch wechselseitig aufeinander bezogene Sprechhandlungen der beteiligten Akteure im Verlauf eines Gesprächs – unter Rückgriff auf den Beteiligten bekannte basale (Ethno-)Methoden der Hervorbringung sozialer Praktiken und über ebenfalls dort eingeübte Kommunikations- bzw. Handlungsschemata – gemeinsam hervorgebrachte situative soziale Ordnung.

Diese spezifische Perspektive soll anhand des obigen Beispiels 4 kurz verdeutlicht werden: Im Resultat wird in dem Gespräch von den Beteiligten eine spezifische situative Konstellation von Ordnung hergestellt, die dadurch gekennzeichnet ist, dass der Kunde die Agentin von einer Gesprächspartnerin im Rahmen einer Wirtschaftskommunikation zur bloßen Befehlsempfängerin herabwürdigt und die Agentin diese Zuschreibung unwidersprochen hinnimmt. Die sprachliche „Methode", auf die der Kunde dabei zurückgreift, ist im engeren Sinn das im Befehlston hervorgebrachte, „schnell-schnell", das ein Unterordnungsverhältnis konstituiert. Durch die unmittelbare Befolgung des Befehls akzeptiert die Agentin dieses Verhältnis der Subordination und macht sich zur Befehlsempfängerin. Das Einfügen in die zugewiesene Rolle wird dabei durch die frühzeitig eingebrachte vergleichsweise unflätige Ausdrucksweise des Kunden befördert, die der Agentin als Alternative zur Subordination nur offenen Widerspruch ermöglicht – ein Dilemma für die Agentin angesichts ihrer organisatorischen Einbettung in die Fidi-Bank mit der ebenso allgemeinen wie expliziten Zielsetzung der Kundenzufriedenheit.

Gleichartige Ablaufmuster von Befehl und Gehorsam, die entsprechende Unterordnungsverhältnisse konstituieren, lassen sich auch in unterschiedlichen anderen Gesprächskontexten vorfinden – auch in solchen, in denen man sie eigentlich nicht erwarten würde. Gleichwohl bliebe eine solche, rein auf die Identifizierung sprachlicher Ablaufmuster bezogene Anwendungsweise der Konversationsanalyse im Kontext einer Untersuchung von Wirtschaftskommunikation ihrerseits unbefriedigend, da die Spezifika der Kommunikationsgattung gerade außer acht gelassen würden.

Im Folgenden soll daher eine integrative Position eingenommen werden, die die besonderen Bedingungen der beteiligten Akteure im spezifischen Kontext der Interaktion zwischen KundInnen und Dienstleistern (in einer Direktbank) berücksichtigt. Grundbedingung der vorliegenden Art von Kundenkommunikation ist, dass die beteiligten Akteure zu einem gemeinsamen Ergebnis gelangen wollen und dass, wie in 2.3 gezeigt, aufgrund divergierender Interessen oder fehlender sozialer oder Sachkompetenz gegebenenfalls „Störungen" dieser gemeinsamen Ko-Produktion entstehen können. Anstatt Gesprächsverläufe anhand eines externen normativen Maßstabs „störungsfreier" Kommunikation als „gelingend" bzw. „defizitär" rein normativ zu kategorisieren, soll darauf fokussiert werden, mit welchen (Ethno)Methoden die beteiligten Akteure in Situationen, die von einer harmonisch-kooperativen Struktur abweichen, auch trotz bestehender Diskrepanzen darauf hinarbeiten, „Störungen" eines harmonischen Verlaufs gewissermaßen auf einer Meta-Ebene interaktiv wieder zu beheben.

In Beispiel 2 erkennt der Agent offensichtlich das Problem des Kunden (die Verwechslung von „Soll" und „Saldo") nicht. Gleichwohl realisiert er, gewissermaßen auf einer Meta-Ebene, dass er das Problem des Kunden nicht versteht und versucht auf dieser Grundlage, zunächst mittels einer rückversichernden Frage (Z. 88) und anschließend mit einer basalen Deskription der Struktur der betreffenden Internetseite und einer ebenso basalen Bedienungsanleitung, den Kunden zu der von ihm gewünschten Information zu navigieren. Der Kunde trägt seinerseits mit einer Rückfrage (Z. 99) und einer Rückmeldung über das Geschehen auf seinem Bildschirm nach Ausführen der Handlungsaufforderung des Agenten (Z. 102) dazu bei, den Agenten bei der Problemeingrenzung zu unterstützen.

In Beispiel 3 bestätigt die Agentin mehrfach die Ausführungen des Kunden, dass etwas „schief gelaufen" sein muss. Die Zurückweisung des Kundenanliegens nach einer telefonischen Klärung der Ursache des Problems durch die Fidi-Bank gelingt der Agentin ohne Beschädigung des einvernehmlichen Verhältnisses zum Kunden durch einen Verweis auf das formale Verfahren innerhalb der Fidi-Bank, auf das sie keinen Einfluss hat, das aber „in der Regel" schnell sei. Dadurch definiert sie zugleich den vorliegenden Fall als nicht von der Fidi-Bank zu verantwortende Ausnahme.

In Beispiel 4 ignoriert die Agentin die sozial inadäquate (und eigentlich inakzeptable) Entwürdigung durch den Kunden, um dadurch die Situation insofern zu retten (und um sich möglichst schnell aus der Situation zu retten), dass daraus kein manifester Konflikt mit dem sowieso schon erregten Kunden erwächst. Die Agentin handelt hier – gewissermaßen unter Absehung von persönlichen Belangen – als Repräsentantin der Organisation.

Störungen der Kommunikation können also den jeweiligen GesprächspartnerInnen geschuldet sein und in deren subjektiver Verfasstheit während des Telefonats gründen; beeinflussende Faktoren auf Seiten des Kunden oder der Kundin sind hier in der Regel emotionale Belastungen oder fachbezogene Defizite (wie in Beispiel 2). Während erstere ein strukturelles Risiko jeder Wirtschaftskommunikation darstellen und allenfalls durch sensitive Kommunikationstechniken begrenzt werden können, ließen sich letztere durch Verfahrensweisen der *customer education* zumindest partiell beheben – ohne allerdings eine vollständige Behebung des Problems garantieren zu können.

Situative Verfahren, mit denen „Störungen" mit kommunikativen Mitteln überbrückt bzw. „repariert" werden und auf deren Grundlage die gemeinsame Ko-Produktion des Kundengesprächs gewissermaßen auf höherer Ebene fortgesetzt werden kann, greifen einerseits auf das seitens der Organisation in Schulungen vermittelte Kommunikationswissen zurück (z. B. indem dort Sensibilisierung programmatisch vermittelt wird). Andererseits kommen hier mehr als in reibungslos verlaufenden Gesprächssituationen personale Kommunikationsfähigkeiten zum Tragen. Die RepräsentantInnen des Unternehmens werden im freien Rückgriff auf ihre ureigenen sozialen Kompetenzen zu einer relativ autonomen Instanz der Reparatur fehllaufender Gespräche. Sie fangen Ärger ab, zeigen persönliches Verständnis für das Anliegen oder sind emphatisch – letztlich treten sie als Person in die Situation ein, nicht ausschließlich als RepräsentantIn des Unternehmens. Damit handelt es sich um einen gleitenden Übergang von der Arbeits- zur Sozialkommunikation (vgl. Brünner 2000 und in diesem Band), die gleichwohl beide dem Unternehmensziel adäquat sind.[10]

---

10 Zu dieser Verquickung von Arbeitskraft und Person vgl. Haase et al. 2003. Inwieweit es sich um eine Kolonialisierung der Sozialkommunikation durch Unternehmen handelt, kann an dieser Stelle nicht ausgeführt werden – Berichte über derartige Praktiken (ebd.) legen eine solche Vermutung allerdings nahe.

2.5   Praktiken zur Steuerung des Prozesses der Ko-Produktion

Innerhalb des Rahmens der gemeinsamen Ko-Produktion der Dienstleistung bringen die Beteiligten gleichwohl Praktiken zum Einsatz, die deren Verlauf im eigenen Sinn (bzw. in dem der Organisation) lenken. In einem basalen Sinn dokumentiert dies der Verlauf von Beispiel 1: Die strukturierte Gesprächsführung des Agenten bewirkt, dass der Kunde dem von der Fidi-Bank vorgesehenen Standardablauf der Kundenkommunikation entsprechend punktgenau und ohne Abschweifungen die für eine effiziente Bearbeitung des Anliegens erforderlichen Informationen liefert.

Beispiel 1 liefert zugleich eine Illustration für eine spezifische Strukturierungsmethode des Gesprächsverlaufs im Detail: Die Rückfrage des Agenten in Zeile 5 „eine lastschrift hoffe ich" enthält bereits eine implizite Zurückweisung der Berechtigung des Kundenanliegens für den Fall, dass es sich nicht um die Rücknahme einer spezifischen Transaktionsart handelt, für die dieses Verfahren entsprechend den Bank-Standards auch möglich ist. Mit dieser prophylaktisch vorgenommenen Einschränkung werden standardmäßig nicht vorgesehene Operationen von vornherein ausgeschlossen. Zugleich gewinnt der Agent mit seiner Nachfrage Gewissheit über den im Folgenden zu erwartenden Verlauf: Er kann die Kommunikationssituation ihrem wahrscheinlichen Ablauf nach einordnen und erreicht so gegenüber dem Kunden einen gewissen Vorsprung. Dieser wiederum versetzt ihn in die Möglichkeit, Kompetenz auszustrahlen und damit eine Subebene des Gespräches positiv zu besetzen.

Von den Beteiligten werden im Gespräch zum Teil komplexe rhetorische Strategien mit teils manipulativem Charakter zum Einsatz gebracht. So arbeiten Agents etwa bei Reklamationsgesprächen, in denen die Kundin bzw. der Kunde sich verärgert zeigt, systematisch darauf hin, dass der Kunde seiner Verärgerung zunächst Luft machen kann, indem sie sich empathisch zeigen. Bis der Kunde wieder „auf Null" ist, vermeiden sie jeden Widerspruch und jegliche inhaltliche Auseinandersetzung über den Gegenstand der Beschwerde, um danach zu einer sachlichen Bearbeitung des entstandenen Problems überzuleiten und gegebenenfalls eine symbolische Kompensation für den entstandenen Schaden anzubieten.

Aber auch auf Seiten der KundInnen werden, wenn auch aufgrund der im Durchschnitt weniger geübten rhetorischen Kompetenz deutlich seltener, entsprechende Strategien eingesetzt. So dokumentiert Beispiel 3, wie der Kunde mittels einer ironischen Darstellungsform (Z. 94-101) zugleich das evidente Verfahren zur schnellen Klärung aufzeigt und darauf verweist, dass er selbst zu dieser Klärung nicht in der Lage ist, wodurch er indirekt die Berechtigung seines Anspruchs untermauert, dass dies stattdessen eine Mitarbeiterin oder ein Mitarbeiter der Fidi-Bank den von ihm geforderten Anruf bei der Landesbank unternehmen soll.

Ist also zu konstatieren, dass prinzipiell auf beiden Seiten die Möglichkeit zur Beeinflussung des Gespräches bzw. der durch das Gespräch zu veranlassenden Dienstleistung (oder deren Unterlassung) gegebenen ist, so muss zugleich darauf hingewiesen werden, dass KundInnen dennoch einem strukturellen Nachteil unterliegen: Sie können in der Regel in erheblich geringerem Maß Routinisierungen der zielführenden Gesprächsführung einüben als dies den Agents mit Unterstützung ihrer Organisation möglich ist. Insbesondere die andauernde Analyse von Gesprächsmitschnitten erzeugt ein organisationales Wissen um Praktiken der Gesprächsführung, das die eher intuitiv gewonnenen und zur Anwendung kommenden Erkenntnisse der Agents systematisiert und erweitert. KundInnen – sofern sie nicht selbst entsprechende Kompetenzen systematisch aufbauen konnten – können über ein derart reflektiertes Wissen nicht verfügen und sind damit unausgesprochen (weil dem öffentlich gepflegten Leitbild egalitärer Kommunikation zwischen Bank und KundIn widersprechend) ein inferiorer Kommunikationspartner.

3 Konversationsanalyse als Instrument zur Untersuchung diskursiver Praktiken derWirtschaftskommunikation

Wirtschaftskommunikation ist ein komplexer Forschungsgegenstand: Sie reicht auf der kommunikativen Ebene von unternehmensseitig erarbeiteten Konzepten zum Kommunikationsauftritt nach Außen und Innen (welche Medien und Kanäle, welche Form des Auftritts werden präferiert, welche Inhalte transportiert) über die Interne Kommunikation (Schulungen und Trainings, Kontrolle des Kommunikationsverhaltens der Beschäftigten) bis hin zur direkten verbalen (gegebenenfalls auch: auditiv bzw. visuell unterstützten) Kommunikation zwischen UnternehmensvertreterInnen und KundInnen. Diese splittet sich wiederum in die Bereiche Kommunikation mit GeschäftskundInnen bzw. Unternehmen (business to business/b2b) und Kommunikation mit PrivatkundInnen bzw. KonsumentInnen (business to customer/b2c).

Der vorliegende Beitrag fokussiert den letztgenannten Bereich. Im Folgenden soll systematisch reflektiert werden, welche Erträge eine konversationsanalytische Perspektive auf Wirtschaftskommunikation für eine diskursanalytische Durchdringung ökonomischer Praxis im weitesten Sinne liefert.

Dazu gilt es, sich die besonderen Bedingungen zu vergegenwärtigen, unter denen die diskursive Praxis zwischen KundInnen und UnternehmensrepräsentantInnen als Teil des weiteren Feldes der Wirtschaftskommunikation sich jeweils neu entwickelt. Daraus ergibt sich das Erfordernis, konversationsanalytische Verfahren – über das enggeführte Verständnis hinaus, Kontextwissen nur insoweit einzubeziehen, wie es für das Verständnis der Konversation erforderlich ist – in einer spezifischen Weise zur Analyse von Kundenkommunikation anzuwenden, nämlich unter weitgehender Einbeziehung empirischer Wissensbestände über den konkreten Fall.[11] Schließlich soll auf dieser Grundlage reflektiert werden, welchen spezifischen Ertrag die Konversationsanalyse generell zur Analyse von diskursiver Praxis im ökonomischen Feld hat.

1) Formen der Wirtschaftskommunikation zwischen (Privat-)KundInnen und UnternehmensrepräsentantInnen, wie etwa die telefonbasierte im Call Center, sind dadurch

---

11 Diese erweiterte Anwendung ist der arbeitssoziologischen Perspektive der Autoren geschuldet.

gekennzeichnet, dass die MitarbeiterInnen als RepräsentantInnen des Unternehmens agieren. Das impliziert, dass sie als Rollenträger im Interesse der Organisation gemäß deren Vorgaben handeln. Diese spezifizieren einerseits inhaltliche Zielsetzungen der Gesprächsführung und formale Verfahren der Bearbeitung von Kundenanliegen (letztere sind im spezifischen Fall der Call Center in hohem Maße durch das informationstechnische System der Organisation vorstrukturiert). Andererseits werden den MitarbeiterInnen von der Organisation in unterschiedlichem Umfang auch Vorgaben bezüglich der Art der Gesprächsführung gemacht. Die MitarbeiterInnen sind für die Gesprächsführung trainiert und üben diese Aufgabe mehr oder weniger permanent aus; sie können daher als PraxisexpertInnen für die Kundenkommunikation bezeichnet werden. Zugleich erfolgt ein Rückgriff auf personale Kompetenzen der Sozialkommunikation, der als „diskursiver Mehrwert" den Unternehmen zur Verfügung steht; sie tun deshalb in der Regel gut daran, den MitarbeiterInnen Freiräume zu gewähren.

Die KundInnen unterliegen anderen Bedingungen: Sie verfügen nicht oder nur in eingeschränktem Maße über die dem Unternehmen zugänglichen Informationen, sind in der Wirtschaftskommunikation in der Regel weniger routiniert als die Agents und verfügen damit über ein eingeschränkteres fachspezifisches kommunikatives Repertoire. Ihre Einsicht in die organisatorischen und administrativen Vorgänge ist begrenzt. Das versetzt sie in eine strukturell nachteilige Situation gegenüber dem Unternehmen, in der sie dennoch eigene Ziele und Absichten verfolgen müssen.

Jedes Gespräch ist einzigartig und zugleich mit dauerhaften Strukturen unterlegt, die auf Seiten der Unternehmen den Versuch darstellen, eine an Effizienz und Effektivität orientierte kommunikative Hegemonie herzustellen. In der Praxis scheitert dies regelmäßig: Gespräche dauern zu lange, laufen aus der Bahn oder werden abgebrochen. Ein Grund dafür ist, dass sie kommunikative Eigensinnigkeiten beinhalten: Arbeits- und Kommunikationsweise der Agents lassen sich nicht in Gänze formen, ohne die Ziele authentischer Kommunikation zu gefährden; und KundInnen versuchen ihre Belange auch gegen Unternehmensinteressen durchzusetzen. Arbeitsorganisatorische, mitarbeiter- wie kundenseitige Beiträge zur Kommunikation sind also gleichermaßen in ihren jeweiligen Facetten zu berücksichtigen, um Kundenkommunikation zu erfassen. Der Konversationsanalyse gelingt es dann, Wirtschaftskommunikation in Call Centern als Phänomen *serieller Singularität* auszuweisen und eine allzu schematische Anlage dieser Kommunikation in ihrer möglicherweise gegebenen Kontraproduktivität zu problematisieren.

2) Die konversationsanalytische Perspektive eröffnet einen direkten Zugang zur im Gespräch zwischen Agent und KundInnen erzeugten (bzw. vom Resultat her betrachtet häufig: reproduzierten) sozialen Ordnung. In vergleichenden Analysen sind Kommunikation strukturierende Faktoren zu identifizieren; Leitfäden und individuelle Abweichungen davon sind als Ergebnis organisierter Individualität decodierbar. Im Zugriff auf Kontextinformationen wird dann auch der indirekte Schluss auf arbeitsorganisatorische Rahmenbedingungen möglich. Insoweit ist die Abbildung des Ineinandergreifens von rahmenden Vorgaben und situativer Performanz gesichert, bleibt aber, der paradigmatischen Leitfrage

der Konversationsanalyse verpflichtet, notwendiger Weise in ihrer formalanalytischen Perspektive verfangen.

Erforderlich zur Analyse von Kundenkommunikation ist daher ein spezifischer konversationsanalytischer Zugang, der Kontextinformationen, wie sie etwa in Dokumenten und Leitlinien als verfasste betriebliche Deklarationen von Ordnungsvorstellungen ihren Ausdruck finden, systematisch einbezieht. Aus arbeitssoziologischer Perspektive existieren aber mit der Etablierung einer sozialen Ordnung im Gespräch vorgängige Strukturen, die als Kontextwissen zu beachten sind: Wie Kontrolle geschieht, welche Sanktionen ausgesprochen werden, wie Kontrolle die Unternehmenskultur sowie die Motivation der Agents beeinflusst und welche Auswirkungen dies auf die Kommunikationsarbeit hat (vgl. Matuschek et al. 2007), entzieht sich gewöhnlich dem unmittelbaren konversationsanalytischen Zugriff und sollte gegebenenfalls durch weitere Methoden und Daten ergänzt werden.[12]

Die agierenden Personen werden dann als TrägerInnen von sozialen (KundInnen) respektive betrieblichen Prägungen (Agents) in ihrem aktuellen kommunikativen Handeln erfasst. Aufgezeigt wird damit zum einen die Begrenztheit von strukturierenden Vorgaben. Zum anderen wird damit die unmittelbare Beziehung von Agents und KundInnen zueinander, aber auch zum Unternehmen in einem Dreiecksgebilde zusammengefasst, das unterschiedliche Interessen (und Machtpositionen) in der Kommunikationssituation zu einer temporären Konstellation verschweißt, die in jeweils dyadischer Beziehung zueinander (KundIn – Agent, Agent – Unternehmen, Unternehmen – KundIn, vgl. dazu Gutek 1995) die Aufrechterhaltung der Gesamtkonstellation als Kern jeglicher Wirtschaftskommunikation beinhaltet.[13]

3) Im methodischer Hinsicht plädieren die Autoren dieses Beitrags dementsprechend dafür, konversationsanalytisch gewonnene Erkenntnisse sowohl als (Teil-)Grundlage der Analyse wie auch als Ergänzung der mittels Interview- und Beobachtungstechniken gewonnenen Daten und als eine kontrollierende Spiegelung von (subjektiven) Darstellungen der Interviewten durch dokumentierte Sprachperformanz zu begreifen. Dabei kann die konversationsanalytisch informierte Offenlegung von grundlegenden Strukturen des Sprechhandelns über die formale Analyse von Gesprächen hinaus Hinweise auf die Einbindung sozialer Kommunikationskompetenzen der Sprechenden liefern. In dem Ausweis derart homileïscher Praktiken (vgl. Brünner 2000 und in diesem Band) liegt nun der spezifische Ertrag der Konversationsanalyse von Wirtschaftskommunikation weit über ihr sprachwissenschaftliches Potenzial hinaus: Indem das Einbringen personaler Sozialkompetenzen als dauerhafter Input von Arbeitenden in sich stetig abwechselnden

---

12 Das zeitlich aufwändige Instrument der Beobachtung im Rahmen von Betriebsfallstudien erweist sich als probates Mittel, solche Vor-Ordnungen genauer zu erfassen. Die analytische Tiefenschärfe wird noch gesteigert, wenn es in subjektorientierter Perspektive gelingt, Orientierungen und Motivationen der Agents (und ggf. der ManagerInnen) zu erhellen. Das umfasst nicht nur die Kommunikation an sich, sondern auch die Wahrnehmung der Arbeitssituation als KommunikationsarbeiterInnen. Dafür bieten sich etwa narrationsorientierte Interviews an.

13 Wünschenswerterweise wären nun die mittelbaren Interessen der KundInnen ebenfalls zu erforschen, um Wirtschaftskommunikation in ihrer Komplexität zu durchdringen.

Kommunikationssituationen erkennbar wird, kann dies als fortdauernde Belastung thematisiert werden und im betrieblichen Kontext entsprechende Steuerungsmaßnahmen evozieren. Damit leistet die Konversationsanalyse einen originären Beitrag zum weiten Feld der arbeitssoziologischen sowie arbeitspsychologischen Belastungs- und Motivationsforschung, indem sie dieser auf der Performanzebene mit ihren grundlagentheoretischen Erkenntnissen zum Kommunikationsakt zusätzliche Expertise verleiht. Insoweit kann der Konversationsanalyse im hier verstandenen kontextsensitiven Verständnis sowohl analytische wie praktische Wirkung zugeschrieben werden.

Anhang: verwendete Transkriptionssymbole

Generelle Kleinschreibung – Ausnahmen: Bei Betonungen: Vokale in Großbuchstaben; bei Emphaseintonation: ganzes Wort in Großbuchstaben

Notation	Erläuterung
ADAM BAUER	Anonymisierung personenbezogener Angaben in KAPITÄLCHEN
(Auslassung 4 Sek.)	Ausblendung auf der Audioaufzeichnung (z. B. zur Wahrung der Anonymität einer Person, die namentlich genannt wird) mit Angabe der Dauer in Sekunden
A: oder [etwa nicht? B: [ja, stimmt.	Simultanphase: Sprecher A und B reden ab dem „Klammer"-Zeichen parallel
(.)	kurze Pause, Stockung
(-), (--)	längere Pausen (unter einer Sekunde)
(2.5)	Pause mit Zeitangabe (hier: 2,5 Sekunden)
mein Brud/	Abbruch eines Wortes
betOnt	Betonung (= einzelne Vokale werden akzentuiert)
GANZ LAUT	Emphaseintonation (lauter und höher)
ne:t	Lautlängung
dann=doch	schneller Anschluss
ja?	Tonhöhenbewegung: stark steigend
so,	Tonhöhenbewegung: mittel steigend
wolln–	Tonhöhenbewegung: gleichbleibend
passiern;	Tonhöhenbewegung: mittel fallend
sonst nicht.	Tonhöhenbewegung: tief fallend
(&&&&&&&)	Wortlaut unverständlich
(dummes)	Wortlaut unsicher
.hhh	hörbares Ein- oder Ausatmen
((stöhnt))	Handlungs- und Verhaltensbeschreibungen
<p>das stimmt>	*Angaben zur Prosodie (gültig jeweils für die Textpassage innerhalb der Klammer):*

all: schnell

cresc: lauter werdend

acc: schneller werdend

rall: langsamer werdend

Literatur

Antos, Gerd (1988): Zwischen Kunde und Computer. Interaktionsprobleme bei telefonischen Reklamationsgesprächen. In: Gutenberg (1988): 9-17.

Arbeitsgruppe Bielefelder Soziologen (Hrsg.) (1973): Alltagswissen, Interaktion und gesellschaftliche Wirklichkeit. Band 2: Ethnotheorie und Ethnographie des Sprechens. Reinbek: Rowohlt.

Arnold, Katrin/Matuschek, Ingo (2006): Das Bankgeschäft im Wandel. Sozioökonomischer Wandel und institutionelle Ausdifferenzierung. In: Habscheid/Holly/Kleemann/Matuschek/Voß (2006): 43-61.

Boes, Andreas/Pfeiffer, Sabine (Hrsg.) (2005): Informationsarbeit neu verstehen. Methoden zur Erfassung informatisierter Arbeit. München: ISF-Institut für sozialwissenschaftliche Forschung.

Bohnsack, Ralf (2008): Rekonstruktive Sozialforschung. Einführung in qualitative Methoden. 7. Auflage. Opladen: Farmington Hills: Barbara Budrich.

Brünner, Gisela (2000): Wirtschaftskommunikation. Linguistische Analyse ihrer mündlichen Formen. Tübingen: Niemeyer.

Brünner, Gisela/Fiehler, Reinhard/Kindt, Walther (Hrsg.) (1999): Angewandte Diskursforschung (Bd. 1). Opladen: Westdeutscher Verlag.

Dittmar, Norbert (1997): Grundlagen der Soziolinguistik. Ein Arbeitsbuch mit Aufgaben. Tübingen: Niemeyer.

Dunkel, Wolfgang/Voß, G. Günter (Hrsg.) (2004): Dienstleistung als Interaktion. Beiträge aus einem Forschungsprojekt. Altenpflege, Deutsche Bahn, Call Center. München, Mering: Rainer Hampp Verlag.

Fiehler, Reinhard/Kindt, Walther/Schnieders, Guido (1999): Kommunikationsprobleme in Reklamationsgesprächen. In: Brünner et al. (1999): 120-154.

Frier, Wolfgang (Hrsg.) (1979): Grundfragen der Textwissenschaft. Amsterdam: Rodopi.

Garfinkel, Harold (1967): Studies in ethnomethodology. Englewood Cliffs, NJ: Prentice Hall.

Groskurth, Peter/Volpert, Walter (Hrsg.) (1975): Lohnarbeitspsychologie. Berufliche Sozialisation: Emanzipation zur Anpassung. Frankfurt am Main: Campus.

Gutek, Barbara. A. (1995): The dynamics of service. Reflections on the changing nature of customer/ provider interactions. San Francisco: Jossey-Bass.

Gutenberg, Norbert (Hrsg.) (1988): Kann man Kommunikation lehren? Konzepte mündlicher Kommunikation und ihrer Vermittlung. Frankfurt am Main: Scriptor.

Haase, Jana/Kleemann, Frank/Matuschek, Ingo/Schulz-Nötzold, Carsten (2003): Arbeit in Call Centern. Soziologische und linguistische Stil-Analysen als konvergente Perspektiven auf neue Arbeitsformen. In: kommunikation@gesellschaft 4. Beitrag 2 (Online unter: http://www.uni-frankfurt.de/fb03/K.G/B2_2003_Haase_ Kleemann_Matuschek_Schulz-Nötzold.pdf, Abruf: 31.03.09).

Habscheid, Stephan/Holly, Werner/Kleemann, Frank/Matuschek, Ingo/Voß, G. Günter (2006): Über Geld spricht man. Kommunikationsarbeit und medienvermittelte Arbeitskommunikation im Bankgeschäft. Wiesbaden: VS Verlag für Sozialwissenschaften.

Habscheid, Stephan/Kleemann, Frank/Matuschek, Ingo (2006): Kommodisierung lebensweltlicher Rituale? Beziehungsmanagement im „Communication Center". In: Habscheid/Holly/Kleemann/ Matuschek/Voß (2006): 165-185.

Hochschild, Arlie Russell (1990): Das gekaufte Herz. Zur Kommerzialisierung der Gefühle. Frankfurt am Main: Campus.

Höflich, Joachim R. (1996): Technisch vermittelte interpersonale Kommunikation. Grundlagen, organisatorische Medienverwendung, Konstitution „elektronischer Gemeinschaften". Opladen: Westdeutscher Verlag.

Holly, Werner (2006): Wandel in der Kommunikation zwischen Banken und Kunden. In: Habscheid/ Holly/Kleemann/Matuschek/Voß (2006): 62-78.

Holtgrewe, Ursula/Kerst, Christian/Shire, Karen A. (Hrsg.) (2002): Re-organizing service work. Call centres in Britain and Germany. Aldershot: Ashgate.

Kallmeyer, Werner (1979): Kritische Momente. Zur Konversationsanalyse von Interaktionsstörungen. In: Frier (1979): 59-110.

Kleemann, Frank/Matuschek, Ingo (2003a): Subjektivierung in informatisierter Kommunikationsarbeit. Manufacturing consent in high quality call centern. In: Schönberger/Springer (2003): 117-142.

Kleemann, Frank/Matuschek, Ingo (Hrsg.) (2003b): „Immer Anschluß unter dieser Nummer". Rationalisierte Dienstleistung und subjektivierte Arbeit in Call Centern. Berlin: Edition sigma.

Kleemann, Frank/ Matuschek,Ingo/Rieder, Kerstin (2004): Service included. Technisch-organisatorische Rahmungen der Dienstleistungsinteraktion in Call Centern. In: Dunkel/Voß (2004): 133-158.

Kleinbeck, Uwe 1997: Motivation. In: Luczak/Volpert (1997): 261-266.

Luczak, Holger/Volpert, Walter (Hrsg.) (1997): Handbuch Arbeitswissenschaft. Stuttgart: Schäffer-Poeschel.

Matuschek, Ingo (2005): Interaktionskontrolle bei leitfadenorientierten Interviews. Rekonstruktive Methodenschritte in der Erforschung informatisierter Arbeit. In: Boes/Pfeiffer (2005): 171-198.

Matuschek, Ingo/Arnold, Katrin/Voß, G. Günter (2007): Subjektivierte Taylorisierung. Organisation und Praxis medienvermittelter Dienstleistungsarbeit in Call Centern. München, Mering: Rainer Hampp Verlag.

Michelsen, Uwe A. (1997): Qualifikation. In: Luczak/Volpert (1997): 245-248.

Nerdinger, Friedemann W. (2001): Psychologie des persönlichen Verkaufs. München: Oldenbourg.

Ohama, Ruiko (1987): Eine Reklamation. In: Osnabrücker Beiträge zur Sprachtheorie 38. 1. 27-52.

Psathas, George (1973): Ethnotheorie, Ethnomethodologie und Phänomenologie. In: Arbeitsgruppe Bielefelder Soziologen (1973): 263-284.

Rieder, Kerstin/Matuschek, Ingo (2003): Kritische Situationen in Dienstleistungsinteraktionen. In: Kleemann/Matuschek (2003b): 205-222.

Rieder, Kerstin/Matuschek, Ingo/Anderson, Phillip (2002): Co-production in call centres. The workers' and customers' contribution. In: Holtgrewe et al. (2002): 204-227.

Sacks, Harvey/Schegloff, Emanuel A./Jefferson, Gail (1974): A simplest systematics for the organization of turn-taking for conversation. In: Language 50. 4. 696-735.

Schnieders, Guido (2005): Reklamationsgespräche. Eine diskursanalytische Studie. Tübingen: Narr.

Schönberger, Klaus/Springer, Stefanie (Hrsg.) (2003): Subjektivierte Arbeit. Mensch – Technik – Organisation in einer entgrenzten Arbeitswelt. Frankfurt am Main: Campus.

Tietgens, Hans (Hrsg.) (1981): Sozialpolitische Aspekte der Weiterbildung. Braunschweig: Westermann.

Volpert, Walter (1975): Die Lohnarbeitswissenschaft und die Psychologie der Arbeitstätigkeit. In: Groskurth/ Volpert (1975): 11-196.

Volpert, Walter (1981): Der Zusammenhang von Arbeit und Persönlichkeit aus handlungspsychologischer Sicht. In: Tietgens (1981): 100-131.

Gender Marketing
Ideologiekritische Diskursanalyse einer Kuppelproduktion

Gertraude Krell

1   Einleitung[1]

Warum gibt es von Coca Cola zwei kalorienreduzierte Sorten: „Light" und „Zero"? Des Rätsels Lösung heißt Gender Marketing und gehört seit einiger Zeit zu den Modethemen im Bereich Marketing-Management.

Ein wichtiges Medium der Produktion und Vermarktung von Modethemen sind Managementbestseller. Aus der Perspektive der kritischen Diskursanalyse konstatiert Norman Fairclough (2006: 348f): „Diese Bücher handeln vom Big Business und sind selbst ebenfalls ein großes Geschäft". In seinem Beitrag „Moden und Mythen des Organisierens" arbeitet der Organisationsforscher Alfred Kieser (1996: 23) heraus, dass Bestseller besonders geeignet sind, um solche Moden zu kreieren, und welche rhetorischen Regeln bewirken, dass die Kreationen auch erfolgreich sind. Fachbücher als potenzielle Bestseller basieren also zum einen auf bestimmten Regeln der Produktion von Diskursen und sind zum anderen diskursive Produktionsmittel.

Vor diesem Hintergrund wird hier eine ideologiekritische Diskursanalyse potenzieller Bestseller zum Gender Marketing vorgenommen. Dabei wird auf eine diskursive Kuppelproduktion[2] fokussiert: Es wird gezeigt, wie Gender Marketing als modisches Thema bzw. Mode-Arena (sensu Kieser) hervorgebracht und dabei zugleich Geschlecht fabriziert (sensu Butler) wird. Nach einem – dem Buchkonzept entsprechenden – Exkurs zu weiteren Anwendungen und Anwendungsmöglichkeiten der gewählten Herangehensweise werden zum Schluss noch einmal Machtwirkungen dieser Fabrikation von Geschlecht betrachtet.

---

1   Für hilfreiche Anmerkungen zur ersten Fassung dieses Beitrags danke ich Rainer Diaz-Bone, Johanna Hofbauer und Richard Weiskopf.

2   Der Begriff Kuppelproduktion stammt aus der Produktionswirtschaft und bezeichnet einen technologisch verbundenen Produktionsprozess, bei dem simultan mehrere Güter (als Kuppelprodukte) entstehen.

2   Positionierung und Rahmung

Zunächst zu meinem Verständnis von Diskurs und Diskursanalyse – und damit zugleich
zu der Position, aus bzw. mit der ich mich in die „diskursiven Kämpfe" (Jäger 2006: 85)
der Diskursforschenden begebe: Mit Michel Foucault (1981: 74) gehe ich davon aus, dass
Diskurse „systematisch die Gegenstände bilden, von denen sie sprechen". Judith Butler
(1997: 22) spricht von „Performativität", verstanden als „die ständig wiederholende und
zitierende Praxis, durch die der Diskurs die Wirkungen erzeugt, die er benennt".[3] In
Zusammenhang mit „Geschlecht" verwendet sie auch die Bezeichnung „fabriziert", die
sowohl „hervorgebracht" als auch „erfunden" bedeutet (Butler 1991: 200). Die Autorin verdeutlicht zudem, dass der Diskurs zwar die Gegenstände und Wirkungen, die er benennt,
überhaupt erst produziert, aber zugleich den „Effekt des Natürlichen, des Ursprünglichen
und Unvermeidlichen" erzeugt (ebd.: 9) – und verweist damit auf dessen Machtwirkungen.
     Die genealogischen Analysen Foucaults lenken den Blick darauf, dass Diskurse „Teil eines
weiteren Macht- und Praxisfeldes" (Dreyfus/Rabinow 1994: 232) – und auch dementsprechend zu analysieren – sind. Bei Foucault selbst steht im Mittelpunkt von „Überwachen und
Strafen" die Analyse der objektivierenden Praktiken der Disziplinarmacht, z. B. die „Kunst
der Verteilungen" (Foucault 1976: 181ff). In „Der Wille zum Wissen" (Foucault 1983) und
einem später erschienenen Aufsatz arbeitet Foucault heraus, dass und wie Diskurse aus
Individuen Subjekte machen, und zwar im doppelten Sinn von „vermittels Kontrolle und
Abhängigkeit jemandem unterworfen sein und durch Bewußtsein und Selbsterkenntnis
seiner eigenen Identität verhaftet sein" (Foucault 1994: 246). Die Fragen nach subjektivierenden und objektivierenden Machtwirkungen von Diskursen sind fundamental für auf
Foucault gestützte Beiträge zur Diskursforschung.[4]
     Von der prominenten Rolle Foucaults für die Diskursforschung zeugen z. B. auch die
Beiträge im 1. Band des „Handbuch Sozialwissenschaftliche Diskursanalyse" (Keller et al.
2006). Foucault gehört zur „diskursiven Elite" (Schwab-Trapp 2006: 274f) der Diskursforschung, auf deren Beiträge sich andere beziehen. Rainer Diaz-Bone (2002: 71) und Reiner
Keller (2007: 42) verorten Foucault jedoch nicht unter „Diskursanalyse", sondern unter
„Diskurstheorie". Wie jede diskursive Produktion ist diese Unterscheidung und Verortung
nicht „über allen Zweifel erhaben" (Jäger 2006: 85). Laut Michael Schwab-Trapp (2006: 264)
stammt von Foucault das „derzeit wohl prominenteste Modell für eine empirisch orientierte
Diskursanalyse". Für Philipp Sarasin (2006: 64) basiert die „Foucaultsche Diskurs*analyse*
[…] auf einem sehr empirischen Konzept von Diskurs" (Herv. von mir).
     Durch eine solche „diskursanalytische Brille" betrachtet, erscheint Gender Marketing
als Diskurs, der seinen „Gegenstand" überhaupt erst hervorbringt bzw. als

---

3   Um zu markieren, dass „Gegenstände" nicht *per se* existieren – und als gegeben erforscht werden
     können –, wird der Begriff in Anführungszeichen gesetzt.
4   Vgl. z. B. Krell (2003); Krell/Weiskopf (2006) sowie für einen Überblick zur Managementfor-
     schung Sieben in diesem Band.

„mehr oder weniger erfolgreiche[r] Versuch [...], Bedeutungszuschreibungen und Sinnordnungen zumindest auf Zeit zu stabilisieren und dadurch eine kollektiv verbindliche Wissensordnung in einem sozialen Ensemble zu institutionalisieren" (Keller 2007: 7).

In der von Jürgen Link (2006: 411f) vorgeschlagenen Begrifflichkeit handelt es sich um
einen Spezialdiskurs, denn die produzierten „Objektivitäten" (Themen, Argumente, Begriffe, Klassifikationen) und „Subjektivitäten" (Positionen bzw. Rollen von Sprechenden
und Rezipierenden) betreffen ein spezielles Wissen. Diskursanalysen fokussieren auch auf
die Verbindungen solcher Spezialdiskurse mit anderen Diskursen: sowohl mit weiteren
Spezialdiskursen als auch mit Interdiskursen als „reintegrierende Wissensbereiche, die
zwischen den Spezialitäten vermitteln" (ebd.: 412) und dem Elementardiskurs, in dem
„sogenannte anthropologischen Konstanten [...] mit dominanten interdiskursiven Komplexen kombiniert [werden]" (ebd.: 414).

Laut Link (ebd.: 427) kann eine „solche (Inter-)Diskursanalyse gar nicht ‚unkritisch'
sein", weshalb er einen entsprechenden Zusatz „pleonastisch" findet. An Foucault orien-
tierte Diskursanalysen, die Macht-Wissens-Dynamiken bzw. die Machtwirkungen von
Diskursen untersuchen und auf „Infragestellung von Evidenzen" bzw. „‚Dekonstruktion'
von universellen Wahrheiten" (Bublitz 2006: 236f) zielen, können in der Tat als kritische
Diskursanalysen kategorisiert werden. Explizit so etikettiert werden die Ansätze der
Forschungsgruppen um Norman Fairclough und Ruth Wodak (z. B. Fairclough 1995;
Fairclough/Wodak 1997; Wodak 2004 und in diesem Band) sowie Margarete und Siegfried
Jäger (z. B. S. Jäger 2001; S. Jäger/M. Jäger 2007; M. Jäger 2008). Ihnen ist gemeinsam,[5] dass
sie sich auf Foucault stützen und die Machtwirkungen von Diskursen in den Blick nehmen
und dass sie auch auf einer ideologiekritischen Perspektive (s. u.) basieren.

Nun zur Verknüpfung der Diskursanalyse mit Kiesers Perspektive: Kieser (1996: insbes. 23;
28ff) betrachtet Organisations- bzw. Managementmoden als Arenen, in denen BeraterInnen,
ProfessorInnen und (Top-)ManagerInnen agieren und interagieren.[6] Damit gebraucht er
Begriffe, die auch im Rahmen der Diskursforschung verwendet werden. Allerdings sehen
Schwab-Trapp (2006: 270ff) und Keller (2007: 64) diskursive Felder oder Diskursfelder als
Arenen im Sinne von Kampfplätzen, Orten der Konkurrenz und der Konfliktaustragung,[7]
während laut Kieser (1996: 23) in einer (Mode-)Arena eher „kooperative Spielzüge" ange-
wendet werden. Link (2006: 420) zufolge dient der Diskurs „den Positionen wie eine Art
gemeinsames Spielfeld (ähnlich der Bourdieuschen ‚Feld'-Kategorie)".[8]

Dieses diskursive (Spiel-)Feld – als Teil einer Diskursformation – stellt das Untersuchungsfeld der Diskursanalyse dar (Keller 2007: 82). Diese analysiert es nicht nur, sondern
bringt es damit zugleich als Untersuchungs-„Gegenstand" hervor, wie das auch bei Kiesers

---

5   Zu den Unterschieden vgl. z. B. Keller (2007).

6   Vgl. dazu auch Sieben (in diesem Band).

7   An anderer Stelle verwendet Keller (2007: 82) die Begriffe diskursives Feld und Untersuchungsfeld
     (der Diskursanalyse) synonym und spricht von Arenen innerhalb dieses Feldes.

8   Auf Bourdieu beziehen sich in diesem Kontext auch Diaz-Bone (2002) und Schwab-Trapp (2006:
     271).

Mode-Arenen der Fall ist. In diesem Sinn kann Kiesers Mode-Arena auch als Diskursfeld analysiert werden, in dem Positionierungen, Kämpfe bzw. Abgrenzungen, Koalitionen, Strategien, Ressourcen, Entwicklungen (re-)konstruiert werden. Das für Gender Marketing systematisch und umfassend zu tun, würde allerdings den Rahmen dieses Beitrags sprengen. Deshalb habe ich mich beschränkt: im Forschungsprozess auf eine grobe Sondierung des Untersuchungsfeldes als Voraussetzung für die Feinanalyse (sensu Keller 2007: 82) und bei der Darstellung auf Anknüpfungspunkte und Anregungen für weitere Studien.

Hinsichtlich der Feinanalyse (Keller 2007: 93ff; Jäger 2001: 193ff) stellt sich zunächst die Frage nach der Auswahl der dafür geeigneten Texte. Empfohlen wird die „Orientierung an Schlüsseltexten, -passagen, -akteuren und -ereignissen"; als ein weiteres Kriterium wird die Abdeckung des relevanten Akteursspektrums genannt (Keller 2007: 88f). Als Schlüsseltexte wurden hier Fachbücher zum Thema Gender Marketing gewählt. Um das relevante Akteursspektrum möglichst gut abzudecken, habe ich mich für die Feinanalyse der Bücher von vier Autorinnen entschieden, die in ihrem jeweiligen Sprachraum als erfolgreiche Pionierinnen gelten bzw. zur „diskursiven Elite" in Sachen Gender Marketing gehören. Dies sind in chronologischer Reihenfolge:

- 2003: „Marketing to women: How to increase your share of the world's largest market" von Martha (später Marti) Barletta (2006 in der zweiten Auflage erschienen),
- 2004: „Don't think pink: What *really* makes women buy – and how to increase your share of this crucial market" von Lisa Johnson und Andrea Learned (Herv. i. O.),
- 2005: „Der Kunde ist weiblich: Was Frauen wünschen und wie sie bekommen was sie wollen" von Diana Jaffé und
- 2007: „Gender-Marketing: Impulse für Marktforschung, Produkte, Werbung und Personalentwicklung" von Eva Kreienkamp unter Mitarbeit von Gerda Maria Frisch und Regina Buchholz.

Die Kriterien für die Feinanalyse der vier Fachbücher sind die von Kieser (1996) für die Analyse der Rhetorik von potenziellen Managementbestsellern vorgeschlagenen und verwendeten. Damit ist die Anschlussfähigkeit an die Diskursforschung bereits markiert, denn auch in diesem Rahmen wird analysiert, mittels welcher rhetorischen Mittel und Strategien „Wahrheitsproduktion" betrieben und der eigenen Diskursposition Geltung verschafft wird oder werden soll. So betrachtet, beziehen sich Kiesers Analysekriterien auf Ressourcen und Regeln der Diskursproduktion – und eignen sich damit für eine Diskursanalyse.

Abschließend noch zum Verhältnis von Diskurs(-analyse) und Ideologie(-kritik):[9] In Kiesers Beitrag gibt es Passagen, die es nahe legen, ihn als ideologiekritisch zu verorten. Der Autor betont mehrfach, dass es in den Arenen der Organisationsmoden nicht um Aufklärung geht. So dienten z. B. „*Kongresse* [...] nicht dem aufklärenden, kritischen Diskurs" (Kieser 1996: 28; Herv. i. O.). Aber – mit Bezug auf Cummings (1983) – ist ein „Management by ideology" (bzw. durch Mythen und Rhetorik) für ihn nicht gleichbedeutend damit, „dass das Management bewusst Täuschung betreibt" (Kieser 1996: 34; 32), sondern in gewisser

---

9   Ausführlicher dazu: Hirseland/Schneider (2006) und die dort angegebenen Quellen.

Hinsicht eine Notwendigkeit, insbesondere, um Veränderungen herbeizuführen. So vertritt er die Auffassung, „dass man rhetorische Revolutionen anzetteln muss, um bescheidene Veränderungen durchzusetzen", und fügt hinzu: „Die Meinung, das Reden über die Gesellschaft und ihre Institutionen könne ideologiefrei betrieben werden, ist die gefährlichste Ideologie" (ebd.: 34). Wenn Kieser das Anti-Aufklärerische betont oder die „gefährlichste Ideologie" schreibt, kann das zwar als „traditionelles" Verständnis von Ideologie als „falsches Bewusstsein" interpretiert werden, das – wegen der Gegenüberstellung von (durch Aufklärung ans Licht kommende) „Wahrheit" und (diese verschleiernde) Ideologie – in Widerspruch zu einer diskursanalytischen Perspektive steht. Die anderen Passagen zeugen aber von einem Ideologieverständnis, das durchaus mit dem der kritischen Diskursanalyse vereinbar ist, weil es einer „diskurstheoretische[n] Reformulierung des Ideologiebegriffs" (Hirseland/Schneider 2006: 396f) entspricht: In dieser Hinsicht ist Ideologie „nicht allein als Verzerrung einer unabhängig davon bestehenden ,Wahrheit' zu begreifen", sondern „für jede soziale Ordnung notwendig". Wenn es um die „,ideologie-kritische' Rekonstruktion von Strukturbildungs- und Transformationsprozessen des Sozialen (Subjekte/Objekte, Regel/Praxis) in und durch Diskurse" geht, sprechen die Autoren deshalb auch von einer „,ideologiekritischen' Diskursanalyse" (ebd.: 398f).

In diesem Sinn untersucht meine ideologiekritische Diskursanalyse Gender Marketing als Kuppelproduktion: Es wird analysiert, wie Gender Marketing als „Gegenstand" diskursiv hervorgebracht wird, welche Strategien, Regeln und Ressourcen verwendet werden, um das Thema bzw. die Mode-Arena als relevant zu positionieren. Über Kiesers Perspektive hinausgehend wird zugleich gezeigt, welche Bedeutungszuschreibungen und Sinnordnungen von „Gender" dabei als Kuppelprodukt hervorgebracht werden.

3   Feinanalyse

Kieser (1996: 23ff) nennt und beschreibt (mit Bezug auf Davis 1986 und Eccles/Nohria/ Berkley 1992) die folgenden zehn rhetorischen Elemente als „Stoff, aus dem [potenzielle G.K.] Managementbestseller sind":

3.1   „Ein Schlüsselfaktor wird in den Vordergrund gestellt…"

… und unterstrichen, dass dieser Faktor „bisher sträflich vernachlässigt" wurde und deshalb eine wichtige oder sogar revolutionäre Neuentdeckung darstellt (Kieser 1996: 23). Auch seitens der Diskursforschung wird betont, dass sich Diskurse strategisch gegen andere Diskurse richten (z. B. von Bublitz 2006: 242).

In diesem Sinn propagiert z. B. Jaffé (2005: 15; 27) Gender Marketing als „wesentlichen Schlüssel zum Unternehmenserfolg" und betont, es revolutioniere das bisherige Marketingverständnis.

Drei der vier Bücher fokussieren nur oder hauptsächlich auf die Entdeckung bzw. das richtige Verständnis von Frauen als Zielgruppe des Gender Marketing.[10] So ist im Klappentext von Barletta (2006) vom „largest untapped market in the world: women" die Rede, und in der Einleitung heißt es: „Women are the world's most powerful consumers" (ebd.: xxi).

Daten zur Zunahme von Ausbildung, Erwerbsbeteiligung, -einkommen[11] und Reichtum der Frauen sollen die „Macht der Kundinnen" (Jaffé 2005: 82) verdeutlichen. Graphische Darstellungen mit Dollarbündeln als Säulen veranschaulichen, dass (in den USA) die Kaufkraft von Frauen um ein Vielfaches größer ist als die von Gruppen wie Asian, African und Hispanic Americans sowie Gays und Lesbians (Barletta 2006: 11).[12] So können die LeserInnen selbst sehen, „where the money is" (ebd.: 137).

Ein weiteres Argument für die Marktmacht von Frauen ist deren Einfluss auf Kaufentscheidungen, nicht nur als Geschäftsfrauen, sondern auch und vor allem als „Household Chief Purchasing Officer" (ebd.: 9): So treffen oder beeinflussen sie 80 Prozent und mehr aller Kaufentscheidungen (ebd.: 267; Johnson/Learned 2004: 13; Jaffé 2005: 102ff).

„Blinde Flecken im Marketing" (Kreienkamp 2007: 51), also bislang sträflich vernachlässigte Aspekte, seien darüber hinaus das „richtige" Verständnis von Frauen bzw. Weiblichkeit.[13] Hier wird Gender Marketing in dreierlei Hinsicht abgegrenzt und als neu positioniert, und zwar von:

1. einem Marketing, das als „androzentrisch" bezeichnet wird, weil „Unternehmen Frauen übersehen" und ihre Produkte nur für Männer passen (Jaffé 2005: 45; vgl. auch Kreienkamp 2007: 60; 203),
2. einem Marketing, das als „pink" etikettiert wird, weil es Geschlechterstereotype verwende und „lacked depth of knowledge of what women customers really wanted" – so z. B. Johnson/Learned (2004: 15), deren Buch auch „Don't think Pink" betitelt ist (vgl. auch Barletta 2006: 169f; Jaffé 2005: 153; 191; 281), und
3. einem sogenannten „gender-neutral Marketing" (Barletta 2006: xxiii), dessen Unisex-Produkte ebenfalls nicht wirklich den Bedürfnissen von Frauen entsprechen würden.[14]

---

10 Bei Jaffé (2005) heißt das erste Kapitel zwar „Gender Marketing – Marketing für Frauen und für Männer", aber im Rest des Buches geht es, wie der Titel auch ankündigt, um Frauen. Kreienkamp (2007: 15; 204) dagegen definiert nicht nur, sondern thematisiert auch durchgängig Frauen und Männer als Zielgruppen des Gender Marketing.

11 Dabei werden die Abstände zwischen den Durchschnittsverdiensten von Frauen und Männern zwar nicht geleugnet, aber, weil das besser ins Bild passt, wird hauptsächlich herausgestellt, dass sie kleiner werden bzw. tendenziell verschwinden (z. B. Barletta 2006: 6; Jaffé 2005: 102). Dass dies weder für die USA noch für Deutschland zutrifft, zeigen z. B. die Analysen der Projektgruppe GiB (2010).

12 Was im Übrigen die Frage aufwirft, ob unter „Frauen" nur weiße bzw. „caucasian" und heterosexuelle Frauen kategorisiert worden sind. Dazu später mehr.

13 Bei Kreienkamp (2007: 52ff; 68ff) auch von „Männlichkeit", v. a. der „Leitwerte der ‚Neuen Männer'".

14 Johnson/Learned (2004: 16) interpretieren den geschlechtsneutralen Ansatz als Lösungsversuch angesichts des Scheiterns des Pink-Ansatzes. Für Kreienkamp (2007: 59) sind – im Unterschied

Im Unterschied zu diesen verworfenen Ansätzen bzw. Diskursen verspricht Gender Marketing veritable und profitable Erkenntnisse über Frauen als Konsumentinnen.

3.2 Beschwörung drohender Gefahren bei Nicht-Anwendung der neuen Prinzipien

Hier betont Kieser (1996: 23), die Anwendung des Neuen werde als „unausweichlich" dargestellt angesichts drohender Gefahren („wahre Apokalypsen werden ausgemalt"), denen mit den „alten Prinzipien" nicht mehr begegnet werden könne.

In den Fachbüchern zum Gender Marketing geht es hier vor allem darum, dass Kaufkraft und Ansprüche der Kundinnen größer werden, weshalb die Beibehaltung der „alten Prinzipen" scheitern muss. „Wahre Apokalypsen" werden dementsprechend bei Nicht-Anwendung von Gender Marketing heraufbeschworen: Sie bewirkt „weak profits and missed opportunities" (Johnson/Learned 2004: 3). „Present and future profits are slipping through this marketers' fingers like sand – very expensive sand" (Barletta 2006: xxxii; s. a. 195). „Schnürt diese Zielgruppe ihre Geldbeutel zu, zittern ganze Branchen und Handelsketten" (Jaffé 2005: 13). Auch wer „heute noch einen hohen Marktanteil besitzt" sollte sich keinesfalls in Sicherheit wägen, denn er „kann schon morgen eine Vielzahl von Kundinnen an einen Wettbewerber verlieren" (ebd.: 54). Und jede Ex-Kundin wird „ihre Enttäuschung mit ihren Freundinnen teilen [...] Namen, Orte und andere Fakten benennen, beinahe so, als ob es sich um die Begegnung mit einem Heiratsschwindler gehandelt hätte" (ebd.: 59). Für Kreienkamp (2007: 73) ist die „lange schwächelnde Binnenkonjunktur" auch dadurch bedingt, „dass die Potenziale bei Frauen schlichtweg übersehen wurden". Spätestens jetzt müsste klar geworden sein: „(Marketing-)Manager, die sich dieser Marktveränderung verschließen, gefährden die Existenz ihres Unternehmens und seiner Mitarbeiter" (Jaffé 2005: 301).

3.3 „Die neuen Prinzipien werden mit zentralen Werten der Leser in Verbindung gebracht"

Dabei geht es, wie Kieser (2006: 23) betont, nicht nur um Effizienz oder ökonomische Vorteile (für ein Unternehmen und seine Beschäftigten oder „die heimische Wirtschaft"), sondern auch – und hier zitiert er Abrahamson 1993: 65) – um „values other than profit": „The discourse is more like evangelism".

Die „principles of gender marketing" (Barletta 2006: 159) werden unter anderem mit folgenden zentralen Werten der LeserInnen verknüpft:

---

zu Barletta – Unisex-Produkte positiv besetzt, weil sie von „androgynen Geschlechtsbildern" geprägt sind und mit ihnen keine einschränkenden Festlegungen auf Geschlechterrollen verbunden sind.

- Respekt und Wertschätzung gegenüber Frauen bzw. allen (potenziellen) KundInnen (z. B. Johnson/Learned 2004: 151; 205; Jaffé 2005: 22; 304),
- Kundinnen (und Kunden) nicht länger als „Objekt", sondern als PartnerInnen des Marketing, mit denen ein Dialog geführt wird (z. B. Jaffé 2005: 18ff; Johnson/Learned 2004: 22; Kreienkamp 2007: 55),
- Authentizität (z. B. Johnson/Learned 2004: 41),
- Transparenz (Johnson/Learned 2004: 34ff),
- „Service […] mit dem Willen zum Dienst am Menschen" (Kreienkamp 2007: 36) und
- Stressreduktion (Jaffé 2005: 176).

Einige Passagen lassen Gender Marketing als eine Art neue Heilslehre erscheinen – und die Autorinnen als deren Verkünderinnen: So schreibt Barletta (2006: xxxiv; Herv. von mir): *„I truly believe* that marketing effectively to women is the most significant and profitable opportunity in marketing today". Jaffé (2005: 307; Herv. von mir) bekennt, sie habe sich *„aus tiefster Überzeugung* dem Gender Marketing zugewandt", und verspricht:

> „Echte Frauenprodukte sind intelligent, minimieren Verletzungsgefahren und Risiken für sich und andere, sie sind umweltfreundlich, […] zuverlässig und haben ein gutes Design, sie sind also einfach ästhetisch und formschön, geben ein gutes Gefühl und machen im Optimalfall auch noch viel Spaß." (ebd.: 159)

Und damit sich keiner ausgeschlossen fühlt, wird betont, „dass Produkte, die von Frauen als gut befunden werden, häufig auch die besseren Produkte für Männer sind" (ebd.: 27). Durch Gender Marketing entstehe eine „Win-Win-Situation für alle Beteiligten: Kunden, Management, Mitarbeiter und Shareholder" (ebd.: 33). Noch einen Schritt weiter geht Kreienkamp (2007: 32), wenn sie prognostiziert, „dass mehr weibliche Einflussnahme in der Wirtschaftswelt dazu führen wird, Waren und Produzenten auch nach Werten wie Nachhaltigkeit und sozialer Verantwortung auszuwählen".

3.4   Die Praxis wird auf ihre eigenen Spitzenleistungen aufmerksam gemacht [15]

Dazu erläutert Kieser (1996: 24), dass das Anführen von Beispielen schon existierender vorbildlicher Praxis zwei Funktionen erfüllt: Erstens soll dem Eindruck entgegengewirkt werden, „die neuen Prinzipien seien am Schreibtisch ausgeheckt worden". Zweitens soll gezeigt werden, dass die Konzepte oder Prinzipien auch tatsächlich umsetzbar sind.

In allen untersuchten Fachbüchern finden sich zahlreiche solcher Beispiele, die sowohl die Gestaltung von Produkten als auch die von Werbekampagnen sowie andere Elemente des Marketing-Mix betreffen. Dazu hier nur soviel: Jaffé (2005: 16) betont in der Einleitung, das Buch sei „voller Beispiele von Unternehmen, die es geschafft haben, Frauen zu treuen

---

15 Kieser (1996: 23) unterstreicht hier auch, dass die Praxis nicht belehrt wird, was für die hier untersuchten Bücher nicht zutrifft.

Kunden zu machen". Barletta (2006: 291) verbindet die Aufzählung von Unternehmen, die die Gelegenheit bereits ergriffen haben, mit der Warnung „that the opportunity isn't a secret any longer" und der Aufforderung „so you'd better get started".

3.5   „Kein Manager muß sich schuldig fühlen..."

... weil er bisher nach den „alten Prinzipien" gemanagt hat und noch nicht selbst auf die neuen gekommen ist. Denn: „Alles hat sich eben radikal geändert" (Kieser 1996: 24). Insofern biete der potenzielle Bestseller „Katharsis" im Aristotelischen Sinn. Mehr noch: Die Manager können sich sogar als „Mitpioniere" fühlen, wenn sie schnell dabei sind.

Das trifft auf die untersuchten Bücher nur zum Teil zu. In diese Richtung interpretiert werden kann Kreienkamps (2007: 14) Feststellung: „Gender und Marketing sind zwei bislang nur wenig verbundene Begriffe" – dann muss sich halt auch nicht schuldig fühlen, wer die Verbindung noch nicht hergestellt hat. Und im Vorwort zu Barletta verkündet Tom Peters (2006: XV): „Remember, you have a rare opportunity to lead the parade!" Auch gibt es zahlreiche Hinweise auf einen – mehr oder weniger – radikalen Wandel. So spricht z. B. Kreienkamp (2007: 19) von einer „Revolution des Marktes".[16] Jaffé (2005: 259) konstatiert, bis vor „wenigen Jahrzehnten war es weit weniger notwendig, über Geschlechtsspezifika im Produktdesign nachzudenken".

Aber schon der genannte Zeitraum und das „weit weniger" deuten an, dass aus der Perspektive dieser Autorin die „alten Prinzipien" eben nicht bis noch vor kurzer Zeit richtig waren. Auch die anderen Autorinnen kritisieren das androzentrische Marketing (und ebenso das „Pink"-Marketing) nicht nur als überholt, sondern auch ganz grundsätzlich. Dabei argumentieren sie allerdings ganz unterschiedlich: So betont Barletta (2006: 240), Frauen seien eine „sentized population". Zur Illustration führt sie den schlechten Ruf von Autoverkäufern an, herablassend gegenüber Kundinnen zu sein, und kommentiert: „I'm shure most of them are not", aber fast jede Frau könne dazu eine Geschichte beisteuern und tue dies auch. Jaffé (2005: 37ff) dagegen widmet der entsprechenden eigenen Geschichte ganze vier Seiten ihres Buches – und zwei weitere ihren schlechten Erlebnissen mit dem männlichen Werkstattpersonal, die schließlich bewirkten, dass sie zu einem von einer Frau geführten Autohaus wechselte. Hier wird nicht entschuldigt, sondern angeprangert.

3.6   Eine „raffinierte Mischung aus Einfachheit und Mehrdeutigkeit..."

Hier spricht Kieser (1996: 24f) zwei Aspekte an. Im Folgenden geht es zunächst um die Mischung selbst, dann um die – von Kieser damit verknüpfte – (Selbst-)Inszenierung der AutorInnen und ihrer Bedeutung im Rahmen der Mode-Arena bzw. des Diskursfeldes.

---

16 Vgl. auch Johnson/Learned (2004: 2; 4; 15); Barletta (2006: 4; 264); Jaffé (2005: 47; 259); Kreien-
    kamp (2007: 15; 68ff; 143).

3.6.1 Die Mischung selbst

Laut Kieser (1996: 24f) sind die angepriesenen Konzepte „einfach und klar" und zugleich „mehrdeutig, vage widersprüchlich – Rätsel aufgebend". So komme es, „dass neben Gemeinplätzen Sätze stehen, die ein Zen-Meister seinen Schülern als Meditationsaufgabe stellen könnte".

Zunächst zur *Einfachheit*: Dadurch wird, so Kieser (1996: 24), den ManagerInnen ein „überzeugendes Argumentationsmuster" angeboten, das „dem gesunden Menschenverstand unmittelbar einleuchtend" ist. Ganz in diesem Sinn erklärt Jaffé (2005: 32), wie einfach die durch immer feinere Segmentierungen von Kundengruppen erzeugte Komplexität reduziert werden kann: „Gender Marketing orientiert sich an den zwei denkbar größten Zielgruppen: Frauen und Männern". Oder auch:

> „Die Zielgruppen, die von Sozial- und Marktforschern identifiziert werden, bestehen aus immer spezifischeren und daher auch immer kleineren Fragmenten des Gesamtmarkts. Kleine Zielgruppen bedeuten jedoch einen erhöhten Aufwand bei der Bearbeitung eines Markts, der gleichzeitig ein beschränktes Potenzial bringt. Dabei liegt die größte und denkbar vielversprechendste Zielgruppe nach wie vor unbemerkt brach: Frauen." (Jaffé 2005: 44)

Angesichts dessen verkündet Barletta (2006: xxxv) „your path is clear: The shortest distance between you and business success is marketing to women."

Nicht nur das „Was", sondern auch das „Wie" erscheint ganz einfach: „All it requires is looking at your marketing plan from a different angle" (ebd.: xxxiv). Johnson und Learned (2004: IX) erläutern, welcher neue Blickwinkel eingenommen werden soll: „This book will show you how to see through the eyes of women". Damit verbunden ist eine weitere für Gender Marketing grundlegende Einfachheit: „The plain fact that men and women are different. *Dramatically* different", wie Tom Peters (2006: xiii; Herv. i. O.) im Vorwort zu Barletta (2006) betont – und sich damit zugleich als „unabashed ‚difference feminist'" outet. Gleichermaßen unerschrocken konstatiert Barletta selbst (ebd.: xxv; xxxiii): „The gender differences are undeniable" und verweist auf „(h)undreds of studies" als Beleg (vgl. auch 3.8). Vor allem auf Basis der Evolutionsbiologie werden Erkenntnisse referiert, die den LeserInnen tiefe Einsichten in die Welt der Höhlen, Hirne und Hormone ermöglichen, ihnen vermitteln, wie (die = alle) Frauen im Unterschied zu (den = allen) Männern „wirklich" sind und welche Konsequenzen das für das Marketing hat bzw. haben sollte. Dementsprechend wimmelt es in den untersuchten Büchern geradezu von stereotypisierenden und naturalisierenden Gemeinplätzen wie:

- „Women think inclusively more than exclusively" (Johnson/Learned 2004: 68).
- „ […] hormones are the star players on the field" (Barletta 2006: 23).
- „For women the operative emotion is not *envy, but empathy*" (Barletta 2006: 55; Herv. i. O.).
- Der männliche Entscheidungsprozess verlaufe gradlinig und ziele auf eine befriedigende Lösung, der weibliche dagegen spiralförmig und ziele auf die perfekte Antwort (Barletta 2006: 116ff; Kreienkamp 2007: 53; 98ff). Diese Botschaft wird nicht nur visualisiert,

sondern auch metaphorisiert, wenn Barletta (2006: 241) schreibt, Frauen seien keine mal eben aus der Hüfte schießenden Cowboys, sondern Scharfschützen.

• „So sind für Frauen die Sinneseindrücke und äußeren Umstände enorm wichtig, die ihren Kauf begleiten, fördern oder sogar verhindern können. Weitergehend spielen irrationale Faktoren eine Rolle, die in den Gefühlsebenen verankert sind, wie z. B. Sentimentalität, Romantik, Träumerei" (Kreienkamp 2007: 43) und schließlich:

• „Ausnahmen bestätigen natürlich die Regel" (ebd.: 102) – und das ist hier nicht etwa ironisch gemeint.

Die größte Fundgrube dafür, „dass Frauen und Männer hinsichtlich ihrer evolutionären Prägung kolossale Unterschiede aufweisen", ist das Buch von Jaffé (2005: hier 25). Vor die Qual der Wahl gestellt, habe ich mich für folgende „Kostproben" entschieden:

• „Das männliche Prinzip basiert [bedingt durch das Hormon Testosteron; G.K.] auf Dominanz, während das weibliche Prinzip durch Beziehungen geprägt ist" (49).

• Das „weibliche Hormon Östrogen" bewirkt: „Frauen verarbeiten wesentlich mehr Emotionen als Männer" und haben „das diesbezüglich bessere Gedächtnis" (61).

• Das „räumliche Vorstellungs- und Verarbeitungsvermögen" sei „eine der am stärksten ausgebildeten Gehirnregionen bei Männern. Es diente Männern vor Urzeiten dazu, ihre Aufgabe als Jäger wahrzunehmen [...] die Beute aufzuspüren, und nach der Jagd wieder in die heimische Höhle zurückzufinden" (118).

• Frauen dagegen „suchten in der Nähe der Höhle nach essbaren Pflanzen, Früchten, Wurzeln, Nüssen, Pilzen". Dabei „mussten sie in der Lage sein, die Gegend beständig nach möglichen Gefahren für sich und ihre Kinder abzusuchen und auch noch darauf aufpassen, dass die Kinder sich nicht in einem winzigen unbeobachteten Moment etwas Giftiges in den Mund steckten. Aus all dem erklärt sich, weshalb Frauen über Multitaskingfähigkeiten verfügen und weshalb sie keinen Orientierungssinn für lange Distanzen ausgeprägt haben" (123).

• „Frauen können aus der Perspektive ihrer Ur-Programmierung niemals schön genug sein" (145).

• „Die weibliche Sprache ist emotional, die männliche wörtlich" (139).

• Speziell an die Marktforschung adressiert: „Wird eine Frau nach männlichen Denkmustern befragt, kann sie keine verwertbaren weiblichen Ergebnisse liefern" (226).[17]

Trotz ihrer Einfachheit ist mit den letzten beiden Zitaten bereits der Übergang zur *Mehrdeutigkeit und Rätselhaftigkeit* markiert. Dadurch werden, nach Kieser (1996: 24f), ManagerInnen Interpretationsspielräume eröffnet, die ermöglichen sollen, das Konzept als Lösung ihrer Probleme (an-)zuerkennen. Verstärkt werde die Mehrdeutigkeit, wenn

---

17 Auf Seite 232 wird deutlich, dass mit der Befragung nach „männlichen Denkmustern" quantitative Methoden gemeint sind. Zur Darstellung und Kritik der Forderung nach mehr qualitativen Methoden als Beitrag zu einer „Verweiblichung des Marketing" vgl. Bode/Hansen (2005).

mehrere Prinzipien propagiert werden, die zwar für sich genommen einfach sind, aber untereinander bzw. in der Zusammenschau widersprüchlich.

Auffällig ist zunächst folgende Widersprüchlichkeit: Zwar sind die untersuchten Bücher, wie gezeigt, voller Stereotype. Aber zugleich werden die „alten" Stereotype oder Klischees kritisiert, wie auch die programmatische Abgrenzung von einem „Pink"-Marketing zeigt. Jaffé (2005: 155) betont, dass sich Frauen zunehmend gegen „alte Klischees" wehren. Kreienkamp (2007: 56) beklagt, dass das Marketing „einer zunehmend komplexeren Umwelt leider noch zu oft mit stereotypen Bildern und Botschaften begegnet". Deshalb fragt sie provokant: „Marketing-Kommunikation: stereotyp oder spezifisch?" (ebd.: 54). Eine ähnlich rhetorische Meisterleistung ist die Formulierung, sie wolle dazu anregen, „Geschlechterstereotypen [...] zu hinterfragen und durch Geschlechterdifferenziertheit [...] zu ersetzen" (ebd.: 52). Barletta (2006: 285) propagiert: „Banish all the old stereotypes of the 50-plus woman!"

Mit den „50-plus women" ist ein weiterer Aspekt angesprochen, durch den die einfache schöne neue Welt der Marktsegmentierung nach Zweigeschlechtlichkeit denn doch deutlich komplizierter wird. Was wir schon zu ahnen wagten: „Not all women are the same" (ebd.: xxxi). Neben Geschlecht werden nun Alter und Kultur als weitere Differenzierungskriterien eingeführt.

So konstatiert Jaffé (2005: 193), dass Frauen Marken wollen, die sie durch unterschiedliche Lebensphasen begleiten. Auch für Kreienkamp (2007: 146) sind „aus der Gender- und Generationenperspektive" Lebensphasen „ein Schlüssel zur Beratung" (durch Finanzdienstleistende). Thematisiert wird „Generationen" auch bei Johnson und Learned (2004: 83ff). Barletta hat PrimeTime Women™, ihre Bezeichnung für Frauen über 50, sogar zum Trademark gemacht und dieser besonders Erfolg versprechenden Zielgruppe zunächst ein Kapitel (Barletta 2006: 251ff) und später ein ganzes Buch (Barletta 2007) gewidmet.

Unter der Überschrift „Cultural Influences" thematisieren Johnson und Learned (2004: 139ff) Hispanic American Women, Asian American Women und Black Women (vgl. auch Barletta 2006: 251ff). Kreienkamp (2007: 49) thematisiert ebenfalls „die weiteren Differenzierungen oder Verfeinerungen nach Kulturen".

Offenbar ist den Autorinnen bewusst, dass dies nach den (ver-)einfachen(-den) Werbebotschaften für Gender Marketing Irritationen auslösen kann. Um dem vorzubeugen oder entgegenzuwirken, wird versichert:

> „Don't get me wrong. I'm not saying that one group is so radically different from another that you have to start over with a whole new set of insights – on the contrary. The GenderTrends™ Marketing Model and the strategies and tactics that flow from it span countries and continents, ages, and generations." (Barletta 2006: 251; vgl. auch Kreienkamp 2007: 105)

Besonders bemerkenswert ist auch hier die Argumentation von Jaffé (2005: 81), die zu der – angesichts des Untertitels ihres Buches überraschenden – Schlussfolgerung kommt, die Frage, was Frauen eigentlich wollen, sei „absurd", denn es gebe auf sie „nur eine akzeptable Antwort: Abgesehen von einigen ganz grundsätzlichen Forderungen wollen sie von jedem (Mann, Unternehmen etc.) etwas anderes". Das ist keinesfalls der einzige Satz, den „ein

Zen-Meister seinen Schülern als Meditationsaufgabe stellen könnte" (Kieser). Um nur ein weiteres Beispiel anzuführen:

> „Gender Marketing will [...] mehr als Einzelteile summieren und begreift Kunden und Kundinnen in der Komplexität ihrer Persönlichkeiten. Bevor Differenzierungen und Klassifizierungen beginnen können, sollte zunächst nach dem Geschlecht unterschieden warden." (Kreienkamp 2007: 96)

Angesichts solcher Herausforderungen (vgl. auch 3.7) erstaunt es denn auch nicht, dass die Realisierung von Gender Marketing nach kompetenter Beratung verlangt.

3.6.2 Die damit verbundene (Selbst-)Inszenierung der Autorinnen

Dazu bemerkt Kieser (1996: 25), wenn das Konzept nur einfach und einfach anzuwenden wäre, „müsste man keine Experten zu Rate ziehen (unter denen der Bestsellerautor einer der ausgewiesensten ist)". Mit der (Selbst-)Inszenierung der AutorInnen in der Arena ist ein Aspekt angesprochen, der über die Feinanalyse hinausgehende Einsichten in das gesamte Diskursfeld ermöglicht – und Ansatzpunkte für dessen vertiefende Analyse bietet.

Zunächst wird auch in den Fachbüchern zu Gender Marketing der Beratungs*bedarf* herausgestellt. So empfiehlt z. B. Kreienkamp (2007: 190) für die „konkrete Ausgestaltung [...] eine Unterstützung durch externe Berater und Beraterinnen mit Gender- und Unternehmenserfahrung". Und auch hier sind es die Autorinnen selbst, die die denkbar besten Voraussetzungen dafür mitbringen. Alle fünf sind erfahrene Marketingfachfrauen und Beraterinnen. Alle fünf präsentieren sich als erfolgreiche Pionierinnen und Expertinnen in Sachen Gender Marketing, die dafür auch spezielle „tools" entwickelt und anzubieten haben.[18] Dabei werden sie durch kooperative Spielzüge anderer AkteurInnen unterstützt und nutzen zugleich deren Reputation als Ressource. Davon zeugen vor allem die „Paratexte", die Gérard Genette (2001) in seinem gleichnamigen „Buch zum Beiwerk des Buches" auch als „Hilfsdiskurs[e]" bezeichnet, weil sie im Dienste des Textes stehen (ebd.: 18).

Barletta ist laut Klappentext „a recognized authority on gender focused marketing" und „a popular speaker internationally at cooperations and conferences". Sie selbst setzt sich als erfolgreiche Pionierin in Szene, wenn sie in der Einleitung zur zweiten Auflage ihres Buchs begrüßt, dass seit der 2003 erschienenen ersten Auflage „the marketing to women ‚space'" bzw. die Arena zahlreiche „new participants" gewonnen habe, und ergänzt:

> „In 2003, I could count my competitors on one hand – and now I'd need three hands. And the most exciting development has been the very recent surge in major companies' in-market enthusiasm for marketing to women." (Barletta 2006: xvii)

---

18 Barletta hat ihr „GenderTrends™ Marketing Model" urheberrechtlich schützen lassen. Johnson/Learned (2004) setzen dem „Pink"-Marketing das Leitbild eines „Transparent"-Marketing entgegen. Jaffé (2005: 248f) präsentiert als von ihrem Unternehmen entwickeltes „Analyse- und Planungstool" die „Gender Specific Needs Matrix (GSNM-Modell)". Bei Kreienkamp (2007: 189) ist es ein „Gender-Marketing-Baum".

Ihren Status als führendes Mitglied der „diskursiven Elite" unterstreichen zudem die Statements namhafter Führungskräfte unter der bezeichnenden Überschrift „Praise for Marketing to Women" und schließlich, dass sie für ein Vorwort keinen geringeren als Tom Peters gewinnen konnte – einen der berühmtesten Management-Gurus überhaupt.[19] Der verkündet dort unter anderem, wie wichtig das Thema und die Autorin sind und dass er sie deshalb als „MVP/bizGuru for 2004" vorgeschlagen hat (Peters 2006: xv).[20] Im – kooperativen – Gegenzug huldigt Barletta (2006: xxiii) in ihrer Einleitung Peters als „‚Father of Marketing to Women'"[21] – und wertet damit das Thema und sich noch einmal auf.

Johnson und Learned (2004: 3) verweisen ebenfalls auf ihre eigene Erfahrung als Marketing Consultants und werden im Klappentext als Pionierinnen für Marketing to Women vorgestellt. Bei Johnson wird ergänzt, dass sie für die American Management Association ein Seminar[22] dazu entwickelt hat und eine stark nachgefragte Vortragende ist, bei Learned, dass sie international anerkannt ist. Ein Vorwort von Ann Hadley, Editor in Chief, MarketingProfs.com, unterstreicht auch hier die Relevanz von Buch und Autorinnen.

Jaffé (2005) berät laut Klappentext als Gründerin und Vorstand eines Unternehmens „deutsche und internationale Unternehmen" (nicht nur) in Sachen Gender Marketing. In ihrer „Danksagung" betont sie, dass sie in Deutschland „von Anfang an dabei" war, und nutzt diesen Paratext auch dort zur Erhöhung ihrer Reputation, wo sie „Frau Professor Dr. Uta Brandes" dankt, „die mit ihrer so interessanten Forschung zu geschlechtsspezifischen Aspekten im Design Pionierarbeit leistet und mir hervorragendes Material zur Verfügung gestellt hat" (ebd.: 11).[23]

Kreienkamp (2007) wird unter „Autoreninformation" ebenfalls als geschäftsführende Gesellschafterin eines Beratungsunternehmens vorgestellt, die „international Vorträge" hält und „Initiatorin der internationalen Gender-Marketing-Kongresse[24] in Berlin" ist. Die Autorin selbst betont ihre Expertise nicht nur als Beraterin, sondern auch als Kennerin des

---

19 Ausführlicher zu Tom Peters vgl. Crainer (1997) und Collins (2007). Zur Analyse von „Leidenschaft" als Diskursstrang in Tom Peters Büchern vgl. Krell/Weiskopf (2006: 141ff).

20 Nach Genette (2001: 192) hat das Vorwort vor allem die Funktion, den Text aufzuwerten.

21 Hier bezieht sie sich auf Kapitel in seinen Büchern „The circle of innovation" (Peters 1999) und „Re-Imagine" (Peters 2003). Die Peters zugesprochene „Vaterschaft" für Marketing to Women ist auch insofern bemerkenswert, als Barletta (2006: 59; 305) an anderen Stellen das 1989 erschienene Buch von Rena Bartos mit dem (ihrem eigenen sehr ähnlichen) Titel „Marketing to women around the world" erwähnt, dieser Autorin aber keine „Mutterschaft" attestiert.

22 „Der Seminar-Guru, der häufig mit dem Bestseller-Guru identisch ist, verkörpert den Erfolg" (Kieser 1996: 29).

23 ProfessorInnen sind in der Arena „insofern willkommen, als sie […] wissenschaftliche Legitimität verleihen" (Kieser 1996: 28). Später erwähnt Jaffé (2005: 198) als Pionierinnen der Gender-Forschung im Marketing in Deutschland noch zwei weitere Professorinnen (Doris Kortus-Schultes und Heidelinde Schelhowe, die in einer Anmerkung auch als Veranstalterin eines internationalen Symposiums vorgestellt wird) sowie die – ebenfalls reputationsförderliche – Fraunhofer Gesellschaft.

24 „Die Steigerungen von Seminaren sind Kongresse mit vielen Beratern, Topmanagern, Organisatoren [hier: „Marketer"; G.K.], Professoren als Referenten und einem Guru als Stargast" (Kieser 1996: 28; Herv. i. O.).

Feldes insgesamt. Sie erläutert, Gender Marketing komme aus den USA, erwähnt Barletta und dass die „Association for Consumer Research" schon seit Jahren Konferenzen dazu veranstaltet.[25] Inzwischen gebe es auch „hierzulande Berater und Beraterinnen zu Gender und Marketing, Konferenzen und Symposien werden durchgeführt, und Unternehmen schätzen diesen Wissensschub für die bessere Ansprache ihrer Kundinnen und Kunden" (ebd.: 45). Die Relevanz der Arena und die Kenntnisse der Autorin über diese dienen hier als Ressourcen, um das Buch und sein Thema aufzuwerten.

3.7   Große Herausforderung, aber auch enorme Verbesserungen

Häufig, so Kieser (1996: 25), wird konstatiert, dass die Realisierung des Konzepts nur wenigen gelingt, weil sie eine so große Herausforderung darstellt. Denen, die es schaffen – und die damit zugleich als erfolgreiche Führungskräfte adressiert bzw. angerufen werden –, winken dafür aber auch große Erfolge.

Dass Gender Marketing bzw. Marketing to Women eine echte Herausforderung darstellt, sollte schon deutlich geworden sein. Deshalb hier nur noch drei Ergänzungen: So fragt Jaffé (2205: 195), wie Unternehmen diese „anscheinend so unberechenbare Zielgruppe ‚Frauen'" überhaupt kennenlernen können, vor allem auch angesichts dessen, dass sich Frauen und deren Wünsche „in einem rasanten Tempo" ändern, weshalb, wer Erfolg haben will, „fast noch vor ihnen selbst wissen [muss], was sie wollen". Ähnlich argumentieren Johnson und Learned (2004: IX; Herv. von mir), wenn sie schreiben der *„really hard part"* sei „meeting your women customers on their own terms and forging lasting relationships with them over time". Barletta (2006: 291) beklagt, viele Pionier-Unternehmen gingen das Thema zu zögerlich oder nur versuchsweise an – und rät zu mehr Mut und Konsequenz.

Wer die aufbringt und sich den Herausforderungen stellt, wird reich belohnt: Hier soll zunächst, Ehre wem Ehre gebührt, der „Vater" zu Wort kommen: In seinem Vorwort zu Barletta hebt Peters (2006: xiii) gleich mehrfach – und auch durch die Zeichenformatierung – hervor: „ECONOMIC OPPORTUNITY NO. 1" oder *„I have never before tripped over an opportunity this size".* Barletta (2006: 295) betont, dass der „ROI[26] on women is higher than on any other targed-based alternative". Für Kreienkamp (2007: 59; Herv. von mir) steht fest: „Viele Marken haben durch die breite Akzeptanz bei beiden Geschlechtern einen *beispiellosen Erfolg* zu verzeichnen".

---

25 Dem Literaturverzeichnis von Kreienkamp (2007) ist zu entnehmen, dass die Autorin auf einer dieser Konferenzen referiert hat (zusammen mit einer Wissenschaftlerin; Drinck/Kreienkamp 2006; vgl. auch Drinck/Kreienkamp 2005). Zur Verknüpfung von Gender und Marketing*wissenschaft* in den USA vgl. auch Bode/Hansen (2005).

26 Der ROI (Return on Investment bzw. Kapitalrendite) ist eine Kennzahl zur Analyse der Rentabilität.

3.8   Ankoppelung an die Wissenschaft

Hier thematisiert Kieser (1996: 25), dass die AutorInnen ihren Konzepten und Prinzipien auch Bedeutung verleihen, indem sie diese mit den Ergebnissen wissenschaftlicher Untersuchungen verkoppeln. Bei den Verweisen auf empirische Studien als Belege fehlten jedoch genauere Angaben zu Stichproben, Methoden etc., wie sie in wissenschaftlichen Beiträgen üblich sind. Das ermögliche unzulässige Generalisierungen und Manipulationen, weil nicht beurteilt werden könne, ob die Studien tatsächlich das Gesagte stützen.

Auch das trifft für die untersuchten Fachbücher zu. Sie enthalten an vielen Stellen ganz pauschale „Belege" wie „Science shows us" (Johnson/Learned 2004: 19) oder „die neuen Erkenntnisse der Wissenschaft" (Jaffé 2005: 203). Barletta (2006: xxviii; xxx; 16) spricht von hunderten oder gar tausenden Studien als Nachweis „signifikanter Differenzen" zwischen Frauen und Männern. Kreienkamp (2007: 101) verweist auf die Ergebnisse von über zehn Jahren Gender-Consumer-Forschung aus den USA. Das betrifft sowohl Gender Marketing als Spezialdiskurs als auch den damit verknüpften Interdiskurs (oder auch Elementardiskurs) zu Geschlechtsunterschieden. Hier werden Verkoppelungen mit essentialistischen Differenzansätzen der Geschlechterforschung[27] und, wie gezeigt, auch und insbesondere mit dem evolutionsbiologischen Archiv (vgl. dazu auch Bublitz 2006: 242f) vorgenommen.

Unter dem Aspekt der strategischen Abgrenzung ist festzuhalten, dass sich der Diskurs des Gender Marketing implizit – und z. T. auch explizit – gegen den „feministischen" Diskurs richtet: „Ältere Literatur zeigt eine vor allem feministisch gefärbte Prägung. Vom Streben nach Gleichberechtigung gezeichnet, findet sich vielfach ein Hang zur Einebnung von Geschlechtsunterschieden. Dem widersprechen […] die neuen Erkenntnisse der Wissenschaft" (Jaffé 2005: 203). Kreienkamp fokussiert einerseits ebenfalls auf Geschlechtsunterschiede, argumentiert mit der Hirnforschung und definiert Gender Marketing als „geschlechtsspezifisch". Andererseits thematisiert sie aber auch Konstruktionen von Geschlecht oder „Frauen und Männer[n] in ihren gemeinsamen und unterschiedlichen Bedürfnissen", womit sie positiv an die kritische Frauen- und Geschlechterforschung[28] anknüpft, und definiert Gender Marketing als „geschlechtersensiblen" Ansatz (Kreienkamp 2007: 12; 13; 15; 204). Die Vermischung der Etiketten „geschlechtsspezifisch" und „geschlechtersensibel" ist auch ein weiteres Beispiel der Mischung von Widersprüchlichem, denn in einem wissenschaftlichen Beitrag dienen diese Etiketten zur Kennzeichnung unterschiedlicher Positionen (Bode/Hansen 2005).[29] Insofern werden auch hier wissenschaftliche Anleihen

27 So beziehen sich z. B. Barletta (2006: 78; 239) und Kreienkamp (2007: 209) auf Tannen (z. B. 2004).

28 Wie in der Diskursforschung gibt es auch in der Frauen- und Geschlechterforschung das Selbstverständnis, dass diese per se kritisch ist, weil bestehende Geschlechterverständnisse und -verhältnisse, insbesondere Geschlechterunterscheidungen und damit verbundene Hierarchisierungen, hinterfragt werden; vgl. z. B. Stephan/von Braun (2000: 9); Krell (2005); Becker/Kortendiek (2008).

29 Dieser Beitrag ist zwar bei Kreienkamp (2006) weder zitiert oder im Literaturverzeichnis aufgeführt, aber bei Drinck/Kreienkamp (2005).

gemacht, aber – ähnlich wie Kieser das für empirische Studien anspricht – die übernommenen Kategorien für die eigene Argumentation zurechtgebogen.

3.9 „Leicht lesbar muss das Buch geschrieben sein"

Aufgrund der anvisierten Zielgruppe ManagerInnen geht es dabei, Kieser (1996: 25f) zufolge, nicht nur um Regeln wie „kein akademischer Jargon", sondern auch um Schaubilder, die die Nähe zur vertrauten Atmosphäre der Präsentationen herstellen.

Im Vorwort zu Johnson und Learned lobt Handley (2004: VIII) deren „snappy writing". Bereits erwähnt wurde die Graphik zur Kaufkraft mit Balken aus Dollarscheinen. Besonders bedeutsam für die hier verfolgte Fragestellung sind auch und insbesondere die zahlreichen Schaubilder zu Geschlechtsunterscheidungen (vgl. z. B. Abbildung 1).

Werte für Männer	Werte für Frauen
Sachlichkeit, Klarheit	Freundlichkeit des Personals
technische Kompetenz	Kompetentes Personal
Trennung von Sach- und Beziehungsebene	emotionale Komponenten
Fachsimpeln	Beziehungsebenen zum Personal
Macht als Käufer	helle, aufgeräumte Atmosphäre

„Unterschiedliche Kommunikationsformen beim Point-of-Sale" nach Kreienkamp (2007: 64)

Schaubilder – und das gilt ebenfalls für die zahlreich vorhandenen Geschichten[30] – erleichtern nicht nur die Lektüre, sondern vermitteln Botschaften auch besonders eingängig. Eine an Foucault orientierte Diskursanalyse lenkt den Blick auf die Machtwirkungen solcher „Tableaus": Für Foucault (1976: 190) ist das Tableau „zugleich eine Machttechnik und ein Wissensverfahren. Es geht um die Organisation des Vielfältigen, das überschaut und gemeistert, dem eine ‚Ordnung' verliehen werden muß". Aus dieser Perspektive handelt es sich hier um Anordnungen von Frauen und Männern in „Tableaus von Identitäten und Unterschieden" (Foucault 1974: 107).[31]

3.10 Timing und Name müssen stimmen

Um das Erfolgsrezept zu vervollständigen, muss zu den bisher genannten Zutaten eine weitere hinzukommen: der richtige Zeitpunkt. Oder, wie Kieser (1996: 26) es auch ausdrückt: „Das Buch muss ‚den Nerv der Manager dieser Zeit' treffen". Damit verknüpft wird hier ein

---

30 Vgl. dazu auch den Beitrag von Czarniawska in diesem Band.
31 Vgl. dazu auch Krell (2003); Krell/Weiskopf (2006: 74ff).

Aspekt, den Kieser (ebd.: 27) etwas später herausstellt: Der Name soll bei der Zielgruppe positiv besetzte Konnotationen hervorrufen.

Trifft Gender Marketing den Nerv der ManagerInnen bzw. „Marketer" dieser Zeit? Rufen „Gender Marketing" oder „Marketing to Women" bei dieser Zielgruppe positiv besetzte Konnotationen hervor? Diese Fragen sind nicht leicht zu beantworten.

Festgehalten werden kann dazu zunächst, dass es Verbindungen zu anderen aktuellen Themen und Konzepten gibt, die in den Büchern auch thematisiert werden. So wird Gender Marketing explizit oder implizit verknüpft mit Konzepten wie

- Ethno-Marketing,[32] Gay Marketing bzw. Marketing to Gays and Lesbians,[33] Marketing to Kids[34] und Grey Marketing bzw. Marketing to the 50-plus-Population[35] – zusammenfassend auch als Diversity Marketing[36] bezeichnet,
- Diversity Management, hier definiert als das „bewusste Wertschätzen von Unterschieden" (Kreienkamp 2007: 8ff; 204),[37]
- in den deutschsprachigen Büchern auch: Gender Mainstreaming.[38]

Diversity Management, ein Konzept, das ebenfalls aus den USA stammt und dort weit verbreitet ist, war einer 2005 durchgeführten Befragung von 160 börsennotierten deutschen Unternehmen sowie der 50 größten amerikanischen Unternehmen mit Sitz in Deutschland zufolge in nur 39 Prozent davon implementiert – und in 43 Prozent nicht einmal bekannt (Süß/Kleiner 2006). Gender Mainstreaming findet sich in Deutschland vor allem im Öffentlichen Dienst – und auch hier ist es, vorsichtig ausgedrückt, fraglich, ob Name und Konzept bei der Zielgruppe ManagerInnen positive Assoziationen hervorrufen. Eine Befragung von Studierenden der Wirtschaftswissenschaft (überwiegend BetriebswirtInnen) als potenzielle zukünftige Führungskräfte verweist ganz im Gegenteil auf erhebliche Akzeptanzprobleme (Krell/Riegger 2005).

Aber das ist nur eine Seite der Medaille. In gewisser Hinsicht entspricht Gender Marketing bzw. entsprechen „Gender, Diversity & Co." (Kreienkamp 2007: 7) verbunden mit einer Fokussierung auf Differenzen durchaus dem Zeitgeist des Managements: „Women matter:

---

32 Vgl. z. B. Johnson/Learned (2004: 139ff). Ausführlicher – und kritisch – zu Ethno-Marketing vgl. Schuchert-Güler/Eisend (2007).

33 Vgl. z. B. Barletta (2006: 11); vgl. auch Drinck/Kreienkamp 2006; Stuber/Illtgen (2002).

34 Vgl. z. B. Barletta (2006: 296).

35 Mit Blick auf diese Zielgruppe sind die Bemühungen um eine ansprechende, positiv besetzte Bezeichnung besonders offensichtlich: „,Aging' is a dirty word", konstatieren Johnson/Learned (2004, 108) und sprechen deshalb lieber von der „50-Plus-Population". Und Barletta (2006: 269; 271f) präsentiert ihre Kreation des Marketing to „Prime Time Women" in Abgrenzung zu Bezeichnungen wie z. B. „Senior Market" oder „Grey Advertising".

36 Vgl. z. B. Koch (2006); Stuber (2009: 222ff).

37 Vgl. z. B. Krell (2008b), wo auch herausgestellt wird, dass die Definition von Vielfalt nur als Unterschiede zwischen Gruppen, die nach Kategorien wie Geschlecht, Alter, sexueller Orientierung, Herkunft etc. gebildet werden, nur eine – und kritikbedürftige – Definition von Vielfalt ist.

38 Vgl. z. B. Kreienkamp (2007: 205). Grundlegend dazu: Krell/Mückenberger/Tondorf (2008).

Gender diversity, a corporate performance driver" lautet z. B. der Titel einer Broschüre, mit der die renommierte Unternehmensberatung McKinsey (2007) für mehr Frauen im Topmanagement wirbt. „Gender matters" betitelt Michael Meuser (2005) seine kritische Analyse der „Entdeckung von Geschlecht als Organisationsressource". In einem späteren Beitrag (Meuser 2009: 97ff) argumentiert er, der Begriff Gender ermögliche nicht nur die Inklusion von Männern,[39] sondern auch eine „Redeweise von Geschlecht außerhalb der Ungleichheitssemantik" bzw. innerhalb der ökonomischen Logik. Mit Gender Mainstreaming, Gender Management oder auch Gender Marketing werde Gender als eine Kategorie der Selbstbeobachtung in Unternehmen und anderen Organisationen eingeführt. Aber dieser Erfolg sei teuer erkauft, nämlich um den Preis der Trivialisierung, da es die Unterschiede zwischen Frauen und Männern seien, die als ökonomische Ressource entdeckt werden (Meuser 2005: 63; 71). An anderer Stelle spricht er von einer „Kapitalisierung der Geschlechterdifferenz" (Meuser 2009: 103).[40] So betrachtet, treffen die analysierten Bücher durchaus den Nerv (nicht nur) der ManagerInnen dieser Zeit.

4.   Exkurs:
Weitere Anwendungen und Anwendungsmöglichkeiten

Die hier benutzten Analysekriterien Kiesers wurden z. B. auch in Barbara Siebens (2007) Studie zu Emotionaler Intelligenz als modisches Managementthema angewendet.

Kieser (1996: 22f) selbst erforscht Organisationsmoden auch quantitativ: Mittels bibliometrischer Analysen untersucht er, ob sich für Themen wie z. B. Lean Production, Total Quality Management und Unternehmenskultur der für Moden typische glockenkurvenförmige Verlauf nachweisen lässt. Solche Analysen existieren z. B. auch für Diversity Management (Süß/Kleiner 2006) und für Emotionen bzw. Emotionale Intelligenz (Sieben 2007).

Mit Blick auf Gender Marketing – sowie andere (potenzielle) Modethemen – kann auch die gesamte Mode-Arena bzw. das gesamte Diskursfeld (inklusive Fachzeitschriften, Seminare, Kongresse usw.) genauer untersucht werden. Angesichts der Unterscheidung von Wissenschaft und Praxis als Sprachspielgemeinschaften (Astley/Zammuto 1992; zur Kritik: Sieben in diesem Band) könnten z. B. der Gender-Marketing-Diskurs in Marketingwissenschaft und -praxis verglichen werden. Auch folgende synchron und diachron vergleichende Analysen des Gender- und Diversity-Marketing-Diskurses versprechen Erkenntnisgewinne:

---

39 Vgl. dazu auch Stephan/von Braun (2000: 11).

40 Zu anderen Verständnissen von Gender Mainstreaming und Diversity Management vgl. z. B. Krell (2008b); Krell/Mückenberger/Tondorf (2008).

- Zeit vergleichende Analysen – z.B. unter dem Aspekt, warum ältere Fachbücher zu Gender Marketing noch keine Mode(-Arena) etablieren konnten und heute fast in Vergessenheit geraten sind,[41]
- Länder und Kultur vergleichende Analysen zu Gender Marketing, Gay Marketing oder anderen Ansätzen des Diversity Marketing,
- vergleichende Analysen der Diskurse (inklusive der kritischen Positionen) zu Gender Marketing und Ethno-Marketing – oder auch anderen Kategorien des Diversity Marketing.

Wenn der Fokus erweitert wird, kann Gender Marketing auch als „diskursive Formation" im Sinne eines „abgrenzbaren Zusammenhangs von Diskurs(en), Akteuren, Praktiken und Dispositiven" analysiert werden. Dispositive werden dort definiert als die „materielle und ideelle Infrastruktur [...] durch die ein Diskurs (re-)produziert wird und Effekte erzeugt (z.B. Gesetze[42] [...])" (Keller 2007: 64).[43]

5   Zum Schluss: Machtwirkungen

Abschließend noch etwas ausführlicher zu den Machtwirkungen der analysierten Fabrikation von Geschlecht – einschließlich der damit verbundenen „diskursiven Kämpfe" (Jäger): Mit den Ankoppelungen an Evolutionsbiologie und Neurowissenschaft erzeugt der Gender-Marketing-Diskurs den „Effekt des Natürlichen, des Ursprünglichen und Unvermeidlichen" (Butler 1991: 9). Dazu noch ein weiteres Beispiel:

> „Wir finden also plötzlich eine Situation vor, in der Frauen in zweierlei Hinsicht in männliche Domänen eindringen. Einerseits ‚wildern' sie als Berufstätige in dem über Hunderttausende von Jahren währenden männlichen Revier der aushäusigen Familienversorger. Andererseits begegnen sie Männern als Kunden. [...] Das hat die Evolution nie so geplant." (Jaffé 2005: 47)

Bemerkenswert in diesem Zusammenhang ist auch, welche Diskurse in den untersuchten Büchern unerwähnt bleiben. Das betrifft zunächst die zahlreichen Beiträge, die herausarbeiten, dass die Arbeitsteilung zwischen dem Mann als außerhäuslich erwerbstätigem Familienversorger und der Frau als Hausfrau und Mutter nicht „über Hunderttausende von Jahren" bzw. seit der „Zeit der Höhlen", die es dieser Autorin besonders angetan ha-

---

41 Das Buch von Bartos (1989), das 1991 in Deutsch erschienen ist, wird zwar bei Barletta (2006: 59; 305) erwähnt, aber nicht in den anderen drei untersuchten Büchern. Von dem Vorläufer (Bartos 1982) ist in keinem der vier Bücher die Rede. Auch Assig (1993) bleibt in den beiden deutschsprachigen Büchern unerwähnt.

42 ... in Deutschland z.B. die den Zivilrechtsverkehr betreffenden Paragraphen des Allgemeinen Gleichbehandlungsgesetzes (AGG).

43 Speziell zur Dispositivanalyse vgl. auch Keller (2008); Bührmann/Schneider (2008). Ein Anwendungsbeispiel für die Analyse einer diskursiven Formation ist Smykallas (2008) Arbeit zu Gender Mainstreaming.

ben, existiert, sondern historisch betrachtet sogar relativ neuen Datums ist, wie z. B. Karin Hausen (1976) herausarbeitet. Hausen zeigt zugleich, dass mit der Trennung von bezahlter Erwerbs- und unbezahlter häuslicher und familiärer Arbeit und der Zuordnung dieser Bereiche zu Männern und Frauen im letzten Drittel des 18. Jahrhunderts die sogenannten „Geschlechtscharaktere" überhaupt erst hervorgebracht und zugleich zur Natur von Frauen und Männern erklärt werden. Aber nicht nur diese ältere Literatur „feministisch gefärbter Prägung" (Jaffé) bleibt unberücksichtigt, sondern auch spätere dekonstruktivistisch orientierte Analysen zur „Genealogie und Archäologie der Geschlechterdifferenz" (Bublitz 1998).[44] Und schließlich lässt der in allen hier untersuchten Büchern vorkommende „wissenschaftliche Beleg", Unterschiede zwischen Frauen und Männern seien in die Hirne eingeschrieben, die kritische Geschlechterforschung innerhalb der Neurowissenschaft ausgeblendet. Diese stellt nämlich heraus, dass diesbezüglich – vor allem im populärwissenschaftlichen Diskurs – grob vereinfacht wird, und arbeitet deshalb daran, „diese verzerrenden Interpretationen zu dekonstruieren [...], um Vielfältigkeit ebenso wie Veränderbarkeit in den Hirndiskurs einzubringen" (Schmitz 2009: 182).

Effekte der in den untersuchten Büchern vorgenommenen Fabrikation von Geschlecht sind nicht nur an der Norm der Zweigeschlechtlichkeit und an Geschlechterstereotypen orientierte Identitätsangebote an Frauen und Männer als KonsumentInnen von Gütern und Dienstleistungen, sondern auch „Frauenprodukte" und „Männerprodukte" sowie deren Vermarktung durch entsprechend ausgestaltete Werbekampagnen als Effekt dieser Normierungen bzw. Normalisierungen.[45]

Mehr noch: In den beiden deutschen Büchern beschränkt sich der Anspruch des Gender Marketing nicht nur auf Frauen (und Männer) als KonsumentInnen. Bei Kreienkamp (2007) geht schon aus dem Untertitel hervor, dass auch Impulse für die Personalentwicklung gegeben werden sollen. Im Text unterstreicht die Autorin, Unternehmen könnten die von ihr gewonnenen und präsentierten „Erkenntnisse über die Bedürfnisse und Befindlichkeiten ihrer männlichen und weiblichen Mitarbeiter" auch für die „Erneuerung der Unternehmensentwicklung" nutzen (ebd.: 140). Die Checkliste von Jaffé (2005: 305) enthält ebenfalls Fragen, die über das Marketing hinaus die Personal- und Unternehmenspolitik betreffen. So sollen sich die LeserInnen fragen, inwieweit die Strukturen und Entscheidungsprozesse in ihrem Unternehmen „das weibliche Denken" integrieren und ob die Personalpolitik „die Geschlechtsunterschiede in ausreichendem Maße [berücksichtigt], um Frauen und Männern dieselben Einstellungs- und Aufstiegschancen zu bieten". Hier wird zwar Ungleichheit kritisch in den Blick genommen, aber zu deren Abbau eine an Geschlechterstereotypen orientierte Personalpolitik gefordert. Dass eine solcherart nach Geschlecht differenzierende Personalpolitik – auch wenn sie nicht am Defizitmodell orientiert ist, sondern mit einer Aufwertung von „Weiblichkeit" einhergeht – aus einer

---

44 Vgl. dazu auch Hark (2006); Villa (2008).

45 Zu den alten und neuen Bildern von Frauen und Männern, die in Design und Werbung eingeschrieben sind und zugleich (re-)produziert werden, vgl. z. B. auch Goffman (1981); Schmerl (1983); Zurstiege (2001); Brandes (2002); Wilk (2002); Bode/Hansen (2005); Douthwaite (2007); Holtz-Bacha (2008).

gleichstellungspolitischen Perspektive nicht wünschenswert ist, sondern es vielmehr darum gehen sollte, vermeintliche Gewissheiten über Geschlecht zu hinterfragen, habe ich bereits in früheren Beiträgen ausgeführt.[46]

Last, but not least angesprochen werden sollen mögliche Auswirkungen auf die Auseinandersetzungen um die Kategorie „Gender" im Rahmen der Frauen- und Geschlechterforschung sowie der damit eng verbundenen Gleichstellungspolitik. Die in den untersuchten Büchern zu Gender Marketing vorgefundene Mischung aus Naturalisierung, „Kapitalisierung der Geschlechterdifferenz" (Meuser) und „Feminismus-Bashing" stärkt die Diskurspositionen jener, für die mit „Gender" kein emanzipatorischer Anspruch (mehr) verbunden ist,[47] und schwächt die derer, die in Gleichstellungsforschung und -politik weiterhin mit – und an – dieser Kategorie arbeiten wollen und arbeiten.

Literatur

Abrahamson, Eric (1993): Management fashion. Arbeitspapier. EGOS Colloquium. Paris, 6.-8. Juli 1993 (1996 veröffentlicht in: Academy of Management Review 21. 1. 254-285).

Andresen, Sünne/Koreuber, Mechthild/Lüdke, Dorothea (Hrsg.) (2009): Gender und Diversity: Albtraum oder Traumpaar? Wiesbaden: VS Verlag für Sozialwissenschaften.

Assig, Dorothea (Hrsg.) (1993): Zielgruppe Frauen: Erfolgreiche Konzepte für effektives Marketing. Frankfurt a. M./New York: Campus.

Astley, W. Graham/Zammuto, Raymond F. (1992): Organization science, managers, and language games. In: Organization Science 3. 4. 443-460.

Barletta, Marti (2006): Marketing to women: How to increase your share of the world's largest market. 2. Aufl. New York: Kaplan.

Barletta, Marti (2007): Primetime women: How to win the hearts, minds, and business of boomer big spenders. New York: Dearborn Trade.

Bartos, Rena (1982): The moving target: What every marketer should know about women. New York: Free Press.

Bartos, Rena (1989): Marketing to women around the world. Boston, Mass.: Harvard Business School Press.

Bartos, Rena (1991): Die Rolle der Frau als Konsumentin. Wien: Ueberreuter.

Becker, Ruth/Kortendiek, Beate unter Mitarbeit von Budrich, Barbara/Lenz, Ilse/Metz-Göckel, Sigrid/Müller, Ursula/Schäfer, Sabine (Hrsg.) (2008): Handbuch Frauen- und Geschlechterforschung. 2. Aufl. Wiesbaden: VS Verlag für Sozialwissenschaften.

Bendl, Regine/Hanappi-Egger, Edeltraud/Hofmann, Roswitha (Hrsg.) (2006): Agenda Diversität: Gender- und Diversitätsmanagement in Wissenschaft und Praxis. München/Mering: Rainer Hampp.

Bode, Matthias/Hansen, Ursula (2005): Das Geschlecht der Marketingwissenschaft. Wie „männlich" ist sie und wie „weiblich" sollte sie sein? In: Krell (2005): 39-58.

Brandes, Uta (2002): Die Geschlechtersprache der Produkte. In: Zeitschrift für Frauen- und Geschlechterforschung 20. 4. 51-64.

---

46 Vgl. z. B. Krell (1993); Krell (2008a); Krell (2008c).

47 Vgl. z. B. Soiland (2004) sowie – zusammenfassend – Hark (2005).

Bröckling, Ulrich/Krasmann, Susanne/Lemke, Thomas (Hrsg.) (2004): Glossar der Gegenwart. Frankfurt a. M.: Suhrkamp.

Bublitz, Hannelore (Hrsg.) (1998): Das Geschlecht der Moderne. Genealogie und Archäologie der Geschlechterdifferenz. Frankfurt a. M./New York: Campus.

Bublitz, Hannelore (2006): Differenz und Integration. Zur diskursanalytischen Rekonstruktion der Regelstrukturen sozialer Wirklichkeit. In: Keller et al. (2006): 227-262.

Bublitz, Hannelore/Bührmann, Andrea D./Hanke, Christine/Seier, Andrea (Hrsg.) (1999): Das Wuchern der Diskurse. Perspektiven der Diskursanalyse Foucaults. Frankfurt a.M: Campus.

Bührmann, Andrea D./Schneider, Werner (2008): Mehr als nur diskursive Praxis? Konzeptionelle Grundlagen und methodische Aspekte der Dispositivanalyse. In: Historical Social Research – Historische Sozialforschung 33. 1. 108-141.

Butler, Judith (1991): Das Unbehagen der Geschlechter, Frankfurt a. M.: Suhrkamp.

Butler, Judith (1997): Körper von Gewicht. Frankfurt a. M.: Suhrkamp.

Crainer, Stuart (1997): Corporate man to corporate skunk: The Tom Peters phenomenon: Biography of Tom Peters. Oxford: Capstone Publishing.

Collins, David (2007): Narrating the management guru: In search of Tom Peters. London/New York: Routledge.

Conze, Werner (Hrsg.) (1976): Sozialgeschichte der Familie in der Neuzeit Europas. Stuttgart: Klett.

Cummings, Larry L. (1983): The logics of management. In: Academy of Management Review 8. 532-538.

Davis, Murray S. (1986): „That's classic!" The phenomenology and rhetoric of successful social theories. In: Philosophy of the Social Sciences 16. 285-301.

Diaz-Bone, Rainer (2002): Kulturwelt, Diskurs und Lebensstil. Eine diskurstheoretische Erweiterung der bourdieuschen Distinktionstheorie. Opladen: Leske + Budrich.

Döge, Peter/Meuser, Michael (Hrsg.) (2001): Männlichkeit und soziale Ordnung. Opladen: Leske + Budrich.

Douthwaite, John (2007): Gender and ideology in advertising. In: Garzone/Sarangi (2007): 277-310.

Dreyfus, Hubert L./Rabinow, Paul (1994): Michel Foucault. Jenseits von Strukturalismus und Hermeneutik. 2. Aufl. Weinheim: Beltz.

Drinck, Barbara/Kreienkamp, Eva (2005): Chancengleichheit in der Kundenorientierung. Die gender-orientierte Marktbetrachtung öffnet neue Marktchancen – androzentrische Strukturen erschweren Erneuerung. In: Zeitschrift für Frauen- und Geschlechterforschung 23. 3. 50-60.

Drinck, Barbara/Kreienkamp, Eva (2006): Gender and sexual orientation empowers market research. In: Proceedings on the eighth conference on gender, marketing, and consumer behaviour, 29.6.-2.7.2006, Edinburgh.

Eccles, Robert G./Nohria, Nitin/Berkley, James D. (1992): Beyond the hype. Rediscovering the essence of management. Boston: Havard Business Press.

Fairclough, Norman (1995): Critical discourse analysis. London: Arnold.

Fairclough, Norman (2006): Globaler Kapitalismus und kritisches Diskursbewußtsein. In: Keller et al. (2006): 339-355.

Fairclough, Norman/Wodak, Ruth (1997): Critical discourse analysis. In: van Dijk (1997): 258-284.

Foucault, Michel (1974): Die Ordnung der Dinge. Frankfurt a. M.: Suhrkamp.

Foucault, Michel (1976): Überwachen und Strafen. Die Geburt des Gefängnisses. Frankfurt a. M.: Suhrkamp.

Foucault, Michel (1981): Archäologie des Wissens. Frankfurt a. M.: Suhrkamp.

Foucault, Michel (1983): Der Wille zum Wissen. Sexualität und Wahrheit 1. Frankfurt a. M.: Suhrkamp.

Foucault, Michel (1994): Das Subjekt und die Macht. In: Dreyfus/Rabinow (1994): 240-261.

Garzone, Giuliana/Sarangi, Srikant (Hrsg.) (2007): Discourse, ideology and specialized communication. Bern et al.: Peter Lang.

Genette, Gérard (2001): Paratexte: Das Buch vom Beiwerk des Buches. Frankfurt a. M.: Suhrkamp.

Goffman, Erving (1981): Geschlecht und Werbung. Frankfurt a. M.: Suhrkamp.

Handley, Ann (2004): Foreword. In: Johnson/Learned (2004): VII-VIII.

Hark, Sabine (2006): Feministische Theorie – Diskurs – Dekonstruktion. Produktive Verknüpfungen. In: Keller et al. (2006): 357-375.

Hark, Sabine (2005): Dissidente Partizipatiion. Eine Diskursgeschichte des Feminismus. Frankfurt a. M.: Suhrkamp.

Hausen, Karin (1976): Die Polarisierung der „Geschlechtscharaktere". Eine Spiegelung der Dissoziation von Erwerbs- und Familienleben. In: Conze (1976): 363-393.

Hirseland, Andreas/Schneider, Werner (2006): Wahrheit, Ideologie und Diskurse. Zum Verhältnis von Diskursanalyse und Ideologiekritik. In: Keller et al. (2006): 377-406.

Holtz-Bacha, Christina (Hrsg.) (2008): Stereotype? Frauen und Männer in der Werbung. Wiesbaden: VS Verlag für Sozialwissenschaften.

Jäger, Margarete (2008): Diskursanalyse: Ein Verfahren zur kritischen Analyse von Machtbeziehungen. In: Becker/Kortendiek (2008): 378-383.

Jäger, Margarete/Jäger, Siegfried (2007): Deutungskämpfe. Theorie und Praxis kritischer Diskursanalyse. Wiesbaden: VS Verlag für Sozialwissenschaften.

Jäger, Siegfried (2001): Kritische Diskursanalyse. Eine Einführung. 3. Aufl. Duisburg: DISS.

Jäger, Siegfried (2006): Diskurs und Wissen. Theoretische und methodische Aspekte einer Kritischen Diskurs- und Dispositivanalyse. In: Keller et al. (2006): 83-114.

Jaffé, Diana (2005): Der Kunde ist weiblich: Was Frauen wünschen und wie sie bekommen was sie wollen. Berlin: Econ.

Johnson, Lisa/Learned, Andrea (2004): Don't think pink: What really makes women buy – and how to increase your share of this crucial market. New York et al.: AMACOM.

Keller, Reiner (2007): Diskursforschung. Eine Einführung für SozialwissenschaftlerInnen. 3. Aufl. Wiesbaden: VS Verlag für Sozialwissenschaften.

Keller, Reiner (2008): Diskurse und Dispositive analysieren. Die wissenssoziologische Diskursanalyse als Beitrag zu einer wissensanalytischen Profilierung der Diskursforschung. In: Historical Social Research – Historische Sozialforschung 33. 1. 73-107.

Keller, Reiner/Hirseland, Andreas/Schneider, Werner/Viehöver, Willy (Hrsg.) (2006): Handbuch Sozialwissenschaftliche Diskursanalyse. Band 1: Theorien und Methoden. 2. Aufl. Wiesbaden: VS Verlag für Sozialwissenschaften.

Koch, Markus (2006): Diversity-Marketing bei Procter & Gamble: Strategische Beurteilung und operativ-organisationale Umsetzung. In: Bendl et al. (2006): 117-138.

Kieser, Alfred (1996): Moden & Mythen des Organisierens. In: Die Betriebswirtschaft 56. 1. 21-39.

Kreienkamp, Eva unter Mitarbeit von Frisch, Gerda Maria/Buchholz, Regina (2007): Gender Marketing. Impulse für Marktforschung, Produkte, Werbung und Personalentwicklung. Landsberg a.L.: mi-Fachverlag.

Krell, Gertraude (1993): Wie wünschenswert ist eine nach Geschlecht differenzierende Personalpolitik? In: Krell/Osterloh (1993): 50-60.

Krell, Gertraude (2003): Die Ordnung der „Humanressourcen" als Ordnung der Geschlechter. In: Weiskopf (2003): 65-90.

Krell, Gertraude (Hrsg.) (2005): Betriebswirtschaftslehre und Gender Studies. Wiesbaden: Gabler.

Krell, Gertraude (2008a): Einleitung: Chancengleichheit durch Personalpolitik –Ecksteine, Gleichstellungscontrolling und Geschlechterverständnis als Rahmen. In: Krell (2008d): 3-22.

Krell, Gertraude (2008b): Diversity Management: Chancengleichheit für alle und auch als Wettbewerbsfaktor. In: Krell (2008d): 63-80.

Krell, Gertraude (2008c): „Vorteile eines neuen, weiblichen Führungsstils": Ideologiekritik und Diskursanalyse. In: Krell (2008d): 319-330.

Krell, Gertraude (Hrsg.) (2008d): Chancengleichheit durch Personalpolitik. 5. Aufl. Wiesbaden: Gabler.

Krell, Gertraude/Mückenberger, Ulrich/Tondorf, Karin (2008): Gender Mainstreaming: Chancengleichheit (nicht nur) für Politik und Verwaltung. In Krell (2008d): 97-114.

Krell, Gertraude/Osterloh, Margit (Hrsg.) (1993): Personalpolitik aus der Sicht von Frauen – Frauen aus der Sicht der Personalpolitik. 2. Aufl. München/Mering: Rainer Hampp.

Krell, Gertraude/Riedmüller, Barbara/Sieben, Barbara/Vinz, Dagmar (Hrsg.) (2007): Diversity Studies: Grundlagen und disziplinäre Ansätze. Frankfurt a. M./New York: Campus.

Krell, Gertraude/Riegger, Kristina (2005): Gender Mainstreaming oder Managing Diversity? Präferenzen von Studierenden der Wirtschaftswissenschaft als (potenzielle) MitarbeiterInnen und Führungskräfte. In: Zeitschrift für Frauenforschung & Geschlechterstudien 23. 3. 22-35.

Krell, Gertraude/Weiskopf, Richard (2006): Die Anordnung der Leidenschaften. Wien: Passagen.

Link, Jürgen (2006): Diskursanalyse unter besonderer Berücksichtigung von Interdiskurs und Kollektivsymbolik. In: Keller et al. (2006): 407-430.

McKinsey & Company (2007): Women matter: Gender diversity, a corporate performance driver. Ohne Ort: ohne Verlag.

Meuser, Michael (2005): „Gender Matters" – Zur Entdeckung von Geschlecht als Organisationsressource. In: Zeitschrift für Frauen- und Geschlechterforschung 23. 3. 61-73.

Meuser, Michael (2009): Humankapital Gender. Geschlechterpolitik zwischen Ungleichheitssemantik und ökonomischer Logik. In: Andresen et al. (2009): 95-109.

Peters, Tom (1999): The circle of innovation. New York: Vintage.

Peters, Tom (2003): Re-Imagine. London: Dorling Kindersley Ltd.

Peters, Tom (2006): Foreword. In: Barletta (2006): xiii-xv.

Projektgruppe GiB (Hrsg.) (2010): Geschlechterungleichheiten im Betrieb. Berlin: Edition Sigma.

Sarasin, Philipp (2006): Diskurstheorie und Geschichtswissenschaft. In: Keller et al. (2006): 55-81.

Schmerl, Christiane (1983): Frauenfeindliche Werbung. Reinbek: Rowohlt.

Schmitz, Sigrid (2009): Gender und Diversity treffen Naturwissenschaften und Technik. In: Andresen et al. (2009): 175-190.

Schuchert-Güler, Pakize/Eisend, Martin (2007): Ethno-Marketing. Eine kritische Betrachtung. In: Krell et al. (2007): 217-233.

Schwab-Trapp, Michael (2006): Diskurs als soziologisches Konzept. Bausteine für eine soziologisch orientierte Diskursanalyse. In: Keller et al. (2006): 263-285.

Seale, Cliff/Gobo, Giampietro/Gubrium, Jaber F./Silverman, David (Hrsg.) (2004): Qualitative research practice. London: Sage.

Sieben, Barbara (2007): Management und Emotionen. Analyse einer ambivalenten Verknüpfung. Frankfurt a. M./New York: Campus.

Smykalla, Sandra (2008): Die Bildung der Differenz: Wissensformationen in gender-orientierter Weiterbildung und Beratung im Kontext von Gender Mainstreaming, Dissertation an der Sozialwissenschaftlichen Fakultät der Georg-August-Universität Göttingen (Buchveröffentlichung in Vorbereitung).

Stephan, Inge/von Braun, Christina (2000): Einleitung. In: von Braun/Stephan (2000): 9-15.

Stuber, Michael unter Mitarbeit von Barbara Pelz und Felix Wittig (2009): Diversity. Das Potenzial-Prinzip. 2. Aufl. Köln: Luchterhand.

Stuber, Michael/Illtgen, Andrea (2002): Gay Marketing: Von der neuen Offenheit profitieren. Neuwied/Kriftel: Luchterhand.

Süß, Stefan/Kleiner, Markus (2006): Diversity Management in Deutschland: Mehr als eine Mode? In: Die Betriebswirtschaft 66. 5. 521-541.

Tannen, Deborah (2004): Du kannst mich einfach nicht verstehen. München: Goldmann.

van Dijk, Teun A. (Hrsg.) (1997): Discourse as social interaction. Discourse studies. Vol. 2. London: Sage.

von Braun, Christina/Stephan, Inge (Hrsg.) (2000): Gender Studien: Eine Einführung. Stuttgart/Weimar: J.B. Metzler.

Villa, Paula-Irene (2008): Poststrukturalismus: Postmoderne + Poststrukturalismus = Postfeminismus? In: Becker/Kortendiek (2008): 262-266.

Wilk, Nicole M. (2002): Körpercodes. Die vielen Gesichter der Weiblichkeit in der Werbung. Frankfurt a. M./New York: Campus.

Weiskopf, Richard (Hrsg.) (2003): Menschenregierungskünste. Anwendungen poststrukturalistischer Analyse auf Management und Organisation. Wiesbaden: Westdeutscher Verlag.

Wodak, Ruth (2004): Critical discourse analysis. In: Seale et al. (2004): 197-213.

Zurstiege, Guido (2001): Im Reich der großen Metapher – Männlichkeit und Werbung. In: Döge/Meuser (2001): 201-217.

Geschichten als Signale
Zur diskursiven Konstruktion von Märkten

Sophie Mützel

Grundlegende wirtschaftssoziologische Arbeiten schlagen als analytische Perspektive vor, dass Marktakteure gemeinsam mit ihrer Konkurrenz ihren Markt konstruieren. Das theoretische und formale Fundament dazu liefert Harrison Whites Modell für Produktionsmärkte, das die konkurrierenden Unternehmen als Akteure in den Blick nimmt (White 1981, 2002): Produzierende Unternehmen in einem Markt (kurz: Produzenten), die sich als vergleichbar erachten, beobachten einander und erhalten dadurch Hinweise für ihr eigenes Handeln. Die Bewertung von vergleichbaren Produzenten (kurz: Konkurrenten) erlaubt es den Teilnehmenden, sich in eine Marktordnung einzusortieren und eine Marktnische zu etablieren.

Der vorliegende Aufsatz versucht an diese Einsichten anzuknüpfen und greift Whites Projekt auf, um zu zeigen, *wie* Märkte und Marktteilnehmer in ihrer gemeinsamen Evolution miteinander verflochten sind (2002: 18). Dazu werde ich marktsoziologische Überlegungen mit kultursoziologischen Ansätzen verbinden und auf Diskurs als das Hauptmedium für jede Marktkonstruktion hinweisen (Mützel 2007a; White 2000). Im Zentrum der Aufmerksamkeit steht eine besondere Art von sozialem Diskurs, nämlich die *Unterhaltung* als Austausch von Geschichten zwischen Akteuren. Kernidee ist, dass im Erzählen von Geschichten, und damit der diskursiven Interaktion, Akteure Zuschreibungen von sozialen Beziehungen und von ihrer eigenen Position in diesen Beziehungen vornehmen – und die Beziehungen wiederum von den erzählten Geschichten geprägt werden. Dies gilt für wirtschaftliche Akteure gleichermaßen wie für andere soziale Akteure. Geschichten von wirtschaftlichen Akteuren, wie beispielsweise Pressemeldungen von Unternehmen, liefern der Konkurrenz informationsreiche Hinweise über die Wahrnehmung des Beziehungsgefüges. Aufgrund von schriftlichen oder verbalen Erzählungen der Konkurrenz können sich wirtschaftliche Akteure vergleichen und ihre eigene Position besser einschätzen.

Um diese theoretischen Ausführungen darzulegen, beschäftige ich mich im Fallbeispiel mit einem ganz bestimmten Typ von sozialem Diskurs zwischen wirtschaftlichen Akteuren: dem Austausch von Geschichten darüber, wie die soziale Realität zu bewerten ist. Es geht also nicht um Erzählungen über die Vergleichbarkeit nach Preis, Produktqualität oder Markenimage, sondern darum, wie von außen herangetragene Ereignisse zu bewerten sind.

Dazu erzählen die Akteure Geschichten, die Bewertungen vornehmen. Sie positionieren sich so selber in der Marktordnung und geben anderen Informationen darüber, wie sie sich selber sehen. Das Fallbeispiel zum deutschen Zeitungsmarkt in den späten 1990er Jahren wird dies verdeutlichen. Der Fokus hierbei liegt auf der Formierung des Meinungsmarktes durch Zeitungen als Akteure im Streben um die Position *der* Hauptstadtzeitung.[1] Die Blickweise auf diese Ereignisse ist eine strikt relationale und endogene, denn die „Orientierung in diesem Prozess der Marktformierung entsteht aus der wechselseitigen Beobachtung der Aktivitäten der jeweiligen Konkurrenten, die damit Signale senden" (White/Godart 2007a: 198). Marktakteure richten so gemeinsam mit ihrer Konkurrenz den Markt ein.

1   Märkte, Netzwerke und Signale

Die neue Wirtschaftssoziologie versteht ökonomisches Handeln als soziales Handeln, das eingebettet in soziale Kontexte stattfindet. Aufbauend auf den soziologischen Klassikern prägt vor allem eine relationale Blickweise auf wirtschaftliches Handeln die Entwicklungen des Forschungsfeldes. Dabei stehen Analysen der Voraussetzungen und Konsequenzen von sozialen Netzwerken im Vordergrund. Als zentrales methodisches Instrument dient dafür die formale Analyse sozialer Netzwerke (*social network analysis*), deren Verbreitung in enger theoretischer wie personeller Verflechtung mit den Entwicklungen der neuen Wirtschaftssoziologie verlief (Convert/Heilbron 2007; Mützel 2008b).

Wirtschaftssoziologische Untersuchungen über die Rolle von Netzwerken für Märkte lassen sich, wie von Podolny (2001) vorgeschlagen, in zwei anschauliche Herangehensweisen unterteilen. Netzwerkverbindungen können einmal als *Kanäle* zwischen wirtschaftlichen Akteuren konzipiert sein. Nach dieser, in der Tradition der soziologischen Netzwerkanalyse klassischen Herangehensweise fließen durch diese Kanäle unterschiedliche Ressourcen wie Informationen, Geld, Zeit oder Freundschaft. Sie ermöglichen wirtschaftlichen und personellen Austausch zwischen Individuen und Unternehmen (z. B. Granovetter 1985; Mizruchi/Galaskiewicz 1993) und liefern Informationen zu wirtschaftlichen Gelegenheiten (z. B. Burt 1992; Uzzi 1996). Die Auffassung von Netzwerken als Kanäle verweist auf den Nutzen, den Akteure oder Akteursgruppen erzielen können, weil sie strukturell besonders positioniert sind – z. B. im Zentrum, am Rand oder als Vermittler zwischen anderen unverbundenen Akteuren. Diese Konzeption von in Märkte eingebetteten Netzwerken hat sich als sehr produktiv für die Analyse einer ganzen Reihe von wirtschaftssoziologischen Fragestellungen erwiesen.

Die zweite Herangehensweise beschäftigt sich mit Netzwerken als informativen *Linsen*. Die Idee hierbei ist, dass die beobachtbaren Beziehungen zwischen zwei Akteuren

---

[1]   Andere, für das Entstehen einer Hauptstadtzeitung relevante Märkte, wie z. B. der Markt des journalistischen Personals oder der Markt der potentiellen Leser sollen in diesem Beitrag ausgeklammert werden (mehr dazu in Mützel 2002); hier geht es um den Markt der bewertenden Geschichten.

Informationssignale sind, die es Dritten erlauben, Rückschlüsse über den Status der handelnden Akteure zu erhalten und, darüber hinaus, die Struktur des Marktes und ihren eigenen Status besser verstehen zu können. Basierend auf der kognitiven Wahrnehmung von Beziehungsmustern konnte für ganz unterschiedliche Märkte gezeigt werden, wie Akteure Status als Signal nutzen, um somit Unsicherheit im wirtschaftlichen Handeln zu reduzieren (Podolny 2005). Zudem versuchen Produzenten, zugeschriebenen Status strategisch zu nutzen: So zeigen Benjamin und Podolny (1999), dass Weinproduzenten in qualitativ höherwertige Segmente des Marktes zu wechseln versuchen, indem sie sich mit höherwertigen Weinbezeichnungen affiliieren. Oft gelingt ihnen der Segmentwechsel nicht, denn sie sind abhängig von der Wahrnehmung anderer (z. B. Weinratgeber), welche Weinbezeichnung als qualitativ hochwertig angesehen wird. So konstituiert sich Status immer relational und prozessual – und verändert sich in den Marktbeziehungen selbst (Aspers 2006).

Diese Perspektive auf Netzwerke als Linsen knüpft an die Perspektive *Märkte aus Netzwerken* von Harrison White an, die die neue Marktsoziologie entscheidend geprägt hat (z. B. Aspers/Beckert 2008; Beckert et al. 2007; Fligstein/Dauter 2007; Fourcade 2007; Swedberg 1994). Kerngedanke dabei ist, dass Produzenten durch Beobachtung einer kleinen Gruppe von vergleichbaren Konkurrenten Informationen über die Marktstruktur erlangen können, die es ihnen erlauben, ihre eigene, noch unbesetzte Nische auf dem Markt zu finden. White verwendet in diesem Modell die Idee der Nische in einem soziologischen Sinne; er verbindet dazu das Nischenkonzept der Organisationsökologie mit der netzwerktheoretischen Idee der sozialen Position. Demnach befinden sich alle Produzenten in jeweils einer bestimmten Marktnische. Die Marktnische entsteht im Wettbewerb und definiert die Identität des Unternehmens. Die Nischenfindung bewirkt die Selbstreproduktion der Rollenstruktur der beteiligten Produzenten (White 1981: 517), was kollaborativ wiederum zur Reproduktion der Marktstruktur führt.

White versteht so Märkte als die strukturierten Resultate sozialer Interaktionen und Verkettungen von Käufern, Produzenten und Lieferanten über Zeit. Mit anderen Worten, Märkte sind Ergebnisse von Netzwerkstrukturen[2] – und nicht eine undifferenzierte Anzahl von Unternehmen, die um Konsumenten buhlen, oder dyadische Austauschmuster zwischen wirtschaftlichen Akteuren. So formulieren White und Godart (2007a: 200):

> „Ein Markt ist ein sozialer Raum, in dem Unternehmen sich zu etablieren versuchen. Sie streben danach, als mit anderen Unternehmen vergleichbar wahrgenommen zu werden, das heißt, sie versuchen als strukturell äquivalente Unternehmen zu erscheinen, die denselben Pool an Lieferanten und denselben Pool an Käufern teilen. Wenn ein Schuhhersteller erfolgreich sein und Aufmerksamkeit auf sich ziehen will, muss er sich in der Nähe anderer Schuhhersteller platzieren, die dafür bekannt sind, dass sie dieselbe Art von Schuhen herstellen. Er muss dieselben Käufer ansprechen und versichern, dass er von Lieferanten beliefert wird, die

---

2   Andere ökonomische Modelle rekurrieren ebenfalls auf Ideen der interaktiven Verkettung von wirtschaftlichen Akteuren, wie die „Ökonomie der vernetzten Industrie" (z. B. Economides 1996) und auch Arbeiten zu den soziokognitiven Dynamiken von Produktmärkten (z. B. Rosa et al. 1999), jedoch nicht so umfassend wie Whites Modell.

denen der anderen Hersteller vergleichbar sind, sodass deren Vorprodukte ihm ermöglichen, dieselbe Art von Produkten herzustellen."

Anders als in der klassischen Wirtschaftstheorie angenommen, sind für wirtschaftliche Akteure die notwendigen Informationen im Streben um Maximierung und Effizienz nicht einfach vorhanden. Asymmetrisch verteilte Informationen und unklare Qualitätseigenschaften sorgen für Unsicherheit (z. B. Akerlof 1970). In dem Versuch, diese Unsicherheit zu verringern, suchen wirtschaftliche Akteure Orientierung an *Signalen* hinsichtlich Handlungsabsichten, Produktqualität oder Unternehmenskompetenz, die die Konkurrenten ausgeben – beispielsweise in Mitteilungen über wirtschaftliche Ergebnisse, Werbeetats oder auch Personalentscheidungen. Damit können die Konkurrenten ihre eigenen Ordnungen über Produktionsvolumen, Preis und Qualität erstellen.

White lehnt sich hier an Michael Spences Theorie des *signaling* (Spence 1973, 1974, 2002) an, kritisiert und erweitert diese. Entwickelt am Beispiel des Arbeitsmarkts sind Signale (Spence 1974: 1)

„[…] activities or attributes of individuals in a market which by design or accident, alter the beliefs of, or convey information to, other individuals in the market."

Während Spence sein Modell mit „atomisierten" (Granovetter 1985), nicht anderweitig verbundenen Arbeitnehmern und Arbeitgebern entwickelt, erweitert White *signaling* mit Hilfe der zentralen Einsicht, dass Arbeitsbewerber Positionen einer längeren Verkettung von Produzenten und Konsumenten aus ganz unterschiedlichen aber miteinander verbundenen Märkten sind (White 2002: 105). Diese häufig mehrfache Verbundenheit von Arbeitnehmern, Unternehmen und Märkten gibt Anlass dafür, Signalgebung und -wirkung im *situativen Kontext* der interaktiven Konstruktion eines gemeinsamen Marktes von nicht mehr als einem Dutzend Marktakteuren (White 2002: 31) zu verstehen.

Whites marktsoziologische Arbeiten weisen darauf hin, dass Teilnehmer eines Marktes primär nicht ihre Konsumenten beobachten. Konsumenten können einzelne Produzenten und die Qualität ihrer Angebote unterscheiden. Produzenten hingegen können nicht *ex ante* individuelle Konsumentenpräferenzen beobachten. White bezeichnet dies als „einseitigen Spiegel". Erst *nachdem* Produkte auf dem Markt sind und alle dazugehörigen Entscheidungen getroffen wurden, lässt sich an der Reaktion der Konsumenten ablesen, ob die richtige Strategie verfolgt wurde. Die Konsumentenbedürfnisse, die typischerweise durch Marktforschung und Marketingstrategien abgefragt und beeinflusst werden, zeigen sich wegen ablaufender stochastischer Prozesse bei Konsumentscheidungen zudem als zu ungenau und damit zu unsicher für die alleinige Orientierung. Als aggregierte Käuferentscheidungen über die Qualität eines Produktes, tragen sie jedoch zu der Reproduktion der Marktaufstellung bei. Marktforschungsergebnisse werden in Whites Modell als endogene Faktoren gesehen, da sie Informationen über das Umfeld eines Akteurs geben können und somit wiederum Signale für die Nischenfindung sind. Marketing wird damit ein „Instrument für die Marktbeobachtung" (White/Godart 2007a: 212).

Produzenten wissen jedoch, wer ihre Konkurrenten sind: diejenigen, die sie als strukturell ähnlich und vergleichbar erachten. Aus den beobachteten Handlungen der Konkurrenz gewinnen Akteure dann Hinweise für das eigene Handeln und treffen Entscheidungen basierend auf den Beobachtungen des bestehenden Marktes. Die eigene Handlung, die nach Beobachtung der Konkurrenz und einer Evaluation folgt, liefert wiederum rekursiv Hinweise für diese Konkurrenz (Leifer/White 1987). So dient die Marktstruktur selbst zur Orientierung der Beteiligten und als Grundlage für anstehende Entscheidungen, womit diese Struktur erneut reproduziert wird (Leifer 1985: 443). Produzenten versuchen in dieser Marktstruktur eine noch unbelegte Nische für sich auszumachen, um in dieser unverwechselbaren Position ihre eigene Identität gegenüber den Konkurrenten zu bewahren.

Nach White handelt es sich somit bei einem Produktionsmarkt um eine verwickelte, selbstdefinierte Clique von Produzenten, deren netzwerkartige Verbindungen aus der Beobachtung von Signalen hergestellt werden.[3] Reproduzierbarkeit des Marktes ist nur dadurch möglich, dass Produzenten mit Hilfe dieser Verbindungen ihre Nische finden, erhalten und entwickeln können. Damit schützen sich Produzenten vor Wettbewerbssituationen und reduzieren dadurch Unsicherheit.

2 Netzwerktheoretischer Hintergrund

Das Bild der verwickelten, selbstdefinierten Clique von Produzenten, die einander durch Vergleichbarkeit identifizieren und dabei ihre eigene Identität entwickeln, findet seinen Ursprung in der von Harrison White maßgeblich mitentwickelten Idee der *strukturellen Äquivalenz*. Dieser Ansatz erklärt soziale Prozesse nicht aufgrund der unmittelbaren sozialen Verbundenheit von Akteuren, sondern aufgrund der Muster von Beziehungen, die die Position und die Rollenstruktur eines Akteurs relativ zu allen anderen Akteuren im Netzwerk definieren. In der ursprünglichen Version (Lorraine/White 1971) sind zwei Akteure strukturell äquivalent, wenn sie genau die gleichen Verbindungen zu und von anderen Mitgliedern des Netzwerks aufweisen. Dafür müssen sie nicht miteinander verbunden sein, sie müssen auch nicht der gleichen Clique angehören – relevant ist vielmehr die Ähnlichkeit von Beziehungsmustern zu anderen Akteuren im Netzwerk.

Die grundlegenden Arbeiten zur algorithmischen Umsetzung dieser Äquivalenzidee in der Blockmodellanalyse (Breiger et al. 1975; White et al. 1976) fokussieren auf die strukturellen Muster der Beziehungstypen und klammern kulturelle Bedeutungen von Netzwerkverbindungen explizit aus (White et al. 1976: 734). Die Lücken, die diese fehlende Konzeptualisierung von Kultur für die Weiterentwicklung einer theoretisch-fundierten netzwerkanalytischen Perspektive bedeuten, werden besonders Ende der 1980er Jahre immer deutlicher. So gibt es Ansätze, kulturelle Phänomene mit Hilfe der strukturellen Äquivalenz zu erklären (z. B. DiMaggio 1987; Faulkner 1983; Gerhards/Anheier 1987). Zur gleichen Zeit mehrt sich die Kritik, dass die Netzwerkanalyse „all too often denies in

---

3 „Markets are tangible cliques of producers observing each other." (White 1981: 543)

practice that crucial notion that social structure, culture, and human agency presuppose one another" (Emirbayer/Goodwin 1994: 1413). Netzwerke, so die Einsicht, bestehen aus sozialen Beziehungen, die auf kulturellen Annahmen basieren und denen Akteure Bedeutungen zuschreiben.

1992 schlägt White dann einen neuen Ansatz – jenseits von methodologischem Individualismus und strukturellem Funktionalismus – vor, wie Struktur und Kultur gemeinsam in einer relationalen Perspektive analysiert werden können. In *Identity and Control* (White 1992, 2008) entwickelt er eine allgemeine Netzwerktheorie, in der er konzeptionell den Ansatz der strukturellen Äquivalenz mit der Einsicht verbindet, dass Netzwerke auf sozialen Beziehungen basieren, die auf kulturellen Annahmen und Interpretationen beruhen. In diesem Vorschlag zu einem „relationalem Konstruktivismus" (Holzer 2006: 79) geht es White zum einen darum zu zeigen, dass der vielgestaltige Charakter moderner sozialer Beziehungen durch die Fähigkeit von Akteuren ermöglicht wird, über unterschiedliche soziale Kontexte hinweg Verbindungen herzustellen und wieder zu lösen. Das strukturalistische Bild der Netzwerkforschung von Beziehungen als ermittelbare und erfassbare Verbindungen ohne Ziel- und Inhaltsambiguitäten wird damit grundsätzlich in Frage gestellt (Leifer/Rajah 2000). In den Blick rückt dafür, *wie* Bedeutungen im sozialen Kontext entstehen. Zum anderen geht es White um die soziologische Klärung der Frage, wie neue soziale Formationen oder *fresh action* entstehen können. Ausgehend von den soziologischen Erkenntnissen, dass soziale Handlungen in Interaktion geschehen, dass sie Interpretationen hervorrufen und dadurch andauernde Beziehungen schaffen und dass Diskurs konstitutiv für soziale Beziehungen ist, unterbreitet White einen Vorschlag, *wie* die Vermischung von sozialen Beziehungen und diskursiven, kommunikativ-interaktiven Prozessen analysiert werden kann. Dazu rückt White Instabilitäten, Diskontinuitäten, abrupte Wechsel sozialer Interaktionen und soziales Chaos in den Mittelpunkt seiner soziologischen Theorie und weist jegliches Ausklammern von Kontext zurück.

Die relevanten Untersuchungseinheiten, die sich auf einer analytischen Ebene vor Einheiten wie Person, Handlung und Kontext befinden, sind in Whites Terminologie Identitäten (*identity*), Kontrolle (*control*) und Netzwerkdomänen (*netdoms*). Identitäten entstehen aus Bestrebungen nach Halt und Positionierung (Kontrolle) allein und in Interaktion mit anderen Identitäten. Durch die Positionierung einer Identität können andere, nach Halt strebende Identitäten sich in Beziehung dazu setzen. Die Kontrollbestrebungen einer Identität ergeben dann die soziale Realität für andere, die diesen Bestrebungen und damit der Identität Bedeutungen zusprechen. So kann eine Identität von anderen als stabil verankert wahrgenommen werden, und doch gleichzeitig durch ihre Bestrebungen nach Halt für andere Unsicherheit produzieren. Um sozialen Halt zu erreichen, nutzen Identitäten diskursive Interaktionen, denen andere Identitäten Bedeutung zumessen. Damit erstellen Identitäten Verbindungen.

Kontrollbestrebungen von Identitäten als Reaktion und Produkt von Unsicherheit finden zwischen und innerhalb von Netzwerkdomänen (*netdoms*) statt, einer gleichzeitigen „Verbandelung" und Verdichtung von Themenfeldern und Beziehungen.[4] In diesem Geflecht aus Struktur und Kultur treffen Identitäten auf andere Identitäten. Jedes *netdom* ist durch seine Zusammensetzung von Geschichten und seine Arten von Beziehungen charakterisiert (Mische/White 1998: 704). Aus der Sicht von Identitäten bewegen diese sich auf der Suche nach Kontrolle in unterschiedlichen *netdoms*, können sich daran koppeln oder entkoppeln. Ereignisse, verstanden als Wechsel von Umgebungen, leiten Kontrollbestrebungen von Identitäten ein. Beim Auftreffen von neuen *netdoms* und neuen Identitäten kommt es zu sogenannten *switchings*, einem situativen Umschalten, das gleichzeitig eine Entkopplung nicht mehr aktiver *netdoms* ist und eine Einbettung zu aktiven *netdoms* herstellt. Ein Wechsel von *netdom* zu *netdom* ermöglicht sowohl eine Reflektion über die Verbindungen innerhalb eines *netdoms* als auch die Möglichkeit für neue Bedeutungen. Wie Linguisten für den Gebrauch unterschiedlicher Sprachregister unterschiedlicher sozialer Domänen wie z. B. Familie oder Arbeit feststellen konnten, schalten Sprecher je nach Kontext von einem Sprachregister zu einem anderen um (z. B. Halliday 1973). Sprache und Kontext sind also gegenseitig miteinander gekoppelt. White nutzt diese Idee des *switchings* als zentralen Mechanismus, der durch soziokulturelle Diskontinuitäten neue Bedeutungen entstehen lässt (Mische/White 1998; Mützel 2008a; White 1995, 2003; White/Godart 2007b).

Nach White sind Netzwerke fluide, mehrlagige Beziehungsstrukturen, die auf Bedeutungszuschreibungen basieren und selber Bedeutungen generieren. Bedeutungen gerinnen und formieren sich zu Geschichten (*stories*). Geschichten entstehen somit als Begleiterscheinung des Wechselns zwischen Netzwerkdomänen, die neue Bedeutungszuschreibungen ermöglichen, und sind Interpretationen von Beziehungen. Verbindungen zwischen Akteuren sind also nicht nur und nicht unbedingt klassische Elemente des Austauschs (Freundschaft, Ressourcen), sondern sind auch phänomenologische Konstrukte, die aus dem Erzählen von Geschichten entstehen. Gleichzeitig konstruieren diese Geschichten, erzählt von einem selbst und von anderen, die Identitäten der beteiligten Akteure im jeweiligen Kontext.

Aus dieser Perspektive sind Netzwerke mehr als „spärliche soziale Strukturen" (Fligstein 1996: 657), denn sie generieren und befördern Bedeutung. Mit Geschichten werden Bedeutungen über Beziehungen kommuniziert, die als Signale für Dritte wirken. Die Interpretation und die Auswirkungen dieser Signale können nicht von den Geschichtenerzählern kontrolliert werden, die demnach auch nicht entsprechend den Regeln von strategisch-rationalen Spielen oder argumentativen Debatten handeln. Vielmehr produzieren Geschichtenerzähler im lokalen Gefüge Zuschreibungen, die in der *gemeinsamen Interpretation* aller Beteiligter verknüpft oder entkoppelt werden.

---

4   White führt hier die Ähnlichkeit zu Bourdieus Habitus-Konstrukt an, das als Matrix von Praktiken und Repräsentationen ebenfalls Struktur und Kultur verbindet. Für White ist jedoch der Wechsel von *netdom* zu *netdom* und die damit verbundenen Wahrnehmungswechsel der Akteure die entscheidende Bewegung (White 2008).

3   Markt und Geschichten

Untersuchungen zu Geschichten und Narrativen sind mittlerweile fest in Organisations-analysen (z. B. Boje 1991; Boje et al. 2004; Czarniawska 1997, 2007 und in diesem Band; Martin et al. 1983; Schreyögg/Koch 2005) und auch als Instrument des Managements (z. B. Denning 2005) etabliert. Typischerweise werden Beschreibungen von Sachverhalten in Anlehnung an Hayden Whites Idee des *emplotment* (White 1987a) zu Geschichten, wenn sie kausale, narrative Strukturen aufweisen, die Sachverhalte miteinander verbinden. Studien der letzten Jahrzehnte haben gezeigt, dass organisationale Geschichten und Erzählungen Wissen und Werte vermitteln, identitätsstiftend wirken und ex post auch sinngebend sind – für einzelne Mitarbeiter oder auch ganze Organisationen.

Untersuchungen zu Märkten haben ferner gezeigt, dass nach außen gerichtete Ge-schichten, die Unternehmen erzählen, eine wichtige Rolle für die Marktteilnehmer spielen. Insbesondere die neuere Management- und Marketing-Forschung arbeitet mit *Geschichten*, die nach außen transportiert werden, als *sinnstiftende Rahmungen* (z. B. Fiss/Hirsch 2005; Fiss/Kennedy 2007; Fiss/Zajac 2006). In dieser Perspektive wirken Medienberichte als Vermittler zwischen Ereignissen der sozialen Realität und deren möglichen Interpretatio-nen, indem sie versuchen diesen Ereignissen Sinn zu geben (während Medien gleichzeitig ebenfalls von dieser sozialen Realität geprägt werden). Klassischerweise liefern Medien dann in ihren Geschichten Rahmungen als organisierende Schemata, die Ereignissen Sinn geben und Handlungen anleiten, deren Bedeutungen aber in einem steten Konflikt mit konkurrierenden Rahmungen anderer Geschichten stehen – wie von Goffman in der *frame analysis* angeführt und besonders prominent in der sozialen Bewegungsforschung analysiert wird (z. B. Benford/Snow 2000; Gamson/Modigliani 1989; Snow et al. 1986). In der Analyse von Finanzmärkten spielen zudem *Unterhaltungen als verbindendes Element* eine herausragende Rolle, denn Händler machen beispielsweise mit Hilfe von computeri-sierten Unterhaltungen (*dealing conversations*) miteinander rund um den Globus Geschäfte (Knorr Cetina 2007; Knorr Cetina/Bruegger 2002).

Whites netzwerktheoretische Überlegungen und seine kultursoziologischen Erweiterun-gen legen eine weitere Perspektive nahe, nämlich dass Diskurs als Netzwerk von Signalen das Hauptmedium der Marktkonstruktion ist, die die Marktteilnehmer gemeinsam vor-nehmen. Damit muss Polodnys prägnantes Bild der Linsen, d. h. der Beobachtungen von Marktakteuren, durch die Rolle von Sprache in wechselnden Kontexten ergänzt werden. Märkte entstehen aus diskursiven Netzwerken. Allgemein versuchen Marktakteure Ver-gleichbarkeit mit der selbstidentifizierten Konkurrenz herzustellen. Dazu beobachten sie deren Handlungen. Die Handlungen der Konkurrenz mit ihren Austauschpartnern (z. B. Lieferanten, Kollaborationspartnern) erlauben nicht nur Rückschlüsse über die Existenz dieser Verbindungen, sondern sie produzieren auch Geschichten, in denen Handlungen reflektiert und evaluiert werden. Diese Geschichten wirken, in Weiterführung des ur-sprünglichen Gedankens, als Signale für die Konkurrenz.[5]

---

5   Whites Verständnis von Geschichten für Märkte hat zudem eine soziolinguistische Komponente,
    wie sie bereits in der Idee des *switching* von einem Sprachregister zu einem anderen anklang

Diese Geschichten über Beziehungen können sich durch Anhäufung als *set of stories* stabilisieren, die wie Konventionen wirken. Bestimmte Beziehungen werden in bestimmten Kontexten in einer Weise interpretiert. Dazu schreiben White und Godart (2007b: 6):

> „A relationship gets interpreted in stories both by its participants and by observers. How does this process come about? Identities perceive and invoke the likelihood of impacts from other identities, which are seen to do the same. These relations get coded from raw reports into various shorthands of discourse and deportment. Then sets of signals, communications on topics, get transposed from one situation to another. Eventually, these sets can settle down into stories or other conventions."

Diese Verfestigungen erlauben den Marktakteuren temporäre Identitätsstabilisierung, Profilbildung und Nischenfindung. Nur so können Wettbewerb temporär ausgesetzt, Unsicherheit reduziert und Gewinne erzielt werden – dauerhaft wird dadurch ein Markt möglich.

Trotz dieser Verfestigung von Geschichten über Beziehungen und deren Interpretation von anderen, besteht generell Unsicherheit darüber, wie sich die Konkurrenz verhalten wird und wie die eigene Strategie aussehen sollte. Das liegt daran, dass Marktakteure Geschichten austauschen (verstanden im weitesten Sinne als adressierte und unadressierte Mitteilungen) deren Bedeutungen und Sinnzuschreibungen sie nicht kontrollieren können. Geschichten wirken als Signale, doch die Interpretation bleibt durch nicht kontrollierbare Zuschreibung unsicher. Dadurch können sich Märkte verändern.

4   Ein endogener Blick auf Märkte: Struktur und Evaluation

Eine Anwendung von Whites Modell der Marktkonstruktion durch Geschichten als Signale liefert Kennedy (2008), der die *Assoziationen in Geschichten*, die in Medienberichten über Unternehmen vorgenommen werden, als konstitutiv für die Entstehung von Märkten versteht. Journalisten oder auch Unternehmen selbst stellen in ihren (PR-)Berichten Verbindungen zwischen Unternehmen her, die maßgeblich zur Vergleichbarkeit von Produkten und Produzenten beitragen. Die Wahrnehmung von Identitäten entsteht durch das Erzählen von Geschichten, das Akteure mit Märkten und Produkten verbindet. Diese Perspektive weist auf die Reduktion von Unsicherheiten durch narrative Verbindungsversuche hin, in denen sich Unternehmen um kognitive Assoziationen mit bereits existierenden Firmenidentitäten bemühen.

Eine andere Umsetzung von Whites Ideen soll im Folgenden vorgestellt werden. Dazu wird dem Modell des Marktes aus diskursiven Netzwerken eine evaluative Komponente beigefügt. Von Interesse ist nun nicht nur, *dass* Marktakteure etwas erzählen, sondern auch die vorgenommene *Interpretation*, die sich in den Geschichten widerspiegelt und

---

und wie sie insbesondere bei der Modellierung von Kontext als gleichzeitig sozial und kulturell verfolgt wird (z. B. Duranti/Goodwin 1992).

konventionelle Züge aufweist. Die Idee ist, dass Akteure in ihren Geschichten andere Akteure nach bestimmten Mustern und nach bestimmten Konventionen evaluieren und ihnen somit bestimmte Rollen zuschreiben.

Ein soziologischer Ansatz, der sich mit Evaluation von Handlungen und deren Institutionalisierung als argumentative Konventionen beschäftigt, ist der von Luc Boltanski und Laurent Thévenot (Boltanski/Thévenot 1999, 2007). Nach ihren Erkenntnissen gibt es eine begrenzte Zahl von Wertigkeitsordnungen, die als allgemeine Prinzipien der Handlungskoordination in Situationen wirken, in denen es grundsätzlich darum geht, Gerechtigkeit herzustellen. Diese historisch entstandenen Wertigkeitsordnungen sind grundlegend für die Institutionalisierung von Konventionen. Ausgehend von sehr unterschiedlichen empirischen Untersuchungsgegenständen – z. B. Ratgeberliteratur für Manager und Unternehmen (Boltanski/Chiapello 2003; Boltanski/Thévenot 2007), Leserbriefe an Zeitungsherausgeber (Boltanski 1996), Dokumente einer Umweltbewegung (Thévenot et al. 2000) – können Boltanski, Thévenot und ihre Koautoren acht fundamentale Wertigkeitsordnungen oder auch „Welten" herausarbeiten, auf denen alle Evaluationen in Situationen basieren (die Welt des Marktes, industrielle Welt, staatsbürgerliche Welt, die Welt der Meinung, häusliche Welt, die Welt der Inspiration, die umweltbewusste Welt, die projektorientierte Welt).[6] Jede Wertigkeitsordnung unterstützt einen eigenen Koordinationsmodus basierend auf einem intersubjektiven Qualifikationsprozess, der sowohl Menschen als auch Objekte mit einschließt. Analyseeinheiten sind alltägliche Situationen, in denen Auseinandersetzungen und Rechtfertigungen vorliegen. Hieran kann die Produktion sozialer Übereinstimmung und Koordination analysiert werden.

Die Möglichkeit zur Handlungskoordination basiert darauf, dass Teilnehmer an Auseinandersetzungen unterschiedlichste soziale Elemente als äquivalent relevant ansehen und herantragen können: In jedem Streitbeitrag werden Fakten, Dinge, Personen angeführt und Verbindungen zwischen ihnen als äquivalent hergestellt, mit Referenz auf ein Evaluationsprinzip. Der Mechanismus der Äquivalenzherstellung nach einer limitierten Anzahl von Wertigkeitsordnungen vereinfacht Handlungen, da mit der Etablierung von kollektiven Äquivalenzkonventionen weniger kognitive Arbeit seitens der Akteure geleistet werden muss. So können Unternehmen als Lösung der Koordination unterschiedlicher Wertigkeitsordnungen verstanden werden (Thévenot 2001). Diese Umwandlung von Unsicherheit in berechenbare Probleme bedeutet aber nicht, dass sich immer alle Beteiligten einig darüber sind, *welche* Wertigkeitsordnung in der jeweiligen Situation richtig und angemessen ist.

Überträgt man diesen Ansatz auf das Modell von einem Markt, der aus diskursiven Netzwerken besteht, dann beobachten Konkurrenten einander und senden mit ihren Geschichten Signale an sich selbst und alle Marktbeteiligten. Die Geschichten eines solchen narrativen Wettbewerbs tragen zur Nischenfindung und damit Marktprofilbildung der Akteure bei. Der Ansatz von Boltanski und Thévenot stellt somit eine systematische Möglichkeit dar, die evaluativen Elemente der Geschichten, mit denen sich Akteure rechtfertigen und gegenüber Anderen positionieren, in die Analyse einzubeziehen.

---

6   Zur weiteren Einordnung des Ansatzes siehe auch Diaz-Bone (2007 und in diesem Band).

Geschichten spielen also für Marktakteure eine doppelte Rolle: Zum einen enthalten Geschichten Informationen und Bewertungen, zum anderen geben sie Auskunft über die strukturelle Position, die der Erzähler für sich und andere ausmacht. So erschaffen Akteure mit Verkettungen von Erzählungen, die evaluierend und strukturierend wirken, gemeinsam den Markt. Der Austausch von Geschichten als Netzwerk von Signalen kann so als das Hauptmedium der Marktkonstruktion verstanden werden. Zusammengefügt ergeben die Erkenntnisse zur Marktkonstitution und zur Verbundenheit von wirtschaftlichen Akteuren durch Geschichten die leitenden Thesen der folgenden empirischen Untersuchung: Im Prozess der Nischenfindung können Marktakteure verschiedene Muster der Positionierung aufzeigen. Dies hat gleichzeitig Auswirkungen auf die Identitätsbildung der Marktakteure. Geschichten dienen als Signale und als „interpretativer Leim" eines Marktgefüges.

5 Empirisches Fallbeispiel: Der Markt um die Hauptstadtzeitung

Als empirisches Beispiel dient der Markt der Tageszeitungen, die zu Beginn des Hauptstadtumzugs von Bonn nach Berlin 1998 gleichermaßen den Anspruch erhoben haben „Wir wollen *die* Hauptstadtzeitung werden". Damit war der Anspruch auf die Meinungsführerschaft gemeint, als Stimme für Deutschland und der Welt aus der neuen Hauptstadt Berlin zu sprechen. Fünf Tageszeitungen beteiligten sich an diesem selbstdefiniertem Markt: die *Berliner Zeitung* (Berlin), die *Frankfurter Allgemeine Zeitung* (Frankfurt a. M.), die *Süddeutsche Zeitung* (München), *die tageszeitung* (Berlin) und *Der Tagesspiegel* (Berlin). Andere potentielle Wettstreiter, wie *Die Welt*, die *Frankfurter Rundschau* oder die *Berliner Morgenpost* stiegen in diesen Wettbewerb erst sehr viel später ein oder wollten gar nicht daran teilnehmen.

5.1 Daten

Die Daten für die Analyse des selbstdefinierten Marktes bilden Leitartikel und editoriale Beiträge auf den Meinungsseiten der fünf untersuchten Zeitungen, die in den Jahren des Hauptstadtumzugs (Januar 1998 bis Januar 2000) in den Montags- bis Samstagsausgaben veröffentlicht wurden.[7] Auf der Grundlage von ethnographischer Feldarbeit, Interviews und der täglichen Analyse der fünf Zeitungen im selben Zeitraum in Berlin und Bonn wurden 50 Themen identifiziert, die in den Leitartikeln und Meinungsseiten in diesem Zeitraum diskutiert wurden. Die Analysen hier beziehen sich auf eine Auswahl von 16 dieser Themen.

Leitartikel und Meinungsseiten sind die Orte in Zeitungen, wo Geschichten erzählt werden, Interpretation der sozialen Realität explizit erlaubt ist und Positionierungsbestre-

---

7 Insgesamt haben die fünf Zeitungen über den Zeitraum von 625 Tagen, an denen vergleichbare Meinungsseiten erschienen sind, 12.500 Beiträge auf Meinungsseiten publiziert.

bungen diesbezüglich am stärksten hervortreten. Diese Annahme wurde sowohl in der täglichen inhaltlichen Analyse der fünf Tageszeitungen während der Feldforschung als auch in Interviews mit Journalisten der Meinungsredaktionen durchweg bestätigt. Journalisten schreiben hauptsächlich dafür, von der Konkurrenz wahrgenommen und akzeptiert zu werden (vgl. dazu auch Gans 1979). Politik- oder Leserbeeinflussung wird als zweitrangig erachtet. Anders als in wissenschaftlichen Publikationen oder auch Nachrichtenbeiträgen verweisen Meinungsbeiträge nicht direkt auf zu Grunde liegende andere Beiträge oder Autoren. Leser, die täglich mehrere Zeitungen systematisch lesen, typischerweise Journalisten selbst, können jedoch Diskussionen von und Bezugnahmen auf Artikel erkennen. Dies trifft auch auf Beiträge zu, die vor längerer Zeit geschrieben wurden, aber von Konkurrenten erinnert bzw. in Zeitungsarchiven gefunden werden.

Unterhaltungen, also der Austausch von Geschichten zwischen unterschiedlichen Zeitungsakteuren, werden hier im Sinne einer Themenkarriere begriffen, die nach ihrer eigenen Zeit beginnt und endet. Typischerweise beginnen diese Karrieren mit einem externen Ereignis wie einer Pressekonferenz, einer Pressemitteilung oder einer öffentlichen Stellungnahme, welches dann auf den Meinungsseiten der Tageszeitungen zu einer Geschichte generiert, zu dem, was, warum, mit wem, wofür passiert ist und wie dieser Sachverhalt zu bewerten ist. Am selben Tag können mehrere Zeitungen zu diesem einen Ereignis ihre Geschichte erzählen – oder auch erst am folgenden Tag. So beginnt die Themenkarriere einer *Auseinandersetzung* zu gleichen, in der unterschiedliche Akteure unterschiedliche Meinungen anbringen. Das Thema einer Auseinandersetzung kann in ein anderes Thema übergehen (z. B. Bildungspolitik allgemein kann beispielsweise speziell für Berlin diskutiert werden) oder das Thema an sich ist nicht mehr aktuell (z. B. Indiens Beendigung von Atomwaffentests). Solche Auseinandersetzungen können auch in Übereinstimmung, Kompromiss oder Divergenz enden. Außerdem werden keine Vorannahmen darüber getroffen, wie lang oder kurz eine Unterhaltung sein kann. Alle Zeitungen können sich gleichzeitig zum Thema äußern, mindestens jedoch eine.[8] Zwischen Beiträgen zu einem Auseinandersetzungsstrang werden in den Meinungsbeiträgen einer Zeitung typischerweise andere Themen diskutiert.

Inhaltlich geht es bei diesen Auseinandersetzung um Themen wie z. B. Bildungspolitik (eine Auseinandersetzung, die in den Leitartikel und Meinungsseiten eher spärlich aber regelmäßig wiederkehrend geführt wurde), Indiens Atomwaffentest (eine kurze, intensive Auseinandersetzung) oder den Finanzskandal der CDU (eine lange, intensive Auseinandersetzung).[9] Es geht also nicht nur um Themen, die unmittelbar die damals werdende Hauptstadt Berlin betreffen, sondern allgemein um Themen, die für die Positionierung auf dem Meinungsmarkt für die Zeitungen selbst von Wichtigkeit waren. Theoretisch er-

---

8   Zweimal erschienen in der Auswahl mehrere Beiträge am selben Tag zum selben Thema in den Meinungsseiten einer Zeitung; hier wurde der prominentere Leitartikel in Betracht gezogen.

9   Die ausgewählten 16 Auseinandersetzungen thematisierten in alphabetischer Reihenfolge: Abgang Stollmann (6 Artikel), Affäre Stoiber (18), Amt des Kulturministers (15), Arbeitslosenproteste (8), Arbeitslosigkeit (59), Atommacht Indien (28), Bildungspolitik (19), Einführung des Euro in Italien (5), Integrationspolitik (27), PDS und Nato-Einsatz (21), Rolle von Frauen in der Bundeswehr (17), Skandal um Töpfer (5), Spendenaffäre der CDU (116), Verfassungsgerichtsentscheid zum Euro (7), Wahlen in Quebec (3), Wahlkampf in Berlin (36).

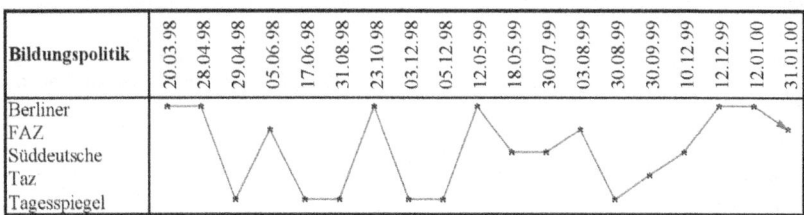

Abb. 1 Auseinandersetzung „Bildungspolitik".

möglicht ein Blick auf Auseinandersetzungen, die Tageszeitungen miteinander bestreiten, eine Untersuchungseinheit zu konstruieren, die der Idee eines durch Geschichten und Evaluationen gemeinsam konstruierten Marktes entspricht.

Insgesamt gehören zu der Auswahl der 16 Auseinandersetzungen 390 Meinungsbeiträge, die durch Inhaltsanalysen ermittelt wurden. Eine Beispielauseinandersetzung ist schematisch in Abbildung 1 dargestellt. Hier handelt es sich um die Auseinandersetzung „Bildungspolitik", die sich, mit einem ersten Meinungsbeitrag der *Berliner Zeitung* am 20. März 1998, zunächst mit bildungspolitischen Versäumnissen befasst und dann von dem politisch geäußerten Desiderat, Bildung zu „einem Megathema" zu machen, weitergetragen wird. Die Auseinandersetzung endet am Ende des Untersuchungszeitraums mit einem Beitrag der *FAZ* zur Bildungspolitik der Bundesregierung. Im Verlauf dieser 19-Beiträge langen Auseinandersetzung bringen sich alle Zeitungen mindestens einmal ein.

5.2 Kodierung der Evaluationen

Das Untersuchungsinteresse ist, zu zeigen, wie Geschichten den Markt strukturieren und wie Marktakteure narrativ ihre Nische finden – wie insgesamt also Markt und Marktakteure sich gegenseitig durch Geschichten konstituieren. Die Kodierung der Evaluationen, die Marktakteure in ihren Geschichten kommunizieren, basiert auf den Arbeiten von Boltanski und Thévenot. In Anlehnung an die in unterschiedlichen Studien herausgearbeiteten grundlegenden Wertigkeitsordnungen wurden die Hauptargumente der 390 Meinungsbeiträge kodiert. Die Frage beim Kodieren war: Auf welcher moralischen Grundlage wird bewertet? Wer oder was qualifiziert als unterstützend für das Hauptargument des Meinungsbeitrags?

Es zeigte sich, dass die Meinungsbeiträge vorrangig unter Bezugnahme auf evaluative Prinzipien und qualifizierte Menschen und Objekten aus der häuslichen, der staatsbürgerlichen und der industriellen Welt argumentieren. Auch zeigte sich das Ausbleiben von Beiträgen oder das Beenden von Beiträgen als wichtig im Verlauf der Auseinandersetzungen. Die Kodierungsstruktur ist in Tabelle 1 abgebildet. Die Kodierung berücksichtigt zudem eine Art „Erinnerung", in dem die evaluative Aussage eines Beitrags andauert, bis ein weiterer Beitrag in der Auseinandersetzung geleistet wird. Damit bleibt der letzte in die Diskussion eingebrachte Beitrag bei der nächsten Intervention bestehen.

Tabelle 1 Kodierungsstruktur

	Unterstützung durch Objekt	Unterstützung durch Mensch
häusliche Welt	1	2
staatsbürgerliche Welt	3	4
industrielle Welt	5	6
andere Welt (die Welt der Meinung, die Welt der Inspiration, die Welt des Marktes, die projektorientierte Welt, die umweltbewusste Welt)	7	
Schweigen am Anfang einer Themenkarriere	8	
Schweigen nach Einmischung	9	

Abbildung 2 illustriert dies exemplarisch an Hand der Auseinandersetzung zur Bildungspolitik. Die fettgedruckten Zahlen entsprechen den Kodes aus Tabelle 1 und sind die eigentlichen Einmischungen. Alle weiteren Kodes zeigen Schweigen oder Nachwirken einer Intervention an. Die Auseinandersetzung beginnt mit zwei Beiträgen der *Berliner Zeitung*, in denen sie im Rahmen der industriellen Wertigkeitsordnung argumentiert und dazu Objekte unterstützend anführt: Die Bundesregierung zeige sich nicht kompetent, die infrastrukturellen Entwicklungen der Informationstechnologien in der Bildungspolitik zu berücksichtigen; die Berliner Politik zeige sich nicht kompetent, die infrastrukturellen Probleme der Berliner Bildungseinrichtungen zu lösen. Die Einmischung des *Tagesspiegels* bewertet anders: Der Berliner Bürgermeister zeige seinen vertrauensvollen Charakter, indem er persönlich Verantwortung für Probleme übernehme. Die vorherige Meinung der *Berliner Zeitung* wirkt auch an diesem Tag der Einmischung nach. So setzt sich die Auseinandersetzung zum Thema Bildungspolitik zwischen den Zeitungen fort. Der letzte Beitrag kommt von der *FAZ* und legt mit Hilfe von fehlenden Plänen die Inkompetenz der Bundesregierung in Sachen Bildungspolitik dar. Zu erkennen ist hierbei auch, dass ein und dieselbe Zeitung in einer Auseinandersetzung aufgrund von unterschiedlichen evaluativen Prinzipien argumentiert.

Bildungspolitik	20.03.98	28.04.98	29.04.98	05.06.98	17.06.98	31.08.98	23.10.98	03.12.98	05.12.98	12.05.99	18.05.99	30.07.99	03.08.99	30.08.99	30.09.99	10.12.99	12.12.99	12.01.00	31.01.00	Ausklingen	Beendet
Berliner	**5**	**5**	5	9	9	9	**3**	**3**	9	**5**	5	9	9	9	9	9	**5**	**4**	4	9	9
FAZ	8	8	8	**6**	6	9	9	9	9	9	9	9	**1**	1	9	9	9	9	**5**	5	9
Süddeutsche	8	8	8	8	8	8	8	8	8	**5**	7	7	9	9	**5**	5	9	9	9	9	9
Taz	8	8	8	8	8	8	8	8	8	8	8	8	8	**1**	1	9	9	9	9	9	9
Tagesspiegel	8	8	**2**	2	**5**	**4**	4	**2**	**7**	7	9	9	9	**7**	7	9	9	9	9	9	9

Abb. 2 Auseinandersetzung „Bildungspolitik" mit evaluativen Kodes. Fettgedruckte Zahlen sind eigentliche Beiträge

5.3   Analyse und Ergebnisse

Gibt es bestimmte Muster, wie sich dieser Meinungsmarkt strukturell gestaltet? Eine interessante Struktur ist die der Einmischung zu einem Thema am selben Tag. Eine gleichzeitige Einmischung in eine Auseinandersetzung mit Beiträgen weist auf ähnliche Bewertungen von Seiten der Redaktion hin, auf ein Ereignis zu reagieren. Die vergleichenden Analysen von allen 16 Auseinandersetzungen zeigen, dass sich zwei „Paare" bilden: Als ein Paar liefern die *FAZ* und die *Süddeutsche*, als ein anderes Paar die *taz* und der *Tagesspiegel* häufig am selben Tag zu einem Thema einen Beitrag. Sie senden also am selben Tag zur selben Sache Signale. Nur welche Interpretation von kommentarwürdigen Menschen und Objekten wird in diesen Signalen kommuniziert?

Auf der Grundlage der beschriebenen Kodierweise der Evaluationen zeigt sich, dass alle Zeitungen am häufigsten aufgrund von evaluativen Prinzipien aus der *industriellen Welt* und der *staatsbürgerlichen Welt* argumentiert haben. Bei der staatsbürgerlichen Welt wurden am häufigsten Menschen als qualifizierend für das Argument herangezogen („im Interesse des Volkes"), bei der industriellen Welt vorrangig Objekte wie Pläne und Infrastruktur. Tabelle 2 gibt Auskunft über die Häufigkeitsverteilung der evaluativen Prinzipien für die einzelnen Zeitungen und listet die verwendeten Kodes.

Tabelle 2   Häufigkeitsverteilung der evaluativen Prinzipien und Schweigen für die einzelnen Zeitungen

Kode	Evaluatives Prinzip	Berliner	FAZ	Süddeutsche	taz	Tagesspiegel	Summe
1	häusliche Welt, Objekt	5	17	8	8	8	46
2	häusliche Welt, Mensch	21	20	16	10	23	90
3	staatsbürgerliche Welt, Objekt	16	13	20	17	14	80
4	staatsbürgerliche Welt, Mensch	25	27	26	34	44	156
5	industrielle Welt, Objekt	28	25	28	25	30	136
6	industrielle Welt, Mensch	17	21	25	19	31	113
7	andere Welten	7	4	12	0	8	31
8	Schweigen am Anfang	29	32	33	37	36	167
9	Schweigen nach Einmischung	129	118	109	127	83	566
	Summe	277	277	277	277	277	1385

Analytisch lassen sich die untersuchten thematischen Auseinandersetzungen zwischen den Zeitungen, die über längere Zeit ausgetragen werden, als Karriereverläufe verstehen. Zur Untersuchung von Mustern in Karriereverläufen hat sich die *Optimal Matching* Analyse, oder Sequenzanalyse genannt, als nützlich erwiesen (z. B. Abbott 1995; Abbott/Tsay 2000; Aisenbrey 2000; Brüderl/Scherer 2006). Diese mathematisch unkomplizierte Methode vergleicht einzelne Karrieren miteinander, stellt deren Ähnlichkeit fest und ermittelt, wie schwierig es ist, eine Karriere in eine andere umzuwandeln. Diese Analysemethode deckt keine kausalen Zusammenhänge auf, ermöglicht es jedoch, lange Karriereketten von Akteuren miteinander zu vergleichen.

Die Beiträge einer Zeitung in einer Auseinandersetzung, deren Kodierung die gemeinsame Verwicklung berücksichtigt, bilden im vorliegenden Fall eine Karriere. Das Ergebnis der Sequenzanalyse von allen Karrieren ist eine Matrix, in der der Vergleich aller Karrieren miteinander aufgeführt wird.[10] Der gewählte Clusteralgorithmus CONCOR (Breiger et al. 1975) sortiert die Karrieren dann nach größtmöglicher Ähnlich- und Unähnlichkeit zwischen und innerhalb der Cluster.

Die Analyse ergibt acht Cluster von ähnlichen Evaluationskarrieren der Zeitungen, die sich grob nach den Verlaufsmustern „Schweigen-Beitrag" oder „Beitrag-Schweigen" aufteilen und detaillierter dann nach gleichen Evaluationsabfolgen anordnen. So gruppiert sich die Beispielauseinandersetzung „Bildungspolitik" in insgesamt drei unterschiedliche Cluster:

- Die Evaluationskarriere der *Berliner Zeitung* zur Bildungspolitik findet sich aufgrund ihrer typischen Muster im zeitlichen Ablauf in einem Cluster mit mehreren anderen Evaluationskarrieren der *Berliner Zeitung* zu anderen Themen wieder. Typisch für dieses Cluster sind Muster in der Evaluation, die zwischen der staatsbürgerlichen und industriellen Welt wechseln.
- Die Evaluationskarrieren der *FAZ* und des *Tagesspiegels* zur Bildungspolitik finden sich in einem Cluster wieder, in dem Beiträge zu anderen Themen der *FAZ* dominieren, die *Berliner Zeitung* jedoch gar nicht vertreten ist. Typisch ist hier das evaluative Prinzip der industriellen Welt.
- Die Evaluationskarrieren der *Süddeutschen* und der *taz* finden sich aufgrund ihrer Evaluationsmuster im zeitlichen Ablauf ebenfalls in einem Cluster, in dem Karrieren versammelt sind, die sich erst spät an Auseinandersetzungen beteiligen.

6   Evaluatives Manövrieren

Die Analyse der internen Strukturierung des Marktes zeigte evaluatives Manövrieren der Zeitungen. Die Marktteilnehmer prägten gemeinsam den Verlauf von Auseinandersetzungen, ohne sich auf eine bestimmte evaluative Position festzulegen. In den unsicheren Monaten

---

10 Details zur notwendigen Substitutionskostenmatrix und zur erhaltenen Distanzmatrix teilt die Autorin auf Anfrage gerne mit.

des Hauptstadtumzugs, in denen nicht klar war, *wer* der Beteiligten Meinungsführer und „Hauptstadtzeitung" werden würde, zeigten sich Akteure mehrdeutig. Themen wurden nicht von einem Standpunkt aus bewertet, sondern situativ flexibel. Jede Zeitung hielt sich so Optionen offen und schuf Unklarheit für Andere, wo sie denn nun in Bezug auf die moralische Einordnung von Ereignissen stand. Gleichzeitig schweißte der ungewisse Ausgang der Marktentwicklung alle Marktteilnehmer zusammen. Denn das Ziel des Manövrierens war für jeden Akteur die Einnahme einer bestimmten Position, nämlich die der Hauptstadtzeitung, was in der strukturellen Verwicklung allerdings von allen anderen Marktteilnehmern erst ermöglicht werden musste. So waren alle voneinander abhängig, die Position der Hauptstadtzeitung zu erlangen.

Dennoch zeigten sich bei der Analyse der evaluativen Prinzipien Muster in den Geschichten, die die Marktakteure erzählten. Das Ergebnis der Clusteranalyse weist auf unterschiedliche Positionierungsbestrebungen der einzelnen Marktakteure hin, die nicht strategisch im Sinne rational kalkuliertem Handelns oder aufgrund latent wirkender Dispositionen erfolgten, sondern vielmehr das Resultat gegenseitiger Beobachtungen und gemeinsamer Handlungen im lokalen Kontext waren.

Im diskursiven Wettbewerb konnten die Zeitungen so ihre Nische herausbilden und bestätigen: die *FAZ* und die *Süddeutsche* ähnelten einander in ihren Evaluationsmustern; die *Berliner Zeitung* ähnelte der *Süddeutschen*, nicht jedoch dem *Tagesspiegel*; der *Tagesspiegel* ähnelte der *FAZ*, nicht jedoch der *Berliner Zeitung*; die *taz* zeigte sich allen gleich ähnlich oder unähnlich. So hat sich jede Zeitung gemeinsam mit der Konkurrenz eine eigene Identität aufgebaut. Dieses Positionierungsgefüge der Identitäten aufgrund des narrativen Wettbewerbs zeigt zudem Übereinstimmungen mit anderen Aspekten des Wettbewerbs um die Hauptstadtzeitung, wie er Ende der 1990er Jahre in Berlin stattfand. Bei diesem Wettbewerb kam es zu den bislang größten Investitionen aller involvierten Verlagshäuser in Ausstattung und Personal, jedoch ohne die erhofften Ergebnisse: Den Wettbewerb um *die* Hauptstadtzeitung konnte keine Zeitung für sich gewinnen (Mützel 2007b).

7   Geschichten als Signale

Die analytische Perspektive auf Geschichten als Signale konnte zeigen, wie ein Markt und seine Marktteilnehmer in ihrer gemeinsamen Evolution miteinander verflochten sind. Die Analyse des diskursiven Wettbewerbs um die Hauptstadtzeitung hat gezeigt, dass sich der strukturalistische Blick auf Märkte als Netzwerke mit dem Blick auf Evaluationen der erzählten Geschichten ertragreich verbinden lässt. Dabei wurden Bedeutungen endogen im sozialen Gruppengefüge untersucht und, auf der Grundlage der Muster dieser Evaluationen, Rückschlüsse über die Nischen- und Identitätsformierung der Akteure vorgenommen.

Der hier vorgestellte Ansatz besteht darin, Diskurse als Netzwerk von Signalen zu betrachten und sich insbesondere mit dem Austausch von Geschichten nicht nur zwischen unterschiedlichen Akteuren sondern auch im längeren Zeitverlauf zu beschäftigen. Er lässt sich auch auf andere Analysen von Meinungsmärkten übertragen. So kann der politische

Diskurs als Marktplatz um Positionen verstanden werden (Mitschele 2007). Ebenfalls kann die Suche nach neuen medizinischen Therapeutika als ein Markt verstanden werden, in dem unterschiedliche Akteure, wie Biotechunternehmen, Pharmafirmen und Finanzanalysten Geschichten als Signale aussenden und mit diesem Meinungsmarkt gemeinsam auch den ökonomischen Markt mitgestalten (Mützel 2009). Ferner konstruieren Geschichten Kategorien nach denen wirtschaftliche Akteure ganz im Sinne von White Vergleichbarkeit herstellen: „Market categories emerge from stories about rivalry" (Kennedy 2005: 209). Unternehmen agieren dann nach diesen kognitiv hergestellten Kategorien auf dem Markt. Die Arbeiten von Kennedy (2005, 2008) zeigen, wie die Medien besonders in neu entstehenden Märkten sinnstiftende Geschichten produzieren, mit deren Hilfe sich Unternehmen miteinander vergleichen. Methodisch kann also die Perspektive auf Geschichten als Signale andere Marktanalysen erweitern.

Zunächst wirtschaftssoziologisch angesiedelt, schließt der Beitrag an allgemeinere theoretische Diskussionen in der Soziologie an, in denen es darum geht, wie sich die Verbindung von Kultur und Struktur gleichzeitig analysieren lässt. Auf der Grundlage der vorliegenden Analyse lässt sich festhalten, dass *Kontext* als Konzept soziologisch weiter theoretisiert werden sollte, um der Verwobenheit von Sprache und Handlungen zu entsprechen. Kontext kann nicht mehr nur als das verstanden werden, worin eingebettet wird. In Erklärungen kann Kontext nicht mehr die Kategorie der unklaren Kultur oder auch des Übriggebliebenen sein. Kontext selbst bettet ein: Seine sozialökologischen und temporären Beschaffenheiten definieren Entscheidungsmuster (Kaufman 2004). Die hier vorgestellte Sichtweise versucht zudem, einen Beitrag zur Weiterentwicklung der relationalen Soziologie (Emirbayer 1997) zu liefern: Akteure folgen keiner rationalen, strategischen Ordnung, sondern handeln in Abhängigkeit von ihrem Gruppengefüge. Verbindungen zwischen Akteuren müssen keine Abstraktionen sein, sondern können als endogen und gemeinsam produzierte Geschichten verstanden werden.

Literatur

Abbott, Andrew (1995): Sequence analysis: New methods for old ideas. In: Annual Review of Sociology 21. 93-113.

Abbott, Andrew/Tsay, Angela (2000): Sequence analysis and optimal matching methods in sociology. Review and prospect. In: Sociological Methods & Research 29. 3-33.

Aisenbrey, Silke (2000): Optimal Matching Analyse. Anwendungen in den Sozialwissenschaften. Opladen: Leske + Budrich.

Akerlof, George A. (1970): The market for lemons. In: Qualitative Journal of Economics 84. 488-500.

Aspers, Patrik (2006): Markets in Fashion. Oxford: Routledge.

Aspers, Patrik/Beckert, Jens (2008): Märkte. In: Maurer (2008): 225-246.

Beckert, Jens/Deutschmann, Christoph (Hrsg.) (2009): Wirtschaftssoziologie. 49. Sonderheft der KZfSS. Wiesbaden: VS Verlag.

Beckert, Jens/Diaz-Bone, Rainer/Ganßmann, Heiner (Hrsg.) (2007): Märkte als soziale Strukturen. Frankfurt a. M./New York: Campus.

Benford, Robert D./Snow, David A. (2000): Framing processes and social movements: An overview and assessment. In: Annual Review of Sociology 26. 611-639.

Benjamin, Beth/Podolny, Joel M. (1999): Status, quality, and social order in the California wine industry. In: Administrative Science Quarterly 44. 563-589.

Bernstein, Basil (Hrsg.) (1973): Class, codes and control II: Applied studies toward a sociology of language. London: Routledge.

Boje, David (1991): The storytelling organization: A study of story performance in an office-supply firm. In: Administrative Science Quarterly 36. 106-216.

Boje, David/Oswick, Cliff/Ford, Jeffrey D. (2004): Language and organization: The doing of discourse. In: Academy of Management Review 29. 571-577.

Boltanski, Luc (1996): Endless disputes from intimate injuries to public denunciations. Cornell University, Department of Sociology.

Boltanski, Luc/Chiapello, Eve (2003): Der neue Geist des Kapitalismus. Konstanz: UVK.

Boltanski, Luc/Thévenot, Laurent (1999): The sociology of critical capacity. In: European Journal of Social Theory 2. 359-377.

Boltanski, Luc/Thévenot, Laurent (2007): Über die Rechtfertigung. Eine Soziologie der kritischen Urteilskraft. Hamburg: Hamburger Edition.

Breiger, Ronald L./Boorman, Scott /Arabie, Phipps (1975): An algorithm for clustering relational data with applications to social network analysis and comparison with multidimensional scaling. In: Journal of Mathematical Psychology 12. 328-383.

Brüderl, Josef/Scherer, Stefani (2006): Methoden zur Analyse von Sequenzdaten. In: Kölner Zeitschrift für Soziologie und Sozialpsychologie, Sonderheft 44. 330-347.

Burt, Ronald S. (1992): Structural holes: The social structure of competition. Cambridge, MA: Harvard University Press.

Clandinin, D. Jean (Hrsg.) (2007): Handbook of narrative inquiry: Mapping a methodology. Thousand Oaks, CA: Sage.

Convert, Bernard/Heilbron, Johan (2007): Where did the new economic sociology come from? In: Theory and Society 36. 31-54.

Czarniawska, Barbara (1997): Narrating the organization. Dramas of institutional identity. Chicago: Chicago University Press.

Czarniawska, Barbara (2007): Narrative inquiry in and about organizations. In: Clandinin (2007): 383-404.

Denning, Stephen (2005): The leader's guide to storytelling: Mastering the art and discipline of business narrative. San Francisco: Jossey-Bass.

Diaz-Bone, Rainer (2007): Qualitätskonventionen in ökonomischen Feldern. Perspektiven für die Soziologie des Marktes nach Bourdieu. In: Berliner Journal für Soziologie 17. 489-509.

DiMaggio, Paul (1987): Classification in art. In: American Sociological Review 52. 440-455.

Duranti, Alessandro/Goodwin, Charles (Hrsg.) (1992): Rethinking context. Language as an interactive phenomenon. Cambridge: Cambridge University Press.

Economides, Nicolas (1996): The economics of networks. In: International Journal of Industrial Organization, 14. 673-699.

Emirbayer, Mustafa (1997): Manifesto for a relational sociology. In: American Journal of Sociology 103. 281-317.

Emirbayer, Mustafa/Goodwin, Jeff (1994): Network analysis, culture, and the problem of agency. In: American Journal of Sociology 99. 1411-1454.

Faulkner, Robert (1983): Music on demand. New Brunswick, NJ: Transaction Books.

Fiss, Peer/Hirsch, Paul M. (2005): The Discourse of globalization: Framing and sensemaking of an emerging concept. In: American Sociological Review 70. 29-52.

Fiss, Peer/Kennedy, Mark T. (2007): Framing markets. In: Technology, Innovation and Institutions. Working Paper Series, http://www.business.ualberta.ca/tcc/documents/TII_13_Fiss_Kennedy.pdf.

Fiss, Peer/Zajac, Edward (2006): The symbolic management of strategic change: Sensegiving via framing and decoupling. In: Academy of Management Journal 49. 1173-1193.

Fligstein, Neil (1996): Markets as politics: A political-cultural approach to market institutions. In: American Sociological Review 61. 656-673.

Fligstein, Neil/Dauter, Luke (2007): The Sociology of Markets. In: Annual Review of Sociology 33. 105-128.

Fourcade, Marion (2007): Theories of markets and theories of society. In: American Behavioral Scientist 50. 1015-1034.

Gamson, William A./Modigliani, Andre (1989): Media discourse and public opinion on nuclear power: A constructionist approach. In: American Journal of Sociology 95. 1-37.

Gans, Herbert (1979): Deciding what's news: A study of CBS Evening News, NBC Nightly News, Newsweek and Time. New York: Pantheon.

Gerhards, Jürgen/Anheier, Helmut K. (1987): Zur Sozialposition und Netzwerkstruktur von Schriftstellern. In: Zeitschrift für Soziologie 16. 385-394.

Granovetter, Mark (1985): Economic action and social structure. The problem of embeddedness. In: American Journal of Sociology 91. 481-510.

Halliday, Michael A. K. (1973): The functional basis of language. In: Bernstein (1973): 343-366.

Holzer, Boris (2006): Netzwerke. Bielefeld: transcript.

Kaufman, Jason (2004): Endogenous explanation in the sociology of culture. In: Annual Review of Sociology 30. 335-357.

Kennedy, Mark T. (2005): Behind the one-way mirror: Refraction in the construction of product market categories. In: Poetics 33. 201-226.

Kennedy, Mark T. (2008): Getting counted: Markets, media, and reality. In: American Sociological Review 73. 270-295.

Knorr Cetina, Karin (2007): Global markets as global conversations. In: Text & Talk 27. 705-734.

Knorr Cetina, Karin/Bruegger, Urs (2002): Global microstructures: The virtual societies of financial markets. In: American Journal of Sociology 107. 905-950.

Lamont, Michèle/Thévenot, Laurent (Hrsg.) (2000): Rethinking comparative cultural sociology. Repertoires of evaluation in France and the United States. Cambridge, UK: Cambridge University Press.

Leifer, Eric (1985): Markets as mechanisms: Using a role structure. In: Social Forces 64. 442-472.

Leifer, Eric/Rajah, Valli (2000): Getting observations: Strategic ambiguities in social interaction. In: Soziale Systeme 6. 251-267.

Leifer, Eric/White, Harrison C. (1987): A structural approach to markets. In: Mizruchi/Schwartz (1987): 85-108.

Lorraine, Francois/White, Harrison C. (1971): Structural equivalence of individuals in social networks. In: Journal of Mathematical Sociology 1. 49-80.

Martin, Joanne/Feldman, Martha S./Hatch, Mary Jo/Sitkin, Sim B. (1983): The Uniqueness Paradox in Organizational Stories. In: Administrative Science Quarterly 28. 438-453.

Maurer, Andrea (Hrsg.) (2008): Handbuch der Wirtschaftssoziologie. Wiesbaden: VS Verlag.

Mische, Ann/White, Harrison C. (1998): Between conversation and situation: Public switching dynamics across network domains. In: Social Research 65. 695-724.

Mitschele, Anna Karoline (2007): Die Strukturierung von Konfliktlinien in der europäischen Verfassungsdebatte. Ein Marktmodell für politisches Verhalten. Institut für Sozialwissenschaften. Berlin: Humboldt Universität zu Berlin. Diplom.

Mizruchi, Mark/Galaskiewicz, Joseph (1993): Networks of interorganizational relations. In: Sociological Methods & Research 22. 46-70.

Mizruchi, Mark/Schwartz, Michael (Hrsg.) (1987): Intercorporate relations. Cambridge: Cambridge University Press.

Mützel, Sophie (2002): Making meaning of the move of the German capital: Networks, logics, and the emergence of capital city journalism. Ann Arbor: UMI.

Mützel, Sophie (2007a): Marktkonstitution durch narrativen Wettbewerb. In: Berliner Journal für Soziologie, 17. 451-464.

Mützel, Sophie (2007b): Von Bonn nach Berlin: Der gewachsene Hauptstadtjournalismus. In: Weichert/Zabel (2007): 55-73.

Mützel, Sophie (2008a): Handlungskoordination in der neuen Wirtschaftssoziologie. Französische und US-amerikanische Ansätze im Vergleich. CD-ROM-Beitrag. In: Rehberg (2008).

Mützel, Sophie (2008b): Netzwerkperspektiven in der Wirtschaftssoziologie. In: Maurer (2008): 185-206

Mützel, Sophie (2009): Koordinierung von Märkten durch narrativen Wettbewerb. In: Beckert/Deutschmann (2009): 87-106.

Podolny, Joel M. (2001): Networks as the pipes and prisms of the market. In: American Journal of Sociology 107. 33-60.

Podolny, Joel M. (2005): Status signals: A sociological study of market competition. Princeton, NJ: Princeton University Press.

Rehberg, Karl-Siegbert (Hrsg.) (2008): Die Natur der Gesellschaft, Verhandlungsband des 33. Kongresses der DGS. Frankfurt a. M./New York: Campus.

Rosa, José Antonio/Porac, Joseph F./Runser-Spanjol, Jelena/Saxon, Michael S. (1999): Sociocognitive dynamics in a product market. In: Journal of Marketing 63. 64-77.

Schreyögg, Georg/Koch, Jochen (2005): Knowledge management and narratives. Berlin: Erich Schmidt Verlag

Smelser, Neil/Swedberg, Richard (Hrsg.) (1994): The handbook of economic sociology. Princeton, NJ: Princeton University Press.

Snow, David/Rochford, E. Burke/Worden, Steven/Benford, Robert (1986): Frame alignment processes, micromobilization, and movement participation. In: American Sociological Review 51. 464-481.

Spence, Michael (1973): Job market signaling. In: Quarterly Journal of Economics 87. 355-374.

Spence, Michael (1974): Market signaling: Informational transfer in hiring and related screening processes. Cambridge, MA: Harvard University Press.

Spence, Michael (2002): Signaling in retrospect and the informational structure of markets. In: The American Economic Review 92. 434-459.

Swedberg, Richard (1994): Markets as social structures. In: Smelser/Swedberg (1994): 255-282.

Thévenot, Laurent (2001): Organized complexity: Conventions of coordination and the composition of economic arrangements. In: European Journal of Social Theory 4. 405-425.

Thévenot, Laurent/Moody, Michael/Lafaye, Claudette (2000): Forms of valuing nature: Arguments and modes of justification in French and American environmental disputes. In: Lamont/Thévenot (2000): 229-272.

Uzzi, Brian (1996): The sources and consequences of embeddedness for the economic performance of organizations: The network effect. In: American Sociological Review 61. 674-698.

Weichert, Stephan/Zabel, Christian (Hrsg.) (2007): Die Alphajournalisten. Köln: Herbert von Halem Verlag.

White, Harrison C. (1981): Where do markets come from? In: American Journal of Sociology 87. 517-547.

White, Harrison C. (1992): Identity and control: A structural theory of social action. Princeton, NJ: Princeton University Press.

White, Harrison C. (1995): Network switchings and Bayesian forks: Reconstructing the social and behavioral sicences. In: Social Research 62. 1035-1063.

White, Harrison C. (2000): Modeling discourse in and around markets. In: Poetics 27. 117-133.

White, Harrison C. (2002): Markets from networks: Socioeconomic models of production. Princeton, NJ: Princeton University Press.

White, Harrison C. (2003): Meanings out of ambiguity from switchings, with grammar as one trace: Directions for a sociology of language. The Cultural Turn at UC Santa Barbara: Instituting and Institutions, UC Santa Barbara, CA.

White, Harrison C. (2008): Identity and control: How social formations emerge. Princeton, NJ: Princeton University Press.

White, Harrison C./Boorman, Scott/Breiger, Ronald L. (1976): Social structure from multiple networks. I. Blockmodels of roles and positions. In: American Journal of Sociology 81. 730-779.

White, Harrison C./Godart, Frédéric (2007a): Märkte als soziale Formationen. In: Beckert/Diaz-Bone/Ganßmann (2007): 197-215.

White, Harrison C./Godart, Frédéric (2007b): Stories from identity and control. In: Sociologica, (3/2007), http://www.sociologica.mulino.it/doi/10.2383/25960.

White, Hayden (1987a): The value of narrativity in the representation of reality. In: White (1987b): 1-25.

White, Hayden (Hrsg.) (1987b): The content of the form: Narrative discourse and historical representation. Baltimore: John Hopkins University Press.

Finanzmarktöffentlichkeiten
Die funktionale Beziehung zwischen Finanzmarkt und öffentlichem Diskurs

Andreas Langenohl

1 Finanzmarktsoziologie zwischen politischer Ökonomie und Zeichentheorie

Seit einigen Jahren wird eine Diskussion zwischen Vertreterinnen und Vertretern verschiedener Zweige der „neuen" Wirtschaftssoziologie und der „social studies of finance" geführt.[1] In dieser Debatte geht es nicht zuletzt um die Legitimität einer genuin finanzmarktsoziologischen Sichtweise, die sich von allgemein wirtschaftssoziologischen Perspektiven abzugrenzen hätte. Der Raum, in dem sich der Disput abspielt, kann exemplarisch anhand der Positionen zweier bedeutender Soziologinnen der Finanzmärkte vermessen werden. Einerseits hebt Saskia Sassen (1991, 2005) in ihren Studien zu den globalen Finanzmarktmetropolen, welche stärker in die transnationale Finanzökonomie als in die Volks- oder regionale Wirtschaft eingebunden sind, die produktiven Wirkungen der institutionellen Einbettung der Märkte hervor. Die Entwicklung, Vermarktung, juristische Absicherung komplexer Finanzprodukte und die technische und administrative Kanalisierung der globalen Finanzströme seien ohne eine hohe Dichte von face-to-face-Kontakten zwischen Bankern und Anwälten, Werbefachleuten und technischen Administratoren, und allgemein zwischen Experten und Klienten nicht möglich (vgl. auch Olds 2001; Ong 1999). Andererseits und im Gegensatz dazu besteht Karin Knorr Cetina (2007a, 2007b) auf der Selbstentwindung finanzmarktlicher Dynamiken aus den sozialen, technologischen und politischen Kontexten, die sie ursprünglich möglich gemacht haben mögen, aber in der hoch technisierten Echtzeitkommunikation gegenwärtiger Finanzmärkte nicht länger steuern oder auch nur beeinflussen können.

Die erstgenannte Position sieht die soziale Einbettung von Finanzmärkten lediglich als einen Unterfall der generellen Einbettung von Märkten an, während die zweite die Berechtigung einer eigenen Finanzmarktsoziologie aus einer von anderen Märkten distinkten

---

1 Ich danke Julia Brandl, Rainer Diaz-Bone, Reinhold Hedtke, Markus A. Höllerer, Dennis Jancsary, Getraude Krell, Florentine Maier, Renate Meyer, Reinhard Paulesich, Katharina Pernkopf, Kerstin Schmidt-Beck, Jürgen Schraten und Eva-Maria Walker herzlich für ihre hilfreichen Kommentierungen einer früheren Fassung dieses Beitrags und der ihm zugrunde liegenden Vorträge sowie Matthias Küppers für seine Unterstützung bei der empirischen Erhebung.

Eigenlogik der Finanzmärkte ableitet. Diese beiden Positionen weisen über die Soziologie hinaus. Die Einbettungsthese steht in einer Kontinuität mit Ansätzen, die sich zwar konzeptgeschichtlich auf eine „Finanzsoziologie" zurückführen lassen (Mann 1961; ihn aufgreifend: Blomert 2005), jedoch ebenfalls mit gegenwärtigen politisch-ökonomischen Ansätzen kompatibel sind, von der der „Varities of Capitalism"-Ansatz derzeit wohl der bekannteste ist (allgemein: Hall/Soskice 2001a; explizit in Bezug auf Finanzmärkte: Deeg 1999, 2001; Grossman 2006; Lütz 2003; Vitols 2004; Vitols/Engelhardt 2005). Umgekehrt deutet die Entkopplungsthese in eine repräsentations-, kommunikations- oder zeichentheoretische Richtung, die etwa von Jean Baudrillard (1992, 2000) und Dirk Baecker (2006: 85-95) eingeschlagen wurde, aber auch in den *humanities* anzutreffen ist (vgl. Ball 2007; Žižek 2002). Sie postuliert eine auf Zeichenzirkulation beruhende Eigendynamik der Finanzmärkte, die sich von ihren gesellschaftlichen Kontextualisierungen freigemacht habe.

Die gegenwärtige Soziologie der Finanzmärkte steht somit am Begegnungspunkt von politischer Ökonomie und Zeichentheorie. Auf die Frage, ob dieser Punkt als eine Schnittfläche oder eher als eine Wegscheide vorzustellen ist – ob also die Finanzmarktsoziologie politische Ökonomie und Zeichentheorie zu verbinden vermag oder sich besser für eine der beiden Richtungen entscheiden sollte – wird zum Ende dieses Beitrags zurückzukommen sein. Jedenfalls muss die hier unternommene Klärung des Verhältnisses zwischen Finanzmarkt und Öffentlichkeit bei der Polarisierung der Debatte ihren Ausgang nehmen. Diese Polarisierung der Debatte resultiert nämlich in zwei einander ausschließenden Versionen jenes Verhältnisses, deren Ausschließlichkeitscharakter kritisch überprüft und neu verhandelt werden muss, um zu einer produktiven Neubestimmung des Verhältnisses zwischen Finanzmarkt und Öffentlichkeit gelangen zu können.

Im Kontext der Einbettungsthese wird Öffentlichkeit als Dimension der institutionellen Rahmung von Finanzmärkten begriffen. So argumentieren Gordon Clark, Nigel Thrift und Adam Tickell (2004: 290), dass öffentliche Mediendiskurse der gegenwärtigen Finanzwirtschaft teilweise ihre Logik aufzwingen, weil sie die Erwartungen der Marktteilnehmer und damit den Wert der Anlagen beeinflussen, weil sie Rhetoriken der Rechtfertigung zirkulieren, die die Attraktivität von Finanzprodukten steigern oder mindern, und weil durch das Wissen um diese Prozesse der Medieneinfluss in die Kalkulation der Finanzmarktprofessionellen eingebaut wird. Die Implikation lautet, dass Finanzmärkte von öffentlichen Diskursen maßgeblich beeinflusst werden. Im Gegensatz hierzu nimmt die Entkopplungsthese bei der Selbstabschließung von Finanzmärkten ihren Ausgang und bestreitet konsequenterweise auch den direkten Einfluss nichtfinanzmarktlicher Dynamiken, Praktiken und Diskurse. Sehr entschieden wurde diese These von Jean Baudrillard (1992, 2000) verfochten, der Finanzmärkte als ein in sich geschlossenes Spiel von Differenzen zwischen selbstreferenziellen Signifikanten auffasste und so weit ging, nicht nur den Einfluss der produktionsbasierten Wirtschaft auf die Finanzwirtschaft zu bestreiten, sondern auch das Umgekehrte zu behaupten.

Der vorliegende Beitrag verortet sich jenseits dieser Positionen der Einbettungs- bzw. der Entkopplungsthese, indem er das Verhältnis zwischen Finanzmarkt und Öffentlichkeit aus der Perspektive des genuin ökonomischen Mechanismus beleuchtet, der den Markt kennzeichnet und der doch von beiden Positionen nicht gebührend gewürdigt wird. Die

Rede ist von der *Preisbildung*. Das Hauptargument dieses Beitrags lautet, dass Diskurse über Finanzmärkte eine Funktionsstelle besetzen, die der Mechanismus der Preisbildung nicht füllen kann, nämlich die Artikulation von Handlungsoptionen. Das Verhältnis von Finanzmarkt und öffentlichem Diskurs ist aus der Sicht dieses Einrückens des Diskurses in eine von der Preisbildung leer gelassene Funktionsstelle zu entwerfen.

Im nächsten Abschnitt wird ein Überblick über die Literatur zum Thema Finanzmarkt und Öffentlichkeit gegeben (2). Daran anschließend wird das Argument der funktionalen Komplementarität von Finanzmarkt und Diskurs entwickelt und in seinen, nicht ausschließlich funktionalistisch zu fassenden, Konsequenzen dargestellt (3). Abschnitt (4) führt an methodologische Fragen heran, und Abschnitt (5) verdeutlicht das theoretische Argument anhand eines Ausschnitts aus der Debatte um die globale Finanzkrise im Anschluss an die US-amerikanische Immobilienkreditkrise im September und Oktober 2008. Der letzte Abschnitt (6) kehrt zu der Frage zurück, wie für ein Verständnis des Finanzmarktes und seiner diskursiven Dimension das Verhältnis zwischen politisch-ökonomischen und zeichentheoretischen Modellierungen zu formulieren wäre.

2   Finanzmarkt und Öffentlichkeit aus Sicht der „Social Studies of Finance"

Soziologische Arbeiten zur Beziehung zwischen Finanzmärkten und Öffentlichkeit sind bislang eher dünn gesät. Das hängt vermutlich damit zusammen, dass sich die Soziologie der Finanzmärkte, im Fahrwasser der „Science and Technology Studies" (Beunza/Hardie/MacKenzie 2006: 722), auf soziale Beziehungen und Netzwerke der handelnden Akteure und auf die technologische Verfasstheit der Finanzmärkte und daraus resultierende finanzmarktinterne Kommunikationsstrukturen konzentriert hat. Beide Aspekte kommen gleichermaßen und beispielhaft in Karin Knorr Cetinas und Urs Brueggers Arbeiten zum Ausdruck. Sie charakterisieren Finanzmarkttransaktionen und -kommunikationen – wobei sie hauptsächlich auf Devisenhändler Bezug nehmen[2] – als „postsozial" (Knorr Cetina/Bruegger 2000, 2002), als „globale Mikrostrukturen" (Knorr Cetina/Bruegger 2002) oder auch als „globale Konversationen" (Knorr Cetina 2007b). Die verschiedenen argumentativen Stränge dieser wichtigen Beiträge zur gegenwärtigen Finanzmarktsoziologie lassen sich wie folgt zusammenfassen: Die technologisch ermöglichte Echtzeitkommunikation mit abwesenden Anderen und mit dem „Markt", verstanden als die sich auf den Bildschirmen der Händler darstellenden Preisbewegungen, erzeugt eine ins Globale ausgedehnte soziale Situation, die unter Rückgriff auf mikrosoziologische theoretische und methodologische Mittel formaler Phänomenologie, auf Psychoanalyse, symbolischen Interaktionismus und Konversationsanalyse untersucht werden kann. Knorr Cetina und Bruegger stehen mit ihren Arbeiten daher für mikroanalytische Ansätze, die Finanzmärkte aus der Perspektive

---

2   Vgl. zur Kritik dieser Schwerpunktsetzung Arnoldi (2006), Langenohl/Schmidt-Beck (2007).

der sie konstituierenden Situationen und Praktiken betrachten (vgl. auch Abolafia 1996; Beunza/Hardie/MacKenzie 2006; Fenton-O'Creevy et al. 2005; Kalthoff 2005).

Diejenigen Arbeiten, die sich mit der Bedeutung öffentlicher Kommunikation für Finanzmärkte befassen, sind bislang nicht zu vergleichbarem Einfluss gelangt. Am bekanntesten ist die bereits erwähnte Arbeit von Clark, Thrift und Tickell (2004; vgl. auch Thrift 2005: 20-50). Im Einklang mit ihr weist Jakob Arnoldi (2006: 391) auf die reflexive Kopplung medialer Berichterstattung mit Finanzmarktdynamiken hin: Weil damit zu rechnen ist, dass Medien das Image von Finanzmarktprodukten prägen und Stimmungen beeinflussen, müssen Finanzmarktakteure ihre Wirkung in Rechnung stellen, was sich bis zu einer selbsterfüllenden Prophezeiung steigern kann.[3] Vor der Soziologie hatte auf diesen Effekt bereits die verhaltenspsychologische Finanzmarktforschung hingewiesen (etwa Avery/Zemsky 1998 und De Bondt 1998). Schließlich wird darauf aufmerksam gemacht, dass sich das institutionelle Umfeld von Finanzmarktorganisationen wie etwa Banken, zu dem auch öffentlich legitimierte Verständnisse von der angemessenen Gestalt einer Finanzorganisation gehören, ändern und damit Wandel auf der Organisationsebene erzwingen kann (Grossman 2006). Solchen institutionellen Wandel kann man auf Strategien von „discursive entrepreneurs" zurückführen, aber durch sie nicht zur Gänze erklären, weil deren diskursive Strategien von Bedeutungskonstellationen auf gesamtgesellschaftlicher oder gar globaler Ebene abhängen, die sich unmittelbarer Einflussnahme entziehen (Langenohl 2008; Power 2005: 259-263).

Für die Beantwortung der Frage nach dem Verhältnis zwischen Finanzmarkt und Öffentlichkeit bilden diese Arbeiten noch keinen hinreichenden Ausgangspunkt, weil sie selbst keine Theorie finanzmarktlicher Öffentlichkeit vorweisen können und meist nicht einmal mit dem Begriff operieren. Natürlich sind massenmediale Berichterstattungen über Finanzmarktdynamiken, Preise am Finanzmarkt oder die Diskursmuster, die Debatten und Aussagen zugrunde liegen, alle irgendwie „öffentlich", aber dies erlaubt noch keine kohärente Hypothese zur Rolle von Öffentlichkeit am Finanzmarkt. Es lohnt daher, sich Arbeiten zuzuwenden, die etwas Systematik in die Diskussion bringen, indem sie die Öffentlichkeit der Finanzmärkte – und vor allem die Öffentlichkeit der Preisbildung – aus historischem Blickwinkel betrachten.

Finanzmärkte waren nicht immer das weithin sichtbare und massenmedial dargestellte Objekt, das uns heute so geläufig ist. Alex Preda (2007) und Reinhard Blomert (2005) weisen am Beispiel der Vereinigten Staaten (die in dieser Hinsicht am besten erforscht sind, vgl. auch Stäheli 2007: 120-129) darauf hin, dass Preise lange der exklusiven Nutzung durch Börsenhändler und die Börse selbst vorbehalten waren.[4] Preda führt aus, dass es in den USA bis in die 1940er Jahre hinein ein „double monopoly on price information" gab:

---

3   Darüber berichten Finanzmarktakteure selbst, vgl. Langenohl/Schmidt-Beck (2008).

4   Die zu dieser Zeit verbreitete Ansicht, dass Börsenhandel in den Händen von Spezialisten bleiben sollte, findet sich bei Max Weber (1988 [1894]: 286): Ihm zufolge behindert der Privatinvestor „das Entstehen einer in ihrer allgemeinen gesellschaftlichen Vorbildung, Erziehung und Stellung *gleichartigeren* Kaste von Börsenhändlern, welche in der Lage wäre, aus ihrer Mitte ,Ehrengerichte' zu bilden, welche die Energie haben könnten, erzieherisch zu wirken und deren Urteile respektiert würden." (Hervorhebung im Original)

„internally, specialist traders monopolized information of certain classes of securities. Externally, NYSE [New York Stock Exchange] had a monopoly on authoritative price data and on overall access to price-recording technologies." (Preda 2007: 34) Während Blomert die zunehmende Infragestellung dieses Umgangs mit Preisen unter Ausschluss der Öffentlichkeit in den 1920er und 30er Jahren als eine Reaktion der *New Deal*-Politik auf die intransparenten Insider-Handelsstrukturen zwischen Händlern interpretiert, die in maßgeblicher Weise für den Börsencrash des Jahres 1929 verantwortlich gewesen seien, ist es laut Preda vor allem die technologische Entwicklung selbst, die (angefangen beim Tickerband über die ersten informationsverarbeitenden Maschinen bis zur heutigen globalen Echtzeitkommunikation) den öffentlichen Charakter der Preisbildung unterstrich (vgl. auch Stäheli 2007: 310-342).

Diese Arbeiten zeigen, dass die Öffentlichkeit der Preisinformation erstens durch die rechtliche Anerkennung von Finanzmarktpreisen als öffentlichen Gütern und zweitens durch Kommunikationstechnologien, die eine schnelle und umfassende Weiterleitung von Preisinformationen leisteten, möglich wurde. Heutzutage ist die Preisbildung an der Börse nicht nur ein hochgradig öffentliches, sondern auch extrem inklusives Phänomen, da mit dem Aufkommen von Online-Brokerage jede über einen Internetzugang verfügende Person nicht nur direkten Zugriff auf die aktuellen Preise, sondern auch die Möglichkeit zum Direktinvestment und damit zur Veränderung der Preise haben kann. Wenngleich bestimmte Handelsvorgänge nach wie vor nur durch Professionelle getätigt werden können,[5] gibt es doch breiten Zugang zu den Finanzmärkten,[6] und die Preiseffekte dieses Handels sind in Echtzeit öffentlich jederzeit abrufbar.

Im folgenden Abschnitt nehme ich diese historisch unterschiedlich ausgeprägten Öffentlichkeiten der Preisbildung zum Ausgangspunkt einer Theoretisierung der Bedeutung von Öffentlichkeit für die Finanzmärkte.

3   Die Öffentlichkeit der Preisbildung und die diskursive Öffentlichkeit

Es wurde eingangs erwähnt, dass weder die politisch-ökonomischen noch die zeichentheoretischen Zugänge in der gegenwärtigen Finanzmarktsoziologie der Preisbildung besondere Aufmerksamkeit schenken, weil sie ihr Hauptaugenmerk auf die die Märkte rahmenden Strukturen oder die sie konstituierenden techno-sozialen Situationen richten. Aber ist diese Charakterisierung der Forschung nicht voreilig? „A price is a social thing" – so Daniel Beunza, Iain Hardie und Donald MacKenzie (2006: 721). Ihrem Argument zufolge sind

---

5   Dies gilt etwa für den direkten Handel zwischen Devisenhändlern (Knorr Cetina/Bruegger 2000) sowie für das sogenannte Block Trading, bei dem große Summen eines Wertes zwischen Händlern bewegt werden (Arnoldi 2006), und generell für alle Arten von direktem (OTC – over the counter) Handel.

6   Vgl. zum sprunghaften Anstieg der Laienteilnehmer am Finanzmarkt und privater „investment clubs" Harrington (2007) und Preda (2008).

Preise nicht einfach Resultate selbstevident-mathematischer Operationen, die aus dem angeblichen Gesetz von Angebot und Nachfrage resultieren, sondern in vielerlei Weise in soziale und materielle Kontexte eingebunden. Beispielsweise geht in die Preisbildung an Finanzmärkten der Skalierungsgrad der numerischen Intervalle ein, etwa die erlaubte Zahl der Nachkommastellen. Ebenso beruht Preisbildung auf Äquivalenzkonstruktionen, also auf der Setzung von Finanzmarktprodukten als untereinander vergleichbar (ibid.: 730, 733). Auf diese Weise wollen die Autoren zeigen, dass Preise einer finanzsoziologischen Analyse in demselben Sinne offen stehen wie beispielsweise formelle und informelle Normen, die bei Kommunikationen unter Händlern oder zwischen ihnen und Kunden am Werke sind – nämlich als sozial ausgehandelte Konstrukte.

Dieses Argument geht jedoch am ökonomischen Effekt von Preisen vorbei. Das Problem der bisherigen finanzmarktsoziologischen Forschung liegt weniger in einer Missachtung der Preisbildung als vielmehr in einem Übergehen ihrer ökonomischen Funktion. In diesem Zusammenhang ist an Michel Callons (1998a) Plädoyer zu erinnern, dass ein soziologisches Verständnis von Märkten ihrer sozial konstituierten ökonomischen Natur Rechnung tragen muss. Diese ökonomische Natur erblickt Callon in einer ständig neu hergestellten mathematisch-ökonomischen Kalkulierbarkeit, die er als „framing" bezeichnet. „Framing" transformiert kontingente soziale und natürliche Einflüsse auf ökonomisches Handeln und ökonomische Strukturen in kalkulierbare und rechenbare Modellierungen. Es verwandelt nicht-ökonomische Externalitäten in ökonomische Internalitäten und soziale und natürliche Phänomene in Preise (vgl. auch Kalthoff 2005). „Framing" ist nie abgeschlossen, sondern permanent durch das Auftauchen – im Sinne von Entstehen wie von Sichtbarwerden – neuer Kontingenzen oder Externalitäten herausgefordert; Callon nennt dies „overflowing". Der springende Punkt ist hier, dass die meisten finanzsoziologischen Arbeiten, selbst wenn sie sich auf Callon beziehen, allein den Externalitäten und der Herausforderung des „framing" durch „overflowing" ihre Aufmerksamkeit schenken. Damit blenden sie jedoch die ökonomische Dimension und die sozialen Konsequenzen von durch das Geldmedium gesteuerten Märkten aus und fallen hinter grundlegende Positionen wie die von Karl Marx und Georg Simmel zurück, denen zufolge die gesellschaftliche Bedeutung des Preises gerade in seiner ökonomischen Fungibilität – d. h. in seinem Vermögen, als reines Tauschmedium zu dienen – besteht (Marx 1989 [1883]: 119-127; Simmel 1989 [1907]: 121-138).

Callon in beiden seiner Argumente zu folgen würde hingegen bedeuten, die Tatsache der ökonomischen Kalkulierbarkeit von Preisen und ihrer gesellschaftlichen Effekte ebenso ernst zu nehmen wie die der sozialen Konstruiertheit dieser Kalkulierbarkeit. Dazu ist es erforderlich, die ökonomische Bildung von Preisen als Resultat von „framing" von ihrer sozialen Interpretation als Beispiel für „overflowing" analytisch zu unterscheiden. Dies führt zur Frage nach der Bedeutung von Öffentlichkeit an Finanzmärkten zurück.

Preisbildung auf Märkten setzt Öffentlichkeit zwingend voraus, weil sie auf Vergleichen beruht (Langenohl 2007: 12-16). Ohne einen Vergleich von Angebot und Nachfrage sowie zwischen verschiedenen Angeboten und Nachfragen ist Preisbildung auf Märkten nicht möglich.[7] Die mittlerweile verbreitete Kritik an neoliberalen Annahmen zur Effizienz des Preismechanismus (siehe exemplarisch Best 2003 und Blomert 2005, 2007) zielt letztendlich immer auf die nicht verwirklichte (und, wie oft argumentiert wird, nicht zu verwirklichende) vollständige Öffentlichkeit von Informationen über Angebot und Nachfrage, ebenso wie es die im letzten Abschnitt referierten politischen Einforderungen der Öffentlichkeit von Preisen und die Illegalisierung von Insidergeschäften im 20. Jahrhundert tun. Ironischerweise sind es gerade diese Kritiken und politischen Regulierungsversuche, die Finanzmärkte als die (zumindest potenziell) informationseffizientesten Märkte etablieren, damit die aus der ökonomischen Finanzwissenschaft stammende Hypothese effizienter Märkte politisch stützen und ihr zusätzliches performatives Gewicht verleihen. Allein an Finanzmärkte wird die Messlatte der Informationseffizienz politisch angelegt: sogenannte „Marktverzerrungen" werden hier, und *nur* hier, stets und unisono mit *Informationsverzerrungen* gleichgesetzt und auf Ungleichmäßigkeiten im Informationszugang zurückgeführt.[8] Das Insistieren auf Informationsöffentlichkeit, das sich bei Befürwortern wie bei Kritikern neoliberaler Positionen findet, zeigt somit an, dass es die Preisöffentlichkeit ist, die Finanzmärkte als ökonomisch „geframte" Strukturen mit der Preisbildung als zentraler Operation erst möglich macht und institutionalisiert.[9]

Die Öffentlichkeit von Preisinformationen ist somit eine Vorbedingung für die Preisbildung als ökonomisch kalkulierte, und *deswegen* gesellschaftlich folgenreiche, Operation. Dies gilt unabhängig davon, ob jene Öffentlichkeit vollständig verwirklicht ist oder nicht. Das „framing", das die Preisbildung ermöglicht, funktioniert auch bei unvollständig öffentlichen (in der Finanztheorie: „ineffizienten") Märkten, denn die *prinzipielle* Herausforderung durch „overflowing" (also: Informationsineffizienzen) setzt Preiskalkulationen keinerlei *empirische* Grenzen.

Das eigentliche Defizit des Preismechanismus liegt, aus soziologischer Sicht, daher auch nicht in der empirischen Unvollkommenheit der öffentlichen Zugänglichkeit von Preisinformationen, sondern in seinem *Ungenügen, ökonomisches Handeln zu orientieren.* Die Informationen, die durch Preise transportiert werden, sind oberflächlich, denn sie repräsentieren nur das Verhältnis von Kauf- zu Verkaufofferten (Nachfrage und Angebot).

---

7 Preisbildung als solche ist auch in nicht-marktförmigen Kontexten möglich. So kann ein Preis durch direkten Zwang einseitig gesetzt werden (wie bei Erpressung oder Monopolismus). Außerdem ist es möglich, Preise durch Dekret einer nicht involvierten Partei (etwa einer Einheitspartei in autoritär regierten Gesellschaften) zu setzen.

8 In anderen Märkten (etwa der produktionsbasierten Wirtschaft und dem Warenverkehr innerhalb der Europäischen Union) gilt die politische Aufmerksamkeit anderer Marktverzerrungen, wie zum Beispiel solchen durch Zölle, durch staatliche Subventionen oder durch Einreisebeschränkungen für ausländische Arbeitskräfte.

9 Entsprechend erscheinen Finanzmärkte auch als die am meisten idealtypischen Ausprägungen von Märkten. Ihre unvergleichlich starke Repräsentanz als Markt hängt mit der Fiktion zusammen, dass allein Preise für das Zustandekommen von Anschlusshandlungen verantwortlich seien (vgl. Langenohl 2007: 16-22). – Ein weiteres Beispiel für die Durchschlagskraft des Preismechanismus an den Finanzmärkten als ökonomisches „framing" im Sinne Callons bilden vollautomatisierte Handelssysteme, deren Operationsweise darauf beruht, dass Interpretationen von Kauf- oder Verkaufabsichten nicht stattfinden müssen.

Jürgen Habermas (1995b: 455) hat argumentiert, dass der Preismechanismus ein geradezu idealtypisches Beispiel systemischer, im Unterschied zu sozialer, Integration darstelle: Die Effektivität und Universalität von Marktkommunikationen durch das Medium des Geldes – d. h. Preisbildung – sei damit erkauft, dass die Preise keine Auskunft über die ihnen zugrunde liegenden partikularen Motivationen gäben. Auf Märkten orientieren sich Akteure, Habermas zufolge, daher nicht an den Motivationen Anderer, sondern einzig an deren kumulierten Handlungsfolgen – an Preisen. In Bezug auf Finanzmärkte ist dieses Argument indes zu radikalisieren, und zwar dahingehend, dass Preise an *Finanzmärkten*, für sich allein genommen, überhaupt *keine ökonomisch sinnhafte Handlungsorientierung erlauben*. Das hängt damit zusammen, dass die Preisvergleiche, die an Finanzmärkten stattfinden, in den meisten Fällen einen gegenwärtig bekannten mit einem zukünftig möglichen Preis zueinander in Beziehung setzen.[10] Dies liegt etwa dann vor, wenn es zu entscheiden gilt, ob ein Wertpapier zu einem gegenwärtigen Preis gekauft werden oder ob auf einen günstigeren Preis gewartet werden soll. Dieser zukünftige Preis ist in hohem Maße durch das Handeln anderer Marktakteure bedingt. Deswegen sind Erwartungen bezüglich der Erwartungen und Handlungen anderer Marktteilnehmer – Erwartungserwartungen – ein entscheidender, wenn nicht der wichtigste Orientierungsmaßstab finanzmarktlichen Handelns.[11] (Dies betont übrigens auch die verhaltenspsychologische Finanzmarktforschung,

---

10 Eine Ausnahme von dieser Regel stellt die Arbitrage dar, bei der nicht Unterschiede zwischen gegenwärtigen und zukünftigen Preisen, sondern zwischen Preisen an unterschiedlichen Handelsorten ökonomisches Handeln orientieren (vgl. MacKenzie 2005).

11 Vgl. auch Stäheli (2007: 42). Dieses Argument kann hier nur stichwortartig gegen mögliche Kritiken verteidigt werden. Ein erster Einwand könnte lauten, dass Preise an Finanzmärkten Wertentwicklungen, die sich in der produktionsbasierten Wirtschaft abspielen, verlängern und widerspiegeln. Dieses Argument, das ursprünglich aus der neoklassischen Finanztheorie stammt (Fama 1970), aber auch in den professionellen Selbstbildern und Wissenskulturen von Finanzmarktanalysten anzutreffen ist (Schmidt-Beck 2009), ist allerdings bereits innerhalb der Finanztheorie nicht unumstritten. Aus Sicht der verhaltenspsychologischen Finanzmarktforschung etwa orientieren sich Marktteilnehmer nachweisbar am Verhalten anderer Teilnehmer, sofern dieses Verhalten beobachtbar ist und als erfolgreich eingestuft wird (Froot/Scharfstein/Stein 1992); aus Sicht der neoklassischen Arbitragetheorie wiederum stellen solche „Ineffizienzen" keine theoretische Anomalie dar, sondern erzeugen im Gegenteil Profitmöglichkeiten für Akteure, die die unterschiedlichen Marktpreise ausnutzen und damit Ineffizienzen neutralisieren (MacKenzie 2005). Eine soziologische Erwiderung auf das Argument der produktionswirtschaftlichen Basis der Finanzmärkte könnte lauten, dass die Operationsweise der Finanzmärkte selbst die Grenze zwischen realwirtschaftlich fundierten Geschäften und sogenannter Spekulation verwischt. Dies ist bereits in Max Webers (1988 [1894]) klassischem Argument zur ökonomischen Funktion der Finanzmärkte (Absicherung gegen Preisverfall auf Produzentenseite) angelegt, denn diese Funktion setzt eine spekulative Energie auf Seiten anderer Marktteilnehmer voraus. Ansonsten wäre es aussichtslos, Verkäufer von Optionen zu finden, in deren Kalkulationen notwendigerweise Erwartungen über die Verkaufbarkeit dieser Option eingehen müssen, damit sie sich ihrerseits absichern können. – Ein zweiter Einwand gegen das hier vorgebrachte Argument zur Erwartungssteuerung finanzmarktlicher Preise könnte sich auf die Überlegung berufen, dass eine Orientierung an der Vergangenheit Handlungen am Finanzmarkt anleitet. Empirisch würde sich ein solcher Einwand vermutlich auf chartanalytische Interpretationsmodelle stützen, d. h. auf Analysemethoden, die aus Wertentwicklungen der Vergangenheit mittels mathematischer

die freilich nicht die Konsequenzen für das Verhältnis von Wirtschaft und Gesellschaft, die sich daraus ergeben, zum Erkenntnisgegenstand hat.)[12] In gewisser Zuspitzung kann man sagen, dass Preise an den Finanzmärkten durch die Erwartungen gebildet werden, die sich auf sie richten. Genau über diese Erwartungen erlauben Preise allein aber keinerlei Mutmaßungen, weil sie die Repräsentanz der ihrer Bildung zugrunde liegenden Motive, Erwartungen und Intentionen abschneiden. Ein Preis informiert über vergangene Kauf- und Verkaufakte, aber er gibt keine Anhaltspunkte für die Erwartungen der Anderen und damit für ihr zukünftiges Tauschhandeln.[13]

Wenn dieses Argument auf den ersten Blick auch stark an die finanzökonomische Neoklassik und vor allem an die *random walk*-Hypothese erinnern mag, der zufolge Informationen über vergangene Preisbewegungen keine Rückschlüsse auf zukünftige gestatten (Mishkin 2004: 155), stellen seine soziologischen Konsequenzen die Theoreme der Neoklassik vom Kopf auf die Füße. Dass Preise keine Orientierung hin auf die Zukunft bieten, stützt weniger das Theorem informationseffizienter Märkte als das der Defizienz des Preismechanismus bei der Handlungsorientierung auf Finanzmärkten.

Als Zwischenresümee ist festzuhalten, dass Preisbildung auf Preisöffentlichkeit angewiesen ist, selbst aber noch keine hinreichende Grundlage der Orientierung auf Märkten darstellt.[14] Es ist die Operationslogik des Preismechanismus selbst, die diese Lage erzeugt: Gerade weil Preise von partikularen Motivlagen, Intentionen und Erwartungen der Käufer und Verkäufer abstrahieren müssen, damit das Tauschmedium Geld seine Vergleichsuni-

---

Modellierungen Prognosen erstellen. Hierzu ist jedoch zu sagen, dass diese Methoden ihre Genauigkeit einem reflexiven Moment schulden, d. h. dass sie umso zutreffender sind, je mehr Marktteilnehmer sie als zutreffend einstufen und dementsprechend ihr Handeln orientieren (vgl. etwa für die Optionspreisgleichung von Black und Scholes MacKenzie 2005). Es handelt sich somit bei diesen Modellen um nichts anderes als ökonomisch-mathematisch „geframte" Erwartungserwartungen.

12 Vgl. Devenow/Welch (1996), Froot/Scharfstein/Stein (1992) und Menkhoff/Röckemann (1994).

13 Dies stellt eine Gegenthese zu der Luhmanns (1988: 18f.) dar, nach der Preise allein schon Erwartungen bezüglich zukünftiger Preise ausbilden, denn „[d]ie notwendigen Informationen über Bedarf und Angebotsmöglichkeiten werden durch Preise und Zahlungen selbst erzeugt." Diese Informationen sind aber durchaus nicht hinreichend, denn sie stellen keinerlei Interpretationsfundus für die Extrapolation von einem gegenwärtigen auf einen zukünftigen Preis dar, von der an Finanzmärkten – außer in der Arbitrage – praktisch alles abhängt.

14 Der Analyse Karin Knorr Cetinas (2007: 8) zufolge geben Preise Anreize für weiteres Handeln in dem Sinne, dass sie eine vollzogene Anschlusskommunikation signalisieren und zu einer weiteren einladen. Das bedeutet aber nicht, dass sie hinreichende Orientierungsgrundlagen zur Verfügung stellen. In der Finanzpraxis ist dies natürlich bekannt, und dementsprechend wurden verschiedene Analyseformen entwickelt, die entweder Informationen hinzuziehen, die nicht auf die Preise selbst bezogen sind, oder auf der Grundlage mathematischer Modelle (die aber höchst umstritten sind und sich zudem ihre eigene Realität erzeugen, wenn sie von den meisten Marktteilnehmern befolgt werden) vergangene Preise in die Zukunft extrapolieren (Fenton-O'Creevy et al. 2005: 199; Langenohl 2007: 17-18; MacKenzie 2005: 559). Die einzige Ausnahme, in der Preise (in Form von Preisunterschieden) alle notwendigen Informationen bereitstellen, ist die Arbitrage, die nicht auf Preisänderungen in der Zukunft kalkuliert, sondern gegenwärtige Preisdifferenzen ausnutzt.

versalität entfalten kann, erlauben sie keine Rückschlüsse auf jene Motive, Absichten und Erwartungen. Dies ist gerade auf einem Markt, dessen Dynamik in extrem hohen Maße von Vermutungen über die Erwartungen der anderen Marktteilnehmer – also von Erwartungserwartungen – verursacht wird (vgl. den nächsten Abschnitt), eine entscheidende funktionale Lücke.

Damit bin ich beim zentralen theoretischen Argument dieses Beitrags angelangt: *Die Orientierungsinsuffizienz von Preisen wird durch eine diskursive Öffentlichkeit aufgewogen.* Dieselbe Abstraktheit von Preisen, die Preisbildung auf Märkten erst ermöglicht, erzeugt ein durch den Preismechanismus selbst nicht erreichbares funktionales Außen, in das öffentliche Kommunikation über Preise einrückt. Damit ist sie professionellen Analysemethoden und Prognoseinstrumenten, deren sich professionelle Finanzmarktakteure bedienen, um sich auf Finanzmärkten orientieren zu können, funktionsäquivalent.

Die diskursive Öffentlichkeit muss nicht notwendigerweise eine massenmedial vermittelte sein. Sowohl professionelle als auch Laien-Finanzmarktakteure konsultieren sich über zu erwartende Entwicklungen und orientieren an diesen Kommunikationen ihr Handeln (Fenton-O'Creevy et al. 2005; Harrington 2007; Knorr Cetina/Bruegger 2002). In historischer Perspektive indes hat die massenmediale Öffentlichkeit stark an Bedeutung gewonnen. Preis- und Interpretationsöffentlichkeit waren an den Finanzmärkten noch im 19. Jahrhundert weitgehend identisch und in ein und dasselbe, räumlich und sozial bestimmte Milieu professioneller Finanzmarktspezialisten eingekapselt. Dieses Milieu wehrte sich bis ins 20. Jahrhundert gegen die politische Forderung nach der Etablierung von Finanzmarktpreisen als öffentliches Gut (vgl. exemplarisch für die USA Preda 2007 und für Frankreich Djelic/Lagneau-Ymonet 2008). In der Folge war dieses Jahrhundert durch eine zunehmende Ausdifferenzierung der Interpretationsöffentlichkeit und eine Erweiterung der Preisöffentlichkeit gekennzeichnet: Einerseits wurden Preise öffentlich zugänglich und gegen Ende des Jahrhunderts auch der Handel für praktisch jedermann geöffnet; andererseits gewann genau deswegen der Finanzmarkt an Bedeutung für eine breite Öffentlichkeit von Nicht-Experten.[15] Die Popularisierung der Finanzmärkte bewirkte eine breite Nachfrage nach Deutungen des Börsengeschehens bei einem Publikum, das noch keinerlei „financial literacy" hatte (vgl. zu diesem Konzept Langley 2007: 67-69). Die Kehrseite hiervon war eine Professionalisierung der Finanzberufe und die damit verbundene Entstehung eines exklusiven Wissenskorpus sowie einer Deutungshegemonie professioneller Eliten (Lounsbury 2002, 2007; Preda 2009). Die öffentlichen Medienfiguren des Börsengurus, des Staranalysten, des Bankenprofessors etc., ebenso wie massenmediale Berichterstattungen über die Finanzmärkte, gewinnen ihre Popularität und Deutungshoheit durch diese parallel verlaufenden Prozesse: einerseits durch das Anwachsen einer investierenden Laienklientel und ihrer Nachfrage nach Deutungen der Finanzmärkte, und andererseits durch eine zunehmende Professionalisierung der Finanzbranche, d. h. Differenzierung von Berufsbildern, Erzeugung abstrakten Wissens und Distinktion von Laien.

---

15 Gleichzeitig, darauf macht Blomert (2005, 2007) aufmerksam, verschwanden milieuartige Öffentlichkeiten nicht von den Finanzmärkten, sondern etablierten sich als, nun allerdings illegale, privilegierte Kreise von Insiderhändlern (vgl. auch Ball 2007).

Die diskursive Öffentlichkeit ist jedoch nicht nur für das Laienpublikum, sondern auch für die Professionellen selbst von zunehmender Bedeutung (vgl. Langenohl/Schmidt-Beck 2008, 2009). Dies hängt mit der Doppelbewegung der Beschleunigung finanzmarktlicher Transaktionen und der zunehmenden Komplexität dieser Transaktionen zusammen. Denn hierdurch öffnet sich eine Schere zwischen immer kürzer werdenden Reflexionsphasen und dem eigentlich zur Bewältigung der Komplexität notwendigen Reflexionsaufwand. Dadurch gewinnen allgemeine, wenig differenzierte Deutungen und „Daumenregeln" an Relevanz bei der Handlungsorientierung (vgl. Fenton-O'Creevy et al. 2005). Solche Daumenregeln beziehen sich häufig auf die „Stimmung", die „Atmosphäre" oder das „Sentiment" am Markt, mit anderen Worten: auf Vermutungen über die Erwartungen Anderer, und damit genau auf das, was Preise selbst nicht kommunizieren können. Gerade in Situationen von Unsicherheit können Finanzprofessionelle Opfer ihrer „socially inefficient reliance on public information" (Avery/Zemsky 1998: 728) werden, weil sie kaum Möglichkeiten haben, die Adäquatheit ihrer Erwartungserwartungen in Bezug auf andere Marktakteure zu überprüfen (vgl. Froot/Scharfstein/Stein 1992).

Ich fasse zusammen: Preisöffentlichkeit ist eine notwendige Vorbedingung der Preisbildung, aber Preisbildung allein reicht nicht aus, um Handeln am Finanzmarkt zu orientieren, weil sie keine Deutungen der Ursachen der Preisentwicklung und damit keine Anhaltspunkte für zukünftige Entwicklungen bereithält. In diese von der Preisbildung leer gelassene Funktionsstelle bei der Institutionalisierung von Finanzmärkten rückt, neben professionalisierten Analysemethoden, die diskursive Öffentlichkeit ein. Während sie anfangs eine Milieuöffentlichkeit war, nahm im Laufe des 20. Jahrhunderts mit seinen Professionalisierungs-, Popularisierungs- und Beschleunigungstendenzen am Finanzmarkt die Bedeutung der massenmedial vermittelten Öffentlichkeit bei der Interpretation von Preisen immer weiter zu.

Diese Argumentation eröffnet der Finanzmarktsoziologie eine diskursanalytische Perspektive, die sich den Anspruch setzen kann zu erklären, welchen Effekt die diskursive Öffentlichkeit auf die Orientierung der Marktteilnehmer hat, und damit zum Verständnis von Finanzmarktentwicklungen beiträgt. Eine solche Perspektive wird in den beiden folgenden Abschnitten entfaltet.

4 Performativität und Reflexivität von Finanzmarktdiskursen: Methodologische Erwägungen

Diskursanalysen eignet ein theoretisches Element, das Annahmen über die Beziehung zwischen den beobachtbaren Äußerungen und Texten und einer ihnen unterliegenden Tiefenstruktur aufstellt, die sich direkter Beobachtung entzieht. Erst diese theoretischen Vorannahmen gestatten es, ausgehend von den inhaltsanalytisch ermittelten Daten zu gesellschaftlichen Generalisierungen – eben dem Diskurs – vorzustoßen (vgl. Jäger/Maier 2009). Diskursanalytische Studien zu den Finanzmärkten lösen diese Theorieorientierung in der Regel in der Tradition Michel Foucaults und an ihn anschließender Studien ein (vgl. exemplarisch Stäheli 2007). Diesem Ansatz entsprechend bezieht sich der Begriff „Diskurs" erstens auf die Binnenstrukturiertheit von Sagbarkeitsregeln und zweitens auf die Konfliktivität, die in der Pluralität und Konkurrenz von Diskursen begründet liegt (vgl. Diaz-Bone et al. 2007; Keller 2007). Diskurse vermögen in dieser Modellierung somit erstens epistemische Beziehungen – „Wissen" – zu strukturieren und konstituieren zweitens Felder sozialer Konflikte, auf denen um Deutungshoheit gerungen wird. Beide Merkmale sind in der Argumentationsfigur begründet, dass Diskurse kraft ihrer *Semantizität* Gesellschaft strukturierende Macht entfalten, auch wenn es nicht nur semantische Regeln sind, die sie formen: „Was wir von der Wirklichkeit wissen und über sie sagen, das prägt sich aus in Diskursen" (Konersmann 1998: 80). Dies gilt auch noch dort, wo konzediert wird, dass Diskurse ein nicht-semantisches Außen haben. Unter Bezug auf den von Foucault eingeführten Begriff des „Dispositivs" gehören, Rainer Keller zufolge, nicht-diskursive Praktiken zum „institutionelle[n] Unterbau, [zum] Gesamt der materiellen, handlungspraktischen, personellen, kognitiven und normativen *Infrastruktur* der Produktion eines Diskurses und [in den Bereich der] *Umsetzung* seiner angebotenen ‚Problemlösung' in einem spezifischen Praxisfeld" (Keller 2007: Abs. 45).

Findet der ökonomisch gerahmte Vorgang der Preisbildung in einem solches Diskursmodell einen Resonanzraum? Vor dem Hintergrund der sich an Foucault orientierenden Diskurstheorie lässt sich wohl behaupten, dass Preisbildung am Finanzmarkt keinen diskursiven Regeln folgt, weil sie sich nicht über sprachliche (bzw. konventionelle) Zeichen, sondern über technisch-mathematische Operationen konstituiert – darin besteht ihre „Rahmung" im Sinne Callons (vgl. Beunza/Hardie/MacKenzie 2006). Daher gilt es, „das jeweilige Bestimmungsverhältnis zwischen Diskursivem [hier: Diskurse über Finanzmärkte] und Nicht-Diskursivem [Preisbildung] empirisch aufzuklären" (Bührmann/Schneider 2007: Abs. 16). Man kann nun aber nicht von einer „Umsetzung" (Keller 2007, s. o.) von Diskursen über Finanzmärkte in die Preisbildung sprechen, d. h. von einer Übersetzung deren Sinngehalts in finanzmarktlichen Sinn, eben weil dieser Sinn auf ein absolutes Minimum – die Preisinformation – reduziert ist (vgl. Langenohl 2009). Weil Akteure in erster Linie Preise beobachten, sind ihre Erwartungen weniger von Diskursen geprägt als dass sie sich selektiv auf Diskurse mit der Frage beziehen, was von ihnen preisrelevant ist – d. h. relevant im Hinblick auf die (Erwartungs-)Erwartungen anderer Marktteilnehmer. Der Diskurs wird vom Preis aus erschlossen, nicht umgekehrt. Deswegen ist die Bedeutung des semantischen Gehalts von Diskursen an Finanzmärkten eher indirekt-orientierend, nicht konstitutiv. Obwohl sich Finanzmärkte, wie im letzten Abschnitt dargelegt, ohne ihre Semantisierung in Diskursen nicht kontinuieren könnten, folgt ihre Konstitutionslogik nicht der Sinnstruktur der Diskurse. Zwischen dem Kontinuierungs- und dem Konstitutionsaspekt von Finanzmärkten ist daher scharf zu unterscheiden: Während die den Markt *kontinuierende* Funktion von Finanzmarktdiskursen in direktem Zusammenhang mit ihrer semantischen Beschaffenheit steht, weil sich erst auf deren Grundlage Erwartungen bilden können, wird der Markt doch erst dadurch *konstituiert*, dass die Semantik des Diskurses eine Sinnverengung auf die Frage von (Erwartungs-)Erwartungen erfährt. Die Preisbildung ist dem Diskurs somit konstitutionslogisch vorgängig.

Genau hierauf gründen sich zwei wichtige Merkmale der Beziehung zwischen Finanzmarkt und Öffentlichkeit: Performativität und Reflexivität. In den sprechakttheoretisch
beeinflussten Sozialwissenschaften gibt es unterschiedliche Ansichten über das Verhältnis
von konstativen zu performativen Akten: Während Austin (1962) selbst eine Trennung
zwischen ihnen auf der Ebene inhaltlicher und formaler Strukturen vorsah,[16] gehen neuere
Arbeiten davon aus, dass jeder Sprechakt sowohl konstativ als auch performativ ist und es
vom gesellschaftlich-kulturellen Kontext abhängt, wann welche Komponente überwiegt.[17]

In Bezug auf die diskursive Öffentlichkeit der Finanzmärkte kann man annehmen, dass
Interpretationen der Finanzmärkte – zumindest wenn sie von einer Seite ausgehen, deren
Meinung als gewichtig angesehen wird[18] – grundsätzlich performativ sind, weil sie dazu
dienen, Orientierung zu erzeugen und auf diese Weise Handeln zu ermöglichen. Diese
Performativität kann jedoch nur deswegen greifen, weil es zu jener oben erwähnten
Sinnreduktion des Gehalts von Finanzmarktdiskursen auf die Frage der (Erwartungs-)
Erwartungsbildung kommt.

Dies leitet zum zweiten Merkmal von Finanzmarktdiskursen über, dem der Reflexivität.
Dieser im Allgemeinen eher schillernde Begriff erlangt im Kontext der Finanzmärkte eine
recht präzise Bedeutung im Sinne einer Rückbezüglichkeit. Er bezeichnet den Umstand,
dass Repräsentationen des Finanzmarkts in Form von Theorien, operativen Modellen,
Computersoftware oder öffentlichen Debatten konstitutiv in den Markt eingreifen (Beunza/
Hardie/MacKenzie 2006; Callon 1998a; Fenton-O'Creevy et al. 2005; MacKenzie 2005).
Diskursive Reflexivität – im Unterschied zu nichtdiskursiven Praktiken wie etwa mathematischen Kalkulationsmodellen (vgl. Beunza/Hardie/MacKenzie 2006) – impliziert
dabei die (vermutlich allen) performativen Diskursen eigentümliche Eigenschaft der
Selbstreferenzialität: Gerade weil sie in das, was sie repräsentieren, eingreifen, müssen
sie sich selbst zum Thema machen. Während der 2007 erstmals registrierten und 2008
eindeutig festgestellten globalen Finanzkrise war diese Diskursreflexivität permanent
beobachtbar, weil die Äußerungen wichtiger Repräsentanten aus Wirtschaft und Politik
zum Finanzmarkt immerzu auf die Frage ihrer Wirkung hin diskutiert wurden. Die performative Verschränktheit von Diskurs und Finanzmarkt zeigt sich vor allem in Zeiten

---

16 Vgl. die Diskussion in Habermas (1995a: 427-439).

17 Vgl. jüngst die Arbeit des Anthropologen Alexei Yurchak (2006) über den performativen Stellen-
   wert offizieller Kommunikationsakte in der Sowjetunion. Yurchaks Kernargument lautet, dass
   in der späten Sowjetunion die soziale Bedeutung der Artikulation offizieller parteistaatlicher
   Inhalte – das Halten von Reden, die Abfassung von Berichten, das Erstellen von Wandzeitungen
   u. Ä. – weniger im konstativen Gehalt dieser Artikulationen zu suchen gewesen sei, also darin,
   was sie semantisch aussagten, sondern in ihrer performativen Macht, soziale Beziehungen und
   Zugehörigkeiten zu stiften.

18 Arbeiten, die sich mit den diskursiven Rahmungen wirtschaftlicher Prozesse und Organisationen
   befassen, haben sich in der jüngsten Zeit der sozialen Bewegungsforschung und deren Konzept
   des „framing" zugewandt, um den der Diskursanalyse zugrunde liegenden umfassenden Begriff
   von Deutungsmacht im Sinne Foucaults um den eher instrumentell zu konzipierenden Aspekt
   der Deutungsmacht bestimmter sozialer, politischer oder ökonomischer Eliten zu ergänzen,
   ohne die kulturalistische Sicht ganz aufzugeben (vgl. zusammenfassend Langenohl 2008).

einer Krise, wenn große Unsicherheit herrscht und der Deutungsbedarf entsprechend hoch ist. Und hier zeigt sich auch die Reflexivität der Diskurse: Sie sind hinsichtlich ihrer Performativität selbstbezüglich, weil ihre Wirkungen ständig zum Gegenstand der Debatte werden und Akteure mit Erwartungen konfrontiert werden, welche Signale sie zu setzen oder zu vermeiden haben.

Diese konzeptionellen Überlegungen sind nun noch um Hinweise zur Methode der Datenerhebung und zum Vorgehen in der Interpretation zu ergänzen. Um den performativ-reflexiven Zusammenhang zwischen öffentlichen Diskursen und Preisentwicklungen nachzuzeichnen und dabei der oben dargestellten konstitutionslogischen Vorgängigkeit der Preisbildung Rechnung zu tragen, empfiehlt es sich, den Diskurs aus der Perspektive eines Schlüssel- oder Wendeereignis zu erschließen, in dessen Gefolge die Wertentwicklung am Finanzmarkt oder in einzelnen seiner Segmente signifikante Veränderungen erfahren hat. Als ein solches Ereignis dient hier die, die meisten Marktteilnehmer und Beobachter überraschende, Teilinsolvenz der Investment-Bank Lehman Brothers, die am 15. 9. 2008 bekannt gegeben wurde. Im zeitlichen Nahraum dieses Ereignisses – einige Tage vorher, einige Tage nachher und dann wieder einen Monat später – werden anhand von Schlagwörtern Artikel in der Presse ermittelt, die sich mit diesem Ereignis befassen.[19] Die beiden Erhebungsperioden (um den 15. 9. herum und dann wieder einen Monat später) können im Sinne der Schließung von Interpretationsräumen zueinander ins Verhältnis gesetzt werden, d. h. es wird ermittelt, welche Deutungen der Krise zunächst miteinander um Aufmerksamkeit konkurrierten und welche Deutung sich schließlich durchsetzte.[20] Auf diese Weise lässt sich nicht nur die Herausbildung einer Mehrheitsmeinung nachzeichnen, sondern auch die Deutungskontingenzen und Möglichkeitsräume zum Zeitpunkt der Insolvenz feststellen. Die Interpretation und der Vergleich selbst schließlich erfolgen durch eine Analyse der semantischen Kontextualisierung und Rahmung des Ereignisses, d. h. es wird konkret gefragt, in welche Vergleichshorizonte das Diskursereignis „Teilinsolvenz von Lehman Brothers" in der Berichterstattung und Kommentierung eingestellt wird. Diese Vorgehensweise zur Analyse von Diskursen, die an Erving Goffmans Rahmenanalyse anschließt (Goffman 1977), gehört mittlerweile zum festen Bestandteil der

---

19 Als Schlagwörter dienten Lehman, Insolvenz, Teilinsolvenz, Krise am Finanzmarkt, Kurseinbruch, Banken, Kreditkrise nebst grammatischen Variationen. Recherchiert wurde in folgenden Zeitungen und Nachrichtendiensten: Deutsche Presseagentur (dpa), Zeit Online, Zeit, Frankfurter Allgemeine Zeitung (FAZ) und Capital.

20 Es handelt sich somit in weiterem Sinne um eine Sequenzanalyse, die laut Ulrich Oevermann (2002) aus einer Serie von kontrafaktischen „Gedankenexperimenten" besteht, um die Besonderheit und Voraussetzungshaftigkeit eines kommunikativen Verlaufs herauszuarbeiten. Im Unterschied zu Oevermann wird hier aber davon ausgegangen, dass kommunikative Sequenzen nicht per se eine gesellschaftliche Konstellation indizieren, sondern dass der Konnex zwischen Diskursverlauf und Gesellschaft ebenso theoretisch wie kontextbezogen begründet werden muss. Im hier zur Debatte stehenden Fall der Finanzmärkte ist dies das Argument der funktionalen Perfomativität und Reflexivität von Finanzmarktdiskursen.

sozialen Bewegungsforschung und der neo-institutionalistischen Organisationsforschung.[21] Zentral dafür ist die Überlegung, dass Rahmung in einer Unterscheidung zwischen dem gerahmten Diskursereignis und rahmenden Vergleichsereignissen besteht. Dadurch werden nicht nur kognitive Orientierungspunkte, sondern auch evaluative Maßstäbe generiert. Diese Veränderung des semantischen Vergleichsarrangements wird dann in einem letzten Schritt zu Veränderungen der Wertentwicklung am Finanzmarkt im selben Zeitraum ins Verhältnis gesetzt, d. h. es wird gefragt, ob sich die Veränderungen in den Deutungsrahmen in plausibler Weise mit Veränderungen in der Wertentwicklung am Finanzmarkt in Verbindung setzen lassen.

5 Die Geburt der globalen Finanzkrise (September und Oktober 2008)

Die globale Finanzkrise, die zur Zeit der Abfassung dieses Artikels die Banken nach dem Staat rufen und die Regierungen Rettungspakete in Schwindel erregender Höhe schnüren ließ, gewann ihre Dramatik nicht zum geringsten Teil in der diskursiven Öffentlichkeit. Die im Folgenden vorgelegte Diskursanalyse rekonstruiert die öffentliche Debatte in Deutschland im Zeitraum vom 9. 9. bis 20. 9. 2008 und erneut einen Monat später. Im ersten Zeitraum trug sich die Pleite der US-amerikanischen Investmentbank Lehman Brothers zu, anhand der deutlich wurde, dass die Bankenkrise systemische Konsequenzen haben würde. Einen Monat später finden sich in der Presse Rückblicke auf „[v]ier Wochen Finanzkrise, die die Welt erschütterten" (dpa, 13. 10. 2008). Ein Vergleich des Diskurses in den beiden Zeiträumen erlaubt es, die Interpretationen zum Zeitpunkt des Ausbruchs der Systemkrise mit den tatsächlichen finanzökonomischen Ereignissen zu assoziieren und gleichzeitig ihre Besonderheiten vor dem Hintergrund besagter Rückblicke herauszuarbeiten.

Die Untersuchung setzt bei der Frage an, in welchen Vergleichshorizont das Geschehen um die Investmentbank Lehman Brothers gestellt und darüber zu den Finanzmärkten in Beziehung gesetzt wird. Ich beginne mit den Rückblenden, die ca. einen Monat nach der Pleite veröffentlicht wurden. Es lässt sich sagen, dass die Lehman-Teilinsolvenz, die am 15. 9. die Massenmedien erreichte, vier Wochen später als ein Sündenfall gilt. So führt Konrad Hummler von der Privatbank Wegelin & Co. in der FAZ am 15. 10. aus: „Ein Konkurs muss bewältigt werden können, ohne dass das Finanzsystem ins Wanken gerät! Die Pleite von Lehman Brothers war in diesem Sinne eine Katastrophe. Es darf nicht sein, dass man beim Ausfall eines Marktteilnehmers den Aktien nachrennen muss, die man nicht mehr findet." Ähnlich die Deutsche Presseagentur in einer Chronologie: „Inzwischen neigen

---

21 Vgl. für die soziale Bewegungsforschung McAdam/McCarthy/Zald (1996a), Snow/Benford (1988: 205-206) und Zald (1996) und für die neo-institutionalistische Organisationssoziologie George/Chattopadhyay/Sit-kin/Barden (2006), Phillips/Lawrence/Hardy (2004) und Rao/Morill/Zald (2000). Vgl. auch die Zusammenfassung in Langenohl (2008). In Bezug nicht auf öffentliche Diskurse, sondern auf unternehmensinterne Kommunikationsprozesse vgl. Abolafia (2005) und Fenton-O'Creevy et al. (2005).

immer mehr Experten zu der Ansicht, dass diese Pleite maßgeblich zur Eskalation der Finanzkrise beitrug, weil sie das Misstrauen am Markt verstärkte." (dpa, 13. 10. 2008) Zwei Wochen später bezeichnet Peer Steinbrück die Lehman-Insolvenz als „Wasserscheide", seit der sich die Gesamtsituation der Bankenwirtschaft massiv verschlechtert habe („Die Lage ist noch schlechter geworden", FAZ, 29. 10. 2008).

Diese Sichtweise war bis zur Insolvenz noch nicht vorhanden. Deutsche Bank-Chef Josef Ackermann zeigte sich bis unmittelbar vor der Insolvenz überzeugt, dass es keinen „Kollaps" bei Lehman geben werde: Offensichtlich auch in Richtung der damals verhandelnden, an einer Übernahme interessierten Barclays und Korea Development Bank ließ er verlauten: „Ich bin überzeugt, dass sich alle Banken der Verantwortung über Lehman bewusst sind und wir alle eine Lösung finden werden [...] Ein Kollaps einer Bank in der Größenordnung von Lehman würde weitere Verwerfungen an den Märkten nach sich ziehen." („Ackermann: Kein ‚Kollaps' bei Lehman", Capital, 10. 9. 2008) Bis zum 15. 9. stellten die meisten Kommentatoren Lehman in eine Reihe mit bereits früher in Schwierigkeiten geratenen amerikanischen Bankhäusern wie IKB, Bear Stearns, Fannie Mae und Freddie Mac („Im Gespräch mit Gary Shilling", FAZ, 18. 9. 2008; „Lehman Brothers in Not", Zeit Online, 10. 9. 2008). Der börsenkritische Kommentator Thomas Hammer stellt einen Tag vor Bekanntwerden der Insolvenz die Frage, ob Lehman Teile des Hauses werde verkaufen können oder „ob der amerikanische Fiskus wie bei Bear Stearns, Fannie Mae und Freddie Mac mit einer staatlichen Kapitalspritze einspringen muss" (Zeit Online, 14. 9. 2008). Hier wird besonders deutlich, dass eine *tatsächliche* Insolvenz, wie sie nach dem Ausbleiben der „staatlichen Kapitalspritze" dann eintrat, zu diesem Zeitpunkt noch undenkbar war.

Die Vergleiche mit den anderen, vom Staat gestützten Instituten stoppen nach dem 15. 9., als bekannt wird, dass der amerikanische Staat dieses Mal nicht eingreifen wird („Konsortium rüstet sich gegen Finanzkrise", Capital, 15. 9. 2008). Ab dem 16. 9. ändert sich der Vergleichshorizont für Lehman abrupt: Nun sind nicht mehr gerettete Finanzunternehmen die Bezugspunkte, sondern das Versicherungshaus AIG und die Investmentbank Goldman Sachs, denen dasselbe Schicksal zu drohen scheint („Notenbanken wollen Krise eindämmen", Zeit Online, 16. 9. 2008). Mit dieser Veränderung des Vergleichshorizonts wird auch die Rhetorik dramatischer: Der Gouverneur des Bundesstaats New York, David Paterson, wird mit den Worten zitiert, „ein Scheitern der AIG würde ein ‚katastrophales Problem' für den Markt bedeuten", und Peer Steinbrück bezeichnete, wie berichtet wird, „die gegenwärtige Krise im Bundestag als die ‚weltweit schwerste seit Jahrzehnten'." („Fed hält Zinsen trotz Finanzkrise stabil", Zeit Online, 16. 9. 2008) Wenige Tage später wird Alan Greenspan gar mit dem Ausdruck der „Jahrhundertkatastrophe" zitiert, es ist von „einem gewaltigen Beben" und seinen „Schockwellen" die Rede („Hurrikan Lehman", Zeit, 18. 9. 2008, S. 23). Die Ausweitung des Vergleichshorizonts auf deutsche Häuser wie Commerzbank, Deutsche Bank, Allianz, West LB und BayernLB signalisiert die Diagnose einer Ausweitung der Finanzkrise über die USA hinaus (ebd.).

Was sagt diese Analyse nun über das handlungsorientierende Potenzial des Diskurses über Lehman aus? In der Kalenderwoche 38, die mit der Lehman-Insolvenz begonnen hatte, wird viel über die teils massiven Kursrückgänge der betroffenen Geldinstitute geschrieben. Dabei fällt auf, dass fallende Bankaktienkurse meist in ein assoziatives Verhältnis zur Gefährdung der Existenz der betreffenden Bank gesetzt werden, obwohl Aktien – im Gegensatz zu Zertifikaten oder Anleihen – eigentlich als „letztlich unabhängig vom Finanzsystem" gelten, weil sie an die Realwirtschaft rückgebunden seien („Das war die letzte Rettung", FAZ, 15. 10. 2008). Es wird der Eindruck vermittelt, dass die *generellen* Preisstürze bei Bankaktien eine ungleich „realere" Bedeutung haben als die unternehmensbezogenen und *partikularen* Verstrickungen zwischen deutschen und amerikanischen Banken. Dies wird beispielhaft in folgender Sequenz deutlich:

> „Die ersten Reaktionen [auf die Lehman-Teilinsolvenz] fielen beschwichtigend aus: Häuser wie die Allianz oder die Düsseldorfer Hypothekenbank geben zwar an, bei Lehman Brothers engagiert zu sein. Die direkten Engagements deutscher Kreditinstitute seien aber ‚verkraftbar', hieß es am Montag in einer gemeinsamen Erklärung des Bundesfinanzministeriums, der Bundesbank und der Finanzaufsicht BaFin [Bundesamt für Finanzaufsicht]. Offenbar haben viele Finanzhäuser in den vergangenen Wochen ihre Bestände an riskanten US-Wertpapieren reduziert. Die deutsche Lehman-Tochter wurde von der BaFin stillgelegt, vorerst. Trotzdem: Gleich am Montag stürzten auch die Aktienkurse der Commerzbank, der Deutschen Bank und der Allianz ab. ‚So einen Tag habe ich noch nicht erlebt', sagte Martin Hüfner, der langjährige Chefvolkswirt der HypoVereinsbank." („Hurrikan Lehman", Die Zeit, 18. 9. 2008, S. 23)

Aus diskursanalytischer Sicht veränderte sich in der Kalenderwoche 38 die Art und Weise, wie Diskurse Preisbewegungen interpretierten, in Richtung einer *Generalisierung und Entspezifizierung* auf die gesamte Bankenbranche. Bereits am 16. 9. war von der „Angst der Investoren vor einer unkontrollierbaren Ausweitung der Krise" die Rede, die an zweistelligen Kursverlusten von „Finanzwerten" abzulesen seien („Notenbanken wollen Krise eindämmen", 16. 9. 2008). In Bezug auf Deutschland sagte Robert Halver von der Baader Bank, dass die drohende Insolvenz von Goldman Sachs die „Dämme" im Dax brechen ließ („Fed hält Zinsen trotz Krise stabil", Zeit Online, 16. 9. 2008). Einzelne Banken waren nicht mehr als solche kenntlich, sondern wurden nur noch als Beispiele für die Misere der gesamten Branche dargestellt: Während Lehman zunächst als ein weiterer – und besonderer – Fall für staatliche Stützung angesehen wurde, dessen Kursbewegungen zwar bereits auf eine mögliche branchenweite Krise hinwiesen, aber in erster Linie die Gefährdung der Bank selbst zum Ausdruck brachten („Lehman Brothers in Not", Zeit Online, 10. 9. 2008; Thomas Hammer, „Kartenhäuser hinter Bankfassaden", Zeit Online, 14. 9. 2008), werden Kurswerten und -bewegungen nach der Insolvenz faktisch kaum noch unternehmensspezifische, sondern nur noch branchenweite Trendaussagen beigemessen. In dem Moment, da Lehman zum Menetekel der gesamten Branche wird, werden Kursbewegungen zum Symbol diffusen Vertrauens und sind nicht länger Kriterien der Einschätzung des Unternehmenswertes oder gar seiner Qualität.

Damit ist die im Diskurs eingelöste Orientierungsfunktion von Preisen nur noch höchst diffus. Dies wiederum verweist auf die Notwendigkeit, die eingangs geführte Argumentation, dass die diskursive Öffentlichkeit Handeln an den Finanzmärkten orientiert, zu spezifizieren und zu kontextualisieren. Denn offensichtlich hat diese Funktion Grenzen, wie das Beispiel der Lehman-Teilinsolvenz deutlich macht. Während zu Beginn der Krise die Warnung vor einer globalen Finanzmarktkrise, wie sie etwa Ackermann mit Blick auf die Übernahme der angeschlagenen Investmentbank durch andere Bankhäuser aussprach, noch insofern funktional war, als sie eine an institutionelle Investoren gerichtete Appellfunktion besaß, unterläuft die diskursiv hergestellte, globale Krise der gesamten Branche die Möglichkeit differenzierter Stellungnahmen, die ja vielleicht gerade dazu hätten beitragen können, unterschiedliche Wahrnehmungen der Situation zu stimulieren und damit den Preismechanismus wieder in die Balance zu bringen – denn er beruht ja darauf, dass es unterschiedliche Interpretationen derselben Situation gibt.

Diese Generalisierung und Entspezifizierung des öffentlichen Diskurses um Lehman Brothers lässt sich, so meine letzte Hypothese, in den Aktienkursen ablesen. Dabei beziehe ich mich auf die Wertentwicklung des Deutschen Aktienindex (DAX) und auf die einzelner Bankhäuser im Zeitraum zwischen Anfang September und Ende Oktober 2009. Zunächst ist festzustellen, dass der Bekanntgabe der Teilinsolvenz ein rapider, zwei Wochen anhaltender Kursverfall der DAX-Werte folgte. Dies für sich genommen ist nicht bemerkenswert. Interessanter ist die gegenüber dem Zeitraum vor der Teilinsolvenz sprunghaft angestiegene *Volatilität* des Aktienindexes, d.h. die Stärke und Frequenz der Kursausschläge nach oben oder unten relativ zum Durchschnittswert. Dasselbe Muster zeigt sich auch für die Aktien börsennotierter Finanzinstitute wie etwa die der Deutschen Bank und der Commerzbank. Hohe Volatilität ist mit zunehmenden Erwartungsunsicherheiten in Verbindung zu bringen, die zu Handlungsweisen führt, welche sich an den wahrgenommen Handlungen Anderer orientieren (das sogenannte „Herdenverhalten", vgl. Avery/Zemsky 1998). Im Falle der Reaktionen auf die Lehman-Krise ist davon auszugehen, dass eine Korrelation zwischen der Erwartungsunsicherheit, die sich im Volatilitätsgrad nicht nur einzelner Unternehmen, sondern eines Gesamtindexes spiegelt, und der nachhaltigen diskursiven Entspezifizierung der Deutungen dieses Ereignisses existiert. Dabei besteht der innere Zusammenhang zwischen beiden Prozessen in der diskursiven Annullierung differenzierter – unternehmensspezifischer – Deutungen des Geschehens am Finanzmarkt.

Ich fasse nun die Ergebnisse der Diskursanalyse zusammen und zeige ihre Grenzen auf.

1. *Erstens* ist anzunehmen, dass der Diskurseffekt der massenmedialen Öffentlichkeit darin besteht, unterschiedliche Trennschärfen bei der Bewertung der Krise zu generieren je nachdem, in welchen Vergleichsrahmen Finanzmarktereignisse gestellt werden. Während vor der Insolvenz Lehman als ein Fall einer gescheiterten Bank galt, für den es partikulare Gründe gab, diente das Bankhaus nach der Insolvenz umgekehrt als Veranschaulichung der krisenhaften Gesamtlage der Finanzwirtschaft. In diesen unterschiedlichen Trennschärfen kann jene im letzten Abschnitt erwähnte Sinnreduktion erblickt werden, denen Diskurse durch ihr Eingehen in die Preisbildung am Finanzmarkt unterliegen: Der Diskurs um die Bedeutung der Lehmann-Insolvenz verengte sich auf die Frage nach ihrem Einfluss auf die Erwartungshorizonte unterschiedlichster Marktsegmente.
2. Im Falle der Lehman-Krise kann man *zweitens* einen selbstverstärkenden Diskursmechanismus vermuten: Mit der Beschwörung der globalen Krise nimmt die Produktivität des Diskurses bei der Formulierung differenzierter Deutungen ab. Dies kann entdifferenzierende Folgen in der Preisbildung haben, zum Beispiel erhöhte allgemeine Volatilität, die seit Ende September 2008 zu beobachten war. In gewisser Weise sank

der Differenzierungsgrad des Krisendiskurses den ohnehin stark sinnreduzierenden Operationen der finanzmarktlichen Preisbildung entgegen mit dem vermutlichen Effekt einer erhöhten Konstruktionseinsicht der Marktteilnehmer in den auf (Erwartungs-) Erwartungen gestützten kontingenten Prozess der Preisbildung.

3. Dies weist *drittens* auf folgendes Paradox hin: Während Deutungseliten einerseits, wie in der jüngsten Finanzkrise klar zu erkennen, ein Interesse an einer Eingrenzung der Krise haben, wozu auch eine Warnung vor einer Ausweitung der Krise gehören kann (Josef Ackermanns Einlassungen sind ein gutes Beispiel für diese Strategie), kann eine Rhetorik der globalen Krise ab einem bestimmten Augenblick dysfunktional werden und dazu beitragen, die Krise auszuweiten und zu verlängern – dann nämlich, wenn sie die Marktteilnehmer in ihren undifferenzierten Erwartungen bestätigt oder gar bestärkt.

4. *Viertens* bestehen die Grenzen der hier durchgeführten Diskursanalyse darin, dass das beobachtete Zusammentreffen eines Diskursereignisses (Umschwung in der Rahmung der Lehman-Krise) mit einer Veränderung der Wertentwicklungsdynamik (Kurssturz und steigende allgemeine Volatilität) lediglich durch theoretische und konzeptuelle Argumente abgesichert ist (Reflexivität und Performativität von Finanzmarktdiskursen). Damit geht die vorliegende Untersuchung zwar über jene Diskursanalysen hinaus, die sich auf eine semantische Rekonstruktion des Diskurses konzentrieren und dessen finanzökonomische Effektivität lediglich annehmen (vgl. Stäheli 2007), kann aber die Verknüpfung zwischen Diskursereignis und Preisentwicklungen nicht als Kausalität darstellen, sondern lediglich auf Korrelationen hinweisen. Indes ist vor dem Hintergrund der Überlegungen zur konstitutiven Vorgängigkeit der Preisbildung vor dem Diskurs (s. den letzten Abschnitt) fraglich, ob eine kausale Erklärung von Preisentwicklungen und Volatilitäten durch diskursive Entwicklungen überhaupt möglich ist.

6   Das Ungenügen des Preissignals als Ausgangspunkt der Finanzmarktsoziologie

Abschließend möchte ich auf die eingangs gestellte Frage zurückkommen, welchen Ort die Finanzmarktsoziologie zwischen politischer Ökonomie und Zeichentheorie für sich beanspruchen sollte. Es scheint nach den Ausführungen dieses Beitrags klar, dass es einen wichtigen Unterschied zwischen der Finanzökonomie und der produktionsbasierten Wirtschaft gibt. Dieser Unterschied besteht in der genuinen Bedeutung der Preisbildung an Finanzmärkten, welche eine Signaldynamik darstellt, die einerseits die Märkte konstituiert, andererseits aber ohne Ausdeutungen keine Handlungsorientierung böte und sofort zusammenbräche. Finanzmärkte sind paradoxe Zeichensysteme, die auf Signalkommunikation beruhen und sich gleichzeitig nur durch die Supplementierung symbolischer Kommunikation kontinuieren können.[22] Im Gegensatz hierzu sind Märkte

---

22 Die Unterscheidung zwischen Signal- und Symbolkommunikation geht auf George Herbert Mead zurück, dem zufolge Signale nicht intentional verstanden werden müssen, um Effekte zu

in der produktionsbasierten Wirtschaft eher als soziale Felder zu konzipieren, in denen Preise weniger Signale als eher Indikatoren unterliegender Sozialbeziehungen sind (vgl. Fligstein 2001; White 2002).

Der Begriff des Ökonomischen in der Finanzwirtschaft ist somit stärker als in der produktionsbasierten Wirtschaft aus dem Zeichenhaften heraus zu verstehen. Damit optiere ich im Grundsatz für zeichentheoretische Zugänge zur Finanzmarktsoziologie, allerdings mit einer wichtigen Qualifikation. Mit dem Zeichencharakter der Märkte ist zwar die Preisbildung, aber keinesfalls die Kontinuierung der Märkte erklärt. Diese Lage macht eine zeichentheoretische Fassung der Finanzmärkte ebenso unabdingbar wie unzureichend. Daher erscheinen bei der theoretischen Weiterarbeit psychoanalytische, dekonstruktivistische oder andere Theorieelemente, die die Insuffizienz des Zeichens zum Gegenstand machen, vielversprechend (vgl. Ball 2007; Stäheli 2007: 9-34).

Im Zentrum dieses Beitrags standen öffentliche Diskurse um Finanzmärkte, weil diese an jenem Ungenügen des Preis-Zeichens funktional ansetzen. Diskurse über Finanzmärkte leisten das, was Preise nicht können, nämlich Handeln, das auf Erwartungserwartungen gründet, zu orientieren. Nichtöffentliche Diskurspraktiken, die in die vom Preismechanismus leer gelassene Funktionsstelle der Handlungsorientierung ebenso einrücken können wie öffentliche Diskurse, konnten hier nur am Rande behandelt werden: etwa professionelle Praktiken in der Anlageberatung, der Fondsverwaltung und der Finanzmarktanalyse. Auch wurde wenig zum Ringen um Deutungshoheit zwischen massenmedialen und professionellen Deutungen gesagt (vgl. hierzu Langenohl/Schmidt-Beck 2008). Indes ist hier vor allem festzuhalten, dass alle diese Praktiken die Signaldynamik des finanzwirtschaftlichen Preis-Zeichens mit der Gesellschaft und ihren Institutionen verknüpfen und sich damit auch Fragen der politischen Ökonomie öffnen.

Deswegen sollten politisch-ökonomische und zeichentheoretische Zugänge in der Finanzmarktsoziologie nicht einander entgegengesetzt werden, wie es derzeit zumeist geschieht, sondern in ihrem wechselseitigen Bedingungsverhältnis gesehen werden. Soziale Prozesse der Deutung von Finanzmarktpreisen sind Teil des gesellschaftlich institutionalisierten Kontextes der Finanzökonomie und bleiben dennoch auf den Zeichencharakter der Finanzmärkte bezogen. Wenn anerkannt wird, dass es eine Sinnmembran zwischen gesellschaftlichen Institutionen und Finanzmärkten gibt, wird es der Finanzmarktsoziologie möglich sein, die Zeichendynamik der Finanzmärkte mit der gesellschaftlichen und politischen Verfasstheit der Interpretationsvorgänge, die gerade jene Dynamik notwendig macht, zu verknüpfen.

---

zeitigen, während Symbole sowohl vom Sender als auch vom Sender verstanden werden müssen, weil sie auf Deutungskonventionen beruhen (Mead 1998 [1934]: 230-235; vgl. auch Habermas 1995b: 19-23).

Literatur

Abolafia, Mitchell Y. (1996): Making markets: Opportunism and restraint on Wall Street. Cambridge: Harvard University Press.

Abolafia, Mitchell Y. (2005): Interpretive politics at the Federal Reserve. In: Knorr Cetina/Preda (2005): 207-228.

Arnoldi, Jakob (2006): Frames and screens: The reduction of uncertainty in electronic derivatives trading. In: Economy and Society 35. 3. 381-399.

Austin, John L. (1962): How to do things with words. Oxford: Clarendon.

Avery, Christopher/Zemsky, Peter (1998): Multidimensional uncertainty and herd behavior in financial markets. In: The American Economic Review 88. 4. 724-748.

Baecker, Dirk (2006): Wirtschaftssoziologie. Bielefeld: transcript.

Ball, Karyn (2007): Death-driven futures, or you can't spell deconstruction without Enron. In: Cultural Critique 65. 6-42.

Baudrillard, Jean (1992): Transparenz des Bösen. Ein Essay über extreme Phänomene. Berlin: Merve.

Baudrillard, Jean (2000): Der unmögliche Tausch. Berlin: Merve.

Beckerath, Erwin von/Bente, Hermann/Brinkmann, Carl u. a. (Hrsg.) (1961): Handwörterbuch der Sozialwissenschaften. Zugleich Neuauflage des Handwörterbuchs der Staatswissenschaften. Stuttgart u. a.: Fischer.

Best, Jacqueline (2003): From the top-down: The new financial architecture and the re-embedding of global finance. In: New Political Economy 8. 3. 363-384.

Beunza, Daniel/Hardie, Iain/MacKenzie, Donald (2006): A price is a social thing: Towards a material sociology of arbitrage. In: Organization Studies 27. 5. 721-745.

Blomert, Reinhard (2005): Das Ende der „neuen Ökonomie": eine finanzsoziologische Untersuchung. In: Berliner Journal für Soziologie. 2. 179-198.

Blomert, Reinhard (2007): Wie viel Demokratie verträgt die Börse? Eine finanzsoziologische Untersuchung. In: Leviathan 35. 4. 430-457.

Bührmann, Andrea D./Schneider, Werner (2007): Mehr als nur diskursive Praxis? – Konzeptionelle Grundlagen und methodische Aspekte der Dispositivanalyse. In: Forum Qualitative Sozialforschung/Forum Qualitative Social Research 8. 2. Art. 28. Mai.

Callon, Michel (1998a): An essay on framing and overflowing. In: Callon (1998b): 244-269.

Callon, Michel (Hrsg.) (1998b): The laws of the market. Oxford/Malden: Blackwell.

De Bondt, Werner F.M. (1998): A portrait of the individual investor. In: European Economic Review 42. 831-844.

Clark, Gordon L./Thrift, Nigel/Tickell, Adam (2004): Performing finance: The industry, the media and its image. In: Review of International Political Economy 11. 2. 289-310.

Deeg, Richard (1999): Finance capitalism unveiled: Banks and the German political economy. Ann Arbor: University of Michigan Press.

Deeg, Richard (2001): Institutional change and the uses and limits of path dependency: The case of German finance. MPIfG Discussion Paper 01. 2006. Köln: Max-Planck-Institut für Gesellschaftsforschung.

Devenow, Andrea/Welch, Ivo (1996): Rational herding in financial economics. In: European Economic Review 40. 603-615.

Diaz-Bone, Rainer/Bührmann, Andrea D./Gutiérrez Rodríguez, Encarnación/Schneider, Werner/ Kendall, Gavin/Tirado, Francisco (2007): The field of Foucaultian discourse analysis: Structures, developments and perspectives. In: Forum Qualitative Sozialforschung/Forum Qualitative Social Research 8. 2 (online verfügbar über www.qualitative-research.net).

Djelic, Marie-Laure/Lagneau-Ymonet, Paul (2008): From the playground of Baron Nucingen to global financial operator: Institutional work and the profound reinvention of the Paris Stock

Exchange. Paper prepared for Sub-theme 22: Understanding how actors create, maintain and disrupt institutions. 24th EGOS Colloquium. Amsterdam.

Fama, Eugene F. (1970): Efficient capital markets: A review of theory and empirical work. In: Journal of Finance 25. 2. 383-417.

Fenton-O'Creevy, Mark/Nicholson, Nigel/Soane, Emma/Willman, Paul (2005): Traders: Risks, decisions, and management in financial marktes. Oxford/New York: Oxford University Press.

Fligstein, Neil (2001): The architecture of markets: An economic sociology of twenty-first-century capitalist societies. Princeton, NJ, Princeton University Press.

Froot, Kenneth A./Scharfstein, David S./Stein, Jeremy C. (1992): Herd on the street: Informational inefficiencies in a market with short-term speculation. In: The Journal of Finance 47. 4. 1461-1484.

George, Elizabeth/Chattopadhyay, Prithviraj/Sitkin, Sim B./Barden, Jeff (2006): Cognitive underpinnings of institutional persistence and change: A framing perspective. In: Academy of Management Review 31. 2. 347-365.

Goffman, Erving (1977): Rahmen-Analyse. Ein Versuch über die Organisation von Alltagserfahrungen. Frankfurt a. M.: Suhrkamp.

Grossman, Emiliano (2006): Europeanization as an interactive process: German public banks meet EU state aid policy. In: Journal of Common Market Studies 44. 2. 325-348.

Guillén, Mauro F./Collins, Randall/England, Paula/Meyer, Marshall (Hrsg.) (2002): The new economic sociology: Developments in an emerging field. New York: Russell Sage Foundation.

Hall, Peter/Soskice, David (2001a): An introduction to varieties of capitalism. In: Hall/Soskice (2001b): 1-68.

Hall, Peter/Soskice, David (Hrsg.) (2001b): Varieties of capitalism: The institutional foundations of comparative advantage. Cambridge: Cambridge University Press.

Habermas, Jürgen (1995a): Theorie des kommunikativen Handelns. Band 1: Handlungsrationalität und gesellschaftliche Rationalisierung. Frankfurt a. M.: Suhrkamp.

Habermas, Jürgen (1995b): Theorie des kommunikativen Handelns. Band 2: Zur Kritik der funktionalistischen Vernunft. Frankfurt a. M.: Suhrkamp.

Harrington, Brooke (2007): Capital and community: Findings from the American investment craze of the 1990s. In: Economic Sociology European Economic Newsletter 8. 3. 19-25.

Jäger, Siegfried/Maier, Florentine (2009): Theoretical and methodological aspects of Foucauldian discourse analysis and dispositive Analysis. In: Wodak/Meyer (2009): 34-61.

Kalthoff, Herbert (2005): Practices of calculation: Economic representations and risk management. In: Theory, Culture & Society 22. 2. 69-97.

Keller, Rainer (2007): Diskurse und Dispositive analysieren. Die Wissenssoziologische Diskursanalyse als Beitrag zu einer wissensanalytischen Profilierung der Diskursforschung. In: Forum Qualitative Sozialforschung/Forum Qualitative Social Research 8. 2, Art. 19. Mai.

Kessler, Oliver (Hrsg.) (2011): Die Politische Ökonomie der Subprime-Krise. Wiesbaden: VS Verlag für Sozialwissenschaften.

Klandermans, Bert/Kriesi, Hanspeter/Tarrow, Sidney (Hrsg.) (1988): From structure to action: Comparing social movements across cultures. Greenwich, Conn./London: Jai Press.

Knorr Cetina, Karin/Bruegger, Urs (2000): The market as an object of attachment: Exploring postsocial relations in financial markets. In: Canadian Journal of Sociology 25. 2. 141-168.

Knorr Cetina, Karin/Bruegger, Urs (2002): Global microstructures: The virtual societies of financial markets. In: American Journal of Sociology 107. 4. 905-950.

Knorr Cetina, Karin/Preda, Alex (Hrsg.) (2005): The sociology of financial markets. Oxford/New York: Oxford University Press.

Knorr Cetina, Karin (2007a): Economic sociology and the sociology of finance. In: Economic Sociology European Economic Newsletter 8. 3. 4-10.

Knorr Cetina, Karin (2007b): Global markets as global conversations. In: Text & Talk 27. 5/6. 705-734.

Konersmann, Ralf (1998): Der Philosoph mit der Maske. Michel Foucaults L'ordre du discours. In: Foucault (1998): 51-91.

Michel Foucault (1998): Die Ordnung des Diskurses. Frankfurt/M: Fischer.

Langenohl, Andreas (2007): Finanzmarkt und Temporalität. Imaginäre Zeit und die kulturelle Repräsentation der Gesellschaft. Stuttgart: Lucius & Lucius.

Langenohl, Andreas/Schmidt-Beck, Kerstin (2007): Technology and (post-)sociality in the financial market: A re-evaluation. In: Science, Technology and Innovation Studies 3. 1. 5-22.

Langenohl, Andreas (2008): How to change other people's institutions: Discursive entrepreneurship and the boundary object of competition/competitiveness in the German banking sector. In: Economy and Society 37. 1. 68-93.

Langenohl, Andreas/Schmidt-Beck, Kerstin (2008): Die Medien als Bühne für Finanzprofis? CD-ROM-Beitrag. In: Rehberg (2008).

Langenohl, Andreas (2011): Die Ausweitung der Subprime-Krise: Finanzmärkte als Deutungsökonomien. In: Kessler (2011): 75-98.

Langenohl, Andreas/Schmidt-Beck, Kerstin (2009): Krise der Theatralität(stheorie)? Der Zusammenbruch des Neuen Marktes aus der Sicht von Finanzmarktprofessionellen. In: Willems (2009): 101-116.

Langley, Paul (2007): Uncertain subjects of anglo-american financialization. In: Cultural Critique 65. 67-91.

Lounsbury, Michael (2002): Institutional transformation and status mobility: The professionalization of the field of finance. In: Academy of Management Journal 45. 1. 255-266.

Lounsbury, Michael (2007): A tale of two cities: Competing logics and practice variations in the professionalizing of mutual funds. In: Academy of Management Journal 50. 2. 289-307.

Luhmann, Niklas (1988): Die Wirtschaft der Gesellschaft. Frankfurt a. M.: Suhrkamp.

Lütz, Susanne (2003): Convergence within national diversity: A comparative perspective on the regulatory state of finance. Köln: MPIfG Discussion Paper 03/7.

MacKenzie, Donald (2005): Opening the black boxes of global finance. In: Review of International Political Economy 12. 4. 555-576.

Mann, Fritz (1961): Finanzsoziologie. In: Beckerath/Bente/Brinkmann u. a. (1961): 642-648.

Marx, Karl (1989): Das Kapital. Kritik der politischen Ökonomie. Erster Band (= Marx-Engels-Gesamtausgabe, 2. Abteilung, Bd. 8). Berlin: Dietz..

McAdam, Doug/McCarthy, John D./Zald, Mayer N. (1996a): Opportunities, mobilizing structures, and framing processes: Toward a synthetic, comparative perspective on social movements. In: McAdam/McCarthy/Zald (1996b): 1-20.

McAdam, Doug/McCarthy, John D./Zald, Mayer N. (Hrsg.) (1996b): Comparative perspectives on social movements. Cambridge: Cambridge University Press.

Mead, George Herbert (1998): Geist, Identität und Gesellschaft. Frankfurt a. M.: Suhrkamp.

Menkhoff, Lukas/Röckemann, Christian (1994): Noise Trading af Aktienmärkten. Ein Überblick zu verhaltensorientierten Erklärungsansätzen nicht-fundamentaler Kursbildung. In: Zeitschrift für Betriebswirtschaft 64. 3. 277-295.

Mishkin, Frederic S. (2004): The economics of money, banking, and financial markets. Seventh Edition. Reading, Mass. et al.: Addison-Wesley.

Oevermann, Ulrich (2002): Klinische Soziologie auf der Basis der Methodologie der objektiven Hermeneutik – Manifest der objektiv hermeneutischen Sozialforschung, Frankfurt a. M.: Institut für hermeneutische Sozial- und Kulturforschung e. V. URL: http://www.ihsk.de/publikationen/Ulrich_Oevermann-Manifest_der_objektiv_hermeneutischen_Sozialforschung.pdf.

Olds, Kris (2001): Globalization and urban change: Capital, culture and Pacific Rim mega-projects. Oxford: Oxford University Press.

Ong, Aihwa (1999): Flexible citizenship: The cultural logics of transnationality. Durham: Duke University Press

Phillips, Nelson/Lawrence, Thomas B./Hardy, Cynhia (2004): Discourse and institutions. In: Academy of Management Journal 29. 4. 635-652.

Power, Michael (2005): Enterprise risk management and the organization of uncertainty in financial institutions. In: Knorr Cetina/Preda (2005): 250-268.

Preda, Alex (2007): Technology and boundary-marking in financial markets. In: Economic Sociology European electronic newsletter 8. 3. 33-40.

Preda, Alex (2009): Brief encounters: calculation and the interaction order of anonymous electronic markets. In: Accounting, organizations and society 34. 5. 675-693.

Rao, Hayagreeva/Morrill, Calvin/Zald, Meyer (2000): Power plays: How social movements and collective action create new organizational forms. In: Research in Organizational Behavior 22. 239-282.

Rehberg, Karl-Siegbert (Hrsg.) (2008): Die Natur der Gesellschaft. Verhandlungen des 33. Kongresses der Deutschen Gesellschaft für Soziologie in Kassel 2006. Frankfurt a. M./New York: Campus.

Sassen, Saskia (1991): The global city: New York, London, Tokyo. Princeton, NJ: Princeton University Press

Sassen, Saskia (2005): The embeddedness of electronic markets: The case of global capital markets. In: Knorr Cetina/Preda (2005): 17-37.

Schmidt-Beck, Kerstin (2009): Remembering global crises: „Doing and un-doing history" in narrative and discourse. The German stock market decline (2000-2003). In: International Journal of Management Concepts and Philosophy 3. 3. 225-238.

Schraten, Jürgen (2007): Die kollektive Erinnerung von Staatsverbrechen. Eine qualitative Diskursanalyse über die parlamentarische Bewertung der SED-Diktatur. Baden-Baden: Nomos.

Simmel, Georg (1989): Philosophie des Geldes. Frankfurt a. M.: Suhrkamp.

Snow, David A./Benford, Robert D. (1988): Ideology, frame resonance, and participant mobilization. In: Klandermans/Kriesi/Tarrow (1988): 197-217.

Stäheli, Urs (2007): Spektakuläre Spekulation. Das Populäre der Ökonomie. Frankfurt a. M.: Suhrkamp.

Thrift, Nigel (2005): Knowing capitalism. London/Thousand Oaks/New Delhi: Sage.

Vitols, Sigurt (2004): Changes in Germany's bank-based financial system: A varieties of capitalism perspective. Discussion Paper SP II 2004 – 03. Wissenschaftszentrum Berlin.

Vitols, Sigurt/Engelhardt, Lutz (2005): National institutions and high tech industries: A varieties of capitalism perspective on the failure of Germany's „Neuer Markt". Discussion Paper SP II 2005 – 03, Wissenschaftszentrum Berlin.

Weber, Max (1988): Die Börse. In: Gesammelte Aufsätze zur Soziologie und Sozialpolitik. Tübingen: Mohr, 256-322.

White, Harrison C. (2002): Markets and firms: Notes toward the future of economic sociology. In: Guillén/Collins/England/Meyer (2002): 129-147.

Willems, Herbert (Hrsg.) (2009): Theatralisierung der Gesellschaft. Band 2: Medientheatralität und Medientheatralisierung. Wiesbaden: VS Verlag für Sozialwissenschaften.

Wodak, Ruth/Meyer, Michael (Hrsg.) (2009): Methods of critical discourse analysis. London: Sage.

Yurchak, Alexei (2006): Everything was forever, until it was no more: The last Soviet generation. Princeton: Princeton University Press.

Zald, Mayer N. (1996): Culture, ideology, and strategic framing. In: McAdam/McCarthy/Zald (1996b): 261-274.

Žižek, Slavoj (2002): Die Revolution steht bevor. Dreizehn Versuche über Lenin. Frankfurt a. M.: Suhrkamp.

Qualitätskonventionen als Diskursordnungen in Märkten

Rainer Diaz-Bone

1 Einleitung[1]

Begreift man Märkte als soziale Sphären, in denen Akteure ihre „ökonomischen" Handlungen deshalb erfolgreich und dauerhaft koordinieren können, weil sie über gemeinsame Wissenskonzepte, Kategorien und Evaluationskriterien verfügen, dann kommt der Analyse sowohl der Entstehung als auch der Ordnung des ökonomischen Wissens eine zentrale Bedeutung zu. Betrachtet man also die Sphäre der Wirtschaft aus diskurstheoretischer Sicht, stellt das ökonomische Wissen eine kollektive und überindividuelle Realität dar. „Die Ökonomie" ist auch eine Diskurswelt, d.h., sie ist auch als Resultat diskursiver Praxisformen zu denken. Hier erhalten nicht nur die thematisierten „Objekte", sondern auch die „Akteure" eine diskursive Realität, hier werden ihnen diskursiv „Eigenschaften" zuerkannt und hier erfolgt die kollektive Konstruktion des sozialen Sinns, der in keiner außerdiskursiven Realität bereits angelegt oder gar enthalten sein kann – auch wenn die diskursiven Praktiken mit nicht-diskursiven Praktiken vernetzt sind. Die ökonomischen Diskurse sind damit nicht reduzierbar auf den Status von sprachlichen Abbildungen vordiskursiver Vorgänge und Sachverhalte. Worum es bei „Produktionen" und „Geschäften" geht, warum was in welcher Weise produziert und wie angeboten und getauscht wird, muss in Unternehmen und in Märkten stets für die beteiligten Kollektive (Produzierende, Handelnde, Konsumenten und Konsumentinnen) diskursiv konstruiert und diskursiv repräsentiert werden.

Die hier vorgelegte diskurstheoretische Perspektive setzt damit praxeologisch (Bourdieu) an. Damit Akteure in Ökonomien auftreten und handeln können, muss eine diskursive Umwelt mit Kategorien und Konzepten sowie den konzeptuellen und klassifikatorischen Vernetzungen zwischen ihnen vorhanden sein, die den sozialen Sinn der ökonomischen Welt ermöglichen. Das heißt praxeologisch: Es müssen durch die sozialen Kollektive neben den nicht-diskursiven Investitionen auch diskursive Investitionen in die kollektive Wissensausstattung sowie die Investitionen in kognitive Formen der Ökonomie erfolgen

---

1 Ich danke Gertraude Krell und Jessica Haas für Anmerkungen und die Durchsicht einer vorangehenden Fassung.

(siehe 2.3.1). Zu den zentralen Problemen der zeitgenössischen Wirtschaftssoziologie zählt insbesondere die Analyse der sozialen Mechanismen, die ökonomisches Handeln und ökonomische Kommunikation koordinieren (Beckert/Diaz-Bone/Ganßmann 2007a; Eymard-Duvernay et al. 2006; Jagd 2007). Dabei müssen die Probleme der Unsicherheit über erwartbare kollektive Zukünfte und über die Qualitäten und Eigenschaften der Objekte, Akteure und Handlungen in der Wirtschaft kontinuierlich diskursiv bearbeitet werden.

Hier nun rückt die diskurstheoretische Perspektive die diskursiven Praxisformen ins Zentrum, die einmal die diskursiven Modelle für Handlungskoordination sowie für den kollektiv erwartbaren „Horizont der Möglichkeiten" (zukünftige Entwicklungen, gangbare Strategien) fokussiert. Zum anderen bezieht die Diskurstheorie hierbei die diskursiven Konstruktionen der Qualitäten (der Produkte, der Akteure), der Kategorien (Klassifikationen) und der unterliegenden kognitiven Schemata für Koordination und Evaluation ein. Eine diskurstheoretische Erweiterung der Wirtschaftssoziologie ermöglicht somit, die wirtschaftswissenschaftlichen und soziologischen Analyseprobleme konzeptionell neu zu fassen.

Im ersten Teil des Beitrages wird die theoretische Perspektive vorgestellt. Hierfür werden zunächst die Theorie der diskursiven Praxis und das Konzept der Episteme von Michel Foucault sowie die Praxeologie von Pierre Bourdieu eingeführt. Beide beziehen Praxisformen auf *Strukturen* der Praxis. Weiter werden Ansätze der „neueren französischen Sozialwissenschaften" (Corcuff 1995; Dosse 1999) herangezogen, die sich – auch mit kritischem, d. h. absetzendem Bezug zur Soziologie Pierre Bourdieus – seit Ende der 1980er Jahre entwickelt haben. Namentlich die „Actor-network-theory" (im Folgenden kurz: ANT) von Michel Callon und Bruno Latour (2005) sowie die „Theorie der Rechtfertigungsordnung" von Luc Boltanski und Laurent Thévenot (2007) haben hier die konzeptionellen Grundlagen systematisch formuliert. Damit verbunden – und ebenso Teil der neueren französischen Sozialwissenschaften – ist ein transdisziplinäres Netzwerk von Forscherinnen und Forschern aus Soziologie, Sozialstatistik und den Wirtschaftswissenschaften, die seit den 1980er Jahren das Konzept der Konvention in die Analyse der Wirtschaft eingebracht haben und unter der Bezeichnung „Économie des conventions" (im Folgenden kurz: EC) bekannt geworden sind. Zielsetzung dieses ersten Teils ist eine diskursanalytische Reinterpretation zentraler Konzepte und Vorgehensweisen der EC, nicht deren Vereinnahmung oder der Entwurf einer Theoriesynthese. Insbesondere die Konzepte der Qualitätskonvention und der „Investition in Formen" (Eymard-Duvernay/Thévenot), die aus diesem Ansatz der EC hervorgegangen sind, haben auch eine diskursive Realität bzw. Erscheinungsform, die bislang noch nicht herausgestellt worden ist.

Im zweiten Teil des Beitrages soll aufgezeigt werden, wie eine diskursanalytische Vorgehensweise gestaltet sein kann, die die Qualitätskonventionen als Diskurslogiken in Märkten rekonstruiert und mit Bezug auf die verwendeten Wissenskonzepte, Kategorisierungen und Evaluationen die Muster und Regeln der diskursiven Praxis in der Produktion von Gütern und Dienstleistungen identifiziert. Die Zielsetzung ist hier nun, eine diskursanalytische empirische Vorgehensweise zu skizzieren. Bislang liegen zwar empirische Analysen der EC vor, aber keine explizierte Methodologie.

Dann soll im dritten Teil des Beitrages eine vergleichende diskursanalytische Untersuchung vorgestellt werden, die auf den Konzepten der EC aufbaut und sich an der vergleichenden Vorgehensweise der EC für die empirische Analyse von Märkten orientiert. Im Unterschied zu den Analysen der EC wird dabei versucht, die Bedeutung der diskursiven Praxisformen für die Konstruktion der „Qualitäten" und Kategorien herauszustellen sowie die Diskursinvestitionen für die Koordination von Produktion und Distribution vergleichend zu rekonstruieren.

2   Elemente einer Theorie ökonomischer Diskurse

2.1   Foucaults Theorie der diskursiven Praxis

Zu den wohl einflussreichsten sozialwissenschaftlichen Diskurskonzepten zählt dasjenige von Michel Foucault (Foucault 1971, 1991; Keller 2004; Diaz-Bone et al. 2008). Foucault betrachtet Diskurse nicht als Sprechakte (im Sinne von John Austin 1972) oder als linguistische, satzübergreifende Ordnungen (im Sinne von Roland Barthes 1988a). Stattdessen – so könnte man in heutiger Terminologie sagen – werden Diskurse als Systeme von Aussagen betrachtet, die zwar durch den Aussagenkontext bedingt werden, dann aber eine eigenständige performative Realität haben. Die Aussagen eines Diskurses (re-)konstruieren performativ:

a. die Ordnung der Begriffe (das sind die im Diskurs als Konzepte auftretenden Begriffe, ihre Bedeutungen sowie ihre klassifikatorischen Beziehungen untereinander),
b. die Dinge (das, was als Objekt im Diskurs thematisiert werden kann, sowie die klassifikatorischen Beziehungen zwischen ihnen),
c. die Modalitäten und Formen des Sprechens und
d. zuletzt die im Diskurs und durch ihn denkmöglich gewordenen Strategien und Denkweisen (denn die Aussagen eröffnen argumentativ und evaluativ Möglichkeiten für Denken und Handeln, gleichzeitig blenden sie andere systematisch aus).

Da Diskurse als Praxisformen gedacht werden, verwendet Foucault die Bezeichnung „diskursive Praxis", auch um sein Diskurskonzept von demjenigen anderer Diskurstheoretiker abzugrenzen. Die diskursive Praxis ist damit keine abbildende Beschreibung einer außerdiskursiven Wirklichkeit, sie ist eine systematische Weise der Welterzeugung (im Sinne von Nelson Goodman 1984), ohne sie wären die vordiskursiven Sachverhalte zwar existent, aber sie hätten keinen sozialen Sinn, sie wären für sich sinnhaft unvollständig, damit nicht Teil einer „Welt". Und: Die diskursive Praxis beinhaltet eine die Kognition eines Kollektivs vorrasternde Wirkmächtigkeit, d.h., die diskursive Praxis hat eine epistemische Wirkung, weil sie den Mitgliedern von Diskursgesellschaften die Welt als bereits durch ein metaphysisches Prinzip geordnet erscheinen lässt. Diese Funktion der Episteme hat Foucault sowohl in der Analyse des medizinischen Diskurses (Foucault 1988) als auch in einer vergleichenden Analyse der Wissenschaften vom Leben (Biologie), vom Tauschen (Ökonomie) und vom Sprechen (Linguistik) evident herausgestellt (Foucault 1971). Die diskurstheoretischen Arbeiten lassen sich insgesamt als eine Erweiterung der französischen Epistemologie auffassen (Diaz-Bone 2008). Foucault generalisiert die Analyseperspektive der französischen Epistemologie, d. h., er betrachtet nun nicht mehr nur wissenschaftliche Theorien, sondern jede soziale Wissensordnung auf ihre innere Organisation hin. Diese ist eine sozio-kognitive Tiefenstruktur, die die diskursive Praxis mit Kohärenz ausstattet und ermöglicht, dass die diskursive Praxis die Formation der Begriffe, der Objekte, der Sprechermodalitäten und der Strategien aufeinander beziehen kann und dass sie sich wechselseitig ermöglichen sowie stützen. Bei Foucault werden damit sowohl das Strukturprinzip (Episteme) als auch das Praxisprinzip (diskursive Praxis) auf die Ebene des Diskurses verlagert. Aber die pragmatische Handlungskompetenz von Akteuren ist hier noch schwach konzipiert. Aus soziologischer Sicht scheinen der Foucaultschen Theorie auch Konzeptionen für die Analyse der Sozialstruktur zu fehlen, wenn man das Soziale nicht mit Diskursordnungen gleichsetzen will (Diaz-Bone 2010).

2.2   „Mit und gegen Bourdieu"

Eine soziologische Theorie, die an die Foucaultsche Theorie vermittelbar ist und hier Defizite ausgleichen kann, ist diejenige Pierre Bourdieus.[2] Denn mit dem Feldkonzept hat Bourdieu in vielen empirischen Analysen ein soziologisches Raummodell entwickelt, das – wenn auch auf Kosten eines reduktionistischen Diskurskonzeptes (Diaz-Bone 2010) – Akteure anhand ihrer Ressourcen systematisch positioniert. Ein Feld ist das System der Beziehungen zwischen den Akteuren, das sich damit nicht mehr auf einzelne Beziehungen reduzieren lässt und als „Kräftefeld" (ausgestattet mit den verschiedenen Kapitalformen als „sozialen Energien") auch indirekte, d. h. soziale Beziehungen übergreifende Wirkungen ausübt (Martin 2003). Es ist ein Sozialraum, in dem die Akteure um die Aneignung der hier bedeutsamen Ressourcen (den feldspezifischen Kapitalformen) kämpfen, die Bourdieu – die wirtschaftswissenschaftliche Begrifflichkeit soziologisch übersteigernd – als spezifische Formen des Kapitals bezeichnet. Gerade Bourdieu hat auf die verschiedensten Formen von Investitionen (ökonomische, soziale, symbolische) hingewiesen, die notwendig sind, um eine Feldstruktur zu etablieren oder ein mit sozialem Sinn ausgestattetes Produkt herzustellen. Die Bourdieusche Theorie zeichnet sich dadurch aus, dass sie die ökonomistische Begrifflichkeit in die Kultursoziologie eingeführt und in der Analyse der soziokulturellen Praktiken zu einer umfassenden „Ökonomie des Sozialen" totalisiert hat (Bourdieu 1982). Diese wurde im Gegenzug in der soziologischen Analyse der Wirtschaft (Bourdieu 2002) als erweiterte kultursoziologische Perspektive auf die umfangreichen sozialen Investitionen, die erforderlich sind für die Herstellung von Angebot, Nachfrage und

---

2   Ein Grund für die Vermittelbarkeit der Foucaultschen und der Bourdieuschen Theorie ist, dass beide die Epistemologie von Gaston Bachelard (1978, 1988) als wissenschaftstheoretische Grundlage verwenden (Diaz-Bone 2010).

Markt, eingesetzt. Man könnte also von einer Kulturalisierung der Wirtschaftssoziologie sprechen (Diaz-Bone 2006, 2007a), sodass es sich lohnt, die Bourdieusche Analyse der Produktion von kulturellen Wertigkeiten hier zu vergegenwärtigen. In seinen Analysen der Kulturproduktion in verschiedenen Feldern (wie Kunst und Literatur, Bourdieu 1999) hat er die kollektive Investition in den „Glauben" an den Wert der kulturellen Produkte als eine kollektive Täuschung beschrieben, deren Mechanismus die soziologische Analyse als eine Art „symbolischen Kredit" identifiziert hat, den das Kollektiv dem Künstler vorreflexiv zuerkennt und der dann zu dessen symbolischen Kapital wird. Der feldinterne Glaube an den Wert der Kunst wird so durch die soziologische Analyse als „illusio" diskreditiert (Bourdieu 1999: 362f).

Gleichzeitig ist das Feld ein Wahrnehmungsraum (hier zeigt sich die Fortsetzung der epistemologischen Perspektive), in dem die wahrgenommenen Qualitäten – so die Bourdieusche Argumentation – letztlich auf die Feldposition zurückgeführt werden können und die Strategien der Akteure nur begreiflich werden, wenn man die Feldstruktur als Analyserahmen und das Feld als Erklärungsmodell heranzieht (Bourdieu 1999). Die sozialen Praxisformen, die als Investitionen in die „Qualität" erfolgen müssen, sieht und thematisiert Bourdieu zwar, aber ihnen wird *als* Praxisformen keine eigene, nur eine abgeleitete und damit eine vor-abgestimmte, d. h. durch die Feldstruktur vorstrukturierte Realität zuerkannt. Damit fehlt es der Bourdieuschen Theorie an einer nicht-reduktionistischen Konzeption der Qualitätskonstruktion. Denn die wahrgenommene Qualität wird entweder als kollektive Verblendung („croyance") gedacht oder als „Übertragungseffekt". Letzterer wird deutlich in der Analyse des Eigenheimmarktes formuliert. Hier ist die Argumentation Bourdieus, dass sich die wahrgenommene Feldposition der Eigenheimproduzenten (diese werden als „Häuser" im Sinne von renommierten Firmen bezeichnet) als Qualitätssignal auf das Produkt (hier ebenfalls Häuser) überträgt.

> „Aber man müsste vor allem eingehend analysieren, wie der Einsatz der verschiedenen Themen und rhetorischen Verfahren mit der jeweiligen Position im Feld der verschiedenen Firmen variiert. Die Strategie, dem verkauften Produkt die ‚Qualität' des Produzenten zuzuschreiben, tritt zweifellos in den Werbemitteln der größten und ältesten Gesellschaften häufiger auf. Mit der Unterstellung, dass nur ein solides Haus solide Häuser fertigen kann bzw. dass ein solides Haus nur solide Häuser fertigen kann, dass also die von einem alten und beständigen Haus gefertigten Häuser mit Notwendigkeit solide und beständig sind, wird eine Logik der Teilhabe bemüht, um das Produkt durch den Produzenten zu kontaminieren." (Bourdieu 2002: 74)

Die Qualität wird hier schlichtweg auf die Feldposition des Produzenten zurückgeführt. Sie ist ein Effekt, ein „Abglanz" von etwas anderem. Die Feldposition des Produzenten überträgt sich als wahrgenommene Qualität auf sein Produkt („kontaminiert" es), ohne dass in der Bourdieuschen Analyse der (sowohl diskursiven als auch nicht-diskursiven) Konstruktion des Produkts eine eigene Materialität der Praxis bzw. eine praxeologische Realität zuerkannt wird. Es fehlen der Bourdieuschen Analyse der Qualitätskonstruktion insgesamt also Konzepte und Analyseformen, die die Qualität nicht unmittelbar oder mittelbar auf Feldpositionen der Produzenten und damit auf die soziale Struktur zurückführen.[3] Stellt die Foucaultsche Theorie ein Diskursmodell zur Verfügung (das diesem als Realität eine starke Praxis zuerkennt) und liefern die Bourdieuschen Arbeiten nicht nur eine systematische Kulturanalyse der Ökonomie, sondern eben auch sozialstrukturelle Konzepte (wie das des Feldes und des Habitus), so bleiben in beiden Theorien die Analysen und der Einbezug der Eigenheiten von Technologien und Materialien doch nachrangig oder fehlen ganz. Zudem behalten diese Großtheorien – aus Sicht ihrer Kritiker – den strukturalistischen Bias, der in der Bevorzugung der Strukturontologie gegenüber der Handlungsontologie besteht.

2.3   Nachbourdieusche Perspektiven: ANT und EC

Mit der in den 1980er Jahren in Frankreich einsetzenden Repragmatisierung (Corcuff 1995; Dosse 1999; Nachi 2006) treten die Arbeiten von Latour und Callon (ANT) sowie von Boltanski und Thévenot (Theorie der Rechtfertigungsordnungen) einflussreich auf den Plan, die den Handlungsbezug auf Objekte untersuchen und die die Wertigkeitskonstruktion in den Praktiken der Vernetzung von Akteuren und Dingen verorten, sodass die Einbeziehung von Technologien und Materialitäten Priorität erhält. Die Repragmatisierung führt auch zu einer Kritik der strukturalistischen Großtheorien und Neukonzipierung der sozialen Ontologien. Die Arbeiten dieser Autoren entstehen in wechselseitiger Orientierung aneinander und unter gegenseitiger Beeinflussung. Boltanski und Thévenot lehnen fortan die Analysekategorien Feld und Habitus ab. „Akteure", „Konzepte" und „Objekte" konstituieren sich aus Sicht der ANT durch den wechselseitigen Bezug in Akteur-Netzwerken, wobei die konstituierende Wirkmächtigkeit von Objekten Anerkennung findet, sodass ihnen sogar selbst ein Akteurstatus zuerkannt wird (Callon (Hrsg.) 1998c, 2006; Callon/ Lascommes/ Barthe 2001; Latour 1991, 2005).[4] „Das Soziale" wird hierbei nicht mehr als ein gegebener überindividueller Sachverhalt betrachtet. Für Latour sind es stattdessen die Praktiken der „Assoziierung" und „Reassoziierung", die nun „das Soziale" darstellen, womit insgesamt mit der Durkheimschen Tradition (soziale Tatsachen als Entitäten sui generis vorauszusetzen) gebrochen wird. „Repragmatisierung" bedeutet auch, dass die interpretativen Fähigkeiten der Akteure in der Analyse (wieder) einbezogen werden, welche diese in Situationen einsetzen.

2.3.1   Eine pragmatische Erneuerung der Epistemologie

Aus Sicht der ANT sind Akteure für das Handeln und die Kognition angewiesen auf Ausrüstungen, Techniken – also auf Dispositive. Letztere tragen ihren notwendigen Anteil zur Kognition und zum Handeln bei: Handeln und Kognition erfolgen einmal in Netzwerken, sie werden hierin durch Praktiken des Vernetzens möglich, zum anderen werden

---

3   Siehe für die ausführlichere Kritik an der Bourdieuschen Analyse von Märkten Diaz-Bone (2007a) und für die Entwicklung des Arguments im Bereich der Musikproduktion Diaz-Bone (2010).

4   Siehe weiter Latour (1991, 2005); Law/Hassard (Hrsg.) (1999); Bellinger/Krieger (Hrsg.) (2006).

Handlungen und Kognitionen nicht länger isolierten Akteuren zugerechnet, sondern eben diesen Netzwerken, in denen beides „situiert" ist (Hutchins 1995; Laville 2000). Auch die Epistemologie erhält hier eine pragmatische Wendung: Die Erkenntnispraktiken werden als durch die verwendeten Instrumente und Routinen mitorganisiert gedacht.[5] Die Arbeiten der ANT und der EC haben sich gerade in diesem Punkt wechselseitig beeinflusst. Thévenot hat ebenfalls in den 1980er Jahren (zusammen mit Eymard-Duvernay) eine „Theorie der Formen" in der Analyse der Produktionsorganisation in Unternehmen erarbeitet (Eymard-Duvernay/Thévenot 1986; Thévenot 1986a, 1986b). Auch hier erhalten Formen den Charakter von Dispositiven für die Evaluation und Koordination. Thévenot hat gezeigt, dass ein Unternehmen nicht nur in die materielle Instrumentierung (wie Maschinen) für die koordinierte Produktion investieren muss, sondern insbesondere in kognitive Formen als Investition in die immaterielle Instrumentierung. Er hat dies beispielhaft anhand der tayloristischen Arbeitsorganisation veranschaulicht. Frederick W. Taylors *Prinzipien des wissenschaftlichen Managements* beinhalten ein ganzes Repertoire an formgebenden Strategien, die sorgsam im Unternehmen implementiert und aufeinander abgestimmt werden sollen. Dazu zählen die Techniken und Methoden der Erfassung und Zergliederung von Arbeitsabläufen, Methoden der Normierung der zugehörigen Zeiteinheiten sowie die damit mögliche Bewertung von Arbeitsleistung, das Spektrum der schriftlichen Fixierungen (wie Anweisungen), der zugehörigen sprachlichen Formen (wie Definitionen) und der grafischen Darstellung der Arbeitsabläufe, der Einheiten und der Leistungsstände. Wissen wird so auf der Ebene des Unternehmens „formatiert" und zu „In-Formation", es ist damit nicht im Besitz einzelner Akteure. Zur Investition in Formen gehören aber auch die Prinzipien der räumlichen Anordnung von Maschinen und Materialien (Vor- und Zwischenprodukte) sowie die (auch räumliche) Zuordnung der auf diese abgestimmten Handlungsabläufe als ein kollektives kognitives Dispositiv der Produktion. Thévenot spricht von Forminvestition als von einer Praxis, von „formgebenden Aktivitäten", also von der Einfassung und der Vernetzung der Handlungspraxis in der Produktion anhand von Formen. Er zeigt, wie die Forminvestition als „Formierung der Produktion" nicht nur alle Stationen der Produktion übergreift und integriert, sondern wie sie sich in den Anweisungen für die Qualifizierung, Bewertung und Standardisierung der Ausbildung (von Arbeitern im Taylorismus) und der Produkte selbst in kohärenter Weise in der Konstruktion von Wertigkeiten niederschlägt.

Fortgesetzt wird diese Analyse der Investitionen in Formen der EC in den Arbeiten von Callon und Mitarbeitern (Callon/Muniesa 2006) zu Märkten als kalkulatorischen Werkzeugen („calculative devices"). Hier zeigt sich, dass Klassifikationen, Normierungen und Verzifferungen nicht nur auf das Unternehmen beschränkt sind, sondern insgesamt die Ökonomie durchziehen. Und die ANT nimmt den von Bourdieu (1985a) aufgezeigten Theorieeffekt wieder auf.[6] Latour und Callon argumentieren, dass die sozialen Praxisfor-

---

5   Die Arbeiten zu einer pragmatischen Epistemologie stammen aus verschiedenen Disziplinen. Siehe die Schwerpunktausgaben des Jahrbuchs *Raisons Pratiques* zur Kognition (Conein/Thévenot (Hrsg.) 1997) und zur sozialen Epistemologie (Bouvier/Conein (Hrsg.) 2007).

6   In den Wirtschaftswissenschaften finden sich früh parallele Entwicklungen zu einer „Theorie des Theorieeffekts". Siehe Astley (1985), Astley/Zamuto (1992), McCloskey (1985, 1990, in diesem

men durch die Sozialwissenschaften nicht einfach nur beschrieben werden, sondern dass diese in das Handeln der Akteure als (diskursive) Einflüsse eingehen und dazu beitragen, dass sie sich selber „realisieren". Für Callon (1998a; 1998b) ist die Wirtschaft demnach eingebettet in die Wirtschaftswissenschaften, und es sind Wirtschaftswissenschaftler, die ökonomische Institutionen und die ökonomischen Dispositive nach der Anleitung ihrer Disziplin zu entwerfen suchen. Callon (1998a) und Latour (2005) sprechen davon, dass wirtschaftswissenschaftliche Diskurse ihren Gegenstand „performen", also an dessen „Realisierung" („Herstellung") beteiligt sind.[7]

Die Arbeiten von Donald MacKenzie und Mitarbeitern (MacKenzie 2006; MacKenzie/Millo 2003; MacKenzie/Muniesa/Siu 2007) setzen diesen Ansatz der ANT in ihrer ethnographischen Forschung fort. MacKenzie hat gezeigt, wie die Optionsbörse durch die Finanzwissenschaften und die Diskurspolitiken der Finanzwissenschaftler denkbar wurde und durch deren Lobbying auch als Organisation eingerichtet werden konnte – obwohl Optionshandel von der Aufsichtsbehörde SEC (Security and Exchange Commission) bis dahin als illegal angesehen wurde. Die Formel von Black, Scholes und Merton zur Berechnung von Preisen von Optionen ist – so MacKenzie/Millo (2003) – nicht als Abbildung der Wertigkeit von Optionen und der „wirklichen Preise" im Optionshandel zu begreifen, sondern als diskursives Dispositiv, mit dem ein ganzes ökonomisches Feld auf die Denkmöglichkeit des Optionshandels eingeschworen werden konnte. MacKenzie zeigt, wie die Formel als kollektives kognitives Dispositiv herangezogen wurde, um in der 1973 neu eingerichteten Optionsbörse CBOE (Chicago Board Options Exchange) das Handeln, Bewerten und Wahrnehmen zu koordinieren. Weiter zeigt er, wie Instrumente (Preistabellen) entwickelt wurden, die auf dem Parkett die komplizierte Formel handhabbar machten, wie der „Glaube" an die Richtigkeit der Formel und wie der Habitus der Trader sich wandelte, indem die Händler im Umgang mit den Rechentechniken für das Ermitteln von Optionspreisen „trainiert" wurden und die vormals als unmännlich geltende Verwendung von Hilfsmitteln auf dem Parkett akzeptabel wurde (MacKenzie/Millo 2003; MacKenzie 2006). Die „Richtigkeit" und „Wahrheit" der Black-Scholes-Merton-Formel entstand auch als Diskurseffekt, indem die Finanzwissenschaftler sich diskursiv engagierten, was zunächst massiv erforderlich war, da anfangs die Formel im Widerspruch zu ihren eigenen Vorannahmen stand und sie insbesondere mit den ersten empirischen Preisen nicht vereinbar war.

„The first day that the Exchange opened … I looked at the prices of calls and I looked at the model and the calls were maybe 30–40 % overvalued! And I called Myron [Scholes] in a panic and said, ‚Your model is a joke', and he said, ‚Give me the prices', and he went back and he huddled with Merton and he came back. He says, ‚The model's right.' And I ran down

---

Band), Czarniawska (1997, 2000, in diesem Band). In der pragmatistischen Philosophie ist der Theorieeffekt unter der Wendung „Weisen der Welterzeugung" bekannt geworden (Goodman 1984).

7   Callon schließt hier die ethnographische Studie von Marie-France Garcia (1986) zur Entstehung einer Agrarbörse an. Siehe für die Performativitätstheorie in der Marktsoziologie weiter Aspers (2007), Diaz-Bone (2007b), Kjellberg/Helgesson (2006, 2007).

the hall … and I said, ,Give me more money and we're going to have a killing ground here'."
(Gladstein-Interview, zitiert nach MacKenzie/Millo 2003: 121)

Nach und nach setzte sich die Formel aber gegen die Widrigkeiten der Empirie durch, sie verschaffte dem Optionshandel die notwendige Legitimität, um von der Aufsichtsbehörde SEC zugelassen zu werden.[8] Zudem stellten sich günstige Entwicklungen in der Finanzwelt ein, die die vormals kontrafaktischen Vorannahmen der Formel nun realitätsnäher werden ließen. Diese formierte nun erfolgreich (d. h. in Übereinstimmung mit den „Daten" der Wirtschaftswissenschaftler) im Optionshandel diskursiv die Erwartungen und Risikobewertungen. Die zugrunde liegende Preistheorie und finanzwissenschaftliche Denkweise stellten damit eine diskursive Tiefenstruktur in diesem neuen Feld dar.[9] Die Optionsbörse ist diskursiv in die Finanztheorie „eingebettet": Die Formel „performt" den Optionshandel. Im Gegenzug zeigt dieses Beispiel auch, dass ein Diskurs durch nicht-diskursive Formen und Praktiken wie Instrumente (Preistabellen), Habitus, Organisationen und Koordinationsformen realisiert und gestützt wird. Diskursive und nicht-diskursive Praktiken der Ökonomie ko-konstruieren sich wechselseitig.

Die sich hier eröffnende Möglichkeit für eine diskurstheoretische Interpretation setzt an, indem im ersten Schritt die wirtschaftswissenschaftliche Theorie (mit Callon) nicht als Beschreibung der Ökonomie aufgefasst wird. Wirtschaftswissenschaftliche Diskurse haben für Callon insbesondere den Effekt, dass sie Handeln und Kognition „formatieren", d. h. den homo oeconomicus mit formen.[10] Mit ihren diskursiven Konzepten liefern wirtschaftswissenschaftliche Theorien „Blaupausen" für die ökonomischen Dispositive („calculative tools"), die sich zusammen mit Handlungen und Akteuren zu den „calculative agencies" vernetzen. Callon hat aber auch die vereinseitigende diskurstheoretische Sichtweise kritisiert, die den Diskursen das alleinige Primat zuerkennt. Wenn es auch einen Theorieeffekt gibt, so werden Diskurse doch auch durch die kalkulativen Werkzeuge „stabilisiert" und können (hier kommt die agency als Kapazität der Vernetzungen hinzu) in der kalkulativen Praxis verändert werden (Callon 1998a: 26ff).[11] Callon veranschaulicht das am Beispiel der Analyse des Marketings von Franck Cochoy (Callon 1998a: 26f; Cochoy 1998). Diese ist aus seiner Sicht entstanden aus der Systematisierung der Marketingpraxis und der Reflexion der „marketing tools". Im Gegenzug hat sie ihre Systematisierungsleistung wieder in die

---

8   „Black-Scholes was really what enabled the exchange to thrive … It gave a lot of legitimacy to the whole notions of hedging and efficient pricing, whereas we were faced, in the late 60s-early 70s with the issue of gambling. That issue fell away, and I think Black-Scholes made it fall away. It wasn't speculation or gambling, it was efficient pricing." (Rissmann-Interview 1, zitiert nach MacKenzie/Millo 2003: 121)

9   „Pricing models were necessary for risk management and, crucially, offered a way of communicating and coordinating activities, of *talking* about options." (MacKenzie/Millo 2003: 125; Herv. i. Orig.)

10 Bereits Bourdieu hatte diese Konstruktion des ökonomischen Habitus herausgestellt (Bourdieu 2002; Diaz-Bone 2007b).

11 Insbesondere Antoine Hennion (1993) hat mit dem Konzept der „mediators" auf die wechselseitige Konstitution von Objekten, Techniken, Praktiken und Diskursen hingewiesen.

Marketingpraxis getragen und die Entwicklung von „marketing tools" und der Praxis forciert.[12] Callon und Mitarbeiter verallgemeinern diese Perspektive für Akteurqualitäten von „Objekten" und Dispositiven (devices) in der Ökonomie:

> „We believe that the notion of ,market device' – a simple way of referring to the material and discursive assemblages that intervene in the construction of markets – can be useful [...]. With this notion, objects can be brought inside sociological analysis [...]. Moreover, these objects can be considered as objects with agency: whether they might just help (in a minimalist, instrumental version) or force (in a maximalist, determinist version), devices do things. They articulate actions; they act or they make others act. But the notion of ,device' can also suggest a bifurcation of agency: the person on one side and the machine on the other, the trader on one side and the trading screen on the other. Bourdieu's *dispositions* on one side and Foucault's *dispositifs* on the other. In our view, this bifurcation needs to be avoided or, at least, handled with caution. Instead of considering distributed agency as the encounter of (already ,agenced') persons and devices, it is always possible to consider it as the very result of these compound *agencements* (and this applies to economic action in particular)." (Muniesa/Millo/Callon 2007: 2; Herv. i. Orig.)

2.3.2 Rechtfertigungsordnungen

Boltanski und Thévenot haben in verschiedenen Analysen gezeigt, wie klassifizierende Akteure ihre Praxis des Klassifizierens in Situationen durch rechtfertigende „diskursive Praktiken" (hier nicht im Sinne Foucaults) auf allgemeinere ethisch-moralische Prinzipien oder institutionell (insbesondere staatlich) gestützte und so legitimierte Dimensionen beziehen (Boltanski/Thévenot 1983, Boltanski/Darré/Schiltz 1984). Die Praxis des Klassifizierens versucht damit, die Wertigkeit einer Person (eines Objekts) diskursiv mit (zumeist impliziertem) Bezug auf allgemeinere Prinzipien zu fundieren. Wie die Vertreter der ANT, so sehen Boltanski und Thévenot die klassifizierende Praxis als mit Dispositiven, hier insbesondere den Formen und Routinen vernetzt an. Neu ist aber, dass Boltanski und Thévenot nun systematisch die Kompetenzen von Akteuren untersuchen, wenn sie sich in konfliktbeladenen Situationen auf allgemeinere moralische Prinzipien beziehen müssen, um situativ die „Qualität" einer Person oder eines Objektes zu verteidigen oder in Frage zu stellen. In den 1980er Jahren beginnen die beiden dann, das Inventar und das Modell der sogenannten „Rechtfertigungsordnungen" (2007) zu identifizieren. Akteure verfügen über die (kritische) Kompetenz, sich in Situationen auf die dort angemessenen Rechtfertigungsordnungen handelnd (und wenn notwendig: rechtfertigend) zu beziehen und sie strukturieren so in der Handlungspraxis die Koordination. Rechtfertigungsordnungen sind damit – wenn sie nicht problematisiert werden – die evidenten (und so noch: vorreflexiven) Handlungsgrammatiken, die alltäglich das Handeln koordinieren. Akteure sind zudem in der Lage, Rechtfertigungsordnungen in Konfliktsituationen zu reflektieren und gegebenen-

---

12 Für eine entsprechende Betrachtung der wechselseitigen Beeinflussung von Organisationstheorie und dem Management als deren Praxisfeld siehe Astley/Zammuto (1992).

falls Kompromisse zwischen verschiedenen Rechtfertigungsordnungen herzustellen.[13] In „Über die Rechtfertigung" erarbeiten Boltanski und Thévenot (deutsch 2007) bis Anfang der 1990er Jahre aus der Analyse verschiedener klassischer philosophischer Texte und Managementliteraturen sechs Rechtfertigungsordnungen bzw. Wertigkeitsordnungen und legen die allgemeine Struktur dieser Ordnungen als Grammatiken des Handelns dar. Die Rechtfertigungsordnungen benennen sie jeweils als „Polis" oder als „Welt", da es sich für Boltanski und Thévenot um allgemeine, aber empirische, in das Handeln eingelagerte politische Philosophien handelt. Die sechs Rechtfertigungsordnungen sind die „Welt der Inspiration", die „häusliche Welt", die „Welt der Meinung", die „staatsbürgerliche Welt", die „Welt des Marktes" und die „industrielle Welt".[14] Es folgen in den nächsten Jahren aber weitere Rechtfertigungsordnungen, die in anderen Studien identifiziert werden. Dazu zählt die von Luc Boltanski und Ève Chiapello (2003) beschriebene Rechtfertigungsordnung des Netzwerks, die aus der Vereinnahmung der Kritik an den entfremdeten Arbeitsformen in der Ökonomie durch eine Managementtheorie entsteht, die nun selbst zu einer „raffinierten" Form der Unternehmensführung und Produktionsorganisation führt, in der Projektfähigkeit als qualifizierende Eigenschaft und die (befristete) projektbezogene Vernetzung als Koordinationsform gelten. Eine weitere Welt ist die „ökologische" Rechtfertigungsordnung, die Claudette Lafaye und Laurent Thévenot (1993) identifiziert haben.[15] Die Theorie der Rechtfertigungsordnungen ist schnell zur Theoriegrundlage für die entstehende EC geworden. Diese wurde herangezogen, um das in den Wirtschaftswissenschaften (bei David Lewis 1969 und John M. Keynes 2006) für die Erklärung von Handlungskoordinationen verwendete Konzept der „Konvention" inhaltlich auszuarbeiten. Seitdem kann man davon sprechen, dass in der EC die Konzepte Rechtfertigungsordnung, Wertigkeitsordnung und Konvention in weitgehend konvergierender Weise verwendet werden.

> „Conventions resemble ‚hypotheses' formulated by persons with respect to the relationship between their actions and the actions of those on whom they must depend to realize a goal. When interactions are reproduced again and again in similar situations, and when particular courses of action have proved successful, they become incorporated in routines and we then tend to forget their initially hypothetical character. Conventions thus become an intimate part of the history incorporated in behaviors. […] Thus convention refers to the simultaneous presence of these three dimensions: (a) rules of spontaneous individual action, (b) constructing agreements between persons, and (c) institutions in situations of collective action; each has a different spatio-temporal extent, and they overlap in complex ways at a given moment in any

---

13 Anders als Bourdieu beziehen Boltanski/Thévenot diese Kompetenz nicht auf ein inkorporiertes vorreflexives Prinzip wie den Habitus (der für Bourdieu aus der Inkorporierung von Lebensbedingungen und Lebenserfahrungen entsteht, also sozialstrukturell begründet ist). Sie erkennen den Akteuren stattdessen die „kritische Kompetenz" zu, das Repertoire an allgemeinen Rechtfertigungsordnungen in Situationen einsetzen zu können, d. h., auch zwischen diesen Ordnungen wechseln zu können, was das Habituskonzept ausschließt.

14 Die genauen Bezeichnungen der Welten variieren in den verschiedenen Publikationen. Hier sind sie aus Boltanski/Thévenot (2007) übernommen.

15 Siehe für eine systematische Darstellung der verschiedenen Anwendungen des Rechtfertigungsmodells Diaz-Bone (2015).

given situation. In practice, it is only by initially *assuming* the existence of a common context and by formulating expectations with respect to the actions of others that it is possible to engage in coordinated collective action: these are the dimensions of inherited, *longue durée* conventions, some of which take the form of formal institutions and rules. But at any given moment, the context is evaluated and re-evaluated, reinterpreted, by the individual who must choose to practice or not practice according to a given convention." (Storper/Salais 1997: 16f, Herv. i. Orig.)

Hier werden die Konventionen als Grammatiken der Ökonomie betrachtet und dann von Eymard-Duvernay aufgrund ihrer Bedeutung für die Fundierung von Qualität und für die Koordination von Produktion als „Qualitätskonventionen" bezeichnet (Eymard-Duvernay 1989, 2004; Eymard-Duvernay (Hrsg.) 1987; Thévenot (Hrsg.) 1986c).

2.3.3   Camembert: „normannisch" oder „normiert"?

Die frühen Analysen der EC sind in dieser Hinsicht beispielhaft geworden und geeignet, den Ansatz und das Konzept der Qualitätskonvention vorzustellen. Dazu zählt die Analyse der Camembert-Produktion von Pierre Boisard und Marie-Thérèse Letablier (1987, 1989). Die vergleichende Perspektive ist geeignet, um die Kontingenz der Qualitätskonventionen deutlich werden zu lassen, d. h., anschaulich werden zu lassen, dass und wie ein Produkt auf verschiedene Weise definiert werden kann. In der Camembert-Branche stehen sich die traditionell-handwerkliche Herstellungsweise und die industrielle Produktionsweise gegenüber.[16] Erstere wird maßgeblich durch die „convention domestique", was man mit „häuslicher" oder „familienweltlicher" Qualitätskonvention übersetzen könnte, orga-nisiert. Die zweite wird durch die „convention industrielle", also durch die industrielle Qualitätskonvention, organisiert. Die traditionelle Qualitätskonvention bezieht sich auf den *„camembert normand"*, die regionenspezifische, traditionelle und aus Handarbeit hervorgegangene Delikatesse, während die industrielle Qualitätskonvention sich auf den *„camembert normé"* bezieht, der ein lebensmitteltechnisch kontrolliertes und in standardisierter Weise produziertes Nahrungsmittel ist. Boisard und Letablier haben interpretierend (basierend auf Interviews mit Vertretern unterschiedlicher Käsereien) die Qualitätskonventionen identifiziert. Die Herstellung der „Qualität" des „camembert normand" erfolgt aus Sicht der EC in einem unternehmensübergreifenden Netzwerk. Konkret heißt dies für die traditionell-handwerk-liche Herstellung des Camemberts, dass in den Regionen der Normandie die Rohmilch ein- oder zweimal täglich bei den Milchbauern eingesammelt wird, mit denen langjährige Lieferbeziehungen bestehen. Die Milch hat hier eine eigene „Ontologie", die auf die Qualitätskonvention bezogen ist: Sie wird als „lebendige" Materie aufgefasst und soll möglichst „naturnah" produziert werden. Sie wird nicht in Kühltanks gesammelt und nicht pasteurisiert. Zugelassen wird hierbei, dass dieses Vorprodukt die typischen jahreszeitlichen Schwankungen aufweist. Erwartet wird, dass das Terroir der Normandie, die Eigenheiten der normannischen Kühe sowie die Qualität der bäuerlichen Viehwirtschaft sich in der Qualität der Milch als regionsspezifi-

---

16 Siehe für ausführliche Darstellungen des Konzepts der Qualitätskonvention Thévenot (1989) und Eymard-Duvernay (1989, 2004).

scher Geschmack wiederfinden. Die Herstellung des Camemberts aus den Vorprodukten erfolgt in kleinen Betrieben. Hergestellt werden kleine Serien mit traditionellen (und über die Generationen weitergegebenen) Familienrezepten. Die Ontologie der Personen ist ebenfalls auf diese Qualitätskonvention bezogen. Boisard und Letablier beschreiben die spezifischen Fähigkeit der Produzierenden, die fermentierenden Käsestücke mit der Kelle schöpfen zu können, die richtigen Portionierungen nur mit Augenmaß sicher in die runde Camembert-Form zu pressen, ohne eine Waage oder ein anderes Messinstrument zu benötigen. Die Fermentation wird durch die Intuition des Käsemeisters – des „chef fromager" – eingeleitet. Es werden die spontan einsetzenden mikrobiologischen Prozesse zugelassen, die die besonderen Aromen des Camemberts hervorbringen sollen. Die verschiedenen Qualitäten werden dann vom chef fromager identifiziert und eingeteilt. Für diese Camemberts wird die gesetzlich geschützte AOC-Qualitätsbezeichnung vergeben („apellation d'origine controlé"), die die regionenspezifische Herstellung zertifiziert. Die Qualität wird in den Interviews, die Boisard und Letablier durchgeführt haben, durch Semantiken wie „traditionell", „natürlich" und „handwerklich" beschrieben. Dennoch sind diese AOC-Camemberts jeweils deutlich verschieden. Denn die Qualitätsdefinition ist in hohem Maße an Handarbeit, an die Abwesenheit von „Mechanisierung" und an die personengebundene Expertise gekoppelt. Das AOC-Label und insbesondere der Name des Betriebes sind Qualitätssignale. Verkauft werden diese Camemberts in Fachgeschäften (oder den großen Käseabteilungen der gehobenen Kaufhäuser) an Kunden, die diese Camemberts als Spezialitäten schätzen und die bereit sind, höhere Preise zu bezahlen. Wichtig ist hier hervorzuheben, dass in dieser Produktionsorganisation die Qualitätsunsicherheit nicht in der Schwankung des Geschmacks liegt, sondern mit der Sorge thematisiert wird, dass auch alle Vorprodukte sowohl authentisch regionsspezifisch als auch von hoher handwerklicher Qualität sind, die beim Bauern beginnt und im Grunde erst bei der Produktkenntnis der Fachverkäufer endet. Die authentische Qualität darf nicht schwanken, aber durchaus der Geschmack des Produkts, wenn dieser auf die verschiedenen jahreszeitlichen, betrieblichen und regionalen Einflüsse zurückgeht.

Der „camembert normé" ist in dieser Branche der Gegenbezug des „camembert normand". Dieser industrielle Camembert wird mit umfassender Nahrungsmitteltechnologie und einem hohen Grad an Automatisierung hergestellt. Hier ist nun gerade dieser Technikeinsatz der Garant für *einheitliche* Qualität, und das heißt hier nun auch: standardisierter Geschmack. Die Expertise von Nahrungsmitteltechnologen (wie Lebensmittelchemikerinnen und Lebensmittelchemikern) sowie Betriebswirtinnen und Betriebswirten ist hier ebenso von zentraler Bedeutung. An die Stelle des handwerklichen und familienbetrieblichen Wissens tritt die Differenz zwischen wissenschaftlicher Ausbildung und angelernten einfachen Tätigkeiten. Die Ontologie der Personen ist die ihrer wissenschaftlich-technologischen Expertise. Die Milch hat nun eine eigene auf die industrielle Qualitätskonvention bezogene Ontologie: Sie wird auf dem nationalen Milchmarkt bezogen, d. h. in großen Kühlwagen gesammelt, sie wird als industrielles Vorprodukt lebensmitteltechnisch behandelt, d. h. pasteurisiert und homogenisiert. Der Camembert wird nicht nur in großen Mengen produziert, sondern mit einem über die Jahreszeiten industriell vereinheitlichten Vorprodukt. Dieser standardisierte Camembert unterliegt nationalen Nahrungsmittelstandards und wird vor allem in Supermärkten vertrieben. Die Standardisierung und der niedrige Preis weisen hierbei als Signale die Qualität des „normierten Camemberts" für die Käufer aus. Die unternehmensübergreifende Organisation der Produktion erfolgt im Wettbewerb auf nationaler oder internationaler Ebene und auf mittelfristiger, nicht kurzfristiger Vertragsbasis.

Qualitätskonventionen sind im Camembertmarkt das Differenzierungsprinzip, das von der der Produktion vorlaufenden Gesetzgebung bis zur Konsumption die Camemberts kategorisiert. Diese Qualitätskonventionen stehen sich im Camembertmarkt zudem als antagonistische „Produktions- und Marketing-Philosophien" gegenüber. Praktisch heißt dies, dass die Akteure sich auf die je anderen Qualitätskonventionen kritisch beziehen, sich von ihnen absetzen oder versuchen zu vermitteln und Kompromisse aufzuzeigen. Die Analysen der Qualitätskonventionen haben auch in anderen Studien verschiedene Dinge gezeigt.

1. Erst die simultane Analyse von Marktstrukturen und Organisationen lässt die Reichweite der durch Qualitätskonventionen erreichten Kohärenz wirtschaftlicher Handlungsketten erkennen.
2. Die Kohärenz bezieht sich eben auch auf die Vernetzung von Handlungen, Wissenskonzepten und Technologien. Insgesamt integriert der Ansatz der EC damit die Analyse der Mikro-, Meso- und Makroebene der Ökonomie.
3. Diskursive Praktiken sind ein wichtiger Bestandteil der Produktion: Diskursive Praktiken problematisieren, rechtfertigen und legitimieren für Kollektive Handlungsabläufe, den Gebrauch von und den legitimierenden Bezug auf Techniken, die Wertigkeiten von Objekten und Personen sowie die Kategorisierungen und angemessenen Weisen der Bezeichnung in einem Bereich.
4. Man kann aus diskurstheoretischer Sicht die Qualitätskonventionen als diskursive Tiefenstrukturen deuten, die die Handlungs- und Wahrnehmungspraxis strukturieren, sodass sie eine epistemische Funktion und Realität haben.

2.4   Diskursanalytische Folgerungen

In diesem Beitrag soll die Methodologie für die Analyse der spezifischen Formen der diskursiven Investitionen vorgestellt werden, die im Rahmen der Produktion, Distribution (und man könnte auch hinzufügen: der Konsumption) von Gütern oder Dienstleitungen erforderlich sind, damit diese mit marktrelevanten und Märkte differenzierenden „Qualitäten" ausgestattet werden. Die diskurstheoretische These ist, dass die „Qualitäten" von Produkten, aber auch von Akteuren oder Handlungen diskursiv und mit Bezug auf Kategorien und Formen konstruiert werden, wobei sie sowohl durch nicht-diskursive als auch durch diskursive Praxisformen auf Wertigkeitsordnungen (Qualitätskonventionen) bezogen sind. Diskurstheoretisch ist bedeutsam, dass auch die nachbourdieuschen Entwicklungen der ANT und der EC epistemische Praxisformen und Strukturen identifizieren. Qualitätskonventionen können als fundierende Handlungsgrammatiken aufgefasst werden, die empirisch unter anderem als Diskurslogiken in Erscheinung treten. Sie sind damit zugleich das Muster *in* Diskursen – wenn man Diskurse als Wissensordnungen betrachtet – wie auch das Muster *für* Diskurse – wenn man Diskurse als Praxisformen betrachtet. Diese Qualitätskonventionen können in der Analyse von Märkten und Organisationen als ökonomische Handlungs- und Denkmuster für die angemessene Art und Weise der Produktion aufgefasst werden. Dann sind sie sozio-kognitive Muster, die praktisch als Wissensregime für die *Rechtfertigung und Begründung von Produktionsweisen* fungieren. Qualitätskonventionen materialisieren sich damit in der *Organisation der Produktion* (ihren Formen, ihren Prinzipien). Das kollektive Verständnis, wie über verschiedene Produktionsstufen hinweg Akteure mit welchen Qualitäten die Produktion koordinieren können, integriert dabei sowohl die materielle Produktion (mit Hilfe von Technologien) als auch die symbolische Produktion. Dass die Foucaultsche Perspektive, die bislang vorwiegend die Formierung von Dispositiven durch diskursive Praxisformen analysiert hat (um dann nach der Steigerung der Machteffekte durch diese Kopplung zu fragen), umgekehrt werden kann, ist ein Beitrag der ANT. Denn diskursive Praktiken sind hier keine a priori gegebenen oder autonomen Entitäten. Dispositive können hier umgekehrt die Sprechertätigkeit organisieren und vernetzen sich mit ihr zu den Akteur-Netzen aus Personen, Objekten und Konzepten. Die neue französische Wirtschaftssoziologie (zu der wesentlich die Arbeiten der ANT und der EC beigetragen haben) hat die Qualitätsdefinition als eine zentrale Analysekategorie für die Konstitution von Märkten identifiziert (Bourdieu 2002; Callon/ Méadel/Rabeharisoa 2002; Callon/Millo/ Muniesa (Hrsg.) 2007; Diaz-Bone 2006, 2007a, 2009, 2015; Eymard-Duvernay 1989, 2004; Favereau/Lazega (Hrsg.) 2002).

2.5   Der epistemologische Bruch und seine Revisionen

Die Theorien Bourdieus und Foucaults fußen auf der Epistemologie von Gaston Bachelard, die den epistemologischen Bruch mit dem Alltagsdenken und die reflexive Konstruktion des wissenschaftlichen Objekts als Bedingung für die wissenschaftliche Tätigkeit einfordert (Bourdieu 1970a; Diaz-Bone 2008). Eine hier anschließende Diskursanalyse ist demnach keine Wiedergabe einer Rede oder Kommentierung der Sprecherintention. Der subjektive Sinn wird vielmehr erst als ein Effekt möglich, der durch überindividuelle Strukturen vorreflexiv organisiert wird, genauer: durch die Dualität diskursive Praxis/ Episteme oder die Dualität Feld/Habitus. Die französischen Soziologien nach Bourdieu (Thévenot/Boltanski/ Latour/Callon) brechen zwar ihrerseits mit der Epistemologie Bachelards, weil sie die Strukturontologie ablehnen, aber auch sie re-instituieren nicht das cartesianische Subjektmodell als epistemische Einheit. Akteure sind Teil eines Netzwerks aus Dingen, Formaten, Konzepten, in denen die Kognition und die agency distribuiert sind. Beide Traditionen führen die Erkenntnisstrukturen auf Prozesse (nicht auf „Substanzen") zurück, die das Wahrnehmen, Verstehen nicht in einem unabhängigen „Subjekt" ansiedeln. Die Formen der diskursiven Praxis in Märkten (und auch Organisationen), die Gegenstand der Diskursanalyse sind, sind in beiden Theorieperspektiven demnach nicht auf eine grammatische (im Sinne der Linguistik) oder eine (im Sinne der Phänomenologie und Sozialphänomenologie) intentionale Regelhaftigkeit zurückzuführen. Bemerkenswert ist, dass die Theorie der Rechtfertigungsordnungen gerade darin mit der Foucaultschen Diskurstheorie vereinbar ist, dass sie soziale Tiefenstrukturen („soziale Grammatiken der Rechtfertigung") annimmt, die zwar durch das Handeln der Akteure („pragmatisch") zustande gekommen sind, aber dann einen überindividuellen Charakter erhalten, sodass beide Theorieperspektiven hier eine holistische Grundposition teilen.[17] Die diskursiven Regeln, an denen die Diskursanalyse ansetzt, sind damit diejenigen, die in einem Bereich, in dem eine Konvention (oder mehrere) als praktisches Handlungsregime durch die Akteure im Laufe der Zeit eingesetzt wurde, von ihnen auch im diskursiven Handeln berücksichtigt werden müssen, wollen sie hier entweder Legitimität und Wirkmächtigkeit für ihre Äußerung erhalten oder einfach mit ihrem Kontext so übereinstimmen, dass ihre Handlungen als sinnvoll, adaptierbar und anschlussfähig erscheinen. Die Unvereinbarkeiten, die dennoch bleiben, hat insbesondere Thévenot (2007) formuliert: Für die EC ist die Sozialstruktur, sind sozialstrukturelle Kategorien kein epistemologisches A priori – womit er sich explizit gegen Bourdieu wendet. Die Analyse der Feld*struktur* ist damit nicht die methodologische Option der EC, weil letztere mit dem strukturalistischen Theorem brechen, dass die Kategorien „hinter" den Akteuren stehen. Es gelte stattdessen zu zeigen, wie die Vernetzung von Objekten und Routinen zu Dispositiven erst soziale Kategorien konstruiert, ohne erste gleich selbst als Soziales anzusehen (Thévenot 1990).[18]

3   Skizze einer diskursanalytischen Methodologie

Auch wenn die empirischen Analysen der EC sich nicht explizit als Diskursanalysen ausweisen, so spielt bei vielen ihrer Analysen die Auswertung von Textmaterialien (wie verschriftlichten Interviews) eine zentrale Rolle, um die Praxis des auf Qualitätskonventionen bezogenen und durch diese organisierten Handelns (Wahrnehmen, Evaluieren, Herstellen) interpretierend zu rekonstruieren.

---

17 Die EC ist insofern kein allein pragmatischer, also allein an einem methodologischen Individualismus ausgerichteter Ansatz (Dupuy et al. 1989; Eymard-Duvernay et al. 2006). Zu ihrer Programmatik gehört das Anliegen, die Opposition zwischen methodologischem Individualismus und methodologischem Holismus zu überwinden. Dass dies nicht so ohne Weiteres gelingt, diskutiert Defalvard (1992).

18 Weiter geht Thévenot davon aus, dass nur ein Teil der Forminvestitionen diskursiver Art ist und sich in Diskursen niederschlägt. Insbesondere die „privaten" Routinen und Umgebungen artikulieren sich nicht diskursiv – so Thévenot (2007: 416). Thévenot (2006a, 2007) differenziert Konventionen nach den verschiedenen „Formen des Engagements", die sie strukturieren. Die privaten Umgebungen und die individuell geplanten Handlungen unterliegen nicht dem „Zwang zur Rechtfertigung" und zeigen daher auch nicht dieselbe Eigenschaft, sich in diskursiven Praktiken zu artikulieren. Die in „Über die Rechtfertigung" (Boltanski/ Thévenot 2007) identifizierten Konventionen betreffen dagegen alle solchen Handlungsformen, die Akteure prinzipiell öffentlich rechtfertigen können.

3.1 Untersuchungsanlagen

Es sind verschiedene Forschungsstrategien und Untersuchungsanlagen, die eingesetzt werden, um Konventionen zu identifizieren.

1. Synchron vergleichende Studien: Boltanski und Thévenot (2007) haben für die Identifizierung der Rechtfertigungsordnungen verschiedene klassische Texte aus der politischen Philosophie und der politischen Ökonomie sowie Managementliteratur herangezogen. Studien, die vergleichend angelegt sind, ermöglichen, systematisch Dimensionen zu identifizieren, anhand derer sich Rechtfertigungsordnungen bzw. Qualitätskonventionen artikulieren. Zudem ermöglicht erst der Vergleich den Nachweis der Kontingenz von Qualitätskonventionen, aber auch der Kontingenz sozialer Konstruktionen insgesamt, wie der kollektiven Konstruktion von „Qualität", der kollektiven Organisation von Produktion und Tausch. Neben der Studie von Boisard und Letablier lassen sich weitere vergleichend vorgehende Untersuchungen der EC benennen, wie die international vergleichenden Studien von Storper und Salais (1997) und von Bessy et al. (2001) oder die Analyse der Transportbranche und der Theaterbranche von Biencourt und Urrutiager (2002).

2. Analyse von Krisensituationen und Problematisierungen: Boltanski und Thévenot haben Situationen eingerichtet oder gesucht, in denen die Akteure ihre „kritische Kapazität" einsetzen, die Kompetenz, Rechtfertigungsordnungen zu reflektieren, weil sie fraglich geworden sind, weil die Situation durch Unsicherheit geprägt war oder weil Akteure gezwungen wurden, sich zu rechtfertigen und dabei Bezug auf diese Rechtfertigungsordnungen zu nehmen (Boltanski/Thévenot 1983). In Konfliktsituationen können dann zwei Rechtfertigungsordnungen zu Tage treten und werden idealtypisch von den disputierenden Akteuren gegeneinander angeführt. Boltanski hat mit Mitarbeiterinnen und Mitarbeitern (1984) eine Analyse von Leserbriefen durchgeführt, die an die Zeitung *Le Monde* mit der Absicht geschickt worden waren, Beschwerden an die Öffentlichkeit zu bringen und andere Personen öffentlich zu denunzieren. Auch hier steht die Wertigkeit der Sachverhalte bzw. Personen, von denen die Beschwerdebriefe handeln, in Frage und tritt die Rechtfertigungsordnung als diskursiver Bezug zu Tage. Im Foucaultschen Sinne handelt es sich um Problematisierungen, bei denen die diskursive Praxis sich offen artikuliert und diskursiv „Probleme", „Gefahren", „Vergehen" konstituiert, Klassifikationen und Evaluationen kritisiert und zurechtgerückt werden.

3. Transformationsprozesse/Diachron vergleichende Studien: Der Vergleich von Konventionen erfolgt über die Zeit, wenn Transformationsprozesse analysiert werden. Boltanski und Chiapello (2003) haben die Transformation des Managementdiskurses untersucht und nachgezeichnet, wie die Netzwerkkonvention als neue Diskurslogik in der Ratgeberliteratur für Manager Einzug gehalten hat. Eymard-Duvernay und Thévenot (1986) haben für ein großes Unternehmen der französischen Zementbranche den Wechsel der Qualitätskonvention analysiert. Bruno Courault und Françoise Rérat (1987) haben den Wandel der Konventionen in der Schuhindustrie untersucht. In diesen Studien sind

Rainer Diaz-Bone

in diachroner Perspektive die Konventionen als kontingente soziale Tiefenstrukturen vergleichbar. Hier treten sie ebenfalls in Konfliktsituationen auf, wenn Vertreter der „alten" Konvention und Vertreter der „neuen" Konvention über die angemessenen Prinzipien der Unternehmensführung und der Produktion befragt werden.

Es finden sich auch Studien, die diese Strategien kombinieren. Thévenot hat mit einer Gruppe von MitarbeiterInnen in einer Länder vergleichenden Studie die ökologische Rechtfertigungsordnung untersucht (Thévenot/Moody/Lafaye 2000; Moody/Thévenot 2000). Die Diskurse einer Bürgerinitiative in Frankreich (die gegen ein Tunnelprojekt agiert) und einer Bürgerinitiative in den USA (die gegen ein Staudammprojekt agiert) wurden in Form von Informationsbroschüren und Interviews erhoben und vergleichend ausgewertet. Die hier von Thévenot und Mitarbeitern entwickelte Forschungsstrategie kommt der diskursanalytischen Vorgehensweise bereits sehr nahe. Hier zeigt sich ebenso, dass Konventionen nicht notwendig nur situative „Arrangements" oder Lösungen für die Koordination von Akteuren und die kollektive Interpretation sind, sondern dass Konventionen ebenfalls den Charakter von weitreichenden, überindividuellen Tiefenstrukturen erhalten können.[19]

Methodologisch werden Konventionen also vergleichend aufeinander bezogen und in dynamischer Perspektive analysiert. Die EC hat im Zuge der Repragmatisierung der französischen Soziologie mit dem Feldkonzept gebrochen. Entstanden ist dabei aber eine methodologische Leerstelle. Es fehlt ein Konzept für die Räume, in denen die Konventionen sich gegenüberstehen, das Dimensionen für die Vergleiche und Oppositionen zur Verfügung stellt. Diaz-Bone (2008) hat eine (Re-)Synthese vorgeschlagen, die die Theorieentwicklung der EC mit der Bourdieuschen Analyseperspektive (re-)integriert. Auch die Diskurstheorie Foucaults (1973) verwendet ein Feldkonzept: Eine diskursive Praxis eröffnet ein Wissensfeld. Zentral ist, dass der Bruch mit dem Feldkonzept Bourdieus nicht einfach rückgängig gemacht wird, sondern die Konsequenz aus der Kritik am Bourdieuschen „Materialismus" gezogen wird, die in dem Vorhalt des Primats der Kapitalstruktur als konstitutiv für das Feld besteht. Begreift man Konventionen als aufeinander bezogen, so kann der Raum, den sie als Relationensystem eröffnen, als eine Vermittlung Bourdieuscher und Foucaultscher Raumkonzeptionen angesehen werden: Konventionen positionieren sich in einem Raum, der sowohl ein eigenständiger symbolischer Raum ist, in dem Konventionen als Denkstrategien wirkmächtig werden (Bruch mit Bourdieu), der aber auch durch materielle Praktiken und unterschiedliche Ressourcen eröffnet wird, die „die andere Seite" der diskursiven Realität sind (Bruch mit Foucault). Wenn hier im Folgenden von „Feld" die Rede ist, dann in diesem erweiterten, nachbourdieuschen Sinne.

---

19 „While our approach benefits from ethnomethodological or other research on ‚accounts' […], our analysis seeks a more systematic treatment of modes of evaluation beyond situational context. Instead of analyzing the consistency of the process of making accounts under situational constraints, we consider the cross-situational constraints imposed by the fact that one is attempting to produce a generalized argument and to refer to a certain extra-situational value of justification. Instead of considering all claims as only locally valid, we consider the different ways to make a claim generally valid." (Thévenot/Moody/Lafaye 2000: 266, Anm. 8)

3.2 Feldsondierung

Ein erster methodischer Schritt besteht nun in der Sondierung dieses Feldes. Ein „Markt", eine „Industrie" oder eine „Branche" sind demnach keine gegebenen Entitäten. Was jeweils als „Markt", „Branche", „Industrie" (oder auch als „Organisation") in Erscheinung tritt, ist Resultat von Konventionen, die sich diskursiv aufeinander beziehen, sich als Dispositive (‚devices') gegeneinander positionieren und damit eine Grenze ziehen. Der erste Schritt der Sondierung des Feldes besteht in der Entwicklung einer Hypothese, wie dieses Feld differenziert ist nach Bereichen, die vorgeben, einer eigenen Logik zu folgen, für „Produktion", „Qualitäten", legitime Techniken, „Qualifikationen" von Produzenten, Händler, Konsumenten, Prinzipien für die Klassifikation von Menschen und Dingen sowie insbesondere Prinzipien für die Vernetzung von Personen, Objekten und diskursiven Kategorien. Erste Zugänge und Heuristiken für die Sondierung des Feldes können sein:

1. Feldspezifische Events: Besuch von Messen und Tagungen, die sich einer Branche/ einem Markt widmen, die diesen lokal repräsentieren; Analyse der dort vertretenen „Organisationsformen", „Akteure", „Gruppen" mit ihren „Philosophien" und „Narrationen".[20]
2. Feldspezifische Medien: Analyse der „Branchen"-Medien und Special-Interest-Medien (Medien für die „Konsumenten" oder Nutzer von Produkten), der Internetauftritte der Unternehmungen, der brancheneigenen Verzeichnisse, ihrer „Handbücher", „Kataloge" und „Führer".
3. Kritische Reanalyse von „Marktforschungen" und „Marktmodellen" von Ökonomen, die versuchen, „Landkarten" der Märkte/Branchen als Beschreibungen derselben und „Typologien" von Produkten und Konsumenten zu präsentieren. „Kritisch" bedeutet hier: Analyse der impliziten Kategorisierungspraxis. Diese Kategorien können entweder aus dem Feld stammen oder in diesem wirkmächtig geworden sein (Performativität/ Theorieeffekt). Die wirtschaftswissenschaftlichen Beschreibungen sind selbst als Teil der diskursiven Investitionspraxis Gegenstand der wirtschaftssoziologischen Analyse. Ähnliches gilt für die Branchenstatistiken – auch ihre Kategorien sind Resultat der Forminvestitionen. Für viele Branchen gibt es amtliche Statistiken, für einige sogar brancheneigene Institute, die die eigenen Kategorisierungen in regelmäßigen Datenerhebungen einsetzen. Diese Statistiken beinhalten – wie die Marktforschungsberichte – in der Regel die Produktkategorisierungen sowie die Kategorisierungen der relevanten Unternehmensformen und die Typologien der Konsumenten. Diese Kategorisierungen gilt es dann auch hinsichtlich ihrer diskursiven „Vernetzung" untereinander und ihrer „Einbettung" in die diskursive Praxis im Feld hin zu untersuchen.
4. Interviews mit Akteuren aus dem Feld, die verschiedenen Organisationstypen angehören oder die als Spezialisten (z. B. Fachjournalisten, Verbandsmitglieder) für die Branche gelten. In Branchen (Industrien) und Märkten (Produktionsmärkten) korrespondieren die Konventionen mit verschiedenen Organisationsformen, eben weil sie ihnen zugrunde liegen – so die regelmäßigen Befunde der EC. Mitglieder verschiedener Organisations-

---

20 Siehe auch Czarniawska (in diesem Band).

formen weisen demnach mit einer hohen Wahrscheinlichkeit einen Habitus auf, der in offenen Befragungen als Denkmuster zu Tage tritt, in denen die Herstellung und die Qualität der Produkte thematisiert werden.

3.3   Korpuserstellung

Eine Diskursanalyse führt – anders als die Analysen der EC, die als ethnografische teilnehmende Beobachtungen konzipiert sind – zu Sammlungen von Textmaterialien aus dem Feld (nicht über das Feld), in denen sich jeweils – so die diskursanalytische These – systematisch eine diskursive Praxis „dokumentiert". Damit fallen Materialien verschiedener Art an, die jeweils einen Textkorpus für eine Qualitätskonvention darstellen. Die Argumentation ist hier zirkulär: Man unterstellt, dass sich das Explanandum (die Qualitätskonventionen) in den Interviews systematisch niederschlägt, und setzt für die Auswahl die Existenz der Qualitätskonventionen als Explanans voraus. Der Zirkel muss sich also im Nachhinein „bewähren": Ziel der Analyse ist der systematische Nachweis eines Sets von Qualitätskonventionen in der diskursiven Praxis sowie ihrer Orientierungen aneinander, d.h. der Nachweis ihrer Konflikte und Kompromisse. Auswahlkriterium ist das Vorhandensein problematisierender, evaluierender oder klassifizierender diskursiver Praxis, die sich auf die Produktion, Distribution und Konsumption bezieht.

3.4   Auswertungsschritte und heuristische Fragestellungen

Die heuristischen Fragen, die bereits die Textsammlung sowie das Konzipieren von Befragungen anleiten können, die aber insbesondere die Auswertung von Texten anleiten sollen, sind:

- Was sind die auf die „legitime", d.h. anerkannte Weise des Herstellens bezogenen Problematisierungen?
- Suche nach den Wissenskonzepten („Begriffe"), die in der diskursiven Praxis verwendet werden, und Analyse der Regeln, wie sie diskursiv vernetzt werden mit evaluativen Dimensionen und klassifizierenden Prinzipien bzw. Kategorien.
- Suche nach den Formen, wie auf „Objekte" (Instrumente, Maschinen, Technologien, Ausrüstungen) verwiesen wird, wie diese in der diskursiven Repräsentation als Diskurselemente auftreten, wie ihnen ein Beitrag an der Herstellung und der Distribution der Produkte zugeschrieben wird, wie sie die durch die Akteure angerufenen legitimierenden Prinzipien stützen. Hierzu zählt auch die Untersuchung, wie sich die Akteure auf diese „Objekte" in ihrer Kritik an der Wertigkeit anderer beziehen. Im Unterschied zu einer ethnografischen „Beobachtung" erfasst die Diskursanalyse, wie die materiellen Dispositive (devices) in der diskursiven Praxis „angerufen" und reflektiert werden. Aus Sicht der ANT wäre das nur die diskursive Seite der Analyse. Aus der diskurstheoretischen Position, dass die diskursive Praxis durch die materiellen Dispositive gestützt

wird, folgt, dass diese eine Diskursivierung und diskursive „Reflexion" durchlaufen und daher „in den Diskurs eintreten" müssen.

- Was ist jeweils die Art und Weise, wie Wertigkeit belegt und „getestet" werden kann? (Das ist die Prozedur des „Tests" bei Boltanski/Thévenot 2007).
- Welches „Produktionsethos" lässt sich als Artikulation der konventionellen „Tiefenstruktur" identifizieren?

Hier ist weiter zu untersuchen, wie sich in der diskursiven Praxis die „Modulation" der Konventionen zeigt, wie sie sich also in der situativen Adaption und diskursiv-pragmatischen Handhabung durch die Akteure erfolgt. Deren diskursive Intervention wird zwar durch Konventionen gerahmt und vorstrukturiert, die pragmatistische Folgerung ist aber, dass die Akteure Kompetenzen einbringen, die Anwendung der Konventionen zu handhaben. Wie beziehen sich Akteure also gleichzeitig auf verschiedene Konventionen, sei es, dass sie in Konfliktsituationen vermitteln müssen und Kompromisse anstreben, sei es, dass andere Konventionen als negativer Bezug dienen?

Andererseits behält die feldtheoretische Perspektive die Konstellation der Konvention als Analyseebene bei und fragt von hier aus nach den Konfliktlinien sowie den Möglichkeiten für Wandel, also das Eingehen von Kompromissen zwischen etablierten und neuen Konventionen.

4 Anwendungsbeispiel

Der hier skizzierte empirische Ansatz wurde in einer Analyse des deutschen Weinmarktes entwickelt und angewendet (Diaz-Bone 2005). Die These war, dass die „Qualität" und die „Produktionsweise", die „Qualifikation der Produzenten" des Weins nicht nur kontingent sind, sondern dass deren diskursive Repräsentation wesentliche Ressourcen im Weinerleben, in der Organisation der Weinproduktion und der Vermarktung des Weins – damit des Weinmarktes – sind (Brochet/Dubourdieu 2001; Charters/Pettigrew 2005, 2006; Drummond/Rule 2005; Diaz-Bone 2005).

Die feldspezifischen Medien des Weinmarktes sind einmal die Special-Interest-Weinzeitschriften, die für die konsumierenden „Weininteressierten" oder sogar den „Weinkenner" verlegt werden und die aktuellen Weinnarrationen an die Konsumenten vermitteln. Hier versuchen die Redaktionen, Qualitätsurteile in den Formatierungen von Punktklassifikationen und zugehörigen Geschmacksnotizen („Degustationsnotizen") zu etablieren. Zudem finden sich Beiträge, die über Weintrends, wie Entwicklungen in verschiedenen Anbauregionen, neue Produktionsformen und Zubehör, informieren. Hier werden die „Objekte" der Weinwelt in den Diskurs eingebettet, wie in den Diskurs über die legitimen und nicht legitimen Produktionstechniken der Weinherstellung, über die Accessoires und Ausstattungsobjekte für die Haushalte (temperierte Schränke für die Weinlagerung, Glaswaren für den Weinkonsum). Weiter finden sich Branchenmedien wie „Wein + Markt" oder „Der Winzer", die sich an die Produzierenden, Zwischenhändler und Verkäufer wenden.

Ergänzt werden diese Mediengenres durch Kolumnen in Tageszeitungen, durch spezielle Sendungen im Rundfunk und Ratgeberliteratur zum Thema Wein als Lebensstilthema. Hinzu kommen aber auch die Beiträge aus der Wissenschaft, die einflussreiche Deutungen für die Weinindustrie liefern, als da sind die Berichte aus der Marktforschung zum Weinmarkt, insbesondere die Marktforschungsberichte des deutschen Weininstitutes (Mainz) und die Forschungen zur Weintechnologie und zum Weinmarkt des Forschungsinstitutes Geisenheim. Weiter finden sich Diskursforen mit den verschiedenen Verbandszeitschriften, die es regional für kleine Winzer gibt, so wie für die ökologischen Winzerverbände, aber auch für die selbst gekürte „Elite", den Verband Deutscher Prädikatswinzer (VDP). Es lassen sich verschiedene Diskurslogiken unterscheiden, die sich jeweils durch ein eigenständiges System diskursiver Regeln identifizieren ließen. Dazu zählen die (bereits anhand des Camembert-Markts vorgestellte) handwerkliche Konvention und die industrielle Konvention, dann die ökologische und die regionale Konvention.[21] Die handwerkliche Konvention integriert die Weinherstellung der Winzer, an deren Qualität sich die Prestige bringenden Auszeichnungen orientieren. Obwohl ihr Anteil an der Weinherstellung gering ist, sind es diese Qualitätsdefinitionen, die die Diskurse in den Weinzeitschriften und Kolumnen in den Tageszeitungen an sich ausrichten. Diese Weine sind in Weinfachgeschäften erhältlich, wo man neben höheren Preisen auch die Konfrontation mit einem elaborierten Weindiskurs als Form einer Pseudobildung in Kauf nehmen muss. Die „normalen" (industriellen) Weine, wie sie sich als internationales Sortiment in den Supermarktregalen (horizontal nach Regionen und vertikal nach Qualitäten und Preisen sortiert) dem auf den Preis als Qualitätssignal hoffenden Konsumenten präsentieren, werden von den großen, international agierenden Kellereien und Genossenschaften produziert.

Hinzu kommt nun auch die ökologische Konvention, die sich seit einigen Jahren in der Weinwelt etabliert. Sie ist heute in fast allen Konsumgütermärkten vorhanden (Lafaye/ Thévenot 1993) und in der Weinwelt zunächst als Kompromissform mit der handwerklichen Konvention entstanden (Diaz-Bone 2005, 2007a).

Weiter kann für die Weinwelt mit der regionalen Konvention eine andere – allerdings wie die handwerkliche Konvention lang etablierte – Konvention identifiziert werden, die zumindest in Europa mit den regionalen Geschmackskulturen entstanden ist und sich in der Produktionsorganisation kleiner Agrarbetriebe genauso artikuliert wie in den seit dem 19. Jahrhundert entstandenen Genossenschaften, von denen heute einige zu den größten deutschen Weinproduzenten und größten Weinexportunternehmen weltweit zählen.

---

21 Man kann auch weitere Konventionen wie die Marktkonvention identifizieren (Diaz-Bone 2007a). Der Marktkonvention unterliegen Fassweinproduzenten, die ihre Weine dann zu Tagespreisen an Weinkommissäre (bzw. an Kellereien) verkaufen. Die von Boltanski und Thévenot benannte Marktkonvention (2007) hat in dieser Branche in gewisser Weise eine eingeschränkte Reichweite; weil sie die Vorproduktion von Wein für die industrielle Weiterverarbeitung reglementiert, reicht sie nicht in die massenmediale Darstellung und in die Bereiche des Weinkonsums hinein. Man muss hier also die Rede vom „Markt" unterscheiden von der Marktkonvention. Für die Analyse von Märkten finden sich demnach immer mehrere Konventionen, darunter regelmäßig die handwerkliche Konvention im Bereich des Handwerks, die Marktkonvention und die industrielle Konvention.

Die folgende Tabelle 1 systematisiert die wichtigsten Konventionen in vergleichender Form.[22] Herangezogen wurden hierfür verschiedene Dimensionen, anhand derer in der diskursiven Praxis die Investition in Diskurskonzepte und die diskursive Repräsentation der Qualitätskonventionen hervortreten.

Tabelle 1 Schematische Darstellung der Qualitätskonventionen

Diskursive Repräsentationen	Handwerkliche Konvention	Ökologische Konvention	Regionale Konvention	Industrielle Konvention
Hauptopposition im „Weinmarkt"	<- winzerischer Pol			industrieller Pol ->
Medienforen und Genres, in denen Konventionen positiver Bezug sind	Special-Interest-Publikumszeitschriften (Weinwelt, Vinum, Wine Spectator), Tageszeitungen	Special-Interest-Publikumszeitschriften, Verbandszeitschriften	Spezifische Verbandszeitschriften („Der Winzer")	„Wein + Markt", Marktforschung, Werbung im Rundfunk und den Special-Interest-Zeitschriften
Organisationsform für Produktion	Familienbetriebe (Winzerbürgertum)	Kleinbetriebe	Kleine Weinbauern, kleine Genossenschaften	Kellereien, große Genossenschaften
Organisationsform für Distribution	Fachgeschäfte, Winzerverkauf	Fachgeschäfte, Winzerverkauf, Bio-Supermärkte	Regionaler Handel, Supermärkte	Supermärkte, Discounter
Konsumenten und deren Kompetenz	Weinkenner, Sammler, Gourmet	Umweltbewusster / gesundheitsbewusster Konsument	An regionalen Traditionen orientierte Lebensweise/ Bekanntschaft mit Produzenten	Preisbewusste Käufer
„Technologie" im Diskurs	Technologie ist als Verlängerung der handwerklichen Kompetenz legitim	Technologie gilt als problematisch, wenn sie die Integrität der Natur beeinträchtigt	Wenig problematisches Produktionsmittel in einem Landwirtschaftsbetrieb	Technologie der Lebensmittelindustrie, ermöglicht Kontrolle und Standardisierung
Repräsentierte „Kompetenzen" und agency im Akteur-Netzwerk	Zusammenspiel von Erfahrung und „terroir"	Umweltbewusstsein als Produktionswissen, „Ökologie im Weinberg" als Zusammenspiel von „Natur" und Winzer als Akteur-Netzwerk	Mit der regionalen Tradition vertraut sein.	Technologisches und betriebswirtschaftliches Wissen (wissenschaftliche Abschlüsse). Zusammenspiel von Technik und Expertise als Akteur-Netzwerk
Diskurskonzepte, die Definition der „Qualität" tragen	Winzererfahrung, Lagen, Jahrgang	Wahrung der Integrität der „Natur" über alle Produktionsstufen hinweg	Tradition, Region	Standardisierung, Kontrolle und Effizienz der Produktion, Marktforschung, „Markenweine", wissenschaftliche Kompetenz

---

22 Die Darstellung orientiert sich an der Systematisierung in Thévenot/Moody/Lafaye (2000: 241). Für eine feldtheoretische Darstellung siehe Diaz-Bone (2005).

Diskursive Repräsentationen	Handwerkliche Konvention	Ökologische Konvention	Regionale Konvention	Industrielle Konvention
Formate	Auszeichnungen für Spitzenweine durch Gremien und Zeitschriftenredaktionen (Gault-Millau WeinGuide, VDP-Mitgliedschaft), Punktwerte renommierter Kritiker, „Fachdiskurs", Name des Weingutes und gehobene Qualitätskategorien auf dem Etikett als Paratext (Genette 1992)	Zertifizierungen von ökologischen Verbänden, Auszeichnungen	Bekanntheit in der Region, Mitgliedschaft in Genossenschaft, Produktionsort	Preis-/Leistungs-Verhältnis, abgesetzte Mengen, gesetzlich eingerichtete Qualitätsbezeichnungen für Weine, „Marken" für Weinserien; Flaschentext mit ungefähren Angaben zum „Geschmack" als einziger Paratext
Zeitkonzept	Jahrgangsspezifische Weine und generationenübergreifende Winzererfahrung. Zeit bringt Kontingenzen ein („Klima")	Jahrgangsspezifische Weine, natürliche Einflüsse bringen Kontingenzen ein	traditionelle, „zeitlose" Weine für den Alltagskonsum	Lang geplante „traubenspezifische", standardisierte Weine, die nicht den klimatischen Schwankungen unterliegen sollen
Konfliktlinien	Industrielle Konvention als negativer Bezug	Industrielle Konvention als negativer Bezug	Kellereien als Gegenbezug der Genossenschaften	
Kompromissformen	Kompromisse mit der ökologischen Konvention werden häufig berichtet. Die jüngeren Winzer übernehmen traditionelle Betriebe und stellen auf ökologische Produktion um	Kompromiss mit handwerklicher Tradition insofern hier die Handarbeit Wertigkeit produziert. Ökologische Konvention weist zumeist dieselbe Organisationsform auf wie die handwerkliche Konvention.	Der technische Stand der Kellereien wird häufig als Bezug genommen, wenn darunter die „Regionalität" nicht preisgegeben wird. Ökologische Traubenproduktion und Zertifizierungen werden in einzelnen Weinserien übernommen.	Regionalität und ökologische Traubenproduktion finden vermehrt Erwähnung

Die Tabelle 1 charakterisiert die Qualitätskonventionen als Tiefenstrukturen der diskursiven Praxis. Diese sind in vielen Texten gleichzeitig „präsent", da Schreiber/Sprecher sich auf sie als auf konkurrierende Diskurslogiken („Konflikt" der Konventionen) beziehen können – sei es kritisch, sei es affirmativ. Nicht nur Situationen, sondern auch Texte können somit durch eine Pluralität von Konventionen geprägt sein. Weiter finden sich aber auch Vermittlungen und die Aufnahme von Elementen aus anderen Konventionen („Kompromisse"). Die ökologische Qualitätskonvention integriert die Organisationsformen der handwerklichen Qualitätskonvention (weil sie selber keine Organisationsform einbringt). Zugleich versuchen die großen Unternehmen der Weinindustrie, „ökologische" Weinserien aufzulegen, für die Trauben aus ökologischem Anbau verwendet werden. Die weitere Produktions- und Vermarktungsweise folgt aber der industriellen Qualitätskonvention (ein Trend, den man insgesamt in der Nahrungsmittelbranche findet).

5 Schluss

Grundsätzlich ist zu erwarten, dass man für alle Konsumgüterbranchen Prozesse der Diskursinvestition und diskursive Produktionsmodelle vorfindet. Auch ist zu erwarten, dass man die meisten der hier in der Weinbranche identifizierbaren Qualitätskonventionen antrifft, die dann als diskursive Tiefenstrukturen zum Differenzierungsprinzip für die Märkte fungieren. In der hier vorgestellten diskurstheoretischen Darstellung der Qualitätskonventionen standen die Qualitätskonventionen als Diskursordnungen *für Märkte* im Vordergrund. Qualitätskonventionen integrieren aber die Produktion auch *in* Organisationen. Das wird mit der Bezeichnung der Qualitätskonvention als „Produktionsmodell" für Unternehmen (Eymard-Duvernay 2004) deutlich. Damit kann eine diskurstheoretische Interpretation der Qualitätskonventionen auch in der Organisationsforschung weiterführend sein. Und dieser Ansatz kann die Differenzierung in Märkte und Organisationen als verschiedene Koordinationsformen in Frage stellen, weil Qualitätskonventionen als Produktionsregime in Märkten auch in die Organisationen hineinreichen.

Literatur

Aspers, Patrick (2007): Theory, reality, and performativity in markets. In: American Journal of Economics and Sociology 66. 379-398.

Astley, Graham (1985): Administrative science as socially constructed truth. In: Administrative Science Quarterly 30. 497-513.

Astley, Graham/Zammuto, Raymond (1992): Organization science, managers, and language games. In: Organization Science 3. 443-460.

Austin, John L. (1972): Zur Theorie der Sprechakte. Stuttgart: Reclam.

Bachelard, Gaston (1978): Die Bildung des wissenschaftlichen Geistes. Beitrag zu einer Psychoanalyse der objektiven Erkenntnis. Frankfurt a. M.: Suhrkamp.

Bachelard, Gaston (1988): Der neue wissenschaftliche Geist. Frankfurt a. M.: Suhrkamp.

Barthes, Roland (1988a): Einführung in die strukturale Analyse von Erzählungen. In: Barthes (1988b): 102-143.

Barthes, Roland (1988b): Das semiologische Abenteuer. Frankfurt a. M.: Suhrkamp.

Beckert, Jens/Diaz-Bone, Rainer/Ganßmann, Heiner (2007a): Einleitung: Neue Perspektiven für die Marktsoziologie. In: Beckert/Diaz-Bone/Ganßmann (2007b): 19-39.

Beckert, Jens/Diaz-Bone, Rainer/Ganßmann, Heiner (Hrsg.) (2007b): Märkte als soziale Strukturen. Frankfurt a. M.: Campus.

Beckert, Jens/Zafirovsky, Milan (Hrsg.) (2006): International encyclopedia of economic sociology. London: Routledge.

Bellinger, Andrea/Krieger, David (Hrsg.) (2006): ANThology. Ein einführendes Handbuch zur Akteur-Netzwerk-Theory. Bielefeld: Transcript.

Bessy, Christian/Eymard-Duvernay, Christian/de Larquier, Guillemette/Marchal, Emmanuelle (Hrsg.) (2001): Des marchés du travail équitables? Approche comparative France/Royaume-Uni. Brüssel: Peter Lang.

Biencourt, Olivier/Daniel Urrutiager (2002): Market profiles: A tool suited to quality orders? An empirical analysis of road haulage and the theatre. In: Favereau /Lazega (2002): 253-281.

Boisard, Pierre/Letablier, Marie-Thérèse (1987): Le camembert: normand ou normé. Deux modèles de production de l'industrie fromagère. In: Eymard-Duvernay (1987): 1-30.

Boisard, Pierre/Letablier, Marie-Thérèse (1989): Un compromis d'innovation entre tradition et standardisation dans l'industrie laitière. In: Boltanski/Thévenot (1989): 209-219.

Boltanski, Luc unter Mitarbeit von Darré, Yann/Schiltz, Marie-Ange (1984): La dénonciation. In: Actes de la recherche en sciences sociales 51. 3-40.

Boltanski, Luc/Chiapello, Ève (2003): Der neue Geist des Kapitalismus. Konstanz: UVK.

Boltanski, Luc/Thévenot, Laurent (1983): Finding one's way in social space: A study based on games. In: Social Science Information 22. 631-680.

Boltanski, Luc/Thévenot, Laurent (Hrsg.) (1989): Justesse et justice dans le travail. Cahiers du centre d'études de l'emploi 33. Paris: PUF.

Boltanski, Luc/Thévenot, Laurent (2007): Über die Rechtfertigung. Eine Soziologie der kritischen Urteilskraft. Hamburg: Hamburger Edition.

Bourdieu, Pierre (1970a): Strukturalismus und soziologische Wissenschaftstheorie. In: Bourdieu (1970b): 7-41.

Bourdieu, Pierre (1970b): Zur Soziologie der symbolischen Formen. Frankfurt a. M.: Suhrkamp.

Bourdieu, Pierre (1977): La production de la croyance: contribution à une économie des biens culturels. In: Actes de la recherche en sciences sociales 13. 3-44.

Bourdieu, Pierre (1982): Die feinen Unterschiede. Kritik der gesellschaftlichen Urteilskraft. Frankfurt: Suhrkamp.

Bourdieu, Pierre (1983): The field of cultural production, or: The economic world reversed. In: Poetics 12. 311-356.

Bourdieu, Pierre (1985a): Sozialer Raum und Klassen. In: Bourdieu (1985b): 9-45.

Bourdieu, Pierre (1985b): Sozialer Raum und Klassen. Frankfurt a. M.: Suhrkamp.

Bourdieu, Pierre (1999): Die Regeln der Kunst. Frankfurt a. M.: Suhrkamp.

Bourdieu, Pierre (2002): Der Einzige und sein Eigenheim. 2. erweiterte Auflage. Hamburg: VSA.

Bourdieu, Pierre/Chamboredon, Jean-Claude/Passeron, Jean-Claude (1991): Soziologie als Beruf. Wissenschaftstheoretische Voraussetzungen soziologischer Erkenntnis. Berlin: De Gruyter.

Bourdieu, Pierre/Wacquant, Loïc (1996): Reflexive Anthropologie. Frankfurt a. M.: Suhrkamp.

Bouvier, Alban/Conein, Bernard (Hrsg.) (2007): L'épistémologie sociale. Raisons Pratiques 17. Paris: EHESS.

Brochet, Frédéric; Dubourdieu, Denis (2001): Wine descriptive language supports cognitive specifity of chemical senses. In: Brain and Language 77. 187-196.

Callon, Michel (1998a): Introduction: The embeddedness of economic markets in economics. In: Callon (1998c): 1-57.

Callon, Michel (1998b): An essay of framing and overflowing: Economic externalities revisited by sociology. In: Callon (1998c): 244-269.

Callon, Michel (Hrsg.) (1998c): The laws of the markets. Oxford: Blackwell.

Callon, Michel (1999): Actor-network theory – the market test. In: Law, John (1999): 181-195.

Callon, Michel (2006): Einige Elemente einer Soziologie der Übersetzung: Die Domestikation der Kammmuscheln und der Fischer der St. Brieuc-Bucht. In: Bellinger/Krieger (2006): 135-174.

Callon, Michel/Lascommes, Pierre/Barthe Yannick (2001): Agir dans une monde incertain, Essai sur le démocratie technique. Paris: Seuil.

Callon, Michel/Méadel, Cécile/Rabeharisoa, Vololona (2002): The economy of qualities. In: Economy and Society 31. 194-217.

Callon, Michel/Millo, Yuval/Muniesa, Fabian (Hrsg.) (2007): Market devices. Oxford: Blackwell Publishers.

Callon, Michel/Muniesa, Fabian (2006): Economic markets as calculative collective devices. In: Organizational Studies 26. 1229-1250.

Charters, Steve; Pettigrew, Simone (2005): Is wine consumption an aesthetic experience? In: Journal of Wine Research 16. 121-136.

Charters, Steve/Pettigrew, Simone (2006): Conceptualizing product quality: The case of wine. In: Marketing Theory 6. 467-483.

Cochoy, Franck (1998): Another discipline for the market economy: Marketing as performative knowledge and know-how capitalism. In: Callon (1998c): 194-221.

Conein, Bernard/Thévenot, Laurent (Hrsg.) (1997): Cognition et information en société. Raisons Pratiques 9. Paris: EHESS.

Corcuff, Philippe (1995): Les nouvelles sociologies. Construction de la réalité sociale. Paris: Nathan.

Courault, Bruno/Rérat, Françoise (1987): Un modèle de production en transition: le cas de la chaussure dan le Choletais. In: Eymard-Duvernay (1987): 91-113.

Czarniawska, Barbara (1997): A narrative approach to organizational studies. London: Sage.

Czarniawska, Barbara (2000): Organizational translations: From worlds to words and numbers. In: Kalthoff/ Rottenburg/Wagener (2000): 117-142.

Defalvard, Hervé (1992): Critique de l'individualisme méthodologique revu par l'économie des conventions. In: Revue économique 43. 127-143.

Diaz-Bone, Rainer (2005): Strukturen der Weinwelt und der Weinerfahrung. In: Sociologia Internationalis 43. 25-57.

Diaz-Bone, Rainer (2006): Wirtschaftssoziologische Perspektiven nach Bourdieu in Frankreich. In: Florian/Hillebrandt (2006): 43-71.

Diaz-Bone, Rainer (2007a): Qualitätskonventionen in ökonomischen Feldern. Perspektiven für die Soziologie des Marktes nach Bourdieu. In: Berliner Journal für Soziologie 17. 489-509.

Diaz-Bone, Rainer (2007b): Habitusformierung und Theorieeffekte. Zur sozialen Konstruktion von Märkten. In: Beckert/Diaz-Bone/Ganßmann (2007b): 253-266.

Diaz-Bone, Rainer (2008): Die französische Epistemologie und ihre Revisionen. Zur Rekonstruktion des methodologischen Standortes der Foucaultschen Diskursanalyse. In: Historical Social Research/Historische Sozialforschung 33. 29-72.

Diaz-Bone, Rainer (2009): Konvention, Organisation und Institution. Der institutionentheoretische Beitrag der „Économie des conventions". In: Historical Social Research/Historische Sozialforschung 34. 235-264.

Diaz-Bone, Rainer (2010): Kulturwelt, Diskurs und Lebensstil. Eine diskurstheoretische Erweiterung der bourdieuschen Distinktionstheorie. 2. erweiterte und überarbeite Auflage. Wiesbaden: VS-Verlag.

Diaz-Bone, Rainer (erscheint 2015): Economics of Convention. Wiesbaden: VS-Verlag.

Diaz-Bone, Rainer/Bührmann, Andrea/Gutiérrez Rodríguez, Encarnación/Schneider, Werner/ Kendall, Gavin/ Tirado, Francisco (2008): The field of Foucaultian discourse analysis: Structures, developments and perspectives. In: Historical Social Research/Historische Sozialforschung 33. 7-28.

Dosse, François (1999): The empire of meaning. The humanization of the social sciences. Minneapolis: University of Minnesota Press.

Drummond, Graeme/Rule, Gordon (2005): Consumer confusion in the UK wine industry. In: Journal of Wine Research 16. 55-64.

Dupuy, Jean-Pierre/Eymard-Duvernay, François/Favereau, Olivier/Orléan, André/Salais, Robert/ Thévenot, Laurent (1989): Introduction. In: Revue économique 40. 141-145.

Eymard-Duvernay, François (1989): Conventions de qualité et formes de coordination. In: Revue économique 40. 329-359.

Eymard-Duvernay, François (2004): Économie politique de l'entreprise. Paris: La Découverte.

Eymard-Duvernay, François (Hrsg.) (1987): Entreprises et produits. Cahiers du centre d'études de l'emploi, No 30. Paris: PUF.

Eymard-Duvernay, François (Hrsg.) (2006a): L'économie des conventions. Méthodes et résultats. Band 1: Débats. Paris: La Découverte.

Eymard-Duvernay, François (Hrsg.) (2006b): L'économie des conventions. Méthodes et résultats. Band 2: Développements. Paris: La Découverte.

Eymard-Duvernay, François/Favereau, Olivier/Orléan, André/Salais, Robert/Thévenot, Laurent (2006): Valeurs, coordination et rationalité: trois thèmes mis en relation par l'économie des conventions. In: Eymard-Duvernay (Hrsg.) (2006a): 23-44.

Eymard-Duvernay, François/Thévenot, Laurent (1986): L'économiste et son modèle. In: Thévenot (1986c): 129-150.

Favereau, Olivier/Lazega, Emmanuel (Hrsg.) (2002): Conventions and structures in economic organization. Cheltenham: Edward Elgar.

Florian, Michael/Hillebrandt, Frank (Hrsg.) (2006): Pierre Bourdieu: Neue Perspektiven für die Soziologie der Wirtschaft. Wiesbaden: VS-Verlag.

Foucault, Michel (1971): Die Ordnung der Dinge. Frankfurt a. M.: Suhrkamp.

Foucault, Michel (1973): Archäologie des Wissens. Frankfurt a. M.: Suhrkamp.

Foucault, Michel (1988): Die Geburt der Klinik. München: Fischer.

Foucault, Michel (1991): Die Ordnung des Diskurses. Frankfurt a. M.: Fischer.

Garcia, Marie-France (1986): La construction sociale d'un marché parfait: le marché au cadran de Fontaines-en-Sologne. In: Actes de la recherche en sciences sociales 65. 2-13.

Genette, Gérard (1992): Paratexte. Das Buch vom Beiwerk des Buches. Frankfurt a. M.: Campus.

Goodman, Nelson (1984): Weisen der Welterzeugung. Frankfurt a. M.: Suhrkamp.

Hennion, Antoine (1993): La passion musicale. Paris: Métailié.

Hennion, Antoine (1997): Baroque and rock: Music, mediators and musical taste. In: Poetics 24. 415-435.

Hutchins, Edward (1995): Cognition in the wild. Cambridge: MIT Press.

Jagd, Søren (2007): Economics of convention and new economic sociology: Mutual inspiration and dialogue. In: Current Sociology 55. 75-91.

Kalthoff, Herbert/Rottenburg, Richard/Wagener, Hans-Jürgen (Hrsg.) (2000): Facts and figures. Economic representations and practices. Marburg: Metropolis.

Keller, Reiner (2004): Diskursforschung. Eine Einführung für SozialwissenschaftlerInnen. Opladen: Leske + Budrich.

Keynes, John M. (2006): Allgemeine Theorie der Beschäftigung, des Zinses und des Geldes. 10. verbesserte Auflage. Berlin: Duncker & Humblot.

Kjellberg, Hans/Helgesson, Claes-Fredrik (2006): Multiple versions of markets: Multiplicity and performativity in market practice. In: Industrial Marketing Management 35. 839-855.

Kjellberg, Hans/Helgesson, Claes-Fredrik (2007): On the nature of markets and their practices. In: Marketing Theory 7. 137-162.

Lafaye, Claudette/Thévenot, Laurent (1993): Une justification écologique?: Conflits dans l'aménagement de la nature. In: Revue française de sociologie 34. 495-524.

Lamont, Michèle/Thévenot, Laurent (Hrsg.) (2000): Rethinking comparative cultural sociology. Repertoires of evaluation in France and in the United States. Cambridge: Cambridge University Press.

Latour, Bruno (1991): Wir sind nie modern gewesen. Frankfurt a. M.: Fischer.

Latour, Bruno (2005): Reassembling the social. An introduction to actor-network-theory. Oxford: Oxford University Press.

Laville, Frédéric (2000): La cognition située. In: Revue économique 51. 1301-1331.

Law, John (Hrsg.) (1986): A sociology of monsters: Essay on power, technology and domination. London: Sage.

Law, John (Hrsg.) (1999): Actor network theory and after. Oxford: Blackwell Publishers.

Law, John (2004): After method: Mess in social science research. London: Routledge.

Law, John/Hassard, John (Hrsg.) (1999): Actor-network-theory and after. Oxford: Blackwell Publisher.

Lewis, David (1969): Convention: A philosophical study. Cambridge: Harvard University Press.

MacKenzie, Donald (2006): An engine, not a camera. How financial models shape markets. Cambridge: MIT Press.

MacKenzie, Donald/Millo, Yuval (2003): Constructing a market, performing theory: The historical sociology of financial derivates exchange. In: American Journal of Sociology 109. 107-145.

MacKenzie, Donald/Muniesa, Fabian/Siu, Lucia (2007): Do economists make markets? On the performativity of economics. Princeton: Princeton University Press.

Martin, John Levi (2003): What is field theory? In: American Journal of Sociology 109. 1-49.

McCloskey, Deirdre N. (1985): The rhetoric of economics. Madison: University of Wisconsin Press.

McCloskey, Deirdre N. (1990): If you're so smart: The narrative of economic expertise. Chicago: University of Chicago Press.

Moody, Michael/Thévenot, Laurent (2000): Comparing models of strategy, interest, and the public good in French and American environmental disputes. In: Lamont/Thévenot (2000): 273-306.

Muniesa, Fabian/Millo, Yuval/Callon, Michel (2007): An introduction to market devices. In: Callon/Millo/Munie-sa (2007): 1-12.

Nachi, Mohamed (2006): Introduction à la sociologie pragmatique. Paris: Armand-Colin.

Storper, Michael/Salais, Robert (1997): Worlds of production. The action framework of the economy. Cambridge: Harvard University Press.

Thévenot, Laurent (1986a): Introduction. In: Thévenot (1986c): V-XVIII.

Thévenot, Laurent (1986b): Les investissements de forme. In: Thévenot (1986c): 21-72.

Thévenot, Laurent (Hrsg.) (1986c): Conventions économiques. Cahiers du centre d'études de l'emploi 29. Paris: PUF.

Thévenot, Laurent (1989): Équilibre et rationalité dans une univers complexe. In: Revue économique 40. 147-197.

Thévenot, Laurent (1990): La politique des statistiques: les origines sociales des enquêtes de mobilité sociale. In: Annales 45. 1275-1300.

Thévenot, Laurent (1997): Un gouvernement par les normes; pratiques et politiques des formats d'information. In: Conein/Thévenot (1997): 205-241.

Thévenot, Laurent (2001): Organized complexity. Conventions of coordination and the composition of economic arrangements. In: European Journal of Social Theory 4. 405-425.

Thévenot, Laurent (2006a): L'action au pluriel. Sociologie des régimes d'engagement. Paris: Éditions La Découverte.

Thévenot, Laurent (2006b): „Convention school". In: Beckert/Zafirovsky (2006): 111-115.

Thévenot, Laurent (2007): The plurality of cognitive formats and engagements moving between the familiar and the public. In: European Journal of Social Theory 10. 409-423.

Thévenot, Laurent/Moody, Michael/Lafaye, Claudette (2000): Forms of valuing nature: Arguments and modes of justification in French and American environmental disputes. In: Lamont/Thévenot (2000): 229-272.

„Thank you for your creativity!"
„Arbeit" und „Kreativität" im Diskurs der Creative Industries[1]

Mario Vötsch und Richard Weiskopf

1 Einführung

1.1 Kreativität: Ein Begriff macht von sich reden

> *„Jeder Mensch ist ein Künstler."*
> Joseph Beuys

Würde man ein Lexikon des beginnenden 21. Jahrhunderts verfassen, dann wäre Kreativität bestimmt unter den populärsten Begriffen gelistet. „Das Attribut ‚kreativ' adelt noch die banalsten Tätigkeiten", schreibt Ulrich Bröckling im Glossar der Gegenwart (Bröckling 2004: 141). Weit über einen engen künstlerischen Bezugsrahmen hinaus wird der Begriff gegenwärtig in ökonomischen, politischen, sozialen, kulturellen und pädagogischen Zusammenhängen kontextualisiert. Es ist vielleicht nicht übertrieben zu sagen, dass „Kreativität" zu einem, wenn nicht zu *dem* „‚Heilswort' der Gegenwart" (Bröckling 2007: 152) aufgestiegen ist und den Charakter eines „moralischen Imperativs" (Osborne 2003) angenommen hat, dem man sich nur schwer widersetzen kann. Eine besonders einschneidende Nuancierung hat Kreativität in der Wortschöpfung der *Creative Industries* erhalten. Ausgehend von Großbritannien Ende der 1990er Jahre wurde dieses Label zur Benennung heterogener Bereiche verwendet, in denen individueller Kreativität eine besondere Rolle als Erfolgs- und Wirtschaftsfaktor zugeschrieben wird. Als einem eigenen Wirtschaftszweig wird den *Creative Industries* inzwischen in vielen Ländern und Regionen eine große Bedeutung zugesprochen. Dem Bestsellerautor Richard Florida gilt Kreativität gar als die „ultimative ökonomische Ressource" (Florida 2002: XIII), aus der eine neue Klasse, die *Creative Class*, als Vorreiter ökonomischer und gesellschaftlicher Entwicklung hervorgeht.

---

1 Dieser Beitrag steht im Kontext eines größeren Forschungsprojekts, das vom österreichischen Fond zur Förderung wissenschaftlicher Forschung gefördert wird (FWF-Projektnr.: P19026-G11). „Re-creating organization: Organizing work and the work of organizing as ethico-aesthetic practice – a theoretical and empirical study in new modes of organizing" (www.re-creating. org).

In diesem Beitrag fragen wir nicht nach der tatsächlichen oder vermeintlichen Bedeutungszunahme der *Creative Industries* oder auch von „Kreativität". Wir gehen vielmehr methodisch von einer Nicht-Existenz der *Creative Industries* aus und betrachten diese als eine diskursive Formation, die spezifische diskursive Effekte hervorbringt. Wir interessieren uns dabei besonders für das diskursive „making up" (Hacking 1986) von *Arbeit* sowie von *arbeitenden Subjekten* und untersuchen, mit welchen wirkmächtigen Bildern diese „Gegenstände" zur Entfaltung kommen. Solche Bilder werden in unterschiedlichen diskursiven Praktiken entworfen und dabei mit einer Fülle an sozialen, politischen, kulturellen und auch ethischen Prägungen versehen. Sie stellen Konstruktionen dar, die die Wirklichkeit nicht nur beschreiben, sondern sie zugleich schaffen, formen und verändern. Sie sind also nicht Abbild(er) einer bestehenden Realität, sondern vielmehr Leitbilder, von denen subjektivierende Effekte ausgehen.

1.2   Methodologie und Methode: Diskursforschung nach Foucault

Die Diskursforschung ist eine Gesamtperspektive, die keineswegs darin besteht, die Welt idealistisch auf Sprache zu reduzieren. Sie sieht vielmehr den Zugang zur Welt als sprachlich bzw. diskursiv vermittelt an. Wie Robert Chia klarstellt: „There is not *nothing* outside of language, but *no-thing*. There is no thingness about the material and social world except when comprehended in the codifying structure of language" (Chia 1996: 37-38; Herv. i. Orig.). Mit dem Interesse an der „codifying structure of language" sowie an den diskursiven Strategien und Praktiken der Herstellung dieser „thingness" soll keineswegs das Bild eines objektiven, „außen stehenden" Forscherdaseins strapaziert werden, das einen allumfassenden Blick auf gesellschaftliche Gegebenheiten ermöglicht. Vielmehr stehen Forschende inmitten bzw. sind ein Teil jener Verhältnisse, die sie analysieren. Mit ihrer Sprache, ihren Worten und Texten schreiben sie sich in einen Diskurs ein, der die Realität zum einen beschreibt, zum anderen ebenso konstruiert. Als Forschende sind wir daher nicht nur selbst durch einen diskursiven Zusammenhang konstituiert, wir sind zugleich auch Teil eines „world making" (Welterzeugen; Goodman 1984). Damit wird auf eine konstruktivistische Grundperspektive verwiesen. Texte weisen keinen immanent gegebenen Sinn auf – ihr Sinn *entsteht* innerhalb sozialer, historischer, kommunikativer, linguistischer oder kognitiver *Kon*texte. Diskurse sind immer gesellschaftlich und historisch situiert und befinden sich in einem „Feld der Äußerlichkeit" (Foucault 1981: 69). Sie gehen mit anderen Diskursen Verbindungen ein, stellen verschiedene Anschlüsse her, sie verdichten und reproduzieren sich in diesem Feld (Bublitz 2003: 58). Diskursforschung ist daher nicht schon die Benennung eines konkreten empirischen Vorgehens, sondern zunächst Ausdruck eines allgemeinen erkenntnistheoretischen Zugangs.

Unsere Analyse baut auf einem an Foucault orientierten Diskursverständnis auf und knüpft an Forschungsrichtungen an, die als *Kritische Diskursanalyse* (Jäger 2004) und *Wissenssoziologische Diskursanalyse* (Keller 2005) bezeichnet werden. In der *Archäologie des Wissens* legt Foucault (1969) seine diskurstheoretischen Grundannahmen vor, denen zufolge noch lange nicht alles Gesagte, Geschriebene oder auf andere Weise Artikulierte bereits einen

Diskurs konstituiert. Ein Diskurs liegt erst dann vor, wenn eine bestimmte Regelmäßigkeit in der Aussagenproduktion systematisch gegeben ist. Diese Aussagen in Bezug zueinander zu setzen, hat allerdings nichts mit einer hermeneutischen Sinnauslegung zu tun:

> „Man sucht unterhalb dessen, was manifest ist, nicht das halbverschwiegene Geschwätz eines anderen Diskurses; man muß zeigen, warum er nicht anders sein konnte als er war, worin er gegenüber jedem anderen exklusiv ist, wie er inmitten der anderen und in Beziehung zu ihnen einen Platz einnimmt, den kein anderer besetzen könnte." (Foucault 1981: 43)

Aus der Systematik der Aussagenproduktion lassen sich in weiterer Folge Formationsregeln ableiten, die die Herausbildung von Gegenständen, Begriffen, Strategien und Äußerungsmodalitäten beschreiben und den Diskurs im Sinne einer diskursiven Formation konstituieren. Umgekehrt zeigen diese Regeln, dass Diskurse systematisch das produzieren, wovon sie sprechen. Anstatt sie daher als „Gesamtheit von Zeichen" zu betrachten, gilt es, Diskurse „als Praktiken zu behandeln, die systematisch die Gegenstände bilden, von denen sie sprechen (Foucault 1981: 75). Demzufolge können Diskurse im Sinne von Jäger als „artikulatorische Praxis" definiert werden, „die soziale Verhältnisse nicht passiv repräsentiert, sondern diese als Fluß von sozialen Wissensvorräten durch die Zeit aktiv konstituiert und organisiert" (Jäger 2004: 23). Der Diskurs ist eine gestaltende Kraft. Es gibt keine äußere Welt, die er als passives Medium widerspiegeln würde, sondern nur die realen Kräfteverhältnisse, in die er „selbst als gesellschaftliche und Gesellschaft bewegende Macht (Kraft, Power)" (ebd.) eingeschrieben ist und auf die er fortlaufend einwirkt.

1.3   Aufbau und methodisches Vorgehen

Ziel der vorliegenden Diskursanalyse ist es, zu zeigen, welche Bilder von Arbeit und von arbeitenden Subjekten im Diskurs der *Creative Industries* hervorgebracht werden. Wir gehen davon aus, dass es sich dabei um eine diskursive Formation handelt, die sich historisch verorten lässt und der wir eine ganze Reihe diskursiver Praktiken zuordnen können (Teil 2). Dazu ist es notwendig, den diskursiven Kontext grob zu beschreiben, aus dem diese Formation hervorgegangen ist (Kapitel 2.1). Anschließend werden die Kernbotschaften untersucht, die aus den diskursiven Praktiken hervorgehen (Kapitel 2.2). Indem wir regelmäßig auftretende Diskursfragmente zu Strängen verbinden und deren thematische Überlagerungen nachzeichnen, können wir gleichzeitig die argumentative Bandbreite des Diskursstranges abstecken. Dabei gilt es, unterschiedliche Bedeutungskontexte zu erhellen und systematische Argumentationszusammenhänge auszumachen. Diese Kernbotschaften werden in einem dritten Schritt durch die Feinanalyse eines typischen Artikels exemplarisch veranschaulicht (Teil 3). Anhand einer Rede des ehemaligen britischen Premierministers Tony Blair zeigen wir, *welche* Diskursfragmente *wie* verknüpft, welche Wahrnehmungsschemata dabei transportiert und welche rhetorischen Mittel dazu eingesetzt werden. Schließlich werden wir die analytischen Ergebnisse im Rahmen einer Gesamtinterpretation zusammenführen (Teil 4).

Die vorliegende Diskursanalyse stützt sich im Wesentlichen auf das methodische Schema, wie es Jäger vorgeschlagen hat (Jäger 2004; Jäger/Jäger 2007). Als Diskursebene dient eine politisch-institutionelle Ebene. Dafür gibt es im Wesentlichen zwei Gründe: zum einen das historische Auftreten der *Creative Industries* als *politisches Konzept*. Dementsprechend sind es auch die politischen Dokumente, die besonders aussagekräftige Ergebnisse versprechen. Zum anderen gibt es neben dieser eher qualitativen auch eine quantitative Begründung für die gewählte Diskursebene: Aufgrund der übergreifenden Diskursivierung von Kreativität kann angenommen werden, dass unsere Fragestellung nicht nur da Relevanz hat, wo explizit auf das Label *Creative Industries* verwiesen wird. Die Themen *kreative Arbeit* und *kreative Subjekte* werden heute in den unterschiedlichsten diskursiven Kontexten konstruiert, sodass wir es mit einer Vielzahl an – für sich genommen sehr umfangreichen – Diskurssträngen zu tun hätten, wollten wir alle „Orte" aufsuchen, an denen „Ideologeme" (Jäger 2004: 188) wie Kreativität und Arbeit auftreten. Ein solches Unterfangen würde jedoch erfordern, Kreativität als „Interdiskurs"[2] zu analysieren. Eine ausführliche Interdiskursanalyse ist im hier gegebenen Rahmen, sowohl was den Umfang des Analyseaufwands als auch jenen der Darstellung betrifft, nicht möglich.

Die Eingrenzung des Zeitraumes auf jene „enge" Periode, in der die *Creative Industries* als Diskursformation hervorgetreten sind (also ab den späten 1990er Jahren), erscheint mithin notwendig, weil eine Genealogie aller am Thema anteiligen Diskursstränge zu weit führen würde. Wir beschränken uns hier auf besagten Zeitraum und betrachten das historische Auftauchen der *Creative Industries* gleichsam als *diskursives Ereignis* (vgl. Jäger 2004: 132), das den Verlauf der darin verknüpften Diskursstränge nachhaltig beeinflusst. Als diskursives Ereignis sind die *Creative Industries* keineswegs aus dem Nichts entstanden, sondern sie stellen vielmehr einen (kontinuierlichen oder aber bruchartigen) Effekt von anderen, bereits früher hervorgegangenen Diskursformationen dar (wie z. B. *Cultural Industries* oder *Cultural Economy*). Anschlüsse an eine erweiterte und erweiternde Interdiskursanalyse zeigen wir in unserer abschließenden Gesamtinterpretation auf.

2   Die Creative Industries im Überblick

2.1   Diskursiver Kontext: New Labour und die Ökonomisierung der Kreativität

Der Begriff der *Creative Industries* tauchte erstmals in Großbritannien im Jahre 1997 auf. Es war das Jahr, in dem Tony Blair als Vorsitzender der Labour-Partei den ersten Regierungswechsel seit 18 Jahren herbeiführte und damit die Konservativen unter John

---

2   Jürgen Link zufolge enthält ein Interdiskurs diskursive Elemente solcher Art, „die nicht bloß auf einen einzigen oder wenige spezialdiskurse beschränkt sind, die statt dessen vielmehr zwischen mehreren diskursen übereinstimmen" (Link 1986: 71, im Orig. klein geschrieben). Ohne Zweifel ist diese Definition auf die Kategorie Kreativität anwendbar.

Major ablöste. Blairs' Konzept von *New Labour* hatte das Ziel, Großbritannien wieder zur „leadership in Europe" zu verhelfen, was zum einen durch die oberste Priorisierung des Themas Bildung innerhalb des Regierungsprogramms zum Ausdruck gebracht wurde.[3] Zum anderen wurde damit ein Kurs staatlicher Privatisierungen und ökonomischer Rationalisierungen eingeschlagen, der viele Parallelen zur neoliberalen Wirtschafts- und Sozialpolitik der konservativen Vorgängerin Margaret Thatcher aufwies. Dies drückte sich etwa in einem Bekenntnis zur Wertschöpfung kulturellen Schaffens aus:

> „The millennium is the time to reaffirm our responsibility to protect and enhance our environment so that the country we hand on to our children and our grandchildren is a better place in which to live. It also provides a natural opportunity to celebrate and improve the contribution made by the arts, culture and sport to our nation. We need a new and dynamic approach to the ‚creative economy'. The Department of National Heritage will develop a strategic vision that matches the real power and energy of British arts, media and cultural industries." (Labour Party 1997)

Bereits in den 1980er Jahren hatte das *Greater London Council* den Begriff der *Cultural Industries* aufgegriffen, um auf die wirtschaftliche Bedeutung und Förderungswürdigkeit spezifischer kultureller Produktionssparten hinzuweisen (O'Connor 2000). Als Negativfolie diente die unverhältnismäßig hohe Subventionierung jener Kulturbereiche, die nur sehr geringe Breitenwirksamkeit aufwiesen. Damit wurden kulturelle Aktivitäten in einen (neoliberalen) ökonomischen Argumentationszusammenhang integriert, in dem Ausgaben als Investitionen in das Humankapital erscheinen. Ihre Förderungswürdigkeit richtete sich nicht nur nach der Zugänglichkeit, sondern auch nach den Arbeits- und Wachstumspotenzialen.[4] Die Versuche, Kultur als ökonomischen „Beitrag", als *Ressource* fassbar zu machen, sollten besonders ab den 1990er Jahren im Begriff der *Knowledge Economy* einen zentralen Anknüpfungspunkt finden und schließlich ihre bis dahin konkreteste Ausformulierung durch die Agenda der 1997 gewählten Labour-Regierung erhalten (vgl. Roodhouse 2006). Im *Creative Industries Mapping Document* [GB1], erstellt von einer eigens ins Leben gerufenen Task Force,[5] war dann erstmals von den *Creative Industries* (im Unterschied zu den *Cultural Industries*) die Rede. Als bedeutender Teil der *Knowledge Economy* wurden sie gleichsam in einen argumentativen Zusammenhang mit der Neudefinition des britischen Selbstverständnisses – „Cool Britannia" – gestellt. Angestrebt wurde zudem die gezielte Förderung des wirtschaftlichen Aufschwungs bestimmter Regionen und Städte, wobei ein besonderer Schwerpunkt der Revitalisierung aufgelassener Industriezonen galt (vgl. Böse

---

3 Vgl. das Wahlmanifest von *New Labour* mit dem Titel „Because Britain deserves better" (Labour Party 1997).

4 Neben Großbritannien finden sich auch in Kanada erste Bemühungen von politischer Seite, Kulturschaffende unter dem Label *cultural workforce* als Zielgruppe politischen und ökonomischen Handelns zu integrieren (vgl. dazu ausführlicher Wyszomirski 2004: 46f).

5 Gegründet im Juli 1997, waren in diese *Creative Industries Task Force* neben Regierungsrepräsentanten auch ausgewählte Akteure der Kulturindustrie (Musikindustrie, Werbung u.a.) eingebunden. Davis/Ford (1998) kritisieren, dass keine Vertreter der zeitgenössischen Kunst involviert wurden.

2004). Als „Motor der Stadtentwicklung" wurde das politische Konzept der *Creative Industries* nicht nur in vielen Teilen Englands, sondern auch in anderen Ländern übernommen und umgesetzt (vgl. Mayerhofer 2002; Wiesand 2006; Minichbauer 2007).

2.2 Strukturanalyse: Das Feld der Kreativen und seine Anforderungen

Welche Themen und Gegenstände werden nun mit den *Creative Industries* etabliert? In welcher Häufigkeit treten sie auf und mit welchen Strategien werden sie verknüpft? Solche und ähnliche Fragen können anhand einer Strukturanalyse beantwortet werden, die wir im Rahmen des eingangs erwähnten Forschungsprojekts durchgeführt haben.[6] An dieser Stelle sollten lediglich einzelne Ergebnisse daraus vorgestellt werden, die als Hintergrund für die nachfolgende Analyse dienen.[7] Ausgangspunkt ist eine der ersten und am häufigsten rezitierten Definitionen der *Creative Industries*, die von der britischen Regierung stammt.

---

6   Siehe FN 1.

7   Aus der Fülle an nationalen und internationalen Publikation und Berichten wurde nach einer ersten Vorsondierung eine Auswahl von siebzehn Berichten getroffen, um so, im Sinne einer „maximalen Kontrastierung" (Keller 2004: 110), die inhaltliche Bandbreite der Diskursformation zu erfassen. Da viele Berichte im Wesentlichen Dokumentationen mit hohem empirischen Anteil (ökonomische Daten) sind, wurden solche ausgewählt, die in der Einleitung bzw. in den jeweiligen Vorwörtern programmatische Aussagen enthalten. Die Auswahl folgte somit dem Konzept des *theoretischen Sampling*, da sie auf einer analytischen Basis stattfand, welche sukzessive verfeinert wurde (Strauss 1994: 70f). Der so erstellte Materialkorpus umfasst Berichte aus Großbritannien (6), Österreich (6), Deutschland (2), Schweiz (1), USA (1) sowie einen Bericht der Europäischen Kommission (1). Selbst diese selektierten Berichte stellen teils noch immer sehr unterschiedliche Textsorten dar. Während fast alle Berichte geprägt sind von mehr oder weniger ausführlich dargestelltem empirischen Zahlenmaterial, sind darunter einige in nüchtern wissenschaftlicher Sprache verfasst, andere dagegen in sehr pathetischem Ton formuliert, wieder andere im Stil einer journalistischen Reportage aufgebaut. Man kann daher durchaus sagen, dass sich die Vielfalt methodologischer Zugänge in der Vielfalt der formalen Aufmachung widerspiegelt. Gleiches gilt für den inhaltlichen Aufbau: Während viele Berichte mit mehreren Vorwörtern von Auftraggebern oder regionalen und nationalen Politikern versehen sind, sind andere sehr schlicht und nüchtern gehalten. Ähnlich variiert auch die Länge der Berichte von 30 bis 200 Seiten. Für eine ausführliche Dokumentation vgl. Vötsch (2007). Nach systematischer Durchsicht des Materialkorpus wurden Hauptthemen und Unterthemen festgelegt, welche die auftretenden Diskursfragmente abdecken (vgl. dazu auch aktuelle Studien, die nationale Creative-Industries-Politiken vergleichend analysieren: Braun/Lavanga 2007; KEA et al. 2006). Damit sollten nicht nur die qualitative Bandbreite des Diskurses und dessen Kernbotschaften, sondern auch auftretende Verknüpfungen einzelner Diskursfragmente oder Verschränkungen ganzer Diskursstränge erfasst werden. Die aus dieser Voranalyse des Materialkorpus sich ergebenden Haupt- und Unterthemen werden anhand einer Strukturanalyse zu einem „Dossier" (Jäger 2004: 192) zusammengefasst.

" [The *Creative Industries* are] those activities which have their origin in individual creativity, skill and talent and which have a potential to wealth and job creation through the generation and exploitation of intellectual property." [GB1:3][8]

Auf den ersten Blick fällt hier die Charakterisierung der *Creative Industries* über die *individuelle* Kreativität auf. Das Individuum und dessen Kreativität, seine Fähigkeiten und Talente gelten als Ursprung und Ausgangspunkt einer Vielzahl von Aktivitäten, die zusammengenommen das Label *„Creative Industries"* erhalten. Auf den zweiten Blick lassen sich aus dieser Bestimmung mehrere Hauptthemen ablesen, die sich fortan im diskursiven Geschehen weiter ausdifferenzieren sollten: Die *Creative Industries* erhalten eine (1) soziale und eine (2) ökonomische Bedeutung („wealth and job creation"), sie werden zum Objekt von (3) Erziehung und Bildung („skill and talent") und schließlich durch eine besondere (4) Arbeitsform und -organisation („generation and exploitation of intellectual property") charakterisiert. Ähnlich wie in der Definition kommen diese vier – sehr grob konstruierten – Kategorien auch in der diskursiven Praxis fast immer miteinander verbunden vor. So findet sich in fast allen untersuchten Dokumenten die nahezu identische oder jeweils leicht abgewandelte Formel der gesellschaftlichen und ökonomischen Bedeutung der *Creative Industries*. An dieser Stelle kann allerdings nicht näher auf die umfassenden sozialen, ökonomischen und bildungspolitischen Bedeutungskontexte eingegangen werden. Vielmehr wollen wir uns auf die Frage beschränken, wie in den untersuchten Dokumenten die Subjekte und die Formen der Arbeit diskursiv gefasst werden.

Die Themen, die die *Creative Industries* als Arbeitssphäre diskursiv erschließen, können auf zwei große Bereiche aufgeteilt werden: Das eine sind die arbeitenden Subjekte und die Charakteristika, die ihnen zugeschrieben werden, das andere sind die – davon nur selten klar zu trennenden – Arbeits- und Organisationsformen, innerhalb derer sich erstere bewegen. Fast durchgehend werden dabei die Bilder der Arbeitenden daraus generiert, *wie* sie arbeiten. So sind es polyvalente Kategorien wie jene der „kreativen Köpfe" [Öl:4, T:2], der „Visionäre" [G:6], der Querdenker („think ‚out of the box'" [GB2:3]) und der streitbaren Zeitgenossen [G:6], welche die Betroffenen in einer eigenen Sphäre des Denkens, des Arbeitens und des Wettbewerbs situieren: „In der Kreativwirtschaft setzen sich Gestaltungsphantasien, Gedankenexperimente und paradoxe Lösungen von Unkonventionellem durch" [T:6]. Dementsprechend besonders sind auch die Produkte, die aus dieser Sphäre hervorgehen: „They produce many of the things that make life worth living" [GB1:1]. Eine ähnliche Verknüpfungslogik findet sich, wenn das künstlerische Schaffen als „Triebkraft" der Gesellschaft konstruiert wird, „die die Gesellschaft befruchtet und den Nährboden für die kulturellen Aktivitäten der Bürger darstellt" [EU:19]. Kreative Köpfe, Visionäre, Triebkräfte – solche interpretationsoffenen Kategorien werden in einem zweiten Schritt mit unterschiedlichen ethischen Bestimmungen angereichert: Sei es die „Bereicherung" aller Menschen „by the exercise of their imagination" [GB1:1], sei es ein befreiender Geist

---

8   Die Zitate in [ ] beziehen sich auf besonders exemplarische Textstellen, die im Rahmen der Strukturanalyse erfasst wurden. Zwecks Einfachheit sind die Zitate lediglich mit Kürzel:Seitenangabe versehen. Alle Kürzel sowie die damit bezeichneten Textquellen sind dem Anhang zu entnehmen.

(„liberating spirit" [GB3:3]), der allen zukommt („arts and creativity set us free" [GB3:3]), sei es eine besondere Haltung der Kritik („Durch ihre kritische Funktion entfacht sie Diskussionen und gibt den Anstoß zu zahlreichen Projekten" [EU:19]) oder sei es ein wichtiger Halt in einer sich schnell verändernden Welt [G:6].

Mit dieser rhetorischen Idealisierung einer sozialen Avantgarde wird zugleich auch deren Arbeitssphäre zu einem sozioökonomischen Vorreiterfeld inthronisiert. Dieses Feld umschließt in seiner Bedeutung als „fruchtbarer Boden" [EU:19] eine Fülle an Zuschreibungen, von denen wir einige bezeichnende herausgreifen.[9] So wird das Feld exemplarisch deklariert als

- originär sozial: „the creative economy is a fundamentally social economy" [NY:10]
- hoch qualifiziert: „one of the most highly qualified sectors" [GB4b:2]
- zukunftsträchtig: „Wettbewerb von morgen auf dem Feld der Kreativität" [Ö1:7]
- konkurrenzfähig: „überaus dynamische und schöpferische Aktivitäten und Dienstleistungen, die für die Wettbewerbsfähigkeit von europäischen Unternehmen außerordentlich wichtig sind" [EU:2]; die Kreativwirtschaft besteht „keineswegs aus ‚Luftgeschäften'" [T:6]
- immanent wachsend: „The importance of culture and creativity in people's lives, and its broader impact on the commercial and social life of the nation, can only grow" [GB5:6]
- quasi-natürlich: „Creative activity may be the closest thing to a natural resource in New York" [NY:2]
- vitalisierend: „Die Aufbruchstimmung ist überall nicht nur spürbar, sondern täglich erlebbar. Überall sprießen Ideen, Projekte und Initiativen" [H:5]
- aussichtsreich: „homo creativus austriacus – ein österreichischer Hoffnungsträger" [Ö2:7]
- hoch technisiert: „maximising the opportunities and minimising the threats of new technologies" [GB1:10]
- dynamisch: „Kreativwirtschaft: Der dynamische Sektor der Wirtschaft" [G:72]
- Laborfeld einer neuen „Projektkultur": „(…) ist unbestritten, dass die verschiedenen Sektoren von Kunst und Kultur als Labor zur Erprobung neuer Methoden fungieren, bei denen Polyvalenz, berufliche und geographische Mobilität eine Projektkultur begünstigen, in der neue und beschäftigungswirksame Initiativen gedeihen" [EU:31]

Aus diesen Feldbeschreibungen lassen sich wiederum die Anforderungen an die Subjekte ableiten. Aussagen entwickeln sich hier, wie sich am folgenden Zitat symptomatisch zeigen lässt, häufig über negative Identifizierungen: „[Wir benötigen] keine Zauderer, Zweifler und Zögerer, sondern Ideen, Innovationen und Initiativen – etwas, was für Kreative selbstverständlich ist!" [G:3]. Diesen Negativfolien werden positive Charakterisierungen gegenübergestellt: „Kreativität braucht den Mut der Möglichmacher, der Hindernisabbauer, der Durchsetzungshelfer, der Zweifelzerstreuer und der Risikoeingeher" [G:6]. In der Regel

---

9   Die nachfolgenden Kategorien ergeben sich aus der systematischen Auswertung des Material-korpus, wonach Aussagen oder ganze Abschnitte inhaltlichen Strängen zugeordnet wurden. Die angeführten Zitate stellen besonders illustrative Beispiele aus den jeweiligen Kategorien dar.

werden die Subjektanforderungen als Qualitäten in die diskursive Praxis eingebracht. Es sind dies Qualitäten wie

- Flexibilität: „Eigeninitiative und Anpassungsfähigkeit" [EU:23], „hohe Anpassungs- und Innovationsfähigkeit bei sich verändernden Rahmenbedingungen" [B:108]
- Originalität: „original creativity – the lifeblood of these industries" [GB2:3]
- Normabweichung: „unkonventionelle Herangehensweise" [T:6]
- Talent: „The breadth and quality of New York's talent pool are the essential building blocks for the city's creative economy" [NY:8]; „ensure that the UK has the creative talent it will need into the next century" [GB1:10]
- Mobilität: „berufliche und geographische Mobilität" [EU:23]
- Innovativität: „Innovationsgeist" [B:107]; „Consumers and business expect creative companies to have a presence on the Internet" [GB2:13]
- Autonomie: „Der sogenannte ‚cultural entrepreneur' betreibt vielfach neben seiner kreativen Tätigkeit auch das Marketing und die Distribution seiner Werke selbst" [Ö1:28]
- Ökonomische Integrationsfähigkeit: „Entwicklung des Unternehmensgeistes" und „Verbesserung der Beschäftigungsfähigkeit" [EU:18]
- Effizienz: „Je kreativer die erbrachten Leistungen, desto höher ist auch der Anteil dieser Leistungen am Umsatz" [G:84]
- Ausbildung: „For much of the creative sector, higher education is the main single source of entrants" [GB4a:14]
- Leidenschaft: „Die künstlerische Berufung bedeutet ein lebenslanges persönliches Engagement" [EU:25]

Die argumentativen Verknüpfungen von Arbeitsfeld und Arbeitsanforderungen führen zu eng verketteten Kausalstrukturen: Da die Produktion wesentlich mit intellektuellem Kapital erfolgt, wird ein spezifischer Eigentumsbegriff mit spezifischer Schutzfunktion nötig *(Copyright)*. Da die Entfaltung der Kreativität nicht mit traditionellen Arbeitsmodellen vereinbar ist, werden neue Organisationsformen der Arbeit nötig. (Selbstständigkeit, Projektarbeit, freie Mitarbeit). Weil kreative Arbeit sehr stark auf Netzwerken [EU:3], Teamwork („Working in partnership is common practice across the *Creative Industries"* [GB2:13]), kreativen Partnerschaften und internationalen Kooperationen aufbaut, kommt der Bildung von *Clusters* und *Milieus* [B:12] eine zentrale Bedeutung zu. Weil Bürokratie Kreativität hemmt, kommt der Entbürokratisierung hohe Priorität zu („We need to free our best artists and creative professionals from the excessive bureaucracy that stifles them" [GB3:3]). Dass diese Kausalstrukturen in ihrer Argumentationslogik nicht linear, sondern rekursiv funktionieren, zeigt sich schließlich am deutlichsten beim Kategorienpaar Kreativität und Innovation [GB6:16]: Kreativität verschränkt sich mit Innovation, da sie sowohl deren Ursache als auch deren wiederkehrenden Effekt darstellt. Gleiches gilt für Modernität und Fortschritt: Die *Creative Industries* werden regelmäßig als *Bedingung* für Modernisierung und (ökonomischen, technologischen, gesellschaftlichen) Fortschritt beschrieben, zugleich stellen sie deren (erfolgreich umgesetzte) *Konsequenz* dar.

3   Die Kontextualisierung von Arbeit und Kreativität

3.1   Feinanalyse: „Human capital is key"

Der zuvor gegebene Überblick über die qualitative Bandbreite des Diskurses ist Basis für die Feinanalyse eines konkreten Textsamples. Es wurde dabei eine Textquelle ausgewählt, die insofern als „typischer Artikel" (Jäger 2004: 193) zu werten ist, als sie charakteristische Diskursfragmente in verdichteter Form wiedergibt und damit verallgemeinernde Aussagen über den Diskurs zulässt.[10] Wie bereits zuvor ausgeführt, wollen wir mit der Feinanalyse nicht Aussagen über die gesamte Bandbreite der Diskursformation *Creative Industries* herstellen. Vielmehr schränken wir unseren Untersuchungsfokus auf jene Bedeutungskontexte ein, in denen *kreative Arbeit* und *kreative Subjekte* thematisiert werden.

Das Textsample ist eine Rede, die der ehemalige Premierminister Tony Blair am 6. März 2007 in der *Tate Modern* gehalten hat. Publikum sind MuseumsdirektorInnen, KuratorInnen und andere Führungskräfte aus britischen Kulturinstitutionen. Blair wird – wie bereits zum Zeitpunkt der Rede feststeht – in wenigen Monaten als Premierminister zurücktreten und nimmt diese Rede zum Anlass, die Entwicklung des kulturellen Lebens während seiner zehnjährigen Amtszeit zu rekapitulieren. Gleichzeitig dient die Rede als Verweis auf den bald darauf erscheinenden Bericht *Culture and Creativity in 2007* [GB5], in dem auf eine Dekade zurückgeblickt wird, die mit dem Wahlerfolg von Blairs Labourpartei und der Einführung des *Creative-Industries*-Konzepts begonnen hat. Über die Rede wurde tags darauf ausführlich in den britischen Medien berichtet: Der *Guardian* schreibt von einer fesselnden Rede, die leider zehn Jahre zu spät kommt und inhaltlich weniger Prolog denn Epilog gewesen sei (Kettle 2007). Die Nachrichtenagentur Bloomberg zitiert Tate-Direktor Nicholas Serota, der sagte, es sei die längste Rede gewesen, die ein Premierminister je zum Thema Kunst gehalten habe (Bloomberg 2007). Darüber hinaus ist die Rede nach wie vor auf der Homepage der britischen Regierung abrufbar[11] und mit dem Zitat „Britain's cultural life is *spectacular*" übertitelt.

Vorab noch ein paar Bemerkungen zu Struktur und Inhalt der Rede: Die Rede ist aufgebaut wie eine Erzählung und beginnt – nahezu beispielhaft – mit den einfachen Worten „Years ago" [1].[12] Es ist eine Erzählung, die die Geschichte einer nationalen Identitätswer-

---

10 Auch wenn es sich dabei um eine Rede und damit um eine andere Textsorte handelt als bei jenen Berichten, die für die Strukturanalyse herangezogen wurden, sehen wir diesen methodischen Bruch mehrfach gerechtfertigt. Zum einen bleibt die gleiche Diskursebene (politisch-institutionell) nicht nur gewahrt, sondern wird mit dem britischen Premierminister Tony Blair auch einer der führenden Sprecher innerhalb derselben zitiert. Zum anderen kann diese Rede nach mehreren Analysedurchgängen als komprimierter Abriss der britischen Diskurspositionen betrachtet werden, die wiederum eine zentrale Referenz für die anderen Sprecher darstellen. Der Text ist daher *typisch* im Sinne seiner inhaltlichen Aussagelogiken, weniger im Sinne seiner formalen Artikulation.

11 Vgl. http://www.number10.gov.uk/output/Page11166.asp (Abrufdatum: 13.8.2008).

12 Die Ziffern in eckiger Klammer beziehen sich auf die entsprechende Zeilennummer des Textmanuskripts, das auf Basis der elektronisch abrufbaren Rede angefertigt wurde.

dung wiedergibt – Blair spricht sogar selbst vom „narrative about the character of a new, different, changed Britain" [4]. Ein grober Überblick ergibt dabei folgende Themensetzung: Blair beginnt mit einer Rückblende an den Anfang seiner Amtszeit und verdeutlicht sein damaliges Ziel, „[to] make arts and culture part of our ‚core script'" [1-2]. Dann erklärt er das „Humankapital" zum Schlüssel – „key" [14] – für das Überleben und Florieren des Landes. In Hinblick darauf wird die gesellschaftliche Bedeutung der Kunst dargelegt und entlang folgender Themenblöcke abgehandelt:[13] Kohärenz (25) und Identität (18) einer Gesellschaft; Demokratisierung von Kultur (11); Toleranz, Offenheit und Dynamik einer Nation (9); Wettbewerbsfähigkeit (9) und Standortattraktivität (9); kulturelle Vielfalt (7); ökonomisches Wachstumspotenzial (6); Erziehung und Ausbildung (3). Das Ende der Rede gestaltet sich als ein Resümee nicht nur des Gesagten, sondern auch des politisch Erreichten. Dabei exemplifizieren die letzten Sätze die in der Analyse vorgenommene inhaltliche Gewichtung noch einmal symptomatisch: „This is an enormous achievement. One that we have done together. It serves our country well" [189-190]. Man kann daher festhalten, dass soziale Kohärenz nicht nur inhaltlich, sondern auch rhetorisch ein durchgängiges und tragendes Motiv ist. Solidarisierende, kollektivierende und vereinnahmende Sprachmittel werden regelmäßig in den Redefluss eingebaut („we live", „we have", „we are"), und als wiederkehrendes Moment wird ein gemeinsam zurückgelegter Weg inthronisiert: „We have come a very long way" [46, 166]. Am Ende dieses Weges – gleichsam das Ende der „Erzählung" – stehen der Ausblick in die Zukunft („further in the future" [190]) sowie eine Ankündigung, die zugleich ein Aufruf ist: „It is something we will and must cherish" [190].

3.2 Bedeutungskontexte von kreativer Arbeit und arbeitenden Kreativen

An dieser Stelle können wir – wie bereits beim Dossier der Strukturanalyse – nicht *alle* Bedeutungskontexte aufzeigen, die sich aus einer erschöpfenden Textanalyse des typischen Artikels ergeben. Hier wie da zeigt sich, dass *Kreativarbeit* und *arbeitende Kreative* (1) in ein umfassendes Narrativ sozialer Kohäsion gestellt und (2) regelmäßig mit ökonomischen Kategorien wie Wohlstand, Wettbewerb und Humankapital verknüpft werden, ferner, dass sie (3) systematische Zuschreibungen zu bildungsrelevanten Fragen aufweisen und (4) durchgehend anhand „weicher" Charakteristika beschrieben und als quasi-natürliche Gegebenheiten präsentiert werden.[14] All diese Themenstränge sollten im Folgenden lediglich

---

13 Die Themenblöcke sind sortiert nach Gewichtung (Zahlen in Klammern) und ergeben sich aus einem Codierverfahren, das den Text in Haupt-, Unter- und Unterunterthemen strukturiert und diese dann – zum Zweck einer groben Inhaltsangabe – zusammengefasst hat. Daraus geht natürlich weder hervor, in welchen Argumentationszusammenhängen einzelne Themen vorkommen, noch ob ihr quantitatives Auftreten in direktem Zusammenhang mit ihrer qualitativen Zuschreibung steht. Diese Fragen sollte die folgende Analyse klären.

14 Wir verwenden die Begriffe „weich" und „hart" hier und im Folgenden als analytische Kategorien zur Bezeichnung diskursiver Referenzen, die auf Immaterielles beziehungsweise auf Materielles verweisen. Die Unterscheidung von „weichen" und „harten" (Erfolgs-)Faktoren konnte sich im

kurz aufgegriffen werden, um uns danach ausführlicher mit jener Bedeutungsebene zu befassen, die Kreativarbeitende anhand der Verknüpfung von Humankapital und Kreativität als paradigmatische Vorreiter gesellschaftlichen Wandels konstruiert.

Eingangs ist auf die fast durchgehende Konnotation von künstlerischer/kultureller Arbeit und sozialer Kohäsion hinzuweisen: Kunst und Kultur werden zum „core script" [2] der Regierung ernannt, weshalb ihnen eine zentrale Bedeutung für das Land zukommen sollte [9-10]. Diese Fokussierung wird mit mehreren Kategorien argumentiert: Wir finden hier moralische Kategorien verknüpft mit ökonomischen: „A nation that cares about art will not just be a better nation. In the early 21st Century it will be a more successful one" [29-30]. Diese Kategorien werden in eine unhintergehbare Kausalität mit einem *modernen, zeitgemäßen* und *zukunftsweisenden* Erscheinungsbild gebracht („why arts and culture matter to a modern nation like Britain" [12]), das nach außen abstrahlt [172] und an manchen Stellen pathetisch aufgeladen und emotionalisiert wird: „A country like Britain today survives and prospers by the talent and ability of its people" [13-14]. Aus diesen Kategorien wird ersichtlich, dass das Thema der sozialen Kohäsion fast immer mit dem Thema der nationalen Identität verbunden ist. Hier können Selbstbeschreibung und gewünschte Außenwahrnehmung argumentativ nicht voneinander getrennt werden: Die *Idee*, die eine Nation von sich hat („an idea of what Britain is" [174]), ist nicht zu trennen von dem *Gesicht*, das sie der Welt zeigt („cultural face we now present to the world" [173]). Umgekehrt wieder eignet sich das Thema Identität als Vehikel eines großen Narrativs namens „‚golden age' for the arts" [7, 167]. Dieses Narrativ funktioniert über positive Selbstdarstellungen, die anhand *weicher* Charakteristika aufgerufen werden. Dabei werden Selbstdarstellungen durch Begriffe wie Tugend [96], Schönheit [127] und Stolz [177] transportiert und mit *spektakulären* und *enormen* [190] Errungenschaften dramatisiert („results have been spectacular" [184]). Diese weichen Charakterisierungen nationaler Identität („character of a new, different, changed Britain" [4]) finden ihren *symbolischen* Ausdruck in der kulturhistorischen Kategorie *Renaissance* („renaissance of British culture" [54, 111]). Ihren *symptomatischen* Ausdruck finden sie im *Gefühl*. Hier überträgt der Redner Blair den pathetischen Gehalt eines Zitats („museums now just ‚feel' different. They have a different atmosphere" [187]) unmittelbar auf die Kultur des Landes: „It [the culture of the country] just feels different – more confident, more assertive, more creative and alive" [188-189]. Atmosphäre und Gefühl umspannen dabei den argumentativen Bogen, innerhalb dessen Kunst und Kultur zum *core script* ernannt worden sind, welches wiederum nur gemeinsam ausgearbeitet werden konnte. Die Arbeit der Regierung geht zwar symbolisch auf im frei zugänglichen Museum („free entry to museums" [185]); es bleibt aber der Kunst vorbehalten, den angestrebten Wandel herbeizuführen: „Because art, more than any programmes of government, worthy and necessary though those are, can make people consider, see things differently, understand where the other comes from" [31-33].

Managementdiskurs vor allem im Kontext der Unternehmenskulturdiskussion etablieren (vgl. z. B. Peters/Waterman 1982). Sie findet sich auch in machttheoretischen Konzepten wie etwa der politologischen Kategorie „soft power" im Unterschied zu „hard power" wieder (Nye 2004).

1. Wie in den meisten untersuchten Dokumenten der Strukturanalyse finden sich auch in dieser Rede wenige Themenstränge, die *nicht* mit ökonomischen Kategorien verknüpft sind. Ökonomie wird als wiederkehrendes Bezugsfeld für Kreativarbeit konstruiert, sei es durch die Kategorie des Humankapitals, die zum Schlüssel des Erfolgs erklärt wird [14], sei es durch die Hinweise auf deren tragende Rolle für Wachstum [128-129], Tourismus [138-140], Exportwirtschaft [130-131] und Beschäftigung [140-141]. Dabei ist es bezeichnend, dass die ökonomischen Erfolge nicht als trockene Zahlen präsentiert werden, sondern als belebender Segen: „This economic boon is not dry and arithmetical. It is visible in the people who come to this country as tourists and the reviving of the towns and cities we live in" [135-136]. Die emphatische Charakterisierung korrespondiert hier mit den zuvor konstatierten Identitätszuschreibungen. Auch weisen die oben diskutierten narrativen Diskurselemente regelmäßig ökonomische Zuschreibungen auf: Ein Land kann nur überleben und gedeihen durch die *Talente* seiner Bürger [13], es wird durch Förderung der Kunst nicht nur besser [29], sondern auch erfolgreicher [30], weshalb diese als bedeutende Investition ins Humankapital erscheint, der eine ökonomische Macht zuzusprechen ist [151]. Kreativarbeit wird jedoch nicht nur mit den Themen Wachstum und Erfolg argumentativ verknüpft, sondern auch mit *Revitalisierung*. Die ökonomische Bedeutung findet dabei Ausdruck in einer Regenerationsmetapher [140], die auf eine ursprüngliche Strategie der *Creative Industries* verweist. Was dort als Revitalisierung brachliegender Stadtteile und Industrieviertel zum programmatischen Ziel erhoben wurde, wird von Blair anhand mehrerer Beispiele aus der Praxis vorgeführt [140-148]. Darüber hinaus ist die ganze Rede von einer Revitalisierungsmetaphorik durchzogen, deren Begriffsinventar von *new* über *change* bis hin zu *different* reicht.[15] Indes sollten wir das Phänomen, dass Kunst und Kultur regelmäßig innerhalb einer revitalisierenden Bedeutungssemantik hervorgebracht werden, nicht als Besonderheit des hier untersuchten Diskursfragments, sondern als ein übergreifendes kulturhistorisches Moment begreifen (Groys 1999). Jedoch darf in der Art, wie Revitalisierung in ökonomische Begründungszusammenhänge integriert wird, eine qualitative Verschiebung erachtet werden. So werden *harte* Themen wie Standort [144-148] und Beschäftigung [140-143] über das *weiche* Thema Regeneration erklärt, wodurch soziale Kohäsion in einen engen Begründungszusammenhang mit ökonomischer Integration gerät.

2. Eine dritte Bedeutungsebene ist grob mit den Kategorien Bildung und Erziehung umschrieben, wobei Kreativarbeit in Argumentationszusammenhänge eingebettet wird, die von der Erweiterung des Bildungshorizonts [23-26] und des Geschichts- und Kulturbewusstsein [101-103] bis hin zu Fragen gesellschaftlicher Verteilungsgerechtigkeit [110-113] reichen. Kunst wird als komplexe Domäne konstruiert, die unmittelbar mit der Befindlichkeit einer Nation zusammenhängt. Der Übergangssatz „So when more children get access to the joy of art" [23] führt im selbstverständlichen Duktus („So") das zuvor dargelegte Prinzip einer dynamischen Nation – „Dynamism in arts and culture creates dynamism in a nation" [22] – aus. In aufklärendem Stil fährt der Sprecher fort:

---

15 Im vorliegenden Text kommen die Adjektive *new* und *change* je sieben Mal, *different* fünfmal vor.

„it is not the art alone that they learn; it is the art of living, thinking and creating. They may never be, probably won't ever be, an artist or a dancer or a designer, but in whatever job, in whichever walk of life, they will carry an idea that is not just about the buying and selling, but about what makes the ordinary special." [23-26]

Die Differenzierung von „art alone" und einem Mehrwert, der in der Kunst des Lebens, Denkens und Kreierens liegt, kann wieder entlang einer *harten* und einer *weichen* Argumentationslinie verortet werden. Ein anderer Themenstrang ist die *Renaissance* der kulturellen Einrichtungen, insbesondere der Museen, Bibliotheken und Theater. Insbesondere erstere werden als Vehikel sozialer Integration [112-113], gesellschaftlicher Gerechtigkeit [117-122] und nationalen Kulturbewusstseins [96-97] konstruiert: „When people on low in-comes can visit museums free of charge, and see great works of art, they take something of the inspiration with them" [26-28]. Das Museum symbolisiert hier nicht nur einen kulturellen Ort, der als Brennpunkt für das Befinden einer Nation steht [101-103] – die „Pflege" dieses symbolischen Ortes wird auch in ein direktes Kausalverhältnis mit ökonomischem Erfolg gesetzt. „A nation that cares about art will not just be a better nation. In the early 21st Century it will be a more successful one" [28-29]. Die Öffnung der Museen für ein breites Publikum stellt eine bedeutende Investition in das „Humankapital" dar („of course, entry is free" [99]).

3. Schon in den expliziten Charakterisierungen der Kreativarbeit fällt eine durchaus lockere Tonart auf, die das Kreative mit lebhaften Metaphern („joy of art" [23]; „newly thriving cultural life" [145]; „The whole process of stimulation through plays, books, films, works of art; the delight in design, in architecture, in crafts" [20-21]) umschreibt oder es in seiner unüberschaubaren Vielfalt würdigt („To the architects […], the dancers, the actors and directors, the artists, the musicians, the curators, the custodians of heritage" [48-50]; „Culture spans so many disciplines" [51]). Die Argumentation folgt hier wieder einer impliziten Aufteilung von *weichen* und *harten* Zuschreibungen, die der Kulturarbeit ein essentielles Potenzial für Reflexion, Offenheit und Wagemut zukommen lässt [21]. Diese Attribute werden als quasi-natürliche Gegebenheiten konstruiert und in diesem Sinne naturalisiert. Die solcherart erreichte Naturalisierung von Eigenschaften korrespondiert mit dem fraglos behaupteten „joy of art" [23], welcher die Kunst in eine Sphäre des Spiels und der Freude hebt, die sich über eigene, nicht näher bestimmte Mechanismen („the whole process" [20]) von Anreiz („stimulation" [20]) und Vergnügen („delight" [20]) entfaltet. Die *Qualität* der Arbeit wird auch über *Integrität* naturalisiert. Ein prinzipieller Widerspruch zu ökonomischen Verwertungsbedingungen wird zugleich ausgeschlossen: „We have deepened our culture, extended its reach, with at the same time no compromise on quality, indeed rather the opposite... That ensures we get as broad an audience as possible without compromising the integrity of the work itself" [96-97, 99-100].

3.3 „Die Kreativen" als paradigmatische Vorreiter neuer Arbeitsformen

Wir wenden uns nun jenen Bedeutungsdimensionen ausführlicher zu, aus denen heraus Kreative als bedeutende Subjekte konstruiert, gar als paradigmatische Vorreiter gesellschaftlichen Wandels projiziert werden. Wie bereits auf den anderen Ebenen dargestellt, geht es dabei nicht nur um explizite Aussagen, sondern vielmehr um implizite Bedeutungskontexte, aus denen heraus Subjekte entworfen werden. Zunächst ist auf linguistischer Ebene die durchgängig positive Darstellung von Kreativarbeitern festzuhalten, die durch die syntaktische Textfunktionalität einer Obligation bekräftigt wird. Die Rede ist durchzogen von Dankbarkeitsbezeugungen [47-50], Zugeständnissen [9-10, 164-165], Demutserklärungen [53] und Anerkennungen [55, 166-168], die Ausdruck des Respekts und der Wertschätzung sind. Dieser Respekt zeigt sich auch in verschiedenen Pronomina, seien sie demonstrativ („Such people" [17], „they" [17, 51]) oder persönlich („you" [9, 47, 50, 55]), durch die sowohl Distanz als auch Eigenart und Verschiedenheit angedeutet werden. Während damit das Besondere dieser Subjekte hervorgehoben wird, erfolgt in anderen Redewendungen die Aufhebung der Distanz, um eine gemeinsam geteilte Perspektive („we") hochzuhalten.

> „Indeed, I am here today more to say thank you to you than to advertise the success of government. To the architects that have transformed the scenes of our cities, the dancers, the actors and directors, the artists, the musicians, the curators, the custodians of heritage, I say thank you for your creativity." [47-50]

Die im Stil einer Danksagung vorgetragene Anrufung[16] der Kreativarbeiter konstruiert einen Ehrenplatz, den anzuerkennen sogar („indeed") ein Premierminister persönlich aufwartet („I am here today") und dabei die ihm zugedachte Funktion („to advertise the success of government") vorübergehend („here today") vernachlässigt. Die Auflistung im Plural (architects, dancers...) ist eine Verallgemeinerungsstrategie, die vom konkreten Subjekt absieht, um die Vielfalt seiner Erscheinungsformen („Culture spans so many disciplines" [51]) hochzuhalten. Ebenso verallgemeinernd ist die Begründung des Dankes („thank you for your creativity"), die die verschiedenen Subjekte vereint und dabei, ähnlich einem „leeren Signifikanten" (Laclau/Mouffe 1995), völlig offen bleibt für jegliche konkrete Zuschreibung. Der Begriff der Kreativität verbindet daher das Besondere mit dem Allgemeinen: Das, was die einzelnen Subjekte jeweils auszeichnet und so verschieden macht, ist gleichzeitig das, was allen gemeinsam ist. Damit „funktioniert" der Begriff Kreativität mit derselben Logik und hat eine ähnlich strategische Bedeutung wie ein anderer, ebenfalls strukturell offener Begriff, der des „Humankapitals".

> „A country like Britain today survives and prospers by the talent and ability of its people. Human capital is key. The more it is developed, the better we are. Modern goods and services require high value added input. Some of it comes from technology or financial capital – both

---

16 Das Konzept der „Anrufung" geht zurück auf Althusser (1977a). Die paradoxe Struktur der Anrufung wird bei Bröckling (2007: 27-31) in Hinblick auf die Subjektivierung des „unternehmerischen Selbst" diskutiert.

instantly transferable. Much of it comes from people – their ability to innovate, to think anew, to be creative." [13-16]

„Talent and ability of its people" werden hier diskursiv als ein bedeutendes „Humankapital" gerahmt. Die „ability to innovate, to think anew, to be creative" wird damit in einen (neoliberalen) ökonomischen Begründungszusammenhang gestellt, der weitreichende Implikationen hat. Die Kunst, ebenso wie die Kunst- und Kulturschaffenden werden zu bedeutenden – „key" – Faktoren erklärt, in die im Sinne einer gedeihlichen ökonomischen und gesellschaftlichen Entwicklung *investiert* werden muss: „The more it is developed, the better we are." Aus dieser Sicht sind Menschen – „people" – nicht passive Produktionsfaktoren (wie in traditionellen ökonomischen Betrachtungen), sondern vielmehr als aktive Subjekte angesprochen und angerufen, deren „talent and ability" die Grundlage für das Florieren des Landes sind. Individuelle Kreativität, Talente und Fähigkeiten sollten dementsprechend gepflegt, gefördert, erkannt und trainiert und in weiterer Folge zu „Kompetenzmaschinen" (Foucault 2004: 319) gebündelt werden (vgl. dazu auch Lazzerato 2007).

Zwar wird auch im vorliegenden Textausschnitt das Humankapital durch eine bestimmte kapitalistische Produktionsweise („high value added input" [15]) in einen ökonomischen Argumentationszusammenhang gebracht, doch bleibt es aufgrund seiner semantischen Offenheit (vgl. Thomä 2006) zugänglich auch für andere, etwa kulturelle oder anthropologische Kontextualisierungen. Diskursanalytisch besonders interessant ist die mit dem Humankapitalkonzept einhergehende Perspektivenverschiebung, die nicht nur die (Kultur-)Arbeit und Arbeitenden in einem neuen Licht erscheinen lässt, sondern auch den Konsum. Auch dieser wird zu einer produktiven Aktivität. Kunst und Kulturgüter zu konsumieren dient nicht nur der Regeneration oder der Wiederherstellung verlorener oder verausgabter Arbeitskraft. Der Konsum von Kunst und Kultur wird selbst zu einer Investition in das Humankapital. So steckt in jedem Kind die Anlage zum Kreativsein, die durch den Konsum von Kunst und Kultur geweckt wird („it is the art of living, thinking and creating [that they learn, MV/RW]" [23-24]). Und auch Menschen mit niederen Einkommen, Menschen, die etwa traditionsgemäß nicht in ein Museum gehen [110-113], nehmen etwas aus der Inspiration großer Kunstwerke mit [26-28], das sie befähigt, ihre Perspektiven zu erweitern: „in whatever job, in whichever walk of life" [23-26].

Die Offenheit der Kategorien Humankapital und Kreativität macht sie auch instrumentalisierbar für ihre gegenseitige Verschränkung. Das eine kann durch das andere artikuliert und legitimiert werden. Charakteristisch für beide Kategorien ist eine komplexe Inklusionsfunktion, die das Allgemeine umfasst („everyone is creative" [GB3:5]), zugleich aber durch Herausgreifen des Besonderen („think ‚out of the box'" [GB2:3]) Strategien der Exklusion impliziert. Diese Argumentationsstrategien vom Allgemeinen ins Besondere und vom Besonderen zum Allgemeinen zeigen anschaulich, *wie* solche offenen Begriffe wie Kreativität und Humankapital „funktionieren". Durch sie werden nicht nur Inklusions- und Exklusionsmechanismen, sondern ebenso kollektive Identitäten, Selbst- und Fremdzuschreibungen diskursiv hergestellt.

„Such people are broad-minded: they thrive on curiosity about the next idea; they welcome the challenge of an open world. Such breadth of mind is enormously enhanced by interaction with art and culture." [17-19]

Humankapital wird durch Attribute wie Aufgeschlossenheit, Ideenbegierde, Herausforderungslust und Horizontweite konkretisiert – problemlos ließe sich mit denselben Worten auch Kreativität umschreiben. Humankapital und Kreativität werden argumentativ eingesetzt als ein Allgemeines, ein allen Menschen zugrunde liegendes Potenzial, das in je besonderen Ausformungen zur Entfaltung kommt. Das macht Kreativarbeitende zu Vorreitern der gesellschaftlichen und ökonomischen Entwicklung, die die Herausforderungen einer sich dynamisch verändernden Welt anzunehmen bereit sind: „they welcome the challenge of an open world".

4   Gesamtinterpretation und weitere Anschlüsse

4.1   Dekonstruktion der Creative Industries

Im abschließenden Teil werden die vorangestellten Ergebnisse – vom diskursiven Kontext über die Strukturanalyse der Diskursebene bis hin zur Feinanalyse des ausgewählten Fragments – aufeinander bezogen und im Rahmen einer Gesamtinterpretation zu integrieren versucht. Mit diesem Schritt „von der Feinanalyse zum Gesamtergebnis" (Keller 2004: 109) soll aber kein Totalitätsanspruch suggeriert werden. Denn weder beziehen sich alle gegebenen Aussagen auf ein „volles, gedrängtes, kontinuierliches, geographisch wohl gegliedertes Gebiet von Objekten" noch auf einen „definierten und normativen Typ von Äußerung" oder auf ein „wohl definiertes Alphabet ideologischer Begriffe"; schließlich treten die Aussagen auch nicht über die „Permanenz einer Thematik" auf (Foucault 1981: 48-60, hier: 57). Dementsprechend sind auch die *Creative Industries* nicht als diskursive Totalität zu begreifen, in der sich eine Einheitlichkeit von Objekten, Äußerungsstilen, Begriffen und Themen feststellen ließe. Sie stellen vielmehr eine singuläre diskursive Formation dar, deren historisches Auftauchen mit einem bestimmten Ereignis verbunden werden kann (vgl. Abschnitt 2.1), deren Entfaltung allerdings zu viele Verknüpfungen und Verschränkungen mit anderen Diskursformationen aufweist, als dass darüber noch ein einheitlicher Gegenstand als Referenz ausgemacht werden könnte. Allein die Analyse des Materialkorpus hat ergeben, dass die *Creative Industries* weder die Kohärenz noch die Kontinuität eines Gegenstandes vorweisen.

Was den unterschiedlichen Diskursfragmenten allerdings gemein ist, das ist ein durchgängiger Bezug auf den Begriff der Kreativität, so wie er beispielgebend im Jahre 1998 von New Labour kontextualisiert wurde. Diese Kontextualisierung lässt sich in ihrer Regelmäßigkeit systematisch darstellen. Aus ihr können Regeln diskursiver Praxis abgeleitet werden, die die „Existenzbedingungen in einer gegebenen diskursiven Verteilung" darstellen (Foucault 1981: 58). Gemäß dieser diskursiven Verteilung hat es sich im Laufe des Analyseprozesses als sinnvoll erwiesen, Kreativität als Interdiskurs zu begreifen, der strukturell offen bleibt für diskursive Anschlüsse und Verknüpfungen jedweder Art. Aufgrund der solcherart modifizierten Arbeitshypothese muss der im vorliegenden Text herangezogene Materialkorpus ebenso konstruiert erscheinen wie die ihn leitende Fragestellung – weil beide einen Gegenstand *(Creative Industries)* unterstellen, den es als *Gegenstand* nicht gibt. Das ist an sich nicht weiter problematisch. Im Gegenteil, Konstrukte sind, solange sie als solche ge- und bedacht werden, die methodologische Essenz eines konstruktivistischen Erkenntnisprozesses. Gerade die Diskursanalyse muss von konstruierten Einheiten ausgehen, die sich im Laufe ihrer Erforschung als unpräzise oder gar falsch herausstellen können. „Es wäre auch möglich, dass am Ende eines solchen Unternehmens man die Einheiten nicht wiederfindet, die man aus methodischer Besorgnis in der Schwebe gehalten hat" (Foucault 1981: 59). Mit anderen Worten: Die Diskursanalyse läuft als Methode stets Gefahr, sich den Boden unter den eigenen Füßen wegzuziehen. Daher sind Forschende zu andauernder Reflexion darüber angehalten, ob die ursprünglich angenommenen Einheiten am Ende noch aufrechterhalten werden können. Denn bleibt diese Reflexion aus, entsteht die Gefahr der Naturalisierung von hilfsmäßigen Denkkonstrukten.

Erst unter diesen Vorbehalten, betreffend die unhintergehbare Konstruktivität und Perspektivität wissenschaftlicher Erkenntnisproduktion, kann die Analyse der diskursiven Konstruktionen von Arbeit und arbeitenden Subjekten zusammenfassend interpretiert werden. Hierzu sollten immer jene vier Kategorien mitgedacht werden, die Foucault zufolge eine diskursive Formation bilden: Gegenstände, Begriffe, Strategien und Äußerungsmodalidäten. Allerdings können wir hier nicht alle zuvor analysierten Diskursfragmente berücksichtigen, sondern lediglich einzelne, charakteristische, herausgreifen, die in ihrer systematischen Verteilung zur Etablierung von Formationsregeln beitragen.

4.2   Dekonstruktion von Kreativität und Arbeit

Die Arbeit der Kulturschaffenden wird regelmäßig in ein großes Narrativ eingebunden, das Identität und soziale Kohäsion einer Gesellschaft, einer Nation oder einer Region nachhaltig zum Ausdruck bringt. Die arbeitenden Subjekte werden dabei in ein Netz von Bezugspunkten gestellt, das Begriffe wie Kreativität, Innovation, Modernität und Moralität umfasst. Insbesondere der interpretationsoffene Begriff der Kreativität erlaubt die strategische Verknüpfung von Individuum und Kollektiv einerseits und von privaten und öffentlichen Akteuren andererseits. Das untersuchte Diskursfragment steht exemplarisch für einen Begründungszusammenhang, in dem allgemeine Kategorien (Kreativität, Humankapital) mit besonderen Individuen und Subjektivitäten (kreative Köpfe) verbunden werden. Die wiederkehrende Betonung der Bedeutung des Gegenstandes und der Dringlichkeit des Themas – wobei es für die Aussagelogik keine Rolle spielt, ob es im jeweiligen Fall um *Creative Industries*, *Cultural Industries*, Kreativwirtschaft oder Kulturwirtschaft geht – stellt die Arbeit der Kulturschaffenden auf ein sozioökonomisches Podium, das die betroffenen Subjekte mit außergewöhnlichen und zugleich umfassenden Potenzialen, Talenten, Fähigkeiten und Qualitäten auszeichnet. Wir haben es mit Personifizierungen zu tun, die als Idealschablonen (Visionäre, kreative Köpfe, Triebkräfte) vorgeführt und dabei mit einer mal schillernden, mal pathetischen Vielfalt an ethischen Zuschreibungen ausgemalt werden.

All diese Teilergebnisse sollten aber nicht darüber hinwegtäuschen, dass es keinen homogenen Gegenstand namens *Creative Industries* gibt. Vielmehr gibt es einen Interdiskurs der Kreativität, innerhalb dessen die *Creative Industries* eine markante Diskursformation darstellen, die den Begriff Kreativität unter spezifischen Bedingungen und Strategien neu kontextualisiert.

Die Kategorie der Kreativität wird systematisch mit ökonomischen Kategorien verknüpft (Humankapital) und als Emblem des Neuen (Innovation), des Fortschritts (Motor, Triebkraft) und des sozialen wie ökonomischen Wandels (Generator) diskursiv eingesetzt. Als Universalkategorie entzieht sich Kreativität der inhaltlichen wie formalen Zuordnung und wird stattdessen auf je unterschiedlichen Feldern und in mannigfaltigen Qualitäten ausdifferenziert. Hierbei kommt es zu strategischen Dichotomisierungen, die Kreativität innerhalb kontextabhängiger Oppositionen als Gegenpol zu bestimmten institutionellen Strukturen (flexible Arbeitswelt vs. bürokratische Verwaltung), moralischen Befindlichkeiten (Inspiration vs. Stagnation), ökonomischen Produktionsweisen (Wissensökonomie vs. Fabrikarbeit) oder kulturellen Konsumpraktiken (partizipative Massenkultur vs. elitäre Hochkultur) positionieren. Gleichzeitig dienen diese Grenzziehungen dazu, den universellen Charakter von Kreativität zu etablieren, indem ihre diese Gegensätze transzendierende Macht hervorgehoben wird. Hier erfährt Kreativität eine umfassende Wertschätzung nicht zuletzt aufgrund ihrer integrativen wie repräsentativen Funktionen: Diese reichen von soziologischen Kategorien der Sinnstiftung (Gemeinschaft, Wertesystem, Mentalität, kulturelles Erbe) bis hin zu ideologischen Kategorien der Identitätskonstitution (Selbst- und Fremdbilder von sozialen Gruppen oder ganzen Regionen und Nationen). Wir können vorerst festhalten, dass der Gegenstand der Kreativität sich als Universalkategorie zu einem omnipräsenten und polyvalenten Fluidum verflüssigt: Kreativität hat keinen festen Ort – weshalb sie exemplarisch sowohl im symbolischen Ort des Museums als auch im sozioökonomischen Rahmen einer Wissensgesellschaft lokalisiert werden kann. Kreativität hat keine feste Zeit – weshalb sie ebenso zum individuellen Signum lebenslangen Lernens wie zum kollektiven Fahnenträger revolutionären Wandels werden kann. Kreativität ist auch nicht gebunden an jene Kategorien, die durch ein vordefiniertes Territorium, durch institutionelle Strukturen und soziale Hierarchien die Umgrenzungen einer traditionellen Arbeitswelt markieren. Vielmehr durchdringt Kreativität all diese Bereiche – die Atmosphäre transzendiert die Sphäre. So wie das Unternehmen im kontrollgesellschaftlichen Gefüge zum „Gas" (Deleuze 1993: 256) wird, das in alle Ritzen eindringt, so trägt die umfassende Wertschätzung von Kreativität tendenziell zu einer Universalisierung des „kreativen Imperativs" (von Osten 2003) bei.

Ebenso wie das Thema Kreativität in verschiedenen sozialen, ökonomischen und kulturellen Kontexten diskursiv aktiviert und daher nicht mehr nur einem Bedeutungsfeld zugeordnet werden kann, ist auch das Thema *Arbeit* einer tendenziellen Entgrenzung preisgegeben. „Kreative Arbeit" findet statt nicht nur bei Designerinnen, bildenden Künstlern, Schauspielern, Architektinnen und Musikern, sondern auch bei Museumskuratorinnen,

Galeristen und Kulturmanagerinnen. Sie findet statt nicht nur in Kindergärten, Schulen und Universitäten, sondern auch im Internet, im Tourismus und im Städtebau. Sie findet statt nicht nur in den unterschiedlichen Milieus von künstlerischen Vereinigungen, sondern auch in den Unternehmungen der *Knowledge Economy*. Mit anderen Worten: „Kreative Arbeit" kann überall geleistet und gefordert werden, weil sie keinen verbindlichen Bezugsrahmen hat, sie kann *jederzeit* erbracht werden und *von jedem Menschen* ausgehen, weil jeder Mensch das Potenzial und die Fähigkeiten dafür mitbringt bzw. in sich trägt.

Die diskursive Verkoppelung von Kreativität und Humankapital löst ferner den traditionellen Widerspruch zwischen „Kunst" und „Wirtschaft" sowie jenen zwischen dem Unternehmer und dem Künstler auf. Einerseits sind es heute gerade „künstlerische" Tugenden, die gefordert werden – andererseits sind es aber auch unternehmerische Tugenden, die im Kunstfeld von besonderer Bedeutung sind. Genau diese Verbindung von künstlerischen und ökonomischen Fähigkeiten ist es, die in der Figur des „entrepreneurial leader in the arts" zum Ausdruck kommt.

> „A new breed of entrepreneurial leaders in the arts world has shown that art of the highest quality is compatible with sound financial discipline." [64-66]

Während etwa Horkheimer und Adorno (1990) noch die „Kulturindustrie" kritisierten und in kulturkritischer Weise auf die Uniformierung und Standardisierung der „Massenkultur" hinwiesen und dabei insbesondere beklagten, dass es den „Angestellten" (ebd.: 162) in der „Angestelltenzivilisation" (ebd.) des Kulturbetriebs versagt bliebe, ihre Kreativität voll zu entfalten und zu „ökonomischen Subjekten" – also zu Unternehmern – zu werden, etabliert der Diskurs der *Creative Industries* eine umgekehrte Sichtweise. Das Leitbild ist der Unternehmer oder *culturepreneur*, der „sound financial discipline" und „art of the highest quality" vereint. Diese Synthese verkörpert im Grunde auch das Leitbild des arbeitenden Menschen. Die Kreativen sind nicht länger „eingeschlossen innerhalb eines Institutionengefüges, in dem ihre Kreativität durch die Form abhängiger Arbeit unterdrückt wird" (Raunig 2007: 70). Sie sind vielmehr Teil einer „Vielheit verschiedener verschachtelter und miteinander verschränkter Unternehmen" (Foucault 2004: 333), in denen sich gesellschaftlich nützliche und verwertbare Kreativität entfalten sollte. Dazu müssen sie auch fähig sein, sich selbst zu führen, sich selbst im Sinne dieses Leitbildes zu regieren.

Spätestens an dieser Stelle muss explizit an die Verknüpfung von Wissen und Macht hingewiesen werden, die sich über diskursive Praktiken artikuliert. Diskurse verlaufen nicht in einem machtleeren Raum, vielmehr produzieren und repräsentieren sie Wissen, das immer an Machtverhältnisse gekoppelt ist. Wir fragen daher nicht nur nach der Funktionslogik diskursiver Aussagesysteme, sondern gleichzeitig auch immer nach der Institutionalisierung von Wissen und Macht.

Aus dieser Perspektive erhält der Interdiskurs der Kreativität eine domestizierende Funktion, insofern die Kategorie Kreativität konkreter auf das Individuum bezogen werden kann als vergleichsweise die Kategorie Kultur. Bereits die britische Referenzdefinition aus dem Jahre 1998, die die *Creative Industries* konzeptionell bestimmt als „those activities which have their origin in individual creativity, skill and talent" [GB1:3], weist das Individuum als zentralen Adressaten der Botschaft aus. Auch viele der zugeschriebenen Qualitäten von Kulturschaffenden beziehen sich wesentlich auf eine innere Haltung der arbeitenden Subjekte. Flexibilität und Innovationsgeist, Originalität und Leidenschaft, um nur wenige zu nennen, verweisen auf einen im Individuum verankerten Hort der Kreativität. Symptomatisch dafür ist das Symbol der *kreativen Köpfe*: Wenn der Ursprung kreativer Arbeit in den Kopf verlagert wird, dann wird diese nicht an äußere Bedingungen gekoppelt, sondern an innere Qualitäten, für die jedes Individuum die Voraussetzung auf den eigenen Schultern trägt. Gleichsam lässt die spezifische Produktionsressource des geistigen Eigentums („intellectual property" [GB1:3]) auf ein unveräußerbares Kapital des Einzelnen schließen. Vor allem das immaterielle Produkt einer Idee macht die Individualisierungsstrategie des Kreativitätsdiskurses offenbar. Denn die spezifische Natur der Güter – Ideen als Produkte der inkorporierten Anlage geistigen Eigentums – kann nicht durch äußere Strukturen und Maßnahmen gesichert, sondern nur durch ein (individuelles) Recht verbrieft werden („copyright" [GB6:20]).

Wir haben auf die besondere Form der „Anrufung" hingewiesen, die exemplarisch in unserem Text zum Ausdruck kommt. Demnach lässt sich das unendliche Potenzial der Kreativität nicht erzwingen. Vielmehr ist die Verausgabung von Kreativität etwas, wofür der Dank (der Gemeinschaft, des autoritativen Sprechers) gebührt. Die kreative Arbeit – und die *artists* sind hier vorbildhaft – stellt vielmehr etwas wie eine Gabe dar, die diese mit besonderen Talenten ausgestatteten Menschen (freiwillig) bereitstellen. Die Arbeit und die Verausgabung der Arbeitskraft sind in diesem Sinne nicht bloße materielle Notwendigkeit oder Erfüllung einer Pflicht, die nach vorgegebenen Leistungsmaßstäben bewertet werden. Sie erscheinen vielmehr als ein *Dienst* an der Gemeinschaft, wofür dem Einzelnen Dank und Anerkennung gebührt. Mit dem institutionell legitimierten Dank (stellvertretend ausgesprochen durch den Premier) ist zugleich auch die Erwartung artikuliert, dass der Einzelne seine Besonderheit (seine *talents*) kultiviert und immer wieder den neuen Situationen und Umständen gemäß zum Ausdruck bringt. Nicht die Anpassung an vorgefertigte Schablonen ist damit das Subjektivierungsmodell/-modus, sondern die Offenheit und Bereitschaft, sich auf Neues einzulassen, sich zu verändern und sich immer wieder neu zu gestalten und zu entwerfen. Dies ist, ähnlich wie die Tätigkeit des Künstlers, ein nie abgeschlossener Prozess, sondern vielmehr ein „lebenslanges persönliches Engagement" [EU: 25].

4.3   Materialisierung der diskursiven Konstruktionen

Unsere Analyse hat gezeigt, welche Sinn- und Bedeutungskontexte durch bestimmte diskursive Strategien aktiviert und gefestigt werden. Dabei geht es um *Sagbarkeitsräume* (vgl. Deleuze 1995: 69-98), die die Legitimität sowohl von Sprechern als auch von Gegenständen bestimmen. Als Interdiskurs wird das Thema Kreativität in politischen wie sozialen, ökonomischen wie kulturellen Diskurssträngen aufgegriffen, wodurch einzelne Bedeutungskontexte ausgeweitet, bekräftigt oder aber in den Hintergrund gedrängt, gar gänzlich ausgeblendet werden. Ähnliche Analysen, wie wir sie hier für die *Creative*

Industries durchgeführt haben, könnten dementsprechend in den vielfältigen Bereichen erfolgen, die von der Kreativitätssemantik durchdrungen werden. Auf diese Weise ließe sich Schritt für Schritt die Formierung eines umfassenden „Dispositivs der Kreativität" (Heubel 2002) nachzeichnen. Im Kontext von Arbeit und Organisation könnten so Studien zur diskursiven Konstruktion und Fabrikation des „employee" (Jacques 1996) ergänzt und erweitert werden. Die „Metamorphosen des Arbeitnehmers", die etwa Menger (2006) nachgezeichnet hat, verweisen auf ein übergeordnetes Ideal, das „den Künstler" als normatives Leitbild des modernen Arbeitnehmers entwirft. Das Kreativitätsvokabular durchdringt auch den aktuellen Managementdiskurs, in dem neue Bilder von Organisation, Arbeit und arbeitenden Menschen entstehen, welche die klassische Form der bürokratischen Organisation als antiquiertes Hindernis auf dem Weg zur Entfaltung des kreativen Potenzials und der Mobilisierung von Leidenschaften erscheinen lassen (vgl. Krell/Weiskopf 2006).

Das Feld der Anschlussmöglichkeiten ist, wie der Interdiskurs selbst, offen und unabgeschlossen. Wir haben an dieser Stelle das Thema Kreativität lediglich im Rahmen einer bestimmten Artikulationsform (diskursiv) und hier wiederum auf einer bestimmten Diskursebene (politisch-institutionell) untersucht.

Es gälte in einem nächsten Schritt, die vielfältigen, auch nicht-diskursiven *Materialisierungen* des Diskurses in der gesellschaftlichen Praxis zu untersuchen. Als Interdiskurs bieten sich dafür schier unbegrenzte Ansatzpunkte: Welche neuen Berufsbilder gehen aus der wirkmächtigen Verknüpfung von Kreativität und Humankapital hervor,[17] welche Schul- und Bildungsprogramme zur Förderung von Kreativität werden umgesetzt, welche Universitätsstudiengänge führen zu welchen neuen Ausbildungswegen (vgl. Knobloch 2003)? Wie verändern sich ganze Städte, die sich neuerdings über Kunst und Kultur definieren und diese zum Wettbewerbsfaktor machen bzw. in ihrem *branding* aufgreifen?[18] Oder welche konkreten Initiativen und Kulturförderprogramme[19] werden auf Ebene der nationalen und internationalen Politik wie legitimiert? Welche rechtlichen Entwicklungen zum Schutz von geistigem Eigentum etablieren sich (Copyright, Patente)? Welche Inklusions- und Exklusionsmechanismen sowohl in arbeits- und sozialrechtlicher Hinsicht als auch in ökonomischer Hinsicht entstehen für die betroffenen Beschäftigten aus der Kategorisierung von Kreativsektoren? Und schließlich auch: Wie manifestiert sich das Kreativitätsvokabular in Anforderungsprofilen auf Stellenmärkten, und wie tragen Strategien und Leitlinien von Management und Personalführung zur Normalisierung von Kreativität bei? Man könnte diese Beispiele wohl beliebig fortführen, gerade weil Kreativität als Interdiskurs von keiner gesellschaftlichen Sphäre ausgeschlossen bleibt.

Viele der hier aufgezeigten Effekte lassen sich in ihrer Wirksamkeit mit dem Konzept des „making up people" veranschaulichen, in dem es um die Art und Weise geht, wie eine bestimmte Kategorie von Menschen – *creative workers* – erzeugt wird. Ian Hacking bes-

---

17 Vgl. z. B. zum Beruf des Kulturmanagers Kohl/Zembylas (2006).

18 Exemplarisch diskutiert zum Beispiel Oudenampsen (2008) die Effekte des *Creative-Industries*-Diskurses auf die Stadt Amsterdam.

19 Eine grobe Aufzählung jeweils nationaler (vor allem deutscher) und internationaler Studien, Berichte und Initiativen findet sich in Wiesand (2006).

chreibt das *making up* als Prozess des „labelling from above, from a community of experts who create a reality that some people make their own" (Hacking 1986: 234). Dieser Prozess geht über eine deskriptive Beschreibung hinaus: „Making up people changes the space of possibilities for personhood" (ebd.: 229). Mit der Fokussierung auf den Diskurs (bzw. die politische Ebene) der *Creative Industries* haben wir allerdings nur eine Dimension bzw. einen Vektor dieses Prozesses analysiert. Von ihm unterscheidet sich systematisch ein zweiter Vektor, der nichtsdestotrotz darauf *bezogen* bleibt: „this is the vector of the autonomous behavior of the person so labeled, which presses from below, creating a reality that every expert must face" (ebd.: 234).

Wie der Diskurs der *Creative Industries* von den Subjekten in den vordefinierten Feldern[20] – also von denjenigen, die von der Politik als *creative workers* oder *creative entrepreneurs* gelabelt werden – aufgenommen und angeeignet wird, wäre daher eine weitere interessante Frage, die sich im Anschluss stellt. Denn nur teilweise fließt ein Diskurs in Selbstkonstruktionen und Selbstbilder ein. Während die *Creative Industries* einerseits, insbesondere in der Politik, enthusiastische Anhänger finden, empfinden andere das Wuchern des Kreativitätsvokabulars und dessen Eindringen in die aktuelle Politik als problematisch. Wenn etwa ein Bundeskanzler (wie Alfred Gusenbauer) das „Jahrhundert der Kreativität" ausruft, dann empfinden das manche als „gefährliche Drohung" (Raunig 2008). Wenn Kulturschaffende als „Kreative" angerufen werden, dann „lässt sich trefflich fragen, was die damit angerufenen Subjekte jemals dazu bringen könnte, sich zu kreativen Klassen oder Industrien zugehörig zu fühlen" (ebd.: 1). Und wenn Künstler als Avantgarde der Kreativen angesprochen werden, dann wäre auch der Gegenthese nachzugehen, wonach „es zumindest im Kunstfeld kaum jemand geben dürfte, der oder die sich freiwillig diese Labels umhängen würde" (ebd.). Zu untersuchen wären also in Anschluss an unsere Analyse die Subjektivierungsweisen und die Selbstpraktiken. Das heißt sowohl die Art und Weise, in der Subjekte Kategorien des Diskurses auf sich beziehen (z. B. in der Selbstreflexion, in der Reflexion ihrer Tätigkeit), als auch die Art und Weise, in der Subjekte auf der Grundlage und mit Bezug auf gesellschaftlich wirksame Konzeptionen bzw. Bilder der Arbeit ihre eigene Existenz zum Gegenstand *praktischer* Bearbeitung machen.

Eine weitere Frage- bzw. Analyserichtung eröffnet sich aufgrund der „taktischen Polyvalenz des Diskurses" (Foucault 1992: 122). Der Diskurs der *Creative Industries* stellt, wie gezeigt, keinesfalls eine Homogenität dar, sondern eine „Vielfältigkeit von diskursiven Elementen, die in verschiedenen Strategien eine Rolle spielen können" (ebd.). Diskurse bieten die Möglichkeit, einzelne diskursive Kategorien aufzugreifen bzw. diese kontextspezifisch umzudeuten. So bringt etwa der hier untersuchte Diskurs nicht nur neue Leitbilder der Arbeit bzw. von arbeitenden Subjekten hervor, sondern auch solche „Gegen-Diskurse" (ebd.: 123), die gerade unausgesprochene und in den Hintergrund gedrängte Aspekte der (konstruierten) „Kreativarbeit(er)" oder „KulturproduzentInnen" zum Thema machen.

---

20 Die Creative Industries Task Force [GB1] definierte ursprünglich dreizehn Sektoren, die unter die Creative Industries fallen: Werbung, Architektur, Kunst- und Antiquitätenhandel, Kunsthandwerk, Design, Designer-Mode, Film, interaktive Freizeit-Software, Musik, TV und Radio, Darstellende Kunst, Verlagswesen, Software.

So weisen etwa kritische Gegen-Diskurse genau auf die Entstehung neuer Zwangsregime (Stichwort *Prekariat*) hin, die sich im Namen gewünschter Kreativität (Flexibilität, Offenheit etc.) etablieren können oder darin ihre Rechtfertigung finden. Solche Gegen-Diskurse stellen den von der Politik ausgerufenen Leitbildern – wie das „Jahrhundert der Kreativität" – alternative Visionen entgegen. Gerald Raunig beispielsweise bringt eine solche zum Ausdruck. Er ersehnt sich „das 21. Jahrhundert als Jahrhundert einer Kunst, die das Unproduktive ebenso schätzt wie die Unterbrechung der viel zu gut geölten Flüsse der Kreativität. Eine solche Kunst würde ihre Spielräume nicht nur im kulturellen Feld eröffnen, sondern gegen die Instrumentalisierung der Kreativität und die Prekarisierung in allen Arbeits- und Lebensbereichen mit allen möglichen Mitteln ankämpfen" (Raunig 2008: 3-4). Aus Gegen-Diskursen können sich übergreifende Protestbewegungen (z. B. *Mayday*) entwickeln, die nicht selten die imperative Logik aus der Gleichschaltung von Humankapital und Kreativität anprangern (von Osten 2003, Raunig/Wuggenig 2007) oder den Kreativitätsdiskurs als eine neue Form der biopolitischen *Gouvernementalität* analysieren, deren Wirkungsweise genau auf dem Zusammenspiel von materiellen Zwängen prekärer Arbeits- und Lebensverhältnisse und dem diskursiv gestützten „Glauben an die eigenen Freiheiten und Autonomien" sowie den damit verbundenen „Selbstverwirklichungsphantasien" (Lorey 2007: 130) beruht.

Während die *Creative Industries* von einigen Autoren als ein „Experimentierfeld der Flexibilität" (Menger 2006: 63) gesehen werden, stellt sich aus diskursanalytischer Sicht die Frage, wie sich im Schnittpunkt von Diskursen, Machtbeziehungen und Selbstpraktiken eine bestimmte *Erfahrung* konstituiert. Dies erfordert auch – über die Diskursanalyse hinausgehend – empirische Analysen über die Arbeits- und Lebenswelten von *creative workers*. Solche Studien können zur Reflexion dieser Erfahrung anregen und damit auch einen Impuls zur Reflexion der gesellschaftlichen Organisation produktiver Tätigkeit bieten.

Literatur

Althusser, Louis (1977a): Ideologie und ideologische Staatsapparate. In: Althusser (1977b): 108-153.

Althusser, Louis (1977b): Ideologie und ideologische Staatsapparate. Aufsätze zur marxistischen Theorie. Hamburg/Berlin: VSA.

Bloomberg (2007): Versprechen an die Kunst, 9.3.2007. Online-Dokument: http://www.european-creative-industries.eu/Presse/tabid/56/newsId/143/Default.aspx (Abrufdatum: 13.8.2008).

Böse, Martina (2004): Creative industries training and urban regeneration – domestication versus empowerment. In: Fokus/Wiwipol (2004): 82-101.

Braun, Erik/Lavanga, Mariangela (2007): An international comparative quick scan of national policies for creative industries. Rotterdam: Euricur.

Bröckling, Ulrich (2004): Kreativität. In: Bröckling/Krasmann/Lemke (2004): 139-145.

Bröckling, Ulrich (2007): Das unternehmerische Selbst. Soziologie einer Subjektivierungsform. Frankfurt a. M.: Suhrkamp.

Bröckling, Ulrich/Krasmann, Susanne/Lemke, Thomas (Hrsg.) (2004): Glossar der Gegenwart. Frankfurt a. M.: Suhrkamp.

Bublitz, Hannelore (2003): Diskurs. Bielefeld: Transcript.

Chia, Robert (1996): The problem of reflexivity in organizational research: Towards a postmodern science of organization. In: Organization 3. 1. 31-60.

Davies, Anthony/Ford, Simon (1998): Art capital. In: Art Monthly 213, 12-20. Online-Dokument: http://infopool.org.uk/artcap.htm (Abrufdatum: 13.8.2008).

Deleuze, Gilles (1993): Unterhandlungen. 1972-1990. Frankfurt a. M.: Suhrkamp.

Deleuze, Gilles (1995): Foucault. Frankfurt a. M.: Suhrkamp.

Eisenberg, Christiane/Gerlach, Rita/Handke, Christian (Hrsg.) (2006): Cultural industries: The British experience in international perspective. Humboldt University Berlin.

Florida, Richard (2002): The rise of the creative class: And how it's transforming work, leisure, community and everyday life. New York: Basic Books.

Fokus/Wiwipol (Hrsg.): Creative industries. A measure for urban development? Reader. Wien: Online-Dokument: http://www.fokus.or.at/index.php?id=5 (Abrufdatum: 13.8.2008).

Foucault, Michel (1981): Archäologie des Wissens. Frankfurt a. M.: Suhrkamp.

Foucault, Michel (1992): Der Wille zum Wissen. Sexualität und Wahrheit 1. Frankfurt am Main: Suhrkamp.

Foucault, Michel (2004): Geschichte der Gouvernementalität II. Die Geburt der Biopolitik. Frankfurt am Main: Suhrkamp.

Goodman, Nelson (1984): Weisen der Welterzeugung. Frankfurt a. M.: Suhrkamp.

Groys, Boris (1999): Über das Neue. Versuch einer Kulturökonomie. Frankfurt a. M.: Fischer.

Hacking, Ian (1986): Making up people. In: Heller/Morton/Wellberg (1986): 222-236.

Heller, Thomas C./ Morton, Bosna/Wellberg, David E. (Hrsg.) (1986): Reconstructing individualism. Autonomy, individuality, and the self in western thought. Stanford: Stanford University Press.

Heubel, Fabian (2002): Das Dispositiv der Kreativität. Darmstadt: Wissenschaftliche Buch Gesellschaft.

Horkheimer, Max/Adorno, Theodor W. (1990): Dialektik der Aufklärung. Philosophische Fragmente. Frankfurt a. M.: Fischer.

Jacques, Roy (1996): The manufacturing of the employee. Managementknowledge from the 19th to the 21st Century. London: Sage.

Jäger, Margarete/Jäger, Siegfried (2007): Deutungskämpfe. Theorie und Praxis Kritischer Diskursanalyse. Wiesbaden: VS-Verlag für Sozialwissenschaften.

Jäger, Siegfried (2004): Kritische Diskursanalyse. Eine Einführung. 4. Auflage. Münster: Unrast.

KEA European Affairs/Media Group/MKW Wirtschaftsforschung GmbH (2006): The economy of culture in Europe. A study commissioned by the European Commission. Brüssel.

Keller, Reiner (2004): Diskursforschung. Eine Einführung für SozialwissenschaftlerInnen. 2. Auflage. Wiesbaden: VS-Verlag für Sozialwissenschaften.

Keller, Reiner (2005): Wissenssoziologische Diskursanalyse. Grundlegung eines Forschungsprogramms. Wiesbaden: VS-Verlag für Sozialwissenschaften.

Kettle, Martin (2007): A welcome message. In: The Guardian Unlimited, 6.3.2007. Online-Dokument: http://blogs.guardian.co.uk/art/2007/03/a_welcome_message_from_the_pri.html (Abrufdatum: 13.8.2008).

Knobloch, Andrea (2003): Dienst und Leistung. Personalentwicklung für „creative industries". In: Kulturrisse 0103. Online: http://igkultur.at/igkultur/kulturrisse/1046078977/1046351137 (Abrufdatum: 13.8.2008).

Kohl, Manuela/Zembylas, Tasos (2006): Junge KulturmanagerInnen. Berufsfeld, Berufseinstieg, Berufsbedingungen. In: SWS-Rundschau 46. 4. 458-476.

Krell, Gertraude/Weiskopf, Richard (2006): Die Anordnung der Leidenschaften. Wien: Passagen.

Labour Party (1997): Because Britain deserves better. London: Online-Dokument: http://www.psr.keele.ac.uk/ area/uk/man/lab97.htm (Abrufdatum: 13.8.2008).

Laclau, Ernesto/Mouffe, Chantal (1995): Hegemonie und radikale Demokratie. Zur Dekonstruktion des Marxismus. Wien: Passagen.

Lazzerato, Maurizio (2007): Die Missgeschicke der ‚Künstlerkritik‘ und der kulturellen Beschäftigung, In: Raunig/Wuggenig (2007): 190-206.

Liessmann, Konrad Paul (Hrsg.) (2006): Der Wert des Menschen. Wien: Zsolnay.

Link, Jürgen (1986): Kleines Begriffslexikon. In: kultuRRevolution 11. 71-72.

Lorey, Isabell (2007): Selbst-Prekarisierung von KulturproduzentInnen. Ein Beispiel neoliberaler
Subjektivierung. In: Raunig/Wuggenig (2007): 121-136.

Mayerhofer, Elisabeth (2002): Creative Industries – mehr als eine politische Requisite? Creative
Industries, Cultural Districts und das Wiener Museumsquartier. Ein internationaler Vergleich,
Wien: Online-Dokument: http://www.fokus.or.at/index.php?id=5 (Abrufdatum: 13.8.2008).

Menger, Pierre-Michel (2006): Kunst und Brot. Die Metamorphosen des Arbeitnehmers. Konstanz:
UVK Verlagsgesellschaft mbH.

Menger, Pierre-Michel (2007): E-mail-Interview mit Pierre-Michel Menger. Von Peter Scheiffele.
In: Raunig/ Wuggenig (2007): 181-189.

Minichbauer, Raimund (2007): Chanting the creative mantra. The accelerating e-conomisation of
EU cultural policy. In: eipcp.net 02/07. Online-Dokument: http://eipcp.net/policies/cci (Abrufdatum: 13.8.2008).

Nye, Joseph S. (2004): Soft power. The means to success in world politics and understand international conflict. New York: Public Affairs.

O'Connor, Justin (2000): The definition of the cultural industries. In: The European Journal of Arts
Education 2. 3. 15-27.

Osborne, Thomas (2003): Against ‚creativity‘: A philistine rant. In: Economy and Society 32. 4. 507-525.

Oudenampsen, Merijn (2008): Back to the future of the creative city. In: variant 31. 16-19.

Peters, Tom/Waterman, Robert (1982): In search of excellence. New York: Harper & Row.

Raunig, Gerald (2007): Ein Jahrhundert der Kreativität? Des Kanzlers gefährliche Drohung. In:
Kulturrisse 0107. Online: http://igkultur.at/igkultur/kulturrisse/1182943813/1183042674 (Abrufdatum: 13.8.2008).

Raunig, Gerald (2007): Kreativindustrie als Massenbetrug. In: Raunig/Wuggenig (2007): 67-78.

Raunig, Gerald/Wuggenig, Ulf (Hrsg.) (2007): Kritik der Kreativität. Wien: Turia + Kant.

Roodhouse, Simon (2006): The creative industries. Definitions, quantification and practice. In:
Eisenberg/Gerlach/Handke (2006): 13-33. Online-Dokument: http://edoc.hu-berlin.de (Abrufdatum: 13.8.2008).

Strauss, Anselm L. (1994): Grundlagen qualitativer Sozialforschung, München: Fink.

Thomä, Dieter (2006): „Humankapital“ und die Theorie der Person in der Moderne. In: Liessmann
(2006): 227-263.

von Osten, Marion (Hrsg.) (2003): Norm der Abweichung. Zürich/Wien: Voldemeer/Spinger.

Vötsch, Mario (2007): „A ‚golden age‘ for the arts!“ Eine diskursanalytische Dekonstruktion der
Creative Industries. Innsbruck: Working paper.

Wiesand, Andreas J. (2006): Kultur- oder „Kreativwirtschaft“: Was ist das eigentlich? In: Aus Politik
und Zeitgeschichte 34-35. 8-16.

Wyszomirski, Margaret J. (2004): Defining and developing creative sector initiatives. In: Fokus/
Wiwipol (2004): 25-58.

Anhang: Ausgewählte Texte im Rahmen der Strukturanalyse

B (Berlin): Senatsverwaltung für Wirtschaft, Arbeit und Frauen in Berlin (2005): Kulturwirtschaft in Berlin. Berlin.

H (Hamburg): Institut für Kultur- und Medienmanagement (2006): Kulturwirtschaftsbericht 2006 für Hamburg (im Auftrag der Kulturbehörde Hamburg). Hamburg.

EU: Europäische Kommission (1998): Kultur, Kulturwirtschaft und Beschäftigung. Arbeitsdokument der Kommissionsdienststellen, SEC (98) 837. Brüssel.

GB1 (Großbritannien): Department for Culture, Media and Sport (1998): Creative Industries Mapping Document. London.

GB2 (Großbritannien): Department for Culture, Media and Sport (2001): Creative Industries Mapping Document. London.

GB3 (Großbritannien): Department for Culture, Media and Sport (2001): Green book: Culture and Creativity: The Next Ten Years. London.

GB4 (Großbritannien): Department for Culture, Media and Sport (2006): Developing Entrepreneurship for the Creative Industries. London. (2006a): The Role of Higher and Further Education (2006b): Making the Case for Public Investment

GB5 (Großbritannien): Department for Culture, Media and Sport (2007): Culture & Creativity in 2007. London.

GB6 (Großbritannien): Department for Culture, Media and Sport (2007): Staying Ahead: The Economic Performance of the UK's Creative Industries. London.

Ö1, Ö2 (Österreich): Creative Wirtschaft Austria (2003 und 2006): Erster (und zweiter) österreichischer Kreativwirtschaftsbericht (im Auftrag des BMBWK/BMWA/WKÖ u.a.). Wien.

G (Graz): Traxler, Johannes/Grossgasteiger, Sylvia/Kurzmann, Raimund/Ploder, Michael (2006): Potenzialanalyse Kreativwirtschaft im Großraum Graz. Studie von Joanneum Research im Auftrag von Land Steiermark, Graz. Wirtschaft und Wirtschaftskammer Steiermark. Graz.

T (Tirol): Kalmár, Monika/Kernbeiss, Günter/Lehner, Ursula/Löffler, Roland/Wagner-Pinter, Michael (2005): Kreativwirtschaft: Nutzt Tirol seine Chancen? Studie auf Initiative des Zukunftszentrums Tirol. Innsbruck.

Z (Zürich): Held, Thom/Kruse, Christian/Söndermann, Michael/Weckerle, Christoph (2005): Kreativwirtschaft Zürich – Synthesebericht (im Auftrag der Wirtschaftsförderungen von Kanton und Stadt Zürich). Zürich.

NY (New York): Center for an Urban Future (CUF) (2005): Creative New York (Studie des NY-City Think Tank CUF gemeinsam mit der Consultingfirma Mt.Auburn Associates). New York.

„Von Wissensbilanzen und Benchmarking"
Die fortschreitende Ökonomisierung der Universitäten. Eine Diskursanalyse

Ruth Wodak

1   Universitäten im 21. Jahrhundert?

In einer Rede im Februar 2005 meinte der zuständige EU-Kommissar für Forschung, Janez Potočhnik, dass

> „[a]ll research should include a social sciences and humanities component. Putting this into practice is not an easy task. But it will not happen in a top-down manner. I rather believe that you, as social scientists, have to take the responsibility into your hands. But by not doing so, you will remain as you are, not even accepted to discuss today's important isues." (Commmission Speech 2005/786)

Wie Sozial- und GeisteswissenschaftlerInnen diese ihnen von der Politik zugeschobene Verantwortung übernehmen sollen oder können, bleibt offen. Das „symbolische Kapital" (Bourdieu 1992) der Sozialwissenschaften ist in der neuen Wissensgesellschaft, der *Knowledge Based Society* – und das deutet Potočhnik in seiner Rede an – rapide gesunken. Die Gründe dafür liegen auf der Hand: SozialwissenschaftlerInnen liefern nämlich nicht unmittelbar anwendbare Produkte, die sich gut vermarkten lassen.[1] (Kritische) Sozialwissenschaften gelten, so ließe sich die Rede des EU-Kommissars noch weiter interpretieren, offensichtlich wegen der geforderten Reflexion und des Hinterfragens als lästig; augenblickliche „Schein"-Erfolge zugunsten langfristiger Entwicklungen aufzugeben oder zumindest hintanzustellen, ist nicht einfach und politisch schwer zu legitimieren. „Normalisierungsprozesse" aufzuweichen, wird ebenfalls als überflüssig und unangenehm empfunden.

Dies steht im Widerspruch zu den Anforderungen der Wissensgesellschaft, die von der *Knowledge Based Economy* (KBE) geprägt und als Ziel für die Europäische Union und Europa formuliert wird. So finden wir etwa folgende Definitionen (vgl. auch Jessop 2008):

---

1   Auch das reale Kapital ist rapide gesunken, wie sich an den Förderungstöpfen der EU nachweisen lässt (1,99 % im 6. Rahmenprogramm, 1,88 % im 7. Rahmenprogramm, das sind 610 Mill. € von insgesamt 32,365 Mill. €; www.ec.europa.eu/research).

„The target is to establish a knowledge-based society. This is a society where activities and decisions across all domains of life are based on knowledge; a society, where research, focused on the discovery, acquisition, utilisation, and dissemination of knowledge is in harmony with education; a society where research and education are the underpinnings of a national system of innovation that provides the basis for economic growth, and which is a prerequisite for successful competition of [....] products and labor in European and World Markets." (Eesti Teaduste Akadeemia 1997: 1)

„Today *the knowledge society* is a central concept for both comprehending contemporary societies and planning their future. In the Baltic Sea region [for example] it has become the tag-mark of development. The whole region seems to understand, and aim towards, a future that, in one way or another, depends on *information, knowledge* and *learning*. [...] The three key-words appear in many different public spaces: researchers attempt to understand the contemporary society with the help of these concepts, politicians build the future on them, and advertisements sell different products and services with them." (Hakapää 2002: 10)

„Information", „Wissen" und „Lernen" sind also zu Schlagworten der KBE geworden. Ihren Ausgangspunkt nahm die KBE, wie Jessop (2008) schlüssig aufweist, während der Entwicklung neuer Informationstechnologien in Japan. Technologischer Wortschatz und technologische und ökonomische Normen haben seither sämtliche gesellschaftlichen Bereiche kolonisiert. Gleichzeitig wurde in Europa – im Zusammenhang mit dem „Kampf gegen Arbeitslosigkeit" – die *Globalisierungs- und Wettbewerbsrhetorik* lanciert (vgl. Muntigl et al. 2000), die ich weiter unten kurz ausführen werde, weil sie sich auch auf die Universitäten in vielfacher Weise ausgewirkt hat.

Mit Blick auf die Ökonomisierung der Hochschulen und des universitären Alltags stellen sich folgende Fragen: Wann und warum kam es zu diesen Entwicklungen, was ist daran neu? Wie manifestieren sich diese Entwicklungen im universitären Alltag und welche Folgen für wen ergeben sich daraus? Damit ist der Weg für eine kritisch reflektierende, diskursanalytische Perspektive geebnet: Denn gesellschaftliche Entwicklungen verlaufen u. a. kommunikativ (schriftlich, mündlich oder über Bilder), und die neuen Diskurse beeinflussen wiederum im Sinne einer Dialektik gesellschaftliche Entwicklungen über viele *Genres*, wie Medien, Policy Papers, Slogans, Werbung, Schlagworte, Brands, Metaphern, Mission-Statements usw. Eine detaillierte Untersuchung der vielen sprachlichen Manifestationen des Einflusses der KBE in Text, Wort und Bild und deren Funktionen wie Wirkung ist daher angesagt.

Da ich im vorliegenden Beitrag nicht alle diese Fragen beantworten kann, beschränke ich mich auf die Genese der neuen universitären Entwicklungen und auf deren Auswirkungen auf Österreich[2] und untersuche am Beispiel der *Bolognadeklaration* und des neuen *Universitätsgesetzes* 2002 (UG 2002) die nationale *Rekontextualisierung* und Implementierung einer europaweiten Strategie (fußend auf der *Lissabon-Strategie*). Dabei werde ich auch die Auswirkungen der neuen ökonomischen Ideologien auf die Hochschulentwicklung aufwei-

---

2 Parallele Entwicklungen in anderen Länder streife ich nur gelegentlich, wenn dies dem Verständnis dieser komplexen Prozesse dient; vgl. dazu Fairclough/Wodak (2008); Wodak/Fairclough (2010); Jessop/Fairclough/Wodak (2008).

sen, indem ich die Herausbildung einer *Globalisierungs- und Wettbewerbsrhetorik* innerhalb der EU-Debatten zur Beschäftigungspolitik und deren Auswirkungen zurückverfolge.

2   Der Diskurshistorische Ansatz der Kritischen Diskursanalyse

Theoretisch und methodisch liegt der vorliegenden Arbeit der Diskurshistorische Ansatz (DHA) der Kritischen Diskursanalyse / Critical Discourse Analysis (CDA) zugrunde.[3] Die CDA ist ein problemorientiertes, trans- und interdisziplinäres Forschungsprogramm. Für die Analyse von öffentlichen, insbesondere politischen Diskursen ist dabei die Einbeziehung der historischen Dimension besonders wichtig, die eine umfassende, multi-perspektivische Interpretation von Texten ermöglicht, indem der konkrete Kontext der Textproduktion mit berücksichtigt wird und so intertextuelle, interdiskursive, diachrone wie synchrone Querverbindungen ermöglicht werden. Operationalisiert wird ein solches kontext-sensitives Vorgehen durch die Konzepte der *Intertextualität, Rekontextualisierung* und *Interdiskursivität*. Diese begriffliche Trias definiere ich kurz zusammengefasst wie folgt: Texte stehen immer in größeren Zeit- und Raumzusammenhängen, synchron und diachron, sind daher niemals als isolierte Informationsäußerungen zu verstehen; dies wird mit *Intertextualität erfasst*. Diskurse überlappen einander, Texte und Genres sind daher oft hybrid. So beinhalten Diskurse über Beschäftigungspolitik beispielsweise immer auch Argumente und *Topoi* aus Diskursen über Soziales oder über Migration. Diese *Phänomene werden als Interdiskursivität* definiert. *Rekontextualisierung* beschreibt, wie sich Topoi und Argumente im Transfer von Genre zu Genre und Öffentlichkeit zu Öffentlichkeit verändern, wie sie damit neue Bedeutungen gewinnen – d. h., welches Eigenleben sie dabei entwickeln (Muntigl et al. 2000).

Anders als die traditionelle Soziolinguistik versucht die CDA, den Zusammenhang zwischen Diskurs, Text und Gesellschaft theoretisch zu erfassen (*mediation*; vgl. Weiss/ Wodak 2007; Wodak 2006b) und nicht nur als quantitative Korrelation zwischen als distinkt definierten soziologischen Variablen zu begreifen. Die Analyse ist also theoriegeleitet: Im vorliegenden Fall positioniert sich die Analyse im Kontext einer Theorie zu Globalisierungs- und Wettbewerbsrhetorik, im Zusammenhang mit neoliberalen Wirtschaftskonzepten. Die CDA ist weiters praxisorientiert und trachtet nach der Anwendung ihrer Ergebnisse, z. B. in Aus- und Weiterbildungsseminaren.[4] Die CDA arbeitet multimethodisch, ausgehend von genauen problemorientierten Fragestellungen, angepasst an *Genres* und an die zugänglichen Daten und Quellen. *Genre* definiert Bahktin wie folgt:

---

3   Vgl. Wodak et al. (1998), Reisigl/Wodak (2001, 2009); Wodak/de Cillia (2005); Wodak (2001, 2004, 2007a, 2008); Wodak/Krzyżanowski (2008).

4   Z. B. im Seminar „Sprache und Macht" des Universitätslehrgangs „Politische Bildung" der Donau-Universität Krems, http://www.donau-uni.ac.at/de/studium/politischebildung/index. php.

„Each separate utterance is individual, of course, but each sphere in which language is used develops its own *relatively stable types* of these utterances. These we may call *speech genres.*" (Bahktin 1986, zitiert in Corbett 2006: 27; Herv. i. Orig.)

Im Rahmen der vorliegenden Analyse interessieren u. a. Genres wie Policy-Dokumente, Gesetzestexte und Bescheide. John Swales (1990) führt das Konzept der *Discourse Community* als konstitutiv für die Genreverwendung und Genreproduktion ein. „Discourse Communities" werden durch gemeinsame Interessen, gemeinsame Ziele und dementsprechend oft eigene Jargons, Soziolekte wie spezifische Lexis und Argumentationsmuster definiert (vgl. Corbett 2006: 29).[5]

Diskurs wird als „soziale Praxis" definiert (vgl. Foucault 1984). Außerdem wird zwischen Diskurs und Text unterschieden; dies hat Jay Lemke in seinem Buch „*Textual politics*" (1995: 7ff) treffend begründet:

„When I speak about *discourse* in general, I will usually mean the social activity of making meanings with language and other symbolic systems in some particular kind of situation or setting. [...] On each occasion when the particular meaning characteristic of these discourses is being made, a specific text is produced. Discourses, as social actions more or less governed by social habits, produce texts that will in some ways be alike in their meanings. [...] When we want to focus on the specifics of an event or occasion, we speak of the text; when we want to look at patterns, commonality, relationships that embrace different texts and occasions, we can speak of discourses." (Herv. i. Orig.)

Der DHA wurde in mehreren Projekten seit über 20 Jahren entwickelt.[6] In Anlehnung an neueste Arbeiten der Politolinguistik (für einen Überblick: Reisigl/Wodak 2001, 2009) gehen wir zunächst davon aus, dass Diskurs „soziale Praxis" meint, also dass Reden und Sprechen wie auch Schreiben immer Handlungen implizieren bzw. sowohl Einstellungen produzieren und auch reproduzieren (vgl. Wittgenstein 1967). Über eine detaillierte, qualitative Analyse des Diskurses und der Texte erhalten wir also auch Informationen über die immanenten Ideologien und Einstellungen, wobei das sozio-kognitive Modell von Teun van Dijk (2007) einen wichtigen Ausgangspunkt darstellt.

Michael Billig (1989) verwendet ein Konzept, das theoretisch für die Analyse juristischer und politischer Texte sehr relevant ist: Er weist nach, dass „*ideologische Dilemmata*'" in jeder Äußerung wie auch in jedem Text manifest und wirksam werden; d. h., dass Texte des Alltags oft widersprüchlich und inhomogen aufgebaut sind, was eine Ambivalenz der

---

5 Siehe auch „communities of practice" (Wenger 1999).

6 In der Studie zum Nachkriegsantisemitismus (Wodak et al. 1990), in der Untersuchung der Berichterstattung über Kärntner SlowenInnen (Menz/Lalouschek/Dressler 1989), in der Analyse der öffentlichen Auseinandersetzung mit der NS-Zeit im Rahmen des Gedenkjahres 1988 (Wodak et al. 1994), in der Studie zur politischen und sprachlichen Exklusion und Diskriminierung rumänischer Flüchtlinge nach der „Wende" im Jahr 1989 (Matouschek/Wodak/Januschek 1995), in der Untersuchung zur diskursiven Konstruktion nationaler Identitäten (Wodak et al. 1998, 1999 [2009]) und schließlich in dem theoretischen Überblick über Diskurs und Diskriminierung (Reisigl/Wodak 2001).

TextproduzentInnen spiegelt. Geplante Texte hingegen weisen meist solche „ideologischen Dilemmata" nicht auf, da eine überlegte und genaue Textproduktion solche Widersprüche ausschließt (außer PolikerInnen streben bewusst Doppelbotschaften an, beispielsweise durch die Anwendung der Strategie der *kalkulierten Ambivalenz;* vgl. Wodak/Reisigl 2002). Treten dennoch Brüche auf, lässt das auf unbewusste Prozesse schließen, wo Präsuppositionen und stillschweigende Vorannahmen zum Vorschein kommen. Texte müssen daher auf solche logischen und inhaltlichen Brüche hin überprüft werden, die Indikatoren für ideologisch geprägte Einstellungen abgeben (vgl. Pollak/Wodak 2001a).

Diskurse sind sowohl thematisch (durch Bezug auf ein Makrothema, multiperspektivisch; d. h. dialogisch-argumentativ) wie auch von der Textsorte, dem Genre, stark bestimmt und werden in einzelnen Texten realisiert. Jeder Text bezieht sich immer auf andere Texte, diachron und synchron gesehen (s. o.). Analytisch wird in der DHA zwischen drei ineinander verwobenen Analysedimensionen unterschieden: 1) Inhalten, 2) Argumentationsstrategien und *Topoi,* 3) sprachlichen Realisierungsmitteln bzw. Realisierungsformen.

Es würde hier zu weit führen, alle linguistischen Kategorien im Einzelnen (inklusive der Grammatiktheorien, die solchen Kategorien zugrunde liegen) zu präsentieren. Auch hier muss ich auf Reisigl und Wodak (2001, 2009) verweisen.[7] Um Einstellungen und Ideologien, Identität und Fragmentierung, Brüche und Widersprüche zu untersuchen, beziehen wir uns u. a. auf folgende Fragestellungen:

- Wie werden Sachverhalte und soziale Akteure benannt bzw. wie wird auf Sachverhalte und soziale Akteure Bezug genommen?
- Welche Eigenschaften und Charakteristika werden den betreffenden Sachverhalten und Akteuren zugeschrieben?
- Welche Argumente bzw. Argumentationsschemata werden herangezogen, um die Charakterisierung von spezifischen Personen oder Gruppen von Personen bzw. bestimmte Handlungen jener Personen zu rechtfertigen und zu legitimieren? Welche Präsuppositionen liegen diesen Annahmen zugrunde, welche Implikaturen werden sichtbar?
- Von welchem Standpunkt aus werden diese Benennungen, Zuweisungen und Argumentationen ausgedrückt (Perspektivierung)?
- Werden die betreffenden Behauptungen, Aussagen, Urteile, Meinungen und Vorurteile explizit geäußert, werden sie vielleicht sogar noch verstärkt oder abgeschwächt?

Diesen Fragestellungen entsprechen fünf Gruppen von diskursiven Strategien: 1) referentielle Strategien, 2) prädikative Strategien, 3) argumentative Strategien, 4) Strategien der

---

7   Wir beziehen uns auf die Funktionale Systemische Linguistik von Michael Halliday (1994), auf die Actors Analysis von Theo van Leeuwen (1996) und auf Elemente der klassischen Rhetorik und Argumentationstheorie wie von Kienpointner (1992); zum Strategiebegriff vgl. Wodak et al. (1999).

Diskursrepräsentation und der Perspektivierung und 5) Verstärkungs- und Abschwächungsstrategien, von denen die ersten drei im Folgenden näher beschrieben werden.[8]

- *Referentielle Strategien* stellen Strategien zur linguistischen Konstruktion, Identifikation und Repräsentation von Sachverhalten und sozialen Akteuren dar, letztere z. B. in Form von Wir-Gruppen und Sie-Gruppen. Diese Strategien werden in erster Linie über Nominalisierungen linguistisch realisiert, allerdings sind gerade im Deutschen auch andere Realisierungsformen (Adjektive, Präpositionalphrasen etc.) von Bedeutung.
- *Strategien der Prädikation* sind Strategien, mittels derer den zuvor identifizierten Sachverhalten oder sozialen Akteuren – seien es Individuen oder Gruppen – positive oder negative Eigenschaften in Form von impliziten oder expliziten und mehr oder weniger wertenden Prädikaten zugewiesen werden. Prädikative Strategien können in verschiedener Form linguistisch realisiert werden. Dazu zählen u. a. spezifische Formen der Referenz und der damit einhergehenden Konnotation bzw. Denotation; Attribute, d. h. Adjektive, Appositionen, Präpositionalphrasen, Relativsätze u. a.; Prädikate; explizite Vergleiche und Gleichsetzungen, Metaphern, rhetorische Figuren wie Metonymien, Euphemismen etc.; Präsuppositionen.
- *Argumentative Strategien/Topoi* dienen u. a. dazu, die jeweilige Charakterisierung von spezifischen Personen bzw. Gruppen zu rechtfertigen und zu legitimieren. Als *Topoi* bezeichnen wir inhaltsbezogene Schlussfolgerungsregeln, die ein oder mehrere Argumente mit der Schlussfolgerung verknüpfen (obligatorische explizite oder erschließbare Prämissen im Rahmen der Argumentation).

Insgesamt gehe ich davon aus, dass politisches Handeln v. a. kommunikativ ist und sich nicht nur in Reden von PolitikerInnen erschöpft (Chilton 2005; Chilton/Schaeffner 2002; Wodak 2008b). Aufgrund unterschiedlicher institutioneller Bedingungen und unterschiedlicher RezipientInnen werden je spezifische Genres, Texttypen und Argumentationen zur Umsetzung bestimmter politischer Interessen verwendet. Politischer Diskurs im weitesten Sinn besitzt sozusagen feldimmanent persuasiven Charakter, der mehr oder weniger explizit oder implizit manifest wird. Deshalb greifen auch heutzutage viele Genres des politischen Alltags auf die Figuren und Stilmittel der klassischen Rhetorik zurück. Das Genre (die Textsorte), also schriftlicher oder mündlicher Text, Rede oder Bescheid, impliziert notwendigerweise jeweils bestimmte argumentative wie auch sprachliche Verfahren.

---

8 Diskursrepräsentation spielt bei Policy Dokumenten eine untergeordnete Rolle, da der Textproduzent (die Kommission oder die jeweiligen Ministerien) eindeutig definiert sind. Verstärkungs- und Abschwächungsstrategien kommen v. a. in persuasiver und auch vorurteilsbehafteter Kommunikation vor und sind in den vorliegenden schriftlichen Genres weniger wichtig.

3   Knowledge Based Economy

„Every economy is a knowledge economy but not every economy has been called a knowledge economy, or finds itself so labelled by its most prominent spokespersons as one of its
most significant contemporary self-descriptions […]. Related theoretical paradigms seek to
establish the novelty of the KBE by identifying its distinguishing features in terms of some
combination of the reflexive application of knowledge to the production of knowledge, the
key role of innovation, learning, and knowledge transfer in economic performance, and the
increasing importance of the intellectual commons and/or intellectual property rights in
contemporary competition. In turn the hegemonic policy paradigm is especially concerned to
establish the reality of the KBE through the compilation and repetition of statistical indicators,
through the development of benchmarks and league tables, and through the elaboration of
an interwoven set of useful concepts, slogans, and buzzwords. These can then be applied to
generate a relatively simple set of policy prescriptions and legitimations to be applied to many
sectors, many scales, and many countries." (Jessop 2008: 13)

Mit dieser Beschreibung trifft der britische Soziologe und politische Ökonom „ins Schwarze":
Wesentliche gesellschaftliche Bereiche haben die Werte, Wertungen und damit auch den
Wortschatz der KBE übernommen. Das wichtigste Dokument mit dem Titel *The Knowledge-Based Economy* wurde 1996 von der OECD publiziert. 1997 folgten die Richtlinien für
den Wettbewerb (*Competitiveness*) in der Form von *National Innovation Systems* (NIS).
Auch innerhalb der EU führte dies zur Einrichtung der *Competitiveness Advisory Group*
(CAG), die Richtlinien und Policies gegen Arbeitslosigkeit auf der Grundlage der KBE
ausarbeiten sollte (Wodak 2000a, b; s. u.). *Knowledge Management* wurde zur Schlüsseldis-
ziplin, entsprechende Ministerien wurden errichtet, und Nationalstaaten begannen, ihre
NIS zu entwerfen. Diese Terminologie wurde alsbald entsprechend standardisiert (vgl.
American National Standards Institute und *Global Knowledge Economics Council* 2001).
Competitiveness Indexes wurden berechnet und ausgegeben, z. B. der *Global Competitiveness
Report* (des World Economic Forum) seit 1979 und das *World Competitiveness Yearbook*
(hrsg. vom *Institute for Management Development* in Genf) seit 1989.

Heutzutage begegnen wir daher einer globalen Industrie, die Wettbewerbskriterien
vorgibt, Rankings berechnet und für die *Global Players* entscheidende Richtwerte produziert (vgl. Jessop 2008). Die OECD publiziert jährliche Berichte, für die neue Konzepte und
Begriffe entworfen wurden (vgl. Godin 2006: 19, 24). Godin (2004: 684) weist v. a. auf die
vielen Graphiken und Statistiken hin, die ein Eigenleben gewonnen haben und gewinnen,
obwohl natürlich solche Indikatoren der Qualität und Dynamik von Wissen und Innovation
niemals gerecht werden können. Sehr überzeugend zeigt Jessop (2008), dass sich die KBE als
politische und ökonomische Strategie gerade auch durch den von ihr produzierten Diskurs
ständig neu herstellt und damit zur überragenden ökonomischen und gesellschaftlichen
Ideologie geworden ist. Dieser neue Diskurs drang und dringt entsprechend auch in die
Bildungsinstitutionen ein: Neue Konzepte wie „lebenslanges Lernen", „Flexibilisierung",
„Benchmarks", „Human Resources" usw. haben sich durchgesetzt.

Diese neue Entwicklung weist, wie Jessop (2008) weiter ausführt, folgende fünf Charakteristika und Tendenzen europaweit auf: 1) Die nationalen Wirtschaften werden gestärkt
durch eine enge Verbindung zwischen Beschäftigung, Schule, Handel, und Produktivität.

2) Die Ausbildung wird immer mehr in Richtung von Berufsbildern und Berufskompe-
tenzen ausgerichtet. 3) Die Curricula werden immer mehr kontrolliert, standardisiert
und evaluiert. 4) Das staatliche Bildungsbudget wird gesenkt zugunsten privatisierter
Bildungsinstitutionen. 5) Marktinteressen und Wirtschaftsinteressen wirken immer mehr
auf die Bildungsinstitutionen ein. D. h., dass Bildung immer mehr zur Drehscheibe von
Wirtschafts- und politischen Interessen wird, was eigentlich im Gegensatz zur *Bologna-Deklaration* steht, wie gleich zu zeigen sein wird. So meint auch Etzkowitz, der als erster die
Metapher des Triplehelix ins Spiel gebracht hat, die abbildet, wie Bildung im Sinne einer
Spirale sowohl von Politik wie Wirtschaft unter Druck kommt:

> „Virtually every country that has a university, whether it was founded for reasons of education
> or prestige, is now attempting to organise knowledge-based economic development. [...] As
> the university becomes more dependent upon industry and government, so have industry
> and government become more dependent upon the university. In the course of the ‚second
> academic revolution‘ a new social contract is being drawn up between the university and the
> wider society, in which public funding for the university is made contingent upon a more
> direct contribution to the economy." (Etzkowitz 1994: 149, 151)

Damit kommt das alte Humboldtsche Hochschulsystem völlig unter Druck (vgl. Ash 2008);
Universitäten mutieren letztlich zu Wirtschaftsunternehmen; Wettbewerb, Evaluation und
Rankings sind wichtiger als Forschung, Kreativität und Innovation.

4   Globalisierungs- und Wettbewerbsrhetorik: zum Gesamtkontext neuer Hochschulpolitik

Dem DHA folgend, gehe ich zunächst vom strukturellen gesellschaftlichen Kontext aus.
Daher einige Stichworte zur Entwicklung der Beschäftigungspolitik in der EU, die in diesem Zusammenhang relevant wird: Im allgemeinen haben unsere Forschungen (Muntigl
et al. 2000; Wodak/Weiss 2007) gezeigt, dass auf der supranationalen Ebene der EU (weit
mehr noch als in den Nationalstaaten) die normative Trennung von Administration und
Politik im Sinne von Max Weber nicht mehr gegeben ist. Webers Modell setzt bekanntlich
die Differenzierung und das relative Gleichgewicht von legislativer und exekutiver Macht
voraus. Das supranationale System der EU unterscheidet sich davon vor allem durch das
konstitutionelle Übergewicht der Europäischen Kommission im sogenannten *Policy-Ma-
king-Prozess*. Die Kommission fungiert nicht nur als „Wächterin der Verträge", sondern hat
auch alleiniges Initiativrecht im EU-Gesetzgebungsprozess. Nicht nur in einem formalen,
sondern auch in einem materialen Sinne ist die Kommission noch immer die Initiatorin
und treibende Kraft in der politischen Entscheidungsfindung.

Indem nun aber die Kommission nicht nur die politisch-*administrative* Funktion
des EU-Organisationssystems übernimmt, sondern auch einen wesentlichen Teil der
politisch-*strategischen* Funktion, kommt es zu einer Entdifferenzierung von Politik und
Administration, von Legislative und Exekutive. Dies lässt sich in zwei interdependenten

Tendenzen fassen: 1) die Bürokratisierung der politischen Entscheidungsfindung und 2) die Politisierung der Verwaltung/Administration (Weiss/Wodak 2001, Wodak 2009). Die polit-strategische Macht von Policy-Entrepreneurs im EU-System geht einher mit der Entstehung dessen, was *„Committee Regime"* genannt werden kann. Damit ist jenes Regime der unzähligen spezialisierten Experten- und Beratungsgruppen gemeint, die in ihren jeweiligen Politikbereichen Programme, Konzepte, Strategien entwickeln und das so – gleichsam subkutan – immer mehr Einfluss auf die politische Entscheidungsfindung der EU gewinnt.

In einem solchen Committee, in der *Competitiveness Advisory Group* (CAG), hatte ich die Möglichkeit, sämtliche Entwürfe, Protokolle und Papiere wie auch Faxe und Statements der Mitglieder untersuchen zu können, die letztlich in ein bestimmtes Policy Paper gemündet sind. Ebenso war es möglich, alle Sitzungen der CAG auf Band aufzunehmen, in denen das Paper diskutiert wurde. Damit war die Analyse der kompletten Textgenese möglich – und insbesondere die Rekonstruktion der Entscheidungsschritte wie auch der *Rekontextualisierung der Globalisierungs-* und *Wettbewerbsrhetorik* beobachtbar. *Mit Globalisierungsrhetorik ist die diskursive Konstruktion eines Tatbestandes namens Globalisierung gemeint, der im unmittelbaren argumentativen Zusammenhang mit anderen konstruktiven Elementen des EU-Beschäftigungsdiskurses steht: Wettbewerbsfähigkeit, Standort und Flexibilisierung.*

Man kann den Kern der Globalisierungsrhetorik zusammenfassend so beschreiben: Ausgehend von einem bestimmten Segment der Wirtschaft, den Finanzmärkten, wird eine gesamtwirtschaftliche Entwicklung konstatiert. Diese an sich kontingente wirtschaftliche Entwicklung wird diskursiv essentialisiert, d. h. zur schicksalhaften Notwendigkeit erklärt, und dann, in einem weiteren Schritt, zur Tugend stilisiert. Das bezeichnen wir auch als den Dreischritt: Kontingenz – Notwendigkeit – Tugend (Weiss/Wodak 2001).

Die zentrale Funktion der Globalisierungsrhetorik und der mit ihr verbundenen *Wettbewerbsrhetorik* ist, im Sinne Foucaults, die *Disziplinierung des Alltags* (und damit auch der Bildungsinstitutionen) durch *ökonomische Argumente*. Diese Disziplinierung betrifft nicht nur eine Klasse, sie ist umfassend. Ihr Ziel ist letztlich das, was Richard Sennett (1998) den *flexiblen Menschen* nennt. Diese Disziplinierung arbeitet u. a. wesentlich mit Angst, wobei Arbeitslosigkeit eine große Rolle spielt. Die Unsicherheit und Angst, den Arbeitsplatz zu verlieren, dringen überall ein; Angst untergräbt die Selbstachtung und belastet soziale Beziehungen bis in privateste Bereiche hinein: „Persönliche Ängste sind tief mit dem neuen Kapitalismus verknüpft" (Sennett 1998: 128). Der flexible Mensch, so scheint es zumindest, ist bisher jedenfalls kein selbstbewusster Mensch.

Die Argumentationsschritte in den von uns untersuchten Texten fußen v. a. auf den folgenden wichtigen Argumenten (zur Detailanalyse vgl. Wodak 2000a, b): 1) Globalisierung wird als naturhaftes Phänomen unhinterfragt angenommen. 2) Globalisierung wird als positiv beschrieben. 3) Ein neuer europäischer Weg soll Europa eine führende Rolle im weltweiten Wettbewerb sichern. 4) Wandel und Änderungen sind daher unvermeidbar, quasi naturhaft vorgegeben. 5) Sonst würde Europa in diesem Wettbewerb versagen. 6) Wettbewerb ist das Instrument zur Bekämpfung von Arbeitslosigkeit schlechthin.

Im Weiteren sollen knappe und zusammengefasste Textanalysen die ursprüngliche Globalisierungs- und Wettbewerbsrhetorik anhand von Beispielen aus dem Policy Paper der CAG vorführen, wobei ich mich der schon erwähnten systemischen Theorie von Halliday bediene, um die semantischen Bedeutungsveränderungen – die Rekontextualisierungen – zu beschreiben und zu erklären (für die vollständigen Textanalysen vgl. Wodak 2000a, b). Zunächst eine Definition von Globalisierung und des Einflusses von Globalisierungen im o. g. Policy Paper der CAG:

Version 14.10.1997
a. But it (globalization) is also a demanding one, and often a painful one.
b. Economic progress has always been accompanied with destruction of obsolete activities and creation of new ones.
c. The pace has become swifter and the game has taken on planetary dimensions.
d. It imposes on all countries – including European countries, where industrial civilization was born – deep and rapid adjustments.
e. The breadth and urgency of the needed adaptations are indistinctly perceived by public opinion, which explains widespread sense of unease.
f. The duty which falls on governments, trade-unions and employers is to work together
g. - to describe the stakes and refute a number of mistaken ideas
h. - to stress that our countries have the means to sustain high ambitions; and
i. - to implement, without delay and with consistency, the necessary reforms.

Version 28.10.1997
a. But it is also a demanding process, and often a painful one.
b. Economic progress has always been accompanied by destruction of obsolete activities and creation of new ones.
c. The pace has become swifter and the game has taken on planetary dimensions.
d. It imposes deep and rapid adjustments on all countries – including European countries, where industrial civilization was born.
e. Social cohesion is threatened.
f. There is a risk of a disjunct between the hopes and aspirations of people and the demands of a global economy.
g. And yet social cohesion is not only a worthwhile political and social goal; it is also a source of efficiency and adaptability in a knowledge-based economy that increasingly depends on human quality and the ability to work as a team.
h. It has been difficult for people to grasp the breadth and urgency of necessary adaptations.
i. This explains a widespread sense of unease. inequality and polarization.
j. It is more than ever the duty of governments, trade-unions and employers to work together
k. to describe the stakes and refute a number of mistakes;
l. to stress that our countries should have high ambitions and that they can be realised; and
m. to implement the necessary reforms consistently and without delay.

n. Failure to move quickly and decisively will result in loss of resources, both human and capital, which will leave for more promising parts of the world if Europe provides less attractive opportunities.

Die abgebildeten Texte sind die ersten zwei Fassungen des Policy Papers. Dazwischen fand am 17.10.1997 eine Sitzung statt, in der es zu lebhaften Auseinandersetzungen zwischen GewerkschaftsvertreterInnen auf der einen Seite und ArbeitgeberInnen und PolitikerInnen auf der anderen Seite kam. Das bewirkte, dass die zweite Fassung abgeschwächt und gekürzt wurde. Die Argumentationskette der ersten Fassung wird letztlich in einen einzigen Satz verwandelt, der nun statt der Natur-Metaphorik abgeschwächt Euphemismen enthält. Besonders die Wendung *„the so-called globalization"* sticht hervor, die nun voraussetzt, dass gar nicht mehr eindeutig ist, was damit gemeint ist, und sich damit vom Dogmatismus der ersten Fassung weit entfernt. Aufgrund des Konflikts mit der Gewerkschaft wird in der überarbeiteten Version *Globalization* nicht nur als *demanding*, also als fordernd, hingestellt, sondern auch als *painful*, als etwas Schmerzhaftes. Im vierten Satz sind Umstellungen in der Wortfolge zu sehen, die das sogenannte *Rhema*, die neue Information, betreffen. Die Betonung liegt in der zweiten Version auf *„European countries"*, nicht mehr auf *adjustments*, also auf Anpassungen. Dies lässt zumindest zwei Lesarten zu, wobei man nur aufgrund des Gesamtkontextes zwischen den zwei Interpretationen entscheiden kann. Erstens kann es sich natürlich um eine rein stilistische Veränderung handeln, um eine Tendenz zur Verständlichkeit und zur Effizienz; und Effizienz charakterisiert das gesamte Dokument, sowohl inhaltlich als auch formal: Es handelt sich um *Business Speak*. Zweitens könnte es sich aber auch darum handeln, Europa mit seiner Tradition in den Mittelpunkt zu stellen und derart die neue Identität zu fokussieren. Der fünfte Satz existiert im ersten Dokument gar nicht; hier wird im zweiten die „Stimme der Gewerkschaft" laut; dies ist also ein Zugeständnis an diese. *„Social Cohesion"* wird hineinreklamiert, und es wird explizit festgestellt, dass der soziale Wohlfahrtsstaat gefährdet ist. In den nächsten zwei Sätzen wird diese Gefahr noch ausgeführt und begründet. Das Argument der Gewerkschaft geht strategisch dahin, soziale Wohlfahrt durchaus auch als effizient zu definieren, nicht nur als Belastung; Investionen in *„Human Capital"* erweisen sich – deren Meinung nach – als wichtig für die Wettbewerbsfähigkeit. Auch die Zusammenfassung entspricht in keiner Weise mehr dem vorangegangenen Dokument und spiegelt den Einfluss der GewerkschaftsvertreterInnen wider.

Anschließend an die vorigen Abschnitte sei in dieser kurzen und notwendigerweise zusammengefassten Analyse noch auf zwei weitere Elemente hingewiesen, die das Dokument charakterisieren: die *Spannung* zwischen den *Hoffnungen von Menschen* und den *Konsequenzen der Globalisierung;* und zweitens die *KBE*, die das *Markenzeichen Europas* werden soll. Globalisierung wird also für bestimmte politische Vorstellungen einer neuen europäischen Beschäftigungspolitik instrumentalisiert. Spannungen bestehen zwischen der EU, den Nationalstaaten und Interessensgruppen. Die oben erwähnte Argumentationskette bleibt damit bestimmend. Globalisierungsrhetorik dient also letztlich dazu, Flexibilisierung in das Zentrum der Beschäftigungspolitik zu stellen und soziale Komponenten in den Hintergrund zu rücken. Die Globalisierungsrhetorik konstruiert so *einen* globalen Markt, wo alle mit allen *in Wettbewerb* stehen. *Dieses Konzept wird in einen neuen Kontext gestellt, in dem grundsätzlich nicht ökonomische Akteure wie Regierungen und Staaten den Prinzipien eines universalen Ökonomismus unterworfen werden.* Politische Akteure werden dann auf ökonomische Akteure reduziert, und Staaten (und damit auch staatliche Universitäten) zu großen Firmen umdefiniert. Die Politik wird quasi zur Ersatzökonomie und die Ökonomie zur Ersatzpolitik. Der kritische amerikanische Ökonom und Nobelpreisträger Paul Krugman fasst dies wie folgt zusammen:

> „[…] the rhetoric of competitiveness – the view that, in the words of President Clinton, each nation is ‚like a big corporation competing in the global marketplace' – has become pervasive among opinion leaders throughout the world. […] A whole industry of councils on competitiveness, ‚geo-economists' and managed trade theorists has sprung up in Washington." (Krugman 1998: 4)

5   Der Mythos des Bologna-Prozesses

Aufgrund genauer Untersuchungen des Thatcherischen Neoliberalismus und seiner Auswirkungen auf das britische Hochschulsystem hat der Diskursanalytiker Norman Fairclough schon 1992 in seinem Buch *„Discourse and social change"* festgestellt, dass es signifikante Tendenzen zu *„marketization"* und *„technologisation"* gebe. In seinem nächsten Buch *„New labour – New language"* konnte Fairclough (2000) die Fortsetzung des Thatcherismus in der Politik von *New Labour* festmachen – in einem neuen *managerial speak,* von vielen abfällig als *‚spin'* anstelle von Politik bezeichnet. In der Folge konnte u. a. die Anglistin Gerlinde Mautner (2005) anhand eines umfassenden Corpus von Mission Statements amerikanischer und britischer Universitäten den ersten Eindruck Faircloughs klar bestätigen. Auch Universitäten vermarkten sich neuerdings und weisen – wie große Firmen – ihre Ziele und *Mission Statements* explizit und persuasiv im Internet aus. Die Universitäten kämpfen um ihren Platz im *Ranking,* setzen sich entsprechend ihre *Benchmarks und Targets* und nehmen am oben erwähnten globalen Wettbewerb um Prestige, Geld und Studierendenzahlen teil. Verbesserungen des *Student Recruitment,* eine Anleihe aus der Militärmetaphorik, sind zum obersten Ziel geworden, denn Studierende bringen Geld (und Prestige).

Wir sind also europaweit mit großen Veränderungen im Bildungswesen konfrontiert, die ihre Wurzeln in der Entstehung der KBE und der Globalisierungs- und Wettbewerbsrhetorik haben, im Zusammenhang mit dem „Kampf gegen Arbeitslosigkeit" bzw. mit der Rekontextualisierung der oben angeführten Argumente in andere soziale Felder.

5.1   Diskursstränge in der Bologna-Deklaration

Zur Erinnerung seien einige wichtige Ausschnitte aus der *Bologna-Deklaration* der EU vom 19. Juni 1999 abgedruckt:

„Inzwischen gibt es in weiten Teilen der politischen und akademischen Welt sowie in der öffentlichen Meinung ein wachsendes Bewußtsein für die Notwendigkeit der Errichtung eines *vollständigeren und umfassenderen Europas*, wobei wir insbesondere auf seinen *geistigen, kulturellen, sozialen und wissenschaftlich-technologischen Dimensionen* aufbauen und diese stärken sollten. [...]

Inzwischen ist ein *Europa des Wissens* weitgehend anerkannt als unerläßliche Voraussetzung für *gesellschaftliche und menschliche Entwicklung* sowie als unverzichtbare Komponente der Festigung und Bereicherung der europäischen Bürgerschaft; dieses *Europa des Wissens* kann seinen Bürgern die notwendigen Kompetenzen für die *Herausforderungen des neuen Jahrtausends* ebenso vermitteln wie ein Bewußtsein für *gemeinsame Werte und ein Gefühl der Zugehörigkeit zu einem gemeinsamen sozialen und kulturellen Raum.*

Die Bedeutung von *Bildung und Bildungszusammenarbeit* für die Entwicklung und Stärkung *stabiler, friedlicher und demokratischer Gesellschaften* ist allgemein als wichtigstes Ziel anerkannt, besonders auch im Hinblick auf die Situation in Südosteuropa.

Die Sorbonne-Erklärung vom 25. Mai 1998, die sich auf diese Erwägungen stützte, betonte die *Schlüsselrolle der Hochschulen* für die Entwicklung europäischer kultureller Dimensionen. Die Erklärung betonte die *Schaffung des europäischen Hochschulraumes als Schlüssel zur Förderung der Mobilität und arbeitsmarktbezogenen Qualifizierung* seiner Bürger und der Entwicklung des europäischen Kontinents insgesamt.

Die europäischen Hochschulen haben ihrerseits die *Herausforderungen* angenommen und eine wichtige Rolle beim Aufbau des europäischen Hochschulraumes übernommen, auch auf der Grundlage der in der Magna Charta Universitatum von Bologna aus dem Jahre 1988 niedergelegten Grundsätze. Dies ist von größter Bedeutung, weil *Unabhängigkeit und Autonomie der Universitäten* gewährleisten, dass sich die Hochschul- und Forschungssysteme den *sich wandelnden Erfordernissen, den gesellschaftlichen Anforderungen und den Fortschritten in der Wissenschaft laufend anpassen.* [...]

Insbesondere müssen wir uns mit dem Ziel der Verbesserung der *internationalen Wettbewerbsfähigkeit* des europäischen Hochschulsystems befassen. Die *Vitalität und Effizienz* jeder Zivilisation läßt sich an der Attraktivität messen, die ihre Kultur für andere Länder besitzt. Wir müssen sicherstellen, daß die europäischen Hochschulen weltweit ebenso attraktiv werden wie unsere außergewöhnlichen kulturellen und wissenschaftlichen Traditionen. [...]

Wir bekräftigen unsere Unterstützung [...] die folgenden Ziele, die wir für die Errichtung des europäischen Hochschulraumes und für die Förderung der europäischen Hochschulen weltweit für vorrangig halten, zu erreichen:

- [...] Einführung eines Leistungspunktesystems [...] als geeignetes Mittel der *Förderung größtmöglicher Mobilität der Studierenden.* Punkte sollten auch außerhalb der Hochschulen, beispielsweise durch lebenslanges Lernen, erworben werden können, vorausgesetzt, sie werden durch die jeweiligen aufnehmenden Hochschulen anerkannt.

- *Förderung der Mobilität durch Überwindung der Hindernisse*, die der Freizügigkeit in der Praxis im Wege stehen. [...]

- Förderung der europäischen Zusammenarbeit bei der *Qualitätssicherung* im Hinblick auf
die Erarbeitung vergleichbarer Kriterien und Methoden. [...]

Wir verpflichten uns hiermit, diese Ziele – im Rahmen unserer institutionellen Kompetenzen
und unter *uneingeschränkter Achtung der Vielfalt der Kulturen, der Sprachen, der nationalen
Bildungssysteme und der Autonomie der Universitäten* – umzusetzen, um den europäischen
Hochschulraum zu festigen." (Hervorhebungen R.W.)[9]

Ohne diesen Text hier vollständig analysieren zu können (vgl. dazu Fairclough/Wodak
2008), ist es wichtig, auf zwei Makrotendenzen innerhalb dieses für die Entwicklung der
Universitäten zentralen Dokuments hinzuweisen: 1) die *Wettbewerbsrhetorik* und 2) die
sich daraus ergebenden *Disziplinierungs- und Regulationsinstrumente*.

Die *Bologna-Deklaration* essentialisiert das *Europa des Wissens*, das nun vielen *Herausforderungen (challenges)* gewachsen sein muss, ein Begriff, der ebenfalls aus dem ökonomischen Diskurs übernommen wird. Die Herausforderungen werden dann entweder im
typischen rhetorischen Dreischritt oder als Listen angeführt, wobei *Listen* argumentativ
eine äquivalente Relation zwischen Phänomenen, die möglicherweise ganz unterschiedlich sind, konstruieren – dies wäre dann als Trugschluss (also *fallacy*) einzustufen. Die
Konstruktion von Kausalrelationen und Äquivalenzrelationen durch Parallelismen ist
ein typisches Charakteristikum von Policy-Dokumenten. Solche Listen eignen sich auch
als Legitimation, da durch die sequentielle Abfolge von Vorgaben (*Implikatur*) scheinbar
Zusammenhänge konstruiert werden. So tauchen *„geistige, kulturelle, soziale und wis-
senschaftlich-technologische Dimensionen"* auf, die alle als scheinbar gleichwertig und
zusammengehörig angeführt werden. Das *Europa des Wissens* ist eine *gesellschaftliche und
menschliche Entwicklung,* d. h. quasi naturhaft den *Herausforderungen des neuen Jahrtausends* gewachsen. Das Bewusstsein für *gemeinsame Werte und ein Gefühl der Zugehörigkeit
zu einem gemeinsamen sozialen und kulturellen Raum* hängen also mit den ökonomischen
Konzepten inhärent zusammen (damit werden die europäischen Werte neu definiert, durch
sog. *referentielle* Strategien; vgl. Reisigl/Wodak 2001).

Die konkreten Maßnahmen zur Erhöhung der Attraktivität des europäischen Hochschulraumes werden nun besonders durch deontische Logik eingeführt, mit Betonung der
Wettbewerbsfähigkeit, wobei wiederum ökonomische und kulturelle Faktoren gleichgesetzt
werden. Außerdem ist der – einmal mehr aus dem ökonomischen Wortschatz entlehn-
te – Begriff „Effizienz" in diesem Zusammenhang auffallend, denn Kulturen sind zwar
manchmal „vital", aber selten „effizient" *(Topos der Definition).*

Im Weiteren wurden viele einzelne Maßnahmen aufgelistet, die regulative und stan-
dardisierende Funktionen besitzen: in Bezug auf Curricula, Bewertungen, Gleichsetzung
und Gleichwertigkeit von Ausbildungen und Lehrveranstaltungen, Qualifikationsgraden
usw. Insgesamt kann man den *Regulationsdiskurs* der *Bologna-Deklaration* in drei Punkten
zusammenfassen: 1) Gemeinsame Ziele und ein Zeitplan werden vorgegeben. 2) Die nati-

---

9   http://www.bmbf.de/pub/bologna_deu.pdf#search=%22Bologna%20Deklaration%22; herun-
      tergeladen am 21.8.2006.

onale Implementierung wird verlangt. 3) Regelmäßige Evaluationen werden vorgegeben. Damit werden letztlich – der KBE entsprechend – Forschung und Lehre quantifiziert.

5.2. Rekontextualisierungen im österreichischen Hochschulsystem

Wie wird nun der Bologna-Prozess national umgesetzt? Dazu weisen unsere Forschungen große nationale Unterschiede auf.[10] Ich beschränke mich hier auf Österreich. Dort hat sich durch das UG 2002 vieles verändert. Die Inhalte der Bologna-Deklaration sind quasi als Begründung für viele strukturelle Veränderungen herangezogen worden – zu Recht? Durch das UG 2002 wurde den österreichischen Universitäten Autonomie per Gesetz verordnet. So finden wir gleich zu Beginn des Gesetzes folgendes *„Mission Statement"*, aus dem ich auszugsweise zitiere (Hervorhebungen R.W.):[11]

„§ 1. Die Universitäten sind berufen, der wissenschaftlichen Forschung und Lehre, [...] und hierdurch auch verantwortlich zur *Lösung der Probleme des Menschen sowie zur gedeihlichen Entwicklung der Gesellschaft und der natürlichen Umwelt* beizutragen. Universitäten sind Bildungseinrichtungen des öffentlichen Rechts, die in Forschung und in forschungsgeleiteter akademischer Lehre auf die Hervorbringung neuer wissenschaftlicher *Erkenntnisse* sowie auf die Erschließung neuer Zugänge zu den Künsten ausgerichtet sind. Im *gemeinsamen* Wirken von Lehrenden und Studierenden wird in einer aufgeklärten Wissensgesellschaft das Streben nach Bildung und Autonomie des Individuums durch Wissenschaft vollzogen. Die *Förderung* des wissenschaftlichen Nachwuchses geht [...] mit dem Ziel einer, zur Bewältigung der gesellschaftlichen Herausforderungen in einer sich wandelnden humanen und geschlechtergerechten Gesellschaft beizutragen. Um den sich ständig wandelnden Erfordernissen organisatorisch, studien- und personalrechtlich Rechnung zu tragen, konstituieren sich die Universitäten und ihre Organe in größtmöglicher Autonomie und Selbstverwaltung.

§ 2. Die leitenden Grundsätze für die Universitäten bei der Erfüllung ihrer Aufgaben sind:
1. *Freiheit der Wissenschaften und ihrer Lehre* (Art. 17 des Staatsgrundgesetzes über die allgemeinen Rechte der Staatsbürger, RGBl. Nr. 142/1867) [...]
2. Verbindung von Forschung und Lehre [...];
7. nationale und internationale Mobilität der Studierenden, der Absolventinnen und Absolventen sowie des wissenschaftlichen und künstlerischen Universitätspersonals;
8. *Zusammenwirken* der Universitätsangehörigen;
9. *Gleichstellung* von Frauen und Männern;
10. soziale Chancengleichheit;
11. besondere Berücksichtigung der Erfordernisse von behinderten Menschen;
12. *Wirtschaftlichkeit*, Sparsamkeit und Zweckmäßigkeit der Gebarung."

---

10 Vgl. auch Falkner et al. (2005).
11 BGBl. I – Ausgegeben am 9. August 2002 – Nr. 120, S. 1272-1273; http://www.bmbwk.gv.at; DVR0064301; heruntergeladen am 21.8.2006 http://www.bmbwk.gv.at/medienpool/13514/ugnov06.pdf und ebendort befindliche weitere Dokumente, wie die jährlichen NAPs; auch auf notwendige Gesamteuropäische Veränderungen wird hingewiesen (s. u.).

Im Großen und Ganzen sind die wesentlichen Bestimmungen von Bologna in diesem Mission Statement wiedergegeben. Der Teufel steckt allerdings im Detail, v. a. in den neu zu etablierenden und teilweise schon etablierten Strukturen. Ohne – aus Platzgründen – auf Einzelheiten eingehen zu können, möchte ich nur auf die Rolle des Universitätsrates (§ 21 (1)), auf die Qualitätssicherung (§ 12), auf Leistungsvereinbarungen (§ 13) und die jährlich an das Ministerium abzugebende „*Wissensbilanz*" (§ 13 (6)) hinweisen.

Wissensbilanz sticht als neues Schlagwort hervor: Man fragt sich zu Recht, was auf der Soll- und was auf der Habenseite zu stehen kommt bzw. stehen soll? Wie quantifiziert man „Wissen" für eine solche Bilanz? Antworten darauf werden vom Gesetzgeber nicht gegeben. Autonomie wird zwar garantiert, alle Entscheidungen des Rektorats und der untergeordneten Organe bedürfen jedoch einer Genehmigung des Universitätsrats und darüber hinaus des Ministeriums. Auch „*Zielvereinbarungen*" sind neuerdings mit den DekanInnen abzuschließen, ganz im Sinne der New-Labour-Rhetorik von „*tasks & targets*". Wie man allerdings in einem kreativen Umfeld *Produkte* auf Jahre genau voraus planen können soll, bleibt offen.

> „(5) Der Universitätsrat hat den vom Rektorat vorgelegten Leistungsbericht und den Rechnungsabschluss innerhalb von vier Wochen zu genehmigen und an die Bundesministerin oder den Bundesminister weiterzuleiten. Erfolgt bis zu diesem Zeitpunkt keine Genehmigung, sind der Leistungsbericht und der Rechnungsabschluss mit einer entsprechenden Stellungnahme dennoch weiterzuleiten." (§ 21)

Der Begriff Mitbestimmung kommt im gesamten Gesetz nur ein einziges Mal vor (§ 66 (3), im Kontext der Studieneingangsphase). Das Budget bestimmt ausschließlich der Bund bzw. die Regierung. Akquirierte „Drittmittel" (Projektmittel und Overheads) obliegen allerdings der Selbstverwaltung der Universität. Der Universitätsrat wird nicht, wie früher, durch die Universitätsversammlung gewählt, sondern setzt sich zusammen aus

> „1. zwei, drei oder vier Mitglieder[n], die vom Senat gewählt werden;
> 2. zwei, drei oder vier Mitglieder[n], die von der Bundesregierung auf Vorschlag der Bundesministerin oder des Bundesministers bestellt werden;
> 3. ein[em] weitere[n] Mitglied, das von den unter Z 1 und 2 genannten Mitgliedern einvernehmlich bestellt wird.
> Der Senat und die Bundesregierung haben gleich viele Mitglieder zu bestellen, die Bestellung der Mitglieder gemäß Z 2 hat nach der Wahl der Mitglieder gemäß Z 1 zu erfolgen." (§ 21 (6))

Die Autonomie ist bei fast vollständiger finanzieller Abhängigkeit und bei Entscheidungsvollmacht des Universitätsrates und in letzter Instanz des Ministeriums, euphemistisch formuliert, zumindest sehr eingeschränkt. Bislang, so erzählen KollegInnen an der Universität Wien, fehlen häufig Transparenz von und Kommunikation über Entscheidungsabläufe. Es fehlen Freiräume für Diskussion und Auseinandersetzung, sowohl was Forschungs- und Lehrinhalte betrifft wie auch für Administration und Organisation. Die Autonomie der Institute und die Mitbestimmung in vielen Bereichen existieren nicht mehr. Eine fast absolutistische Hierarchie ist eingeführt worden.

Letztlich sind wir also in einem großen Widerspruch verfangen: Autonomie heißt, über die eigenen Geldmittel verfügen zu können. Solange die österreichischen Universitäten diese zumindest in Teilen nicht selbst verdienen, bleiben sie abhängig. Verdienen bedeutet aber, sich den Gesetzen des Marktes zu unterwerfen. Und damit nimmt die „Triple-Helix" ihren Anfang. D. h., dass in Österreich unter dem Deckmantel der Bologna-Deklara-tion und einer Scheinautonomie die partizipative Struktur abgeschafft und eine rigide und hierarchische Struktur neu eingerichtet wurde. Nur wenn man die Originaldokumente näher betrachtet, wird deutlich, dass einige genuine wichtige Ziele der Bologna-Deklaration damit verfehlt (oder verfälscht) wurden.

In anderen europäischen Mitgliedsstaaten verlief die Umsetzung durchaus anders; wurde die Bologna-Strategie in Österreich als Erschwernis empfunden, so konnten beispielsweise in Rumänien dadurch erstmals international gleichwertige Forschungs- und Lehrstandards erreicht und die bisher dort vorhandene Korruption und der allgegenwärtige Nepotismus bekämpft werden (vgl. Wodak/Fairclough 2010). Die britischen Strukturen stehen den österreichischen diametral entgegen (vgl. Wodak 2006). Auch in den USA, wo das jeweilige Department und dessen Entscheidungsbefugnisse den strukturellen Kern jeder Universität bilden, sind die Strukturen andere. In diesem Sinne ist die Bologna-Deklaration entsprechend dem österreichischen politischen Umfeld rekontextualisiert worden. Einerseits müssen EU-Strategien an historische und nationale Gegebenheiten angepasst sein bzw. werden. Andererseits wandelt das aktuelle politische Interesse je nach Bedarf EU-Policies um (vgl. Falkner et al. 2005). Dabei ist oft eine Doppelstrategie erkennbar: Sind die neuen Gesetze unangenehm, kann man der metonymisch als „Brüssel" bezeichneten Kommission die Schuld zuschieben. Sind die Veränderungen akzeptabel, kann man sich mit der scheinbar gelungenen Durchsetzung nationaler Interessen schmücken.

6   Perspektiven: Die Triple-Helix-Metapher

Wie schon in der Bologna-Deklaration nachzulesen, ist der Einfluss der Wirtschaft überall präsent: in den vorgegebenen Zielen, in den ausgeschriebenen Forschungsschwerpunkten, in der Bevorzugung der technischen und naturwissenschaftlichen Disziplinen, in den gesellschaftlichen Erwartungen, flexibel ausgebildete StudienabgängerInnen vorzufinden, und in der zu erstrebenden internationalen Wettbewerbsfähigkeit und Flexibilität. Grundlagenforschung wird zugunsten angewandter Forschung zurückgestellt. Denken und wissenschaftliche Auseinandersetzung werden aufgrund schnell zu produzierender und verwertbarer Ergebnisse vernachlässigt. Diese Entwicklung ist sehr bedauerlich, denn langfristig gesehen wird so Innovation behindert.

Universitäten sind also in der Zwickmühle zwischen Politik und Wirtschaft. Die Triple Helix bildet dies metaphorisch ab. Universitäten, und damit Forschung und Lehre, sind in einer schnellen und unheilvollen Spirale eingefangen, stehen von Wirtschaft und Politik unter Druck. Und das weltweit. Beide Bereiche formulieren ihre Interessen und sind die größten Sponsoren und Geldgeber; jegliche Freiräume und Autonomie sind damit höchst

gefährdet. Denn viele Untersuchungen (wie z. B. die von Roger Hollingsworth 2007 zu den
großen Forschungsstätten in den USA, wo die meisten Nobelpreisträger herkommen) haben
nachgewiesen, dass Innovation ausschließlich durch stete Diskussion, Interdisziplinarität,
Offenheit, Zeit, Neugier, Pluralismus, Mentoring, *Peer Review,* Risikobereitschaft, flache
Hierarchie (Teamarbeit) und uneingeschränkte Förderung zustande kommt. Um die
Wirtschaftsmetapher weiter zu führen: Denken geschieht nicht am Fließband, Forschung
ist kein abzuzählendes Produkt, und Wissen kann man nicht „bilanzieren". Lehre und
wissenschaftliche Auseinandersetzung brauchen Zeit und Diskussion. Universitäten im
21. Jahrhundert sollten zumindest – abgesehen von der Ausbildungsverpflichtung – Innovation und Pluralismus sowie Internationalität und Leistung zugleich anstreben. Diese
sind jedoch im Triple-Helix-Zeitalter kaum erreichbar.

Auch im europäischen Forschungsraum, der mehr als 4000 Universitäten, 17 Mill. Studierende und ca. 435.000 ForscherInnen umfasst, sind diese Voraussetzungen nicht gegeben.
Alle WissenschaftlerInnen warten beispielsweise meist gespannt und gebannt auf die *Calls*
der europäischen *Frameworks.* Dann versucht man, die eigenen Forschungsinteressen den
dortigen Vorgaben „flexibel" anzupassen, um in den europäischen Wettbewerb um Geld
einsteigen zu können (daher kommt es natürlich vermehrt zur Wettbewerbsrhetorik).
Riesige Anträge werden abgegeben, die eigentlich schon die Ergebnisse mit bedenken
müssen, da jeder einzelne Forschungsschritt explizit aufgelistet sein muss: in *Milestones,*
Workpackages, Tasks und *Deliverables,* alles Begriffe aus den technischen und ökonomischen Fächern und damit in ihrer Rekontextualisierung für die Sozialwissenschaften
ungeeignet. Raum zum Denken, für Kreativität und Spontaneität besteht kaum. Top-down
werden Forschungsschwerpunkte vorgegeben, und die Ergebnisse müssen dann auch diesen
Erwartungen entsprechen. Will man etwa von den im Antrag festgelegten Vorgaben und
Schritten abweichen, dann muss der gesamte Vertrag des Projektteams *(Consortiums)* zumeist mit der Kommission neu verhandelt werden. Damit wird Forschung zum strategisch
geplanten und vermarktbaren Produkt und entfernt sich von den hehren Zielen der noch
in den Policy-Dokumenten festgeschriebenen Freiheit und Autonomie wissenschaftlichen
Denkens. Denken braucht Zeit und Raum: Denken braucht auch Auseinandersetzung,
fruchtbares Chaos und Kritik. Diese Momente scheinen aber unerwünscht – abgesehen
von einigen beachtenswerten Ausnahmen. So versucht die Einrichtung des *European*
Research Council für die Kultur- und Sozialwissenschaften zumindest teilweise wieder
Unabhängigkeit herzustellen.

In ihrem neuen Buch „*Democracy without politics? On the European crisis of legitimacy*"
sind die Historiker Hagen Schulz-Forberg und Bo Stråth (im Erscheinen) den entsprechenden Entwicklungen innerhalb der EU im Detail nachgegangen. Sie verorten dort eine
signifikante Transformation von *Government* zu *Governance* und weisen diese Veränderungen an vielen Beispielen nach (vgl. auch Jessop 2008). Repräsentation, Partizipation
und Legitimation der Politik hätten sich, so Schulz-Forberg und Stråth, verabschiedet
zugunsten von Verwaltung, diffusen Netzwerken und unklaren Machtverhältnissen. Auf
den Punkt gebracht: Regieren, Kritik, Konflikt und Kontrolle sind von Flexibilisierung,
Vermarktung, *Think Tanks,* Wettbewerb und Globalisierungsrhetorik abgelöst worden.

Viele weitere Beispiele der Ökonomisierung und Technologisierung von Universitäten ließen sich noch anführen. Anhand detaillierter und systematischer diskursanalytischer Studien kann man also den subkutanen, oft indirekten und verschlüsselten Ideologien und Wertungen auf die Spur kommen. Der DHA vermag darüber hinaus den Weg einzelner Argumente (*topoi*), Schlüsselbegriffe und ganzer Rhetoriken wie Diskurse nachzuvollziehen und damit im Einzelnen die Rekontextualisierungen, Intertextualitäten und interdiskursiven Überlappungen aufzuweisen. Nicht nur eine Begriffsgeschichte (im Sinne Kosellecks 1979) ist damit ermöglicht, sondern ganze Argumentationsmuster und Argumentationsketten können transparent gemacht und zurückverfolgt werden. Einerseits treffen wir also auf die Kolonisierung des Hochschulbereiches durch die KBE; andererseits lassen sich die Rekontextualisierungen von EU-Policies und -Strategien in die nationalstaatlichen Politiken explizit erfassen.

Kritische Distanz zu bewahren ist nicht einfach; denn alle sind heutzutage in der „Triple-Helix" gefangen. Das Desiderat nach unabhängiger kritischer Sozialwissenschaft, nach Freiräumen, in denen ForscherInnen Zeit haben und denken dürfen, bleibt jedoch als wichtige und legitime Forderung bestehen.

Literatur

Ash, Mitchell (2008): From „Humboldt" to „Bologna": History as discourse in higher education reform debates in German-speaking Europe. In: Jessop (2008): 41-62.

Bakhtin, Mikeal (1982): The dialogic imagination. Four essays. Austin: University of Texas Press.

Bakhtin, Mikeal (1986): Speech genres and other late essays. Austin: University of Texas Press.

Billig, Michael (1989): Arguing and thinking. A rhetorical approach to social psychology. Cambridge: Cambridge University Press.

Bourdieu, Pierre (1992): Language and symbolic power. Cambridge: Polity Press.

Brown, Keith (2005): Encyclopedia of language and linguistics vol 5. Oxford: Elsevier.

Brown, Keith (2006): Encyclopedia of language and linguistics vol 9. 2nd ed. Oxford: Elsevier.

Caldas-Coulthard, Carmen Rosa/Coulthard, Malcolm (Hrsg.) (1996): Texts and practices. London: Routledge.

Chilton, Paul (2005): Missing links in mainstream CDA: Modules, blends and the critical instinct. In: Wodak/Chilton (2005): 19-51.

Chilton, Paul/Schäffner, Christina (Hrsg.) (2002): Politics as text and talk: Analytic approaches to political discourse. Amsterdam/Philadelphia: John Benjamins.

Corbett, John (2006): Genre and genre analysis. In: Brown (2006): 26-32.

Eesti Teaduste Akadeemia (1997): White paper on R&D. In: Yearbook 1997, http://www.aca.ee/eng/allea/whitepaperR&D.html.

Etzkowitz, Henry/Leydesdorf, Loet (Hrsg.) (1994): Universities and the global knowledge economy. London: Pinter.

Fairclough, Norman (1992): Discourse and social change. Cambridge: Polity Press.

Fairclough, Norman (2000): New labour, new language? London: Routledge.

Fairclough, Norman/Wodak, Ruth (2005): Higher education and the KBE: Recontextualizing the „Bologna Strategy" in Austria and Romania. Working paper for the Institute for Advanced Studies conference on discourse and the knowledge-based economy. Lancaster University.

Fairclough, Norman/Wodak, Ruth (2008): The Bologna process and the knowledge based economy. In: Jessop et al. (2008): 109-126.

Falkner, Gerda/Treib, Oliver/Hartlapp, Miriam/Leiber, Simone (2005): Complying with Europe. Cambridge: Cambridge University Press.

Foucault, Michel (1984): The order of discourse. In: Shapiro (1984): 108-138.

Godin, Benoit (2004): The new economy: What the concept owes to the OECD. In: Research Policy 33. 679-690.

Godin, Benoit (2006): The knowledge-based economy: Conceptual framework or buzzword? In: Journal of Technology Transfer 31. 1. 17-30.

Hakapää, Jyrki (2002): The knowledge society. In: Musial (2002): 10-23.

Halliday, Michael A. K. (1978): Language as social semiotic. London: Edward Arnold.

Halliday, Michael A. K. (1994): An introduction to functional grammar. 2. Aufl. London: Arnold.

Hollingsworth, Roger (2007): Higher cognitive complexity and the making of scientific discoveries. In: Sales/ Fournier (2007): 129-155.

Jessop, Robert (2004): Critical semiotic analysis and cultural political economy. In: Critical Discourse Studies 1. 2. 159-174.

Jessop, Robert (2008): The cultural political economy of the knowledge-based economy and its implications for higher education. In: Jessop et al. (2008): 13-40.

Jessop, Robert/Fairclough, Norman/Wodak, Ruth (Hrsg.) (2008): Knowledge based economy and higher education in Europe. Rotterdam: Sense Publishers.

Kienpointner, Manfred (1992): Alltagslogik. Struktur und Funktion von Argumentationsmustern. Stuttgart: Framman-Holzboog.

Koselleck, Reinhard (1979): Vergangene Zukunft. Frankfurt a. M.: Suhrkamp.

Kress, Gunther (1985): Processes in sociocultural practice. Victoria: Deakin University.

Krugman, Paul (1998): The accidental theorist. New York: Norton.

Lemke, Jay (1995): Textual politics: Discourse and social dynamics. London: Taylor and Francis.

Matouschek, Bernd/Wodak, Ruth/Januschek, Franz (1995): Notwendige Maßnahmen gegen Fremde? Wien: Passagen.

Mautner, Gerlinde (2005): The entrepreneurial university: A discursive profile of a higher education buzzword. In: Critical Discourse Studies 2. 2. 95-120.

Menz, Florian/Lalouschek, Johanna/Dressler, Wolfgang (1989): „Der Kampf geht weiter." Der publizistische Abwehrkampf in Kärntner Zeitungen seit 1918. Eine sprachwissenschaftliche Analyse von Vorurteilen und Feindbildern. Klagenfurt: Drava Verlag.

Muntigl, Peter/Weiss, Gilbert/Wodak, Ruth (2000): European Union discourses on un/employment. An interdisciplinary approach to employment policy-making and organisational change. Amsterdam/Philadelphia: John Benjamins.

Musial, Karl (Hrsg.) (2002): Approaching knowledge society in the Baltic Sea region. Gdansk: Wydawnictwo Uniwersytetu Gdánskiég.

Pelinka, Anton/Wodak, Ruth (Hrsg.) (2002): Dreck am Stecken. Wien: Czernin.

Pfeiffer, Oskar/Strouhal, Ernst/Wodak, Ruth (1987): Recht auf Sprache. Wien: Orac.

Pollak, Alexander/Wodak, Ruth (2001a): Diskursanalytisches Gutachten zum Urteil „eEVr 3081/86" des Landesgerichts für Strafsachen in Wien. In: Pollak/Wodak (2001b): 15-75.

Pollak, Alexander/Wodak, Ruth (2001b): Der ausgebliebene Skandal. Diskurshistorische Untersuchung eines Wiener Gerichtsurteils. Wien: Czernin Verlag.

Reisigl, Martin/Wodak, Ruth (2001): Discourse and discrimination. Rhetoric of racism and anti-semitism. London: Routledge.

Reisigl, Martin/Wodak, Ruth (2009): The discourse-historical approach. In: Wodak/Meyer (2009): 87-122.

Sales, Arnaud/Fournier, Marcel (Hrsg.) (2007): Knowledge, communication, and creativity. London: Sage.

Sarangi, Srikant/Coulthard, Malcolm (Hrsg.) (2000): Discourse and social life. Harlow: Pearson Education.

Schulz-Forberg, Hagen/Stråth, Bo (im Erscheinen): Democracy without politics? On the European crisis of legitimacy.

Seale, Cliff/Gobo, Giampietro/Gubrium, Jaber F./Silverman, David (Hrsg.) (2004): Qualitative research practice. London: Sage.

Sennett, Richard (1998): Der flexible Mensch. Berlin: Berlin Verlag.

Shapiro, Thomas M. (Hrsg.) (1984): Language and politics. Oxford: Basil Blackwell.

Swales, John (1990): Genre analysis. English in academic and research settings. Cambridge: Cambridge University Press.

van Dijk, Teun A. (1985): Handbook of discourse analysis. 4 vols. London: Academic Press.

van Dijk, Teun A. (1998): Ideology. A multidisciplinary study. London: Sage.

van Dijk, Teun A. (2007): Contextual knowledge management in discourse production. A CDA perspective. In: Wodak/Chilton (2007): 71-100.

van Leeuwen, Theo (1996): The representation of social actors. In: Caldas-Coulthard/Coulthard (1996): 32-70.

van Leeuwen, Theo/Wodak, Ruth (1999): Legitimizing immigration control: A discourse-historical analysis. In: Discourse Studies 1. 1. 83-118.

Verschueren, Jef (2001): Predicaments of criticism. In: Critique of Anthropology 21. 1. 59-81.

Weiss, Gilbert/Wodak, Ruth (2001): European Union discourses on employment. Strategies of depoliticing and ideologizing employment policies. In: Concepts and Transformation 5. 1. 29-42.

Wenger, Andreas (1999): Organisation multinationaler Konzerne. Bern: Haupt.

Wittgenstein, Ludwig (1967): Philosophische Untersuchungen. Frankfurt a. M.: Suhrkamp.

Wodak, Ruth (2000a): From conflict to consensus? The co-construction of a policy paper. In: Muntigl et al. (2000): 73-114.

Wodak, Ruth (2000b): Recontextualization and the transformation of meanings: A critical discourse analysis of decision making in EU-meetings about employment policies. In: Sarangi/Coulthard (2000): 185-206.

Wodak, Ruth (2001): The discourse-historical approach. In: Wodak/Meyer (2001): 63-95.

Wodak, Ruth (2004): Critical discourse analysis. In: Seale et al. (2004): 197-213.

Wodak, Ruth (2006a): Universität im 21. Jahrhundert. In: Zukunft 10. 26-33.

Wodak, Ruth (2006b): Review article: Dilemmas of Discourse (Analysis). In: Language in Society 35. 595-611.

Wodak, Ruth (2007): Pragmatics and Critical Discourse Analysis. A cross-disciplinary inquiry. In: Pragmatics & Cognition 15. 1. 203-225.

Wodak, Ruth (2008): Introduction: Discourse, text, and context. In: Wodak/Krzyżanowski (2008): 1-43.

Wodak, Ruth (2009): The discourse of politics in action: Politics as usual. Basingstoke: Palgrave/MacMillan.

Wodak, Ruth/Chilton, Paul (Hrsg.) (2005): A new research agenda in critical discourse analysis: Theory and interdisciplinarity. Amsterdam/Philadelphia: John Benjamins.

Wodak, Ruth/Chilton, Paul (Hrsg.) (2007): A new research agenda in critical discourse analysis: Theory and interdisciplinarity. Amsterdam/Philadelphia: John Benjamins.

Wodak, Ruth/de Cillia, Rudolf (2005): Politics and language – overview. In: Brown (2005): 707-719.

Wodak, Ruth/de Cillia, Rudolf /Reisigl, Martin/Liebhart, Karin (1999): The discursive construction of national identity. Edinburgh: EUP (2nd revised edition, 2009).

Wodak, Ruth/de Cillia, Rudolf/Gruber, Helmut/Mitten, Richard/Nowak, Peter/ Pelikan, Johann (1990): „Wir sind alle unschuldige Täter!" Diskurshistorische Studien zum Nachkriegsantisemitismus. Frankfurt a. M.: Suhrkamp.

Wodak, Ruth/de Cillia, Rudolf/Reisigl, Martin/Liebhart, Karin/Hofstätter, Klaus/Kargl, Maria (1998): Zur diskursiven Konstruktion nationaler Identität. Frankfurt a. M.: Suhrkamp.

Wodak, Ruth/Fairclough, Norman (2010): Recontextualizing European higher education policies: the cases of Austria and Romania. In: Critical Discourse Studies 7.1: 19-40.

Wodak, Ruth/Krzyżanowski, Michal (Hrsg.) (2008): Qualitative discourse analysis in the social sciences. Basingstoke: Palgrave.

Wodak, Ruth/Menz, Florian/Mitten, Richard/Stern, Frank (1994): „Sprachen der Vergangenheiten". Frankfurt a. M.: Suhrkamp.

Wodak, Ruth/Meyer, Michael (Hrsg.) (2001): Methods of critical discourse analysis. London: Sage.

Wodak, Ruth/Meyer, Michael (Hrsg.) (2009): Methods of critical discourse analysis, 2. überarb. Aufl. London: Sage.

Wodak, Ruth/Reisigl, Martin (1999): The semiotics of racism. Approaches in critical discourse analysis. Wien: Passagen.

Wodak, Ruth/ Reisigl, Martin (2002): „… WENN EINER ARIEL HEISST …" Ein linguistisches Gutachten zur politischen Funktionalisierung antisemitischer Ressentiments in Österreich. In: Pelinka/Wodak (2002): 134-172.

Wodak, Ruth/Weiss, Gilbert (2007): Analyzing European Union discourses: Theories and applications. In: Wodak/Chilton (2007): 121-135.

Verzeichnis der Autorinnen und Autoren

Gisela Brünner ist emeritierte Professorin am Institut für deutsche Sprache und Literatur der Technischen Universität Dortmund.
Aktuelle Arbeitsschwerpunkte: Diskurs-/Gesprächsanalyse, Sprache in beruflichen und institutionellen Zusammenhängen, Fach- und Wirtschaftskommunikation, Experten-Laien-Kommunikation im Gesundheitswesen und in den Medien, Vermittlung kommunikativer Fähigkeiten.
Korrespondenzadresse: gisela.bruenner@uni-dortmund.de

Eve Chiapello ist Forschungsleiterin an der Ecole des hautes études en sciences sociales (am dortigen Centre d'études des mouvements sociaux) in Paris.
Aktuelle Arbeitsschwerpunkte: Organisationstheorie, die mit Instrumenten des Managements verbundenen sozialen und Verhaltensaspekte, alternatives Management sowie die Accountingforschung bzw. die Soziologie des Rechnungswesens.
Korrespondenzadresse: eve.chiapello@ehess.fr

Barbara Czarniawska ist Professorin für Management Studies an der GRI, School of Business, Economics & Law der Universität Göteborg.
Aktuelle Arbeitsschwerpunkte: eine konstruktivistische Perspektive auf Organisieren, die Verbindungen zwischen Popularkultur und Managementpraktiken, Methodologie, insbesondere Techniken der Feldforschung und deren Anwendung auf eine „Narratologie" (in) der Organisationsforschung und die Actor-Network-Theorie.
Korrespondenzadresse: barbara.czarniawska@gri.gu.se

Rainer Diaz-Bone ist Professor für Soziologie mit dem Schwerpunkt qualitative und quantitative Methoden an der Universität Luzern.
Aktuelle Arbeitsschwerpunkte: Diskursforschung und ihre Methodologie, Epistemologie und Wissenschaftstheorie, Wirtschaftssoziologie (insbesondere neue französische

Wirtschaftssoziologie und Economie des conventions), Netzwerkanalyse und statistische Verfahren für die Analyse kategorialer Daten.
Korrespondenzadresse: rainer.diazbone@unilu.ch

Frank Kleemann ist Professor für Soziologie mit dem Schwerpunkt Arbeit und Organisation an der Universität Duisburg-Essen.
Aktuelle Arbeitsschwerpunkte: Arbeits- und Organisationssoziologie, Dienstleistungsforschung, Soziologie des Internet, Qualitative Sozialforschung.
Korrespondenzadresse: frank.kleemann@uni-due.de

Gertraude Krell ist pensionierte Professorin für Betriebswirtschaftslehre mit dem Schwerpunkt Personalpolitik am Institut für Management der Freien Universität Berlin.
Aktuelle Arbeitsschwerpunkte: Chancen(un)gleichheit der Geschlechter, insbesondere mit Blick auf Entgelt und Führungspositionen, Verständnis sowie Verhältnis von Gender und Diversity, Emotionen in Organisationen, Diskursgeschichte der Wirtschaftswissenschaften und ihrer Kritiken.
Korrespondenzadresse: gertraude.krell@fu-berlin.de

Andreas Langenohl ist Professor für Soziologie mit Schwerpunkt Allgemeiner Gesellschaftsvergleich an der Universität Giessen.
Aktuelle Arbeitsschwerpunkte: Wirtschafts- und Finanzmarktsoziologie, Epistemologie der Sozialwissenschaften, Modernisierungstheorie, Transformations- und Transnationalisierungsforschung.
Korrespondenzadresse: Andreas.Langenohl@sowi.uni-giessen.de

Ingo Matuschek ist wissenschaftlicher Mitarbeiter am Institut für Soziologie der Universität Jena.
Aktuelle Arbeitsschwerpunkte: Arbeits- und Industriesoziologie sowie Qualitative Methoden der Sozialforschung.
Korrespondenzadresse: ingo.matuschek@uni-jena.de

Deirdre N. McCloskey ist Professorin für Ökonomie, Geschichte, Englisch und Kommunikation an der University of Illinois, Chicago.
Aktuelle Arbeitsschwerpunkte: Rhetorik der Ökonomie, bürgerliche Tugenden und Gender Studies.
Korrespondenzadresse: deirdre2@uic.edu

Sophie Mützel ist Professorin für Soziologie mit dem Schwerpunkt Medien und Netzwerke an der Universität Luzern.
Aktuelle Arbeitsschwerpunkte: Wirtschaftssoziologie, Kultursoziologie, soziologische Theorie, insbesondere Netzwerktheorie, Soziologie der Algorithmen, Texte als Daten.
Korrespondenzadresse: sophie.muetzel@unilu.ch

John R. Searle ist Slusser Professor für Philosophie am Department für Philosophie der University of California in Berkeley.
Ausgewählte Arbeitsschwerpunkte: Sprachphilosophie, insbesondere die Theorie der Sprechakte, und Institutionentheorie

Barbara Sieben ist Professorin für Personalwesen mit dem Schwerpunkt Personalmanagement an der Universität der Bundeswehr Hamburg
Aktuelle Arbeitsschwerpunkte: Gender, Diversity und Chancen(un)gleicheit in Organisationen, Emotionen in Organisationen, Dienstleistungsarbeit sowie multiparadigmatische Forschungszugänge, insbesondere kritische Managementforschung und politikorientierte Perspektiven.
Korrespondenzadresse: barbara.sieben@hsu-hh.de

Mario Vötsch ist Lehrbeauftragter am Institut für Organisation und Lernen der Universität Innsbruck.
Aktuelle Arbeitsschwerpunkte: Poststrukturalistische Organisationstheorie, Arbeits- und Organisationspraktiken im Kultursektor.
Korrespondenzadresse: mario.voetsch@uibk.ac.at

Richard Weiskopf ist Professor am Institut für Organisation und Lernen der Universität Innsbruck.
Aktuelle Arbeitsschwerpunkte: kritische Analyse von organisationalen Praktiken vor dem Hintergrund poststrukturalistischer Philosophie, Ethik und Ästhetik der Organisation, Organisation der Kreativität und Kreativität der Organisation.
Korrespondenzadresse: richard.weiskopf@uibk.ac.at

Ruth Wodak ist Professorin für Discourse Studies an der University of Lancaster und affiliert an die Universität Wien.
Aktuelle Arbeitsschwerpunkte: Diskurstheorien, Sprache und Politik, Vorurteilsforschung und Diskriminierung, Frauenforschung und Identitätspolitik.
Korrespondenzadresse: r.wodak@lancaster.ac.uk

The manufacturer's authorised representative in the EU is Springer
Nature Customer Service Centre GmbH, Europaplatz 3, 69115 Heidelberg,
Germany. If you have any concerns regarding our products, please
contact ProductSafety@springernature.com

Printed and bound by CPI Group (UK) Ltd, Croydon, CR0 4YY
27/04/2026
02097640-0003